建设工程责任保险与案例评析

陈津生 编著

中国建筑工业出版社

图书在版编目（CIP）数据

建设工程责任保险与案例评析/陈津生编著. —北京：中国建筑工业出版社，2011.4
ISBN 978-7-112-13008-5

Ⅰ.①建… Ⅱ.①陈… Ⅲ.①建筑工程-责任保险-案例 Ⅳ.①F840.69

中国版本图书馆CIP数据核字（2011）第041352号

本书为顺应推行建设工程责任保险制度形势，普及责任保险知识，提高建设工程行为主体保险意识和保险制度安排水平而编写。内容涵盖建设工程领域所有责任保险险种，并设有责任保险案例和有关法律文件、保险条款专篇，供读者参阅，具有综合性、实务性和工具性特点。

本书读者目标：建设工程（总承包、分包）、市政工程、勘察设计、房地产开发、工程监理、特种设备租赁安装、物业管理等单位项目管理者；相关专业职业资格考试备考人员；建设市场行政管理干部以及财经类、金融类院系、理工科院系相关专业在校生。

* * *

责任编辑：岳建光
责任设计：董建平
责任校对：陈晶晶 赵 颖

建设工程责任保险与案例评析
陈津生 编著

*

中国建筑工业出版社出版、发行（北京西郊百万庄）
各地新华书店、建筑书店经销
霸州市顺浩图文科技发展有限公司制版
北京蓝海印刷有限公司印刷

*

开本：787×1092毫米 1/16 印张：31½ 字数：780千字
2011年7月第一版 2011年7月第一次印刷
定价：**68.00**元
ISBN 978-7-112-13008-5
（20452）

版权所有 翻印必究
如有印装质量问题，可寄本社退换
（邮政编码 100037）

前　言

建设工程责任保险是与工程保险、意外伤害保险不同的保险类别，它是以被保险人法律责任风险为标的的具有相对独立性和有别于其他保险的鲜明特征，是保险体系中的重要组成部分。责任保险机制的引入对于转移行为主体的法律风险、确保社会公众权益具有重要作用。

建设工程责任保险制度的提出与推行是和我国法制环境日趋完善紧密相连。进入21世纪，随着我国市场经济的发展和企业体制改革的深化，社会、行业法律体系的不断健全和完善，特别是近几年来，《安全生产法》、《侵权责任法》、《物权法》、《建设工程安全管理条例》、《建筑工程质量管理条例》、《环境保护法》、《特种设备监督管理条例》的颁布和修订，行为主体的法律责任更加明确，社会公众的法律观念和维权意识日益增强，企业以及专业技术人员所面临的法律风险日益增多，于是责任保险作为转移法律风险的手段被引用。

国家和行政主管部门对建设工程责任保险工作历来高度重视，近年来曾多次与保监会联合下发文件，在全国开展责任保险的试点和推广普及工作，目前，取得突破性进展，并发挥了积极作用。但我们也应该看到，引入责任保险机制是一项崭新的、艰巨的、富于挑战性的工作，面临着诸多困难，需要做许多的工作。而要做好这项工作，首先在于人才的培养、知识的普及和提高。为此，编写建设工程责任保险一书，宣传责任保险知识，是一件十分有意义的事情。

为了使读者对建设工程责任保险有一个全面的了解，本书将建设项目整个寿命周期的责任保险内容全部囊括其中，具体包括：勘察设计、工程质量、工程监理、雇主责任、工程险项下第三者责任、特种设备、环境污染、物业管理、公众责任、交通事故责任、安全生产责任保险、工程保证担保，并设有责任保险案例和相关法律文件、责任保险条款专篇，便于读者在学习、实践中查阅。

本书编写过程中，参考了部分文献资料、司法判例、保险赔案，不能一一列出，在此一并表示感谢。

目 录

第1篇 绪 论 篇

第1章 责任保险基本概念 3
1.1 责任与责任保险 3
1.2 责任保险的特征 4
1.3 责任保险与其他保险的区别 6
1.4 责任保险的意义 9
1.5 责任保险事故成立要件 10
1.6 责任保险险种 11

第2章 责任保险发展状况 16
2.1 责任保险的起源与发展 16
2.2 国内责任保险制度建设 20
2.3 责任保险制度发展动因 23
2.4 责任保险取得的成绩 24
2.5 责任保险现状与障碍 25
2.6 责任保险发展对策 28

第2篇 实 务 篇

第3章 建筑勘察设计责任保险 33
3.1 勘察设计责任保险概述 33
3.2 设计责任保险的主要内容 41
3.3 设计责任保险投保与索赔 54
3.4 工程勘察责任保险的主要内容 57

第4章 建筑工程质量责任保险 59
4.1 建筑工程质量保险概述 59
4.2 建筑工程责任保险条款内容 65
4.3 建筑工程质量责任保险附加渗漏险 71
4.4 建筑工程质量责任保险投保流程 71
4.5 建筑工程质量责任保险存在的问题与对策 73

第5章 建设工程监理责任保险 77
5.1 监理责任保险概述 77
5.2 监理责任保险条款内容 81
5.3 监理责任保险制度建设 86

第6章 建筑施工雇主责任保险 91
6.1 雇主责任基本知识 91

6.2	雇主责任保险概述	96
6.3	雇主责任保险主要内容	100
6.4	雇主责任保险赔付	108
6.5	雇主责任保险义务	111
6.6	雇主责任保险附加条款	112
6.7	雇主责任保险现状与发展对策	114

第7章 工程险第三者责任保险 ... 117

7.1	工程险第三者责任概述	117
7.2	工程险第三者责任特征	117
7.3	建工险第三者责任内容	119
7.4	安工险第三者责任内容	123
7.5	建安险第三者责任内容	124
7.6	第三者责任保险被保险人义务	126

第8章 特种设备责任保险 ... 128

8.1	特种设备保险概述	128
8.2	特种设备保险的功能	130
8.3	特种设备保险的发展	131
8.4	特种设备保险的内容	132
8.5	特种设备附加保险	135
8.6	特种设备检测责任保险	135
8.7	完善特种设备保险的建议	138

第9章 环境污染责任保险 ... 140

9.1	环境污染责任保险概述	140
9.2	环境污染责任保险发展	144
9.3	环境污染责任保险的内容	150
9.4	环境污染责任保险的赔偿	153
9.5	投保人、被保险人义务	154
9.6	环境污染责任制度推行、存在问题与对策	157

第10章 物业管理责任保险 ... 161

10.1	物业管理责任保险概述	161
10.2	物业管理责任保险的法规依据	163
10.3	物业管理责任保险的主要内容	164
10.4	物业管理责任保险附加条款	168
10.5	物业管理责任保险与公众责任保险的选择	169
10.6	物业管理责任保险推行中存在的问题与对策	172

第11章 公众责任保险 ... 177

11.1	公众责任保险概述	177
11.2	公众责任保险的意义	179
11.3	公众责任保险内容	180
11.4	火灾公众责任保险	184
11.5	公众责任保险现状与原因分析	187
11.6	发展我国公众责任保险的对策	189

第12章 机动车交通事故责任险 ... 191
12.1 机动车责任强制保险 ... 191
12.2 机动车第三者责任商业保险 ... 202
12.3 商业车上人员保险 ... 210
12.4 特种车保险第三者责任 ... 211

第13章 安全生产责任保险 ... 215
13.1 安全生产责任保险概述 ... 215
13.2 安全生产责任保险内容 ... 220
13.3 安全生产责任保险推行中存在的问题与对策 ... 225

第14章 建设工程保证担保 ... 227
14.1 建设工程保证担保概述 ... 227
14.2 保证担保与其他保险的区别 ... 228
14.3 保证担保的种类 ... 231
14.4 保证担保办理程序 ... 233
14.5 担保金额与时限 ... 235
14.6 保证担保资信审查 ... 235
14.7 工程保证担保制度的意义 ... 237
14.8 北京市推行保证担保制度的做法与成功经验 ... 240
14.9 杭州市推行保证担保制度的做法与成功经验 ... 242
14.10 厦门、深圳等推行保证担保的做法与成功经验 ... 244

第3篇 案 例 篇

第15章 勘察设计责任保险案例 ... 251
15.1 消防水池地板拱起、开裂，勘察设计负责赔偿吗？ ... 251
15.2 地面突发性地陷，导致仓库倾倒，是否属于勘察设计险责任？ ... 251
15.3 设计错误与意外事故同在，保险如何赔付？ ... 252
15.4 设计错误和施工质量问题同时存在，勘察设计保险人如何赔付？ ... 253
15.5 勘察单位与建设单位都存在过错，保险人怎么赔偿？ ... 254

第16章 工程质量责任保险案例 ... 255
16.1 北京市建筑工程质量保险案例 ... 255
16.2 长安责任保险公司承保质量保险案例 ... 255
16.3 地基不均匀沉降属于工程质量保险范围吗？ ... 256
16.4 墙体出现裂缝工程质量责任险赔不赔？ ... 257
16.5 阳台坍塌工程质量责任保险如何赔偿？ ... 257

第17章 施工雇主责任保险案例 ... 259
17.1 非因工猝死雇主责任保险赔偿吗？ ... 259
17.2 雇主能从雇主责任保险赔偿中获益吗？ ... 260
17.3 工伤险赔偿后雇主责任保险还赔偿吗？ ... 260
17.4 投保了工伤险、意外险后如何投雇主责任保险？ ... 261
17.5 投保后雇员又从事分包，雇主责任保险还有效吗？ ... 264

第18章 工程险第三者责任案例 ... 265
18.1 上海轨道隧道塌陷事故第三者责任赔偿案例 ... 265

18.2　抽排地下水殃及邻里属于第三者责任吗? ……………………………… 266
   18.3　隧道施工导致附近池塘干枯属于第三者责任吗? …………………… 267
   18.4　暴雨造成的第三者责任损失保险赔不赔? ……………………………… 267
   18.5　沙堆塌陷造成第三方损失被保险人能获赔吗? ………………………… 268

第 19 章　特种设备责任保险案例 ……………………………………………………… 270
   19.1　特种车辆与特种设备免责条款是一回事吗? …………………………… 270
   19.2　操作人员过失造成事故保险人赔偿吗? ………………………………… 272
   19.3　突遇恶劣天气发生事故属于保险责任吗? ……………………………… 273
   19.4　起重机坠落造成事故保险人赔付吗? …………………………………… 273
   19.5　无证驾驶事故保险人也负责赔偿吗? …………………………………… 274
   19.6　未经检测设备发生事故属于保险责任吗? ……………………………… 274

第 20 章　环境污染责任保险案例 ……………………………………………………… 276
   20.1　氯化氢泄露污染保险赔偿案 …………………………………………… 276
   20.2　硫酸泄露污染环境赔偿案 ……………………………………………… 277
   20.3　市政排污管道破裂污染环境保险赔偿案 ……………………………… 278
   20.4　工业废水污染赔偿案 …………………………………………………… 278
   20.5　千人诉讼环境污染赔偿案 ……………………………………………… 279

第 21 章　物业管理责任保险案例 ……………………………………………………… 281
   21.1　业主在小区内摔倒保险公司负责吗? …………………………………… 281
   21.2　楼道管井水管爆裂属于保险责任吗? …………………………………… 281
   21.3　购买了停车位车被盗保险人负责赔偿吗? ……………………………… 282
   21.4　业主有错发生事故保险公司就应免责吗? ……………………………… 282
   21.5　物业公司保险索赔不能隐瞒事实 ……………………………………… 283
   21.6　是公众责任保险还是物业责任保险责任范围? ………………………… 283

第 22 章　公众责任保险案例 …………………………………………………………… 285
   22.1　在道路旁施工未设置警示标志造成损害事故赔偿案 ………………… 285
   22.2　公众责任保险代位求偿权纠纷案 ……………………………………… 285
   22.3　运沙船撞塌大桥事故公众责任保险赔偿吗? …………………………… 287
   22.4　未尽保险风险增加告知义务能获赔吗? ………………………………… 289
   22.5　被水泥平台绊倒摔伤公众责任保险是否赔偿? ………………………… 290

第 23 章　机动车交通强制险案例 ……………………………………………………… 292
   23.1　醉酒驾驶致人死亡保险公司是否赔偿? ………………………………… 292
   23.2　强制/商业险并存精神损害金可先在强制险内赔偿吗? ……………… 295
   23.3　肇事逃逸交强险负责赔偿吗? …………………………………………… 297
   23.4　交强险已到期未续，发生交通事故如何担责? ………………………… 298
   23.5　摔出车外死亡属于第三者吗? …………………………………………… 298
   23.6　挂车造成牵引车人员伤害保险人承担责任吗? ………………………… 300
   23.7　机动车责任险索赔时限如何计算? ……………………………………… 302
   23.8　特种车辆不是特种设备，免责条款难免赔偿责任 …………………… 304
   23.9　意外事故造成第三者损失保险人为何拒赔? …………………………… 306

第 24 章　工程保证担保案例 …………………………………………………………… 309
   24.1　华远房地产公司工程保证担保案例 …………………………………… 309

24.2 工程预付款担保案例 ……………………………………………… 309
24.3 承包商履约担保案例 ……………………………………………… 310
24.4 投标保证担保案例 ………………………………………………… 310
24.5 长安责任保险公司担保案例 ……………………………………… 311

第4篇 操 作 篇

第25章 建设工程责任保险投保 …………………………………… 315
25.1 投保基本程序 ……………………………………………………… 315
25.2 明确投保原则 ……………………………………………………… 316
25.3 选择保险类型 ……………………………………………………… 316
25.4 拟定投保主要内容 ………………………………………………… 317
25.5 优化投保方式 ……………………………………………………… 324
25.6 实施保险行动 ……………………………………………………… 326
25.7 签订保险合同 ……………………………………………………… 327

第26章 建设工程责任保险索赔 …………………………………… 328
26.1 责任保险索赔概述 ………………………………………………… 328
26.2 责任保险索赔原则 ………………………………………………… 330
26.3 责任保险索赔程序 ………………………………………………… 331
26.4 索赔应注意的几个问题 …………………………………………… 333
26.5 索赔时效与纠纷处理 ……………………………………………… 337

第5篇 文 件 篇

第27章 建设工程责任保险法律法规 ……………………………… 341
27.1 中华人民共和国保险法（修改）…………………………………… 341
27.2 中华人民共和国侵权责任法 ……………………………………… 361
27.3 特种设备安全监察条例 …………………………………………… 369
27.4 机动车交通事故责任强制保险条例 ……………………………… 383
27.5 关于审理物业服务纠纷司法解释 ………………………………… 389

第28章 建设工程责任保险行政文件 ……………………………… 391
28.1 建设工程勘察设计责任保险行政文件 …………………………… 391
28.2 建设工程质量责任保险行政文件 ………………………………… 392
28.3 特种设备责任保险行政文件 ……………………………………… 393
28.4 环境污染责任保险行政文件 ……………………………………… 394
28.5 公众责任保险 ……………………………………………………… 398
28.6 安全生产责任保险文件 …………………………………………… 400
28.7 建设工程担保制度行政文件 ……………………………………… 406

第29章 建设工程责任保险有关条款 ……………………………… 411
29.1 建设工程勘察设计责任保险条款 ………………………………… 411
29.2 建筑工程质量责任保险条款 ……………………………………… 419
29.3 工程监理责任保险条款 …………………………………………… 424
29.4 雇主责任保险条款 ………………………………………………… 434
29.5 特种设备责任保险条款 …………………………………………… 441

29.6　环境污染责任保险条款 ··· 453
29.7　物业管理责任保险条款 ··· 458
29.8　公众责任保险条款 ·· 464
29.9　机动车交通事故责任保险条款 ··· 470
29.10　特种车保险条款 ·· 478
29.11　安全生产责任保险条款 ·· 486
参考文献 ··· 493

第1篇 绪 论 篇

第1篇 参考篇

第1章 责任保险基本概念

1.1 责任与责任保险

1.1.1 责任的含义

责任有多种含义，主要包括以下三种：

一、责任指分内应做的事，即分内之事。如"为社会提供优质产品是我们的责任"，又如"我们应尽到做建筑师的责任"。这里的责任含义与义务含义相同，是指分内应做的事之意；

二、责任指未能做好分内之事的过错或过失。如"对事故的发生，我们大家都有责任"，又如"不掩饰责任是一个党员的基本素质"。这里的责任是指过错或过失之意；

三、责任指因未能做好分内之事所引发的不利后果。如"他违了法犯了罪就应当被追究责任"，又如"如果不负任何责任，这样的处罚又有什么意义呢？"。这里的责任又是承担不利后果的意思。

保险中所说的"责任"含义是指第三种，即由于没有做好分内的事，而应承担不利的后果。

1.1.2 责任保险的定义

何为责任保险？许多专家学者曾有过多种描述。美国学者索罗门·斯迪文·许布纳（S. S. Huebner）是这样描述的："保险人承诺在符合承保条件和保单责任限额内为被保险人支付应由被保险人承担法律责任之金额的保险。"该定义明确了责任保险赔偿的前提条件的同时，强调了责任保险标的是被保险人的法律赔偿责任。

英国学者科林·史密斯的观点是："责任保险是指保险公司向被保险人就其他人（包括雇员）的法律责任提供赔偿的保险。"该定义强调了责任保险赔偿对象是"其他人（包括雇员）"。上述两定义共同之处是都将责任保险所承保的标的定义为被保险人的法律赔偿之责任。

我国台湾学者袁宗蔚、陈云中则认为："责任保险者即被保险人依法对第三者负损害赔偿责任时，由保险人补偿责任之保险。"该定义指明责任保险赔偿的对象是被保险人造成对第三者损害的赔偿责任。

台湾学者梁宇贤也同样认为："责任保险，谓责任保险人于被保险人对于第三人，依法负赔偿责任，而受赔偿之请求时，负赔偿责任之保险。"此定义在强调责任保险标的是被保险人对第三者损害责任外，还强调了责任保险赔偿的构成要件即受害人的"赔偿之请求"。

我国学者郑功成教授认为："责任保险是指被保险人依法应负的民事损害赔偿责任或经过特别约定的合同责任作为承保对象的保险。"将责任保险标的——被保险人的责任分为：民事责任和特别约定的合同责任两项内容。

保险学者刘茂山教授认为："责任保险是以被保险人的民事损害赔偿责任作为保险标的的一种保险形式。"该定义较为简洁、概括，强调了责任保险标的是被保险人的民事损害赔偿法律责任，而不是其他的法律责任。

我国《保险法》第65条规定："责任保险是指以被保险人对第三者依法应负的赔偿责任为保险标的的保险。"这是我国在法律层面上唯一的一个对责任保险定义的描述。综上所述，我们可以认为：所谓责任保险是指被保险人在保险期内，由于疏忽或过失等原因造成第三者利益损失，依法应负有的民事损害赔偿责任的保险。

1.2 责任保险的特征

1.2.1 以法律法规为基础

责任保险是以被保险人依法应负的民事损害赔偿责任作为承保责任的一类保险。因此，责任保险产生与发展的基础是健全的法律制度。从历史的发展来看，责任保险产生和发展的基础是社会、行业的索赔发展到一定水平，法律制度不断完善，各种索赔途径不断健全，从而使索赔案件呈现数额巨大、数量众多的趋势。由于民事法律风险的增大，当事人依靠自身力量已经不能避免这种法律责任危险，遂产生借助责任保险制度分散风险的需要。

民事索赔案件数量、金额等直接影响到责任保险的需求与发展。一个法制不完善的国家，责任损害赔偿金额越低、数量越少，该国对责任保险一定是无需求或需求甚少。从国际上看，当今世界上责任保险最发达的国家或地区，必定同时是各种民事赔偿法律制度最完备、最健全的国家和地区。

在现代市场经济高度发展的国家，法制高度发达，法律要求人人都负有尊重他人人身和财产权的义务，在致害人因违反国家法律规定致使他人遭受损失时，行为人应当承担相应的赔偿责任。例如，依据《建筑法》，建设行为人对建筑质量负有保障义务，建设者提供的建筑产品存在危害人身安全的严重缺陷，而致使住房消费者伤亡或财产损失时则应承担赔偿责任，工程质量责任保险应运而生；再如，依据有关法律，设计师、监理工程师等专业人员有依照公认的行业准则为其服务对象提供专业服务的义务，倘其违反了义务，给服务对象造成经济损失，则权利人有权提出损害赔偿请求，为设计师、监理师等专业人员提供责任保险即顺理成章。

总之，民事法律制度的完善、行业法规的健全和民事法律责任危险的存在产生了对责任保险的需求，责任保险成为社会市场经济活动正常有序运行、行业管理的重要机制。

1.2.2 以民事责任为标的

责任保险是将被保险人对第三者的民事赔偿责任作为保险标的的保险。被保险人在社会或行业实践中，由于过失行为造成他人的损害或虽无过错，但根据法律规定应对受害人承担的赔偿责任，接受赔偿请求时由保险人对此承担责任。

责任保险与有形的财产保险不同，责任没有有形的物质载体。责任保险属于广义财产保险范畴，是一种以无形的经济赔偿责任为标的的保险。这不但与一般财产损失险承保的有实体的各种财产物资标的表现形式不同，而且在客观上也是有所不同的，因为一般财产保险承保的标的在投保时就已经客观存在了，而责任保险所承保的标的在投保时是不存在的。如果这种责任已经存在了，那么保险公司就不可能承保。

责任保险承担的保险责任一般包括两项：一是被保险人因造成他人人身伤亡或财产损失依法应承担的经济赔偿责任。这项责任是保险的基本责任，它以受害人的损害程度及索赔金额为依据，以保险单上的赔偿限额为最高赔付额，由责任保险人予以赔偿。二是因赔偿纠纷引起的应由被保险人支付的诉讼费、律师费用以及其他事先经保险人同意支付的费用。《保险法》第51条规定："责任保险的被保险人因给第三者造成损害的保险事故而被提起仲裁或者诉讼的，除合同另有约定外，由被保险人支付的仲裁或者诉讼费用以及其他必要的、合理的费用，由保险人承担。"在责任保险制度中，抗辩费用通常属于保险责任范围，保险公司应当承担。当被保险人面临第三人仲裁、诉讼或其他方式提出索赔时，应当依照合同约定提出抗辩，除了保险合同另有约定外，抗辩为此所开销的仲裁、诉讼以及其他合理的、必要的费用（如律师费、差旅费、鉴定费、邀请证人作证费用等）均由保险公司在责任限额内负担。

从行为性质角度看，责任保险的保险人为被保险人承担的仅仅是具有财产责任性质的民事赔偿责任，即当被保险人的过失行为侵害了他人的财产权利或人身权利而造成经济损失，且依照相关法律法规被保险人应负有赔偿责任时，保险人才替被保险人承担这种赔偿责任。这就表明，责任保险的赔偿责任具有民事赔偿性质，而对那些由于被保险人某些重大过失触犯法律所引起的刑事责任，触犯行政法规而引起的行政责任以及产生的无直接财产内容的人身权利（如肖像权、荣誉权）的侵害所需承担的非财产的民事责任，如赔礼、道歉等，保险人则不承担责任。另一方面，责任保险承保的范围主要是被保险人因疏忽、过失、行为不当、懈怠其职责致第三人损害时的民事赔偿责任。原则上因故意行为所致的民事损害赔偿责任被列为除外责任，责任保险不予负责。

责任保险一般不承保被保险人的合同责任，可以成为责任保险的合同责任一般需同时构成侵权的民事责任，单纯的不构成侵权责任的违约责任，一般不为责任保险的标的，这种违反合同的损失一般由保证保险和信用保险解决。例如，运输合同承运人对运输过程中货物的灭失、短少、变质、污染、损坏等应负的赔偿责任，即是一种违反合同的责任，又是侵权的民事责任，它可以成为责任保险的标的。但承运人与其送达的责任，纯为违反合同的责任，一般不能成为责任保险的标的。但经过特别约定，保险人也可以承保。

1.2.3 以第三者损失为责任

责任保险是以被保险人对第三者承担的损害赔偿责任为保险标的的一种保险。在责任保险中，责任保险的保险人支付的损失赔偿仅仅限于被保险人因过失行为造成第三者的经济损失。例如，设计师在工作中由于疏忽设计存在缺陷造成安全事故、施工单位由于技术等原因造成工程质量存在缺陷、承包商由于安全工作的疏忽，现场发生意外事故所造成的对第三者的人身伤害损失或财产损失时，保险人针对第三者的经济损失进行赔偿。也就是说，保险人只就第三者向被保险人的索赔进行代位赔偿，而对于被保险人自身所遭受的生命、身体或财产的损失不予赔偿。可以看出，责任保险从某种程度上是以保护第三者受害方的利益为目的的。

与一般的财产保险业务相比，责任保险的赔偿处理过程较为复杂，这是由责任保险的性质所决定的。责任保险是以被保险人对第三方的损害经济赔偿责任为前提的，直接涉及第三者的利益。因此，每一起责任保险索赔案件，都会涉及受害的第三者，其赔偿处理并非像一般财产保险一样，只是保险双方的事情。同时，责任保险的赔偿主要是以司法、仲裁等机关的判决、裁决或其他法律文件为依据，被保险人和受害的第三者处理纠纷的过程直接关系到保险人的利益。因此，保险公司为了维护自身的利益，必然要参加到有关案件的处理过程中，并对是否和解，是否预先支付抗辩费用等进行决定。

在许多国家为了充分发挥责任保险的积极作用，保护受害第三者的利益，在法律规定的情况下，允许受害的第三方享有并取得被保险人责任保险合同项下的利益，第三方因此可以请求保险人承担给付保险赔偿的责任。大多数国家或地区的法律规定，第三人直接请求权的适用范围通常局限于某些强制险，如环境责任保险、机动车第三者责任保险等。

《保险法》第65条第2款规定："责任保险的被保险人给第三者造成损害，被保险人对第三者应负的赔偿责任确定的，根据被保险人的请求，保险人应当直接向该第三者赔偿保险金。被保险人怠于请求的，第三者有权就其应获赔偿部分直接向保险人请求赔偿保险金。"

在某些领域，确立受害第三人直接请求权的主要目标，是更加妥当地保护受害人的利益。同时，由于受害第三人具有向保险人直接提起诉讼的权利，相应降低了诉讼成本，节约了诉讼资源。

1.3 责任保险与其他保险的区别

1.3.1 责任保险与财产损失险

《保险法》第12条第4款规定："财产保险是以财产及其有关利益为保险标的的保险。"第65条第4款规定："责任保险是指以被保险人对第三者依法应负的赔偿责任为保险标的的保险。"

一、标的不同。责任保险属于财产保险范畴，因为这种赔偿责任被保险人需要向受损害的第三者支付金钱或者实物作为赔偿，所以责任保险又是可看作是以被保险人的财产为保险标的的一种保险。但其又不同于财产损失险。财产损失险（如建设工程一切保险和建筑、安装工程保险的物质部分）的标的是有形的财产损失，而责任保险标的——责任，则是无形的。

二、赔偿不同。财产损失险承担的仅仅是财产损失，责任保险既包括由于被保险责任事故造成的财产损失，又包括对人身伤亡的赔偿责任。财产损失险的损失事件造成的是被保险人自己的财产损失；责任保险的损失事件造成的是被保险人以外的其他方的财产损失和人身伤亡。

三、承保方式不同。在财产损失险中，保险金额是保险人收取保险费的依据，在足额投保的情况下，保险金额就是保险标的暴露在风险中的全部价值；责任保险则采取多种赔偿限额的方式来确定最高赔偿金额和全部风险。另外，财产损失险的赔偿金额依据保险标的的损失情况和保险金额及保险价值总和确定；责任保险赔偿金额依据损害后果和法律或合同约定来确定。

1.3.2 责任保险与意外伤害险

中国保监会《关于界定责任保险和人身意外伤害保险的通知》（保监发［1999］245号）第1条规定："责任保险属于财产保险业务，由财产保险公司经营；人身意外伤害保险属于人身保险业务，由人寿保险公司经营。由于被保险人的侵权行为造成他人人身伤害依法应承担的民事赔偿责任为保险标的的保险，属于责任保险。"责任保险与人身意外伤害险相比，虽然都包括把人身伤亡作为保险事故，但两者有着本质的不同，区别可以作如下界定：

一、保险标的不同

责任险的保险标的是被保险人对第三者依法应承担的经济赔偿责任；人身意外伤害保险的保险标的是被保险人的身体和生命。

二、保险对象不同

责任保险的被保险人可以是自然人，也可以是法人，是可能承担民事赔偿责任的人。责任保险的投保人只是对自己的行为可能造成的后果具有保险利益；人身意外伤害保险的被保险人只能是自然人，人身伤害保险的投保人对于符合法律规定的其他人也具有保险利益。

三、赔偿条件不同

责任保险只有当被保险人依据法律对第三者负有法律赔偿责任时，保险人才履行赔偿责任。也就是说，被保险人以外的其他第三方的人身伤亡事件才可能构成责任保险的保险事故；人身意外伤害保险则不论事故的起因，凡属于保险责任范围内的事故造成被保险人死亡、伤残，保险人就要负赔偿责任，即必须是被保险人的人身伤亡才能构成保险事故。

四、赔偿原则不同

责任保险适用补偿原则，其保险金额是赔偿限额，保险事故发生后，保险人按被保险人对第三者实际承担的民事赔偿责任核定保险赔款，并且保险赔款金额以不超过保险金额为限，保险人赔款后依法享有代位求偿权；人身意外伤害保险适用定额给付原则，赔偿金额是根据保险合同中规定的死亡或伤残程度给付标准来给付保险金，保险人给付金额，不产生代位求偿权。

五、其他不同

责任保险的投保人与被保险人一般为同一人，同时也是缴费义务人；人身意外伤害险的投保人既可以为自己投保，也可以为与其有保险利益的其他自然人投保，投保人与被保险人可以为同一人（此时被保险人为缴费义务人），也可不为同一人（此时被保险人不是缴费义务人）。

1.3.3 责任保险与保证担保

保证担保是指被担保人（义务人）根据第三人（权利人）的要求，请求担保人提供信用担保的一类保险业务。责任保险与保证保险具有以下不同之处：

一、风险承担性质。保证担保与责任保险都具有转移风险的职能，但两者的运行方式却不一样。保险的本质是一种特有的分配关系，体现为保险共同体的互助共济关系即"聚万家之财、解一方之难"，其保险资金的来源具有社会性。

而在保证担保中，义务人将风险转移至担保人，由担保人自身独立承担风险，该行为不具有社会性，保险人唯有通过反担保或追偿权来保障自己的利益。

二、第三人的确定性。责任保险和保证担保两者都涉及对第三人的赔偿，但两者是不同的。责任保险赔偿第三人的损失，是被保险人因意外事故造成的依法向事先不确定的第三人的损失赔偿，也就是说第三人是不确定的。而保证担保中的担保人因被担保人未能履行合同的事先约定而对第三人损失的赔偿，第三人是确定的，保证担保合同就是一份列明三方当事人的合同：担保人、被担保人（义务人）和第三人（权利人）。

三、三者法律关系。责任保险负责的是被保险人（致害人）对第三人（受害人）造成损失的法定赔偿责任，即被保险人（致害人）应该承担的法律责任；保险人与被保险人是合同关系，受害人（第三人）与致害人（被保险人）是原告与被告的关系。

而保证担保负责的是被担保人（义务人）对第三人（权利人）造成损失的法定赔偿责任，即被担保人（义务人）应承担的法律责任。担保人、被担保人和第三人三者均为合同关系。

责任保险和保证担保机制分别如图1-1、图1-2所示。

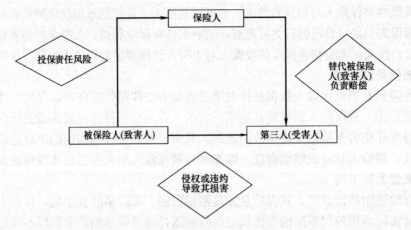

图1-1 责任保险中保险人、被保险人（致害人）与第三人（受害人）三者的关系

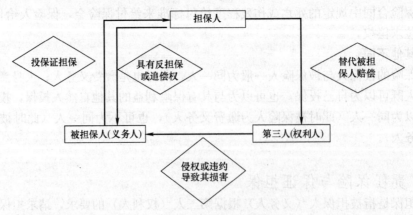

图1-2 保证担保中担保人、被担保人（义务人）与第三人（权利人）三者的关系

1.4 责任保险的意义

1.4.1 降低风险不确定性

工程责任风险是一种发生频率越来越高、损失数额越来越大的风险。对于建设行为主体而言，他们可以通过投保，将自己无力防范、无法回避和无法消化的风险转移给保险人，从而消除不确定责任风险的影响。对于保险公司来说，由于其接揽了大量的保险业务，对于个别风险的不确定性从大范围角度看，能表现出一定的确定性来，根据大数法则可以对期望损失做出比较准确的判断。

同时，保险公司作为专业风险管理机构，多年来掌握了许多建筑工程可能遭遇的各种灾害的损失记录、数据统计，重视对灾害的原因分析和防灾对策的研究，因而其风险管理的水平远远高于一般的业主或承包商，他们为投保人提供各种风险管理服务，通过采取各种防范和应急措施，可大大降低不确定因素的影响。

1.4.2 化解社会矛盾纠纷

建筑工程事关广大人民群众和各关系方的根本利益，通过工程责任保险机制，可以有效地减少或转移建设工程责任风险，使受损害的第三者在事故发生后能够得到及时有效的经济补偿，达到受损害者得到有效医治，身体健康快速恢复，基本生活得到保障，防止法律纷争和社会矛盾的集中爆发的目的。同时，工程责任保险的补偿功能可以及时弥补因建筑产品质量缺陷而造成的人身和财产损害，为人民群众享有建筑产品的正当权益提供可靠的保障，使政府摆脱在工程质量风险方面的直接责任者的角色，减轻政府负担，打造以市场力量为基础的工程质量保证的新机制。

1.4.3 保障企业稳定发展

在工程建设活动过程中，建设行为主体总会遇到这样那样的责任风险。如果每一次责任事故的风险都由企业自身完全承担，很有可能影响正常的生产经营秩序。通过责任保险这种机制，能够分散和转嫁建设经营和执业活动中的各种责任风险，避免因生产责任事故的发生而导致破产或生产秩序受到严重破坏，保持生产经营的稳定性。

保险公司可以采取责任风险事故与保险费率挂钩的方式，如差别、浮动费率，根据投保单位的行业风险类别、事故发生的频率、企业安全生产基础条件等，划分不同的费率档次，将费率与企业一段时间内的事故和赔付情况挂钩，定期调整缴费标准，督促企业改善经营环境，提高安全意识。

由于保险双方的共同利益，保险公司对被保险人有事故防范指导责任，可以有针对性地对投保企业进行安全监督检查，对隐患严重的客户，要提出改进安全生产工作的措施，积极推广安全性能可靠的新技术和新工艺，促使企业提高本质安全水平。

保险事故发生后，保险公司为了办理赔付，将对事故进行必要的调查。这种调查，事实上也是对企业安全生产工作的一种特殊形式的监督。通过调查，不仅可以划分责任，同时可以发现企业安全生产工作的差距和问题，促使企业加强和改进安全管理，防止同类事故的再次发生。

1.4.4　促进培育市场信用机制

实践证明，保险市场是最敏感的市场主体信用衡量尺度之一，建设企业的管理团队、财务状况、技术研发、工作业绩等方面的表现都会及时、准确地在保险市场上得到反映，从而影响着市场的选择。在工程责任保险机制下，那些管理素质低、业绩差、事故频发的建设企业和执业人员，将因高额的保险费或根本找不到保险人而自动退出市场，那些素质好、业绩好的企业和执业人员则可为同样的保险标的支付较少的保险费用，从而获得快速发展，优胜劣汰这一竞争法则能够充分发挥作用。

1.4.5　推动工程技术创新

经济的高速发展，意味着专业化程度的提高和经济资源的集中。专业化表现在新技术、高科技、新材料在工程建设中的广泛运用，经济资源集中表现在价值方面，大规模的工程建设、巨额资金的运用，使巨额损失的几率大增。许多企业因担心风险而不敢投资工程项目，或者承受巨大的心理压力。建设工程引入责任保险机制后，利用保险手段化解风险，被保险人转嫁了责任风险，由保险保驾护航，使得企业、执业者解除了其后顾之忧，能够更加积极地投入到科研活动中去，发扬积极创新、勇于探索的精神，在新领域尝试新技术、新工艺、新材料，为社会源源不断地提供新的建筑产品、新的建筑技术，提供更为全面的服务，最终会推动社会、行业技术的创新与进步，达到鼓励投资，支持工程建设的创新，推动工程建设发展的目的。

1.4.6　辅助行业市场管理

国外的经验表明，随着社会经济的不断发展，责任保险已经成为各行业安全危机处理的一种重要方式和履行管理职能的重要辅助手段。长时期以来，我国对突发事件的应急处理上，基本是以政府为主导，而往往忽视发挥市场的作用。重大责任事故发生后，政府在事故处理方面承担了大量工作，遇到行为责任单位经济能力有限时，往往把事故救助和事故善后全部推给政府部门。在个别地方甚至出现了"业主发财、政府发丧"的不正常现象，对政府财政形成了很大压力。

责任保险是政府、行业主管部门转移责任风险的有效手段。政府、行业可以按照建设市场经济的原则建立多层次和多元化的管理模式，利用保险公司作为经营风险的特殊行业，充分发挥其经济补偿、融资功能和社会管理功能，有效地转嫁各种责任风险。就建设工程领域而言，通过引入责任保险机制，可以辅助建设行政主管部门进行有效的行业管理，减轻政府财政负担，提高处理责任事故的行政效率。

1.5　责任保险事故成立要件

一、损害事实。事故造成的损害事实存在，即被保险人对第三者造成的人身伤害或财产损失已经产生。如果责任事故发生了,但事故并未造成第三者任何损失,不存在损害第三者的事实,那么保险责任事故就不能成立。

二、民事性质。事故对第三者造成的利益损害责任必须是民事赔偿性质的,行政责任或刑事责任不属于保险人责任范围,保险责任不成立;即使属于民事责任,但不是经济赔偿责任,保险责任事故也不成立,例如,赔礼道歉责任等。

三、符合法律。事故所造成的第三者损害,依照法律规定,是被保险人原则上应向第三人(受害人)支付的赔偿金;法律没有规定是属于被保险人应承担的责任,虽然事故损害符合以上两要件,保险事故也不成立。

四、索赔要求。责任保险是以维护第三方利益为最终目的的。如果事故完全符合以上三要件,但事故发生后,受害人第三方没有向被保险人提出赔偿请求或放弃索赔权利的,则也不能构成责任保险事故,保险人不负责赔偿。

以上四要件必须同时具备,才能构成责任保险人对保险责任的承担,否则保险人责任免除。

1.6 责任保险险种

1.6.1 建工险项下第三者责任险

一、基本概念

建工险即建设工程一切险,其条款责任范围分为两部分内容,第一部分是物质损失部分,包括工程标的损失和相关费用的损失;第二部分是针对被保险人在施工过程中因可能产生的责任而承担的经济赔偿责任导致的损失。

二、赔偿范围

在保险期限内,因发生意外事故引起工地内及邻近区域的第三者人身伤亡、疾病或财产损失,依法应由被保险人承担的经济赔偿责任。

1.6.2 建筑工程质量责任保险

一、基本概念

建筑工程质量责任保险是指由于被保险人所提供的建筑产品(商品住宅或写字楼),质量经验收使用满一年后,由于质量缺陷而发生责任事故造成使用、消费者或其他任何人的人身伤害和财产损失,依法应由被保险人负责时,保险公司在约定的限额内负责赔偿的一种保险。

二、赔偿范围

建筑工程质量责任保险的责任范围一般包括两方面的内容:

1. 在保险期间内,由于被保险人所提供的建筑产品在保修期限内发生事故,造成使用、消费者或其他任何人的人身伤害、疾病、死亡或财产损失,依法应由被保险人负责时,保险人根据保单规定,在约定的赔偿限额内负责赔偿;
2. 被保险人为产品质量责任事故而支付的必要的仲裁费、诉讼费及经保险公司书面同意的其他费用，也由保险公司在责任限额内负责。

1.6.3 雇主责任保险

一、基本概念

雇主责任保险是指被保险人及雇主由于其受雇人在雇佣工作中因雇佣工作而引起的人身伤害，或职业病而造成人身伤害或死亡，根据《劳动法》和《合同法》规定应由被保险人即雇主承担的赔偿责任的一种保险。

二、保险特点

雇主责任保险所承保的雇主责任与雇主对雇员的责任是有所不同的。这是因为雇主对雇员的责任不仅包括雇主过失行为和无过失行为所致的雇员人身伤害赔偿责任，而且还包括雇主的故意行为所致的雇员人身伤害赔偿责任。保险人所承担的雇主责任绝对不可能包括被保险人即雇主的故意行为所产生的责任，只承保雇主的过失或者无过失风险责任。

一般来讲，雇主的过失或忽视责任有下列三种情况：（一）雇主提供危险的工作地点、机械工具或工作程序；（二）雇主提供的是不称职的管理人员；（三）雇主本人直接的疏忽或过失行为。

三、赔偿范围

（一）被保险人所雇佣的员工，在保险有效期内，在雇佣期间，从事保险单所载明的被保险人的业务与有关工作时，遭受意外而致伤、死亡或患有职业病，被保险人根据雇佣合同和相关法规，承担的医药费及经济赔偿责任；（二）被保险人因解决该赔偿案件责任而支付的诉讼费、仲裁费以及其他必要的、合理的费用，保险人依据保险单的规定，在约定的赔偿限额内予以赔付。

1.6.4 特种设备责任险

一、基本概念

特种设备责任险是被保险人为特种设备在使用中发生意外事故造成人身伤亡及财产损失风险，向保险人交纳保险费用，一旦发生意外事故依法应由被保险人承担赔偿责任，则由保险人负责承担赔付责任。

二、保险对象

特种设备是指因设备本身性能和外在因素的影响容易发生意外事故，且容易造成重大人身伤亡及财产损失的危险性设备，例如施工起重机、升降机等。凡是特种设备的使用单位或产权所有者必须投保特种设备责任险。

三、赔偿范围

在保险期限内，当事人双方约定并在保险单中列明的特种设备，在使用过程中发生意外事故，造成第三者的人身伤亡和财产损失、被保险人支付的经保险公司同意的诉讼或仲裁费用、被保险人为减少对第三者人身伤亡或财产损失的赔偿责任所支付的必要、合理的费用，依法应由被保险人承担的经济赔偿责任。

1.6.5 环境污染责任险

一、基本概念

即对于投保人发生污染环境事故给第三者造成的直接损害，依法应当由投保人（被保险人）支付的赔偿金额，由承保的保险公司按保险合同的约定直接向第三人赔偿或者支付保险金。

二、保险特点

环境污染责任险的被保险人主要是来自于企业，由于环境污染范围的广泛性，其受害主体具有不确定性，责任事故认定难度较大。

三、赔偿范围

第三者因污染损害遭受的人身伤亡或直接财产损失、第三者对污染物进行清理发生的合理必要的清理费、事先经保险人书面同意的相关法律费用、被保险人为了控制污染物的扩散，尽量减少对第三者的损害，或为了直接抢救第三者的生命、财产所发生的合理的、必要的施救费用，保险公司负责赔偿。

1.6.6 公众责任保险

一、基本概念

公众责任保险又称普通责任保险或综合责任保险，它主要承保在公共场所进行生产、经营等其他民事活动时，因疏忽、过失意外而造成他人人身伤亡和财产损失，依照法律应由被保险人承担的经济责任负责赔偿的保险。

二、保险发展

20世纪80年代后，随着法律制度的不断完善，公众索赔意识的增加，公众责任保险全面进入发达国家社会的各个领域和个人家庭。凡商场、宾馆、医院、工厂、机关、学校、娱乐场所等都投保公众责任险。它是责任保险中适用范围最广、形式最多、发展最具规模的险种之一。公众责任保险是我国物业服务企业投保的重要险种之一。

三、保险特征

公众责任保险有两个特征：（一）致害人不是事先确定的某一个人，损害行为是对大众的损害；（二）主要承担两部分经济责任，一是被保险人造成他人人身伤害或财产损失应承担的经济责任；二是在责任事故发生后，所引起的法律诉讼而产生的应由被保险人承担的相关诉讼费用。

1.6.7 交通事故责任强制保险

一、基本概念

机动车交通事故责任强制保险是指由保险公司对被保险机动车发生道路交通事故造成本车人员、被保险人以外的受害人的人身伤亡、财产损失，在责任限额内予以赔偿的强制性责任保险。

二、保险特点

有国家法律的规定具有强制性；总体上不盈利不亏损的原则审批保险费率，保险公司经营机动车交通事故责任强制保险不以盈利为目的具有公益性的特点。

三、赔偿范围

被保险人在使用被保险机动车过程中发生交通事故，致使受害人遭受人身伤亡或者财产损失，依法应当由被保险人承担的损害赔偿责任，保险人按照交强险合同的约定对每次事故在赔偿限额内负责赔偿。

1.6.8 安全生产责任保险

一、基本概念

被保险企业在生产经营管理过程中因意外发生安全生产事故造成的所雇员工以及第三者等受害人的人身伤亡（注：财产损失保险可以附加）应依法承担的民事赔偿责任为保险标的，按照保险合同约定的企业赔偿责任确定依据及方式确定赔偿责任额，在保险赔偿限额内进行赔偿的责任保险。

二、保险特点

内容综合了雇主责任保险、团体意外伤害险、第三者责任险的内容，保险的功能放大，具有综合性；安全责任保险是经国家安全监督总局特批的专业险种，按照"政府主导、市场运作"的模式着力推行责任保险，具有公益性特点。

三、赔偿范围

在保险期间内，被保险人依法从事生产、经营、储存等经营活动，因意外事故造成雇员或第三者的人身伤亡，由被保险人承担雇员及第三者的死亡、残疾、医疗费用及合理、必要的救援费用。

1.6.9 职业责任保险

一、基本概念

职业责任保险又称技术责任保险、业务过失责任保险，是以特定行业的从业人员，由于工作上的疏忽或过失而造成合同一方或他人的人身伤害或财产损失的经济赔偿责任保险，它是以职业责任风险为其标的的。目前，在发达国家的保险市场上，职业责任险涵盖了医生、护士、药剂师、兽医、美容师、律师、会计师、保险代理人与经纪人、董事及高级职员、公正人员等各个行业技术人员。涉及建设行业的有：工程设计责任保险、勘察责任保险、监理责任保险、房地产经纪人保险等。

二、保险特点

职业责任保险与其他责任保险相比较有四大特点：（一）属于技术性较强的工作的失误导致的责任风险；（二）它不仅与人的因素有关，而且也与单位或个人所掌握的知识、技术、原材料等缺陷有关；（三）它仅限于技术工作人员从事本职且保单明确规定的职业工作中出现的责任事故，如果技术人员同时具有两种以上的职业资格，保险人仅负责其投保的职业责任。（四）职业责任保险范围内的具体赔偿与其他责任保险有所不同，职业责任保险的保险责任不仅包括被保险人及其雇员因职业事故应承担的赔偿责任，而且还包括被保险人的前任与雇员引起的因职业事故应承担的赔偿责任，这是由职业技术服务和保险服务的连续性所决定的。

三、赔偿责任

职业责任保险的保险责任范围与其他责任保险相同，主要包括两方面：一是保单明确载明的保险事故所引起赔偿责任；二是责任事故所引起的诉讼费用和其他经保险人同意的费用。

四、具体种类

目前在世界范围内，职业责任保险险种已多达70多种，如医疗职业责任保险、律师责任保险、会计责任保险、董事及高级职员责任保险、个人责任险等。目前我国涉及建设行业的责任保险主要有：

（一）勘察设计责任保险。勘察设计责任保险从 2000 年开始试点，最早由人财保险公司负责承保，最早在深圳等地实践推广，是我国在工程建设领域引入责任保险较早，目前已发展为较为成熟的险种。

勘察设计责任保险是指被保险人工程设计师在约定的追溯期或保险期限内，在执行工程设计职务活动过程中，由于设计工作中存在过错行为导致建筑物的内在质量缺陷事故发生，从而对第三者造成了人身或财产损失，依法应由被保险人承担经济赔偿责任的险种。勘察设计责任保险从 2000 年开始试点，最早由人财保险公司负责承保。

（二）工程监理责任保险。我国 2002 年在上海、深圳、广州等地推广工程监理责任保险。公认的第一张监理责任保单产生于上海。2002 年 4 月 16 日，由人保公司承保的我国首份监理责任保险在上海诞生，上海对外建设咨询监理有限公司取得了 1000 万元的监理责任保险。

工程监理责任保险是指被保险人工程监理师在约定的追溯期或保险期限内，在执行工程监理职务活动过程中，由于在监理过程中存在过错行为导致责任事故发生，从而对第三者造成了人身或财产损失，依法应由被保险人承担经济赔偿责任的险种。

（三）物业管理责任保险。物业管理人员（被保险人），由于工作疏忽或过失导致第三者（物业的使用者）发生意外事故造成的人身伤害或财产损失时，应由保险人承担经济赔偿责任。物业责任保险分为基本险保险和附加停车场盗窃、抢劫责任保险两部分。在我国人保财险是开发物业责任保险条款最早的保险公司。

1.6.10 工程保证保险

一、基本概念

工程保证保险是指担保人和被担保人签订担保协议，并向受益人保证，如果被保证人无法确保工程质量或违约，则由保证人履约或赔偿。然后保证人再行使追债权利或没收保证金，处置反担保资产的一类保障机制。

二、保证保险作用

保证保险制度是一种维护建设工程市场秩序的风险管理机制，它的建立与实行可以强化市场的守信机制，使不合格的主体逐步退出建筑市场，保证参与工程各方守信履约，对建立统一开放、公平交易、竞争有序的建筑市场运行机制具有十分重要的意义，因此，将其放在本书中加以介绍。

三、具体种类

国际工程担保的种类主要有：投标保证担保、履约保证担保、维修担保、付款担保、预付款担保、分包担保、差额担保、完工担保、业主支付保证担保以及其他形式的担保。我国推行保证担保制度包括：投标委托保证合同、投标保函；业主支付委托保证合同、业主支付保函；承包商履约委托保证合同、承包商履约保函；总承包商付款（分包）委托保证合同、总承包商付款（分包）保函；总承包商付款（供货）委托保证合同、总承包商付款（供货）等。

第2章 责任保险发展状况

2.1 责任保险的起源与发展

2.1.1 责任保险发展概述

工程领域中的责任保险与工程财产保险相比较其历史要早得多。一般认为，工程保险最早是起源于1929年的英国保险市场，伦敦建设跨越泰晤士河的拉姆贝斯桥时签订的第一份保单，开创了建设工程保险的先河。而工程责任保险体系中的雇主责任险，最早可追溯到19世纪初的法国，它是工程领域最早兴起的责任险种雏形。

1804年，法国正式颁布了《法国民法典》，又称为《拿破仑法典》，这部法典中首次出现了损害他人财产或身体者应承担赔偿责任的规定。民法典规定：任何人其行为引起他人损害则应对他人的损害承担过错侵权责任，任何人不仅要对自己的行为导致的损害承担损害责任，而且还要就其疏忽或轻率行为造成的损害承担责任。由于法律责任风险的存在，法国率先开办了责任保险公司，建立了责任保险制度。

19世纪中叶后，随着工业革命进程，责任保险在欧美国家包括工程领域在内的许多领域开始实施，1875年英国沃顿保险公司签发了第一张公众责任保险单；1880年，英国颁布了《雇主责任法令》，法令规定如果雇主的过失是导致雇员遭受伤害的原因，雇主必须为此承担赔偿责任，雇主责任保险公司也同时成立。

最初的雇主责任法完全建立在雇主过失原则上的，要使雇主承担责任，必须首先证明雇主确有过失，受到伤害的雇员获得赔偿的条件过于苛刻。伴随着工业革命的不断深化，过失原则被劳工赔偿原则所取代，劳工赔偿法也随之出现。制定劳工赔偿法的目的在于通过法律的形式，规定雇主对其雇员遭受的工伤承担绝对责任，不论雇主有无过失。劳工赔偿费用可计入生产成本，受到伤害的雇员能够获得及时、有效的经济赔偿。

工程责任保险的迅速发展是在第二次世界大战后，欧洲进行了大规模的恢复生产、重建家园的活动，在战后欧洲大规模的重建过程中，业主及承包商等建设市场主体面临着难以承受的巨大责任风险，为转嫁工程期间的各种风险，需要设立工程保险来提供保障。1945年，英国土木建筑业者联盟、工程技术协会及土木建筑者协会共同研究并制定了《承包合同标准化条款》，并引进了承包人投保工程保险的义务，促进了工程保险的迅速发展。1950年国际咨询工程师联合会组织制定了标准的《土木建筑合同条款》（简称FIDIC），规定承包商要对工程项目进行保险，并将其作为施工合同条件重要内容之一。FIDIC所涉及的保险除了工程保险外包括了工程责任险种，例如：第三者责任保险、雇主责任保险以及咨询工程师职业责任保险等。FIDIC条款的制定，有力地促进了工程责任保险的发展。

20世纪70年代以后,责任保险进入黄金时期。在这个时期,工程领域的雇主责任保险已成为普及性的保险险种,投保雇主责任保险已成为许多国家的雇主必须履行的法定义务。与此同时,职业责任保险开始在西方国家风行并走向成熟和完善,诸如包括建筑设计师、建筑工程师、咨询工程师在内的至少八十种职业人员及其他服务项目提供者的不同类型的职业责任保险业务。

20世纪70年代以来,工程责任损失开始以稳定的速度增加,保险赔偿额也相应地提高。到20世纪80年代,由于巨额的责任损失,美国的保险赔偿额开始以惊人的速率上升,从而产生了所谓的"保险危机"。例如1984年,美国各州法院受理了超过1660万件的土木工程诉讼;联邦法院受理了超过15万件。对于工程师职业责任,每100家公司就有44家被提出索赔,索赔额由1978年的平均40000美元增加到了1984年的平均148480美元。

在近200年的发展历史中,尽管责任保险遇到过种种挫折,但保险公司在实践中积累了丰富的经验,保险公司在不断完善保险管理机制的过程中,始终保持着良好的发展态势,对转移责任风险发挥了巨大的作用,成为企业、团体乃至政府机关必不可少的风险保障工具。美国的责任保险早在20世纪70年代末就占整个非寿险业务收入的40%~45%,欧洲一些国家的责任保险业务占整个非寿险业务收入的30%;日本的责任保险业务收入占整个非寿险业务的20%~30%;进入20世纪90年代,发展中国家开始对责任保险予以高度关注。

2.1.2 责任保险制度特点

一、美国——保险市场高度发达

美国拥有世界上最大的保险市场,无论保险商的数量,还是保险的业务量都当之无愧堪称世界一流。在美国,每个保险公司所提供的险种不尽相同,与工程建设有关的责任险种主要包括:一般责任险、产品责任险、职业责任险、机动车辆责任险、环境污染责任险等。还有两种由业主将工程项目各方风险综合起来,统一向保险公司投保的险种,即综合险和伞险。这些险种既符合国际惯例,又颇具本国特色。

美国的职业责任险属于强制保险,需要承担责任的专业人士,若不参加保险,无法获准开业。在国际保险市场上,美国的职业责任保险发展最为典型。1948年,美国国家工程师协会(The National Society of Professional Engineers)首次投保工程师职业责任险。到了1956年,英国的Lloyd's of London已经在美国经营几乎所有已有的责任保险业务,但工程师职业责任保险的服务对象仅限于得到认可的三个工程师组织。自1957年以来,美国的保险公司开始向美国建筑师协会和联邦工程师协会提供职业责任保险。

综合险是将所有承包商、分包商、设计商等自行投保并由业主支付保险费的险种集合起来,统一由业主向保险公司进行投保。综合险适用于特大型工程建设项目,其主要优点在于集中所有风险,统一购买一个险种,以享受保费优惠,避免漏保或重保。综合险在美国是强制险。

伞险是一个提供超出保险单保险限额的险种,通常包括:工程保险和一般责任险、雇主责任险、职业责任险、机动车辆责任险等。伞险的承保范围比较广泛,但其要求也更为严格,伞险在美国也属于强制保险。

美国工程责任保险制度的特点是：保险市场高度发达，责任保险品种门类齐全；与保险相配套的法律体系健全完善；保险人积极协助投保人成为化解工程责任风险的有效途径；保险公司返赔率高，利润率低，服务全面；保险经纪人在保险业务中扮演了不可替代的角色；行业协会在工程保险中发挥着重要的作用。

二、英国——责任保险历史悠久

英国的责任保险具有百年的历史，责任险在英国非寿险市场中占有比较重要的地位，2005年责任保险净保费收入为46.4亿英镑，占英国非寿险净保费收入的12.92%。在英国的保险市场上，与工程保险相关的强制责任险有：雇主责任险、职业责任险、公众责任险、产品责任险、董事责任险等。此外，英国还有一些特殊的责任险，包括名誉损害责任险、环境污染责任险等。英国保险市场以雇主责任险著称，按照保费收入统计，雇主责任险在整个责任保险中的地位最为重要，约占1/3的市场份额。英国的责任保险发展主要得益于其良好的法律环境。

（一）雇主责任险。雇主责任险是英国最早兴起的险种之一。1880年，英国颁布了《雇主责任法令》，规定如果雇主的过失是导致雇员遭受伤害的原因，雇主必须为此承担赔偿责任。雇主具有下列应尽义务：提供适当安全的工作场所，提供适当安全的工具，提供智力相对健全、身体健康的同事，制定安全规章制度并加以实施，告诫雇员工作中本身固有的和难以预见的任何危险因素等。雇主责任保险公司同时成立。

1972年开始实施《雇主责任强制保险法》，该法规定除了少数机构（如政府机构、国有企业、国家医疗机构等）外，绝大多数雇主必须为其雇员购买雇主责任险，雇员范围包括正式员工、临时员工和学徒。

1998年，英国劳工部修订《雇主责任强制保险条例》，该条例进一步规定雇主责任险的最低限额为500万英镑，英国的企业在购买雇主责任险后会得到保险公司出具的证书。2004年英国的雇主责任保险投保率为90%，没有投保雇主责任险的大多数为10人以下的企业，大、中企业投保率基本100%。虽然法律要求雇主责任险的最低限额为500万英镑，但在实际操作中，绝大多数企业选择1000万至5000万英镑的责任限额。

（二）职业责任险。英国的职业责任保险历史悠久，职业责任保险在英国并不是法律意义上的强制保险，但是英国某些政府部门以及职业组织的规章使得职业责任保险成为"准强制保险"。例如，英国金融监管局规定，金融咨询机构必须购买职业责任保险，职业责任保险成为金融咨询机构事实上的强制保险。英国律师和医师行业也把投保职业责任险作为行业标准，因此，这两个行业的投保率都非常高。2004年英国职业责任保险的整体投保率为18%，其中建筑业为16%，制造业为16%，医疗机构为81%。根据职业以及企业规模的不同，英国职业责任保险的最低限额跨度较大，范围从200万英镑至1亿英镑或更高。

（三）董事责任险。英国2005年4月实施的新《公司法》使得公司董事将有可能面临个人破产的风险。这给英国的董事责任险市场带来前所未有的机遇，因为很多企业发现如果不购买董事责任险，就很难吸引合适的人进入董事会。此外，一些英国公司的股票在美国预托证券市场上市交易，这些公司不仅接受英国法律的监管，还要服从美国的《2002年萨班斯-奥克斯利法案》，因此，一些公司一般都购买了董事责任险。据UAP公司1997年的一项市场调查显示，英国年营业额超过1亿英镑的企业中有65%购买了董事责任险，而年营业额低于 500 万英镑的企业中只有 10% 购买了董事责任险。其中在伦敦股票市场以及在美国 ADR 市场上市的公司购买董事责任险的比例接近 100%。

（四）公众责任保险。公众责任险在英国并不是强制险，但绝大多数商业合同都要求附加公众责任险，因此投保率也很高，保持在 90% 以上，其中大、中型企业的投保率接近 100%。公众责任险的限额与雇主责任险类似，一般在 1000 万至 5000 万英镑之间。

（五）产品责任保险。产品责任险在英国也不是强制险，但大多数企业认为从长期经营的角度考虑，购买产品责任险是节省成本的手段，因此，平均投保率保持在 40% 以上。另外，由于美国具有较恶劣的诉讼环境，出口产品到美国的英国企业基本都购买了产品责任险。产品责任险的保单比较多元化，其责任限额依据产品类型而定。

三、法国——强制性保险与工程质量责任险

法国责任保险特点是起步时间较早，发展比较完善，具有如下特点：一是政府高度重视责任保险功能，目前法国政府已经对 80 多个职业进行了强制性责任保险，保障了责任保险的快速普及和发展。同时规定，对于建筑、汽车、医护等行业的投保人，如果因为个人原因无法获得保险公司保障，可以向政府申请，政府专门部门强制某保险公司以规定的费率和承保条件承保；二是险种相对集中，企业和职业责任保险所占比例高达 95%，个人责任险仅占 5%；三是中介作用明显，目前法国责任保险的保单中 82% 是通过中介销售的，保险公司直接销售的仅占 1%。

法国是典型的实行强制工程责任保险制度的国家。法国于 1980 年颁布的《建筑职责与保险法》分为建筑责任、技术监督、强制保险与建筑保险四个部分。该法明确规定：凡是涉及工程建设活动的所有单位，包括业主、建筑师、总承包商、设计单位、施工单位、建筑产品制造商、质量检定机构等均应当向保险公司进行投保。保险的范围包括新建、改建或维修工程的结构失效以及建筑所在场地的破坏等。同时还包括了可能产生的第三者责任风险。

《建筑职责与保险法》明确规定：工程竣工后承包商应对该工程的主体部分在十年内承担缺陷保证责任，对建筑设备在两年内承担功能保证责任。由于质量责任期较长，一旦工程出现较大质量问题，承包商的经济负担很重，业主也不能及时得到赔偿。实行强制工程保险制度，承包商必须向保险公司进行投保，保险费率根据建筑物的风险程度、承包商的企业声誉、质量检查的深度等综合考虑，一般要负担相当于工程总造价 1.5%~4% 的保险费。工程交付使用后，若第一年内发生质量问题，承包商负责维修并承担维修费用；若在其余九年内发生质量问题，承包商负责进行维修，而维修费用则由保险公司承担。

通过实行强制工程保险制度，保险公司将在施工阶段积极协助监督承包商进行全面质量控制，以保证工程质量尽量不出问题，保险公司就可以不承担或减少承担维修费用。而承包商为了提高企业信誉，承接更多的工程，争取保险费的优惠，必然加强自身的质量意识和质量管理，想方设法提高工程建设质量水平。只有这样，承包商才能赢得良好的社会形象，在激烈的市场竞争中维持生存，寻求发展。工程保险制度的推行，迫使各方为了维护自身的利益积极参与工程质量的监督控制，力争创造优质工程，客观上最大限度地保护了国家、业主和使用者的合法权益，有力地促进了工程建设质量管理的良性循环。

四、德国——责任保险与安全监督相得益彰

德国是最早实行雇主责任保险制度的西方国家，可以追溯到 19 世纪 80 年代，至今已

有百余年的历史。《德国民法典》规定：所有雇主都必须承担保护本企业所有雇员的安全健康责任。德国政府授权建筑业事故保险联合会负责安全生产的行业管理，该联合会属于半官半民的性质。联合会以工伤事故保险为核心，具体开展制定安全生产技术法规、组织培训教育、事故调查统计、工伤疾病保险等工作。

每个企业都必须加入所在地区的联合会，成为联合会的成员。凡承揽工程建设项目的承包商雇主，必须按照雇员人数以及工种的危险程度向联合会交纳保险费，由联合会负责承担保险，保险费平均为雇员工薪总额的 1.36%。联合会承保范围包括三种情况：工地上发生的工伤、上班途中发生的伤亡事故以及职业病。但对在工地上干私活、故意违章等行为不予保险。一旦发生工伤事故，由联合会负责康复和补偿事宜，与承包商雇主不再发生任何关系。安全监督工程师代表政府对施工安全生产进行监督检查。其具体职责包括：起草安全生产技术法规，监督安全法规的实施情况，检查所管辖施工现场的安全生产，对于违规者提出警告、罚款以及责令停工等。安全监督工程师必须受过专业教育，具有现场管理经验，经过建筑业联合会培训认可。

德国有关法律规定，凡雇佣员工 21 人以上的建筑企业，必须设有专职安全管理员，不足 21 人的建筑企业必须设有兼职安全管理员，安全管理员应该定期培训，持证上岗。德国上述制度对于加强建筑施工安全生产管理，保障人身财产安全发挥了极其重要的作用。这些制度也是德国长期建筑施工安全生产管理的经验总结，值得我国认真借鉴和学习。

在德国，环境保护比其他任何国家都受到关注，环境法因为环境标准十分严格而被称为"最绿的环境法"，德国的环境法律体系中最具代表性的两部法律是《环境责任法》和《环境损害赔偿法草案》。德国在环境污染责任保险方面，最初兼用强制责任保险与财务保证或担保相结合的方式。德国自 1990 年 12 月 10 日《环境责任法》通过和实施之后，开始强制实行环境损害责任保险，要求其国内所有工商企业都要投环境责任险。

《环境责任法》还以附件方式列举了存在的重大环境。为确保环境污染受害人能够得到赔偿，加害人能够履行其义务，德国《环境责任法》第 19 条明确规定：列入特定名录设施的经营者必须采取责任保证措施，包括与保险公司签订损害赔偿责任保险合同，或由州、联邦政府、金融机构提供财务保证或担保。如果经营者未能遵守提供保险等财务保证的规定，或者未向主管机关提供其已经做出保险等财务保证的证明材料，主管机关可以全部或部分禁止其设施的运行，并对违反规定的设施经营者，处一年以下有期徒刑或罚金。

2.2 国内责任保险制度建设

2.2.1 行业安全生产责任保险制度

我国加快责任保险制度建设与责任保险推广工作是近十几年来的事情。2003 年 10 月 28 日《中华人民共和国道路交通安全法》（国家主席令第 8 号）明确规定：国家实行机动车第三者责任强制保险制度；

2005 年，中国保监会与国家安全生产监督管理局就煤炭雇主责任保险、与公安部消防局就火灾公众责任保险、与卫生部就医师、院方职业责任保险等进行了联合调研，并在北京、上海、广东、深圳、海南、山西、河北、吉林、安徽9省市启动火灾、煤矿、公众场所各类责任保险的试点工作；

2006年3月21日国务院颁布《机动车交通事故责任强制保险条例》（国务院令第462号、2006年7月1日施行）规定：在中华人民共和国境内道路上行驶的机动车的所有人或者管理人，应当依照《中华人民共和国道路交通安全法》的规定投保机动车交通事故责任强制保险，交通事故责任保险成为我国第一个强制险；

2006年5月31日，国务院第138次常务会议专题研究保险业改革发展问题，制定和发布了《国务院关于保险业改革发展的若干意见》（国发〔2006〕23号），其中提出要"大力发展责任保险，健全安全生产保障和突发事件应急保险机制"；

2006年9月27日，国家安全总局、中国保监会发布《关于大力推进安全生产领域责任保险健全安全生产保障体系的意见》（安监总政法〔2006〕207号）提出：逐步建立起符合各行业安全发展需要的责任保险制度，初步形成"政府推动、市场运作"的安全生产领域责任保险发展机制的工作目标；

2007年中国保监会与国家安全监督管理局联合下发《关于重庆市推行高危行业责任保险试点通知》，重庆市正式作为全国推行高危行业责任保险的试点城市；

2007年12月4日国家环保总局、中国保监会下发《关于环境污染责任保险工作的指导意见》（环发〔2007〕189号）要求各级环保部门和各级保险监管部门要充分认识到环境污染责任保险的重要性，在当地政府的统一组织下，积极开展环境污染责任保险制度的研究及试点示范工作，结合当地实际，制订工作方案，认真履行职责，推动本地区环境污染责任保险工作实施；

2008年10月28日国家颁布《中华人民共和国消防法》（主席令第6号、2009年5月1日施行）明确提出：国家鼓励、引导公众聚集场所和生产、储存、运输、销售易燃易爆危险品的企业投保火灾公众责任保险；鼓励保险公司承保火灾公众责任保险；

2009年3月国务院公布新修改的《特种设备安全监察条例》（2009年5月1日起施行），针对近年来我国特种设备数量的急速增长，首次强调：国家鼓励实行特种设备责任保险制度，以提高事故赔付能力。江西、贵州、云南、安徽、浙江、四川等省下发文件积极推行；

2009年7月20日国家安全局下发的《关于在高危行业推进安全生产责任保险的指导意见》（安监总政法〔2009〕137号）中提出，在安全生产领域引入保险制度，特别是高危行业推进安全生产责任保险，首次正式提出"安全生产责任保险"的概念；

2010年6月3日重庆环境污染责任保险试点企业签约仪式在重庆市北碚区环保局成功举行，标志着重庆环境污染责任保险试点工作由准备阶段正式转入实施阶段；6月4日广东省环保厅提出，将在珠三角城市圈先行开展环境污染责任保险试点，并建立环境损害赔偿政策机制；6月5日江苏省苏州市由太平洋保险作为主承保单位，承保苏州市环境污染责任保险，总保额达1.32亿元，是目前全国最大的环境污染责任保险项目；依据环境保护部发布的《2009年中国环境状况公报》显示，2009年全国9省市已在全省或部分地区开展试点，10多家保险企业推出了环境污染责任保险产品。

至此，我国社会安全生产责任保险体系基本形成，责任保险开始进入试点推进阶段并逐步驶入快速发展阶段。

2.2.2 建设安全生产责任保险制度

建设工程领域保险制度创建与全国责任保险制度建设同步，其提出与发展是以整顿规范建设市场为鲜明标志的。

一、根据我国建设事业的发展和建设市场存在的问题，早在1999年原建设部向国务院建议把推广工程保证担保制度作为"十五"期间的一项重点工作。同年，原建设部下发了《关于在我国建立工程风险管理制度的指导意见（讨论稿）》，把推行工程担保和工程保险作为建立工程风险管理制度的重要内容，以此作为我国政府对建设活动监督管理方式改革、用经济手段强化工程质量管理的一个重要手段。

二、1999年12月9日，原建设部下发《关于同意北京、上海、深圳市开展工程设计保险试点工作的通知》，2000年1月在北京、上海、深圳3个城市正式启动了工程设计责任保险试点工作。

三、2002年10月24日，时任国务院副总理的温家宝就工程保险问题做出批示，要求原建设部和保监会研究解决工程保险制度建设问题。

四、2003年11月14日，为进一步整顿规范建设市场秩序，原建设部颁布了《关于积极推进工程设计保险工作的指导意见》（建质［2003］218号）指出：各地建设行政主管部门要充分认识建立工程设计责任保险制度的重要性，结合本地区的实际，积极、稳妥地推进此项工作，力争于2004年年底前，在全国范围内建立工程设计责任保险制度。要加强对住宅小区和公共建筑等工程项目风险的监督管理。设计企业应提供具有赔偿能力的证明，同时，业主应该向设计企业提供设计费支付担保。此后，在北京、上海、深圳、河北、贵州、宁波、哈尔滨7个省市开展了勘察设计责任保险的试点，并逐步在全国范围推广。

五、2004年3月为解决农民工工程款的拖欠问题，建立长效机制，原建设部颁布《关于建设领域解决拖欠工程款问题工作方案》（建市［2004］63号），方案中指出，原建设部会同国家发改委、财政部、人民银行、银监会、保监会负责在2004年6月底前提出《关于在房地产开发项目中推行业主工程款支付担保制度的规定》。由国家发改委会同有关部门研究关于在政府投资工程中推行担保制度的问题，提出建立业主工程款支付担保制度。

六、2004年8月原建设部下发《关于在房地产开发项目中推行工程建设合同担保的若干规定（试行）》（建市［2004］137号）。

七、2005年5月原建设部印发《工程担保合同示范文本（试行）的通知》（建市［2005］74号）。文本中对投标委托保证合同、投标保函，业主支付委托保证合同、业主支付保函、承包商履约委托保证合同、承包商履约保函、总承包商付款（分包）委托保证合同、总承包商付款（分包）保函、总承包商付款（供货）委托保证合同、总承包商付款（供货）保函作了规范。

八、2005年8月召开了全国性的"中国工程担保论坛"和"中国工程担保座谈会"，2005年10月颁布了《关于选择深圳、厦门等城市作为推广工程担保试点城市的意见》，确定天津、深圳、厦门、青岛、成都、杭州、常州7个城市作为推行工程担保试点城市，为进一步推行工程担保制度积累经验。

九、2005年8月，原建设部与保监会就工程质量保险制度问题联合印发了《关于推进建设工程质量保险工作的意见》（建质［2005］133号）指出：各地建设行政主管部门和保险监管部门要加强对工程质量保险工作的指导，有关单位也要高度重视，积极参与，主动配合，共同推进工程质量保险工作健康发展。工程勘察单位、设计单位、监理单位、施工图审查机构、工程质量检测机构等应积极投保相应的责任保险。

十、2006年5月保监会批准了中国人民保险公司的《建设工程质量保险条款》。同时，在北京、上海、深圳等14个城市正式启动建筑工程质量保险的试点工作。

十一、2006年12月，原建设部为进一步推动工程担保制度，再次下发《关于在建设工程项目中进一步推行工程担保制度的意见》的通知（建市［2006］326号）指出：发挥市场机制作用，结合信用体系建设，调动各方积极性，积极推行工程担保制度。同时规定，工程建设合同造价在1000万元以上的房地产开发项目（包括新建、改建、扩建的项目），施工单位应当提供以建设单位为受益人的承包商履约担保，建设单位应当提供以施工单位为受益人的业主工程款支付担保。其他工程担保品种除了另有规定外，可以由建设单位、施工单位自行选择实行。同时，各地应积极鼓励开展符合建筑市场需要的其他类型的工程担保品种，如预付款担保、分包履约担保、保修金担保等。

十二、2007年9月29日，中国保监会下发了长安责任保险有限公司开业批示。这是原建设部等10部委历时10年筹建的首家主要经营工程专业责任的保险公司。批件要求，长安责任保险公司责任保险和法定责任保险保费收入占全部保费收入不低于60%。

十三、2010年2月26日在《住房和城乡建设部建筑市场监管司2010年工作要点》（建市综函［2010］14号）中，将推动工程担保制度发展，提出进一步深化工程担保试点工作指导意见作为2010年七项重点工作之一。

2.3 责任保险制度发展动因

2.3.1 民事法律环境的改善

近年来，责任保险的发展得益于我国的法制环境有了较大的改善，继《民法通则》颁布之后，又陆续颁布了《消费者权益保护法》、《产品质量法》等一系列法律法规，大大激发了公众维护自身权利的意识。2003年12月最高人民法院颁布了《关于审理人身伤害案件有关问题的司法解释》，对人身损害赔偿项目、数额、标准等做出了新规定，明晰了赔偿标准，使得法律规定更有利于保护受害人的利益，致害人面临的民事责任风险明显增加，对责任保险的发展起到了积极作用。2009年5月颁布了《侵权责任法》为社会公众人身伤害和财产损失的索赔提供了更加广泛、坚实的法律依据。

2.3.2 行业法律体系的健全

随着民事法律环境改善的同时，行业法律法规建设也不断得到完善，继《建筑法》颁布之后，《招标投标法》、《安全生产法》、《环境保护法》、《物权法》、《特种设备监督管理条例》、《建筑工程质量管理条例》、《建设工程安全管理条例》、《物业管理条例》以及各类工程职业人员责任规范的相继出台，建设行为主体的法律责任更加规范、明确，社会公众的法律观念和维权意识逐步增强,行为主体面临的损害赔偿责任日益增大等,为减轻责任风险的压力,企业需要引入保险机制,建立保险制度安排,以转移风险,稳定企业的经营生产,增加了对责任保险市场的有效需求。另外,我国先后颁布了《保险法》、《合同法》、《担保法》等经济法规,为规范保险担保市场提供了重要的法律依据。

2.3.3 无过错归责原则的运用

近年来,无过错责任在我国民事责任领域得到一定运用。民事责任传统上采取过错责任原则,只有致害行为主体存在过错时,才对受害人承担民事赔偿责任,没有过错,行为人不承担赔偿责任。随着我国安全生产事故逐步增加,为了填补受害人损害的凸现,我国在某些领域的民事法律中规定运用无过错归责,将无过错归责与过错归责放在同等重要地位。运用无过错归责虽然能够有效地保护受害人的合法权益,但也应该看到,其结果必然加重致害行为人承担责任的负担,不利于个人资源、社会资源的有效利用。而责任保险的介入,将损失分散于大众,做到损害赔偿社会化,实际上是强化了致害行为人的赔偿责任,提高了致害行为人填补受害人损失的能力,具有稳定社会、行业秩序,符合社会、行业的公共利益,这也是导致责任保险发展的重要动因。

2.4 责任保险取得的成绩

2.4.1 保费收入稳步增加

随着20世纪90年代工程责任保险制度的提出和推广,工程责任保险从无到有,经历了逐步发展的过程。特别是近十几年来,工程责任保险逐步被工程界所接受,成为保障工程建设转移风险和顺利进行的重要机制。

从工程保险及第三者责任保险的保费收入来看,从1998年的6亿元增长到2007年31亿元,增长了4倍多,年均增长率分别为17.7%,增长速度非常快,高于保费年均增长14.6%的速度,与固定资产投资的年均增长率17%相当。从有关比例结构来看,工程保险保费收入已占整个财产保险保费收入的比例从12‰增长到了16‰,工程保险及责任险保险费占全社会固定资产投资额的比例从无到有,目前已为万分之二左右,表明我国工程保险市场的潜在需求巨大。

2.4.2 保险产品不断增加

近年来,随着工程责任保险市场需求的增长,各保险公司根据市场的需要先后推出新的保险产品,产品体系逐步完善。目前中国人民财产保险有限公司、中国平安保险有限公司、太平洋保险有限公司、长安责任保险有限公司等10多个保险机构已研制、开发了相应的责任险种,积极开展工程责任保险业务。

例如,人民财产保险有限公司从2002年开始就参与原建设部和保监会的建设工程质量保险制度项目。目前,已经建立了包括建筑施工企业雇主责任险、建筑工程勘察责任保险、建设工程设计责任保险、单项建设工程设计责任保险、建筑工程质量责任保险、住宅质量保证保险、安全生产责任保险等系列产品在内的一揽子建设工程责任保险产品体系。

2.4.3 试点工作稳步推进

在住房和城乡建设部、中国保监会的积极努力下，全国试点工作积极推进，到2010年止，建设工程勘察设计责任保险已在全国普遍实施。勘察设计责任保险的实施。既节约了勘察设计单位的风险成本，又有力地维护了勘察设计市场的秩序，充分发挥了责任保险的保障机制。

建设工程质量责任保险已取得阶段性成果，在北京、上海等14个试点城市取得突破性进展的基础上，2010年6月中国土木工程学会与长安责任保险公司合作，以苏州天辰花园、珠海格力广场等工程质量责任保险为试点的项目正式交付；6月3日由中国土木工程学会、中国土木工程学会住宅工程指导工作委员会主办的举行"推行工程质量责任保险，全面提升住宅小区工程质量和整体水平经验交流会"在珠海举行。

同时，适用于建设工程领域的第三者责任险、施工雇主责任险、公众责任险、工程监理责任险、物业管理责任险、特种机械责任险以及环境污染责任险等，正在稳步推进，逐步被业主、承包人、职业人所重视。我国责任保险的新品种——安全生产责任保险已初见端倪，目前在全国各行业积极试点推行。至此，我国的工程责任保险与担保制度体系初步形成，责任保险制度建设已驶入快车道。

2.4.4 专业经营取得突破

我国财产保险公司数量有了明显的增长，从1998年的13家（含外资）增长到2007年年底的42家，其中中资产险公司27家，外资产险公司15家（保监会统计数据）。财产保险市场出现了专门从事建筑工程保险业务的专业性责任保险公司。

2007年9月长安责任保险股份有限公司成立，这是由住房和城乡建设部牵头，10部委共同支持，历经10年组建的我国首家工程专业的责任保险公司，总部设在北京。长安责任保险作为我国第一家工程专业责任保险公司，经营范围除一般性的财产保险、信用保险、保证保险等险种外，主要以责任保险为特色。

2007年2月安诚财产保险股份有限公司成立，总部设在重庆。安诚保险公司作为目前国内唯一以"安全"为主题定位的专业化财产保险公司，优先发展与安全生产责任相关的保险业务，创新开发其他责任保险险种，开创了商业保险与安全生产、安全运营有效结合、良性互动的合作模式。

2.5 责任保险现状与障碍

2.5.1 责任保险现状

建设工程保险制度已经推行多年，但由于种种原因，保费规模较小，参保企业较少，有些险种仍处于试点阶段。据统计，全国建设工程参与保险的程度，仅为全国保费收入的10%左右，而10%中建工险、建安险和意外险占有相当大的比例，涉及责任保险所占比例就可想而知了。

另据统计，全国每年的建筑工程保险费大约仅为建安工程投资量的 0.2‰，国内办理工程保险的工程项目不足 10%，其中商业性建筑占 80%，市政工程占 15%，其他工程占 5%，我国工程保险发展严重滞后于建筑业发展的要求，而发达国家建设工程的投保率几乎为 100%。

2.5.2 责任保险障碍

一、法律体系不完善

目前适用法律主要有：《民法通则》、《关于人身伤害审理案件的司法解释》、《侵权法》、《建筑法》、《招标投标法》、《物权法》、《安全生产法》、《担保法》、《保险法》等，并已成为开展工程领域保险的基本法律依据。尽管此类法律为数不少，但真正涉及建设工程保险内容的条款并不多见，而且，大多从行政管理的角度提出一些原则要求，缺乏完整性和系统性。

就《民事通则》而言，其本身也就不到 200 条，对民事责任方面的规定也相当概括，而且规定是以"过错责任原则"为主，也难以实现对社会公众的有效保护。主要是因为政府部门运用保险机制处理经济社会事务的意识不强，习惯于运用行政手段处理安全事故，市场机制作用未得到充分发挥，有些规定缺乏刚性，特别是与安全生产息息相关的建设工程领域，还没有专门针对建设行业的强制性责任保险的法律规定。

二、法律操作性不强

目前我国已有的法律法规，缺乏具体针对建筑工程领域特点的配套法规措施，由此造成在建设工程领域责任投保实践中，感到缺乏可操作性。例如，最高人民法院对《担保法》的 134 条解释，没有一条涉及建设工程保险内容的，使工程担保制度缺乏具有操作性的法律层面的支持，工程担保制度建设步履维艰。近年来，呼声颇高的多个险种的强制保险，也缺乏操作性法律的支持，只能流于"纸上谈兵"。建设工程责任保险的操作性的法律条文，目前几乎是空白，有也是停留在行政规章的层面。另外，从我国整个保险制度建设情况看，对于保险执法的监督力度不够，导致许多有关保险的法律法规形同虚设，也是导致责任保险制度发展的阻因之一。

三、保险产品单一化

当前适应建设工程领域的保险品种缺乏创新，产品单一，承保范围窄，各险种相互之间内容有交叉，而且费率标准差异不大，保单内容缺乏可选择性，无法满足行业行为主体的个性化需求。例如，商业保险与社会保险的交叉、商业保险险种之间的交叉，使行业主体面临多种保险选择的局面，无形中增加了企业的经济负担，而且有些保险理赔手续烦琐，定责复杂，一旦发生保险责任事故，赔偿不能及时到位，赔付率又比较低，不能满足企业转移责任风险的需要，缺乏创新符合行业实际整体设计的一揽子险种。特别是近年来发生重大建设工程安全责任事故中，通过保险获得补偿非常有限，责任保险作为转移风险的作用还未得到有效体现。

四、保险意识不强

一是投保意识不强。行业从业者对责任保险重视不够，对保险知识知之甚少。有些投保人为追求短期效益最大化，疏于对安全工作的投入和检查，而且对自己应该承担的赔偿责任也不清楚，对责任保险的转嫁责任风险功能缺乏了解。有些单位个人即便知道其责任风险，仍存侥幸心理，不想投保。部分企业法律和诚信意识淡薄，发生损害赔偿事故后，以种种形式逃避赔偿责任，也不愿投保。这些现象的存在，导致了责任保险的有效需求严重不足。

二是索赔意识不强。受害人自我保护意识不强，很多受害人对法律规定还不了解，不懂得通过司法诉讼的方式维护自己的权利，或者因为不熟悉法律的相关要求，不能及时、有效地获取证据，导致权利丧失，或存在"生死由命、息事宁人"以及其他原因而放弃索赔，尤其在当前建设市场竞争激烈的状况下，上述意识普遍存在，没有形成对致害行为人的风险压力。

五、缺乏外在的动力

一些公有投资项目一旦遭遇风险，在没有保险的保障下，往往由"公方"买单。"公方"可能是国家、地方政府或某单位。建设项目的风险与法律意义上的行为人利益没有直接挂钩。这使得行为人很难成为责任保险的推动者。从承包商方面看，建设市场不需要承包商履约担保，建设市场的准入主要看企业的资质，而不是风险承担能力。业主对承包商的要求主要是垫资能力、低价承保能力、与业主长期的合作关系等，而不是各类担保。由于建设市场的激烈竞争，承包商也没有转移风险的能力。另外，由于意识、谈判地位、最终价格等问题，保险的真正受益者，包括企业、从业人员、第三方、建筑产品的最终消费者还没有形成表达正当交易需求的力量。业主和总承包的发包方在市场交易中属于强势群体，当强调公平交易的保险制度与强势群体的利益发生冲突时，就会遭到自觉和不自觉的抵制。

六、服务管理水平低

近年来，保险公司开办的责任保险业务并没有被投保单位完全接受。究其原因一是因为保险公司的服务管理水平欠缺，有待提高。我国的工程领域的责任保险主要是从国外引进的，一般只引进了有关保险条款，而引进的保险管理技术较少，服务的知识和技术含量低，从业人员素质不高，缺乏专门的工程风险管理人才。二是承保风险管理相对滞后，目前责任保险仍停留在事发后的理赔水平，事前防范并未落在实处，且风险管理手段落后，使保险的基本功能尚未完全体现出来，投保单位感觉作用不大。

七、中介市场不健全

保险中介是保险市场的不可或缺的重要组成部分。当前，没有建立一批真正意义上的保险中介机构和风险管理咨询公司也是一个阻碍责任保险发展的重要原因。一些保险公司习惯将业务大包大揽，而不是将不熟悉的业务分离出去，导致对保险中介需求不旺。另一方面，许多业主和承包商将投保视为应付政府、银行的强制要求而不得不履行的一个手续，因此，并没有对进行投保后的风险管理寄予保险公司更大的希望，中介对他们而言可有可无，这是推进责任保险制度的又一巨大障碍。

八、保险市场待规范

除了上述存在问题外，保险业内的恶性竞争也是影响工程责任保险进程的重要因素。我国加入WTO以后，国内保险业竞争的加剧，在一定程度上也造成了保险市场的混乱。为了抢业务，不顾自身承保能力，竞相压价，有些保险公司根本不考虑再保和分保，造成大部分项目风险自留而无法转移。这使得项目保险实际受偿能力下降，保险的意义和作用丧失。恶性竞争的结果就是争项目、重收益、轻服务。由于承包商缺乏专业知识，导致签订的保险合同或承保条件不合理，或标的不足不全，造成受害人得不到充分的赔付保障，从而影响企业财务稳定，最终影响企业健康可持续发展。同时，缺乏应有的保险服务支持，理赔扯皮大量发生，也极大地挫伤了承包商的投保积极性。

2.6 责任保险发展对策

2.6.1 完善法律法规建设

法律制度日益健全，为开发责任保险市场提供了较充分的法律依据。责任保险中所谓的责任，是一种法律的创造，它体现着社会、行业的规范标准，责任保险与法律制度和法制环境息息相关。健全的法律制度是责任保险的基础，法律越健全，责任保险市场需求越广泛。目前，建设工程法律法规与国家法律体系同步，正处于进一步建立和完善时期，因此，应进一步建立和完善我国社会、行业的法律法规体系，为建设工程领域责任保险提供充分的法律环境。

2.6.2 明确行政管理部门职能

在推进工程责任保险制度的过程中，作为推动工程保险的"主角"，行政管理部门的努力在于补上政策和制度上的缺席，排除体制和政策的障碍，完善政策法规，严格监管工程责任保险市场。要抓住一系列工程责任保险的新险种试点和推广的机会，抓紧出台一些办法和规定，推动工程责任保险的规范化、市场化。

原建设部工程质量安全监督与行业发展司司长王素卿透露：下一步要采取措施，在有关建设工程质量和市场管理的法规和办法中，明确工程保险制度的要求，规定从事政府投资项目和涉及公众利益与安全的住宅小区及公共建筑项目设计、施工的企业必须具有经济赔偿能力或购买工程保险，在政策上促进保险制度的建立。另外，行政管理部门在加强监督管理、局部强制投保、促进企业投保、将保险费列入工程概算、推动保险中介行业建立工程责任风险评级体系、发挥行业协会的作用、落实责任风险的承担者以及工程损失案例和数据的搜集与共享等方面做好工作。

2.6.3 建立强制保险制度

随着市场经济的不断发展，责任保险已经成为伤害危机处理的一种重要方式，成为政府履行社会、行业管理职能的重要辅助手段之一。自愿责任保险障碍较多，法制环境不健全、公民法律意识不强和不合理的责任保险费率等因素导致行业责任保险发展缓慢，为了发挥责任保险的作用，很大程度上必须依靠法律强制推行。

国外的经验表明，在责任保险发展的初始阶段，适当推行强制责任保险制度利大于弊。因此，对于与人民生命财产安全关系密切的行业、与社会环境保护关系密切的企业和与服务对象利益维护关系密切的职业等应该逐步实行强制责任保险制度。通过实施强制责任保险制度，使得责任转移的潜在需求变为现实需求，使责任保险供给变为实际供给，从而促进责任保险的规模增长。

从国际经验看,责任保险在大多数国家的法律法规中明确规定是强制执行的。例如法国《斯比那塔法》规定,建筑工程10年内缺陷责任保险为强制保险,建筑工程的参建各方必须投保。我们有必要学习借鉴国外经验,加快立法工作,建立工程风险管理制度,要求政府投资、关系社会利益和公众安全的公共建筑以及各类商品住宅工程必须投保,并通过先引入先进的风险管理技术和完善的质量控制机制,建立一套行之有效的工程责任管理体系,促进我国建设行业的健康、可持续发展。

2.6.4 完善行业保险产品结构

责任保险市场发达的国家,其经营主体通常众多,且组织形式多样。如美国纽约州责任保险市场主体有股份保险公司、相互保险公司、合作社保险公司、联合承保协会和自保组织等多种形式。因此,政府应该鼓励不同组织形式的专业化的责任保险公司优先发展。

目前,就我国建设工程领域的责任保险市场来说,责任保险产品不在少数,但总体而言,这些责任保险产品不能很好地适应行业或各类职业的需求。近年来,我国行业责任保险步履蹒跚、保费徘徊的状况就说明了这个问题。我国可以参照国外发达国家责任保险的经验开拓责任保险条款。首先,要建立以行业需求为导向的责任保险产品创新模式,按照不同行业、不同单位和不同地域的现实需要,开发个性化的责任保险产品;其次,要在注重发展传统责任保险的同时,进一步开拓新的责任保险领域,设计具有综合性的责任保险产品。

2.6.5 重视行业保险人才的培养

拥有多方面的专业人才是责任保险创新、发展的关键。要建立一支高素质、专业化的队伍,一方面要加大培训力度,通过视频方式、巡回辅导、集中授课等形式进行培训,尤其应加强法律基础理论的学习,熟悉和掌握责任保险有关民事赔偿的法律法规,有条件的可以选派优秀人才赴国外保险公司或院校学习考察、深造。另一方面,可以引进和合理利用各行业的专家,如建筑、市政、环境、企业管理等专家,提高保险公司自身风险管理水平,促进责任保险的发展。例如,环境污染的损失评估难度较大、专业性强,需要环保部门协助进行环境损失评估,提高损失评估的科学性和公正性。

2.6.6 加强责任保险的宣传

加强对责任保险的宣传力度,在行业中普及责任保险知识,增进行业内人士对工程领域责任保险的了解。行政管理部门应和保险公司一起采取多种形式扩大宣传覆盖面,展开立体宣传。通过各种渠道、采取各种形式和方式加强普法工作和责任保险的宣传工作,在提高社会、行业公众维权意识的同时,强化责任人的法律意识,维护法律的权威性,切实保证民事法律责任的贯彻执行,使责任人对受害人的补偿落在实处。而且政府部门、行业协会以及媒体机构等独立于保险公司的第三人做的宣传更容易被公众接受。

2.6.7 完善建设行业信用体系

进一步完善行业信用体系建设,加快建立行业信用评估制度是推进责任保险发展必不可少的工作。建立行业信用评级体系，可以为保险公司提供客户的风险信息资料，这些资料因为来自信用评估的第三方，其可靠性增强，并且保险公司还可以获得投保人的行业整体信息，有利于保险公司做出正确的承保决定，有效防止投保人的逆向选择。近年来，住房和城乡建设部在这方面做了大量的工作，先后颁布了《建设部关于加快推进建筑市场信用体系建设工作的意见》、《建筑市场诚信行为信息管理办法》和《建筑市场各方主体不良行为记录认定标准》，为行业信用体系建设奠定了基础。

信用评级体系建设不单单是建设行业的事情，也应包括保险行业。投保人通过咨询保险公司的信用等级，可以选择最能满足自己责任风险需求的保险公司，同时，披露保险公司的财务状况和重大经营活动业务也可以规范其经营管理。

2.6.8 借鉴国外先进经验

责任保险作为一种自成体系的保险业务，始于19世纪的欧美国家。在19世纪前半叶法国《拿破仑法典》中出现了赔偿责任的规定，并率先开办了责任保险，接着英国、美国步其后尘，国际上工程责任保险已有百年的历史，积累了很多成功经验可供借鉴，责任保险已经成为工程建设的重要管理机制。例如，施行强制保险、采用业主方控制工程责任保险、发达的保险中介体系、保险与风险管理机制的协调、行业与保险公司的密切合作等经验。加强对责任保险研究，了解国内外的差距和差异，对于当前工程责任保险制度化建设，建立符合国情、省情、市情而又与国际接轨的工程责任保险制度尤有裨益。

综上所述，只要进一步建立完善法律法规建设、明确政府在推进责任保险中的地位和职责、逐步推行强制责任保险制度、完善行业保险产品结构、重视行业保险人才的培养、加强责任保险的宣传、完善建设行业信用体系和加强对工程保险的研究，积极借鉴国外的成功经验，抓住工程保险试点和推广的有利时机，我国工程责任保险业就能够实现比较大的跨越，在国际竞争中消除一个弱项。

第2篇 实 务 篇

第2篇 究明篇

第3章 建筑勘察设计责任保险

3.1 勘察设计责任保险概述

3.1.1 勘察设计责任保险提出

工程设计是将技术、材料、工艺转化为建筑产品的桥梁和纽带，然而，由于设计人员的素质、设计手段和技术原因引起的工程事故不能完全避免，根据文献对20世纪90年代以来的84起工程倒塌事故进行原因分析表明，与设计有关的占47.7%，其中22起无证设计，占26.2%，14起设计错误，占16.7%，2起无正式勘察和施工图，占2.4%，与设计有关的其他原因2起，占2.4%。下面列举近年来国内外因设计原因造成的重大工程责任事故。

一、1998年9月，位于宁波甬江入海口的招宝山大桥横跨宁波镇海的招宝山和北仑金鸡山，全长2482m，于1995年6月开工，总造价42300万元，净空高32m，5kt级客货轮船可全天候自由出入甬江。整个工程的设计方案有较高的技术水准和工艺创新，其中单臂主梁跨度仅次于美国东亨顿大桥，这一跨度因而被称为"亚洲第一、世界第二"。

然而这座大桥的建设并不顺利，1998年9月24日晚，在经过三年建设即将合拢之际，突然发生严重的梁体断裂事故，虽未造成人员伤亡，但这起事故使整个工程工期延误近两年，经济损失巨大，并且在社会上造成了极大的负面影响。据有关部门调查后认为，造成该桥质量事故发生的主要原因是设计上存在漏洞，主梁结构设计上欠厚、底板厚度过薄等。

二、1997年7月，浙江常山县发生一起住宅楼倒塌的特大事故，造成36人死亡，3人受伤，直接经济损失达860万元。主要原因是擅自变更设计。特别是基础部分，设计图纸要求对基础内侧进行回填土，并夯实至±0.000标高，但在建造过程中，把原设计的实地坪改为架空板，基础内侧未回填土，基础部分形成空间并积水。由于基础下有天然隔水层，地表水难以渗透，基础砖墙内侧既无回填土，又无粉刷，长时间受积水直接浸泡，强度大幅度降低。此外没有回填土，对于基础砖砌体的稳定性和抗冲击能力也有明显影响。其他部位也有多处变更。1997年7月8日至10日，某县城遭受洪灾，该住宅楼所处小区基础设施不配套，无截洪、排水设施，造成该住宅楼±0.000以下基础砖墙严重积水浸泡，强度大幅度降低，稳定性严重削弱，这是造成事故的重要原因。

三、2004年4月，福建罗长高速公路近100m长的右侧车道，沿着中间隔离带断裂滑落，形成一个15m左右的悬崖。设计分析原因是地基承载力不足，一是塌落路段下探4m厚的承载力为零的淤泥层；二是软基路面填筑高达13m，加重了地面承载，造成软基因承载力不足而倒塌。

四、2004年5月，法国戴高乐机场2E候机厅屋顶坍塌，造成6人死亡、10人重伤，耗资9亿美元的航站楼将被拆除，拆除费用约1亿美元。事故原因因为设计应对偶然性的安全系数不足：一是混凝土顶棚钢筋承载力不足；二是缺少补充支撑体系，梁承载力不足；三是连接混凝土顶棚和玻璃屋面的金属杆过于潜入混凝土，削弱了顶棚承受力。

五、2005年6月，洪水袭击黑龙江沙栏镇，沙兰镇中心小学88名小学生死亡。事故原因是因为小学校舍规划设计选址错误，一是沙栏镇地势低洼，而学校又设在地势较低洼的地方；二是学校又设在沙栏镇河道拐弯处，强降雨形成高水头，洪水于拐弯处排泄不畅，而淹没校园。

面对惨痛的损失，由谁承担这种损失责任？设计单位是否承担得起这样的损失责任？面对第一个问题，《建筑法》和《合同法》已经做出了明确的回答：工程设计单位应该全部承担损失责任。对于第二个问题，是显然的，工程勘察设计单位的资产对于因设计失误而造成的巨大损失是无法承担的。因此，采取社会保险的方法，可以有效地应对这一类风险。

3.1.2 勘察设计责任保险法律依据

勘察设计责任源于民事法律责任，这是由于职业责任保险所承担的主要是民事责任，所谓民事法律责任是指由于某种侵权或违约行为的出现而依法应承担的责任。根据民事违法行为的性质，民事责任可以分为侵权责任与违约责任。从行为人的主观态度来看，侵权责任包括故意侵权和过失侵权，职业责任保险只承保过失责任，故意责任属于除外，不予以承保。勘察设计的民事责任的主要法律依据为《民法通则》、《建筑法》、《建筑工程质量管理条例》、《建筑工程安全管理条例》等法规。

一、侵权责任法律依据

（一）《民法通则》第三节侵权的民事责任规定，因产品质量不合格造成他人财产、人身损害的，产品制造者、销售者应当依法承担民事责任。运输者、仓储者对此负有责任的，产品制造者、销售者有权要求赔偿损失。为此，由于工程勘察设计人自身工作失误，直接致使工程产生重大质量安全责任事故，造成人员伤亡、财产损失的，勘察设计单位应当承担相应的侵权责任。

（二）《侵权责任法》第86条规定，建筑物、构筑物或者其他设施倒塌造成他人损害的，由建设单位与施工单位承担连带责任。建设单位、施工单位赔偿后，有其他责任人的，有权向其他责任人追偿。

因其他责任人的原因，建筑物、构筑物或者其他设施倒塌造成他人损害的，由其他责任人承担侵权责任。

（三）《建筑法》第56条规定，建筑工程的设计单位必须对其设计的质量负责。《建筑法》第73条规定，建筑设计单位不按照建筑工程质量、安全标准造成损失的，承担赔偿责任。

（四）《建设工程质量管理条例》第24条规定，违反本办法规定，工程勘察企业未按照工程建设强制性标准进行勘察、弄虚作假、提供虚假成果资料的，由工程勘察质量监督部门责令改正，处10万元以上30万元以下的罚款；造成工程质量事故的，责令停业整顿，降低资质等级；情节严重的，吊销资质证书；造成损失的，依法承担赔偿责任。

（五）《建设工程勘察设计管理条例》第 40 条、《建设工程质量管理条例》第 63 条均规定，有下列行为之一的，责令改正，处 10 万元以上 30 万元以下的罚款：

1. 勘察单位未按照工程建设强制性标准进行勘察的；2. 设计单位未根据勘察成果文件进行工程设计的；3. 设计单位指定建筑材料、建筑构配件的生产厂、供应商的；4. 设计单位未按照工程建设强制性标准进行设计的。

有前款所列行为，造成工程质量事故的，责令停业整顿，降低资质等级；情节严重的，吊销资质证书；造成损失的，依法承担赔偿责任。

二、违约责任的法律依据

违约责任（即合同责任）包括直接违约责任和间接违约责任。直接违约责任是指合同一方违反规定的义务，造成另一方的损害所应承担的法律赔偿责任；间接违约责任是指合同一方根据合同规定，对另一方造成他人（第三者）损害应承担的法律赔偿责任。

（一）《合同法》第 280 条规定，勘察、设计的质量不符合要求或者未按照期限提交勘察、设计的文件拖延工期，造成发包人损失的，勘察设计人应当继续完善勘察、设计，减收或者免收勘察、设计费并赔偿损失。

（二）《建设工程勘察设计合同管理办法》（建设［2000］50 号）第 10 条规定，合同依法成立，即具有法律效力，任何一方不得擅自变更或解除。单方擅自终止合同的，应当依法承担违约责任。

3.1.3 勘察设计责任保险的特点

建设工程设计责任险属于建设职业责任保险，职业责任保险是一种广义的财产保险，具有一般财产保险的特征，但是它也有自身的特殊性，具备一些有别于普通财产保险的特点。

一、保险标的是设计职业责任

设计职业责任保险是以设计职业责任为保险标的的，没有有形的物质载体，是一种由于疏忽大意或过失的责任。也就是说，建设工程设计责任是因为设计工程师未尽高度注意义务而未能预见损害结果的发生而应承担的责任。

二、保险经济赔偿具有滞后性

建设工程设计责任引起的索赔具有滞后性。工程设计行为通常在工程施工前就完成，特殊时也有边设计边施工的情况。而建设工程设计缺陷或错误造成的损失往往发生在施工阶段后期或者工程建设后的使用期内，绝大部分会发生在项目的使用期内。也就是说设计错误引起的损失索赔会滞后于设计任务的完成期，赔偿具有一定的滞后性。

三、工程设计责任确认的复杂性

建设工程设计责任确认相当复杂。建设工程质量的好坏往往与勘察设计单位、施工单位、材料设备供应商、业主等具有密切的关系，工程事故出现是多方面的因素、多方面责任的共同结果，因此，认定设计是在工程质量事故中是否承担责任以及责任的大小，确认的难度是十分大的。

面对设计责任风险，设计单位经济实力显得十分脆弱，因为我国设计单位在承担设计任务时只收取少量的设计费并且设计单位并不是进行资本、资产运营的单位，自身的抗风险能力较小，万一因设计错误造成巨大事故损失，索赔可能使设计单位面临破产。因此，必须引入一种新的机制加以保护。这就是建设工程设计责任保险。

四、勘察设计责任保险的保证担保性

工程设计责任保险具有保证担保的特征。建设工程设计责任保险相当于保险人（担保人）向相关的第三者（债权人）保证，当投保人（债务人）提供的设计产品发生安全质量事故造成人身伤亡或财产损失时，由保险人（担保人）向遭受损失的第三者（债权人）负责经济赔偿，工程设计责任保险具有保证担保的特征。

3.1.4 勘察设计责任保险的意义

工程设计责任保险是保险公司承保的被保险人由于设计的疏忽或过失而引发的工程质量事故所造成的损失或费用。因此，设计责任险在设计质量管理过程中将发挥着举足轻重的作用，其意义有以下几点：

一、以最小的成本获得最大的保障，增强设计单位抗风险的能力。工程设计风险具有与人民群众生命安全直接相关，造成的财产损失巨大，技术性、专业性强等特点。此外，智力和技术因素是工程设计单位最重要的生产因素，工程设计单位不是进行资本、资产的运营，其自身抗风险的能力较弱，尽管工程设计责任事故发生的概率较小，但是，一旦发生安全事故将造成严重的后果。推行工程设计险，工程设计单位可以通过缴纳较少的保险费用，可以转移难以承受的巨大风险，增强其抗风险能力。

二、有利于工程设计单位在工程设计招标市场处于有利地位，增强其市场的竞争能力。设计保险具有保护投资者安全的功能，在工程设计单位投保设计责任保险之后，投资者可以在发生工程安全事故造成损失时得到经济补偿，投资者在选择工程设计单位时，对资质等级、人员素质、业绩等各方面条件相同的设计公司，会优先选择抗风险能力强（如已投保工程设计险）的单位。

三、有利于保护投资者和第三者的财产和人身安全，完善我国的风险管理制度。工程建设项目工期长、投资大、不可预见因素多，存在许多风险。目前我国正在建立风险管理制度，而工程设计保险就是其中的一项重要的内容。

责任保险是在保护投保人的利益同时，保护受害人的利益。工程设计单位的资产有限，而建设工程设计风险大，设计保险是保护投资者和第三者合法权益的最佳选择。

四、有利于增强工程设计质量管理，提高工程质量。保险公司通过审查，对那些信誉好、设计质量可靠、设计水平高的设计单位提供保险，对设计事故多、保险赔付率高的设计单位会提高设计保险费或拒绝承保。对承保的设计单位，保险公司自己或委托设计协会专家运用风险经验和专门知识，对投保设计单位指导设计质量的管理，进行设计审查，发现问题，提出建议，督促设计单位及时采取措施消除隐患。

五、推行设计责任保险有利于加强设计单位与保险公司间的合作，互动地做好质量管理。设计单位投保后，保险公司为减小赔付的可能性会投入一定的人力、财力参与设计质量的管理工作，主要包括审查设计文件、评估设计风险的大小以及对其中可能存在的风险提出处理建议，最后督促设计单位及时采取措施消除设计隐患。而设计单位在保险公司的指导下，可以充分认识到设计中存在的风险，全面完善设计文件，减小乃至消除设计隐患，从而保证设计工作的质量。

六、推行设计责任保险有利于市场约束机制的形成，从而规范设计市场。信誉高、设计质量优秀的单位将会有很多保险公司争先为其承保；相反，那些设计不规范、设计质量低劣的单位，将没有保险公司愿意为其承保，或者即使承保了，保险费也一定会很高。因此，设计单位只有切实抓好自身的质量管理工作，完善质量管理体系，才能保证在设计市场中占有一席之地。这样，设计市场在一个良好的约束机制下必将逐步走向规范。

七、有利于进行安全质量专题研究。可以从工程设计保险中提取一定比例的工程设计防范基金，用于相关单位机构开展设计风险专题研究，解决研究机构资金短缺的问题，为设计研究工作提供基金保障，攻克设计质量通病和疑难问题，更好地提高工程设计质量，减少责任事故发生或减轻事故损失程度。

八、有利于设计创优和技术创新，提高设计技术水平。在工程设计中，由于采用新技术、新材料、新工艺往往带来许多风险，因此，工程设计单位一般在设计中引用新技术、新材料、新工艺是十分慎重的，从而影响了设计创新事业的发展。有了建设工程设计责任保险，避免了在设计中的不必要的思想保守和无谓的浪费。建设工程设计保险激励设计者创新理念，促进新技术新工艺新材料的推广。

九、有利于客观、公正地处理设计事故，保护设计单位的合法权益。工程质量事故的调查和处理十分复杂，不仅牵扯到工程设计单位大量的精力，而且政府有关部门对问题的处理也往往缺乏公平性和客观性，工程设计单位投保设计保险后，若发生质量事故，保险公司要介入到其中去，邀请有关专家对事故进行鉴定，聘请律师参加仲裁和诉讼，有利于客观查明工程质量事故的原因，公正地判断工程质量事故责任，有效地保护工程设计单位的合法权益。

十、有利于设计单位按照世贸规则和国际惯例进行经营和管理。随着我国参加世贸组织，英美等国家的工程设计单位进入我国设计市场，我国设计单位要想和其同台竞技，国内设计单位就要按照世贸规则和国家惯例进行经营和管理，其中运用设计保险来规避风险，则是世贸规则和国际惯例的重要内容之一。

3.1.5 勘察设计责任保险的作用

一、提高勘察设计者责任意识

按照国家相关法规和设计责任保险条例的要求，工程建设设计从业人员要有相应的执业资格。目前，我国已对建筑师、结构师、设备师、电气师、咨询师等职业实施注册制度。这些注册师取得执业资格许可证后，方可在许可的范围内从事工程设计工作，并且要对自己的设计终身负责，提高设计者的质量责任意识。

二、提升企业内部管理水平

建设工程责任保险条例中明确了责任免赔款项，企业投保后要想得到充分的经济保障，就要千方百计地防止责任免除原因事故的发生。通过保险的责任免除条款使企业主动寻找自己管理方式上的薄弱环节，有针对性地加强和完善管理，提升企业内部管理水平。

三、强化合同管理制度

工程设计合同作为工程设计单位与保险公司之间法律关系的凭证，是工程出险后查核的依据，也是能否根据合同规定条款顺利获得保险赔偿的先决条件。因此在签订合同时，必须将双方的义务、所负的责任予以明确，特别是签订合同日期尤其重要。合同变更与提前终止应有文字说明其原因并备案。分包工程要按国家有关规定执行，分包给对方的工程,对方必须具备相对应的资质等级。

四、促进档案管理建设

当出现工程责任事故时,图纸及修改通知单是分清责任事故的主要凭据。图纸的交付要有对方收到图纸的证明手续,因为评定责任的原则是以事实为依据,拿不出凭证就意味着担负相应的责任。许多建成的大型建筑物不会轻易推倒重建,但会在原基础上进行更新改造,有完善的档案可为咨询、查询提供方便。

五、增强依法办事的观念

加强质量管理必须以国家行政法规作为依据。当前,一些工程由于工期紧,"三边"工程现象并未杜绝。但是不管工程多么紧张,勘察设计依据必须齐全。违章工程、超规工程,不按国家行政法规施工的不但得不到保险公司的赔偿,还要被国家有关行政部门追究责任,从而增强企业依法办事的观念。

3.1.6 勘察设计责任保险的发展

建设工程的设计服务是由工程设计单位的专业人员提供的,这些专业人包括:从事建筑设计的建筑师、从事工程结构设计的结构工程师、从事设备设计的设备工程师、从事土木工程设计的土木工程师等。设计质量出现问题造成的经济损失应该由谁来赔偿?这是一个曾经长期困惑建筑界人士的问题。

过去如果由于设计责任而造成的质量事故,设计单位除免收事故部分的设计费外,至多赔偿相当于该部分设计费的金额。但在目前市场经济条件下,按国家法规规定,甲方不会满足于这样的赔偿方式。1997年武汉市设计院设计的武汉市第一建筑工程公司18层宿舍大楼,因设计失误发生严重质量事故被迫炸掉,损失600万元。为此,业主向武汉设计院索赔300万元,引发一场官司。如果当初武汉设计院办理了设计保险,他们就不会做被告,而是由保险公司理赔,事情就非常简单。面对工程设计风险,设计单位实际上需要风险保护机制。

1983年国务院颁发的《建设工程勘察设计条例》规定:对于因勘察设计错误而造成工程重大质量事故者,勘察设计单位除免收损失部分的勘察设计费用外,还应支付与直接受损部分勘察设计费用相当的赔偿金。也就是说,勘察设计单位除了质量问题,设计单位只承担2%的工程损失,而绝大部分由建设单位承担,因此,设计单位几乎不存在任何的经济风险。

随着我国市场经济的发展和建设单位投资主体的多元化以及设计单位多种所有制体系并存,这种赔偿方式越来越不适应形势发展的需要。一方面这种赔偿方式对设计单位的设计质量缺乏有效的制约,造成一些设计单位片面追求经济利益而忽视设计质量;另一方面,作为经济合作合同管辖的一方,业主需为合同的另一方即设计单位承担设计风险,造成不平等的合同关系,业主的合法权益得不到保障。

1998年3月1日施行的《建筑法》和1999年10月1日施行的《合同法》,对1983年《建设工程勘察设计条例》所规定的赔偿条款进行了重大调整,特别是《合同法》。《建筑法》第80条规定:"在建筑物的合理使用寿命内,因建筑工程质量不合格受到损害的,有权向责任者要求赔偿。"也就是说,如果建筑工程质量不合格是由于设计原因造成的,工程设计单位就成为责任者,受害人有权要求工程设计单位承担赔偿。《合同法》第280条则对此明确的规定:"勘察、设计的质量不符合要求或者未按照期限提交勘察、设计文件拖延工期,造成发包人损失的,勘察、设计人应当继续完成勘察、设计,减少或者免收勘察、设计费并赔偿损失。"因此,勘察设计质量出了问题,到底由谁赔偿的问题,在《合同法》中给出了明确的回答。勘察、设计单位必须确保设计质量,否则就要承担全部责任。

为适应形势发展的需要,1999年1月中国人保公司制定了《建设工程设计责任保险条款》,1999年8月原建设部下发了《关于同意北京市、上海市、深圳市开展工程设计保险试点工作的通知》,在深圳、上海、北京三地率先正式启动设计保险试点工作。2000年6月深圳市要求所有在深圳承接设计业务的单位必须购买设计保险,否则不得在深圳执业,实行强制性保险;2001年5月上海市建设委员会发文给上海的所有设计院,使设计责任保险进入上海市场运作,由设计单位自愿购买。而北京则在上海之后,要求所有进京的设计单位购买设计责任保险。

2003年2月原建设部发布了《关于积极推进工程设计责任保险工作的指导意见》(建质〔2003〕218号)以下简称《指导意见》。《指导意见》对于建设工程设计责任保险的意义、保险条款的修订、设计工程投保范围、行业协会、学会的作用、保险方式、管理办法的制定和设计质量评估与鉴定等进行了指导。2004年又在深圳、上海、北京三市试点基础上,又扩展到在河北、贵州、宁波、哈尔滨等全国7个省市深入开展了试点工作。目前,该险种已在全国勘察设计行业全面推广实施。

3.1.7 勘察设计责任保险的组织模式

一、国外的组织模式

国外设计保险分为三种形式,一种是加拿大政府授予建筑师协会权利,完全由协会来做;一种是澳大利亚等国家,保险公司和客户通过保险中介机构来做;还有一种是业主或设计单位根据自己的需求去找保险公司来做。前两种是政府要求设计单位必须上的保险。

加拿大安大略省建筑师协会(OOA)的保险计划很有特色,其保险委员会负责建筑师设计保险业务,建筑师每一项工程设计项目都必须参加保险,缴纳保费。这是政府专门批准为保护建筑师行业而设定的非营利组织,保险计划每年都为建筑师的各种事故提供经济赔偿,同时也为OOA组织提供了经费。由于全部操作都由OOA组织主办,运作起来十分单纯。

在香港实际上绝大多数设计公司都投保了勘察设计责任保险,以提高勘察设计公司的信誉。勘察设计保险采取自愿原则,所投保险金的多少,由勘察设计公司自己决定。但是政府投资的项目或半政府投资的项目要求设计公司必须上保险。香港的保险一般由世界连锁保险机构在港的中介组织来办理的。

澳大利亚的几个州政府都要求建筑师在做工程设计时上保险,有的勘察设计公司每年上一次保险。例如,柏涛设计公司每年要上1000万欧元的设计保险,有的公司是对单项工程上保险,还有的公司是每年上过设计保险后,根据业主的要求还要对单项工程上保险。

在澳大利亚保险公司是通过保险中介即保险经纪人公司为设计公司办理设计保险的。它以独立公正的地位为建筑师推荐保险险种和保险公司,帮助签订合同,为设计公司提供多方面的服务。其中，澳大利亚皇家建筑师协会主办的皇家保险经纪人有限公司是最大的一家，承担着将近75％的业务量。该公司除了24位职员外，还聘用了大量的专业技术人员包括：律师、建筑师、结构师、会计师、工程师等。许多保险公司由于对设计专业不熟悉，不愿意开展设计保险业务，怕赔钱。而中介公司可以教育和提示设计公司如何将风险降到最低，同时对于发生事故进行调查和协调，不仅使保险公司增加了利润，而且也使设计公司提高了竞争力，还降低了保险费用。

二、国内组织的模式

全国建设勘察设计责任保险的工作由建设行政部门会同保监会负责，根据原建设部下发的《指导意见》精神，各地方开展勘察设计保险的具体工作由地方建设勘察设计协会负责实施。

投保方式。勘察设计单位参加建设工程勘察设计责任保险，既可以直接向保险公司投保，也可以通过保险经纪公司向保险公司投保。

直接向保险公司投保时，勘察设计单位直接与保险公司签订保险合同，保险公司提供投保单、保险合同等保险凭证的规范文本，并负责出具保险单及保费发票，保险费由勘察设计单位直接向保险公司支付。

通过保险经纪公司向保险公司投保时，由保险经纪公司统一设计合同规范文本，协助勘察设计单位签订保险协议和保险合同，审校保险单。

3.1.8 勘察设计责任险的险种

勘察设计责任保险按其标的不同可分为年度责任险、项目责任险和多个项目险三类。

一、年度设计保险

年度设计责任险是指工程设计单位1年内完成的全部工程设计项目可能发生的对受害人的赔偿责任作为保险标的。年度设计责任保险的年累积赔偿限额由工程设计单位根据该年承担的设计项目可能发生的风险状况来确定，保险期限为1年。国外大多数职业公司持有的职业责任保险为1年，承保该公司为职工在该年度内所有工程项目设计任务由于疏忽或过失而引起的风险事故所引起的人身伤亡或财产损失。

二、项目设计责任保险

项目设计责任保险是指工程设计单位完成的某一工程设计项目的设计可能发生的对受害人的赔偿责任作为保险标的建设工程设计责任保险。项目责任保险的累积赔偿金额一般与该工程项目的总造价相同，保险期限由设计单位与保险公司具体约定。项目责任保险单主要是以能够与单独的项目，仅为该项目提供保障。项目责任保险可以视为对年度保单的一种补充措施。通常有两种情况需要购买年度保单：

（一）项目业主发现承接其工程设计任务的单位没有购买年度保险时，则应当要求其为本项目安排一个单独的保险。

（二）如果承接设计任务的单位虽然购买了年度保单，但年度保单的赔偿限额与承担的风险不匹配时，则可以安排一个项目保单作为补充。

国外的项目责任保险单可以为该项目的总职业公司、该项目所有的咨询工程师、总承包商和分包商提供保险，它贯穿整个建设过程，通常持续至项目完工后2年的商定期限。项目保险不必像常规保单那样每年续保。项目保单的资金仅限于在该项目上使用，不得用于所设计的职业公司由于其他项目引起的索赔或赔偿。换句话说，也就是国外的项目责任保险不但可以为项目的设计单位提供责任保障，而且可以同时为项目中所有的其他咨询单位以及承包商提供责任保障，是一种"一揽子"式的责任保险。

三、多个项目责任保险

多个项目责任保险是一工程设计单位完成的多个项目的工程设计可能发生的对受害人的赔偿责任作为保险标的的建设工程设计责任险。多个项目责任保险的，累计赔偿限额一般为数个项目的总造价或数个项目总造价之和的一定比例，保险期限由设计单位与保险公司具体商定。

目前我国工程设计责任险主要施行的是前两种类型：年度期勘察设计责任险和项目勘察设计责任保险。

下面以中国人保公司1999年10月19日制定的建设工程设计责任保险条款（以下简称《保险条款》）和2001年9月10日制定的单项建设工程设计责任保险条款（以下简称《单项保险条款》）为例，介绍建设工程设计责任保险条款的内容。

3.2 设计责任保险的主要内容

3.2.1 保险对象与责任范围

一、保险对象

我国《保险条款》第1条规定："凡经国家建设行政主管部门批准，取得相应资质证书并经工商行政管理部门注册登记依法成立的建设工程设计单位，均可作为被保险人。"在这里条款强调了被保险人的合法资质；包括具有资质证书和营业执照；同时规定，保险公司承保的标的物应为在中华人民共和国境内（港、澳、台地区除外）完成设计的建设工程，不包括港、澳、台地区；设计责任保险对象可以是专业服务的技术人员，也可以是提供这种专业服务的单位机构，但我国设计责任保险的对象是指设计单位（法人）。

二、承保范围

根据原建设部《指导意见》关于加强对政府投资工程项目和与社会公共利益、公众安全密切相关的住宅小区和公共建筑等工程项目风险的监督管理，为其服务的设计企业应提供具有赔偿能力的证明的精神。建设工程设计单位，一般在接受下列工程设计任务时应该投保设计责任保险：

（一）全部或部分使用政府投资、融资的建设工程；（二）国有、集体所有制单位投资或控股投资的建设工程；（三）使用国际组织或者外国政府贷款、援助资金的建设工程；（四）涉及社会公共利益、公众安全的住宅小区、公共建筑、城市基础设施等建设工程；（五）业主或项目法人要求购买建设工程勘察设计责任保险的建设工程等。

另外，如果能够提供自有资产担保和第三方担保证明的勘察设计单位也可不投保设计责任保险。

三、责任范围

《保险条款》第2条规定："被保险人在本保险单明细表中列明的追溯期或保险期限内，在中华人民共和国境内（港、澳、台地区除外）完成设计的建设工程，由于设计的疏忽或过失而引发的工程质量事故造成下列损失或费用，依法应由被保险人承担经济赔偿责任的，在本保险期限内，由该委托人首次向被保险人提出赔偿要求并经被保险人向保险人提出索赔申请时，保险人负责赔偿：一、建设工程本身的物质损失；二、第三者人身伤亡或财产损失；三、事先经保险人书面同意的诉讼费用，保险人负责赔偿。但此项费用与上述一、二项的每次索赔总金额不得超过本保险单明细表中列明的每次索赔赔偿限额。发生保险责任事故后，被保险人为缩小或减少对委托人的经济赔偿责任所支付的必要的、合理的费用，保险人负责赔偿。"

保险责任一般区分为基本责任、除外责任两部分。基本责任是指保险合同中载明的保险人承担经济损害赔偿责任的保险危险范围，一般包含自然灾害、意外事故、抢救或防止灾害蔓延采取必要措施造成的保险财产损失和保险危险发生时必要的施救、保护、整理等合理费用。此条款规定了设计保险的基本责任。在这里，应明确和注意以下几个方面的问题：

（一）追溯期或保险期限内。本保险要求被保险建设项目必须是在保险期限或追溯期内完成勘察或设计的工程项目。

1. 追溯期是指保险合同当事人在保险合同中约定的从保险责任起始日向前追溯的一段时间，保单保障期间开始的这个特别规定的时间就称为追溯期。追溯期不必与保单起保的时间相吻合，也可以同保单起保时间相吻合。

2. 由于责任保险事故具有滞后性的特点，因此，责任保险的索赔制度分为"期内索赔发生制"和"期内事故发生制"。

（1）所谓期内索赔发生制是指保险公司仅对被保险人在保险期内提出的有效索赔负赔偿责任，而不论事故是否发生在保险期限内。也就是说"期内索赔发生制"是以索赔为基础的，只要索赔在保险期间内提出，而不论事故发生在追溯期内还是保险期内，保险公司都承担赔偿责任。由此可知，期内索赔发生制必须满足两个条件：一是风险事故发生在追溯期以后，保单有效期终止之前；二是请求赔偿的时间点在保险期间内。如图3-1所示。

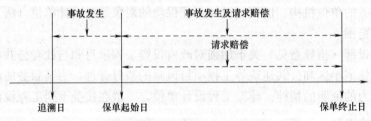

图3-1 期内索赔发生制示意图

（2）期内事故发生制是指保险公司仅对保险有效期内发生的事故所导致的损失索赔负责，而不论被保险人是否在保险有效期内提出索赔。也就是说，"期内事故发生制"是以事故发生为基础的，只要在保险期间内发生由于责任而造成的事故损失，保险人都要承担责任赔偿，而不论其提出索赔的时间是否在保险期内。如图3-2所示。

（3）我国建设工程设计责任保险实行"期内索赔发生制"。按照"期内索赔发生制"的赔偿责任，索赔必须在保险期限内提出，而由于设计疏忽或过失行为所导致事故可以发生在保险期限之前，为了有一个确定的事故发生的时间界限，保险单规定了追溯日或追溯期限，只有发生在追溯期或保险有效期内的设计疏忽或过失导致的事故损失，保险公司

图 3-2 期内事故发生制示意图

才会给予赔偿。

这样建设工程设计单位为了使自己得到足够的责任保障,可以在建设工程设计期结束时,甚至工程竣工后的某个时间点投保,然后在保单中规定一个追溯期限,追溯期限可以由双方具体协商确定,直到被保险人认为自己设计的工程不会出现由于设计疏忽或过失引起的质量事故为止。

(4) 如果工程设计责任险采取"期内事故发生制",设计单位按照选定时间投保后,保险公司对保险期内发生的由于设计疏忽或过失行为所导致事故发生的索赔负责,即使此请求赔偿发生在任何时间,包括保险有效期后,这样设计单位就不需要在保险期结束后再续保了。为了减少自己的赔偿风险,保险人通常会对采用"期内事故发生制"的责任保险单列有事故发现期的条款,规定保险人对保险期限和发现期内的损失进行赔偿。

(5) 从保险人的角度来看,期内索赔制与期内发生制各有优劣。期内索赔制的好处是可以使保险公司了解和掌握全部的索赔情况;不足之处是使保险时间前置了,很多在保险期限前完成的工程设计项目可能在保险期限内发生,提出索赔要求,这样保险公司承担的风险较大。期内发生制的好处是保险公司可以在保险期限内较为方便地评估设计过失风险,使其赔偿责任与其保险期间内承担的风险相适应;不足之处是将保险责任期限延长了,由于通货膨胀的影响,保险公司最终的赔偿数额可能大大高于设计过失发生时的水平和标准。

(二) 建设工程勘察设计责任保险是以"疏忽"、"过失"作为起因的职业责任保险,是否构成保险项下的索赔,须看是否因疏忽、过失造成被保险人应承担对委托人的经济赔偿责任。如符合这一情形,即构成本保险项下的有效索赔。

在职业责任保险中,保险人承担被保险人因疏忽或过失对委托人造成损失的经济赔偿责任,即被保险人未能合理地运用自己的技术和能力。首先,这种行为必须是一种无意、无明确目的行为;其次,这种行为不能是故意行为,故意行为责任除外。

(三) 上述条款中规定,在本保险期限内,由该委托人首次向被保险人提出赔偿要求并经被保险人向保险人提出索赔申请时,保险人负责赔偿。所谓"委托人"是指与工程设计单位签订设计合同的一方。"首次"是指委托人或者有资格提出赔偿要求的单位或个人就同一保险责任事故向被保险人正式提出损害赔偿请求的时点,也即对被保险人因过失而造成的损失,只要委托人或者有资格提出赔偿要求的单位或个人首次向被保险人提出的索赔在保险期限内,且被保险人按保险合同的规定向保险人提出保险索赔,则保险人应按本条款规定负责赔偿。其后,针对同一保险责任事故再提出的索赔,将归为同一保险责任事故计算赔偿,其时间也将以首次提出索赔的时间为准。

若该保险责任事故在本保险期限内因无法确定责任，以致委托人或者有资格提出赔偿要求的单位或个人不能向被保险人提出正式索赔请求，则对该保险责任事故的索赔自其发生之日起两年内有效。

（四）我国工程设计责任保险对于追溯期仅适用于年保，首次投保无追溯期，即第一年追溯期为零。此后续保，则以首次投保时保险单的起始日为追溯期的起始日，以此类推，连续投保连续计算，追溯期最长规定为15年。单项投保项目无追溯期。

对于原先在保险公司投保，后因特殊原因脱保的追溯期的计算，各地区有不同的规定。例如深圳规定：脱保两年以内的勘察设计单位，经保险公司书面同意，可重新办理投保手续，并缴纳脱离保险期间的保险费后，其所投保险的追溯期可连续计算，即以其首次投保时保险单的起始日为追溯期的起始日。但该勘察设计单位在脱保期间，已发生的保险事故，保险公司不负责赔偿。

例如，山东省规定，建设工程勘察设计单位在年投保后，中间间断续保的追溯期重新计算。并规定，甲级设计单位追溯期为15年，乙级设计单位追溯期为12年，丙级设计单位追溯期为10年。

（五）上述条款中的措辞"工程质量事故"的内涵较为丰富，保险双方在理解上比较容易产生歧义，在保险事故发生后，对是否属于保险责任容易引起纷争。建议与保险公司约定为：由于设计的疏忽或过失而引发的事故造成下列损失或费用。

（六）上述条款中的"事先经保险人书面同意的诉讼费用"。诉讼费一般包括为处理索赔案件而支付的案件受理费、仲裁费、差旅费、查勘费、鉴定费以及相关文件制作费等。

（七）上述条款中的"被保险人为缩小或减少对委托人的经济赔偿责任所支付的必要的、合理的费用"需要明确。"必要的、合理的费用"通常包括被保险人为缩小或减少对委托人的损害赔偿责任而支付的咨询、调查等合理费用，以及该工程勘察设计责任是由第三人造成的，被保险人为保留向该致害人的索赔权利或进行追偿所支付的费用，以及被保险人根据保险人的要求而支付的其他合理费用。

3.2.2 设计责任险的除外责任

一、除外责任内容

保险条款第3条至第6条规定了设计保险的除外责任，具体内容：

（一）第3条共包括6条除外责任，其内容包括以下几点：1. 被保险人及其代表的故意行为；2. 战争、敌对行为、军事行为、武装冲突、罢工、骚乱、暴动、盗窃、抢劫；3. 政府有关当局的行政行为或执法行为；4. 核反应、核子辐射和放射性污染；5. 地震、雷击、暴雨、洪水等自然灾害；6. 火灾、爆炸。

（二）第4条共包括7条除外责任：1. 委托人提供的账册、文件或其他资料的损毁、灭失、盗窃、抢劫、丢失；2. 他人冒用被保险人或与被保险人签订劳动合同的人员的名义设计的工程；3. 被保险人将工程设计任务转让、委托给其他单位或个人完成的；4. 被保险人承接超越国家规定的资质等级许可范围的工程设计业务；5. 被保险的注册人员超越国家规定的执业范围执行业务；6. 未按国家规定的建设程序进行工程设计；7. 委托人提供的工程测量图、地质勘察等资料存在的错误。

（三）第5条共包括11条除外责任：1. 由于设计错误引起的停产、减产等间接经济损失；2. 因被保险人延误交付设计文件所致的任何后果损失；3. 被保险人在本保险单明细表中列明的追溯期起始日之前执行工作设计业务所致的赔偿责任；4. 未与被保险人签订劳动合同的人员签名出具的施工图纸引起的任何索赔；5. 被保险人或其雇员的人身伤亡及其所有或管理的财产的损失；6. 被保险人对委托人的精神损害；7. 罚款、罚金、惩罚性赔款或违约金；8. 因勘察而引起的任何索赔；9. 被保险人与他人签订协议所约定的责任，但依照法律规定应由被保险人承担的不在此列；10. 直接或间接由于计算机2000年问题引起的损失；11. 本保险单明细表或有关条款中规定的应由被保险人自行负担的每次索赔免赔额。

（四）第6条规定：其他不属于本保险责任范围的一切损失、费用和责任，保险人不负责赔偿。

二、除外责任的解释

保险的除外责任是指保险合同中列明的保险人不承担经济赔偿责任的风险损失。保险合同列明的除外责任，在这里分为三部分内容：

（一）不可抗拒原因的除外。第一部分是将不可抗拒原因引起的损失明确列入除外责任条款之内：

1. 故意行为。被保险人及其代表的故意行为造成的损失、费用和责任，保险人不负责赔偿。理由：一是如果由于投保人的故意行为而造成的损失也能获得赔偿，将会引起道德风险因素的大量增加，违背了保险的初衷。二是要求损失发生具有偶然性是"大数法则"得以应用的前提。

2. 武力、暴力及违法行为。武力行为：战争、敌对行为、军事行为、武装冲突；暴力行为：罢工、骚乱、暴动；违法行为：盗窃、抢劫。上述行为造成的损失、费用和责任，保险人不负责赔偿。原因：一是可能同时发生，不符合保险分摊损失的职能；二是不符合责任风险的主客观原因。

3. 行政行为或执法行为。政府有关当局的行政或执法行为造成的损失、费用和责任，保险人不负责保险。

4. 核反应、核子辐射和放射性污染。核反应、核子辐射和放射性污染造成的损失、费用和责任，保险人不负责保险。

5. 自然灾害。超过国家建筑设计防范等级标准的地震、雷击、暴雨、洪水等自然灾害造成的损失、费用和责任，保险人不负责赔偿。

6. 火灾、爆炸。超过国家建筑设计防范等级标准的火灾、爆炸造成的损失、费用和责任，保险人不负责赔偿。

（二）自身违反法规行为责任除外。第二部分是被保人自身违反国家有关设计管理法律法规行为而造成的损失：

1. 建设单位提供的资料丢失。委托人提供的账册、文件或其他资料的损毁、灭失、盗窃、抢劫、丢失造成的损失、费用和责任，保险人不负责赔偿。

2. 设计主体不合格。他人冒用被保险人或与被保险人签订劳动合同的人员的名义设计的工程造成的损失、费用和责任，保险人不负责赔偿。

3. 转让工程设计任务的行为。被保险人将工程设计任务转让、委托给其他单位或个人完成的，造成的损失、费用和责任，保险人不负责赔偿。此处仅指被保险人将工程设计任务转让、委托给未达到相关国家规定资质证书的单位或个人完成。如果被保险人将工程设计任务转让，委托给其他达到相关国家规定资质证书的单位和个人，但该单位或个人未保险或资质证书低于被保险人的，被保险人应立即通知保险人，保险人视情况加收保费。

4. 违法行为。被保险人承接超越国家规定的资质等级许可范围的工程设计业务、被保险人的注册人员超越国家规定的执业范围执行业务或未按国家规定的建设程序进行工程设计，造成的损失、费用和责任，保险人不负责赔偿，但不包括经国家、市建设行政主管部门特许未按国家规定建设程序进行工程设计的国家或市政府重点建设项目。

5. 资料错误。委托人提供的工程测量图、地质勘察等资料存在的错误造成的损失、费用和责任，保险人不负责赔偿。

（三）各类间接损失除外。第三部分是由于设计原因而造成的各类间接损失。

1. 停产、减产损失；2. 延误交付设计文件造成的损失；3. 追溯起始前设计造成的损失；4. 编外人员签字图纸造成的损失；5. 人身伤亡及其所有或管理的财产损失；6. 精神损害；7. 罚款、罚金、惩罚性赔款或违约金；8. 勘察索赔；9. 协议约定的责任，但法律规定应由被保险人承担的除外；10. 计算机2000年问题引起的损失、费用和责任；11. 索赔免赔额等损失保险人不负责赔偿。

（四）第16条款是除外责任的兜底条款，即不在列举的保险责任范围之内的其他不属于保险责任范围内的损失。

（五）条款应明确和注意以下几方面问题：

1. 抗击自然灾害的等级、标准在国家工程建设标准中属于强制性标准，从事工程设计的建筑工程师有责任和义务按照此标准设防。如果由于从事工程设计的建筑工程师的疏忽或过失，使建设工程在设计上未达到相应的标准，在设防等级以内的自然灾害发生时，造成经济损失，保险公司应负责赔偿。保险公司只能将超过国家建筑设计防范等级标准的地震、雷击、暴雨、洪水等自然灾害引发的损失责任除外。建议约定为：超过国家建筑设计防范等级标准的地震、雷击、暴雨、洪水等自然灾害。

2. 防范火灾、爆炸的等级、标准在国家工程建设中属于强制性标准，从事工程设计的建筑工程师有责任和义务按照此标准设防。如果由于从事工程设计的建筑工程师的疏忽或过失，使建设工程在设计上未达到相应的标准，在设防等级以内的火灾、爆炸发生时，造成经济损失，保险公司应负责赔偿。建议约定为：超过国家建筑设计防范等级标准的火灾、爆炸。

3. "未按国家规定的建设程序进行工程设计"作为违法行为列入保险公司不赔偿的范围之内，应注意国家规定的建设程序不是非常明确，建设工程的性质、规模、投资来源不同，其建设程序也不同。是否按照建设程序进行工程设计与工程设计风险的大小关系不大。建议与保险公司约定为："未按法律、行政法规规定的勘察成果文件进行设计的。"

3.2.3 设计责任险保险期限的确定

一、保险期限的概念

保险期限也叫保险期间或保险有效期限，是保险合同中，保险人对保险标的发生保险事故承担经济赔偿责任的开始和终止的时间。在此期间内，保险人和被保险人都应遵守合同规定的各自的权利和义务。

二、保险期限的分类

按保险期限的不同分为定期保险和不定期保险。定期保险以一定的时间标准即年、月、日、时来计算保险责任的开始与终止，其中，超过一年期的为长期保险，一年期以下的为短期保险，相应确定不同的费率标准。保险期限一经确定，无特殊原因，一般不得随意更改，应出批单，相应增减保险费。不定期保险，也叫航程险、航次险，其保险责任的开始与终止主要不是按确定的时间标准，而是根据保险标的行动过程来确定，如船舶保险、货物运输保险均如此。航程保险的保险责任一经开始，投保人不能要求终止保险合同，也不能要求退还保险费。

3.2.4　设计责任保险期限

工程设计责任保险属于定期保险，保险期限的确定如下：

一、年保险有效期限

设计责任保险条款规定，保险期限指保险合同有效的起止时间。本保险的保险期限为一年，本保险不设短期保险。保险期限自保险人签发保险单次日零时起至期满日二十四时止。期满可续保。

例如：某设计单位 2004 年 2 月 19 日投保，保险期限为 2004 年 2 月 20 日零时起，至 2005 年 2 月 19 日 24 时止。首次年保无追溯期，即 2004 年 2 月 19 日追溯期为 0。此后续保，则以首次承保时保险单的起始日为追溯期的起始日，如该设计单位 2005 年 2 月 24 时续保后，其追溯期为 1 年。依此类推，连续投保，连续计算，一直达到所规定的甲、乙、丙资质设计单位追溯期的最高年限。

二、单项保险期限

设计责任保险规定，本保险的起始日应为被保险人所设计的工程项目的预计开工之日，终止日应约定年后的对应日。

实际的保险期限还要受两个条件的制约：一是，如用于所设计的工程项目的材料、设备运抵工地的时间晚于约定的日期，则保险人以材料运抵工地之时起承担保险责任；二是，如工程竣工验收合格期满 3 年之日早于上述保单约定的终止日，则以先者为准。单项保险没有追溯期限的规定。

3.2.5　设计责任保险费率

一、保险费率确定因素

工程职业责任保险属于相对高风险业务，因为其服务对象是投资高、规模大的建设工程项目，一旦发生事故可能导致的损失相对较为严重，同时工程责任风险更多的是体现为一种管理风险和质量风险。为此在考虑工程职业责任险费率的时候，一般要综合考虑各方面的因素，其中主要有以下 6 个方面：

（一）职业性质。不同的职业责任风险是不同的。设计单位的风险相比较高于工程监理风险，同一工程设计单位，承接那些高层建筑、桥梁、地铁项目的风险要高于规模较小和简单项目的风险。

（二）单位资质工程职业责任险最终反映为技术风险和管理风险。技术风险的评估指标之一是资质。一个单位的资质反映出该企业的技术水平和管理风险的能力，资质高的企业比资质低的企业肯定在技术、管理及经验方面都要高一筹。因此，设计责任险的费率要看从事该职业的单位资质的高低，资质高的费率就低一些，反之则高一些。

（三）承包区域。承包区域是指被保险人经营业务的地理范围。这种区域的差异是指法律环境的差异。目前，我国的工程职业保险责任承包的区域仅限于中华人民共和国境内，但不包括香港、澳门和台湾地区。如果被保险人承接的业务范围超出规定，那么保险人承担的风险肯定会大一些，其费率就会高一些。

（四）业务规模。从业务规模的角度考虑保险费率的主要原因是保险经营的基础是大数法则，也就是说，规模越大风险就越分散，规模越小风险就越集中。二是业务规模的大小一般来说反映了被保险人的经营水平的高低，规模大经营水平可能就高，相对保险人来说其风险就会小些。三是有些工程职业保险是根据业务规模计算保费的，所以业务规模越大，则保费收取的越多，其费率可以相对低些。

（五）赔偿限额和免赔额。一般而言，赔偿限额和免赔额是厘定费率的直接因素。赔偿限额越大，保险费率就越高，免赔额越高则保险费率就越低。

（六）被保险人的经营情况记录。是否有损失记录、失信记录、事故记录等都对保险费率有直接的影响。被保险人的经营情况好，工程设计质量高，意外安全质量事故发生率低，则保险费率就低；反之，经营情况较差，工程设计质量较差，意外事故发生率高，则保险费率就较高。

二、设计责任保险费率

建设工程设计责任保险基本保险费率一般按设计单位的资质分为甲、乙、丙三个等级，采取不同等级的费率，随着赔偿限额的增加，保险费率也逐步增加。

3.2.6 赔偿限额与免赔额

一、赔偿限额

赔偿限额是保险人对承保的项目如果发生质量安全事故而造成人身伤亡或财产损失的最高赔偿额度。建设工程责任保险的赔偿限额分为每次事故赔偿限额和累计赔偿限额。赔偿限额规定应考虑两方面因素：一方面要保证设计单位确实能够达到转移设计风险的目的，赔偿限额定得过低，一旦发生由于设计原因造成安全事故，设计单位获得的赔偿额较少，不能发挥转移责任风险的目的；赔偿限额定得过高，设计单位又不能够承担购买设计保险的费用。另一方面，还要考虑保险公司的生存与发展，使得保险公司觉得有利可图，支持推行设计保险制度建设。

二、免赔额

免赔额就是指被保险人的自付额。在每次保险事故发生，保险标的受损后，保险人不负责赔偿的金额。免赔额是由保险人事先在保单中设定的，由被保险人选择确定的。保险人设置免赔额的主要目的一方面是为了减少保险人的理赔次数，降低保险经营成本；另一方面，可以充分调动设计单位的抗风险的积极性，减少风险发生率。

三、设计责任保险的赔偿限额与免赔额

目前，国内各地区对工程设计责任保险的赔偿限额和免赔额规定略有差异，例如：

（一）北京市设计责任保险赔偿限额与免赔额的规定

北京市规定，年保年累计赔偿限额甲级资质不得低于 200 万元，乙级资质不得低于

100万元，丙级资质不得低于60万元。每次事故免赔额5万元；单项工程保险每次事故最低赔偿限额和累计事故赔偿限额以建设工程项目的预算金额为准，二者相等。根据选择的不同费率每次免赔额分别为：3万（150万）或损失金额的10%。人身伤亡最高赔偿限额为10万元。见表3-1～表3-3所示。

中国人民保险公司北京市分公司建设工程设计责任年保险费率表　　表3-1

每次事故赔偿限额(万元)	年累计赔偿限额(万元)	基本费率(%)		
		甲级资质	乙级资质	丙级资质
40	60	—	—	1.9
50	80	—	—	1.8
70	100	—	1.6	1.7
150	200	1.4	1.5	1.6
300	400	1.2	1.3	1.4
450	600	1.0	1.1	1.2
750	1000	0.9	1.0	1.1
1500	2000	0.8	0.9	1.0
3000	4000	0.75	0.8	—
4500	6000	0.7	0.75	—
6000	8000	0.65	—	—
7500	10000	0.6	—	—

注：1. 第三者人身伤亡赔偿：每人最高赔偿额为人民币10万元。
　　2. 免赔额：每次索赔免赔额为人民币5万元。
　　3. 提高免赔额减费：1) 免赔额提高为10万元者，按全年保险费减收5%；2) 免赔额提高为20万元者，按全年保险费减收10%；3) 免赔额提高为30万元者，按全年保险费减收20%。
　　4. 降低免赔额加费：免赔额降低为3万元者，按全年保险费加收5%。
　　5. 保险费：基本保险费＝年累计赔偿限额×基本费率。
　　6. 发生索赔后下一年度续保时的保险费，见表3-2。

中国人民保险公司北京市分公司建设工程设计险发生索赔后续保险费率表　　表3-2

上一年的赔付率	0*	1%～49%	50%～60%	60%～70%	70%～80%	80%以上	100%以上
基本保险费倍数	0.9	1	1.2	1.5	1.8	2	2.5

＊被保险人在过去5年中向人保公司投保该险种未发生任何索赔事故。（未足5年的，费率不做调整）

中国人民保险公司北京市分公司单项建设工程设计责任保险费率表　　表3-3

工程项目	费率(选择一)	费率(选择二)
公路、铁路(不含高架)	0.60‰	0.30‰
民用住宅、一般工业厂房、宾馆、商业楼宇、仓库、剧院、体育场(馆)	0.90‰	0.40‰
桥梁、高架铁路、隧道、特殊工业厂房	1.20‰	0.50‰
免赔额	每次索赔免赔额为3万元或损失金额的10%，以高者为准	每次索赔免赔额为人民币150万元或损失金额的10%，以高者为准

注：1. 费率调整因素：
　　　甲级资质：费率表费率×1.0倍；乙级资质：费率表费率×1.1倍；丙级资质：费率表费率×1.2倍
　　2. 保险费：保险费＝累计（每次事故）赔偿限额×选定费率
　　　每次事故赔偿限额和累计事故赔偿限额以建设工程项目的预算金额为准，二者相等。
　　3. 第三者人身伤亡赔偿：每人最高赔偿额为人民币10万元。

（二）深圳市设计责任保险赔偿限额与免赔额的规定

年保的累积赔偿限额：甲级资质不得低于1000万元，乙级不得低于600万元，丙级不得低于 400 万元投保额。单项工程保险，累计赔偿限额以建设工程项目的投资预算为准。人身伤亡赔偿限额分别为 10 万、15 万、20 万、30 万、50 万元，详细规定见表 3-4～表 3-7 所示。

深圳市建设工程设计责任保险年赔偿限额、免赔额和保险费率表　　　表 3-4

每次责任损失赔偿限额	年累计赔偿限额	基本费率(%)	
		市属设计单位	驻深设计单位
200 万～400 万	200 万～400 万	0.71	0.76
401 万～600 万	401 万～600 万	0.61	0.65
601 万～800 万	601 万～800 万	0.51	0.55
801 万～1000 万	801 万～1000 万	0.48	0.52
1001 万～2000 万	1001 万～2000 万	0.46	0.50
2001 万～4000 万	2001 万～4000 万	0.43	0.47
4001 万～6000 万	4001 万～6000 万	0.40	0.44
6001 万～8000 万	6001 万～8000 万	0.37	0.41
8001 万～1 亿	8001 万～1 亿	0.35	0.38

通过 ISO 质量管理体系认证的勘察设计单位 9 折优惠。

1. 第三者人身伤亡赔偿：每人每次最高赔偿限额为人民币 10 万元（如选择 15 万元，按上费率表费率×1.05 倍；20 万元，按上费率表费率×1.1 倍；30 万元，按上费率表费率×1.2 倍；50 万元，按上费率表费率×1.3 倍）。

2. 发生索赔后下一年度续保时的保险费，见表 3-5。

深圳市建设工程设计险发生索赔后年保续保费率表　　　表 3-5

上一年的赔付率	1%～49%	50%～60%	60%～70%	70%～80%	80%以上	100%以上
基本保险费的倍数(倍)	1	1.1	1.2	1.3	1.4	1.5 以上

3. 连续数年投保该险种未发生任何索赔责任损失续保时的保险费，见表 3-6。

深圳市建设工程设计险为发生索赔后年保未发生索赔续保费率表　　　表 3-6

连续未出险年数	4 年	6 年	8 年	10 年	15 年
基本保险费的倍数(倍)	0.9	0.8	0.7	0.6	0.5

注：当某一年出险发生索赔时，下一年度续保时的保险费按 2 执行。

深圳市单项建设工程设计责任保险费率（保险限额为工程投资估算时）　　　表 3-7

工程项目	费率（选择一）	费率（选择二）
公路、铁路（不含高架）	0.35‰	0.20‰
民用住宅、一般工业厂房、宾馆、商业楼宇、仓库、剧院、体育场（馆）	0.50‰	0.25‰
桥梁、高架铁路、隧道、特殊工业厂房	0.60‰	0.30‰
免赔额	每次索赔免赔额为 2 万元或损失金额的 5%，以高者为准	每次索赔免赔额为人民币 10 万元或损失金额的 15%，以高者为准

注：1. 市属设计单位：按上费率表费率×1.0 倍。
　　2. 驻深设计单位：按上费率表费率×1.1 倍；通过 ISO 认证的单位按上费率表费率 9 折。

保险费＝每次责任损失赔偿限额×选定费率×费率调整系数

单项每次责任损失赔偿限额和累计责任损失赔偿限额原则上以建设工程项目的投资估算为准，但最高为人民币 3 亿元。如选择其他方式确定保险金额，其费率另行协商。

第三者人身伤亡赔偿：每人每次最高赔偿额为人民币10万元如选择15万元，按上费率表费率×1.05倍；20万元，按上费率表费率×1.1倍；30万元，按上费率表费率×1.2倍；50万元，按上费率表费率×1.3倍。

（三）山东省设计责任保险的赔偿限额与免赔额的规定

按年投保时，甲级设计单位选择年累计赔偿限额不宜低于800万元，乙级设计单位选择年累计赔偿限额不宜低于400万元，丙级设计单位选择年累计赔偿限额不宜低于100万元。单项工程投保以工程项目预算金额为赔偿限额。人身伤亡保险赔偿限额为20万元；每次免赔额甲、乙、丙设计院分别为：5万、3万、1万元。具体详细规定见表3-8～表3-12所示。

山东省建设工程设计责任保险年保险费率规章　　　　　　表3-8

每次事故赔偿限额	年累计赔偿限额	基本费率(%)		
		甲级资质	乙级资质	丙级资质
……	100万	……	……	1.07
150万	200万	……	0.95	1.00
300万	400万	0.76	0.82	0.88
450万	600万	0.63	0.69	0.76
600万	800万	0.60	0.66	0.72
750万	1000万	0.57	0.63	0.69
1500万	2000万	0.50	0.58	0.63
3000万	4000万	0.48	0.50	……
4500万	6000万	0.44	0.48	……
6000万	8000万	0.41	……	……
7500万	10000万	0.38	……	……

部分专项资质的费率调整如表3-9所示：

部分专项资质的费率调整　　　　　　表3-9

行　业　类　别	基本保险费的倍数
消防设施专项工程设计	0.9
装饰设计、环境污染防治工程专项设计	0.8
智能化系统集成设计、园林设计	0.7

注：1. 第三者人身伤亡赔偿
　　每人最高赔偿限额：人民币20万元。
2. 免赔额
甲级单位每次索赔免赔额为人民币5万元，乙级单位每次索赔免赔额为人民币3万元，丙级单位每次索赔免赔额为人民币1万元。
3. 提高免赔额减费
（1）免赔额提高为10万元者，按全年保险费减收5%。
（2）免赔额提高为20万元者，按全年保险费减收10%。
（3）免赔额提高为30万元者，按全年保险费减收20%。
4. 降低免赔额加费
甲级单位免赔额降低为3万元，按全年保险费加收5%。
5. 保险费
　险费＝年累计赔偿限额×基本费率
　部分调整的专项资质保险费＝年累计赔偿限额×基本费率×基本保险费的倍数
6. 发生索赔后下一年度续保时的保险费
　见表3-10。
7. 连续数年投保该险种未发生任何索赔事故续保时的保险费。见表3-11。

山东省建设工程设计险发生索赔后下一年续保费率表　　　　表 3-10

上一年的赔付率	1%~49%	50%~60%	60%~70%	70%~80%	80%以上	100%以上
基本保险费的倍数(倍)	1	1.1	1.3	1.6	1.8	2.2

山东省建设工程设计险未发生索赔续保保险费率表　　　　表 3-11

连续未出险年数	5 年	10 年	15 年	20 年	25 年	30 年	50 年
基本保险费的倍数(倍)	0.9	0.85	0.8	0.75	0.7	0.65	0.6

注：当某一年出险发生索赔时，下一年度续保时的保险费按第 6 条执行。

山东省单项建设工程设计责任保险费率规章　　　　表 3-12

工程项目	费率(选择一)	费率(选择二)
公路、铁路(不含高架)	0.36‰	0.18‰
民用住宅、一般工业厂房、宾馆、商业楼宇、仓库、剧院、体育场(馆)	0.54‰	0.24‰
桥梁、高架铁路、隧道、特殊工业厂房	0.72‰	0.32‰
免赔额	每次索赔免赔额为 3 万元或损失金额的 10%，以高者为准	每次索赔免赔额为人民币 150 万元或损失金额的 10%，以高者为准

注：1. 费率调整因素。甲级资质：费率表费率×1.0 倍；乙级资质：费率表费率×1.1 倍；丙级资质：费率表费率×1.2 倍。
2. 保险费：保险费＝累计（每次事故）赔偿限额×选定费率
每次事故赔偿限额和累计事故赔偿限额以建设工程项目的预算金额为准，二者相等。
3. 第三者人身伤亡赔偿：每人最高赔偿额最高为人民币 20 万元。

3.2.7 保险费的计算

一、年保保险费的计算

以设计单位 1 年内完成的全部设计项目可能发生的对受害人的赔偿责任为保险标的的，保险期限为 1 年。

$$保险费＝年累计赔偿限额×保险费率$$

以北京市勘察设计保险规定为例，具体规定见表 3-1、3-2、3-3 所示。

例如，某甲级设计院选择年累计赔偿限额 600 万元，某乙级设计院选择年累计赔偿限额 400 万元，则甲、乙设计院保费分别为：

$$保险费（甲级资质）＝600×1.0‰＝6.0 万元$$

$$保险费（乙级资质）＝400×1.3‰＝5.2 万元$$

某甲级设计院如果选择免赔额由 450 万元增加 10 万元，其保险费减少 5%为 5.7 万元。如每次免赔额减低 3 万元为 447 万元，则保费增加 5%为 6.3 万元。

某乙级设计院如果选择每次免赔额由 300 万元增加 10 万元，其保险费减少 5%为 4.94 万元。如每次免赔额减低 3 万元为 297 万元，则保费增加 5%为 5.46 万元。根据表 3-2，下一年度续保费的计算。

例如：乙级设计院上一年度发生的索赔率为 50%，则下一年度保险费应缴纳：

$$保险费（乙级资质）＝400×1.3‰×1.2＝5.2×1.2＝6.24 万元$$

又如：甲级设计院在投保 5 年后未发生任何索赔（如未足 5 年费率不调整），则下一年度的保险费应为：

$$保险费（甲级资质）＝600×1.0‰×0.9＝6.0×0.9＝5.40 万元$$

二、单项保险费的计算

以设计单位一项设计项目可能发生的对受害人的赔偿责任为保险标的，保险期险一般

为 10 年,也可以由当事人双方协商约定。赔偿限额以工程项目预算金额为准,计算公式如下:

$$保险费 = 累计(每次事故)赔偿限额 \times 选定的费率$$

例如,某甲级设计院投保民用住宅设计单项责任险,项目预算金额为 500 万元,根据表 3-3 某甲级设计单位选择每次免赔额:3 万元或损失金额 10%,由民用住宅项目和每次免赔额确定保险费率为 0.90‰,保险费计算如下:

$$保险费 = 500 \times 0.90‰ = 0.45 万元$$

如果某甲级设计院选择每次免赔额为 150 万元或损失金额 10%,(如设计单位选择年累计赔偿限额在 150 万元以下,不能选择使用费率二)则保险费为:

$$保险费 = 500 \times 0.40‰ = 0.2 万元$$

如果设计单位为乙级资质,则上述两种情况的保费分别为:

$$保险费 = 500 \times 0.90‰ \times 1.1 = 0.499 万元$$

$$保险费 = 500 \times 0.40‰ \times 1.1 = 0.220 万元$$

3.2.8 关于保险赔偿限额的选择与投保案例

一、限额的选择

勘察设计单位在选择赔偿限额时应注意坚持赔偿限额与设计业务相匹配的原则。首先设计单位对自己当年的设计业务应该有一个客观的估计,足够的保险额度当然有利于承接业务,也有利于勘察设计院规避风险,赔偿限额选择过低,一旦发生事故设计单位不能得到应有的经济保障,不能有效地转嫁风险;但赔偿限额与保险费用是成正比的关系,选择过高的保险额度来说又会相应地增加勘察设计院经济负担,造成设计单位的财务资金紧张,对市场竞争反而不利。

二、投保案例

(一)单项工程设计责任保险投保案例

投保单位:能源类设计单位(甲级)

投资方:国外知名企业

工程投资额:3 亿元人民币

工程地址:陕西

累计赔付额:3000 万元人民币

单次赔付额:3000 万元人民币

保险期限:三年

保险费:18 万元

说明:设计责任险作为设计单位承担该项工程设计的必要条件之一。

(二)综合年保投保案例

投保单位:国家级综合类设计单位(甲级)

累计赔付额:5000 万元

单次赔付额:3000 万元

保险期:一年

保险费:30 万元

追溯期：一年

说明：投保综合年保能够增强该设计单位的抗风险能力，使其在招标中处于有利地位。在招标国外项目设计责任保险为竞标必须条件之一。

3.3 设计责任保险投保与索赔

3.3.1 设计责任险投保程序

一、设计责任险投保方式

勘察设计单位参加建设工程勘察设计责任保险，既可以直接向保险公司投保，也可以通过保险经纪公司向保险公司投保。

直接向保险公司投保时，勘察设计单位直接与保险公司签订保险合同，保险公司提供投保单、保险合同等保险凭证的规范文本，并负责出具保险单及保费发票，保险费由勘察设计单位直接向保险公司支付。

通过保险经纪公司向保险公司投保时，由保险经纪公司统一设计合同规范文本，协助勘察设计单位签订保险协议和保险合同，审校保险单。

目前，我国大多数地区由当地的勘察设计协会联合有关保险公司成立服务中介机构负责此项业务。

二、设计责任险投保程序

（一）投保单位需提供以下资料：1. 设计单位营业执照；2. 设计单位资质证书；3. 设计合同书；4. 单项投保时要提供工程概算书；5. 工程设计人与投保单位的聘用合同或投保单位人事部门出具的证明。以上各项为复印件，但必须字迹清楚。

（二）保险公司或保险经纪公司向勘察设计单位宣传勘察设计责任保险、解释勘察设计责任保险条款、实施细则及投保等有关问题，并对保险种类及赔偿限额等提出建议。

（三）勘察设计单位根据本单位具体情况并按照当地建设行政主管部门对于保险年度内赔偿限额的有关规定，选择合适的保险种类和赔偿限额。

（四）保险公司或保险经纪公司为勘察设计单位办理投保手续，并对保险合同及投保项目等有关资料存档立案。

3.3.2 设计责任险索赔程序

建设工程设计责任保险的一般索赔程序如下：

一、出险报案

发生保险责任范围内的建设工程或第三者损失时，勘察设计单位应及时通知保险公司查勘现场。勘察设计单位应书面出具出险通知书（出险通知书的规范文本由保险公司或保险经纪公司提供），出险通知书应简要说明事故发生的经过、原因及初步估算损失程度。

二、查勘现场，鉴定事故原因及责任，评估损失

保险公司在接到出险报案后，应组织有关专家查勘现场，确定质量责任，评估因勘察设计原因造成的损失数额，并出具责任鉴定与损失评估报告。

接到勘察设计单位报案后，保险公司的查勘人员应按照规定时限及时赶到责任损失现场，进行实地查勘。勘察设计单位应协助保险人进行必要的查勘工作，设计单位应注意保留有关的现场照片及有关索赔单证。

三、对责任鉴定与损失评估报告进行确认

如有资格提出索赔的单位或个人（以下简称"索赔方"）、勘察设计单位或保险公司认为责任鉴定与损失评估报告不符合实际情况或有失公正，经索赔方、勘察设计单位和保险公司三方一致同意，可重新开展责任鉴定与损失评估。

四、确定、核算赔偿金额

责任鉴定与损失评估报告经有关各方确认后，按照有关规定的损失赔偿范围确定、核算具体赔偿金额。

五、提交索赔材料

勘察设计单位向保险公司提交索赔材料，完整的索赔材料应包括：出险通知书；保险单；勘察或设计合同、勘察或设计文件的有关部分；项目施工图设计文件审查合格证明（若适合）；索赔申请书；直接财产损失清单，各项施救、保护、整理费用清单；修复或新购费用预算表；设备重置或修理原始发票（若适合）；索赔清单；根据不同的保险责任损失提供相关部门（如公安、消防、气象）的证明；保险责任损失的现场照片；公估机构（或专家小组）出具的责任鉴定与损失评估报告或法院判决书（若适合）；权益转让书及相关追偿文件（损失涉及其他责任方时）；发生人身伤亡时，应提供伤亡人员名单、身份证明或户籍注销证明、医疗费用收据原件、伤残鉴定书；特殊个案应提供保险公司所需要的其他有关资料。

六、履行赔偿

保险公司对责任鉴定与损失评估报告及赔偿金额认可后，应根据保险合同的约定，于约定时间内支付赔偿金额。

对于确定属于保险责任，赔偿金额可以确定的，保险公司在赔偿金额确定后规定的工作日内支付全部赔偿金；对于确定属于保险责任，而赔偿金额不能确定的，保险公司在勘察设计单位提出索赔申请后，根据已有的证明和材料可以确定的最低数额先予支付，待最后确定赔偿金额后再支付相应的差额。

对于确定不属于保险责任的，保险公司应当在勘察设计单位提出索赔申请后在规定的工作日内向其发出拒绝赔偿或者拒绝给付保险金通知书。

如保险公司未按约定时间支付赔款，则应当按照其实际拖延的天数向勘察设计单位支付违约金。

七、争议处理

业主单位、勘察设计单位或保险公司对责任鉴定与损失评估结果，或者赔偿金额有异议时，可提请建设行政主管部门组织各方进行协商；也可向仲裁机构申请仲裁，或者依法向人民法院提起诉讼。

3.3.3 设计责任险赔偿计算

赔偿计算是指保险公司核定保险损失金额工作完毕后，根据赔偿处理的有关规定计算赔偿金额的工作程序。下面对深圳市设计责任保险赔偿计算办法介绍如下：

一、建设工程勘察设计责任保险中建设工程本身的损失及第三者财产损失的赔偿

计算发生在本保险责任范围内的建设工程本身的损失以及造成除保险人与被保险人之外的第三者的财产损失。

（一）对于建设工程本身的损失的赔偿

赔偿对损坏的建设工程进行修复、加固或重建发生的费用（包括材料费、人工费和专家费等）。

（二）对于第三者财产损失的赔偿

1. 原状：财产的损害程度较轻，原物的主要部分没有损坏，基本功能没有受到大的影响，经过维修或者更换零件即可发挥正常功能。对于这类损害，应赔偿修理或更换零件的费用。

2. 折价赔偿：被损害的财产无法恢复原状时，折价进行赔偿，其赔偿金额计算方式为：

$$原物价格-原物价格\times 已用时间/可用时间-残存价值$$

对于一次保险事故，当勘察设计单位向索赔方应支付的赔偿金额低于保险单明细表中列明的每次索赔赔偿限额时，计算公式为：

$$保险赔款=勘察设计单位向索赔方应支付的赔偿金额-免赔额$$

当勘察设计单位向索赔方应支付的赔偿金额等于或者高于保险单明细表中列明的每次索赔赔偿限额时，计算公式为：

$$保险赔款=每次索赔赔偿限额-免赔额$$

二、对于第三者人身伤亡的赔偿计算

根据民法规定和最高法院有关约定，侵害公民身体应当赔偿的费用包括：

（一）受伤（未残疾）：医疗费、误工费、护理费、交通费、住宿费、住院伙食补助费、必要的营养费。

（二）残疾：医疗费、误工费、护理费、交通费、住宿费、住院伙食补助费、必要的营养费、残疾赔偿金、残疾辅助器具费、被抚养人生活费以及因康复护理、继续治疗实际发生的必要的康复费、护理费、后续治疗费。

（三）死亡：医疗费、误工费、护理费、交通费、住宿费、住院伙食补助费、必要的营养费、丧葬费、被抚养人生活费、死亡补偿费以及受害人亲属办理丧葬事宜支出的交通费、住宿费和误工损失等其他合理费用。

上述赔偿应依据相关法律规定或双方事先约定的赔偿标准执行，但最高不得超过每人赔偿限额。

三、诉讼或仲裁费用的赔偿计算

诉讼或仲裁费用必须是事先经保险公司书面同意的实际诉讼或仲裁费用，但此项费用和经济赔偿的每次索赔赔偿总金额之和不得超过保单约定的每次索赔赔偿限额，即：

$$每次诉讼或仲裁费用赔偿额+每次经济赔偿责任赔偿额 \leqslant 每次索赔赔偿限额$$

$$累计（诉讼或仲裁费用赔偿额+经济赔偿责任赔偿额）\leqslant 累计赔偿限额$$

$$计算公式：赔款=事先经保险公司书面同意的实际诉讼或仲裁费用$$

四、必要的、合理的费用的赔偿计算

勘察设计单位必要的、合理的费用（以下简称"其他费用"）的赔偿，应在上述（一）、（二）、（三）项赔偿之外单独计算，并不得超过约定的每次索赔赔偿限额。同时，

如勘察设计单位实际支付的经济赔偿金额超过约定的每次索赔赔偿限额时，其他费用应根据每次索赔赔偿限额占全部经济赔偿金额的比例计算赔偿，即：

（一）经济赔偿支付金额未超过每次索赔赔偿限额时

其他费用赔偿额＝其他费用支出额≤每次索赔赔偿额

（二）经济赔偿支付金额超过每次索赔赔偿限额时

其他费用赔偿额＝其他费用支出额×（每次索赔赔偿限额÷经济赔偿支付金额）

≤每次索赔赔偿额

（三）累计其他费用赔偿额≤累计赔偿限额

$$赔款 = \Sigma（必要、合理的）其他费用$$

五、上述各项赔款计算，均应扣除相应免赔额

保险公司只对保险单规定的免赔额以外的勘察设计单位的损失负责赔偿，免赔额以内的损失由勘察设计单位自行承担。

3.3.4 设计责任保险被保险人义务

一、如实告知义务

提供与其签订劳动合同的工程设计人员名单，如实回答保险人提问。

二、缴付保费义务

在保险期内按时交纳保费。

三、及时办理批改手续或增收保险费

保险重要事项变更或保险标的危险程度增加时，被保险人应办理批改手续或增收保险费义务。

四、采取必要的措施的义务

事故发生时被保险人应尽力采取必要的措施，缩小或减少损失；立即通知保险人，并书面说明事故发生的原因、经过和损失程度。

五、及时送交法院传票或其他法律文书义务

被保险人获悉可能引起诉讼时，应立即以书面形式通知保险人；接到法院传票或其他法律文书后，应及时送交保险人。

六、采取合理的预防措施义务

被保险人应遵守政府有关部门制定的各项规定，采取合理的预防措施，减少建设工程设计事故和建设工程设计差错的发生。

七、送交相关文件义务

保险期限届满时，被保险人应如实将在本保险期限内已完成设计任务的所有建设工程的《建设工程设计合同》和设计文件副本送交保险人。

3.4 工程勘察责任保险的主要内容

建设工程勘察责任保险条款，根据该业务的特点，分为年保和单项承保，建设工程勘察责任条款与设计责任条款在保险责任、责任免除、投保人、被保险人义务、赔偿处理、争议处理、其他事项等基本相同，主要在赔偿限额、保险期限、保险费、保险费率、免赔额、追溯期方面有所区别。下面以山东省勘察责任保险为例。

3.4.1 勘察责任险赔偿限额

一、年度承保

累计赔偿限额不得低于人民币 200 万元，高于人民币 6000 万元。

二、单项承保

累计赔偿限额最低为人民币 200 万元，最高为人民币 5000 万元。

三、累计赔偿限额

等于或者低于人民币 3000 万元，每次事故赔偿限额和累计赔偿限额可一致；累计赔偿限额高于人民币 3000 万元时，每次事故的赔偿限额不得低于人民币 3000 万元。

3.4.2 勘察责任险保险费率

年度承保一般情况下为 0.9%；单项承保一般情况下为 1.2%。可视具体的风险状况，在此基础上做上下 30% 范围内的浮动。

3.4.3 勘察责任险保险费计算方法

一、保险费计算公式

$$年度承保保险费=(保险期限内被保险人预计勘察业务收入\times 1/2 + 累计赔偿限额 \times 1/2) \times 保险费率$$

该保险费为预收保险费。

二、单项保险费计算公式

$$单项承保的保险费 = 累计赔偿限额 \times 保险费率$$

3.4.4 勘察责任险免赔额

年保和单项的免赔额是一致的。每次事故免赔额不得低于人民币 1 万元或赔偿金额的 5%，且两者以高者为准。

3.4.5 勘察责任险保险期限

一、年保的保险期限一般为 12 个月，但也允许投保选择少于或多于 12 个月的保险期限投保，但必须以月为单位。

二、单项的保险期限最长不超过 10 年。

3.4.6 勘察责任险追溯期

一、新保业务一般不设追溯期，但投保人要求设追溯期，最长不超过两年。

二、保险费率按照追溯期每增加一年保险费率加 0.3% 的标准来计收。

三、续保业务的追溯期最长不超过 10 年。

四、单项工程没有追溯期。

建设工程设计责任保险和建设工程勘察责任保险是两个独立的产品，如果某一个单位承接的工程，既承担勘察，同时又承担设计，要分别投保。

第4章 建筑工程质量责任保险

4.1 建筑工程质量保险概述

4.1.1 建筑工程质量保险概念

建设工程质量保险是指投保人（项目开发商）与保险公司签订保险协议并交纳保险费用后，对保险标的建筑物竣工验收合格满一年后，经保险人指定的建筑工程质量检查控制机构检查通过。在正常使用条件下，因潜在缺陷在保险期间内发生主体结构、渗漏、设备、管线、装修、玻璃幕墙等质量问题（即属于《建设工程质量管理条例》规定的保修范围），保险人按照与投保人签订的保险合同的约定责任，对被保险人（业主或使用人）修复或赔偿。在发生保险事故后，业主首先向保险人要求赔偿，保险人赔偿后，再向设计、勘察、施工、质量检查控制机构等相关责任人进行追偿的制度。

建设工程质量责任保险制度是一种建筑产品消费后在使用过程中保护业主（消费者）利益，协调各方权利和义务的保险制度。国外开展极其广泛，具有悠久的历史，工程质量责任险在国外称其为潜在缺陷保险，在工程验收时没有被发现的设计施工工艺或材料缺陷。在英国称作 Latent/Inherent Defects Insurance，又被称作建筑十年保险，英文是 Liability for Ten Years 或 Decennial Insurance（法语国家常用），虽然有时会采用职业设计责任保险（Professional Liability Insurance）转移部分由于设计缺陷而带来的风险，但它往往将结构缺陷加以除外，而只承担间接损失，并且要求业主提供职业诉讼疏忽的证明，给业主带来很大的麻烦，所以工程质量责任保险应运而生，并克服了设计责任保险的一些缺点。

4.1.2 建筑工程质量保险内容

在国际上，工程质量保险不是一个单独的保险险种和制度，其中包括两部分内容：

一、维护业主利益而进行的缺陷保险，也称为损失保险。该部分称为工程缺陷保险。保险的标的物为建筑工程项目，其承保范围为工程使用期间，因设计、施工、材料等不当而出现和造成的结构、装修及附属设施设备等的缺陷。该部分的保费由项目开发商负责支付，受益人为业主。当建筑出现质量缺陷时，由业主向保险人提出索赔申请，保险公司在核实信息后，对出现的质量缺陷进行维护或赔偿。这大大降低了业主维权的难度，从而保护了业主的利益。在这一保险开展过程中，保险人可以根据开发商的信誉记录调整保险的保费，促进项目开发商规范自己的质量行为。

二、保证工程质量而进行的责任保险。为使建筑质量保险更为有效，国外还延伸到了项目的建造阶段，勘察、设计、施工各方为自己的责任投保，这是一种责任保险。建筑在使用过程中发生质量缺陷，保险人对所造成的损失对业主进行赔付后，将确认质量缺陷产生的原因。若确认质量缺陷是由某一方主观有意造成的，保险人将行使代为求偿权，代业主追求赔偿。追偿的结果将影响到该参与方的信誉记录。若质量缺陷不是参与方主观有意造成的，保险人可以利用各方投保责任保险的保险费，补充其在质量缺陷险种的理赔。保险人通过信誉记录调整保费，以促进工程参与各方付出更多的努力。这将有利于降低缺陷保险的费率，减少开发商的保费的支出，也就减少了业主费用的支出。国外建筑工程质量保险体系示意图见图4-1所示。

国外经验证明，通过建筑工程质量保险，将建筑工程质量问题交给市场加以解决，可以有效地保障、改善和提高建筑工程质量。

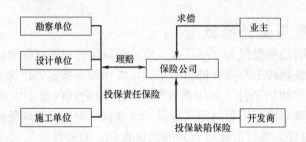

图4-1　国外建筑工程质量保险参与各方的保险关系图

4.1.3　建筑工程质量保险特征

一、保证性

建筑工程质量保险同设计责任保险相同，具有保证担保的特征。承包商或开发商投保质量责任保险相当于保险人（被担保人）向相关的第三者（业主及利益相关人员）保证，当投保人（被担保人）提供的建筑产品发生质量事故造成人身伤亡或财产损失时，由保险人（担保人）向遭受损失的第三者负责经济赔偿。为此，工程质量责任保险具有保证担保的特征。

二、外部性

建筑工程质量保险具有很强的外部性特征，它不仅针对建筑质量事故损失后的补偿，而且根据自身发展的需要，还建立了包括技术检验服务、案例追查等一系列经营原则和制度，这些原则和制度是工程质量保险除了具有补偿保障功能外，还具有很强的第三方监督和服务职能，以及社会风险管理功能，它不仅仅能够稳定建筑产品所有者和消费者对未来的预期，还可以稳定建设单位和施工单位对未来的预期。从国外经验来看，工程质量保险对于推动工程质量和工程的管理水平，对于稳定社会关系，促进经济发展，具有十分重要的作用。

三、公益性

建筑工程质量保险在国外已经十分普遍，成为一种国际性语言、国际惯例和国际通行的建筑工程风险管理方式，属于责任保险的一种，承保由于被保险财产结构部分的内在缺陷引起的未来突然坍塌的物质损坏或威胁的风险，类似于2004年"法国戴高乐机场坍塌"等突发建筑工程安全事件，将由保险公司在第一时间向受害第三方进行赔偿，使受害第三方伤害得到及时治疗，保障其正常的生活水平和财产损失补偿。因此，建筑工程质量保险具有很强的公益性。

四、预防性

建筑工程质量保险区别于其他保险业务的一个重要特点是，保险人从自身经济利益出发，积极参与工程的监督和质量管理，将控制工程风险的关口前移。而专业工程责任保险公司在工程风险的评估与控制方面拥有其他企业不具备的专业优势，对投保项目从规划阶段、设计阶段、到施工全过程进行风险控制，并严格责任索赔，确保工程建设相关各方的质量责任落到实处。由此，工程质量责任保险的作用不仅在于出现质量事故后进行补偿，更重要的在于质量事故的预防。通过对投保的工程项目的全过程监管，建立起工程风险综合防范体系，充分体现预防为主，努力把防范风险的工作做在前面。

4.1.4 建筑工程质量保险与其他保险

建筑工程质量保险是一个单独的险种，但是就完工的建筑物而言，还有许多险种可以承保其面临的风险。我们简要地分析一下它们之间的联系与区别。目的是更好地选择险种为工程风险管理服务。

一、建筑工程质量保险与建筑工程一切险

建工险是施工期间，保险标的物所遇到的自然风险或意外事故所造成的风险损失进行经济赔偿的险种，其保险终止日1年之后，才是工程质量保险的开始生效之时，并不存在着时间上的重复。即使被保险人在投保建工险时，投保了保证期扩展条款加保了1年的保证期保险，在时间上也正好衔接上，时间上讲仍不会重复。在投保的内容上与工程质量保险基本相同，因为建工险中保证期的扩展条款也是承保由于安装错误、设计错误、原材料或铸件缺陷以及工艺不善引起的保险标的在保证期内发生意外事故的损失。因此，工程质量险与建工险不存在重复投保的问题。

二、建筑工程质量保险与企业财产一切险

建筑工程质量保险主要是对工程质量责任保险承保的是由于被保险财产结构部分的内在缺陷引起的质量事故造成的建筑物的损坏，以相对于外在原因引起的损失。对于外部原因引起的建筑物损害，不在赔偿责任范围之内。因此，质量责任保险也称为内在缺陷保险。

企业财产一切保险主要是以财产在保险期限内，被保险财产因自然灾害或意外事故造成的直接物质损坏或灭失，保险公司按照规定负责赔偿。除外责任包括：自然磨损、内在或潜在缺陷、物质本身变化、自燃、自热、氧化、锈蚀、渗漏、鼠咬、虫蛀、大气（气候或气温）变化、正常水位变化或其他渐变原因造成的损失和费用。也就是说对于内在的缺陷风险企业一切财产保险除外。

三、建筑工程质量保险与职业责任保险

职业责任保险承保职业人员由于职业疏忽引起的法律赔偿责任，保险单统称按年度安排。业主可能就工程损失向设计工程师、监理工程师或其他职业人员进行索赔。职业责任险与工程质量险的责任范围存在一些重复。例如，工程设计责任险承保由于设计人员的疏忽而造成设计缺陷导致意外事故发生而造成的损失，保险人负责向被保险人进行赔付，工程质量险也包括设计缺陷造成的损失进行赔付。但两者的被保险对象不同，设计责任保险的被保险对象是设计单位，工程质量保险的被保险对象是建设单位或开发商。保险人按照与投保人签订的保险合同的约定责任，对被保险人（业主或使用人）修复或赔偿。在发生保险事故后，业主首先向保险人要求赔偿，保险人赔偿后，再向设计、勘察、施工、质量检查控制机构等相关责任人进行追偿。因此，工程质量保险规定对投保其他险种的被保险人要事前说明，以备追偿。

四、建筑工程质量保险与机器损坏险

就电器或机械设备来说，其内在缺陷引起的损失通常由机器损害保险提供，这种保险一般要求定期的技术检查，按年度安排，每年续保。机器损害保险专门承保已经安装完毕并投入运行的电器或机械设备因人为的、意外的或物理原因造成的物质损失，其保险责任范围包括：设计、制造或安装错误、铸造和原材料缺陷；工人、技术人员操作错误、缺乏经验、技术不善、疏忽、过失、恶意行为；离心力引起断裂；超负荷、超电压、碰线、电弧、漏电、短路、大气放电、感应电及其他电器原因；条款中除外责任意外的其他原因。

显然，机器损害保险将机械和电器设备的设计、原材料和安装设备的内在缺陷列入承保的责任范围。这样，对于完工并投入运行的机械和电器设备的内在缺陷风险，只要投保了机器损害险就可以了，无需再投工程质量险。质量险主要承保建筑物或土木工程形式的标的物。而机器损坏险主要承保机械电器设备为标的物的。两者显著的区别是他们在使用期间，机器设备的运行容易受到操作者（使用者）的影响及其他许多因素的影响，发生事故后很难判断其确切的原因。而建筑物则不同，影响因素较为单一。所以在机器损坏保险下设计、制造或安装错误、铸造和原材料缺陷以及工人、技术人员操作错误、缺乏经验、技术不善、疏忽、过失、恶意行为列为承保责任范围具有其特殊的优势。虽然工程质量险也承保机械设备等损害，承保建筑物内电器、机械设备等内容，但代替不了机器损害险的独特险种的作用。

4.1.5 建筑工程质量保险的发展

一、国外建筑工程质量保险的发展

住宅质量保险起源于19世纪初。1804年法国《拿破仑法典》中首次对房屋质量责任设定了期限，促进房屋质量责任有古巴比伦《汉谟拉比法典》中的终身制向十年制的转变，提高了质量监督和控制的可操作性，同时建立了保险核算基础。

法国政府于1928年试行了房屋质量缺陷保险制度，要求建筑师和承包商为其责任投保，这是住宅质量保险的原型。1936年英国住宅委员会提出了担保保险计划，要求对新建住宅进行检测，并由建造商提供10年内的担保。1954年开始美国政府要求建造商为房屋提供由联邦政府制定机构提供的保险或保险计划。1975年美国承包商联合会（NAHB）组建业主担保公司（HOW），明确为新建住宅缺陷提供10年担保。

1978年法国《保险法》第4部分规定，任何个人和法人，凡涉及房屋建造销售，都要参与保险。同年，美国新泽西州强制推行了住宅担保计划。该计划是所有的承包商即使在一段时间内不开展业务，也要参加担保计划，从而对承包商提出了更加严格的规定。1999年加拿大国家担保计划开始实施，规定任何开发商都不可以出售没有担保或保险的房屋。同年西班牙也提出了强制房保险的要求，在开展推行保险时，西班牙设置了免赔额，从而降低了保险的赔付率。

纵观住宅质量保险 200 年发展的历程，在保险内容、形式等方面不断改进和完善，近年来随着保险业的发展和政府参与意识的增强，各国住宅质量保险发展的步伐不断加快，风险控制能力不断增强，住宅质量得到极大提高。

二、建筑工程质量保险实施的方式

目前，世界上开展住宅质量保险主要集中在发达国家和中等发达国家。不同国家之间所建立和实行的住宅保险制度既有相同或相近的方面，也有所差异。从市场运行状况看，大致可以分为三类：

（一）通过立法强制实行，以法国、西班牙、意大利等国家为代表。这些国家要求对其营造的房屋质量负责，为住宅日后的业主购买保险。保险内容主要针对建筑结构及其附属物（设施、设备）的安全以及防漏等。保险年限各有不同。对于住宅结构及其附属构件的安全保险期为 10 年（第一年为保修），对于防渗漏保险期为 2 年（第一年为保修）。这些国家一般规定，在签订工程合同前，必须购买住宅质量保险，否则工程合同无效。

（二）具有成熟的保险市场，不实行强制性的国家，如日本、比利时等国家。这些国家一般规定，住宅开发商对于住宅的结构安全负有至少十年的责任，当出现了事先约定的问题时，投保的住宅开发商主要通过保险企业的商业理赔来维护业主的利益，这种行为已经成为社会的共识，其主要内容普遍参考了法国的规定。

（三）不强制实行，也没有成熟的保险市场，但处于起步阶段的国家，以荷兰等国为代表。这些国家虽然在法律上都规定了住宅开发商对住宅质量负有不可推卸的责任，在住宅出现质量问题时，开发商必须进行维修，但在具体运作、理赔机制方面欠缺，操作性较差。这些国家正在对住宅质量保险制度进行进一步的探索，与我国的情况有些类似。

三、国内建筑工程质量保险制度建设

（一）国务院总理批示。我国建筑工程质量保险制度建设刚刚起步，2002 年 10 月，时任国务院副总理的温家宝同志就工程保险市场的培育和规范问题做出批示，要求原建设部和保监会研究解决。为此，两部委曾多次组织专家研讨和课题研究，组织考察学习，充分了解国外情况，认真分析国内开展这项工作的条件，并形成多种方案。通过开展不同层次、不同范围的研究和讨论，在工程建设系统宣传了工程保险制度，增强了保险意识，普及了保险知识，为今后推行工程质量保险制度打下了思想基础。

（二）颁布指导意见。2005 年 8 月 5 日原建设部和保监会联合发布《关于推进建设工程质量保险工作的意见》（以下简称《意见》）为推进保险工作提出了基本制度框架。主要内容如下：

1.《意见》首先明确了工程保险的种类。其中，建筑工程一切险、安装工程一切险在我国已有多年的实施经验，特别是近几年，国内大型工程基本都投保了这一险种；职业责任保险有设计责任险、监理责任险等；质量保证保险主要是为工程竣工后一定期限内出现的主体结构问题和渗漏问题等提供风险保障。

2.《意见》还明确了投保的项目类型和投保主体。大型公共建筑和地铁等地下工程建设期间技术风险突出，建设单位应积极投保建设工程质量保险，主要是建筑工程一切险、安装工程一切险。商品房的质量直接关系到使用人的切身利益，开发单位以及施工单位应积极投保建设工程质量保证保险，确保其竣工验收 10 年内的主体结构和主要使用功能质量。上述工程的勘察单位、设计单位、监理单位、施工图审查机构、工程质量检测机构等应积极投保相应的责任保险。同时，鉴于各种保险的受益人不尽相同，众多保险合同形成的合同关系比较复杂，工程一旦出险，索赔工作将极为复杂，因此，《意见》鼓励建设单位（或开发单位）牵头，就建设工程项目统一投保，尽量简化合同关系。

3.《意见》中还指出，保险公司要参与工程管理，实行费率差异化。工程质量保证保险费率应逐步实行差别费率和浮动费率，根据项目规模、技术复杂程度、施工单位业绩、项目管理水平等确定每个项目的保险费率。

4. 对于保险产品和条款，《意见》要求由各保险公司根据实际情况自行开发。保险行业协会及大的保险公司，应积极研究制定具有各自特色的工程质量保险条款。

（三）保险条款出台。2006年5月保监会批准了中国人保公司制定的《建设工程质量保险条款》，2006年9月原建设部与保监会联合下文，在北京、上海、天津、大连、青岛、厦门、深圳、兰州等14个省（市）正式启动建筑工程质量保险试点工作，使工程质量保险制度建设进入实质性阶段。

（四）试点起步。2008年，全国建筑工程质量保险的第一批试点项目——珠海格力广场小区项目和苏州天辰花园项目正式启动。签约上述项目的长安责任保险公司，是我国第一家专业责任保险公司，其前身长安保证担保公司曾先后承保了一批国家重点工程和示范项目，如国家大剧院、首都博物馆、广州白云机场等，承担的风险金额超过百亿元。

2008年1月2日北京市首个试行建筑工程质量保险的工程常营经济适用房项目。该项目的4家开发商——北京建工集团有限责任公司、北京住总房地产开发有限责任公司、北京首都开发控股（集团）有限公司和北京金隅嘉业房地产开发公司，与中国人民财产保险股份有限公司北京分公司签订建筑工程质量保险协议。常营经济适用房是北京第二个公开招标的经济适用房项目，规划地上建筑面积约74万 m^2，预计可提供7000余套经济适用房和1000余套廉租住房。2010年11月30日以前，项目全部竣工，全部住房用于解决列入住房保障群体的困难家庭的住房需求。

4.1.6 建筑工程质量保险的意义

一、维护人民群众根本利益的需要

目前我国正处于大规模建设时期，对工程质量缺陷建立责任保险制度，对于延长工程的使用年限，提高投资效益，显然是十分必要的。特别是对住宅质量保险制度的建立直接关系到广大人民群众的根本利益，关系到政府形象和社会的安定。

二、规避工程风险的需要

进入20世纪90年代以来，我国建筑业生产力得到迅速发展，施工能力得到提高，超高层大跨度房屋建筑施工技术、大跨度预应力技术、悬索桥梁施工技术、地下工程盾构施工技术、大体积混凝土施工技术、大型复杂成套设备安装技术都达到或接近国际水平。但由于人们认识自然规律、掌握自然规律的水平的限制，技术风险依然存在，现代工程结构体系日益复杂，突破原有技术标准的超大、超长、超深、超高、超厚结构不断涌现，对确保工程质量提出了新的挑战。

三、进一步转变政府职能的需要

《行政许可法》的颁布，建设行政部门必须按照行政许可法的要求，完善和改革我国工程质量监督体制，推行工程质量保险制度。就是要采取符合市场规律的经济手段，加强对工程质量的管理。

四、依法行政，维护建设市场各方主体的权益需要

《建筑法》和《建设工程质量管理条例》对参与工程建设各方责任主体，包括建设单位、勘察设计单位、施工单位、监理单位等的责任作了严格规定，除了必要的刑事责任、行政责任，也规定了民事赔偿责任。但我国对施工企业长期以来实行的是低价、低利润政策，行业积累严重不足，发生事故或违约责任后，大部分企业不具备赔偿责任，致使受害方的权益得不到保障，甚至有些工程事故政府不得不出资承担事故善后工作。实施工程质量保险制度有利于法律法规所规定的各方主体质量责任落到实处。

五、解决拖欠工程款问题的有力措施

当前，我国建设市场拖欠工程款问题比较突出。引发拖欠工程款和形成债务链的重要原因之一是一些建设单位强行要求施工单位缴纳工程造价的3‰~5‰的质量保修金，然后又以保修期为合理使用年限或存在质量瑕疵为借口，扣留保修金，长期拖欠工程款。建设施工工程的利润只有1%~2%，保修金就扣除3%甚至更多，极为不合理。实行质量保险制后，企业就可以拿出大大少于保修金的钱来购买保险，既保护了业主的权益又减少了施工企业资金的风险和支出。

六、应对我国加入世贸组织新形势和开拓国外市场的需要

目前大多数国家都实行工程质量保险制度，国外建筑企业进入我国建筑市场或我国建筑企业进入国外市场都需要工程质量保险制度。

七、有利于工程质量水平的提高，有利于促进企业加强质量管理，塑造品牌

对于施工质量差的企业或信誉度低的企业，按照法规的要求在保险公司投保就要付出较高的保险费用，甚至无人愿意为其承保，长此以往企业就会在市场处于不利的地位，这样将有利于优胜劣汰，有利于发挥市场配置建筑资源的基础作用，有利于建设市场信用体系的建立。

4.2 建筑工程责任保险条款内容

4.2.1 承保对象与标的范围

工程质量责任险的承保对象是对内在缺陷有经济利益关系的一方或数方，指所有权人、承租人或融资机构，也可以是财产的后续购买者或其代理人。投保人通常是对工程内在缺陷负有责任的承包商或设计单位。国外的投保标的范围较为广泛，包括住宅、公寓、公用设施建筑等几乎涵盖所有工程建设领域。

我国人财保险公司制定的《建筑工程质量保险条款》（以下简称《条款》）第2条规定："凡获得国家或当地建设主管部门资质认可的建筑开发商均可作为本保险合同的投保人，于工程开工前就其开发的住宅商品房及写字楼工程（以下简称建筑物）投保本保险。"第3条规定："对上述建筑物具有所有权的自然人、法人或其他组织为本保险合同的被保险人。"

由此可见，我国工程质量保险被保险人是承保范围内的建筑物具有所有权的自然人、法人或其他组织。具有国家有关部门资质认可的建筑开发商均可作为本保险合同的投保人。由于我国工程质量保险刚刚起步，承保标的范围只局限在：住宅商品房及写字楼工程两类建筑。

4.2.2 责任范围与保险期限

建筑工程质量责任保险条款第4条规定:"本保险合同中载明的、由投保人开发的建筑物,按规定的建设程序竣工验收合格满一年后,经保险人指定的建筑工程质量检查控制机构检查通过,在正常使用条件下,因潜在缺陷在保险期间内发生下列质量事故造成建筑物的损坏,经被保险人向保险人提出索赔申请,保险人按照本保险合同的约定负责赔偿修理、加固或重置的费用:(一)整体或局部倒塌;(二)地基产生超出设计规范允许的不均匀沉降;(三)阳台、雨篷、挑檐等悬挑构件坍塌或出现影响使用安全的裂缝、破损、断裂;(四)主体结构部位出现影响结构安全的裂缝、变形、破损、断裂。"理解上述条款应注意以下几点:

一、工程潜在缺陷引起的损失

保险单通常承保引起损害或引起即将到来的倒塌威胁的工程潜在缺陷。赔偿的损失通常包括:由于结构工程的内在缺陷引起的财产毁坏,物质损失或即将带来的倒塌威胁而引起的修复、重置或加固费用,还包括残渣清理、法律费用、专业费用、因遵守修订的建筑法律法规而承担的额外费用。

1. 结构缺陷引发的物质损失。工程质量保单承保的由于结构工程设计、原材料缺陷或工艺不善而引起的物质损失。这些缺陷在工程完工时就已经存在,但未能被发现。结构工程的准确定义在各保险人之间并不相同,但是保险人一般认为结构工程应该包括:基础工程、墙体、楼板、楼梯、屋顶和所有的承重部分。我国人保公司新出台的《条款》规定主要包括上述四种情况下的缺陷赔偿。

2. 非结构部分的连带损失。通常的工程质量保险单也承保对建筑物非结构部分的连带损失,例如,暖气设备和空调、电梯、自动扶梯、窗户和外装饰工程。责任范围也可以包括间接损失,例如业主的租金收入。《条款》中规定包括:投保人交付时的建筑物包含装修、设备、设施的,该装修、设备、设施因前述结构损坏或渗漏造成的损坏,也在建筑物的损坏范围内。对于修理、加固费用规定为:包括材料费、人工费、专家费、残骸清理费等必要、合理的费用。

3. 正常使用的条件下发生的质量事故引起的损失。条款中的"正常使用"是指按照建筑物的原设计条件使用,包括但不限于:(1)改变建筑物主体结构;(2)改变使用用途;(3)超过设计荷载。潜在缺陷范围包括:勘察缺陷、设计缺陷、施工缺陷和建筑材料缺陷。建筑物的损坏是指投保人交付给被保险人的建筑物出现结构损坏或渗漏。主体结构部位是指建筑物的基础、墙体、柱、梁、楼盖、屋盖等。

二、新开发的建筑物作为保险对象

通常,工程质量保险的标的物的要求是新建筑物,保险人可以通过技术检查,审查投保建筑项目开工前的设计方案,并检查施工情况以评估内在缺陷风险。我国《条款》对此规定:"在工程开工前,对开发的住宅商品房及写字楼工程进行投保。"但是国际上一般保单也可以承保新近完工的建筑。此时重新审查设计和施工的花费会相当高,其风险可能不好把握,保险责任范围或受到限制,我国对此情况并未纳入范围之内。

三、对投保的标的物须经保险人进行技术检查

国外技术检查是安排保险单的一项程序性工作,保险人使用或邀请相关专家进行技术检查,不但能使保险人了解工程存在的问题,也能使被保险人获益。但是,保险人进行的技术检查并不能够由业主的检查和管理所代替,业主的检查只能看看设计和施工是否符合正常的程序和做法,不能全面深入地了解质量情况,保险人的技术检查可以认为是工程质量责任保险的基础,同时在工程质量监督方面帮助了业主,使业主、承租人和未来购买者更加确信建筑物的质量。我国人保公司拟定了建筑工程全程质量监控的技术标准,制定了保险人全面参与到设计、施工、验收的质量安全管理程序,为建设市场提供了专业化的风险管理服务。

四、保修期结束工程质量保险合同生效

保修期结束后质量责任保险开始生效。我国《条款》规定,按规定的建设程序竣工验收合格满一年后,保险人应就其开发的建筑物,向保险人指定的建筑工程质量检查控制机构申请质量检查,上述机构检查通过后,本保险合同自检查通过之日生效,自保险合同生效之日起算。保险期间开始前,保险人不承担保险责任。保险期限如果从工程实际完工之日起,留给保险人观察特定建筑工程的限制和风险的时间很短。另外,根据《建筑法》规定,我国对工程质量实行保修制度,其期限为1年,当建筑发生质量事故而造成损失时,由施工单位负责承担责任。为此,质量保险条例规定在工程竣工1年后,即保修期结束后开始实行质量保险制度。

4.2.3 质量责任保险责任免除

一、社会与自然等因素除外

我国制定的《条款》第5条规定,下列原因造成建筑物的损坏,保险人不负责赔偿:(一)投保人、被保险人的故意行为;(二)战争、敌对行动、军事行动、武装冲突、罢工、骚乱、暴动、恐怖活动;(三)行政行为或司法行为;(四)被保险人使用不当或改动结构、设备位置和原防水措施;(五)核辐射、核裂变、核聚变、核污染及其他放射性污染;(六)雷电、暴风、台风、龙卷风、暴雨、洪水、雪灾、海啸、地震、崖崩、滑坡、泥石流、地面塌陷等自然灾害;(七)火灾、爆炸;(八)外界物体碰撞、空中运行物体坠落;(九)建筑物附近施工影响。

工程质量保险是以内在质量缺陷而发生事故损失为保险标的的。因此,对于故意行为因素、政治因素(战争、行政司法行为等)、人为因素(建筑物使用不当等)、自然因素(雷电、暴风等)、意外因素(火灾、爆炸)、外界因素(附近施工影响)予以除外。

二、超出标的物原值或间接费用除外

质量责任保险条款第6条还规定:对于下列各项,保险人不负责赔偿:(一)在对建筑物进行修复过程中发生的功能改变或性能提高所产生的额外费用;(二)人身伤亡;(三)被保险人在入住后添置的包括装修在内的任何财产的损失;(四)任何性质的间接损失;(五)本保险合同载明的免赔额。

保险的经济赔偿方式分为重置或修复、加固。根据保险的补偿原则,修复中对于改变建筑功能或提高性能所产生的额外费用保险不负赔偿责任。否则保险人将承担巨大的经济风险,导致保险人的经营难以为继。

"人身伤亡"除外是因为其属于与建筑意外伤害保险所承保的责任内容是重复的，为充分发挥责任保险的经济补偿功能，避免重复保险，提高被保险人的投保效率和降低投保费用，所以将人身伤害的内容予以除外。

工程质量责任保险是对由于内部缺陷造成建筑物损失的保险，入住装修费、间接损失等不属于建筑原有价值，属于建筑物价值的追加部分，增加部分应当予以除外；同时，对于当事人在签订合同中双方确认的免赔额，属于合同约定的内容，因此，在免赔额范围内的损失责任应予免除。

三、兜底除外

建设工程质量责任保险条款第7条规定，其他不属于保险责任范围内的一切损失和费用，保险人也不负责赔偿。属于兜底除外条款。

4.2.4 质量责任保险期间

建设工程质量责任保险条款第8、9、10条对质量责任保险期间进行了规定。第8条规定：凡符合本保险合同第2条约定的投保人，于工程开工前投保本保险，保险人同意承保，本保险合同成立。第9条规定：建筑物竣工验收合格满1年后，投保人应就其开发的建筑物，向保险人指定的建筑工程质量检查控制机构申请质量检查，上述机构检查通过后，本保险合同自检查通过之日起生效。第10条规定，保险期间为10年，自保险合同生效之日起算。保险期间开始前，保险人不承担保险责任。

一、投保时间

投保时间规定在工程开工前，是因为这样可以留给保险人更多的质量观察时间，有利于对工程质量风险的控制，如果工程完工后再投保，则保险人必然对工程质量的信息掌握不多，不利于对质量潜在风险的监控。

二、合同成立与合同生效

保险合同的成立是指投保人与保险人就合同条款达成协议，即经过要约人的要约和被要约人的承诺即告合同成立。保险合同的成立并不一定标志着保险合同的生效，合同成立并不发生法律效力。这意味着在保险合同成立后，尚未生效前，发生保险事故的保险人不承担保险责任。

保险合同的生效是指保险合同对当事人双方发生约束力及合同条件产生法律效力。一般而言，保险合同生效就意味着保险人开始按照保险合同的规定承担保险责任。

三、保险参与工程质量管理的步骤

开发商在立项伊始，就要与保险公司签订投保意向书，并缴纳保费。保险公司为了降低赔付率，会派专业技术人员进行全程质量跟踪；等到工程竣工满1年、并且没有发生质量问题后，才和开发商正式签单。如果保险公司发现了问题，开发商拒不改正，那么保险公司将拒绝承保。

四、建筑工程的质量问题

一般会在竣工后的三五年间暴露，因此，目前在国外，基于保险保障，开发商可承诺10年左右的保质期。我国的建筑领域虽然实行"质量终身责任制"，但现实中，此制度形同虚设很难做到。《条款》规定对住宅的主体结构进行为期10年的保险，而其他部分保险期限则为5年。

4.2.5 保险金额、费用与免赔额

一、保险金额

在我国《建筑工程质量责任保险条款》中,对工程质量责任保险金额规定了3个概念即:总保险金额、单位建筑面积保险金额和每张保险凭证的保险金额。

(一)总保险金额是指整个建筑发生质量事故遭受损失后,保险人负责赔偿的金额。总保险金额就是扣除土地使用权转让费后,建筑物销售的实际收入。

(二)单位建筑面积保险金额是指建筑总面积平均保险金额。

(三)每张保险凭证的保险金额是指单元建筑面积与单位建筑面积保险金额的乘积。

三者计算公式分别如下:

总保险金额=保险合同生效时建筑物的平均销售价格(元/m^2)×实际建筑物总面积-建筑物的土地使用权转让价

单位建筑面积保险金额=总保险金额/建筑物总面积

每张保险凭证的保险金额=被保险人所购买单元的建筑物的建筑面积×单位建筑面积保险金额

同时《条款》规定,对于投保人尚未出售的建筑物的保险金额也应按照本条每张保险凭证的保险金额的约定进行计算。

二、保险费用

我国工程质量险责任保险保费总体费率在0.3%,远远低于质量保证金3%~5%。通常,工程质量责任保险在工程开工前,双方协商有关条款,达成一致后预付部分保险费,当工程完工后,保单生效时,交纳剩余的保费。例如我国质量保险制度规定,保险人依据投保人确定的预计平均销售价格与预计建筑物总面积计收预付保险费。在保险合同生效后,投保人应向保险人提供保险合同生效时建筑物的平均销售价格和实际建筑物总面积,保险人据此计算总保险金额和实际保险费。预付保险费低于实际保险费的,投保人应补足差额;预付保险费高于实际保险费的,保险人退回高出的部分。

三、保险免赔额

对免赔额的规定为:每张保险凭证的每次事故的免赔额,由投保人与保险人在签订保险合同时协商确定,并在保险合同中载明。

4.2.6 投保人、被保险人的义务

工程质量责任保险对投保人或被保险人都规定了相应的义务,根据我国《建筑工程质量责任保险条款》第14至25条规定,投保人、被保险人的义务,可归纳为11项:

一、如实告知义务

如实回答保险人就投保建筑物及投保人的有关情况提出的询问,并如实填写投保单。投保人故意隐瞒事实,不履行如实告知义务的,或者因过失未履行如实告知义务,足以影响保险人决定是否同意承保或者提高保险费率的,保险人可以解除保险合同。

投保人故意不履行如实告知义务的,保险人对于保险合同解除前发生的保险事故,不承担赔偿责任,并不退还保险费。

投保人因过失未履行如实告知义务,对保险事故的发生有严重影响的,保险人对于保

险合同解除前发生的保险事故，不承担赔偿责任，但可退还保险费。

二、提供文件义务

投保人应向保险人提供竣工验收合格证书，工程施工承包单位出具的工程质量保修书，建筑物使用说明书，保险人指定的建筑工程质量检查控制机构在竣工验收时对投保建筑物出具的建筑工程竣工验收质量评估报告和在竣工验收合格满 1 年后对投保建筑物出具的建筑工程质量检查通过的报告等文件。

三、足额交纳保费义务

投保人应在保险合同成立时一次性交清预付保险费，并在保险合同生效时补足预付保险费与实际保险费的差额。

四、及时沟通义务

投保人向社会公众就投保本保险事宜进行宣传或报道时，其内容必须事先得到保险人的书面认可，不得利用本保险欺骗或误导社会公众。若投保人违反前述约定擅自进行宣传，保险人有权解除本保险合同，且保险人对于投保人对社会公众所做的欺骗或误导性宣传不承担任何赔偿责任，同时，保险人有权就此产生的损失向投保人索赔。

五、配合检查义务

投保人应积极配合保险人指定的建筑工程质量检查控制机构对投保建筑物在施工期间和竣工验收 1 年后进行的质量检查工作。

六、预防与建议义务

投保人应加强管理，采取合理的预防措施，尽力避免或减少工程质量事故的发生；被保险人应严格按照建筑物使用说明书的要求使用建筑物。保险人可以对投保人、被保险人遵守前款约定的情况进行检查，向投保人、被保险人提出消除不安全因素和隐患的书面建议，投保人、被保险人应该认真付诸实施。

七、变更通知义务

在保险期间内，如建筑物发生转让的，转让人和受让人应及时书面通知保险人，经保险人在保险凭证上进行批注后，该受让人成为被保险人，享有被保险人在本保险合同下的相应权益。在保险期间内，如建筑物的用途及其他可能导致建筑物危险程度增加的重要事项变更，被保险人应及时书面通知保险人。

八、保护现场义务

发生本保险责任范围内的事故，被保险人应该尽力采取必要、合理的措施，防止或减少损失；立即通知保险人，并书面说明事故发生的原因、经过和损失情况；保护事故现场，允许并且协助保险人进行事故调查。

九、赔偿时提交证件义务

被保险人向保险人请求赔偿时，应提交保险单或保险凭证、索赔申请、损失清单、房产所有权证明文件、建筑工程质量保修书，以及保险人合理要求的有效的、作为请求赔偿依据的其他证明材料。

十、说明保险情况义务

被保险人在请求赔偿时应当如实向保险人说明与本保险合同保险责任有关的其他保险合同的情况。对未如实说明导致保险人多支付保险金的，保险人有权向被保险人追回多支付的部分。

十一、追偿权义务

发生保险责任范围内的损失，应由投保人之外的有关责任方负责赔偿的，被保险人应行使或保留向该责任方请求赔偿的权利。在保险人向该责任方行使代位请求赔偿权利时,被保险人应当向保险人提供必要的文件和其所知道的有关情况。

4.3 建筑工程质量责任保险附加渗漏险

我国的工程质量保险由于考虑到建筑工程渗漏问题目前暴露比较多,为此还设置了保险期为5年的附加渗漏责任条款,供建设单位、开发商选择性投保。

中国人民保险公司现行的《建筑工程质量责任保险条款》规定,经保险合同双方特别约定,对于投保人向保险人出具保险合同中载明建筑物的防渗漏工程已达到国家相关验收标准的证明文件,且投保人支付相应附加保险费,工程质量保险合同可以扩展承保附加险条款保险。附加渗漏险主要对于因屋面、外墙面、厨房和卫生间地面、地下室、管道防渗漏工程的潜在缺陷发生渗漏所产生的修理、加固或重置费用。附加险条款的保险期为5年,自建筑物竣工验收合格满1年后,经保险人指定的建筑工程质量检查控制机构对建筑物的质量检查通过之日算起。5年内发现上述部位渗漏,保险人承担责任。

4.4 建筑工程质量责任保险投保流程

建筑工程质量责任保险是一个非常专业的险种,虽然保险公司不同,保险范围也有所不同,但大部分保单基本上都是一个通用模式。建筑工程潜在缺陷风险转移与运作流程见图4-2所示。

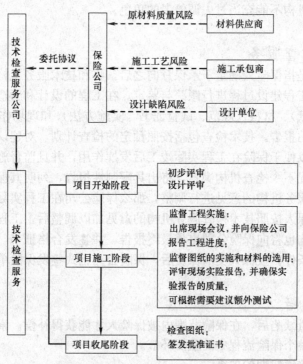

图4-2 建筑工程潜在缺陷风险转移与运作流程图

4.4.1 投保提交资料

投保时需要上报的信息,包括合同概况、合同价值、合同期(维护期)、合同项目所在位置、合同的采购方式、现场计划(现场规划等)和现场条件(已有结构情况)等。

4.4.2 签订投保意向书

设计单位、承包单位或材料供应商可以把设计缺陷、施工工艺不善和原材料不合格的风险转移给保险人。风险转移和流程图如4-2所示。投保人一般在立项设计时,就必须向保险人申请,保险人根据项目的具体情况提出报价,投保人接收后,保险人出具保险意向书。根据保险意向书,保险人仅仅承诺提供承保的意向,当项目建造不符合技术检查服务机构要求时,保险人有权选择不提供保险保障,同时不退还预付的保费,同时还有权要求投保人向保险人支付技术检查服务费用。现在规定,也可以在工程完工后再协商保险事宜。

4.4.3 技术检查机构

保险公司的主要责任是了解设计和施工过程的影响因素,并最终使建筑物免于潜在缺陷的影响。保险人的早期介入十分重要(一般在施工前),作为为这类风险提供保障的条件,保险人有一个技术检查服务机构(Technical Inspection Service 简称 TIS)评审设计和施工风险,以保障工程质量,技术检查机构应能够提供公正的技术建议,因此它应该独立于业主、施工单位、设计单位,且不能参加项目的设计、施工及现场的管理或监理工作,同时技术检查机构不能充当过失调停者的角色。

4.4.4 技术检查服务

技术检查服务是指保险人确定了承保意向之后,将和技术服务机构签订协议,委托技术检查服务机构对工程建设过程进行跟踪与鉴定。在工程的设计和营造阶段,对设计(计算假设、规范、图纸)、材料(规范、试验证书、实施方法)和现场作业进行审核,并向保险人提供风险评估报告。技术检查包括按照预定的检查计划,对建议的设计和施工现场检查的全面评估,以便于保险在工程实际竣工后发挥作用,并且监督施工过程。在检查过程中,如果工程情况不令检查机构满意,将出具限制性报告,列明其保留意见,如果投保人不按照技术检查服务机构的意见进行调整,那么保险公司在工程实际竣工后有权拒绝为其提供保障。当投保人按照技术检查服务机构的意见加以调整后,工程顺利竣工取得合格证书,技术检查机构也将向保险公司出具最终报告,并签发合格证书,证明该工程符合潜在缺陷保险的承保条件。投保人交清保费后,保险公司正式签发保险单。

4.4.5 保险索赔

索赔是发生质量缺陷后,在保险范围内被保险人才能获得补偿。索赔密切关系着各个参与方的利益,是整个保险流程中的重要环节。

一、索赔与缺陷通知期的关系

根据FIDIC《施工合同条件(1999年第1版)》工程竣工验收后,缺陷通知期(Defects Notification Period，即维修期或缺陷责任期）就开始了，通常为 12 个月，在此期间内，承包商应负责修复业主方的在缺陷通知期满或之前通知的缺陷，使工程达到合同要求。

在未投工程缺陷保险的情况下，如果工程缺陷是由承包商负责设计工作，设备材料或施工工艺不符合合同要求，承包商没有遵守其他合同义务中三类原因的任何一种情况造成的，那么承包商应自负修复；否则将承包商的修复工作将变通方式处理。对于这两种情况，其风险和费用分别由承包商和业主单独承担。

如果投保了工程缺陷保险，该保险可以从工程竣工时生效，一般要求保险期为 10 年，投保后如果工程在缺陷通知期内出现质量问题，若缺陷是承包商造成的，一般承包商为第一责任人，由其负责维修，并承担相应的费用；若不是承包商造成的缺陷，而是设计或设备材料问题，一般由保险公司负责赔偿。在缺陷通知期外出现的质量缺陷责任，由承保的保险公司负责维修，并承担维修费用。

二、索赔程序

工程一旦发生破坏、损坏或坍塌的威胁，或遭遇保单索赔范围内的任何其他情况，以及发生的任何损失，但对工程的稳定性构成了威胁，被保险人应采用以下措施：（一）及时书面通知保险公司；（二）采取一切措施防止损失进一步扩大；（三）在保险事故发生的 60d 之内，向保险公司递交索赔细节的书面报告；（四）提供所有可能的报告、证书、计划、规程、工作量清单信息和其他保险公司合理要求的信息。当被保险人提出索赔时，保险人将安排保险评估人员对事故进行评估，确定是否符合保单中规定的索赔条件，如符合条件，对被保险人的损失进行理赔。

4.5 建筑工程质量责任保险存在的问题与对策

建筑工程质量保险作为一个新的工程保险在中国推行势必会遇到很多的矛盾与冲突，但是从国际的经验来看这是改革的必然。最关键的问题是科学合理的安排推行建筑工程质量保险的步骤，并且在推进的过程中不断修正和改进使得它更加的符合中国的实际情况，真正成为我国质量管理的一次革命。

4.5.1 推行面临的问题

建筑工程质量保险作为工程质量保证体系的一个重要环节而得到加强，需要政府、企业和社会各界的共同努力。随着我国加入 WTO 和政府职能的转变，我国对工程质量的保证手段也要由以行政手段、法律手段为主，逐渐过渡为以法律手段、经济手段为主。而目前，建筑工程质量保险作为主要的经济手段力量还很薄弱，还有很大的发展空间，现在制约建筑工程质量保险市场快速成长的因素主要有以下几个方面：

一、风险意识薄弱，保险观念淡薄

计划经济体制下工程建设往往由国家投资，一旦发生风险事件，产生损失最终总是由国家承担。这样，人们就把具有社会互助性质的保险事业视为个别行为，缺乏对保险事业的认识了解，错误地认为只要有政府承担风险，就没有必要再购买保险。这种观念根深蒂固，一直影响至今。此外，由于建设工程中的风险事件不确定性强，风险发生后的损失虽大，但是发生的可能性毕竟较小，从而使一些业主或承包商心存侥幸，希望需要投保风险不会发生，以增加利润，因而不会自愿、自动投保。即使按照政府、银行的强制性要求投保，也仅视为承接工程的必要手续，而疏于投保后必要的风险管理和索赔工作。这种缺乏保险意识的风险心理，严重地阻碍了建筑工程质量保险制度的广泛推行。对风险的认识，在发达地区和欠发达地区中，程度也不一样。目前我国只有世行贷款、外资投资的少数项目投保了建筑工程质量保险。

二、投资体制落后，风险主体不明

20 世纪 80 年代以来，我国投资体制改革进展缓慢，许多建设工程仍由政府直接出面投资，致使工程项目的利益主体和风险主体不明确。近些年，虽然投资改革的力度有所加大，但是很多工作仍然不规范。根据保险的可保利益原则，保险利益主体不明，则难以开展保险业务。

三、定额不完善，保费无出处

现行的标准定额中的工程造价不包括建筑工程质量保险费，保险费没有办法列入工程成本。

四、保险的费率确定困难

费率的确定还需要工程质量事故损失率等统计资料，保险公司需要和地方有关建设部门密切合作才能确定。费率太高，投保人承受经济负担较大，可能就不会买保险，影响投保的积极性；费率太低，保险公司达不到一定的积累，可能会影响到他们的偿付能力，而且争取国际再保险也非常困难，不易于保险的推广。

五、工程质量事故定性、定量问题不太容易解决

工程质量各方主体有很多，有建设单位、勘察单位、设计单位、监理单位、施工单位、供货商等。如果出现质量事故，如何及由谁确定各方的责任，对质量事故损失如何定量等都是比较重要的、较难解决的问题。

六、保险公司自身发展滞后

我国建筑工程保险事业起步较晚，保险公司经营观念的转变、人员素质的提高、承保技术的成熟、风险管理能力的加强，都有一个循序渐进、逐步到位的过程。目前，保险公司监督建筑工程保险合同实施的能力较弱，熟悉建筑工程方面专业知识的保险人员极其有限，而且素质不高。保险公司内部也没有针对建筑工程的风险管理部门。全国还没有发现专门培养建筑工程保险复合型人才的机构或学校，人才来源十分匮乏，因而保险公司对建筑工程难以提供令人满意的风险管理服务和赔偿服务，这在一定程度上制约了建筑工程质量保险业务的开展。

4.5.2 发展基本思路

一、做好宣传培训工作

建筑工程质量保险是一项制度创新，不但专业特点突出，而且需要转变观念。为此，加强人才培育和知识更新是必不可少的。在已进行的讲座基础上，应该采用多种形式宣传建筑工程质量保险制度。另外，分期分批组织人员参加由住房和城乡建设部等有关部委组织的有关业务培训。

二、积极稳妥开展试点工作

由于我国目前有配套的建筑工程质量保证体系，包括审图机构、社会监理和政府监督等。该质量保证体系与实施建筑工程质量保险中的建筑工程质量检查机构的工作职能相类似，所以在我国实施建筑工程质量保险应符合我国特点，应结合我国的实际进行探索。这就需要试点，在不同模式试点的基础上总结经验，再制定我国实施建筑工程质量保险的法规在全国推广。

在住房和城乡建设部质量安全与行业发展司内成立"建筑工程质量保险协调组"，组织建筑工程质量保险试点课题研究和试点城市间的交流以及选择关键、有代表性问题进行研讨，总结试点城市的研究成果和经验，为在我国全面推行建筑工程质量保险创造条件。

三、建立权威的质量检查机构

实施建筑工程质量保险，提高建筑工程质量，除了建筑工程设计和施工单位提高质量意识、技术素质和健全的质量管理体系外，较为重要的是应有技术水平高的建筑工程质量检查机构。该机构对从设计方案到工程竣工的全过程进行质量检查、风险控制和监督整改等。

四、发挥质量协会的积极作用

发挥建筑工程质量协会的积极作用，规范行业行为，收集、汇总建筑工程质量损伤项目的信息，为提高建筑工程质量、避免类似损伤再度发生服务。

在法国，建筑工程检查机构、公估机构所进行的建筑工程质量缺陷的检查评估，除给保险公司提交报告外，还应填一张包括建筑结构基本信息、损伤程度、部位、类型和损伤原因等的表，交给法国建筑工程质量协会，由该协会负责汇总、分类和在网上公布，并组织有关技术专家进行研究（由保险费的一部分作为研究经费），写出防治措施要点，供会员单位参考应用。

五、必须进一步通过法律、法规的规定，确定有关各方对工程质量的责任

加强有关各方对于工程质量问题的索赔意识，这样会促使相关方面通过保险来化解风险。必要时国家需要通过法律形式明确要求某些类型的项目或者所有项目必须投保建筑工程质量保险，以强制的手段推行该项保险。

4.5.3 对策建议

完善建筑工程质量责任保险制度是一项系统工程，要在总结实践经验和借鉴国外先进经验的基础上，用系统的观念和创新的思路来进一步改进和完善各项管理模式、政策法规、运行机制。

一、建立建筑工程的诚信体系

我国已基本完成了计划经济向市场经济的过渡。党的十六大报告提出要在我国建立诚信体系。对于建设工程市场秩序，我国已建立了较为完整的招投标制度、施工图审查制度、工程监理制度和政府监督制度，这些制度都是围绕强化政府监督来实施的，是符合我国从计划经济向市场经济过渡时期的特点的。随着我国进入WTO和与国际接轨，建立诚信体系以保证正常的社会秩序就显得更为重要。对于建筑市场秩序，在强化政府监督的同时逐步建立和完善建筑工程的诚信体系是非常重要的。

二、加强相关学科理论的研究

一种学科要赢得发展和社会的广泛认可,必须有旺盛的社会需求和坚实的学科基础。目前,虽然建筑工程保险的大多险种都已设立,但是,不少险种保险资金的来源、成本的构成、费率的精算、涵盖的范围、责任的界定、合同的条款、专业人才的培养、保险公司参与工程风险管理的方式、方法、相配套的法律法规和规章制度等都不完善,在试点过程中,造成了不少扯皮现象,有些问题,由于缺少政策的支持,难以通过协商甚至法律程序的解决。理论的滞后严重制约了建筑工程保险事业的发展。解决这些问题,有赖于相关学科理论的研究。

三、保险公司加强内部建设

保险公司应该看到,随着我国法律、法规的逐步健全,投资主体的逐步多元化,外资和私人投资以及法人投资比例日益增大,保险需求也越来越强。保险公司应当进一步推动这类保险的发展,积极开展这方面的业务,同时要加强对建筑工程质量保险的研究,并与建设管理部门及行业协会密切配合。

四、积极培育和发展建筑工程保险的中介组织

国际上投保人在经过风险分析和评估的基础上,通过保险经纪人或保险代理人购买保险。保险代理人为保险公司推销保险产品,并维护保险公司利益;而保险经纪人则为投保人服务,接受委托后为投保人提供保险咨询,设计最有利的保险方案,选择保险人,代理投保人谈判以争取最有利于投保人的承保条件,办理投保手续,出险后协助索赔等,而且保险经纪人又同保险人建立良好的关系,为其提供广泛的业务渠道。保险中介人是保险市场的润滑剂,使保险市场的运作更为顺畅,提高建筑工程保险工作的专业化水平。

要大力培养从事工程保险经纪人职业的人才,一方面可以对保险公司职员进行建筑工程专业知识和相关技术培训,另一方面可以对工程技术人员进行风险管理和保险专业知识的培训,双管齐下,迅速建立起我国工程保险经纪人培养的组织。要制定出关于保险经纪人佣金的标准,以合理且有吸引力的佣金,吸引高素质人才的加入,促进保险经纪人制度健康有力地发展。

第 5 章 建设工程监理责任保险

5.1 监理责任保险概述

5.1.1 监理责任与赔偿制度

一、监理责任的含义

工程监理责任是指在国家法律法规及委托监理合同授权范围之内,由于违反国家法律法规或委托合同所规定的监理义务,依法应由监理人承担的法律责任。

理解工程监理责任的定义,应注意以下 3 个方面:

(一)工程监理责任的来源,可以分为两类:一类是来自工程监理法律法规规定的法律责任,二是来自委托工程监理合同的约定责任。监理职业责任既包含法律法规所规定的责任,也包括监理合同约定的责任,既要考虑监理委托合同的约定责任,也要考虑承担的社会公众责任。例如,法律规定,监理工程师发现施工图纸存在问题,有通过业主更改设计文件的责任。对于质量不符合国家标准的建筑材料、构配件、设备负有拒进场地的责任。

(二)工程监理责任是指必须在有关工程监理法律法规或监理委托合同授权范围之内应履行的责任,而不是法律或合同授权外的责任。授权外的责任不是监理职业责任范围,监理人不承担责任。

(三)工程监理承担的法律责任既包括民事责任,又包括行政责任,还包括刑事责任。监理职业责任保险只承担监理人在履行监理委托义务中所产生的民事责任风险,对行政责任或刑事责任予以除外。

二、监理赔偿制度

(一)我国《建筑法》第 35 条规定,工程监理单位不按照委托监理合同的约定履行监理义务,对应当监督检查的项目不检查或者不按照规定检查,给建设单位造成损失的,应当承担相应的赔偿责任。工程监理单位与承包单位串通,为承包单位谋取非法利益,给建设单位造成损失的,应当与承包单位承担连带赔偿责任。

(二)《建筑工程质量管理条例》第 62 条规定,工程监理单位转让工程监理业务的,责令改正,没收违法所得,处合同约定的监理酬金 25% 以上 50% 以下的罚款;可以责令停业整顿,降低资质等级;情节严重的,吊销资质证书。第 67 条规定:工程监理单位有下列行为之一的,责令改正,处 50 万元以上 100 万元以下的罚款,降低资质等级或者吊销资质证书;有违法所得的,予以没收;造成损失的,承担连带赔偿责任:1. 与建设单位或者施工单位串通,弄虚作假、降低工程质量的;2. 将不合格的建设工程、建筑材料、建筑构配件和设备按照合格签字的。

（三）《建筑工程安全生产管理条例》第57条规定，违反本条例的规定，工程监理单位有下列行为之一的，责令限期改正；逾期未改正的，责令停业整顿，并处10万元以上30万元以下的罚款；情节严重的，降低资质等级，直至吊销资质证书；造成重大安全事故，构成犯罪的，对直接责任人员，依照刑法有关规定追究刑事责任；造成损失的，依法承担赔偿责任：1. 未对施工组织设计中的安全技术措施或者专项施工方案进行审查的；2. 发现安全事故隐患未及时要求施工单位整改或者暂时停止施工的；3. 施工单位拒不整改或者不停止施工，未及时向有关主管部门报告的；4. 未依照法律、法规和工程建设强制性标准实施监理的。

（四）《建设工程委托监理合同》（示范文本）第24条规定，当委托人发现监理人员不按监理合同履行监理职责，或与承包人串通给委托人或工程造成损失的，委托人有权要求监理人更换监理人员，直到终止合同并要求监理人承担相应的赔偿责任或连带赔偿责任。第27条规定，监理单位对不公正维护各方面的合法权益引起的与之有关的事宜，造成委托人损失的，应向委托人承担赔偿责任。第26条规定，监理人在责任期内，应当履行约定的义务。如果因监理人过失而造成了委托人的经济损失，应当向委托人赔偿。第28条规定，监理人向委托人提出赔偿要求不能成立时，监理人应当补偿由于该索赔所导致委托人的各种费用支出。

上述有关法律规定了工程监理的民事赔偿等责任，为建设工程监理责任保险制度的建立提供了坚实的法律基础。

5.1.2 监理责任与保险责任

一、工程监理质量责任

根据《建筑法》、《建筑工程质量管理条例》、《建设工程委托合同》（示范文本）等有关文件，工程质量监理责任归纳为以下几点：

（一）建筑工程监理应当依照法律、行政法规及有关的技术标准、设计文件和建筑工程承包合同，对承包单位在施工质量、建设工期和建设资金使用等方面，代表建设单位实施监督；

（二）工程监理人员发现工程设计不符合建筑工程质量标准或者合同约定的质量要求的，应当报告建设单位要求设计单位改正；

（三）工程监理人员认为工程施工（包括材料、构配件、设备）不符合工程设计要求、施工技术标准和合同约定的，有权要求建筑施工企业改正；

（四）工程监理单位应按照委托监理合同的约定履行监理义务，对应当监督检查的项目，按照规定对关键性部位、关键性工序采取旁站、巡视和平行检验等形式，对建设工程实施监理；

（五）在工程监理过程中发现的建设单位、施工单位、工程检测单位违反工程建设强制性标准，以及其他不严格履行其质量责任的行为，及时发出整改通知或责令停工。

二、安全生产监理责任

根据《建设工程安全生产管理条例》和原建设部《关于落实建设工程安全生产监理责任的若干意见》（建市［2006］248号），工程安全生产监理责任主要归纳为以下几点：

（一）监理单位对施工组织技术设计中的安全措施和专项施工方案进行审查；

（二）发现安全隐患应及时下达书面通知要求施工单位整改或停工；

（三）施工单位拒绝按照监理单位有权要求进行整改的及时向建设行政主管部门报告。

监理工作在很大程度上是一种微观的监督活动，监理的基本职业责任主要是在监理过程中是否发现了显在或潜在的质量与安全问题，如果发现了是否向有关单位提出并采取了相应的措施。该发现的没有发现就是监理单位的责任，发现了但没有向相关责任人提出也是监理的责任，这两条是监理职业责任最基本的内容。

我国目前试行的建筑工程监理保险承保的不是上述职业责任的全部，而是针对建筑工程质量职业责任风险的，建筑工程安全生产监理责任风险并未列入其中。

5.1.3 监理责任保险概念、意义

一、监理责任保险概念

工程监理保险是以监理职业责任为保险标的的一种责任保险，它承保监理人在履行委托监理合同所规定的监理义务过程中，由于疏忽行为、错误或失职而造成业主或依赖于这种服务的第三方的损失，造成委托人（即业主）的经济损失时，依法应由监理人承担的赔偿责任。

（一）工程监理责任保险是一种专业保险，是以职业责任为保险标的的责任保险，其实质是一种职业责任保险，仅仅限于监理服务范围内的行为，与监理专业无关的责任不属于保险范围。

（二）工程监理单位责任保险的主要内容是只针对监理单位依据委托监理合同在提供监理服务时，违反合同约定而产生的赔偿风险。

（三）由于疏忽行为、错误或失职而造成业主或依赖于这种服务的第三方的损失，这种行为必须是无意的，而不负责任或故意行为造成的损失不属于承保范围。

二、监理责任保险意义

（一）实施工程监理职业保险是社会主义市场经济体制发展的必然，有助于在工程建设领域建立起经济交往权利与义务对等的原则，在建设单位和监理单位之间合理地分配项目风险，使得监理单位担负的责任和面临的风险相一致。实施工程监理职业责任险有助于建立起健康的建筑市场运作机制，进一步促进建筑行业的发展。

（二）实施工程监理职业保险可以使建筑行业的多方受益，从而带来整个行业的繁荣。对于业主来说，监理职业险有助于及时弥补工程事故带来的损失，保障工程项目的顺利进行；对于监理单位来说，通过监理职业责任险，不仅赔偿能力得到了保障，还可以在保险公司的监督和支持下更有效地控制职业风险，从而提高了自身生存和竞争的实力；对于保险公司来说，监理职业责任险作为一种较新的与工程建设有关的险种，有着极大的市场潜力。

（三）建立工程监理职业责任保险制度，是提高工程监理水平，保证工程质量的重要措施。工程监理单位在质量控制中能否发挥实质性的作用至关重要。同时，随着工程监理法律法规的不断完善，对监理的要求在不断提高，监理的责任也随之加重，这样监理出现工作过失的可能性也就越来越大；另外，施工技术的不断进步，新结构、新工艺的应用都加大了监理的工作难度。如此看来，监理的责任事故风险是必然存在的，因此，监理单位

同其他建设主体一样,更需要一种转移风险的措施。监理工程保险制度,可以激励工程监理单位,认真贯彻工程质量强制性标准,进一步提高建筑工程监理质量,充分发挥建筑工程监理的职能,填补建筑工程质量监督体系的空白。

(四)强化工程监理单位与监理工程师法律责任,监督他们依法执业,减少监理工作风险的有效办法。当前由于我国监理制度实行历史较短,法律法规体系建设不完善,人员素质不高,法律责任风险意识较为薄弱,缺乏依法执业的精神,往往容易造成监理责任风险,建立监理责任保险制度,监理单位与保险单位形成一体,通过建立监督机制,可以提高有关人员的法律责任意识,有效地防范工程监理风险的发生。

(五)化解监理单位经济责任分配不均衡的难题,促进建筑工程监理企业健康发展。工程监理行业属于微利行业,长期以来经营取费标准偏低,在2005年虽然修订了1992年发布的《工程监理费计算方法》,颁布了新的《工程监理服务收费办法》,但距离国际上监理取费标准仍相差甚远。目前,监理企业的经营参差不齐,一些企业经营面临难以为继的状况,但仍需承担着较大的责任风险,(2001年深圳91家监理费实际到位费率及费用见表5-1、图5-1所示)。在这种情况下,监理单位一旦发生较大的责任风险,必将难以承担经济赔偿责任。建立监理责任保险制度,监理单位可以将责任风险转移给保险人,解除后顾之忧,有利于监理单位稳定、健康的发展。

2001年监理费实际到位费率(%) 表5-1

项目	甲级	乙级	丙级	三者	最大	最小
费率	1.38	1.17	1.23	1.27	2.86	0.55

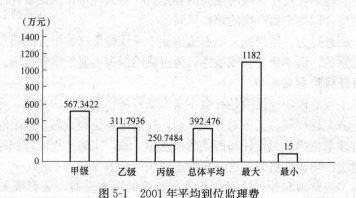

图5-1　2001年平均到位监理费

资料来源于:《监理职业责任保险基本制度研究》2004年6月华中科技大学学报 王家远、王宏涛

在工程建设领域,由于在过去的计划经济体制下工程建设的参与各方都主要是国有经济的组成部分,难免会造成经济责任分配不合理的情况。我国目前面临的情况是工程监理的职业责任与所承担的职业风险不相匹配。

5.1.4　监理责任保险发展

1999年随着我国加入国际世贸组织,国内外工程咨询业竞争的激烈,上海市建设监理协会率先提出开展工程监理责任保险,经过努力中国天安责任保险公司设计出相应的保单,并经中国保监会批准。

2002年4月16日，中国首份监理责任保险在上海诞生，上海外建建设咨询监理有限公司取得了1000万元的监理责任保险。当年有8家监理单位投保，全年投保金额总计近40亿元，其中两家监理企业属单项投保，投保金额约7亿元。2005年1~5月，有16家监理企业投保了单项或企业整体保险，可赔偿金额为2.37亿元。从而开始了我国建设工程监理责任保险的探索历程。

深圳于2002年8月23日通过的《深圳特区建设工程监理条例》和2004年修订的《深圳经济特区建设工程监理条例》（2004年6月25日深圳市第三届人民代表大会常务委员会第三十二次会议通过）的第19条、第20条明确规定：监理单位应该为监理工程师办理职业责任保险，具体办法由市主管部门另行规定，未办理职业责任保险的，不得承担监理任务。

2003年广州湛江中国人保各分支机构推出了工程监理责任保险条款，在广州湛江进行了试点。到目前为止，中国天安保险公司、中国平安保险公司、太平洋保险公司等公司纷纷推出保险条款，试点范围不断扩大，天津、山东等省市也加入到试点行列之中。

在总结上述各试点城市的经验基础上，2005年6月30日原建设部黄卫副部长在全国建设工程监理工作会议上指出："积极推进工程质量保证保险和执业资格人员的责任保险制度。"将建立监理职业责任保险制度作为监理行业九大任务之一的重要内容。原建设部建筑市场管理司司长王素卿在全国建设工程监理工作会议上的总结讲话中指出："要本着积极推进、稳妥发展、总结经验、不断完善的原则，选择两、三个省市进行工程监理职业责任保险制度的试点。通过试点，积累经验。同时，着手研究制定工程监理职业责任保险的指导意见，推动建立我国工程监理职业责任保险制度。"

2005年8月，原建设部和保监会联合发文《关于推进建设工程质量保险工作的指导意见》，在意见中进一步指出："工程勘察单位、设计单位、监理单位、施工图审查机构、工程质量检测机构等应积极投保相应的责任保险。"

2006年原建设部、国家发展和改革委员会等六部门颁发的《关于加快建筑业改革和发展的若干意见》中指出："要建立工程风险管理制度，推进工程设计、工程监理以及工程咨询机构执业责任保险制度等，用经济手段规范市场主体行为。"这标志着工程监理责任保险提到正式议事日程，进入试点研究阶段。

5.2 监理责任保险条款内容

5.2.1 监理责任保险对象

工程监理责任保险属于职业责任保险的一种，其保险对象是工程监理企业。目前我国监理条款规定为：凡经建设行政主管部门批准，取得相应资质证书并经工商行政管理部门登记注册，依法设立的工程建设监理企业，均可作为本保险的被保险人。

一、监理资质许可制度

我国实行监理资质许可制度和监理执业资格注册制度，工程监理企业资质分为综合资质、专业资质和事务所资质。其中，专业资质按照工程性质和技术特点划分为若干工程类别。

综合资质、事务所资质不分级别。专业资质分为甲级、乙级；其中：房屋建筑、水利水电、公路和市政公用专业资质可设立丙级。专业甲级资质：可承担相应专业工程类别建设工程项目的工程监理业务；专业乙级资质：可承担相应专业工程类别二级以下（含二级）建设工程项目的工程监理业务；专业丙级资质：可承担相应专业工程类别三级建设工程项目的工程监理业务。

二、监理企业作为被保险人

保险对象主体将工程监理企业作为保险对象。国外职业责任保险多数以职业人士个人名义购买，这是因为国外的工程监理人多为合伙制或个人所有制，通常不具备法人资格，而个人名义购买可以提高职业人士的责任感和职业信誉。从我国实际情况出发，将监理单位作为被保险人是因为：

（一）我国现行的法律法规规定监理工程师必须加入一个监理单位才可以从事监理服务工作；

（二）监理单位是委托监理合同的当事人，当事人是民事责任主体，当然应成为被保险人，成为保险对象；

（三）我国大多数监理单位是以法人的身份出现在建设市场，监理工程师的行为代表的是监理单位的职务行为，而且现场监理机构人员组织复杂且流动性大，以监理单位作为保险对象，有利于保护合同双方当事人的利益。

5.2.2 监理保险责任范围

建设工程监理责任保险条款规定：在保险期限或追溯期内，被保险人在中华人民共和国境内（不包括港、澳、台地区）开展工程监理业务时，因过失未能履行委托监理合同中约定的监理义务或发出错误指令导致所监理的建设工程发生工程质量事故，而给委托人造成经济损失，在本保险期限内，由委托人首次向被保险人提出索赔申请，依法应由被保险人承担赔偿责任时，保险人根据本保险合同的约定负责赔偿。理解建设工程监理责任保险的责任范围应注意以下几点：

一、保险期限或追溯期

保险条款规定："在保险期限或追溯期内所发生的损失"保险人负责赔偿。监理责任承保方式分为期内发生式和期内索赔式。

1. 期内发生式是以损失为基础，即在保单有效期内，以损失为基础，不论业主或第三方提出索赔的时间是否在保险有效期内，只要在保单有效期内发生的监理职业责任损失，保险人都应承担赔偿责任。这种方式保险人的责任实际上延长到了合同的有效期之后，为了防止责任期过长而增加保险人的风险，通常设定一个宽限期，国际保险市场上，宽限期一般设定为10年。上述"保险期限"是指保险单的有效期。

2. 期内索赔制是以索赔为基础的承保方式，只要索赔是在保单有效期内提出，对被保险人由于过去的疏忽或过失造成的损失都由保险公司承担赔偿责任。这种承保方式实际上是将保险人的责任期提前到保单有效期之前，考虑到工程事故的滞后性，引起索赔事件的发生往往是在保单有效期之前，为了减少保险人的承保风险，这种方式往往需要设定一个追溯期，在监理单位第一次投保时，追溯期可设定为零，其后可相对延长，国际保险市场上，追溯期最长不得超过 10 年。

追溯期由保险合同双方约定，并在保险合同中载明。我国监理责任保险的一般设定保险期限为 1 年，追溯期为 2 年。

二、疏忽、错误或过失行为

并不是监理工程师的任何责任风险都能够通过保险来解决。职业责任保险仅仅是针对监理工程师根据委托监理合同在提供服务时，由于疏忽、错误或过失行为，未能履行委托监理合同中约定的监理义务或发出错误指令而导致工程发生质量事故，给委托人或依赖于这种服务的第三方所造成的经济损失。

三、监理工程师专业范围内行为

监理责任保险仅限于监理工程师专业范围内的疏忽、错误或过失行为给委托人或第三方造成的经济损失，保险人才负责赔偿，而对于和监理工程师专业范围无关的由于被保险人的疏忽、错误或过失行为造成的损失，保险人并不负责赔偿。

四、在主观上是无意行为

被保险人造成业主或第三方损失的这种监理行为在主观上必须是无意的，从法律上讲，故意或过失都构成过错，但是两个不同的概念。故意行为是指行为人明知自己的行为可能或必然发生危害社会的后果而放纵或追求行为结果的发生的一种主观心理状态；而过失行为则是行为人对自己的行为应当预见而没有预见或者虽已预见却轻信能够避免的一种主观心理状态。

故意行为的直接原因比较单一，一般是为了追求非法利益而导致工程质量损失的行为。而过失行为的情况则比较复杂，既有可能是监理单位以及监理人员不执行监理规范的行为引起的，也有可能是监理人员自身业务素质低下造成的，还可能有其他因素。监理险责任范围是疏忽与过失责任，故意行为责任除外。

五、责任赔偿费用内容

监理责任保险的赔偿范围包括：直接经济损失费、相关事故产生的诉讼与律师费和为减少损失而采取的必要支出费用。建设工程监理责任保险条款第 3 条规定：下列费用，保险人也负责赔偿：1. 事先经保险人书面同意的仲裁或诉讼费用及律师费用；2. 保险责任事故发生时，被保险人为控制或减少损失所支付的必要的、合理的费用。

5.2.3 监理保险除外责任

1. 一般除外。战争除外、政府行政行为或执法行为除外、核除外。建设工程责任保险条款第 5 条规定下列除外：1. 战争，类似战争行为，敌对行为，军事行动，武装冲突，恐怖活动，罢工，骚乱，暴动；2. 政府有关部门的行政行为或执法行为；3. 核反应，核子辐射和放射性污染。

2. 建设工程责任保险条款第 6 条同时规定以下行为除外：

（1）被保险人的故意行为除外；监理责任保险承保的是监理人主观无意，行为过失而造成委托人的经济损失，因此，故意行为除外；

（2）泄露委托人的商业秘密除外；这一行为属于道德范围，不属于专业范围，所以除外；

（3）委托人提供的资料、文件的毁损、灭失或丢失除外；资料、文件原件是不可复制，其价值是难以估计的，所以除外；

（4）他人冒用被保险人的名义承接工程监理业务除外；

（5）被保险人将工程监理业务转让给其他单位或者个人的除外；

（6）被保险人承接超越其国家规定的资质等级许可范围的工程监理业务除外；

（7）被保险人被收缴《监理许可证书》或《工程监理企业资质证书》后或被勒令停业整顿期间继续承接工程监理业务除外；

（8）被保险人的监理工程师被吊销执业资格后或被勒令暂停执业期间继续执行业务的除外。

（4）项至（8）项属于违反国家工程监理法律法规的行为，所以理所当然予以除外。

3. 建设工程责任保险条款第 7 条同时还规定，以下费用除外：

（1）被保险人未签订《建设工程委托监理合同》进行监理的建设工程发生的任何损失除外；监理责任保险是以违反监理委托合同由于过失而造成的经济赔偿损失的，未签订委托合同缺乏责任认定依据，所以除外；

（2）由于保险责任事故造成的任何性质的间接损失除外；监理责任保险主要承保责任事故造成直接损失，对于间接损失予以除外；

（3）被保险人或其雇员的人身伤亡及其所有或管理的财产的损失除外；此类损失属于其他保险责任范围，所以除外；

（4）罚款，罚金，惩罚性赔款除外；监理责任保险承保范围是民事责任范围，罚款、罚金，惩罚性赔款属于行政责任范畴，故予以除外；

（5）保险单明细表或有关条款中列明的免赔额除外。免赔额除外属于保险合同当事人双方约定的。

5.2.4 监理责任保险费率

一、保费计算

监理责任保险费有不同的方式计收。分为年度监理收费方式、投保额度监理收费方式和年度收费与投保额度收费混合的方式。

（一）所谓年度收费方式是指以一年监理收取的费用为计算保险费为基础，将保险费的收取与经营业绩挂钩，因为工程监理公司监理的项目越多，风险越大，因而保费收取就应该越高。但监理单位的经营业绩与所承担的责任风险并没有必然的联系，这种计算方式没有考虑到监理单位内部对责任风险额控制能力。其计算公式为：保费＝监理公司年度收入×保险费率。

（二）所谓投保额度收费方式是指以监理单位的投保额度为计算保费的基础，这种方法与监理单位的业绩无关，保费取决于投保额度的大小，业主比较乐意接受这种方式，但对于中小型或业绩不好的监理单位会增加其经济负担。计算公式为：保费＝被保险人选择的投保额度×保险费率。

（三）混合收费方式是指以年度监理收入与投保额各取一半作为保费计算的基础，这种方法既考虑了投保金额，又考虑了工程监理收入。

混合收费方式的保费率一般不超过 0.6％。例如：某工程监理企业年度监理收入为 800 万元，打算投保金额为 50 万元，该工程监理单位责任保险费应为：（800/2＋500/2）×

0.6%=3.9万元,该单位上缴3.9万元即可获得50万元的保险金额。

我国监理责任保险费的计取采取的是第一种方式即年度费率方式,一般费率设定0.7%。

二、保费计算实例

中国天安保险公司是在我国开展监理责任保险最早的公司,下面以该公司为例介绍保费的计算方法。天安保险公司设计的建设工程监理责任保险有两种条款,甲种是以保险期设计的,乙种是以追溯期设计的。

(一)甲种条款保费的计算

甲种保险条款规定,根据被保险人上年度营业收入收取预收保险费。保险期满后,根据保险期限内的实际营业收入计算实际保险费。实际保险费若高于预收保险费,被保险人应补交其差额。预收保险费若高于实际保险费,保险人退还其差额,但实际保险费不得低于所规定的最低保险费。

根据被保险人选择的赔偿限额不同可分为两档,档次不同其保费计算不同,但被保险人的赔偿金额最低不能低于5000元。

被保险人选择一档赔偿限额的基本保险费计算公式为:(但保费最低不得低于人民币5000元)

$$保费 = 年度预期收入 \times 基本保险费率(1\%)$$

被保险人选择赔偿限额二档的保险费计算公式为:

$$保费 = 基本保险费 \times 费率倍数(1.38)$$

赔偿限额。见表5-2所示。

天安公司监理责任保险甲种条款赔偿限额(单位:万元人民币)　　表5-2

赔偿限额	监理公司	甲级	乙级	丙级
一档	每次事故	150	100	50
	累计	300	200	100
二档	每次事故	300	200	100
	累计	600	400	200

(二)乙种条款保费的计算

1. 保费计算。建设工程监理责任保险(乙种)年度费率表5-3所示:资质等级:甲级、暂定甲级、乙级、暂定乙级、丙级、暂定丙级。

中国天安保险责任公司年度费率表(乙种)(单位:%)　　表5-3

资质等级	甲级	暂定甲级	乙级	暂定乙级	丙级	暂定丙级
一档	0.70	0.75	0.80	0.85	0.90	0.95
二档	0.80	0.85	0.90	0.95	1.00	1.05

注:1. 一档费率适用于工商注册登记所在地在保险合同签订地的工程监理公司。
　　2. 二档费率适用于工商注册登记所在地不在保险合同签订地的工程监理公司。

例如,某甲级资质监理企业(工商注册登记所在地在保险合同签订地)投保工程监理责任保险,其上年度年经营收入为800万元,其保费为:

保费＝年度预计收入×年保费率＝800万元×0.7％＝5.6万元

如年度实际监理收入高于预计收入，被保险人应予以补差；如年度实际收入低于年度预计收入，保险人应予以退还差额部分。

2. 免赔额。中国天安保险股份有效公司制定的建设工程监理责任保险（乙种）免赔额分为两种：每次事故绝对免赔额和每次事故绝对免赔率。每次事故绝对免赔额如表5-4所示。资质等级分为：甲级、暂定甲级、乙级、暂定乙级、丙级、暂定丙级。每次事故绝对免赔率为索赔额的5％。每次事故绝对免赔率为被保险人每次保险事故索赔金额的5％。

乙种条款规定，如果被保险人每次保险事故的索赔金额低于或等于每次事故绝对免赔额，保险人不负责赔偿。如果被保险人每次保险事故的索赔金额高于每次事故绝对免赔额，每次事故免赔额根据每次事故绝对免赔额和每次事故绝对免赔率两种计算方式中金额较高的一种方式确定。

中国天安保险责任公司资质等级免赔额表（乙种）（单位：万元）　　　　表5-4

资质等级	甲级	暂定甲级	乙级	暂定乙级	丙级	暂定丙级
一档	1.5	2.0	2.5	3.0	3.5	4.0
二档	2.0	2.5	3.0	3.5	4.0	4.5

注：1. 一档费率适用于工商注册登记所在地在保险合同签订地的工程监理公司。
　　2. 二档费率适用于工商注册登记所在地不在保险合同签订地的工程监理公司。

仍以上述某甲级资质监理企业为例，由表5-4查出，其每次事故绝对免赔额为1.5万元。假如该监理公司发生事故损失低于1.5万元，则保险人不负赔偿责任。如责任事故损失为10万元，高于每次事故绝对免赔额1.5万元，此事要由每次事故免赔率计算的免赔金额决定，以两者高者为准。按照每次事故免赔额率计算为：10万元×5％＝0.50万元，每次事故绝对免赔额1.5万元高于每次事故免赔率计算的免赔额0.50万元，确定其每次事故的免赔额为1.5万元。保险人应赔付8.5万元。

再假设，如被保险人的索赔金额为50万元，则每次事故的免赔率计算的免赔额为：50万元×5％＝2.5万元，高于表5-4中的每次事故免赔额1.5万元，则确定2.5万元为免赔额，保险人应赔付被保险人7.5万元。

3. 天安保险公司乙种条款赔偿的具体办法是：累计赔偿限额等于或者低于人民币3000万元，每次事故赔偿限额可与累计赔偿限额一致；累计赔偿限额高于3000万元时，每次事故赔偿限额不得高于3000万元。

5.3　监理责任保险制度建设

5.3.1　试点经验与存在问题

一、试点经验

（一）各地试行了"政府倡导、协会沟通指导、业主要求和监理企业自愿投保相结合、市场化运作、非强制性"的运行模式。事实证明在监理责任保险起步阶段各种数据欠缺，各种情况有待于摸清的情况下，采取这种模式是符合国情，是一种慎重的探索模式。

（二）通过试点工作进一步提高了建设工程监理行业风险防范意识，许多监理企业对于监理责任保险的推行，从开始的冷漠对待、被动接受转变为积极主动的参与，对于监理责任保险制度的重要性有了一定的认识。

（三）通过各地试点工作，为建立引进保险经纪人制度作了一些准备工作，为今后完善我国建设工程监理责任保险制度打下了良好的基础。

二、存在问题

（一）工程监理责任保险产品操作性差。当前实行的工程监理责任保险条款拷贝国外产品的痕迹过重，结合国情、贴近市场需求不足，使得保险条款操作性大打折扣，具体体现在现行条款责任不够明确，范围过于狭窄的问题，责任免赔条款过于简单，部分条款含义不十分清楚的缺陷。现行保险赔偿处理条款过于粗糙简单，不利于操作，无法有效地转移监理企业的风险。

（二）建筑工程监理保险业务量过小。试点工作反映出工程监理责任保险需求理论与现实之间的巨大差异。一方面工程监理风险事故频频发生，从理论上讲转嫁监理责任保险风险应该是普遍存在的，监理企业的态度也应该是积极的。另一方面监理企业对于监理责任保险的态度却是冷淡的、拒绝的，投保企业寥寥无几。例如中国人保天津公司推行该险种1年内，竟无1家监理企业投保。

（三）建筑工程监理责任保险推行缓慢。自监理责任保险起步以来，始终在低谷中徘徊，各项工作进展十分缓慢，为积累监理责任保险的有关资料带来了困难。

三、问题分析

（一）法律政策障碍。目前我国缺乏完备的法律制度，还没有作为责任保险赔偿的法律条例。职业责任保险的处理需要各种具体的法律依据，在我国目前职业纠纷主要依据《民法通则》的损害赔偿原则来解决，各种具体的法律法规较少。具体到监理责任方面的法规只有《建筑法》、《建设工程质量管理条例》、《建设工程安全生产管理条例》等有限的法规对监理单位的损害赔偿作了规定，而且两条例主要是针对于监理单位承担的行政责任或刑事责任的规定，对于法律责任的处理没有具体细则。建设工程监理的法律不够健全，一些法规只是粗线条的加以勾画，未能加以细化，因此直接影响了监理责任的界定。责任界定不清，容易造成相互扯皮、争论不休，耗费大量的人力物力导致监理单位责任风险意识淡薄，缺乏坚实的法律基础和依据，是导致监理责任保险没能大规模发展的重要原因之一。

（二）社会环境障碍。由于媒体的宣传和监督不够，许多企业对监理责任保险的险种不了解、不信任，建设方认为这是一种变相提高监理服务费用的手段，监理方则普遍认为，投保手续复杂、费时费力，因此，对该险种投保热情不高。在保险体系完善的国家，购买职业责任保险是一种信用的表现，一个职业咨询师没有购买责任保险，会被认为没有承担责任的能力，或主观上没有承担责任的愿望，会阻碍其职业生涯的发展。在我国监理市场"僧多粥少"，造成监理企业之间的竞争异常激烈，监理企业投保仅仅是为了标榜自己有经济实力，而绝大多数企业并不爱理赔，因为理赔将会给企业带来污点，有损于企业形象，不利于今后承揽业务。因此他们在投保时考虑更多的是赔偿额越低越好，却极少关心合同的其他条款，这种做法阻碍了责任保险的经济补偿和社会管理的功能，不利于责任保险的健康发展。

（三）专业技术障碍。监理责任保险是职业责任保险中技术含量最高的保险险种之一。

保险人必须清楚地了解当地市场条件和环境，获得投保人、投保标的各方面的信息才能合理开发出产品，这需要具备全面准确地整个行业的统计数据，而这些统计数据需要通过各种途径进行长期的监控、收集和调整。但我国的监理行业发展时间只有十余年的历史，责任保险管理方面积累的数据相当缺乏，加之我国保险业缺乏工程监理行业的专门人才，对监理行业的实际情况了解不够深入，这些都不同程度地影响了监理责任保险产品的开发与发展。

5.3.2 监理责任保险发展对策

一、完善相关法规和合同条件

监理工程师责任赔偿制度在立法上是否明确、完善，是监理工程师职业责任保险能否有效推行的关键。《建筑法》规定了监理责任赔偿制度，这是实行监理工程师职业责任保险的重要基础。在此基础上，还必须建立内容具体、具有可操作性的实施细则和相关法规与之配套。此外，与FIDIC条件相比，我国的《建设工程委托监理合同》没有对监理工程师的职业责任保险作出规定，对其中涉及监理工程师赔偿责任的条款也存在着模糊不清的解释，使得我国现有的监理工程师职业责任保险的保障范围过小，不足以补偿由于监理工程师的失误所造成的业主和第三方的损失。应参照FIDIC合同条件，在监理合同中加入监理工程师职业责任保险的专项条款，使职业责任保险真正为业主和工程监理单位所重视，全面提高监理单位的质量意识、风险意识。

二、宜采取强制性责任保险的形式

采取强制性责任保险这是因为：第一，从保险原理分析，责任保险的基本社会目标是保护受害人的合法权益。如果监理工程师职业责任保险以自愿保险方式开展，则工程监理单位有可能不愿投保，保险人则有可能拒绝承保。这样，监理工程师职业责任保险的功能和作用将会降低。第二，从社会现实分析，我国公民的法律意识和保险意识还不强，监理工程师制度的建设还处于初级阶段，规范工程监理单位和监理工程师的行为，实施监理工程师职业责任赔偿制度还有许多工作要靠法律和行政的手段去贯彻落实。鉴于这些情况，只有实施强制的监理工程师职业责任保险，才能确保维护当事人的合法权益，也才能促进我国建设监理制度的完善。在目前尚无强制保险的情况下，也可以制定一些倾向性的政策，来推动工程监理单位投保的积极性。在这方面，上海市的做法值得借鉴。《上海市建设工程监理管理暂行办法》规定：在同等条件下，参加监理责任保险的监理单位在建设工程监理招投标中享有优先中标权。建设工程监理评标方案应当有体现参加监理责任保险的监理单位优先中标权的内容。

三、建立职业责任归属鉴定机构

在发生监理工程师职业责任索赔纠纷时，由何种机构判断责任归属，是实施监理工程师职业责任保险必须解决的重要问题。监理工程师提供的服务专业性极强，保险人以及一般仲裁机构不可能对复杂的监理工程师职业责任做出权威判断。目前，能够成为我国监理工程师职业责任归属判断的权威机构有两种：一是人民法院，这是监理工程师职业责任索赔纠纷案件通过诉讼程序解决时的责任认定机构；二是由司法行政机关与行业协会的专家组成的鉴定机构，这是监理工程师职业责任索赔纠纷案件通过非诉讼程序解决时的责任认定机构。监理工程师职业责任索赔纠纷案件经上述权威机构认定后，保险公司按照保险合同的约定实施理赔工作。

四、提高监理责任保险公司服务水平

目前，我国保险公司在建设工程方面开发的险种单一，保险费偏高，服务质量较差，专业人才缺乏，这与我国推广工程监理责任保险制度的要求相去甚远，也难以适应当今所面临的国际市场竞争，必须尽快加以改变。保险公司应建立健全工程项目风险管理人才和工程保险专业技术人才的培训制度，联合社会上现有的专业技术人才，为投保人提供高质量的服务。这不仅是推行监理工程师职业责任保险的需要，也是提升我国保险公司竞争力的客观要求。

5.3.3 监理责任保险是发展的必然趋势

近几年来，随着我国工程监理事业的发展，我国的监理责任呈现出新的变化，这些新的变化形成工程监理责任保险的有效需求和促进责任保险发展的动力。

一、工程监理责任范围不断过大

我国目前的监理企业从事的是施工阶段的监理，例如从北京、上海等 16 个省市 172156 个工程监理项目调查统计，从事施工阶段质量、进度和投资监理的项目共有 148192 个，占 86.08%，而从事前期咨询、勘察设计、招投保代理、设备采购、与建造等阶段咨询服务的仅占 13.92%。但我国建设监理的目标是对工程的全过程、全方位监理，从项目决策阶段的可行性研究到勘察设计阶段、招投标阶段、施工阶段和施工保修阶段的全面地监理。因此，监理行业的责任范围必然前移和后拓。随着我国加入 WTO 后，监理行业实施"走出国门"战略，工程监理行业的国际化进程加快，工程监理的责任空间不断拓宽。

当前，施工阶段传统的监理责任范围正在突破。近年来，政府文件又赋予了监理安全责任，由"三控两管一协调"变成为"四控两管一协调"；2002 年六部委下发了《关于在重点建设项目中开展工程环境监理试点的通知》，环保纳入监理责任范围，这与职业健康安全息息相关。为此，监理组织又把职业健康安全和环保作为两个监督项目，变成"三控两管两监督一协调"。由此可见，工程监理的责任范围是不断扩大的。

二、工程监理责任强度加大

工程监理责任范围的扩展带来了责任风险强度的加大。2001 年原建设部 86 号文件《建设工程监理范围和规模标准规定》中规定了必须实行监理的工程项目的具体范围和规模标准，但由于工程质量监督机构退出了工程建设过程的质量监管，把市场和责任空间转嫁给监理单位，各地随意扩大强制监理的工程范围，将工程监理作为政府监督管理的"拐杖"，有些地方甚至要求所有工程都要实行监理，这就造成了监理力量和监理任务的严重失衡，使得监理工作难以到位，保证不了工程监理质量，无疑加大了监理责任风险。

建筑业作为我国的国民经济的支柱产业，近些年来发展迅速，许多投资大、工期长、工艺复杂、科技含量高的工程投入建设，新工艺、新材料、新设备不断推陈出新，对监理的投资、进度和质量控制等各项工作提出了更高的要求。与此同时，各种事故发生的严重程度和频率呈同比增长，形成了生命财产安全的隐患和威胁。

据统计，近年来，我国建设安全事故次数仅次于矿山，居第二位，死亡人数仅次于交通、矿山事故居第三位，占全国安全事故死亡的总人数的 25%，这一方面源于监理工作的失职或不到位（如上海"6.27莲花河畔景苑13号住宅楼整体倒塌"事件）。另一方面也是由于监理工作的超负荷运作，使得监理单位责任风险强度空前加重。

三、工程监理责任不断趋于细化

工程监理责任是动态的、不断细化的，这是建筑工程监理责任风险管理发展的必然。例如对于监理单位要不要对安全生产承担责任以及承担多大的责任的问题，是行业界近年来反映比较强烈的问题。这主要是由于《建设工程安全生产管理条例》只是原则地做出了规定，各地在实际操作中的理解和掌握的尺度上不尽相同。针对这一问题，住房和城乡建设部拟将出台有关指导意见，以《建设工程安全生产管理条例》为依据，就监理安全生产责任的工作内容、工作深度进行细化，并对监理的责任进行明确的界定，据有关人士透露，这一指导意见已经成熟，并将很快推出。一旦推出将促进安全生产责任的承保问题得以解决。

建设工程监理责任范围的扩大、责任强度的加重和责任不断细化的趋势，造成工程监理单位责任风险的巨大压力，面对巨大的责任风险，如何有效地转移监理责任风险，引导监理行业健康发展，已成为行业迫切解决的问题，而监理责任保险正是转移这一风险的有效途径和方式，建筑工程监理责任保险成为监理行业发展的必然趋势。

第6章 建筑施工雇主责任保险

6.1 雇主责任基本知识

6.1.1 雇主责任概念

"雇主责任"也称"雇佣人责任"、"替代责任"、"转承责任",也有称为"代负责任"。尽管名词不同,其内涵与外延有所差异,但是基本意思是相同的,都是指雇主对受雇人在执行受雇事物中,根据合同法和法律的规定,雇主对雇员的所为应承担的各种责任。此责任既包括对于雇员的经济赔偿的民事责任也包括违反安全生产法规的刑事责任。雇主责任包括两个方面的内容:一是雇主对雇员在从事雇佣活动过程中所受损害应承担的民事责任;二是雇主对雇员在从事雇佣活动过程中致第三人损害时应承担的民事责任。雇主责任险主要涉及的责任内容是前一种雇主责任。所以我们主要针对第一部分的内容加以讨论,即雇员在从事雇佣活动中自身所受到的伤害,雇主所要承担的责任。

6.1.2 雇主责任理论

雇佣关系存在的基础是雇佣合同。雇佣合同的主体双方为雇主和雇员。雇员按照雇主的指示,利用雇主提供的条件,以自己的技能为雇主提供劳务,雇主则向提供劳务的雇员支付劳动报酬。雇员在完成雇主交付的工作的过程中,由于事故发生,可能使自己的身体受到损害,对这种损害雇主应承担民事责任,有以下几种理论依据:

一、报偿理论。雇员是为雇主完成工作的,雇主为受益人,根据报偿理论,受其利者受其害,利之所在,损之所归。雇主因使用受雇人执行职务而可以得到利益,因此,获利益者,自应负责任。

二、危险理论。雇员为雇主完成一定的危险性工作,雇主负有提供安全工作环境的义务,应提供适合服务的劳动条件,例如,提供适当的生产设施和工具、安全的工作场所,提供适当的安全工作系统等,以保证雇员在完成具有危险的工作中免受损害。如果雇主没有履行其保障雇员人身安全的义务,导致雇员因工受伤,无异于雇主致人损害,雇主自应负责。

三、伦理理论。雇主虽然未有直接实施侵害的意图与行为,但从伦理感情而言,受雇人为雇主之替身,受雇人之过失,视同雇主之过失,使之负担损害,比较符合于伦理上的观念。

6.1.3 雇主责任性质

雇主所承担的民事责任是一种什么性质的责任?是合同责任,还是侵权责任?我国

《民法通则》及最高人民法院《关于贯彻民法通则若干问题的意见》里没有明确规定。但在 1988 年审理天津碱厂除钙塔厂房工程张学珍、徐广秋与受雇人张国胜等人签订"工伤概不负责"条款的合同而后在施工中受雇人遭受伤害的赔偿案期间,最高人民法院在 1988 年 10 月 14 日下发的《关于雇工合同应当严格执行劳动保护法规问题的批复》的文件中,对天津市高级人民法院就该案的请示报告进行了批复。

在文件中,最高人民法院认为"对劳动者实行劳动保护,在我国宪法中已有明文规定,这是劳动者所享有的权利,受国家法律保护,任何个人和组织都不得任意侵犯。张学珍、徐广秋身为雇主,对雇员理应依法给予劳动保护,但他们却在招工登记表中注明'工伤概不负责',这是违反宪法和有关劳动保护法规的,也严重违反了社会主义公德,对这种行为应认定无效"。

通过这一批复,最高人民法院把雇主对雇员在完成受雇工作中所受损害应承担的民事责任,界定为是一种侵权责任,而非合同责任。雇员要求赔偿的权利不是基于雇佣合同产生的,而是基于劳动保护所享有的,雇主所应承担的责任也不是因其违反雇佣合同所产生的义务,而是因其违反了法律赋予的一切人不得损害他人合法权益的普遍义务,雇主所侵犯的权利客体是雇员的人身权和财产权,而不是雇员的债权。因此,雇主对受雇人的赔偿是一种侵权责任,具有侵权的性质。

6.1.4 雇主责任归责

所谓归责,是指行为人因其行为和物件致他人损害的事实发生以后,应依何种根据使其负责,此种根据体现了法律的价值判断,即法律应以行为人的主观过错还是应以已发生的损害结果,或以公平考虑等作为价值判断标准,而使行为人承担侵权责任。简言之,归责原则就是确定侵权行为人侵权损害赔偿责任的一般准则。

一、归责原则类型

(一)过错责任原则。过错责任原则是以雇主在雇佣受雇人的过程中是否存在过错作为价值判断标准,雇主在使用雇佣人的过程中存在有过错,则雇主就应该对受雇人在执行雇主事物的过程中所受到的伤害损失,雇主承担对受雇者的侵权责任。

(二)过错推定原则。过错推定原则是过错责任原则的一种特殊表现形式,是指在运用过错责任原则的前提下,在某些特殊的场合,从受雇人遭受损害事实的本身,推定雇佣人有无过错,并据此确定雇佣人对受雇人赔偿责任的判断。这一原则,必须以雇佣人自身具有过错为前提,其过错就体现在未能尽到选任、监督的义务之上。一般采取举证责任倒置的方式,推定雇主具有过失,雇佣人仅能于已举证证明尽到了对受雇人选任、监督上的注意时,雇佣人方能免责。

(三)无过错原则。无过错原则是指在法律有特别规定的情况下,受雇人因执行雇佣人委托的事务行为而造成的伤害损失,无论雇佣人是否存在过错,都要承担侵权赔偿责任的判断标准,雇主以受雇人之过失为自己过失,雇佣人并没有举证免责的可能。这种判断标准是以已经发生的损害结果为价值判断标准,由与该损害结果有因果关系的行为人,与其有无过错并无关系。例如《民法通则》第 123 条规定:高度危险作业造成人身损害的侵权责任,就是以无过错责任原则判断的。

(四)公平责任原则。公平责任原则是指雇佣人和受雇人都没有过错,在损害事实已经发生的情况下，以公平考虑双方的利益损失和经济状况来判断雇佣人对受雇人所受到的损失是否予以承担责任。根据实际情况和可能，由双方当事人公平地分担损失。可见这一原则是以伦理为出发点，是法律道德化的具体表征。

二、归责原则选择

既然雇主对雇员赔偿责任是一种侵权责任，那么这种侵权责任究竟适用哪种归责原则？是过错责任、过错推定责任、无过错责任还是公平责任原则。对此我国法律及司法解释中均无明文规定，就几个具有代表性的国家和地区的立法为例加以介绍：

（一）德国。德国于1872年曾制定了《国家责任法》。该法第二条规定，经营矿山、采石场及工场者，对其所雇佣的监督者和工头的过失，致劳工遭受损害者，在一定范围内，应负损害赔偿责任，而不管雇主本身是否有过失。但该法使用以后，工人若要获得赔偿，仍需要证明监督者和工头有过失。德国于1884年7月制定了《劳工伤害保险法》，该法首次推行了工业事故社会保险制度，使工业事故的无过失责任得以落实。法国于1898年4月制定了《劳工赔偿法》，规定了工业事故的无过失责任。

（二）英国。英国政府于1880年制定了《雇主对雇员赔偿责任法》，并多次修改了《工厂法》。在这些法律中，逐渐加重了雇主维护机器安全的义务。1897年英国颁布了《劳工补偿法》。该法规定，即使受害的雇员及其同伴和第三人对事故损害互有过失，而雇主无过失，雇主仍应对雇员在受雇期间的伤害负赔偿责任。美国各州在1910年以后，相继颁布了劳工赔偿条例。这些条例通常都规定：不论雇佣人或受雇人有无过失，雇佣人对于所发生的伤害事件在雇佣上应承担风险。这种严格赔偿责任形式辅之以强制的责任保险，使损失由整个企业来分担。

（三）日本、中国香港。在日本，关于雇主对雇员赔偿责任也采取无过错责任立法，有关劳动灾害一般通过《劳动者灾害补偿保险法》而获得赔偿。中国香港《雇员赔偿条例》规定，雇主对其雇员因工受伤所负赔偿责任均是无过失责任，即使意外并非雇主的疏忽而引致，雇主仍须负赔偿责任。因此，只要雇员从事雇主指派的工作，则不论意外发生或感染疾病是由于雇员违反适用其工作的法律或其他法规，或违抗雇主或其他管理人员的指示，或其工作未获得上级的指示而自行判断行事，该意外仍视为由于受聘人在工作过程中发生，雇主负有赔偿责任。

需要明确的是，上述国家和地区立法规定雇主对雇工因工受伤所负的无过失（错）赔偿责任均是与这些国家和地区实行强制保险密不可分，也就是说是在实行强制保险的同时，对雇主实行无过错责任赔偿原则。

6.1.5 雇主责任构成

雇主责任有两个构成要件，一是雇佣关系的存在，二是受雇人执行雇佣人委托的任务。

一、雇佣关系的存在

各国或地区在法律上对于雇佣关系存在的判断理论是不同的。按照有些国家或地区的理论，雇主责任必须以雇主与受雇人之间存在雇佣关系为前提。对于雇佣关系的认定，出于保护受害者的考虑，并不仅以客观存在的雇佣合同为限，而应采用最为广义的解释，凡是客观上被他人雇佣为之服务并受其监督者均为受雇人。因此，书面契约有没有，劳务的性质，时间的久暂，报酬的有无，是否授予代理权皆无所谓，甚至从事该项劳务的基础法律关系（雇佣契约）无效，亦不构成例外，皆被认定为存有雇佣关系。其认定雇佣关系的标准有以下两条：一是客观上有无形成受雇人为雇主提供劳务的情形，如果提供了劳务就认定为存在雇佣关系；二是雇主对受雇人有无选任、监督的可能，有选任、监督行为则雇佣关系成立，反之，雇佣关系则不存在。

因此，认定雇主责任中的"雇佣关系"的主要依据是受雇人在执行事务中是否听命于雇主的指令或者直接受到雇主的控制。当然，这并非唯一标准，实务中还必须结合其他因素加以综合判断。

二、执行雇佣人委托事务

雇佣人就受雇人本人的人身伤害或其他侵权行为所承担的责任，应以受雇人执行受雇事务为限，对此职务行为的认定的学说有三种：

（一）雇佣人意思说。以雇佣人的意思为标准，即执行职务的范围，应依据雇佣人所委托办理的事件来决定；

（二）雇佣客观说。以执行职务的外表为标准，即执行职务的范围固然应根据雇佣人所命其办理的事件来认定，但是如果外表上是以执行职务的形式而形成的行为，也属于职务的范围；

（三）受雇人意思说。以受雇人的意思为标准，即执行职务原则上固然应该依据雇佣人所委托办理的事件来认定，然而如果受雇人是为了雇佣人的利益而采取的行为，亦应属于执行职务。各国的司法实践一般都采用雇佣客观说。这样一来，虽然对受害者的利益保护得更为充分，但对执行事务的范围也一般解释得比较宽泛。

6.1.6 雇主责任法律依据

我国实行雇主责任的法律依有以下几项法律条文：《中华人民共和国民法通则》（以下简称《民法通则》）第43条、《关于贯彻执行〈中华人民共和国民法通则〉若干问题实施意见》第58条、《道路交通事故处理办法》第31条、《最高人民法院关于审理名誉权案件若干问题的解答》第6条、《最高人民法院关于审理人身损害赔偿案件适用法律若干问题的解释》第8、9、11条等。

一、《民法通则》第43条规定："企业法人应当对它的法定代表人和其他工作人员的经营活动承担民事责任。"结合《关于贯彻执行〈中华人民共和国民法通则〉若干问题实施意见》第58条规定："企业法人的法定代表人和其他工作人员，以法人名义从事的经营活动，给他人造成经济损失的，企业法人应当承担民事责任。"首先，本条文指出企业法人存在雇主责任，至于其他主体是否能够承担雇主责任，该条中未有体现。其次，该条文规定的雇主责任采用的是无过错责任，并不承认企业法人因其尽到了选任、监督职责而成立免责。再次，该条款也没有提到法人在承担责任后是否享有向加害人行使求偿权的权利。可见，本条虽然能成立雇主责任之立法依据，但其内容显然太过简单。

二、《道路交通事故处理办法》第31条规定："交通事故责任者对交通事故造成的损失，应当承担赔偿责任。承担赔偿责任的机动车驾驶员暂时无力赔偿的，由驾驶员所在单位或者机动车的所有人负责垫付。但是，机动车驾驶员在执行职务中发生交通事故，负有交通事故责任的，由驾驶员所在单位或者机动车的所有人承担赔偿责任；驾驶员所在单位或者机动车的所有人在赔偿损失后,可以向驾驶员追偿部分或者全部费用。"本条后半部分显然是对交通事故案件中引起雇主责任的规定。实践中,这类案件较为普遍。而且在不违反民法通则确立的原则的前提下,处理这类案件时可直接适用作为行政法规的《道路交通事故处理办法》第31条做出的具体规定。

三、《最高人民法院关于审理名誉权案件若干问题的解答》第6条规定了名誉权侵权案件中"作者与新闻出版单位为隶属关系,作品系作者履行职务所形成的,只列单位为被告。"在此也应属雇主责任范畴。"作者与新闻出版单位的隶属关系"意味着雇佣关系的存在,"作者履行职务行为"与受雇人执行职务的要件相符。但本条仅从程序角度作了规定,对于其归责原则、求偿权问题都未涉及。

四、《最高人民法院关于适用〈中华人民共和国民事诉讼法〉若干问题的意见》(以下简称《民诉法适用意见》)第45条规定:"个体工商户、农村承包经营户、合伙组织雇佣的人在进行雇佣合同规定的生产经营活动中造成他人损害的,其雇主是当事人。"该条从程序法的角度规定了雇主责任的适用:其一,表明了我国现行法也承认法人以外的民事主体均能成立雇主责任。结合民法通则第43条有关雇主责任主体的规定,可见现行法上的一切民事主体均可以成为承担雇主责任的主体。至于非法人团体虽然在民事实体法中并没有被确认为民事主体,但同样不妨碍其可以成为雇主责任中的"雇主"。

五、《最高人民法院关于审理人身损害赔偿案件适用法律若干问题的解释》(以下简称《司法解释》)中第8条规定:"法人或者其他组织的法定代表人、负责人以及工作人员,在执行职务中致人损害的,依照民法通则第121条的规定,由该法人或者其他组织承担民事责任。上述人员实施与职务无关的行为致人损害的,应当由行为人承担赔偿责任。"

《司法解释》第9条规定:"雇员在从事雇佣活动中致人损害的,雇主应当承担赔偿责任;雇员因故意或者重大过失致人损害的,应当与雇主承担连带赔偿责任。雇主承担连带赔偿责任的,可以向雇员追偿。"

《司法解释》第11条规定:"雇员在从事雇佣活动中遭受人身损害,雇主应当承担赔偿责任。雇佣关系以外的第三人造成雇员人身损害的,赔偿权利人可以请求第三人承担赔偿责任,也可以请求雇主承担赔偿责任。雇主承担赔偿责任后,可以向第三人追偿。雇员在从事雇佣活动中因安全生产事故遭受人身损害,发包人、分包人知道或者应当知道接受发包或者分包业务的雇主没有相应资质或者安全生产条件的,应当与雇主承担连带赔偿责任。"

分析上述法条可见,我国现行立法中体现出的雇主责任内容,应为以下几点:

(一)雇主与受雇人之间的雇佣关系的存在。这种雇佣关系须与受雇人形成隶属关系,除企业外,其他民事主体也可以成为雇主资格。

(二)受雇人应系执行职务行为之中而受到的伤害。

(三)在雇主责任中,雇主承担的是无过错责任。

(四)受雇人之行为必须符合侵权行为的要件。在一般侵权行为中,受雇人须兼具违法性和主观过错。特殊侵权中,如高度危险活动中,则不要求受雇人主观过错,仅具有违法性已足矣。

(五)雇佣关系以外的第三人造成雇员人身损害的,雇主享有追偿权。

6.2 雇主责任保险概述

6.2.1 雇主责任保险含义

雇主责任险是保障其受雇人在雇佣工作中因雇佣工作而引起的人身伤害而应付的赔偿责任。赔偿分为3种:一是保险事故造成雇员死亡的按照保险单最高限额补偿。二是保险事故造成雇员残疾的,分为不同情况给予赔付。三是暂时丧失工作能力超过5d的,经医生证明,按照雇员工资给予补偿。同时,还设计了若干附加险,供投保人选择使用。雇主责任保险指以人身而非财产为保险标的的责任保险。

6.2.2 雇主责任保险特征

一、雇主责任险是指无论雇主是故意、过失还是无过失行为导致的雇员人身伤亡,依照合同法或者法律的规定,雇主都要承担经济赔偿责任。因此,雇主责任险不但提供雇主责任风险保障,由于雇主的过失而造成其受雇人遭受伤害而应付的经济赔偿责任的风险保障即过失风险保障,而且还提供不是由于雇主的责任而雇员发生的意外伤害风险保障即无过失风险保障。

二、由于其赔偿基础是以法庭或劳动仲裁为基本依据的,因此其赔偿范围不仅仅包括因受雇人遭受意外事故而导致人身伤残或死亡保险人给予的经济补偿,还包括由于伤害事故发生引起法律纠纷而发生的必要的诉讼费用。

三、该类保险的赔偿金额标准一般较高。例如,美国美亚保险公司深圳分公司的雇主责任保险规定,对雇主因疏忽或过失而意外导致其雇员人身伤亡或患有职业病而在民事法律上应负的赔偿责任最高赔偿限额高达100万元;雇员意外伤残风险保障的死亡和永久伤残赔偿限额高达100万人民币。

四、第三者责任风险纳入保险范围。雇主可以同保险人约定,且投保人支付相应附加保险费,在保险期间内被保险人的工作人员在从事保险合同载明的被保险人业务时,因意外或疏忽,造成第三者人身伤亡或财产损失,依照中华人民共和国法律应由被保险人承担的经济赔偿责任。

6.2.3 雇主责任保险与工伤保险

雇主责任险与工伤保险的保险标的相似,都是以被保险人的身体或劳动能力作为保险标的。但在保险性质、责任范围、赔偿方式和承担责任程度等各方面都具有差别:

一、首先保险性质不同

雇主责任保险属于商业保险,在发挥其保障功能的过程中,是以盈利为目的的。在我国,雇主责任险是属于自愿保险,企业根据自己的实际需要加以选择。而工伤保险属于社会保险,是社会保障体系中的重要组成部分,以确保职工(雇工)身体受到伤害后,保障其得到经济赔偿,而不以盈利为目的的,属于国家强制性保险的险种。

二、保险责任范围不同

工伤保险的保险责任采取细分式,包括因工作原因受到事故伤害的;因履行工作职责受到暴力等意外伤害的；患职业病的；因公外出期间，由于工作原因受到伤害或者发生事故下落不明等，共 10 种情形。雇主责任险的保险责任采取统括式，即被保险人雇员在受雇过程中，从事被保险人的业务有关工作时，遭受意外而致受伤、死亡或患与业务有关的职业性疾病所致伤残或死亡，被保险人根据雇用合同，依法须付医药费及经济赔偿责任。

三、赔偿方式不同

工伤保险规定对伤残补偿按照伤残级别给予 24 个月工资至 60 个月工资不等的一次性补偿。另外，逐月发放伤残津贴，保险事故导致死亡的，给予一次性补偿。发放补偿金的多少仅与月工资有密切的关系。职工（雇工）只能在法律规定的尺度内获得赔偿。

雇主责任险的赔偿限额由雇主自行确定或雇主根据与雇员协商的结果进行确定，然后一次性给付受害人。如果购买的限额较高，则同等伤残等级下可以获得的补偿就越高，反之亦然。影响雇员获得赔偿金的因素不仅仅是月工资，还有雇主购买的赔偿限额。

四、自担风险程度不同

工伤保险条例中规定，虽然部分保险费用由保险基金支付，但有些费用还是由企业（雇主）自行补足。但雇主责任险中，雇主可以按照投保意愿选择无免赔额的承保条件，一旦出险，雇主不必承担任何财务责任，而由保险人负责赔偿。

6.2.4　雇主责任保险与意外伤害保险

雇主责任险与意外伤害保险有相似之处，同属于商业保险，两个险种的标的相同，都是被保险人的身体或劳动能力，但两者之间存在着明显的区别。主要表现在以下几点：

一、保险起源不同

意外伤害险是为应对被保险人不幸因意外事故引致身故或残疾的风险而产生和发展起来，通过保险金给付可以应付被保险人突然增加的费用，维持生活水平，为被保险人及其家庭提供切实的保障。而雇主责任险是为缓和劳资纠纷，保障雇员的利益而产生并发展起来的，当发生工伤事故时，雇主往往逃避责任，或者无力支付赔偿，或者双方协商不成，雇员的权益常常得不到完全的保护，有时不得不诉诸法庭。雇主责任险客观上起到保障雇主权益的作用。

二、保险对象不同

雇主责任险的保险对象是雇主，虽然由雇主为雇员投保，保险费由雇主承担，但雇主责任险是在为雇主投保，规避雇主对雇员在从事雇主指示的活动中因自己的过失而造成雇员人身保险事故需要承担的损失。雇主责任险中投保人与被保险人是同一人即雇主。而意外伤害险的保险对象是雇员。意外伤害险的投保人和被保险人既可以是同一主体，也可能是两个主体，也就是说，意外伤害险的投保人既可以是雇主也可以是雇员本人，还可以是个体劳动者或自由职业者。例如，我国实行的建筑意外保险制度，投保人是施工承包商，被保险人是员工，两者为不同主体；而对其他情况来说，也可能两者为同一主体。

三、归责原则不同

雇主责任险首要的保障任务是保险人要承担雇主因其过失或疏忽造成员工意外伤害而应负的民事法律责任，主要遵循的是"有过失"原则，提供雇主过失责任风险保障。随着保险市场的发展，除雇主过失责任外，雇主责任险同时也提供意外风险保障，保险人无论雇主有无过失都须履行赔偿义务。而意外伤害险不同，它遵循的是"无过失"原则，提供无过失风险保障，即使雇主无过失，发生的意外伤害事故按合同约定都可以提供意外风险保障。

四、赔付范围不同

雇主责任保险负责赔偿诉讼费用。当雇员人身受到伤害或者患上职业疾病时，与雇主发生法律纠纷，雇员会对雇主进行法律责任的诉讼，会产生大量的法律费用，雇主责任保险可以为被保险人提供相应的保障，最高赔偿金额以保单责任最高限额为限。而意外险除合同所列明赔偿定额之外，不提供雇主法律纠纷而引起的诉讼费用的保障。

五、赔付标准不同

雇主责任保险对于因工作意外受到人身伤害雇员致残的情况，一般采用劳动部门十级工伤鉴定标准，而意外保险一般采用保险行业七级伤残鉴定标准。从评残标准来看，雇主责任险要宽于意外保险。简单来说，按照伤残鉴定标准，被鉴定为伤残等级为八至十级的，在意外保险规定的赔付范围不属赔付范围，对伤残者不予赔付；在雇主责任险中对八至十级则属于赔付残疾等级。

六、承保内容不同

雇主责任险的保险内容，包括雇员患有与工作有关的职业病。而意外伤害险，只是针对因意外伤害事故而造成的致残或死亡进行一次性赔偿，对受到伤害人员的医疗费用、职业性疾病则不负赔偿责任，除非附加特别条款。

七、福利程度不同

保险是职工福利的一种表现，雇主责任险的福利性高于意外伤害险，这是由于雇主责任险的赔付额较高、赔付项目全面，其福利性要高于意外伤害险。高保额意味着高保障，高保障意味着高福利，如果将意外伤害险也看作是一种员工福利，那么它所体现出的福利性要远远低于雇主责任险的福利程度。

6.2.5 雇主责任保险功能

一、工伤保险的重要补充

任何一种保险都具有相应的保险范围，赔偿项目的覆盖面具有一定的局限性，不可能包罗万象。例如，工伤保险基金不负责雇员受到伤害期间的工资福利费、其他费用津贴，包括住院伙食费、生活护理费、转院就医食宿交通费、一至五级伤残就业医疗补助等，而这些是需要由雇主负责承担的。另一方面，我国保险给付标准普遍较低，雇主或雇员在伤亡事故中产生的经济损失与经济赔付金额很不对称，造成雇主资金大量支出，同时，还严重影响安全事故伤害雇员的医疗、康复，使雇员家庭生活在经济上仍存在一定的困难。尤其是对中小企业而言，在发生较大安全伤害事故，在受伤害人员涉及面较多的情况下，即使投保了其他保险，雇主自担的部分仍然是一个不小的支出。而雇主责任险可承保工伤保险的未保部分，弥补由于保险事故的发生而造成的雇主经济损失。

据有关专家调查，在因工伤害案件中，轻度伤残及达不到伤残等级的工伤案件，占工伤案件总数的 99.69%。对于 99.69% 的案件，如果按照工伤保险条例规定，保险基金并非承担所有的赔偿项目，有相当一部分属于雇主自负。这就是说，雇主还需要承担很大的经济赔付责任，对于企业自负的部分，雇主完全可以通过购买合适的雇主责任保险来转移风险。把强制工伤保险中要求企业自负的部分尽可能地转移到保险公司来保障雇主应按照现行法律需承担的责任。

表 6-1、表 6-2 为 10000 个工伤事故案件中人员伤残度的调查统计数据。由统计表数据可看出，在工伤事故中，即使参加工伤保险，所造成的经济损失仍有相当大的比例要由雇主承担的。

10000 例工伤案件受伤程度分类统计表　　　　　　　　　　　　　　表 6-1

受伤程度	占总案件数的比例(%)
未达到伤残等级	92.60
五级至十级伤残	7.09
一级至四级伤残	0.14
死亡	0.17

10000 例工伤案件中医疗费用分类统计表　　　　　　　　　　　　　表 6-2

医疗费用金额	占总案件数的比例(%)
<3000 元	91.28
3000 元～10000 元	8.26
10000 元～30000 元	0.32
>30000 元	0.14

下面我们通过具体例子说明。建筑施工公司为雇员投保了工伤保险。工伤保险为员工提供了基本保障，如某一员工因工受伤导致五级残废，住院治疗 195d，事故发生后受伤雇员提出解除本人与用人单位的劳动关系。伤者实际月工资为 1600 元；治疗过程中所花费用：门诊医疗费 35000 元，住院医疗费 10000 元，康复器具费用 5000 元；住院伙食费 3600 元；住院护理费 3600 元；住院 6 个月工资收入损失 9600 元。按照现行工伤保险条例规定，工伤保险基金获得赔偿为：

工伤基金支付＝35000（门诊医疗费）＋10000（住院医疗费）＋5000（康复器具费）＋16×1600（一次性伤残补助金*）＝75600 元

*：按照《工伤保险条例》规定，五级伤残享受一次性伤残补助金标准为 16 个月本人工资。

按照北京市工伤条例规定，建筑公司依法需要支出的赔偿金为：

施工单位支付＝3600（住院伙食）＋9600（停工留薪期工资）＋3600（停工留薪期护理费）＋30×1600（一次性伤残就业补助金和一次性工伤医疗补助金*）＝64800 元

*：一次性工伤医疗补助金和伤残就业补助金合并计算，标准为五级 30 个月本市上一年度职工月平均工资，假设本市上一年度职工月平均工资为 1600 元。

由此看出，在赔案中有将近一半的费用要由雇主承担。按照雇主责任保险条款规定，其负责赔付工伤保险以外的住院伙食费、误工费、护理费等项费用，如果将这一部分风险转嫁给雇主责任保险公司，由保险公司负责赔付给雇主，将大大减轻雇主的经济压力。

二、意外伤害险的扩充

雇主责任保险的最大特点是与雇主在经营活动中对于雇员的责任成对应的关系，这种责任包括依据合同产生的责任和以国家相关法律产生的责任。它是以雇主的保险责任为保险对象的，雇主在经营过程中由于各种原因可能产生的雇主责任及其经济损失，雇主责任保险均能够进行转移。

建筑意外伤害保险是国家的强制险，《建筑法》第48条规定：建筑施工企业必须为从事危险作业的职工办理意外伤害保险，支付保险费。从而强化了施工企业的安全责任意识，利用商业保险制度解决了施工人员的安全利益保障问题。但其保险对象覆盖面过于狭窄，只限于现场施工人员，实际上，不是只有在施工现场的人员才有危险，其他与建设项目有关的企业雇员在各自职业岗位上，同样也存在安全风险。而雇主责任险承保范围广泛，不仅仅限于施工企业，而且对于存在安全风险的施工辅助单位都可以承保。

另外，意外伤害保险的被保险人是雇员，赔偿金是付给雇员的，雇主责任保险的被保险人是雇主，赔付金是付给雇主。意外伤害保险的内容较为单一，一般只承担保险事故中伤残致亡和医疗费用的一次性给付责任，其他的则不负赔偿责任，雇主责任保险除负责承保意外伤害保险的内容外，还负责赔付雇佣双方因安全事故发生纠纷而产生的因雇员受伤而发生的误工补偿费、陪护费、伙食费、诉讼费等项内容，并且投保人可以根据需要同保险人协商相应合同条款，可见雇主责任保险是意外伤害保险的扩充，是职业伤害保险中转移企业自身风险的重要保险形式。

6.3 雇主责任保险主要内容

我们以中国人民财产保险公司《雇主责任保险条款》（2004）（以下简称条款）为主，就雇主责任保险条款的内容加以介绍。

6.3.1 雇主责任保险对象

雇主责任保险条款第2条、第3条规定："中华人民共和国境内（不包括香港、澳门和台湾地区）的各类企业、有雇工的个体工商户、国家机关、事业单位、社会团体、学校均可作为本保险合同的被保险人。

本保险合同所称工作人员，是指与被保险人存在劳动关系（包括事实劳动关系）的各种用工形式、各种用工期限、年满16周岁的劳动者及其他按国家规定和法定途径审批的劳动者。"

在雇主责任保险中，投保人与被保险人是同一人，即雇主即是投保人又是被保险对象，这是与意外伤害险保险对象的主要区别所在。条款对企业的区域进行了界定，香港、澳门和台湾地区除外，凡是在中华人民共和国境内的各类有雇工的企业或个体户等均可作为被保险人。同时，对用工形式、年龄上作了限定。

就建筑施工企业来说，作为雇主责任保险投保人或被保险人应具备以下条件：建设行政主管部门批准，取得相应资质证书并经工商行政管理部门登记注册，依法设立的建筑施工、安装企业，均可作为雇主责任保险的被保险人。建筑施工、安装企业包括：国有建设企业、国内股份制建设公司、私有建筑企业、三资建筑企业、事业单位、集体建筑企业以及集体或个人承包的各类建筑企业。

6.3.2 雇主责任保险标的

保险标的是指保险责任的指向，职业伤害保险从大的方面看保险标的是职工的身体或生命，从小的方面看是要有明确的伤害后果。雇主责任保险的保险标的是指投保人的雇员在保险事故中致残、死亡或职业病。条款第4条规定："在保险期间内，被保险人的工作人员在中华人民共和国境内（不包括香港、澳门和台湾地区）因下列情形导致伤残或死亡，依照中华人民共和国法律应由被保险人承担的经济赔偿责任，保险人按照本保险合同约定负责赔偿。"

除雇主保险责任的赔偿范围是在保险期间内，雇员受意外事故致残或致亡的应由被保险人承担的经济赔偿责任外，条款第5条还规定："保险事故发生后，被保险人因保险事故而被提起仲裁或者诉讼的，对应由被保险人支付的仲裁或者诉讼费用以及事先经保险人书面同意支付的其他必要的、合理的费用（以下简称"法律费用"），保险人按照本保险合同约定的限额也负责赔偿。"

6.3.3 雇主责任保险范围

雇主责任保险属于场地责任险，因此，条款对伤害事故发生的责任范围进行了限定，雇主责任保险第4条规定：

一、在工作时间和工作场所内，因工作原因受到事故伤害；

二、工作时间前后在工作场所内，从事与工作有关的预备性或者收尾性工作受到事故伤害；

三、在工作时间和工作场所内，因履行工作职责受到暴力等意外伤害；

四、被诊断、鉴定为职业病；

五、因工外出期间，由于工作原因受到伤害或者发生事故下落不明；

六、在上下班途中，受到交通及意外事故伤害；

七、在工作时间和工作岗位，突发疾病死亡或者在48h之内经抢救无效死亡；

八、在抢险救灾等维护国家利益、公共利益活动中受到伤害；

九、原在军队服役，因战、因公负伤致残，已取得革命伤残军人证，到用人单位后旧伤复发；

十、法律、行政法规规定应当认定为工伤的其他情形。

6.3.4 雇主责任保险的除外责任

雇主责任保险的除外责任在性质上可分为绝对除外责任和相对除外责任。绝对除外责任是指保险人从保险和经济合同的基本原理以及社会公德等方面的因素考虑而绝对不予承保的风险。相对除外责任是指在保险单的标准格式项下相对不予承保，但这种保险风险一般可以通过其他险种，或者在保险单项下附加予以承保。

雇主责任保险条款第6条规定：下列原因造成的损失、费用和责任，保险人不负责赔偿：

一、投保人、被保险人的故意或重大过失行为而引起的任何损失、费用和责任保险公司不予负责，即故意行为除外。

故意和过失统称过错，故意行为是指被保险人预见到了或明知自己的行为将导致伤害的这一结果，但仍然付诸行动。如果行为人应当预见自己行为的后果但由于过于自信而轻信不会发生或疏忽大意，没有采取措施，致使损害发生的，就是过失。也就是说"过失"

指的是行为人应注意、能注意而不注意的一种心理状态。

重大过失和一般过失如何划分？一般过失是指法律法规对于某一行为人应当注意和能够注意的程度有较高要求时，行为人没有遵守这种要求，但其并没有违背通常应当注意并能注意的一般规则时，就是一般过失。如果行为人不但没有遵守法律规范对他的较高的要求，甚至连人们都应当注意并能注意的一般标准也未达到，就是重大过失。本条款是指故意和重大过失行为而且引起的损失、费用和责任除外。

二、战争、敌对行动、军事行为、武装冲突、罢工、暴动、民众骚乱、恐怖活动，即战争除外。由于这类风险属于政治风险的范畴，在雇主责任保险中规定：此类活动引起的雇员人身伤害保险人不承担责任，属于绝对除外。

三、核辐射、核爆炸、核污染及其他放射性污染，即核除外。其原因是核风险可能造成的损失是巨大的，而且损失的范围和程度就目前来讲是难以估计的。因此对于核风险可能产生风险责任是无法估量的。但从事核工业生产、研究、应用的被保险人的职工在保险期间内由于突然发生的核泄漏事件受到伤害，或由于核辐射而患有职业病，并符合工伤保险条例，可以附加核子辐射责任保险条款加以保险，此条属于相对除外。

四、行政行为或司法行为，即当局除外。国家机关的行政行为或执法行为除外主要是指政府或公共当局出于公共利益或为了某种政治或其他特殊目的对于被保险人雇员或第三者采取的行政或执法行为中造成的人身伤害损失的保险公司不予承担责任。政府或公共当局的行政或执法行为的主要原因是被保险人存在违法因素产生的，而根据经济合同的基本原则，对于违法的利益是不予保护的。

五、被保险人承包商的工作人员遭受的伤害，即承包商除外。这一条除外是因为被保险人的承包商所属工作人员是承包商所属人员而非被保险人的人员，其工作人员发生的伤害责任事故而造成的任何损失、费用和责任应该由承包商本人承担，而不应由雇主责任险的雇主承担。

六、被保险人的工作人员犯罪或者违反法律、法规的，即违法犯罪除外。具体包括盗窃、抢劫、斗殴、行凶等。

七、被保险人的工作人员醉酒导致伤亡的，即醉酒死亡除外。醉酒死亡事故较为普遍，属于高发事故，保险人为规避承保风险而对此除外。

八、被保险人的工作人员自残或者自杀的，即自杀除外。自残、自杀对社会、家庭造成严重影响，违反社会治安条例，所以除外。

九、在工作时间和工作岗位，被保险人的工作人员因投保时已患有的疾病发作或分娩、流产导致死亡或者在48h之内经抢救无效死亡。

除对上述责任除外，还对由于保险事故发生造成人身伤害的某些间接损失进行了除外规定。责任保险条款第7条规定：下列损失、费用和责任，保险人不负责赔偿：

（一）罚款、罚金及惩罚性赔款，即罚款、罚金及惩罚性赔款除外。罚款是行政机关对不够刑事处分的违法行为人，依法强制在一定期限内缴纳一定数量钱币的行政处罚。例如雇员违反交通法规行驶行为接受交通部门的处罚等。罚金是指强制犯罪分子在一定期限内向国家缴纳一定数量钱币，这是对犯罪分子进行经济制裁的一种刑罚方法。例如雇员存有盗窃行为，受到有关部门的罚金等，对雇员上述原因而造成的赔款损失，保险人对被保险人不负责赔付。

（二）精神损害赔偿，即精神损害赔偿除外。精神损害赔偿是指受害人或者死者近亲属因受害人的生命、健康等人身权益遭受不法侵害而导致其遭受肉体和精神上的痛苦、精神反常折磨或生理、心理上的损害（消极感受）而依法要求侵害人赔偿的精神抚慰费用。精神损害属于间接人身伤害损失，雇主责任保险对此给予除外。

（三）被保险人的间接损失，即间接损失除外。由于雇主责任保险承保标的是人身伤害损失的直接损失，因此对于被保险人及其雇员所有保管的财产、利润损失及其他损失不负责赔偿。

（四）被保险人的工作人员因保险合同列明情形之外原因发生的医疗费用，即约定外医疗费用除外。合同列明情形之外原因是指上述保险条款列明的 10 种责任范围内而受到的伤害。除此之外的各种情况下，所产生的伤害损失，保险人不负责予以赔偿。

（五）本保险合同中载明的免赔额，即免赔额除外。在这里应注意的是：一要明确免赔额的性质，所谓免赔额是被保险人自行负担的那一部分损失；二要明确对于保险合同中的各个部分和批单扩展部分的免赔额都予以除外。

6.3.5 雇主责任赔偿限额

雇主责任保险条款第 8 条款规定："责任限额包括每人伤亡责任限额、每人医疗费用责任限额、法律费用责任限额及累计责任限额，由投保人自行确定，并在保险合同中载明。其中每人伤亡责任限额不低于 3 万元人民币；每人医疗费用责任限额不超过每人伤亡责任限额的 50%并且不高于 5 万元人民币，法律费用责任限额为伤亡责任限额的 20%。"

"责任限额"又称"赔偿限额"，赔偿限额是保险合同中的一个重要概念。赔偿限额是指保险公司在伤害事故中，对被保险人赔偿金额的最高额度即"上限"，也就是保险人在事故中应承担的赔偿责任的最高限额。国外雇主责任保险大多提供无限额赔偿（按实际事故发生的损失进行赔偿）。目前，我国法律对赔偿标准没有明确规定，而是在保险合同签订时，由保险人根据雇佣合同的要求，以雇员若干个月（一般定为 12 个月或者 24 个月或 36 个月）的工资、薪金总额（包括奖金、加班费及其他津贴等）来确定赔偿限额，或由被保险人和保险人共同协商确定每个人和总的赔偿限额。随着我国法律制度的健全，如果法律中有关于赔偿标准的明确规定，那么保险人依法进行赔偿，而赔偿限额则是保险人所能承担的最高赔偿额度。赔付限额可分为以下几个类型：

（一）每人伤亡责任限额，即每位雇员遇伤亡时，保险公司的最高赔偿金额；

（二）每人医疗费用责任限额，即每位雇员致伤造成的医疗费用的最高赔付金额；对每次保险事故的赔偿按照伤害程度和赔偿金额标的比例确定赔偿金额，在约定的赔偿限额内赔偿；

（三）法律诉讼费用责任限额，即在保险期间内由于被保险人发生保险事故而引起法律纠纷产生的法律诉讼费用的最高赔偿金额；

（四）累计责任限额。雇主责任险的保单还规定累计限额，即保险人对被保险人所有赔偿的累积金额。

《条款》规定：

第一、发生保险责任范围内的损失，保险人对每个雇员的累计赔偿金额不超过保险合同载明的各分项每人责任限额；保险人对应由被保险人支付的法律费用的累计赔偿金额不

超过保险合同载明的法律费用责任限额;

第二、保险人对被保险人的所有赔偿不超过保险合同载明的累计责任限额。

在这里保险人设置了两条赔付限定,一是分项(伤亡、医疗、诉讼费)限定。在保险期内,不论保险事故发生一次,还是多次赔偿,只要达到保险合同载明的各分项限额后,保险人不负这一分项的赔付责任。二是累积责任限额,不论保险事故发生一次,还是多次,所有赔偿金额不得超过累计责任限额,凡是达到了此限额,保险人即履行了该保险的全部义务,保险单即行终止。

有些雇主责任保险事先对保险责任限额加以定量化,以利于保险人对保费的测算和方便被保险人的选择。例如《条款》规定:雇主责任险的各项保险限额分:每人伤亡限额 A,A>3 万元;每人医疗保险限额 B,5 万元>B>50%A;法律费用保险限额 C,C=20%A。

6.3.6 雇主责任保险免赔额

雇主责任保险条款第 9 条规定:"每次事故每人医疗费用免赔额由投保人与保险人在签订保险合同时协商确定,并在保险合同中载明。"免赔额是保险合同中的又一个重要概念。

一、免赔额的定义

免赔额是指保险人对于保险标的在一定限度内的损失不负赔偿责任的金额。免赔额是保险制度中的一种共保机制,设计免赔额的实质是对被保险标的可能发生的损失有条件地由保险人和被保险人共同承担,即在一定条件下,由被保险人实际承担的责任。

二、免赔额的意义

免赔额的设定主要是针对一些保险金额巨大、责任范围广泛、损失率极高的保险险种,雇主责任保险就属于此类。免赔额的意义在于以下几点:

(一)增强被保险人的安全生产责任心。免赔额的设定意味着保险人和被保险人必须共同去面对每一个保险责任范围的事故,而且被保险人在承担保险责任范围内的损失是出于"第一位"的地位,即发生了损失,如果损失的金额在免赔额范围内,就由被保险人自行承担,而保险人不负任何责任。只有当损失超过免赔额时,保险人承担保险赔偿责任。

就建筑雇主责任险的特点而言:一是保险责任范围广泛,事故发生原因来自各个方面,管理的、技术的、道德的、人为的和心理的,因素是多方面的。二是建筑工程施工较为复杂,单位多、工种多、人员多,存在时间和空间上的立体和交叉作业。在这种情况下,被保险人就成为防治和减少人身伤害事故的关键一环,即被保险人对于安全生产的认识和重视程度将成为影响建筑工程建设过程中的事故发生和损失大小的决定重要因素,雇主责任险中免赔额的提出就是结合这一特点而提出的,可以从根本上增强被保险人的责任心,促进被保险人安全生产的责任以防止损失的发生,尤其是一些中小伤害事故损失的发生。

(二)可以降低小损失案件处理。由于雇主责任保险涉及面广泛,如果不设定一个免赔额,可以提起索赔的案件将大大增加,而要处理这些案件,一方面被保险人为了索赔必须收集大量的单据,制定索赔文件,势必耗费大量的人力和物力;另一方面保险人为了这些案件也必须花费一定的人力、物力进行调查取证、审核理算,最终保险双方为了处理这些案件的发生成本，可能高于案件最终给付的金额，从而违背了保险市场的经济原则。

（三）可以降低被保险人保费的支出。就整个保险行业而言，总保险费的收费总量与总保险费的支出总量是成一定比例的，具体到某个行业的伤害险险种也是如此，保费的收取与承保风险发生率有关。如果不设定免赔额或免赔额设定得过低，势必造成保险赔付率和赔付案件数量的增加，保险人则必将收取过高的保险费用，影响被保险人的投保能力。被保险人如果能够根据自身承受力的情况，确定一个可以接受的免赔额，风险自留，则可以在保险费方面获得一定的优惠，而对于一些项目较大的工程，这种优惠绝对是一个可观的数字。

三、免赔额的种类

（一）免赔额的分类

免赔额一般分为相对免赔额和绝对免赔额。

1. 相对免赔额是指投保人在索赔时，如果损失金额低于合同设定的免赔额时，则保险人不负赔偿责任；如果投保人的损失金额高于免赔额，则保险人负责赔偿全部损失。例如，约定相对免赔额 5 万元，被保险人 A 损失 4 万元，被保险人 B 损失 35 万元，保险人对 A 的损失不负责赔偿责任，对 B 的损失赔偿 35 万元。

2. 绝对免赔额是指投保人在索赔时，投保人损失金额若低于免赔额，则保险人不负赔偿责任；如果损失金额高于免赔额，则保险人赔偿损失超出免赔额的那一部分。例如，约定绝对免赔额为 5 万元，被保险人 A 损失 4 万元，被保险人 B 损失 35 万元，保险人对 A 的损失不负责赔偿责任，对 B 的损失保险人赔偿 30 万元。目前，保险市场广泛使用的是绝对免赔额，对于相对免赔额使用的比较少了。

（二）免赔额的表现方式

1. 定额型。是指将免赔额确定为一个固定的金额，例如免赔额 60 万，这是对被保险人相对有利的方式。无论发生多大的损失，被保险人可能承担的金额是相对有限的和固定的。

2. 比例型。是指将免赔额确定为一个固定的比例。例如，免赔额为损失金额的 10%，这是一种相对于被保险人不利的方式。一旦产生巨大的损失，被保险人就可能面对一个相当巨大的自负额，这显然不利于被保险人。

3. 混合型。是指将免赔额同时确定一定金额和一定比例，并适用于两者中的高者。例如，免赔额为 20 万，或损失金额的 10%，以二者中高者为准，即保险人从两头控制自身的风险。

4. 累积型。是指在混合型的基础上，将固定百分比修改为按出现次数变动自负额百分比。如第一次出险的免赔额比例为 5%，第二次出险的免赔额比例为 7%，第三次出险的免赔额比例为 10%。

四、雇主责任每次事故

（一）每次事故的概念。通常在承保条件的"赔偿限额"和"免赔额"中涉及"每次事故"的概念。"每次事故"在保险中是一个重要的概念，因为这个概念直接关系到保险的实际保障程度。伤害事故在保险期内，不可发生一次，也可能是多次的。从上述条例规定的赔偿限额定义的角度看，被保险人的损失无论属于一次保险事故，或属于两次保险事故，则保险人承担责任的保险责任只以此限额为"上限"责任。从免赔额的角度看，免赔额通常是针对每次保险事故需要自己承担的部分损失。一个损失如果被认为属于一次保险事故造成的，保险人在理赔时只能扣除一个免赔额。而一个损失如果被认定为属于两次保险事故造成的，则保险人在理赔时就要扣除两个免赔额。

（二）每次事故的界定。如何对"每次事故"进行界定在一般情况下是并不困难的，但在特殊情况下，保险双方会对"每次事故"的界定发生歧异。比如，深基坑塌陷造成的人员伤亡，可能先发生了一次小面积的塌陷，造成了人员伤亡，数小时后又发生了大面积的坍塌，那么事件是看作为"一次事故"呢？还是看作为"两次事故"？这两种解释对于保险的赔偿结果影响显然是不同的。

解决这一问题的办法是事先在保险合同中对相关问题进行明确和约定，即采用"规定性条款"的方式，如前所述，规定性条款是针对保险合同执行过程中一些重要问题或者需要解释的问题进行明确的规定，以免产生误解和争议。例如，结合上述例子，可以约定：兹经双方同意，本保险单项下人身伤害保险因在两小时内由于同一原因发生的事故造成的人身伤害损失应视为一个独立事件，并因此构成一次意外事故而扣除规定的免赔额。被保险人可以自行决定两小时期限的起始时间，但若在连续数个两小时期限内发生损失，任何两个或两个以上期限不得重叠。

6.3.7 雇主责任保险费用

一、保险费用

雇主责任保险费用的确定是根据保险限额和保险费率而确定的。雇主责任保险赔偿限额与费率、行业费率见表 6-3、表 6-4 所示。

（一）费率与限额确定

雇主责任保险费率为年度费率。费率表上的赔偿限额币种可由被保险人自行确定，但赔偿限额应与收取的保费币种一致。

费率表上的赔偿限额仅规定最低限额和最高限额，具体承保时，按合同当事人双方需要在此幅度内确定针对不同被保险人的赔偿限额。

赔偿限额中分每人伤亡限额、每人医疗费用限额、诉讼费用限额和保险期限内累计赔偿限额四类。每人伤亡限额可视被保险人所聘用员工的不同层次，由被保险人选择不同档次投保，确定为高赔偿限额的人员必须附有人员清单。

按所适用行业在费率栏中选定所用费率，再视具体风险及赔偿限额的不同最终确定承保费用。

死亡费率为赔偿限额的 0.2%~1.4%、医疗费用费率为赔偿限额的 1%、诉讼费用费率为赔偿限额的 0.25%。

（二）附加险费率

投保人如投保附加险，在另订单独的赔偿限额时，其费率如下：第三者责任保险费率 0.1%；罢工、暴乱、民众骚乱保险费率 0.07%；核辐射保险费率 0.15%；员工公（劳）务出国保险费率为 0.1%。

（三）保险保费计算

直接用费率乘以赔偿限额，再将各项保费相加计算出基础险总保费数额即：

每项保险费额＝选定的保险限额×保险费率

$$基础保险费 = \sum 每项保险费额$$

如有附加险限额，应将该赔偿限额乘以附加险适用费率计算附加险保费。基础险保险费与附加险保费相加计算出总保费数额，即：

$$总保费 = 基础保费金额 + 附加险保费金额$$

最低雇主责任险的保险费：每一张保险单之最低保险费不得少于500元。

赔偿限额与费率表　　　　　　　　　　　　　　　　　　　　　表6-3

	赔偿限额（万元）	费率
每人伤亡	2~50	0.2%~1.4%
每人医疗费	每人伤亡限额的40%~60%	1%
诉讼费用	每人伤亡限额的20%~50%	0.25%
累计赔偿限额	（每人伤亡限额+每人医疗费限额）×人数+诉讼费用	

行业年费率表　　　　　　　　　　　　　　　　　　　　　　　表6-4

类别	人员分类	费率
1	社会团体、机关、事业单位、学校职工	0.2%~0.4%
2	金融、商业、娱乐场所、饭店等服务人员	0.25%~0.5%
3	食品制造业、服装制造业、精密仪器等其他工业制品制造业等	0.3%~0.6%
4	以一般危险品为主要原料，在生产过程中有一定危险性行业，如电力行业、汽车加油站及棉纺、化纤行业	0.35%~0.7%
5	以一般危险品及部分特别危险品为主要原料的加工、制造业，如木器厂、水泥制造、造船等行业	0.45%~0.8%
6	建筑安装工程、金属矿业及非金属矿业、煤矿业等	0.5%~1%
7	石油、钻井、鞭炮生产等	0.6%~1.2%
8	高空、深水、勘探作业、航空、航天	0.7%~1.4%
9	探险类行业人员	另议

（四）保费退还

按照雇主责任保险条款第32条规定：如投保人签订保险合同并交纳保费后，由于某种原因提出保险合同解除，对保费的处理有以下规定：

1. 保险责任开始前，投保人要求解除保险合同的，应当向保险人支付相当于保险费5%的退保手续费，保险人应当退还剩余部分保险费；但因保险人提出要求解除保险合同的，不得向投保人收取手续费并应退还已收取的保险费。

2. 保险责任开始后，投保人要求解除保险合同的，应及时通知保险人，自通知保险人之日起，保险合同解除，保险人按照保险责任开始之日起至合同解除之日止期间按短期费率计收保险费，并退还剩余部分保险费；如果由保险人提出要求解除保险合同的，应提前15天向投保人发出解约通知书，保险人按照保险责任开始之日起至合同解除之日止期间与保险期间的天数比例计收保险费，并退还剩余部分保险费。短期费率表见表6-5所示。

雇主责任保险短期费率表　　　　　　　　　　　　　　　　　　表6-5

保险期间	一个月	二个月	三个月	四个月	五个月	六个月	七个月	八个月	九个月	十个月	十一个月	十二个月
年费率的百分比	10	20	30	40	50	60	70	80	85	90	95	100

注：不足一个月的按一个月计收。

6.3.8 雇主责任保险期限

雇主责任保险条款第 10 条规定:"除保险单另有约定外,保险期间为一年,自起保日的零时起到期满日的二十四时止。"

一、期限起点确定

一般的雇主责任保险期限设定为一年。但对于建筑施工企业投保雇主责任险而言,由于保险期限与项目工期紧密相连,雇主应视工程合同工期而定,对于施工期较长的项目,被保险人不一定将保险期限设定为一年,可以根据合同工期的长短而定,以避免手续的繁琐。投保人应与保险人协商取得与合同工期相一致的保险期限,并在保单明细表上予以载明。

施工企业投保雇主责任险的保期应以被保险人的雇员进驻工地并缴纳保险费的次日零时起作为开始时间,就是说以雇员进驻工地作为保期的起点,这是根据雇主责任险的标的特征所决定的,但要以缴纳保费次日零时为前提条件。尚未缴纳保费,生效期未到,即使雇员进入工地,保险公司对其发生的人身伤害事故当然没有承担责任的义务。按规定保单生效后,由于某种原因,雇员未按计划进入工地,应及时通知保险人,保险期时间点顺延。

二、期限终点确定

保险期限终点的确定应是以合同工期结束时间点相一致。合同施工期终点的依据是签发完工验收证书或验收合格证书,或者至工程建筑合同规定施工期限结束的二十四时作为标志。

当然在任何情况下,保险期间的起始或终止不得超出保险合同明细表中列明的保险生效日或终止日。如遇到特殊情况工程需要延期,对保险期间的展延被保险人应事先获得保险人的书面同意,保期顺延,保险费用是否追加由合同当事人双方按照有关规定协商。

6.4 雇主责任保险赔付

雇主责任保险人的赔偿是以下列方式之一确定的被保险人的赔偿责任为基础的:一、被保险人和向其提出损害赔偿请求的工作人员或其代理人协商并经保险人确认;二、仲裁机构裁决;三、人民法院判决;四、保险人认可的其他方式。(见雇主责任保险条款第 21 条规定)。

这里需要说明的是由于雇主责任险是以雇佣关系的成立,以雇主责任的确认为前提条件的,因此,除被保险人和向其提出损害赔偿请求的工作人员或其代理人协商并经保险人确认和保险人认可的其他方式作为赔偿基础外,雇主责任险的赔偿依据还包括:对雇佣双方的争议经过仲裁机构裁决的和人民法院判决为依据。

6.4.1 伤残、死亡赔付

在保险责任范围内,被保险人对其工作人员因本保险合同列明的原因所致伤残、死亡依法应承担的经济赔偿责任,保险人按照本保险合同约定负责赔偿。(见雇主责任保险条款第 22 条)。

一、死亡赔付

按照保险合同约定的每人死亡责任限额内据实赔偿。

二、伤残赔付

分为3种情况。

（一）对永久丧失全部工作能力的，在保险合同约定的每人伤亡责任限额内据实赔偿；

（二）对永久丧失部分工作能力的，依保险人认可的医疗机构出具的伤残程度证明，在保险合同所附伤残赔偿比例表规定的百分比乘以每人伤亡责任限额的数额内赔偿；

（三）经保险人认可的医疗机构证明，暂时丧失工作能力超过5d（不包括5d）的，在超过5d的治疗期间，按照每人/d，当地政府公布的本地区居民平均最低生活标准赔偿误工补助，以医疗期满及确定伤残程度先发生者为限，最长不超过1年。

在工伤保险中伤害者在停工留薪期内，其原工资福利待遇是由所在单位按月支付，由雇主承担。雇主责任险的误工补贴，对雇主来说可以减轻这一部分的经济负担。伤亡赔付比例表，见表6-6所示。

雇主责任保险伤亡赔偿比例表　　　　表6-6

项目	伤害程度	保险合同约定每人伤亡责任限额的百分比(%)
一	死亡	100
二	永久丧失工作能力或一级伤残	100
三	二级伤残	80
四	三级伤残	65
五	四级伤残	55
六	五级伤残	45
七	六级伤残	25
八	七级伤残	15
九	八级伤残	10
十	九级伤残	4
十一	十级伤残	1

6.4.2 医疗赔付

在保险责任范围内，被保险人对其工作人员因本保险合同列明的情形所致伤残、死亡依法应承担的下列医疗费用，保险人在本保险合同约定的每人医疗费用责任限额内据实赔偿（见雇主责任保险条款第23条规定）。

医疗赔付是在赔付限额内据实赔付的，具体包括以下具体内容：

（一）挂号费、治疗费、手术费、检查费、医药费。

（二）住院期间的床位费、陪护费、伙食费、取暖费、空调费。在工伤保险中，生活不能自理的工伤职工在停工留薪期需要护理的，由所在单位负责。伙食费由雇主按照本单位因公出差伙食补助标准的70%发给住院伙食补助费，两项费用都由雇主承担，可见，雇主责任险与其他险种有很强的互补性。

（三）就（转）诊交通费、急救车费。在工伤险中，受伤者需转外地治疗所需的交通、食宿费用由雇主按照本单位雇工因公出差标准100%报销，由雇主承担经济责任，而在这里保险人承担了经济责任。

（四）安装假肢、假牙、假眼和残疾用具费用。

除紧急抢救外，受伤雇员均应在县级以上（含县级）医院或保险人认可的医疗机构就诊。被保险人承担的诊疗项目、药品使用、住院服务及辅助器具配置费用，保险人均按照国家工伤保险待遇规定的标准，在上述（一）至（四）项的计算基础上，扣除每次事故每人医疗费用免赔额后进行赔偿。

6.4.3 诉讼费赔付

"诉讼费用的赔付是雇主责任保险的一大特点。保险人对每次事故法律费用的赔偿金额，不超过法律费用责任限额的25%。同一原因、同时导致被保险人多名工作人员伤残或死亡的，视为一次保险事故。"（见雇主责任保险条款第24条规定）。也就是说，在一次事故中，无论伤亡人数是多少，其诉讼费用不超过法律费用责任限额的四分之一，超过四分之一的费用按照诉讼责任费用限额的四分之一赔付，未超过四分之一的，按照实际发生诉讼费赔付。但在保险责任期内，诉讼费用不超过累计法律诉讼费限额。

6.4.4 赔偿原则

一、分项限额原则

发生在保险责任范围内的损失，在保险期间内，保险人对每个雇员的各项累计赔偿金额不超过保险合同载明的分项每人责任限额；在雇主责任险保单中，赔偿限额是针对每一位雇员而设定的，并设有每人分项总限额。每位雇员各项目的累积赔偿金额应以每人分项责任限额为限。

二、法律费累计限额原则

在这里法律费用的限额不是按照每人每次事故法律费用限额而设定的，保险人对应由被保险人支付的法律费用的累计赔偿金额不超过保险合同载明的法律费用责任限额；法律费用赔偿限额是针对被保险人在整个保险期间所发生的总限额而设定的，雇主责任的法律纠纷费用可能发生多起，在保险期间，应由被保险人支付的法律费用应在保险合同中载明，按合同载明的法律费用责任限额为限。

三、总赔付限额原则

保险人对被保险人的所有赔偿不超过保险合同载明的累计责任限额。雇主责任保险合同中，设定有保险人责任总限额，所有赔偿这里是指雇主所有雇员在保险期内各项赔偿金额的总限额，应以合同中载明的累积责任限额为限。

四、记名投保原则

保险人按照投保时被保险人提供的雇员名单承担赔偿责任。被保险人对名单范围以外的雇员承担的赔偿责任，保险人不负责赔偿。雇主责任保险采取记名投保方式，雇员名册是保险人理赔的重要依据之一。对于没有注册的雇员所发生的伤害损失，保险人一律不承担赔偿责任。

五、对价赔付原则

对价原则是保险中的一条重要原则。在雇主责任险的投保方式中，基本按照记名方式进行投保，但有时根据投保人工作实际，经保险人同意可以按约定人数投保，在按照约定人数方式投保赔付中，如发生保险事故时被保险人的雇员人数多于投保时人数，保险人按投保人数与实际人数的比例承担赔偿责任。此条款是保险人对被保险人弄虚作假行为的一种应对措施，以确保保险人的利益。

六、分摊赔付原则

条款规定：保险事故发生时，如有其他相同保障的保险（包括工伤保险）存在，不论该保险赔偿与否，保险人对本条款伤残、死亡、医疗和诉讼费用的赔偿，仅承担差额责任。

在保险中重复保险处理的方式很多，不同的保险人会采取不同的做法，本款规定较为严格，只要重复保险存在，不论该保险赔偿与否，仅承担差额责任。这里所说的"其他相同保障的保险合同"是指从保险赔付责任内容看的，应对所发生的保险事故予以负责的任何保险，并不是仅指雇主责任险。例如，工伤保险、医疗保险等。

七、垫付责任除外原则

条款规定，对于其他保险人应承担的赔偿金额，本保险人不负责垫付。（见雇主责任保险条款第25、26、27条）

6.5　雇主责任保险义务

雇主责任险投保人、被保险人的义务与其他责任保险的规定基本相同。雇主责任保险条款第11条至20条对投保的义务进行了规定，主要内容包括以下几个方面：

一、告知义务

投保人应履行如实告知义务，如实回答保险人就被保险人的有关情况提出的询问，并如实填写投保单。

投保人故意隐瞒事实，不履行如实告知义务的，或者因过失未履行如实告知义务，足以影响保险人决定是否同意承保或者提高保险费率的，保险人有权解除保险合同，保险合同自保险人的解约通知书到达投保人或被保险人时解除。

投保人故意不履行如实告知义务的，保险人对于保险合同解除前发生的保险事故，不承担赔偿责任，并不退还保险费。

投保人因过失未履行如实告知义务，对保险事故的发生有严重影响的，保险人对于保险合同解除前发生的保险事故，不承担赔偿责任，但可退还保险费。

二、缴纳保费的义务

投保人应在保险合同成立时一次性支付保险费。保险事故发生时投保人未足额支付保险费的，保险人按照已交保险费与保险合同约定保险费的比例承担赔偿责任。

三、遵守法律的义务

被保险人应严格遵守有关安全生产和职业病防治的法律法规以及国家及政府有关部门制定的其他相关法律、法规及规定，执行安全卫生规程和标准，加强管理，采取合理的预防措施，预防保险事故发生，避免和减少损失。

保险人可以对被保险人遵守前款约定的情况进行检查，向投保人、被保险人提出消除不安全因素和隐患的书面建议，投保人、被保险人应该认真付诸实施。

投保人、被保险人未遵守上述约定而导致保险事故发生的，保险人不承担赔偿责任；投保人、被保险人未遵守上述约定而导致损失扩大的，保险人对扩大部分的损失不承担赔偿责任。

四、通知变更义务

在保险期间内，如保险合同所载事项变更或其他足以影响保险人决定是否继续承保或是否增加保险费的保险合同重要事项变更，被保险人应及时书面通知保险人，保险人有权要求增加保险费或者解除合同。

被保险人未履行通知义务，因上述保险合同重要事项变更而导致保险事故发生的，保险人不承担赔偿责任。

五、减少损失义务

发生本保险责任范围内的事故，被保险人应该尽力采取必要、合理的措施，防止或减少损失，使工作人员得到及时救治，否则，对因此扩大的损失，保险人不承担赔偿责任。

六、书面说明义务

被保险人在发生保险事故时应立即通知保险人，并书面说明事故发生的原因、经过和损失情况；对因未及时通知导致保险人无法对事故原因进行合理查勘的，保险人不承担赔偿责任；对因未及时通知导致保险人无法核实损失情况的，保险人对无法核实部分不承担赔偿责任。

七、协助调查义务

被保险人应允许并且协助保险人进行事故调查；对于拒绝或者妨碍保险人进行事故调查导致无法确定事故原因或核实损失情况的，保险人不承担赔偿责任。

八、赔偿请求通知义务

被保险人收到其工作人员的损害赔偿请求时，应立即通知保险人。未经保险人书面同意，被保险人自行对其工作人员做出的任何承诺、拒绝、出价、约定、付款或赔偿，保险人不承担赔偿责任。

九、诉讼通知义务

被保险人获悉可能发生诉讼、仲裁时，应立即以书面形式通知保险人；接到法院传票或其他法律文书后，应将其副本及时送交保险人。保险人有权以被保险人的名义对诉讼进行抗辩或处理有关仲裁事宜，被保险人应提供有关文件，并给予必要的协助。

对因未及时提供上述通知或必要协助引起或扩大的损失，保险人不承担赔偿责任。

6.6 雇主责任保险附加条款

雇主责任保险条款分为主条款和附加条款（特别条款）。主条款是针对安全事故共同性制定的，是完整的合同条款。附加条款是针对安全事故的个性制定的。附加条款是为完善主条款而制定的，是配合主条款使用的，一般是不能单独使用的条款。

雇主责任保险附加险分为：附加罢工、暴动、骚乱责任保险条款；附加核子辐射责任保险条款；附加公务出国责任保险条款；误工补助补充责任保险条款和附加第三者责任保险条款5个附加险。

6.6.1 罢工、暴动、骚乱责任附加条款

附加罢工、暴动、骚乱责任保险条款是在经保险合同双方特别约定，且投保人已支付相应附加保险费，在保险期间内，被保险人的雇员由于罢工、暴动、民众骚乱导致伤残或死亡的雇员，依照中华人民共和国法律应由被保险人承担的经济赔偿责任，保险人按照附加保险合同的约定，在责任限额内负责赔偿。

6.6.2 核子辐射责任附加条款

附加核子辐射责任保险条款是在经保险合同双方特别约定，且投保人已支付相应附加保险费，从事核工业生产、研究、应用的被保险人的雇员在保险期间内由于突然发生的核泄漏事件受到伤害，或由于核辐射而患有职业病，被依法认定为工伤，依照中华人民共和国法律应由被保险人承担的经济赔偿责任，保险人按照本附加保险合同的约定，在责任限额内负责赔偿。

6.6.3 公务出国责任附加条款

附加公务出国责任保险条款是在经保险合同双方特别约定，且投保人已支付相应附加保险费，在保险期间内被保险人的雇员在公务出国期间因意外事故导致伤残或死亡，依照中华人民共和国法律应由被保险人承担的经济赔偿责任，保险人按照本附加保险合同的约定，在责任限额内负责赔偿。保险人对被保险人支付的境外（包括香港、澳门及台湾地区）医疗费用不承担赔偿责任。

6.6.4 误工补助补充责任附加条款

经保险合同双方特别约定，且投保人已支付相应附加保险费，在保险期间内发生雇主责任保险条款第 22 条第 2 款 6 项赔偿时，若被保险人工作人员工资标准的 80% 高于当地政府公布的最低生活标准，保险人按照该工作人员事故前 12 个月平均工资 80% 的标准，补足差额。

雇主责任保险条款第 22 条 6 款对于伤残赔偿具体规定是：经保险人认可的医疗机构证明，暂时丧失工作能力超过 5d（不包括 5d）的，在超过 5d 的治疗期间，每人/d，按当地政府公布的最低生活标准赔偿误工补助，以医疗期满及确定伤残程度先发生者为限，最长不超过 1 年。如经过诊断被医疗机构确定为永久丧失全部（部分）工作能力，保险人按 A 条款或 B 条款确定的赔偿金额扣除已赔偿的误工补助后予以赔偿。6 条款对于事故前工资较高的受害者具有不公平性，按照此条款执行，会使受伤害者的生活造成很大的影响。为弥补这一缺陷，开展此项业务，投保人可以针对不同雇员的具体情况，对此进行附加投保，如果保险事故发生，造成上述后果可以使受到伤害的雇员家庭生活更有保障。

6.6.5 附加第三者责任险

一、附加险概念

雇主责任保险对于第三者责任保险是加以除外的，主要是承保被保险人的雇员自身所

受到的伤害,对于造成第三者人身伤害损失的不负赔偿责任。根据保险市场的需要,雇主责任保险条款设计了第三者责任附加保险条款,以适应不同雇主的客观需要。第三者责任附加条款是指经保险合同双方特别约定,且投保人已支付相应附加保险费,在保险期间内被保险人的工作人员在从事保险合同载明的被保险人业务时,因意外或疏忽,造成第三者人身伤亡或财产损失,依照中华人民共和国法律应由被保险人承担的经济赔偿责任,保险人按照本附加保险合同的约定,在保险合同载明的本附加险责任限额内负责赔偿。

二、附加险除外责任

雇主责任保险第三者附加保险对下列责任,保险人不负责赔偿:

(一)被保险人工作人员因驾驶各种机动车辆造成第三者人身伤亡或财产损失所引起的赔偿责任;这一除外主要依据是在保险产品设计中的"互为除外"原则,即在相关保险标的系列保险产品中,以保险产品的责任范围应明确为另一保险产品的除外责任,以免出现混淆。因驾驶各种机动车辆造成第三者人身伤亡或财产损失所引起的赔偿责任,可以由交通车辆保险加以赔偿,为避免重复雇主责任险给以免责。

(二)被保险人工作人员因从事医师、律师、会计师、建筑师、美容师等其他专门职业造成第三者人身伤亡或财产损失,所引起的赔偿责任。雇主责任与专业技术责任是有区别的,从事医师、律师、会计师、建筑师、美容师等专业技术的人员在从事本专业工作中雇员造成第三者伤害或造成的损失,可以投其相应的专业责任保险承保,依据"互为除外"原则予以免责。

(三)附加第三者责任保险限额与免赔额。雇主责任第三者附加险的责任限额及免赔额有以下规定:

责任限额包括每次事故责任限额、累计责任限额以及每次事故每人伤亡责任限额,由投保人自行确定,并在保险合同中载明。每次事故财产损失免赔额由投保人与保险人在签订保险合同时协商确定,并在保险合同中载明。

发生本附加险责任范围内的损失,保险人对每次事故人身伤亡的赔偿金额与每次事故财产损失的赔偿金额之和不超过保险合同载明的第三者责任每次事故责任限额;在保险期间内,保险人对第三者责任的累计赔偿金额不超过保险合同载明的第三者责任累计责任限额。

雇主责任保险的第三者附加险条款与雇主责任保险条款相抵触之处,以附加第三者保险条款为准;其他未尽事项以雇主责任保险条款为准。

6.7 雇主责任保险现状与发展对策

6.7.1 雇主责任保险发展

20世纪80年代改革开放后,我国经济结构发生了很大变化,各类合营企业、合作企业、股份企业、租赁企业等在整个经济结构中所占的比重日益上升,在这些单位工作的雇员队伍越来越庞大,他们享受不到国家劳动保险待遇,保障他们正当权益成为当时严重的社会问题。为此,20世纪八、九十年代,雇主责任保险受到广大劳动密集型的大中型三资企业的欢迎。

进入21世纪，随着三资企业的不断增加，有更多的企业投保，雇主责任保险保费收入不断增加。同时投保领域得到不断拓展，尤其是根据我国煤矿安全事故频频发生的严重形势，中国保监会和煤炭主管部门联合下发文件，要求在煤矿企业推行雇主责任保险制度，进一步促进了雇主责任保险险种的发展。以中国人财保险公司为例，目前，雇主责任险的保费收入已占整个保险公司的责任险保费收入的 40%～50%。经过多年的实践，雇主责任险在不断调整中发展，投保人也从原先的三资企业发展到部分国有企业、民营企业等经济团体，雇主责任险充分保障了雇主义务的履行和雇员的合法权益的实现，对稳定社会经济生活、行业安全生产管理、企业稳定健康发展都有相当积极的意义。

6.7.2 雇主责任保险面临问题

目前，虽然雇主责任险在安全生产中发挥越来越大的作用，但在实行过程中仍然存在不少问题。

一、投保面仍然狭窄

雇主责任险的投保人多为劳动密集型行业，如煤矿业、建筑业、加工业、服务业等并以三资企业为主，且大型国有企业投保较少。后者无缘雇主责任险是由于这类雇员的各种福利、生老病死一般由国家和政府承担，没有必要再行投保，缺乏防范此类风险的客观需求。

二、缺乏专项法律规定

目前我国尚未有专门的《雇主责任法》，现有的《劳动法》则仅仅适用于国家机关、事业单位以及国有、集体企业，而目前大量增加的非公有制企业雇员的权益很难得到保障，造成保险人在经营雇主责任保险时，一般只能以民法为法律基础，以雇主与雇员之间的雇佣合同作为法律依据。在工作期间发生意外事故后，确定雇主的赔偿责任和赔偿金额都处于一个没有明确规定的状态，由此造成雇佣双方争执不下，保险公司左右为难。

三、雇主和雇员的风险防范意识淡薄

有些投保人为了追求效益最大化，疏于对安全工作的投入、执行和检查。有的雇员自我保护意识比较淡漠，不规范操作引起意外事故。同时，保险公司由于缺乏专业人员，使定期的安全培训、检查和安全防范措施改进书仅仅流于形式。风险防范措施不力，造成被保险人和保险人不必要的损失。

四、与工伤险承保内容有重叠

由于雇主责任险与工伤保险承保内容上有重叠，因此，受工伤保险制度的影响。据人财保公司统计，自2004年1月，国务院第375号令公布的《工伤保险条例》以来，雇主责任险投保数量有明显下降。条例规定："中华人民共和国境内的各类企业、有雇工的个体工商户（以下称用人单位）应当依照本条例规定参加工伤保险，为本单位全部职工或者雇工缴纳工伤保险费。"在企业资金有限的情况下，投保雇主责任险的企业或潜在企业转而参加工伤保险，使雇主责任保险受到较大的冲击。

五、仍未成为强制保险

在发达国家，为了保护雇员的合法权益，都在劳工法或雇主责任法中规定雇主必须投保雇主责任保险。但我国只有少数地区规定非公有制企业的雇主必须投保雇主责任保险。随着这些雇员的不断增加，他们的权益保障将成为一个重要的问题。

6.7.3 雇主责任发展对策

一、呼吁有关立法部门尽快制定《雇主责任法》，调整雇佣关系，尤其是明确雇主义务

此专项法律的制定具有事前指引和事后调整的作用，即雇主在未发生意外事故之前，能较为准确估计自己可能发生的雇佣成本，将此项成本和安全措施投入相比较，有利于事前防范。同样，保险公司通过预估赔偿风险，能制定更为合理和精确的费率。当雇员在工作期间发生意外事故后，雇主和雇员以及保险公司根据此项法律可以迅速准确地协商赔偿事宜，避免了不必要的纠纷和矛盾。

二、调整雇主责任险条款

进一步明确细化保险责任范围、赔偿项目以及赔偿标准，作为工伤保险的补充，将工伤保险条例中规定由雇主自行承担的费用纳入保险责任范围，突出其与工伤保险的互补关系，形成姊妹险，社会保险与商业保险协同，充分发挥商业保险的功能，提高雇主责任保险的有效需求。

三、做好雇主责任险宣传和推广

针对企业雇主和雇员保险意识淡薄的情况应积极宣传保险在安全生产责任风险防范中的重要作用，突出宣传雇主责任保险险种的特点和优势，提高企业雇主投保的热情和雇员对自身权益的保护意识。尤其是要对安全意外事故风险较大的劳动密集型企业和经济效益好而单投保工伤保险不能满足抵御风险需求的企业做好宣传工作，在费率条件允许的情况下，给予优惠的待遇，鼓励他们积极投保。

第 7 章 工程险第三者责任保险

7.1 工程险第三者责任概述

7.1.1 工程险的基本概念

国际上,工程险是指与工程技术有关的所有险种既包括建设工程保险、安装工程保险,也包括机器损害保险、锅炉保险等。但在我国所称的"工程险"是以建筑、安装工程保险为主,通常只包括与建设工程施工、建造和安装相关的保险。

所谓"工程险"是指在保险期限内,在列明的工地范围内,由于遇到条款规定以外的自然灾害或意外事故对保险标的物(在建工程以及工地及邻近的环境、建筑物、居民、过往行人、财产)造成影响或损失时,保险公司按保单的规定负责给予被保险人经济赔偿;对保险单列明的因发生损失所产生的有关费用,保险公司亦负责赔偿。

可见,工程险不但承保物质标的,而且还承保责任标的,是一种针对自然灾害或意外事故造成标的建筑物或第三者损失的综合性保险。

7.1.2 工程险条款设计结构

一、条款分类

按照使用的范围,工程险条款可以分为 3 种:一是建设工程一切保险(简称"建工险")条款,建工险是以土建工程风险为主设计的条款;二是安装工程一切保险(简称"安工险")条款,安工险是以设备安装风险为主设计的条款;三是建筑、安装工程保险(简称"建安险")条款,是以施工营造、安装风险而综合设计的保险条款。

二、条款结构

建工险或安工险赔偿责任条款设计分为两部分,第一部分为针对工程险项下的物质损失部分的责任范围、责任免除等内容;第二部分主要是针对被保险人在施工过程中因可能产生的对第三者的责任而承担的经济赔偿责任范围、责任免除等内容,而建安险条款则将物质损失险设定为主险,第三者责任保险单独列为主险的附加保险。

7.2 工程险第三者责任特征

7.2.1 标的特征

工程保险项下第三者责任保险属于责任保险,责任保险是以被保险人可能产生的责任作为保险标的的。但是作为保险标的的责任必须同时符合下列条件：

第三者责任保险是以被保险人可能产生的责任作为保险标的，但是作为保险标的责任必须同时符合以下条件：一是必须是被保险人依法应当承担的责任。但这不意味着所有案件均须通过法律的程序，也可以通过友好协商加以解决，但必须有保险人的参与，并根据法律的有关规定进行的。二是这种责任通常是指被保险人应承担的民事经济赔偿责任，而不是其他责任如刑事责任。

7.2.2 场地特征

工程险项下的第三者责任保险属场地责任保险，所以保单只是对被保险人发生在工地及邻近区域内的第三者责任承担保险责任，而被保险人在公司以外的地区而产生的第三者责任则不在保险责任范围内，这就是场地责任保险的属性体现。

7.2.3 意外特征

工程险项下的第三者责任保险所承保责任是被保险人在保险单所承保的与工程直接相关的工作过程中，因发生意外事故而产生的责任。意外事故的含义：指不可预料的以及被保险人无法控制并造成物质损失或人身伤亡的突发性事件，包括火灾和爆炸。

7.2.4 有限特征

工程险项下的第三者责任保险的标的是被保险人可能产生的第三者责任保险责任，但并不意味着被保险人所有第三者责任均属于工程险项下的第三者责任保险的责任。工程险项下的第三者责任保险仅仅是分散了被保险人的一部分第三者责任风险。因为，被保险人对于第三者的责任往往是由于被保险人的侵权行为而产生的，双方责任产生的依据是法律，这种责任保险是相对无限的，而保险人对于被保险人的责任是基于保险合同产生的，双方责任产生的依据是合同，这种责任是相对有限的。

7.2.5 保单特征

工程险项下的第三者责任应不属于除外责任的风险产生的责任。被保险人的第三者责任不一定是建工险项下的第三者责任，被保险人的第三者责任只有满足了保险单的一系列规定后才能成为保险责任。

7.2.6 赔偿特征

工程险项下的第三者的标的除了经济赔偿责任外，还包括两种费用：一是为了避免或减少责任可能产生的诉讼费；二是实现经保险公司书面同意而支付的其他费用。这种费用的总目的是为了避免或减少可能产生的其他责任，如调查取证费用等。

7.2.7 限制特征

同物质损失责任风险范围一样，工程险项下的第三者责任部分除了对承保的风险进行"定性"的限制外，同时对于保险人承担的赔偿责任进行了"定量"的限制。在对第三者进行定量限制中采取的是每次事故限制和累计限制相结合的方式。工程险保单中通常对保险人在第三者责任项下承担赔偿责任确定两个赔偿限额。一是每次事故的赔偿限额，即保险人对被保险人因一次事故引起的第三者责任的最高限额；二是保险期间内累计赔偿限额，即保险人在保险期间内对被保险人的所有第三者责任的最高赔偿金额。

7.3 建工险第三者责任内容

7.3.1 投保对象

民用房屋工程、公用工程和工业工程，具体包括：住宅、商业用房、医院、学校、剧场；工业厂房、电站、仓库；公路、铁路、飞机场；桥梁、船闸、大坝、隧道、排水工程、水渠及港埠等工程，涵盖新建、扩建、改建、重建工程等项目业主或工程所有人；总承包商、分包商等单位。

7.3.2 责任范围

一、第三者概念

建工险项下的第三者是指除保险人和所有人以外的单位的人员，在工程保险期间，因意外事故造成工地及工地附近第三者的人身伤亡、疾病或财产损失，依法应由被保险人承担的经济赔偿责任，保险公司按条款的规定负责赔偿。

二、赔偿条件

在这里应明确的是被保险人必须是在从事与本保险单所承保的工程直接相关和意外事故所产生的责任，否则保险人不负责赔偿。

建工险的第三者险属于场地责任险，所以保单只是对发生在"场地内或邻近区域"的第三者责任承担责任险。被保险责任人若在工地以外的区域产生的第三者责任，保险人不承担赔偿责任，这是场地责任保险的属性体现。

三、赔偿范围

第三者责任保险的标的除了被保险人的经济赔偿责任外，还包括两种费用：一是为了避免或减少责任可能产生的诉讼费用；二是事先经保险公司书面同意而支付的其他费用。这种费用的总目的是为了避免或减少可能产生的其他责任，如调查取证费用等。建工险条款规定："对被保险人因上述原因而支付的诉讼费用以及事先经保险公司书面同意而支付的其他费用，保险人亦负责赔偿。"

7.3.3 除外责任

一、物质损失责任部分的除外

一般保险条款的设计应遵循"互为除外"的原则，即在相关保险标的系列保险产品中，一项保险产品的责任范围，应明确为另一项保险产品的除外责任，以免出现混淆。我国建工险第三者除外责任条款规定："本保险单物质损失项下或本应在该项下予以负责的损失及各种费用"予以除外，这一条就是遵循"互为除外"的原则。"本应在该项下"

是说：如果应该在或可以在物质损失项下负责的损失及各种费用，无论投保人或被保险人在物质损失项下是否能够获得赔偿，第三者责任项下都不予以负责赔偿，属于除外责任。

二、对于振动、移动或减弱支撑而造成的任何财产、土地、建筑物的损失及由此造成的人和人身伤害和物质损失除外

这是建工一切险特有的除外责任。在建筑工程施工中，尤其是在改建工程中，工地范围大、周边情况复杂、潜在责任巨大。振动、移动或减弱支撑这种风险，对被保险人讲是可预见的，应该具有一定的施工经验，可以通过施工技术、工艺和防护措施加以控制，不属于意外事故。因此，保险人在基本条款中不予负责赔偿。此除外属于相对除外，被保险人可以要求扩展承保这一风险。但往往保险人持慎重态度，他们在接受这类承保时，还要深入调查工地环境及周边情况，态度是比较慎重的。

三、建设工程所有人、承包人及财产损失等除外

我国建工险条款规定："工程所有人、承包人或其他关系方或他们所雇用的在工地现场从事与工程有关工作的职员、工人以及他们的家庭成员的人身伤亡或疾病"除外；"工程所有人、承包人或其他关系方或他们所雇用的职员、工人所有的或由其照管、控制的财产发生损失"除外。

第三者责任保险是针对被保险人可能产生的对于第三者的经济赔偿责任，而工程所有人、承包人或其他关系方或他们所雇用的在工地现场从事与工程有关工作的职员、工人以及他们的家庭成员属于被保险人范畴，因此他们不属于"第三者"，他们与被保险人之间可能产生的责任属于雇主责任的范畴，可以另投雇主责任险，因此，在建工险条款中除外。另外他们所有的或由其照管、控制的财产发生损失是指在工地范围内，用于工程的或与工程建设有关的财产，这类财产应纳入工程保险物质损失责任的标的范围，而不能称为"第三者责任"的赔偿对象，所以除外。

四、有行使执照的运输工具除外

对领有公共运输行使执照的车辆、船舶、飞机造成的事故除外理由是这类对象的有关第三者责任的风险处理问题应纳入另一个保险体系内，应根据国家的有关法律办理统一的、相关的强制保险，即车辆保险、船舶保险或航空保险。工程保险不承担此类事故造成的损失和费用，因此，在建工险责任中除外。

五、被保险人与他人的合同责任除外

对于被保险人根据与他人的协议应支付的赔偿或其他款项，即使没有这种协议，被保险人仍应承担的责任。这种责任不在第三者责任保险之中，除外理由是由于民事法律关系中的责任主要分为合同责任和侵权责任，侵权责任是被保险人无法预见的和控制的。而合同责任则不同，是可以预见和控制的，具有较大的必然性。因此，被保险人的合同责任不能成为普通的公众或第三者责任保险的对象，而侵权责任则可以成为第三者责任保险对象。本除外就是要明确被保险人的合同责任除外。

保险人通常不承担被保险人承担的合同责任，而对于被保险人承担的法律责任予以负责。如果被保险人要求保险人承担自己的合同责任，在投保时应将所有合同责任都向保险人申报，并提供合同副本，保险人根据被保险人所承担的合同责任的大小确定是否承担或用何种费率承保。

六、符合总除外责任

建工险条款中设有总除外责任，第三者除外责任除上述内容外，还必须符合总除外责任规定。

（一）战争除外，即战争、类似战争行为、敌对行为、武装冲突、恐怖活动、谋反、政变引起的任何损失、费用和责任除外。由于这类风险属于政治风险的范畴，在普通的财产保险中对于不动产为标的保险，均将战争等风险列为除外责任。如果被保险人认为其存在战争风险，尤其是国际投资项目，可以通过投保"投资保险"的方式转移这方面的风险。

（二）公共当局除外，即政府命令或任何公共当局的没收、征用、销毁或毁坏除外。主要是指政府或公共当局由于公共利益或为了某种政治或其他特殊目的对被保险财产进行没收、征用、销毁或毁坏所造成的损失。

公共当局除外的另一层含义是政府或公共当局根据对被保险财产进行没收、征用、销毁的原因都是基于两方面的可能因素，一是被保险人或被保险财产的违法因素产生的，而根据经济合同的基本原则，对于违法的利益是不予保护的。二是公共当局从公共利益的角度出发，需要对被保险人的财产进行征用，如为了扩建道路。如果被保险人认为其存在公共当局征收或征用的风险，尤其是国际项目，可以通过投保"投资保险"的方式转移这方面的风险。

（三）罢工除外，即罢工、暴动、民众骚动引起的任何损失、费用和责任除外。这一除外是指罢工、暴动、民众骚动属于非常规风险，在建工险的基本条款中列为除外。但在大多数保单中可通过扩展条款的方式承保这一风险，属于相对除外。

（四）故意过失除外，即被保险人及其代表的故意行为或重大过失引起的任何损失、费用和责任的除外。被保险人是指保单列明的被保险人而且它一般是指法人。代表是指被保险人单位的法人代表、董事长、副董事长、董事、总经理、副总经理、总会计师或上级单位派驻该单位的代表。对于被保险人的一般工作人员和管理人员的故意行为或重大过失引起的损失，不在本除外的范围内，除非是被保险人及其代表的指使或授意。故意行为是指被保险人及其代表预见到了或明知自己的行为将导致第三者责任这一结果，但仍然希望它发生或者听之任之。

过失分为一般过失和重大过失。一般过失是指如果法律在某种情况下对被保险人及其代表应当注意和能够注意的程度有较高的要求时，被保险人及其代表没有遵守这种较高的要求，但是被保险人及其代表还是对一般人注意并能够注意的问题给予重视了。重大过失是指被保险人及其代表不但没有遵守这种较高的要求，而且也没达到普通人注意并能够注意的一般性要求。故意除外是指重大过失。

（五）核除外，即核裂变、核聚变、核武器、核辐射及放射性污染引起的任何损失、费用和责任的除外。在普通的保险中均将核风险列为绝对除外，其原因是核风险可能造成的损失是巨大的，而且损失的范围和程度就目前来讲是难以估计的。因此对于核风险可能产生的第三者方面的责任是无法估量的。

（六）污染除外，即指大气、土壤、水污染及其他各种污染引起的任何损失、费用和责任的除外。在普通的保险中也将污染风险列为绝对除外，原因同核污染除外原因相同，污染风险可能造成的损失也是巨大的，而且损失的范围和程度难以预计，尤其是对污染风险可能产生的第三者责任其损失更是无法估量的。

（七）停工除外，是指工程部分停工或全体停工引起的任何损失、费用和责任除外。停工除外的原因有两个方面：

一是基于风险变更原理。长时间停工必然造成工地环境和条件的变化，导致风险因素的增加，被保险标的损失的可能性加大；二是因为停工可能产生其他利益上的损失，这种损失属于间接损失而不是工程保险所针对的直接损失，它可以根据工程合同向有关责任方要求赔偿。停工可分为全部停工和部分停工。全部停工是指作为工程保险标的的整个工程项目停工，部分停工是指整个工程中的单位工程、分部工程或分项工程停工。对于季节性和临时停工的，被保险人已经就此采取了充分和有效的风险防范措施，停工前向保险人提出书面申请并经过保险人同意的，保险人对此类停工过程的被保险标的损失仍然是可以承保的，不予除外。

（八）间接损失除外，是指罚金、延误、丧失合同及其他后果损失的除外。此类损失属于间接性和后果性的损失，由于工程保险承保责任是保险标的直接损失，因此不负有此类赔偿责任，予以除外。

（九）免赔额除外，是指保险单明细表中或有关条款中规定的应由被保险人自行负担的免赔额予以除外。在此对于免赔额进行了明确的定义，定义有两条：一是对于免赔额的性质进一步予以明确化，是被保险人自行负担的那一部分损失。二是强调对于保单中的各个部分和批单扩展部分的免赔额是分别适用的。

7.3.4 保险费率

有累计赔偿限额者为累计赔偿额的 2.8‰～3.2‰（工期费率）；无累计赔偿限额者为每次事故赔偿限额的 3.5‰～5‰（工期费率）。

7.3.5 赔偿限额与免赔额

一、赔偿限额

建工险项下的第三者责任赔偿限额的确定方式有以下几种：

1. 每次事故赔偿限额，其中对人身伤亡和财产损失再制定分项限额；2. 每次事故赔偿限额，无分项无积累；3. 在每次事故赔偿的基础上，规定保险期限内的总（累计）赔偿额；4. 保险期内的总赔偿限额和每次事故的赔偿限额均为同一个金额。不同的第三者责任限额方式对于投保人分散风险的程度和保险人实际承担的风险结果是不同的，投保人应根据工程的实际情况需要加以选择。

二、免赔额

免赔额是指被保险人的自付额。在每次保险事故发生，保险标的受损后，保险人不负责赔偿的金额。免赔额是由保险人事先在保单中设定的，由被保险人选择确定的。第三者责任免赔额仅仅对财产损失部分设定免赔额，可按每次事故的赔偿限额的 1‰～2‰ 计算，人身伤亡部分不设免赔额。

7.3.6 保险期限

保险责任自保险工程在工地动工或用于保险工程的材料、设备运抵工地之时起始，至工程所有人对部分或全部工程签发完工验收证书或验收合格，或工程所有人实际占有或使用或接收该部分或全部工程之时终止，以先发生者为准。但在任何情况下，建筑期保险期限的起始或终止不得超出本保险单明细表中列明的建筑期保险生效日或终止日。在此期间发生自然灾害或意外事故造成对第三者的损失保险人给予被保险人经济赔偿。

7.3.7 赔偿处理

一、责任认定

第三者责任损失的赔偿不同于物质损失赔偿。在责任保险中，保险标的是被保险人依法应当承担的责任，责任认定是关键。保险人要求对责任的认定有绝对的控制权，同时排除被保险人未经保险人同意擅自决定的权利。这是保险人承担保险责任的先决条件，如被保险人违反这一条，保险人有权拒绝承担风险责任。如果保险损失是由第三者造成的，保险人在对被保险人进行了赔偿后，就取得了代为追偿的权利。如果有被保险人的过失，从而导致保险人丧失了追偿的责任，或不能进行有效的和充分的追偿，被保险人应当承担相应的后果，保险人可以相应地扣减保险赔偿金额。同时，保险人有自行处理涉及第三者责任案件的权利，并要求被保险人对保险人的工作提供必要的支持，将其作为被保险人应尽的义务。

二、重复保险

保险单负责赔偿损失、费用或责任时，若另有其他保障相同的保险存在，不论是否由被保险人或他人以其名义投保，也不论该保险赔偿与否，保险人仅负责按比例分摊赔偿的责任。

三、保险索赔

建工险条款中规定，在发生保险单第三者责任项下的索赔时：

（一）未经保险公司书面同意，被保险人或其代表对索赔方不得作出任何责任承诺或拒绝、出价、约定、付款或赔偿。在必要时，保险人有权以被保险人的名义接办对任何诉讼的抗辩或索赔的处理。

（二）保险人有权以被保险人的名义，为保险人的利益自付费用向任何责任方提出索赔的要求。未经保险人书面同意，被保险人不得接受责任方就有关损失作出的付款或赔偿安排或放弃对责任方的索赔权利，否则，由此引起的后果将由被保险人承担。

（三）在诉讼或处理索赔过程中，保险人有权自行处理任何诉讼或解决任何索赔案件，被保险人有义务向保险人提供一切所需的资料和协助。

四、索赔时效

索赔时效是指被保险人向保险人提出的索赔期限。建工险规定，从损失发生之日起，不得超过两年。在这里，两年是指被保险人向保险人提供全套索赔单证、正式提出索赔的期限。我国建工险规定的两年期限是依据《中华人民共和国保险法》的有关规定做出的。为此，建工险项下第三者责任保险索赔时效为：被保险人的索赔期限，从损失发生之日起，不得超过两年。

7.4 安工险第三者责任内容

7.4.1 保险对象

安装工程保险的投保对象为与工程相关利益方，都具有可保利益，均可以作为被保险人。具体为：工程所有者（订货人）；承包商或分包商；供货商，即负责提供安装机器设备的一方；制造商，即安装机器设备的制造人，如果供应商和制造人为同一个人，或者制造人和供货人为共同被保险人。

7.4.2 责任范围

一、责任范围

安工险与建工险的第三者责任范围基本相同："在保险期限内，因发生与本保险单所承保工程直接相关的意外事故引起工地内及邻近区域的第三者人身伤亡、疾病或财产损失，依法应由被保险人承担的经济赔偿责任，保险人负责赔偿。"同时，对被保险人因上述原因而支付的诉讼费用以及事先经本保险人书面同意而支付的其他费用，保险人也负责赔偿。

二、条款差异

值得注意的是我国的安工险与建工险在第三者责任险责任范围条款部分有所不同。建工险第三者责任范围部分条款设为6条，安工险第三者责任范围部分条款则设为5条，安工险中将建工险的"由于振动、移动或减弱支撑而造成的任何财产、土地、建筑物的损失及由此造成的人身伤害和物质损失"款项删掉了，原因是这一条款是针对建筑施工的具体情况而制定的，对于安装工程则并不适用。

7.4.3 其他条款

安工险在第三者除外责任、总除外责任、保险费率、保险期限、赔偿限额与免赔额、赔偿处理等方面与建工险第三者责任保险条款的相应部分基本相同。

安工险第三者责任险实行整个工期一次性费率；安工险的第三者责任的免赔额一般规定每次事故第三者财产损失的免赔额为2000~5000美元。特种危险的免赔额与自然灾害相同为3000~5000美元。我国对第三者人身伤害责任事故不设免赔额。

7.5 建安险第三者责任内容

7.5.1 保险概述

随着我国建设事业的飞速发展，工程项目对保险市场的需求出现多样化的趋势。根据一些中、小项目具有投资少、发生巨大额度事故的几率低、保费支付能力有限的特点，2001年中国人民保险公司组织人员编写和制定了《建筑、安装工程保险条款》，并投入使用，深受中小企业的欢迎。

我国建安险与建工险或安工险不同，其条款采用列明的方式，即保险标的只有在保险期内和保险地点、范围内遭受条款所列的灾害和事故造成损失时，保险人才负责赔偿。同时，列明风险条款将建筑和安装项目融入一个条款体系之中，使其适用范围更具有广泛性。

条款主要包括保险标的、保险范围、免赔责任、保险期限、保险金额、保险双方的义务、赔偿处理和争议处理等几个部分作为基本条款。另外，保险条款体系还包括两个附加险，第三者责任险为其中之一（另一个是施工机器、设备险）。投保附加第三者责任险的前提是投保主险，附加险是主险不可分割的部分。附加险条款与主险条款有不一致的地方以附加险条款为准，附加险未做规定之处，按主险条款办理。

7.5.2 责任范围

一、附加条款规定：在保险期限内，因发生与建筑、安装工程保险所承保的工程直接有关的意外事故引起的工地内及邻近区域的第三者人身伤亡或造成的损失，依法由被保险人承担经济赔偿责任。对第三者责任保险事故发生限定为意外事故而不是预见性事故或故意造成的事故；在空间上限定为工地区域或邻近区域内，非规定区域外发生的事故不属于责任范围。与建工险、安工险第三者责任在工程范围上有所扩展，包括了土建活动和安装活动。

二、同时规定，对上述原因支付的诉讼费用及事先经保险人书面同意而支付的其他费用，保险人也负责赔偿。发生意外事故后，可能引起法律纠纷，产生法律诉讼费用，这一部分费用保险人也负责赔偿。另外事先保险人同意的现场必要的、为降低损失发生的施救费用也给予赔偿。

三、附加条款规定，每次事故引起的赔偿金额均不得超过本保险单明细表中对应列明的每次事故赔偿限额。在本保险期内，保险人在本保险单项下对上述经济赔偿的最高赔偿责任不得超过本保险单中列明的累计赔偿额。上述二、三项与前相同。

7.5.3 责任免除

一、战争免除

战争军事行动、敌对行为、武装冲突、暴乱、罢工、没收征用及因政府命令或有关行政当局命令等引起的任何损失、费用和责任。

二、核免除

核裂变、核聚变、核武器、核材料、核辐射及放射性污染引起的任何损失、费用和责任。

三、特大自然灾害免除

洪水、暴风、龙卷风、暴雨、雷击、地震、海啸、地面突然塌陷、突发性滑坡、崖崩、泥石流、雪灾、雹灾及其他人力不可抗拒的破坏力强大的自然现象造成的任何损失、费用和责任。

四、主险或设备险责任免除

保险单主险项下或施工机器设备保险项下或本应在这两项保险项下予以负责的任何损失、费用和责任。

五、振动免除

由于振动、移动或减弱支撑而造成的任何财产、土地、建筑物的损失及由此造成的任何人身伤害、物质损失和责任。

六、其他免除

（一）建设单位、承包人或其他关系方或他们所雇用的在工地现场从事与工程有关工作的职员、工人以及他们的家庭成员的人身伤亡或疾病；因为工地所雇佣的职工由工伤保险或意外伤害保险承保，所以免除；

（二）建设单位、承包人或其他关系方或他们所雇用的职员、工人所有的或由其照管、控制的财产发生的损失；

（三）被保险人使用、拥有的领有公共运输行驶执照的车辆、船舶、飞机造成的事故而引起的任何责任；因为可由道路交通等责任险承保；

（四）被保险人根据与他人的协议应支付的赔偿或其他款项，但即使没有这种协议，被保险人仍应承担的责任不在此限；

（五）渗漏、污染或玷污而引起的任何责任；

（六）罚款、处罚、违约金及违约造成其他人的损失、惩罚性的损失、违反或不履行工程合约引起的任何损失；

（七）保险单或有关条款中规定的应由被保险人自行负担的免赔额；

（八）其他不属于保险责任范围内的任何损失、费用和责任。为兜底免责条款。

7.6　第三者责任保险被保险人义务

第三者责任保险被保险人的义务与其他保险条款基本相同，包括10项义务：

一、诚信义务

投保时，被保险人应对投保申请书中列明的事项以及保险公司提出的其他事项做出真实、详尽的说明或描述。

二、交纳保险费义务

被保险人应根据保险单明细表和批单中的规定按期交付保险费。

三、防灾防损义务

保险期限内，被保险人应采取一切合理的预防措施，包括认真考虑并付诸实施保险公司代表提出的合理的预防建议，慎重选用施工人员，遵守一切与施工有关的法规和安全操作规程，由此产生的一切费用，均由被保险人承担。

四、损失通知义务

被保险人在发生引起或可能引起保险单项下索赔的事故时，应及时通知保险公司，并在7d或经保险公司书面同意延长的期限内以书面报告提供事故发生的经过、原因和损失程度。

五、减少损失义务

采取一切必要的措施防止损失的进一步扩大并将损失减少到最低程度。

六、保留事故现场义务

事故发生后，保险公司的代表或检验师进行勘察之前，保留事故现场及有关实物证据。

七、报案的义务

被保险事故发生时，财产也遭受盗窃或恶意破坏时，应立即向公安部门报案。

八、法律诉讼的通知义务

预知可能引起诉讼时，立即以书面形式通知保险公司，并在接到法院传票或其他法律文件后，立即将其送交保险公司。

九、损失举证义务

根据保险公司的要求，提供作为索赔的依据的所有证明文件、资料和单据。

十、纠正缺陷义务

在某一第三者责任保险事故中，表明或预示这一意外事故也可能再次发生时，被保险人应立即自费进行调查并采取有力措施。否则，由此类意外事故造成的第三者人身伤害损失应由被保险人自行承担。

第8章 特种设备责任保险

8.1 特种设备保险概述

8.1.1 特种设备的概念

一、特种设备定义

在《特种设备安全监察条例》中对特种设备作出了明确定义：特种设备是指涉及生命安全、危险性较大的锅炉、压力容器（含气瓶）、压力管道、电梯、起重机械、客运索道、大型游乐设施和场（厂）内专用机动车辆。

二、特种设备含义

（一）特种设备应具备的两个基本特征是："涉及生命安全、危害性较大"的设备和设施；

（二）特种设备种类有：锅炉、压力容器（含气瓶）、压力管道、电梯、起重机械、客运索道、大型游乐设施、场（厂）内机动车辆八种特种设备。

三、特种设备内涵

（一）锅炉，是指利用各种燃料、电或者其他能源，将所盛装的液体加热到一定的参数，并承载一定压力的密闭设备；

（二）压力容器，是指盛装气体或者液体，承载一定压力的密闭设备；

（三）压力管道，是指利用一定的压力，用于输送气体或者液体的管状设备；

（四）电梯，是指动力驱动，利用沿刚性导轨运行的箱体或者沿固定线路运行的梯级（踏步），进行升降或者平行运送人、货物的机电设备，包括载人（货）电梯、自动扶梯、自动人行道等；

（五）起重机械，是指用于垂直升降或者垂直升降并水平移动重物的机电设备；

（六）客运索道，是指动力驱动，利用柔性绳索牵引箱体等运载工具运送人员的机电设备，包括客运架空索道、客运缆车、客运拖牵索道等；

（七）大型游乐设施，是指用于经营目的，承载乘客游乐的设施；

（八）厂内机动车辆，是指仅限于在厂矿、机关、团体、学校、码头、货场、生产作业区，搬运作业以及工程施工作业等。其中包括各类叉车、推土机、装载机、搬运车等。

8.1.2 建筑特种设备概念

一、建筑特种设备内涵

建筑特种设备一般是指房屋建筑和市政基础设施工地使用的，包括：塔式起重机、施工升降机、移动式起重机（汽车式起重机除外）、流动式起重机、桅杆起重机、缆索起重机、门式起重机、桥式起重机、电动葫芦、物料提升机（井字架、龙门架）、高处作业吊篮等各类设备，我们统称"建筑起重机设备"。同时，也包括在工程施工作业中的各类叉车、推土机、装载机、搬运车等。本书所述"建筑特种设备"主要是指"建筑起重机设备"。

二、建筑特种设备特点

建筑起重机设备具有其自身特点，主要表现在：建设施工环境和条件复杂多变、庞大金属结构和起重物的高势能大空间运动、起重机械特殊的结构形式和多机构组合运动、多工种多环节协同作业，使起重机械作业的安全问题尤其突出，特别是在城市中施工的大型起重机，事故极易破坏公共安全，造成公众人身伤害或严重的财产损失。

8.1.3 安全生产形势

特种设备广泛使用于经济建设和国民生活的各个领域，是社会生产和人民群众生活中不可缺少的生产装置和生活设施，也是社会物质生活的重要基础。但由于特种设备本身具有工作或运行时处于高空、高温、高压、高速和高载荷等状态，具有高度的危险性，一旦发生特种设备事故，将会给社会财产、人民生命安全和经济发展造成严重损失和社会影响。近年来，国家十分重视特种设备的安全生产问题，安全事故有所好转，但形势依然严峻。以2008年统计为例，全国共发生特种设备安全事故307起，死亡317人，受伤461人，其中，一次死亡10~29人的重大事故3起，一次死亡3~9人的较大事故74起，一次死亡1~2人的一般事故230起，直接经济损失8294.77万元。

建筑起重机械由于其专业技术性很强、安全可靠性要求高，成为特种设备安全生产事故的高发区，在全国特种设备安全事故中占有相当的比例。从2000年至2008年全国发生的120起建筑起重机械安全责任事故的统计来看：建筑起重机械事故，呈现群死群伤特征。120起事故死亡总人数232人，平均每起约2人；在国家规定属八大类特种设备中，起重机械的事故发生率和发生事故导致人员伤亡的绝对数字一直高居八大类特种设备榜首。

2010年建筑起重机安全事故仍时有发生，6月3日，在天津市咸阳路与芥园西道交口处一工地内，一个正在作业的塔吊横臂断裂并从40余米高的在建高层建筑物坠下，导致2名工人当场死亡，另有2人受重伤，4辆汽车被砸。8月16日，吉林省梅河口市某建筑工地，一台升降机从6楼坠落，在升降机中的11人因抢救无效死亡，是6月天津发生的塔吊拦腰折断事故两个月之后，发生的又一起起重机械安全事故，血的教训触目惊心，建筑起重机械事故频发，安全形势不容乐观。因此，在特种设备行业积极创立安全生产防范长效机制，推动特种设备保险制度的建立，成为当务之急。

8.1.4 特种设备保险的内涵

特种设备保险是安全生产风险防范的重要机制。特种设备保险全称为"特种设备第三者责任保险"，是指投保人所有或在使用特种设备时，因为被保险人的疏忽和意外引发事故对第三者造成的人身伤害或利益损失，由保险公司代为赔偿的一种风险分散的机制。"疏忽"是指被保险人在工作中因应当预见而没有预见到，以致发生危害社会的结果的心理态度。"意外"是指不可预料的、无法控制的、且具有突发性的事件。

8.1.5 特种设备保险法律依据

一、《特种设备安全监察条例》(国务院令第549号)第8条:"……国家鼓励实行特种设备责任保险制度,提高事故赔付能力。"首次强调,国家鼓励实行特种设备责任保险制度。

二、《建设工程安全生产管理条例》第59条、第60条、第61条和第62条规定,起重机施工设备出租单位、安装、拆卸单位、施工单位违反安全管理条例有关规定而造成损失的,依法承担赔偿责任。

三、《起重机械安全监察规定》(国家质检总局92号令)自2007年6月1日起施行。对《特种设备安全监察条例》的有关条款进行了细化,对起重机械的制造、安装、改造、维修、使用、检验检测及其监督检查责任进行了明确的规定。适用于房屋建筑工地和市政工程工地用起重机械制造、改造、维修、检验检测及监督检查。

四、《起重机械使用管理规则》(国家质检总局TSG Q5001—2009)自2010年1月1日起施行。该规则从使用管理、使用登记和变更以及日常维护保养和自行检查五个方面对起重机械的使用提出了新的要求。按照《规则》的规定,所有新增的起重机械除按要求应经过监督检验合格办理注册登记外,还必须依法领取《起重机械使用证》后方可投入使用,对于未取得使用证的起重机械将由质监部门依法对其使用单位予以处理。

五、《建筑起重机械安全监督管理规定》(原建设部第166号令)全面规范了建筑施工各责任主体对建筑起重机安全生产责任,包括:租赁单位、安装单位、使用单位;总承包、监理、建设单位和建设行政主管部门。

六、《建筑起重机械备案登记办法》(建质[2008]76号)办法对建筑起重机械产权单位的备案、建筑起重机械安装、拆卸活动的单位安装(拆卸)告知登记和建筑起重机械使用单位的使用登记责任进行了明确规定。

8.2 特种设备保险的功能

8.2.1 转移企业风险,减轻企业负担

伴随着特种设备安全事故的发生,迫使企业面对众多伤者的抢救和对伤亡者的善后处理和事故处理工作;同时,特种设备事故涉及人身伤亡和财产损失的赔偿,往往使企业陷入无休止的法律纠纷之中,增加了生产企业与使用单位的责任风险和生产成本,对企业的正常生产运营构成了很大的威胁。特种设备保险具有经济补偿功能,企业投保特种设备责任保险后,一旦发生保险事故,保险人对于所造成的人身伤害和财产损失给予经济补偿。

8.2.2 减轻政府负担,化解社会矛盾

长久以来,我国政府财政为个别企业的安全事故"埋单"似乎已经司空见惯,导致财政承担了过多本不应该承担的赔偿责任。针对特种设备事故而言,实施特种设备责任保险,是运用市场化的手段促进特种设备安全管理,解决责任赔偿等方面的法律纠纷,缓和

和化解社会矛盾的有效方式和手段。在特种设备安全管理中引入责任保险机制，能够有效发挥保险辅助政府进行特种设备安全管理的作用，通过市场化的运作将政府财政从特种设备事故赔偿负担中解脱出来。

8.2.3 提高行政效率，提供全面保障

在众多处理特种设备责任事故赔偿的方法之中，保险是最为快速高效的赔偿方式之一。通过保险公司内部固定的理赔流程，能够大大提升特种设备责任保险的赔偿效率。与此同时，特种设备责任保险的保障范围不仅仅包括特种设备对第三方造成的依法应由被保险人承担的赔偿责任，并且包括事先经保险公司书面同意的仲裁或诉讼费，这样就能够为特种设备的所有者和使用者提供更加全面的保障。因此，特种设备责任保险对于维护社会稳定，建立安全生产长效机制，都具有十分积极的作用。

8.2.4 行业管理职能，减少安全事故

目前，我国存在的特种设备责任保险的责任免除包括以下情况：特种设备未取得政府相关部门颁发的使用许可证；被保险人未根据政府相关部门的规定定期申请对特种设备进行检验；操作人员无相应有效资格证或上岗证；特种设备经相关部门检验已经确认报废，或发现有严重缺陷，限期整改但尚未改正等。这些免责条款在无形当中将对投保企业形成约束，迫使其提高对于特种设备使用的谨慎程度，积极进行防灾防损，有效地主动规避特种设备运行过程中可能产生的责任风险。这样一来，在客观上就可以通过保险的手段达到特种设备安全使用的目的。

8.3 特种设备保险的发展

8.3.1 法律法规发展

我国从 1956 年开始成立特种设备安全监察机构，1982 年国务院颁布了《锅炉压力容器安全监察暂行办法》，2003 年 3 月国务院颁布了《特种设备安全监察条例》，规定了特种设备设计、制造、安装、改造、维修、使用、检验检测全过程安全监察的基本制度和责任。

2007 年发生的几起恶性特种机械安全事故引起国务院的高度重视，国家质检总局颁布《起重机械安全监察规定》（国家质检总局 92 号令）自 2007 年 6 月 1 日起施行。2008 年 1 月 8 日原建设部颁布《建筑起重机械安全监督管理规定》（第 166 号令）和《建筑起重机械使用登记办法》2008 年 6 月 1 日起施行。

2009 年 3 月国务院公布了新修改的于 2009 年 5 月 1 日起施行的《特种设备安全监察条例》，针对近年来我国特种设备数量的急速增长，首次强调国家鼓励实行特种设备责任保险制度，以提高事故赔付能力。国家质检总局把起重机械的安全作为 2009 年度"三项行动"的重点。随后国家质检总局又制定了《起重机械使用管理规则》（国家质检总局 TSGQ5001—2009）自 2010 年 1 月 1 日起施行。

8.3.2 保险试点工作

2008 年国家质检总局在全国开展特种设备安全责任保险试点工作,以提高企业事故赔付能力,促进监管到位。

2009 年 5 月 19 日贵州省质量技术监督局、中国保险监督管理委员会贵州监管局联合下发文件《关于推行特种设备责任保险的通知》(黔质技监特〔2009〕86 号),2009 年 5 月 25 日贵州省特种设备行业协会与中国人保财险贵州分公司签订协议,即日起在全省开展特种设备责任保险,贵州成为全国率先全省推开特种设备责任保险的省份。首批将开展两款特种设备责任保险,即特种设备第三者责任保险和特种设备检验检测责任保险。文件规定凡贵州特种设备生产、经营、使用单位或产权所有者及气瓶充装单位应投保第三者责任保险。

2009 年 10 月 26 日,江西保监局与江西省质量技术监督局经江西省政府批准同意,联合下发了《关于推行特种设备责任保险工作的通知》(赣质监联发〔2009〕9 号),决定于 2009 年起在全省范围内按照"政府推动、市场运作"的原则,稳步推进特种设备责任保险,积极引导和鼓励全省特种设备的使用单位或产权所有者投保特种设备责任保险;倡导和鼓励特种设备生产单位投保相关产品责任保险。

2010 年 7 月 16 日,人保财险山西省分公司联合山西省质监局共同召开"山西省特种设备责任保险推进会议",双方 11 个地市的相关负责人出席会议,正式启动全省特种设备责任保险工作。人保财险山西分公司以开辟绿色通道,确保承保、理赔及时高效;建立重大灾害应急预案,确保重大事故得到快速处理;建立风险防范机制,确保最大限度地减少事故隐患。与此同时,山东、浙江、四川等其他省市也相继开展了特种设备保险工作。

8.4 特种设备保险的内容

8.4.1 保险对象

我国实行特种设备行政许可制度、登记制度和设备检验制度,因此,凡获得国家技术监督行政部门(建设行政主管部门)的批准,经执业验收及注册登记,取得《特种设备产权证》或《特种设备使用证》,并按国家规定定期进行特种设备检验的使用者或所有者,均可作为保险合同的被保险人。

特种设备是指起重机械、锅炉、压力容器、气瓶、压力管道、电梯、客运索道、游艺机和游乐设施、厂内机动车辆、防爆电器等。厂内机动车是指限于企业厂区范围内(含码头、货场等生产作业区域或施工现场)行驶及作业的机动车辆。

8.4.2 保险标的

特种设备第三者责任保险的标的是被保险人在特种设备使用中由于疏忽或意外事故发生对第三者所受到损失的责任。其保险标的是被保险人的责任,属于无形标的。第三者是指除保险人、投保人、被保险人,以及与特种设备的所有、使用、管理、维护、检测、保养、改造有关方以外的,因保险特种设备发生事故遭受此财产损失的受害者。

8.4.3 保险范围

一、时间范围

在保险期内发生的意外事故造成的第三者损害,超出范围外发生意外事故造成的损失不属于保险范围。

二、区域范围

特种设备保险是场地险,即责任事故的发生在保险单载明的区域范围内,超出区域范围所发生的意外事故造成的损失不予以赔偿。

8.4.4 保险期限

特种设备保险期限一般规定为:"保险期限按照国家规定的特种设备检验期限确定,以保险单载明的起讫时间为准。"检验期限是指特种设备的检验周期。我国实行严格的质量检测制度。有少数单位,在特种设备检验期限届满后,不向质监部门申请检验、检测,继续使用,导致一些特种设备"带病运行",超期"服役",极容易发生安全事故,会给保险人带来额外巨大责任风险。因此,保险条款规定,在特种设备检测期限内,由保险当事人双方确定保险期限,对于检测期限外的特种设备不予承保。根据特种设备质量检测规章规定:在用起重机械的定期检验周期为 2 年,施工升降机检验周期为 1 年;在用电梯的定期检验周期为 1 年,在用厂内机动车辆定期检验周期为 1 年。

8.4.5 赔偿责任

一、损失赔偿

特种设备险的责任范围指在保险期限内,当事人双方约定并在保险单中列明的特种设备,在使用过程中发生意外事故,造成第三者人身伤亡或财产损失,依法应由被保险人承担的赔偿责任,按照保险合同条款的规定保险人负责赔偿。第三者人身伤亡包括:伤残、死亡或医疗费用等。

二、诉讼或仲裁费用赔偿

发生保险事故后,被保险人支付的经本保险公司同意的诉讼或仲裁费用,保险人根据本保险条款的规定在约定的限额内负赔偿责任。

三、必要合理的费用

被保险人为减少对第三者人身伤亡或财产损失的赔偿责任所支付的必要、合理的费用,保险人根据保险合同条款的规定负赔偿责任。

同其他责任保险一样,特种设备第三者责任保险的赔偿金的赔偿原则是:赔偿金额分别不超过保险单明细表中列明的每次事故责任限额;对于每人人身伤亡,保险人的赔偿金额不超过保险单明细表中列明的每人人身伤亡责任限额;在保险期间内,保险人的累计赔偿金额不超过保险单明细表中列明的累计责任限额。

8.4.6 责任免除

一、一般除外

(一)自然灾害除外,指地震、海啸、雷电、洪水、暴雨、台风、龙卷风、地崩、地面下沉下陷等人力不可抗拒的自然灾害除外；（二）战争除外，指战争、类似战争行为、武装冲突、罢工、暴动、民众骚乱、恐怖活动、政变、盗窃、抢劫、抢夺除外；（三）核除外，指核反应、核辐射和放射性污染除外；上述三款均属于一般责任保险除外的条款。

二、违规除外

（一）特种设备未取得政府相关部门颁发的使用许可证；（二）被保险人未根据政府相关部门的规定定期申请对特种设备进行检验或检验不合格；（三）按政府相关部门规定，特种设备的操作人员必须取得相应资格证或上岗证才能上岗操作的，操作人员无相应有效资格证或上岗证；（四）特种设备经相关部门检验已经确认报废，或发现有严重缺陷，限期整改但尚未改正；上述责任除外的法律依据是《特种设备监督管理条例》。

三、非第三者除外

（一）非第三者人身伤害除外，指被保险人或其代表、雇用人员的人身伤亡除外；（二）非第三者财产损失除外，指被保险人或其代表、雇用人员所有的或由其保管、控制的财产除外。

四、其他除外

（一）被保险人及其代表的故意或重大过失行为；（二）在公路、城市街道和胡同（里巷），以及公共广场、公共停车场行驶的特种设备；（三）直接或间接由于计算机2000年问题引起的损失；（四）罚款除外，指对被保险人的罚款、罚金或惩罚性赔款除外；（五）免赔额除外，指保险单明细表或有关特别约定中规定的应由被保险人自行负担的免赔额除外。

8.4.7 保险费率与赔偿限额

一、保费计算

特种设备保险保费按照设备的实际价值作为基准，乘以相应的费率，计算公式如下：

年保费＝特种设备实际价值（估价）×特种设备年费率

二、保险费率与赔偿限额

（一）施工机械：按估价清单投保，一般费率为0.4%～0.5%，每次免赔额为500元或损失金额的5%，两者以高者为准。

（二）施工机械第三者责任险：一般保额5万元，费率为1.2%；保额10万元，费率为1%；保额20万元，费率为0.85%；保额50万元，费率为0.6%。

（三）锅炉：按实际价值投保，费率为0.5%，每次免赔额为：500元或损失金额的5%，两者以高者为准。

（四）压力容器：按实际价值投保，费率为0.6%，每次免赔额为：500元或损失金额的5%，两者以高者为准。

（五）电梯险：保额为50～400万，投保人自行选择，费率为0.2%。

1. 每次事故赔偿限额为40万元，其中人身伤亡赔偿限额为30万元、意外医疗费用为5万元、财产损失赔偿限额5万元；

2. 每次事故财产损失扣除绝对免赔额500元或损失金额的5%，两者以高者为准。

3. 每人每次事故赔偿限额17万元，其中人身伤亡赔偿限额为14万元、意外医疗费用为2万元、财产损失赔偿限额为1万元。

8.5 特种设备附加保险

8.5.1 附加雇员伤害险

在特种设备第三者责任保险条款中,发生安全责任事故对雇员所造成的人身伤害和财产损失的责任是予以免责的。如企业需要,可以投保附加雇员责任保险,当发生特种设备安全事故时,保险人根据协议规定,对雇员造成的损失予以赔偿。

一、保险责任

在特种设备第三者责任保险的保险期间内,被保险人的雇员在从事被保险人的业务工作时,因特种设备第三者责任保险的保险事故造成的雇员的人身伤害,依法应由被保险人承担的赔偿责任,保险人负责赔偿。

二、责任限额

每次事故责任限额与特种设备第三者责任保险的每人人身伤亡责任限额相同;累计责任限额与特种设备第三者责任保险的累计责任限额相同。

三、保险费

保险费为特种设备第三者责任保险保险费的20%。

四、投保条件

雇员附加险必须在投保特种设备第三者责任保险的基础上,根据投保人的需要另外投保。条款未约定之处,以特种设备第三者责任保险条款为准。

8.5.2 附加恶意破坏、暴力冲突险

就保险而言,恶意破坏、暴力冲突而引发的事故造成的人身伤亡或财产损失,一般性均予免责,特种设备第三者责任保险也不例外。条例规定,对此造成的第三者责任予以免责。如企业根据实际需要,可以附加投保。

一、保险责任

在特种设备第三者责任保险保险期间内,被保险设备由于遭受恶意破坏、暴力冲突造成第三者人身伤亡或财产损失,依法应由被保险人承担的赔偿责任,保险人负责赔偿。

二、保险费

保险费为特种设备第三者责任保险保险费的15%。

三、投保条件

恶意破坏、暴力冲突附加险必须在投保特种设备第三者责任保险的基础上,根据投保人的需要另外投保。条款未约定之处,以特种设备第三者责任保险条款为准。

8.6 特种设备检测责任保险

8.6.1 检测机构的责任风险

检验检测机构监督检验是特种设备的一道安全屏障,检验检测机构是很重要的安全责

任主体。特种设备在投入使用前必须通过检验检测这个环节，因此，特种设备检验检测机构在安全事故中，具有不可推卸的法律责任，承担着责任风险，其法律依据如下：

一、《特种设备安全监察条例》第46条规定："特种设备检验检测机构和检验检测人员应当客观、公正、及时地出具检验检测结果、鉴定结论。检验检测结果、鉴定结论经检验检测人员签字后，由检验检测机构负责人签署。特种设备检验检测机构和检验检测人员对检验检测结果、鉴定结论负责。"

二、《建筑起重机械安全监督管理规定》第16条规定："建筑起重机械在验收前应当经有相应资质的检验检测机构监督检验合格。检验检测机构和检验检测人员对检验检测结果、鉴定结论依法承担法律责任。"

三、《建设工程安全生产管理条例》第18条规定："施工起重机械和整体提升脚手架、模板等自升式架设设施的使用达到国家规定的检验检测期限的，必须经具有专业资质的检验检测机构检测。经检测不合格的，不得继续使用。"

四、《建设工程安全生产管理条例》第19条规定："检验检测机构对检测合格的施工起重机械和整体提升脚手架、模板等自升式架设设施，应当出具安全合格证明文件，并对检测结果负责。"

一旦检测结论有误，达不到安全技术标准规定的特种设备进入使用，其安全事故后果将不堪设想。检测机构必将承担相应的法律责任，为规避检测机构和检测人员因工作疏忽或过失带来的检测风险，特种设备检测责任保险应运而生。

8.6.2 保险对象与保险标的

一、保险对象

凡经国家特种设备安全监督管理部门核准，取得相应资质证书，依法成立的特种设备检验检测机构，均可作为本保险合同的被保险人。

二、保险标的

被保险人因对特种设备检验检测质量事故而造成对第三者（被检测人或其他人）损失依法应承担的法律赔偿责任。

8.6.3 责任范围与责任免除

一、保险责任

特种设备检测责任保险一般规定，在保险期间或保险合同载明的追溯期内，被保险人在经营业务范围和区域范围内从事特种设备检验检测业务，因过失导致检验检测质量事故，造成被检验检测人或其他人的人身伤亡或财产损失，由该被检验检测人在本保险期间内首次向被保险人提出损害赔偿请求，依照中华人民共和国法律应由被保险人承担的经济赔偿责任，保险人按照本保险合同约定负责赔偿。

同时还规定，保险事故发生后，被保险人因保险事故而被提起仲裁或者诉讼的，对应由被保险人支付的仲裁或诉讼费用以及其他必要的、合理的费用，经保险人事先书面同意，保险人按照本保险合同约定也负责赔偿。

二、责任免除

（一）投保人、被保险人的故意或重大过失行为；（二）核辐射、核爆炸、核污染及其他放射性污染;(三)行政行为或司法行为;(四)被保险人超越核定或保险合同约定的业务范围办理业务;(五)被保险人将检验检测任务转让、委托给其他单位或个人完成的;(六)被保险人被吊销营业许可证后或被责令停业整顿期间继续办理业务;(七)被保险人的特种设备检验检测人员私自接受委托或在其他特种设备检验检测机构执业;(八)无有效的《特种设备检验检测人员证书》或不具备相应资格等级的人员从事特种设备检验检测业务;(九)他人冒用被保险人的特种设备检验检测人员的名义办理业务;(十)被保险人或其雇员的人身伤亡及其所有或管理的财产的损失;(十一)被保险人应该承担的合同责任,但无合同存在时,仍然应由被保险人承担的法律责任;(十二)罚款、罚金及惩罚性赔偿;(十三)精神损害赔偿;(十四)被保险人的间接损失;(十五)因检验检测质量事故给被检验检测人造成的停工、停业、停产等间接损失;(十六)按本保险合同中约定的免赔率计算的免赔额。

第(一)、(二)款:属于责任保险的一般免除责任事项;第(三)款:行政行为或司法行为往往会对检验检测结果产生影响,对此造成的意外伤害或财产损失保险责任予以除外;第(四)款至第(九)款:属于违反检验检测法律规范,而导致事故发生,造成的人身伤亡和财产损失予以除外;第(十三)至(十五)款:属于间接损失除外;第(十六)款为免赔额,当然除外。

8.6.4 检测保费与赔偿限额

一、保费计算

特种设备检验检测保险一般保险期间为一年。保费的计算公式如下:

$$保险费 = S_1 \times R$$

其中,S_1 代表保险合同载明的保险期间内的预计业务收入;R 代表保险合同约定的累计责任限额对应的费率。

保险费的收取是以被保险人预计保险期间内业务收入为依据的。预计保险期间内业务收入不得低于上年同期水平。

保险期间届满后一个月内,被保险人应将保险期间内实际业务收入书面通知保险人,保险人据此计算保险费并对预付保险费进行调整。预付保险费低于保险费的,被保险人应补足差额;预付保险费高于保险费的,保险人退回高出的部分,但保险费不得低于预付保险费的 50%。

二、责任限额

包括每次事故责任限额、累计责任限额,由投保人自行选择确定。

8.6.5 检测保险合同的解除处理

一、保险责任开始前,投保人要求解除保险合同的,应当向保险人支付预付保险费 5% 的手续费,保险人应当退还预付保险费;保险人要求解除保险合同的,不能向被保险人收取手续费,并应退还已收取的预付保险费。

二、保险责任开始后,投保人要求解除保险合同的,自通知保险人之日起,保险合同解除,保险人按下列公式计算收取自保险责任开始之日起至合同解除之日止期间的保险费,并退还剩余部分预付保险费:

$$\text{保险费} = (S_1 \times 5\% + S_2 \times 95\%) \times R$$

其中：S_2 代表保险责任开始之日起至合同解除之日止期间内的实际业务收入；保险责任开始后，保险人亦可提前15d向投保人发出解约通知书解除本保险合同，保险费按下列公式计收，并退还剩余部分预付保险费：

$$\text{保险费} = S_2 \times R$$

8.7 完善特种设备保险的建议

8.7.1 确定合理保险金额和灵活的保险产品

特种设备责任保险是以"责任限额"取代"保险金额"，发生保险事故，保险人在责任限额内给予赔偿。由于特种设备往往容易造成数额较大的人员伤亡和财产损失，过高的赔偿限额企业必然要支付过高的保险费用，容易使保险企业不堪其重，还容易产生特种设备制造商和使用者的道德风险，疏于对潜在风险的防范；而过低的责任限额将无法起到对企业和个人的保障作用，在意外事故发生时，赔偿金额杯水车薪，那么特种设备责任保险必然失去意义。因此，保险公司要综合考虑各方面情况，定期对起重机械、升降机、客运索道、大型游乐设施这些特种设备进行抽查质检，统计出相关数据从而设计出合理的保费和保额。还可以依据一些特种设备意外事故发生的多发季节（例如，施工雨季）因素设计一些灵活短期的季节性险种，丰富特种设备责任保险市场，强化特种设备责任保险的抗风险作用。

8.7.2 充分发挥保险的事前风险防范功能

保险人要整合社会、行业资源，培养专门人才，组建专门机构应该协同特种设备所有企业共同做好防灾防损工作，积极监督被保险人对特种设备的定期检查和维护，投保企业更应该积极配合保险人对特种设备的监督检查，双方形成合力，从而减少或消除潜在的风险发生的因素，降低企业风险和保险企业的经营成本，提高社会与经济效益，使保险充分发挥事前风险防范功能。

8.7.3 进一步完善特种设备法律法规体系

国家应早日出台特种设备责任保险的相关法规。目前，我国特种设备责任保险没有专门对应的法律法规可以参照。单纯依靠《特种设备安全监察条例》是远远不够的，这样容易造成制造商、使用者和保险公司发生纠纷时无法可依、甚至造成某一方钻法律空子的情况，使弱势者难以获得必要的赔偿。因此，随着特种设备责任保险的推广，国家应当制定相关的法规，以规范特种设备责任保险的经营。

8.7.4 加强特种设备保险的宣传力度

特种设备保险是一项崭新的制度，需要广大特种设备从业者不断提高对保险在安全风险管理中重要作用的认识。因此，应积极加强宣传，引导和督促特种设备的所有者和使用者积极投保特种设备责任保险，条件成熟时还可以考虑将特种设备责任保险强制施行。

综上所述，只有通过多方的共同努力，大力推动特种设备责任保险这一重要的市场化风险分散手段向前发展，我们才能保证在特种设备事故中遭受损失的一方迅速地得到应得的补偿，使生产、生活秩序尽快恢复到事故发生前井然有序的状况，让为我国经济发展提供巨大动力的特种设备更好地为我们服务。

第9章 环境污染责任保险

9.1 环境污染责任保险概述

9.1.1 基本概念

所谓环境污染责任保险,是基于环境污染赔偿责任的一种商业保险,有人将之称为"绿色保险"。它是以投保单位发生污染环境事故对第三者造成损害,依法承担赔偿责任为保险标的。企事业单位或个人(或承担环境污染事故赔偿的责任人或潜在责任人)作为投保人,向保险公司预先缴纳一定数额的保险费;保险公司则根据约定收取保险费,并承担赔偿责任,即对于投保人发生污染环境事故给第三者造成的直接损害,依法应当由投保人(被保险人)支付的赔偿金额,由承保的保险公司按保险合同的约定直接向第三人赔偿或者支付保险金。

环境污染责任保险是责任保险的一种,其发展历史并不久远,它是随着工业革命的兴起和工业化迈进中,随着雇主责任、产品责任和公众责任保险的产生后,于20世纪70年代末逐步发展起来的新险种。特别是20世纪70年代后,一方面环保浪潮席卷西方发达国家,一些环保法案纷纷出台,在环境民事诉讼领域出现了一系列有利于受害人求偿的变化,如起诉资格的放宽、无过失责任原则的确立、举证责任倒置、因果关系的推定,使受害人获得救济的可能性大大提高。

另一方面,为了遏制日益严重的环境污染,各国对环境污染行为制定了严厉的处罚措施,罚金之高有时让非故意造成污染的企业面临破产倒闭的危险。因此,企业主迫切需要将如此大的责任风险转嫁出去,环境责任保险在西方国家应运而生,并得到了迅速发展。

9.1.2 专属特征

由于环境污染责任保险是一种责任保险,具有责任保险的一般特征,保险的标的既不是财产也不是人身,而是被保险人(致害人)向第三者(受害人)承担的经济赔偿责任,其标的是无形的。另外,环境污染责任保险又具有专属特征,主要表现在以下六点:

一、特定性

特定性首先表现在其投保主体的特定性方面,环境污染责任保险的被保险人主要是来自于企业,且该被保险企业是依法成立的,具有自己的名称和组织结构,有一定的财产,能以自己的名义从事民事活动。因为,环境污染责任保险主要功能是分散企业的风险,自然人一般不存在这样大的环境污染风险,所以自然人不能够作为该保险的被保险人。

其次是保险费率的特定性,环境责任保险与一般责任保险的最大不同之处在于它的技术要求高、赔偿责任大,每个企业的生产地点、生产流程、技术水平各有不同,对环境造成污染的可能性和污染的危害性都不一样。这就要求保险公司在承保时对每一个标的进行实地调查和评估，单独确定保险费率。具体情况不同，保险标的适用的保险费率就有可能千差万别。由于保险费率条款是保险合同中的核心条款之一，所以环境责任保险的内容就具有特定性，每一份合同都有自己的特有条款。

二、广泛性

广泛性是指环境污染损失范围具有广泛性。环境污染是一种特殊的侵权行为，影响极为广泛且后果往往极为严重，对人身、财产、环境和自然资源造成重大损害，如日本的水俣病等公害病、印度博帕尔毒气泄漏、前苏联切尔诺贝利核泄漏事故等，均是受害地域广阔、受害人数众多、赔偿数额巨大的严重社会灾难。

三、有限性

有限性是指保险责任范围的有限性。环境污染造成的损害往往具有广泛性且不确定性，常常需要巨额资金来赔偿。保险公司出于利润的考虑，要衡量所收保险费和承担的赔付风险是否平衡。在实践中，环境责任保险的对象往往仅限于因偶然、突发性的环境污染事故（如自然灾害、意外事故）所造成的人身、财产损害，而正常营运状态下的继续性或复合性污染所致损害不在承保范围内。虽然有某些国家对此有承保的立法和实践，例如德国《环境责任法》第 19 条。但一般要由本国保险公司和外国保险公司组成再保险联营，以特别责任保险单形式予以承保，其限制条件是极为严格的。

四、不固定性

不固定性是指保险的赔付金额的不固定性。针对环境污染范围的广泛性，受害主体的不确定性等特点，一般情况下，政府部门对保险不强制确定固定的赔偿额。个别国家为了对保险的赔付额有所限制，也只是对赔付额进行了上限的规定。

五、难度大

难度大是指对环境污染事故的认定难度较大。环境的加害人往往具有较大的隐蔽性，且环境侵害形态的间接性、累积性、潜伏性、不确定性等特点，环境污染责任的认定难度较大，使得受害人寻求损害赔偿的过程困难重重。

六、依赖性

依赖性是指环境污染责任保险的推行具有依赖性。从目前西方各国和我国的环境责任保险制度运行来看（我国只在个别城市进行了污染责任保险试点），由于保险公司承担的赔付金额过大，承保的范围又过窄，经营此类保险的风险大大高于其他商业保险，所以许多保险公司对环境责任保险并不热心。在这种情况下，政府如果能提供一定的财政支持，如减免税措施、注入保险基金或由政府出面促使各保险公司联合起来承保以进一步分散风险等，这些支持对环境责任保险的发展至关重要。

9.1.3 保险的基本功能

一、分散投保人风险

环境责任保险能够分散企业风险，将企业所面临的环境风险转移给保险人，使责任人的个人环境损害赔偿责任社会化。单个企业的能力是有限的，而整个社会的能力则是无限的，环境侵权人投保环境污染责任保险，将其损害赔偿责任转嫁给保险公司，而保险公司再将损失转移给成千上万的投保人，即潜在的侵权行为人集团。因此，在有责任保险的场合，加害人除了向保险公司支付保险费外，实际上并不负赔偿责任。企业的经济负担得以减轻或免除，避免了因巨额赔偿使企业破产、工人失业的风险。

二、有效地保护受害者

环境污染的赔偿责任可以通过侵权诉讼的方式得到补偿，而侵权诉讼的时间较长，诉讼成本较高，取证困难。即使胜诉也可能因侵权行为人（主要是企业）赔偿能力不足，已经破产、关闭使受害人实际上得不到救济，或者因诉讼旷日持久而对受害人缓不济急，以及避免侵权行为人因赔偿负担过重甚至破产而影响经济社会的发展。投保环境责任保险，可以将这些风险转移给保险人，受害人通过调查取证，在短时间内受害者可以及时、合理、有效地得到赔偿，使受害人早日恢复生产或生活。这样受害人的救济途径从司法救济转到社会救济，方便了受害者，减轻了法院的工作压力。

三、有利于构建和谐社会

随着环境污染事故的急剧增加而带来的纠纷居高不下，矛盾的焦点主要集中在经济索赔上，这已成为危及社会稳定的严重隐患。环境污染事件的受害人往往是社会的弱势群体，污染事件直接影响到他们的人身健康和正常的生活，对于此类事件如果处理得不及时、合理，往往会引起加害单位、受害人与政府之间的矛盾纠纷，发生群体性事件。据统计，2005年全国发生环境污染纠纷案件5.1万起，因环境污染问题引起的群众性事件以每年29%的速度上升，严重地影响了社会的安定局面。环境污染责任保险则能为受害人及时地提供经济补偿，达到稳定受害人基本生活，受害者得到及时医疗的目的，从而使社会政治经济生活也更加稳定协调。

9.1.4 保险的分类

一、期内事故发生式和期内索赔式

（一）期内索赔式是以索赔为基础的承保方式，只要索赔是在保单有效期内提出，对被保险人由于过去的疏忽或过失造成的损失都由保险公司承担赔偿责任。这种承保方式实际上是将保险人的责任期提前到保单有效期之前，考虑到工程事故的滞后性，引起索赔事件的发生往往是在保单有效期之前，为了减少保险人的承保风险，这种方式往往需要设定一个追溯期。追溯期由合同当事人双方协商确定。

（二）期内事故发生式是以损失为基础，即在保单有效期内，以损失为基础，不论被保险人提出索赔的时间是否在保险有效期内，只要在保单有效期内发生的污染责任损失，保险人都应承担赔偿责任。这种方式保险人的责任其实际上延长到了合同的有效期之后，为了防止责任期过长而增加保险人的风险，通常对设定一个宽限期，国际保险市场上，环境污染保险的宽限期一般设定为三十年。上述"保险期限"是指保险单的有效期，一般设定为一年。

追溯期由保险合同双方约定，并在保险合同中载明。我国监理责任保险的一般设定保险期限为一年，追溯期为两年。

二、突发性责任保险与渐进性责任保险

（一）突发性责任是指造成环境污染结果是由于一种"突发的、意外的"污染事件所引起的。例如，化学工厂爆炸、有毒气体在居民区扩散；爆炸使污水管破裂，有毒物质逐渐渗入饮用水源。

（二）渐进性责任是指造成环境污染后果是一种"渐进的、累积的"过程所造成的。渐进性污染从无限制的长期来讲是必然的，污染积累到一定程度，污染事故必然爆发。煤气管道受到侵蚀只是气体泄漏，在居民区造成爆炸，发生人员伤亡。由于垫圈老化，致使污水管逐渐渗漏，而污染了饮用水。

2008年，原国家环境保护部与保监会联合下发的《关于开展环境污染责任保险工作的指导意见》，制定了"以突发、意外事故所造成的环境污染直接损失为主"的指导原则。发达国家对环境污染责任保险也有一个认识过程，从只保突发环境污染事件，到承保累计和复合型污染事故所引起的环境污染责任。1974年英国出具的环境污染责任保险单，对累积、继续、协同、潜伏性的环境污染事故给予承保。1977年法国环境污染责任保险范围扩展到单独、反复性和持续性污染事故造成的损害。

三、强制性保险和自愿性保险

（一）强制性污染责任保险是指由国家法律规定，相关企业必须投保环境污染责任保险。1991年德国将环境污染责任保险规定为强制保险，要求所有工商企业都要投保该保险。

（二）自愿性污染责任保险又称任意性污染责任保险，是指国家法律法规没有硬性规定要求必须投保，而是由相关企业根据自己的实际情况，自愿选择投保。法国和英国的环境污染责任保险是以自愿保险为主、强制保险为辅。一般由企业自主决定是否就环境污染责任投保，但法律规定必须投保的则强制投保。

9.1.5 保险的意义

一、事故应对的重大举措

目前我国环境污染问题越显突出，环境污染所造成的直接经济损失每年高达1200亿元人民币，约占每年GDP的7%左右，接近这几年中国的经济增长速度。2004年沱江突发特大污染事故，直接经济损失高达2.19亿元人民币，而作为事故责任人的四川化工股份有限公司仅有2000万元的赔偿能力。2005年11月吉林石化分公司双苯厂发生爆炸，约有1000t化学品泄漏到松花江。据专家统计，仅哈尔滨的直接损失就在15亿元人民币左右，如果算上间接损失要达到几百亿甚至上千亿元人民币。随后，我国广东的东江污染事件、太湖水藻污染事件等接连发生。2006年我国发生严重环境污染事件161起，2007年有关部门处理的环境污染事件108起。企业污染，政府埋单，使政府背上了沉重的财政包袱，因此，通过社会保险，将其风险转移给保险人，已成为当务之急。

二、增强企业治理防范意识

创立环境污染责任保险制度，可以进一步提高企业的环境保护意识，减少环境污染事件发生的概率。人类肆意的破坏环境，环境会反过来报复人类。近年来频频发生的海洋赤潮、湖泊水藻就是人类向海洋、湖泊大量排泄工业废水、生活废水而使其富营养化，藻类大量繁殖的结果。正如恩格斯所说："人类的每一次战胜自然，最后都遭到自然的报复。"

环境与资源法学原理认为，经营者的一项经营活动，对其他经营活动造成了损害，但并未承担相应的成本，而这部分成本被转移到市场的外部，由社会来承担，那么经营者会变本加厉地损害其他经济活动，而在此过程中环境污染也进一步恶化了，它是造成环境污染恶性循环的重要原因。

如果企业排污所支出的费用与购买净化设备对污水进行净化处理的费用相比，前者的费用较低，那么，追求利润最大化的企业将毫不犹豫地选择排污，而不会加强对环境的治理，反之，如果后者低于前者，那么企业就会还毫不犹豫地选择后者。

实施环境污染责任保险制度，充分利用经济的杠杆作用，通过企业缴纳一定的保险费用，建立灵活的保险费率的机制，奖优惩劣，使其治理成本低于污水排放成本，可以调动企业环境污染治理的积极性，有效防止环境污染事故的发生。

三、调整环境污染赔偿原则

20世纪80年代国家提出"谁污染谁治理"的原则，明确了污染企业必须承担污染治理的法律责任，污染企业各负其责，治理自己在生产过程中产生的所有污染。20世纪90年代，随着社会主义经济市场的不断完善，环境治理出现了市场化、社会化的趋势，进而提出了"污染者负担"的原则，也就是说企业不一定自己治理自己所造成的污染，还可以通过缴费的方式，委托第三方进行治理污染，来履行法律责任。后来国家为了保障社会人群在环境保护方面的公平与正义，严惩环境污染者，救助污染受害者，强调污染者必须承担经济赔偿责任，随后提出"谁损害、谁赔偿"的原则，以保护社会弱势群体的环境权益，与此相伴的是"谁受益、谁付费"的原则，更加强调通过调整人们的经济利益来促进环境问题的解决，开创环境保护政策的先河。当前我国环境污染进入高发期，一旦发生重大污染事故，单个企业无能力承担经济责任，必须将这类企业组成一个联合体，共同出资，分散和转移环境风险的压力，因此，在继续强调污染者的法律责任的同时，"环境责任分担"的原则应运而生，已被世界所公认。

9.2　环境污染责任保险发展

9.2.1　环境责任保险概况

环境责任保险兴起于20世纪60年代发达国家发生了多起重大环境污染事故以后，在1965年，英国发布的《核装置法》要求安装者要负责最低500万英镑的核责任保险；1988年美国成立了一个专门为污染风险承保的保险集团——环境保护保险公司。在国际法上，1969年《国际油污损害民事责任公约》第7条第1款规定："在缔约国登记的载运2kt以上散装油类货物的船舶所有人，必须进行保险或取得其他财务保证。"我国也有部分法律法规规定了环境责任保险，例如《海洋环境保护法》第66条第1款规定："国家完善并实施船舶油污损害民事赔偿责任制度；按照船舶油污损害赔偿责任由船东和货主共同承担风险的原则，建立船舶油污保险、油污损害赔偿基金制度。"

但总的来讲，我国尚未建立起完整的环境责任保险体系。我国未来设计的环境责任保险应尽可能扩大承保范围，涵盖水、大气、核事故、噪声、辐射、固体废物等所有污染领域。考虑到各种不同环境事故可能产生的损害程度差别较大，而且企业间的经济承受能力也有所不同，投保的方式应该以强制保险为原则，自愿保险为例外。对危险性大、损害后果严重、容易产生跨界影响的环境污染事故应当采取强制的投保方式，否则就可以采取自愿的投保方式。保险公司也应把故意或重大过失造成的污染事故置于除外责任之中。

近年来，我国对环境污染责任保险已进行试点推广工作。中国人民财产保险股份有限公司副总经理陈中竺表示，截至 2010 年 7 月，该公司已经有 10 家分公司开发并报备了专用的环境污染责任险产品，9 家分公司已经出单承保业务。2010 年 5 月 8 日，云南某磷肥制造化工企业因废料磷石碴泄漏，加之暴雨，导致污染物流入附近鱼塘，造成了财产损失，目前已经立案，理赔工作正在有序开展。

平安产险第一时间参与了环境污染责任险的调研和开发工作。2008 年 4 月，平安产险自行开发的环境污染责任险产品向中国保监会备案并正式推向市场，并于当年 7 月出具了第一张环境污染责任险保单，赔偿限额 50 万元。两年来，中国平安已为超过 350 家企业提供了环境污染责任险的保险保障，累计提供了超过 35 亿元人民币的风险保障。

一些专业人士表示，需加快推进环境污染责任保险试点，在国家层面完善相关法律法规，同时加强投保企业的环境污染风险管理。

9.2.2　环境污染责任保险的国际法

一、海洋石油运输领域

《国际油污损害民事责任公约》（1969 年）第 7 条规定："载运 2000t 以上散装货油的船舶所有人，必须进行保险或取得其财务保证，以便承担其对油污损害所应负的责任。"

二、核能领域

《核能领域第三者责任公约》（1960 年）第 10 条规定："核设施的经营者应当按照主管机关规定的数额和类型，建立并保持保险或者其他财务保证，以便承担相关责任。"《核损害民事责任维也纳公约》（1963 年）第 7 条也有相似规定。

三、海洋环保领域

《联合国海洋法公约》（1982 年）第 235 条规定："为了对污染海洋环境所造成的一切损害保证迅速而适当地给予补偿的目的，各国应在适当情形下，拟订诸如强制保险或补偿基金等关于给付适当补偿的标准和程序。"

四、危险废物领域

《危险废物越境转移及其处置所造成损害的责任和赔偿问题议定书》（2000 年）第 11 条规定："运营者应就危险废物损害责任，保持保险、保证金或其他财务担保，包括无力偿付时提供赔偿的财务机制。"

五、工业事故领域

《关于工业事故跨界影响造成损害的民事责任和赔偿议定书》（2003 年）第 11 条规定："运营者应就其工业事故损害责任，保持保险、保证金或其他财务担保。"

此外，国际法学会 1997 年《关于环境损害的国际法责任和赔偿的决议》第 10 条规定："各国应当确保，营运者具有承担赔偿责任的财务能力，并要求营运者做出关于保险和其他财务保证的适当安排。如果营运者没有建立保险或者保险数额不足，则国家应当考虑建立'国家保险基金'。"

联合国国际法委员会 2004 年《危险活动引起跨界损害所造成的损失的国际责任原则草案》第 6 条规定："相关缔约国应采取必要措施，以确保经营者为偿付索赔建立并维持保险、债券或其他财政担保。"

9.2.3　美国环境污染责任保险

美国的环境污染责任保险，又称污染法律责任保险，包括两类：一是环境损害责任保险,以约定的限额承担被保险人因其污染环境,造成邻近土地上的任何第三人的人身损害或财产损失而发生的赔偿责任;二是自有场地治理责任保险,以约定的限额为基础,承担被保险人因其污染自有或者使用的场地而依法支出的治理费用。

美国的保险人一般只对非故意的、突发性的环境污染事故所造成的人身、财产损害承担保险责任。对企业正常、累积的排污行为所致的污染损害也可予以特别承保。美国针对有毒物质和废弃物的处理所可能引发的损害赔偿责任实行强制保险制度。当前,在美国的50个州中,已经有45个州出台了相应的危险废物处置责任保险制度的规定。

美国环境损害责任保险的保险人在预防污染事故方面起到很重要的作用。保险公司通过为重视环境责任风险管理的企业提供更低的保费等优惠条件,促使企业降低污染数量和程度;保险公司还会雇佣专业的环境专家,加强对保险人环境风险的预防和控制,并监控被保险人的活动。据估计,2000年美国环境责任险市场的需求超过10亿美元,保费规模将近12亿美元。

9.2.4 德国环境责任保险

环境保险在德国属于比较新的险种,主要有环境责任保险和环境治理保险两大类。其中,环境责任保险已有十几年的发展历史,而环境治理保险则刚从2007年开始推出。这两个险种针对的损失有很大差异,互为补充,而不能相互代替。

一、环境责任保险针对私法,环境治理保险针对公法

在德国,企业通常都会投保责任保险。企业责任险的基础标准条款是德国一般责任险条款。

在德国开展的各种责任保险,包括私人责任保险、一般企业责任保险、产品责任保险以及律师、会计师、审计师、税务顾问、公证人等职业责任保险,都是以此为基础,即私法范畴的法定责任。传统的环境责任保险也在这个范畴内。

从2007年开始,德国开始推行一种新的环境治理保险,其责任范围包括公法范围的责任,超出了私法范畴,而且它还不仅是一般意义上的责任保险,它同时包括了责任保险和自身利益的保险。

德国一般责任险条款明确规定,投保人对环境产生影响而造成的损失属于除外责任。因此,环境责任不能通过一般责任险条款,而只能通过特别的保险条款来保障。在过去(直到20世纪90年代初期)德国只存在一些特别的环境责任保险,比如水域污染责任保险,来满足德国法律(如德国《水域管理法》)对一些特定问题的要求。

德国环境责任保险同德国其他责任险相仿,在条款中一直严格区分私法范畴下的赔偿责任以及公法范畴的赔偿义务(即国家机构对造成损失方要求对环境进行治理的费用及责任追究)。

私法范畴的赔偿责任是属于环境责任保险范围之内的。公法范畴的赔偿义务原则上属于除外责任,但下面的一种情况又属于赔偿范围,即按照私法范畴也需要赔偿的部分,由公法来确定相同的赔偿,这种情况就属于保险范围。对环境本身(包括土地和水域)造成的损失,也只在特定情况下属于保险责任:当只有土地和水域是属于私人时,或者为了避免保险事故(再次)发生而有必要对环境进行治理时。

私法范畴下的赔偿责任具体包括过失责任和无过失责任两种可能,损失也包括财产损失、人身损失及其他资产损失三种可能。

公法范畴下的赔偿责任法律包括下萨克森州危险防范法和德国联邦土地保护法，国家机构可以通过行政命令要求造成损失方进行治理、赔偿以及停止继续造成损失。

按照欧盟 2004 年 4 月欧盟环境指令（于 2007 年转化为德国法律），企业又新增加了下列公法范畴的义务：一是避免造成环境损失，二是治理已经造成的环境损失，三是赔偿由此造成的费用。

这个法案与德国其他现行法律不同的是，欧盟环境指令完全属于公法范畴。在欧盟环境治理法中有明确规定，即任何私人没有权力按照本法向损失制造者（责任方）要求赔偿，而只能依据其他法律提出要求。因此，被保险人被按照这个法案追究而产生的损失及费用，就无法按照环境责任保险条款来向保险人索赔。

因此，从 2007 年起，德国保险市场上除了环境责任保险外，还出现了一种新的环境保险——环境治理保险。环境责任保险是针对私法范畴的责任，而环境治理保险是针对公法范畴的责任和义务。

两种环境保险的保险事故发生时间，均是以第一次确认损失已经发生了的时间为准。依此确定的保险事故时间，必须在保单有效期间内。选择这个时间，是因为第一次环境损失发生的具体时间往往无法确定，容易发生纠纷，以保险事故发生时间为准，将为被保险人提出索赔举证提供便利。

二、环境责任保险针对环境损失存在争议

通过物质材料、震动、声音、压力、辐射、蒸气、热量或其他形式而造成的环境影响，并在土地、空气或水中散发开来的损失，称之为环境损失，但是，由"环境影响而造成的损失"这个说法，目前在德国法学界仍有争议。

最关键的问题是，环境责任保险是否只赔偿通过环境媒体传播的、最终导致的第三方的财产和物质损失。而对环境媒体本身，包括土地、空气和水的损失，是否在赔偿之列，则不够明确。目前，按照德国《民法典》第 90 条规定，大气、海水及地下水等不存在具体物体形态，因此对此造成的损失不在环境责任保险赔偿之列。与此相对应，对有具体物体形态的土地、空气或水（比如鱼塘、房地产的组成部分等）造成的损失是有环境责任保险保障的。

《环境责任保险条款》规定，在保单有效期终止三年以内发现的损失，仍由原保单负责。实际上，被保险人往往会要求延长这个期限。

环境责任保险几项特别提出的重要除外责任包括：在企业正常运行时，由于运输、加工等正常工作情况下发生的污损除外。只有在企业发生意外时造成的污染才属于赔偿责任。企业正常运行时造成的污损可以通过扩展条款并特别加费来承保，但是对保额限制得很低。

由于企业正常经营而造成的无法避免的、必要的或者企业故意允许（或容忍）的环境损失除外。

故意违反规定进行操作以及没有采用当时通行的技术而造成的环境损失除外。

三、环境治理保险为满足客户需要推出

欧盟环境治理法规定，企业有避免发生及治理已经发生环境损失的责任。这是一种公法范畴的责任，是环境责任保险不保的，因此德国新推出环境治理保险来满足客户的

需要。

按照这个法案，企业对如下具体环境损失负有责任：对土地的污染，如果污染对人类的健康已经形成了相当的威胁；对水域的污染，不论污染是否已经对第三方造成威胁；对生物物种造成的损失，例如某些特定的保护动植物物种或保护区。

企业对环境损失的具体负责范围包括：承担预防环境损失所采取措施的费用；使环境恢复到受污染前的状态或者重新取得与损失事故发生前同等质量水平的自然资源的费用；赔偿暂时或者永久损失的赔偿金。

企业经营者的责任范围以及所涉及的公法范畴，超过了目前环境责任保险的范围。其具体责任，则同时包括第三方损失和自己的损失。而所涉及的生物物种的多样性，也是一种难以具体估量的损失。

所有这一切，对保险界来说都是一种新的挑战。目前，德国环境治理保险的重要标准条款主要保障投保人按照《环境保护法》中规定的公法范畴的对环境损失的治理责任。环境损失是指对受保护的物种及其自然生活环境造成的损失、对水域造成的损失及对土地造成的损失。特别明确一点，即由职业责任保险保障的范围是环境治理保险的除外责任。同环境责任保险条款相同，对环境损失的保障范围仅限于由意外事故造成的损失，企业正常经营时造成的损失属于除外责任。

今后企业正常经营时造成的环境损失是否可以加保，尚未可知。但是，依照现行法律规定，企业对自己所拥有的土地、水域以及自己地产上的生物物种多样性也负有治理责任。因此，企业可以要求对自己的损失治理部分也提出投保。在这一点上，环境治理保险已不完全是一种真正意义上责任保险，其保障范围还包括投保人自身损失在内。

环境责任保险在德国属于比较新的险种，环境治理保险更是全新的险种。可以预见，它们将随着欧盟和德国法律的不断修订、经济界尤其是工业界投保人的要求，以及保险界对环境风险认识的深化而不断发展。

9.2.5 其他国家的环境污染保险

一、印度

印度议会于1991年通过《公共责任保险法》，规定对于处理"危险物质"的有关单位，如果是政府和国有公司，实行环境保险基金制度；如果是普通商务公司，则强制要求投保环境责任保险。印度环境部根据该法授权，于1992年3月公布了《适用公共责任保险法的化学物质名录和数量限值》，具体列举了5组共182种"危险物质"的种类和各自的保险起征数量，这些物质均为毒性高、易燃易爆或具有较高反应性的化学物质。

二、巴西

巴西于1981年颁布首部环境法，要求污染者无论在是否具有过错的情况下都必须对环境以及第三方造成的损害进行赔偿。此后，巴西国会于1998年2月12日通过的环境犯罪法，对违反环境标准的行为处以最高约合2232万美元的罚款。最近，巴西本国以及外国银行都开始要求企业客户采取措施降低环境风险，将企业是否能够出具保险单或控制污染的保证条款作为批准给予贷款的条件。

Unibanco-AIGSeguros 保险公司在 2005 年开发了首个综合企业环境责任保险产品，该公司一直在与 25 家来自巴西石油、石油化工、化工、纸浆和造纸、纺织、金属以及采矿行业的主要公司进行保险方面的谈判。巴西国家石油公司已经开始执行了某种污染保险，但还无法得知相关的详细情况。该公司在 2000 年 7 月至 2001 年 7 月将接近 700 万升石油和副产品泄漏，巴西联邦及国家环境保护部门对该公司处以 1.3 亿美元的罚款。

三、韩国

韩国没有强制环境责任保险的立法。第三方责任保险可延伸到包括突发污染事故，第三方责任保险的赔偿金限额一般都比较低。现在保险市场上还没有环境损害责任保险。

9.2.6 环境保险制度的主要模式

环境责任保险的主要模式包括强制责任保险和任意责任保险两种，较为典型的有：

一、以美国和瑞典为代表的强制责任保险制度

美国针对有毒物质和废弃物的处理所可能引发的损害赔偿责任实行强制保险制度。如 1976 年的《资源保全与恢复法》授权国家环保局长在其依法发布的行政命令中，要求业者就日后对第三人的损害赔偿责任进行投保。投保的额度因突发性事故和非突发性事故而有区别：设施所有人或营运人必须就每次突发性事故投保 100 万美元，每年至少投保 200 万美元；同时必须就每一非突发性事故投保 300 万美元，每年至少投保 600 万美元。上述规定，自 1980 年起对年营业额在 100 万美元以上者才适用。1988 年，美国成立了专门的环境保护保险公司，承保被保险人渐发、突发、意外的污染事故及第三者责任，责任限额为每次事故最高 100 万美元。

瑞典《环境保护法》规定，对于人身伤害和财产损失，在依照《环境损害赔偿法》有权获得赔偿而又不能得到赔偿，或者受害人已经丧失损害赔偿请求权，或者难以确定损害责任人的情况下，由环境责任保险予以赔偿。根据《环境保护法》，从事需要许可证和需要审批的活动者，必须缴纳一定数额的保险费。在缴纳保险费的通知发出 30 日后，义务人仍未缴付的，监督机构责令该义务人履行义务，并处以罚款，义务人对此命令不得起诉。

二、法国实行的以任意责任保险为主，强制责任保险为辅的制度

法国在 20 世纪 60 年代尚无专业的环境污染责任保险，对企业可能发生的突发性水污染或大气污染事故，以一般的责任保险单加以承保。1977 年，由外国保险公司和法国保险公司组成了再保险联营，承保范围不再限于偶然性、突发性的环境损害事故，对于因单独、反复性或继续性事故所引起的环境损害也予以承保。

三、德国兼用强制责任保险与财务保证或担保相结合的制度

德国《环境责任法》出于环境侵权受害人能够得到赔偿，加害人能够履行其义务的考虑，在第 19 条规定特定设施的所有人必须采取一定的预先保障义务履行的措施，包括责任保险，即与保险公司签订损害赔偿责任保险合同，或由州、联邦政府、金融机构提供财务保证或担保。如果设施所有人未履行上述法定义务，主管机关可以全部或部分禁止该设施的运行，设施所有人还可能被处以一年以下有期徒刑或罚金。

下面主要以中国人民财产保险股份有限公司湖北省分公司环境污染责任保险条款为例，对保险条款加以介绍。

9.3 环境污染责任保险的内容

9.3.1 保险对象

《环境污染保险条款》规定，凡依法设立并符合国家环评标准、其场所及设备经有关环境保护管理部门验收合格的企事业单位、社会团体，均可作为本保险合同的被保险人。

环境污染损害涉及面广而复杂，在目前情况下，在我国大面积开展环境污染责任保险的条件并不具备，因而有必要本着"突出重点、先易后难"原则开展试点。据有关资料显示，目前我国 7555 个大型重化工业项目中，81%布设在江河水域和人口密集区等环境敏感区域，45%为重大风险源，导致污染事故频发，危害公众健康和社会稳定。绿色保险作为一项全新的环境经济政策，直接指向的是企业的潜在的或直接的环境风险，必须首先针对环境风险高、污染隐患大的企业先行试点。据了解，环保局和保监会共同推进的绿色保险试点行业包括三大类：第一类是生产、经营、储存、运输、使用危险化学品的企业，第二类是易发生污染事故的石油化工企业，第三类是危险废物处置企业，这三类企业的共性是环境危害大、最易发生污染事故，且损失最容易确定。

9.3.2 责任范围

现阶段环境污染责任保险的承保标的以突发、意外事故所造成的环境污染直接损失为主，逐步建立配套的标准和法规制度，逐步完善环境污染责任保险一系列制度。且我国目前普遍启用的是期内索赔式的保险条款。赔偿责任范围包括以下几个方面：

一、第三者因污染损害遭受的人身伤亡或直接财产损失。人身损害赔偿项目包括：造成伤害（未达到伤残）、残疾、死亡的赔偿项目；直接损失是指受害人因受环境污染而导致现有财产的减少或丧失。《环境保险条款》规定，在保险期间或本保险合同载明的追溯期内，被保险人在本保险单明细表中列明的保险地址内，依法从事生产经营活动过程中，由于突发的意外事故导致有毒有害物质的排放、泄露、溢出、渗漏，造成承保区域内第三者的人身伤亡或直接财产损失，由受害人在保险期间内首次向被保险人提出损害赔偿请求，保险人按照本保险合同的约定负责赔偿。"承保区域"是指保险地址外围 1km 以内的范围。

二、第三者根据环境保护相关法律、法规或行政性命令对污染物进行清理发生的合理必要的清理费。清污费用是指为排除环境污染危害而发生的检验、监测、清除、处置、中和等费用。如果不对污染物进行及时的清理，除了企业自身会受到影响，更严重的是会对周围的居民造成环境侵害。《环境保险条款》规定，被保险人因发生保险事故而支出的合理的、必要的清污费用，保险人按照本保险合同约定负责赔偿。

三、发生污染损害后，对于第三者向被保险人提出的索赔请求，保险人将积极协助被保险人进行抗辩，对于事先经保险人书面同意的相关法律费用（包括诉讼费、律师费、鉴定费、调查取证费等），保险人负责赔偿。为此，《环境保险条款》规定，保险事故发生后，被保险人因保险事故而被提起仲裁或者诉讼的，对应由被保险人支付的仲裁或诉讼费用以及其他必要的、合理的费用（以下简称"法律费用"），经保险人事先书面同意，保险人按照本保险合同约定也负责赔偿。

四、有些保险公司制定的保险条款还包括，发生意外事故后，被保险人为了控制污染物的扩散，尽量减少对第三者的损害，或为了直接抢救第三者的生命、财产所发生的合理的、必要的施救费用，保险公司也负责赔偿。

9.3.3 一般免责

一、故意免责。投保人、被保险人或雇佣人员的故意或重大过失行为；二、战争免责。战争、敌对行动、军事行为、武装冲突、罢工、骚乱、暴动、恐怖活动；三、核免责。核反应、核子辐射和光电、噪声或放射性污染；四、行政免责。行政行为或司法行为；五、自然灾害免责；自然灾害损失巨大，所以免责。六、井喷；七、被保险人生产流程本身固有原因导致的污水、废气等污染物不达标排放的。因为生产流程本身固有原因所造成的环境污染责任应由提供生产流程的一方承担责任，而不是被保险人的责任，故予以免责。

9.3.4 其他免责

一、被保险人未能在保险事故发生后的 72h 内发现的损失、费用和责任；二、被保险人或其雇员的人身伤亡及其所有或管理的财产的损失；三、水体、大气、土壤等生态污染的损失；四、累进式、渐变式污染造成的损失；目前我国环境保险主要承保突发性环境责任；五、政府列明了的潜在污染地的任何索赔，保险单另有约定的除外；这属于行政责任范畴故免责；六、被保险人应该承担的合同责任，但无合同存在时仍然由被保险人承担的法律责任不在此限；七、任何间接损失；例如由于环境事件发生导致企业停产、利润损失等；八、罚款免责。罚款、罚金及惩罚性赔款。九、验收不合格免责。未经有关环境保护管理部门验收或经验收不合格的场所或设备发生环境污染事故造成第三者人身伤亡或财产损失的，保险人不承担赔偿责任。十、免赔额免责。保险单列明的应由被保险人自行负担的免赔额，保险人不承担赔偿责任。

9.3.5 保险费率、责任限额和免赔额

一、保费计算公式

年度基准保险费＝每次事故责任限额×基准费率＋法律费用累计责任限额×法律费用基准费率

实际保险费＝年度基准保险费×调节系数1×调节系数2×调节系数3

式中　调节系数1——行业类别调节系数；

调节系数2——环保安全设施调节系数；

调节系数3——环保安全等级调节系数。

二、保险费基准费率与短期费率（见表9-1、表9-2）

中国人民财产保险股份有限公司湖北省分公司环境污染责任保险费基准费率率表　　表9-1

（单位：万元）

每次事故责任限额/累计责任限额	100	200	300	400	500
清污费用每次事故责任限额	50	100	150	200	250
人身伤亡每次事故责任限额	5.0	10.0	15.0	18.0	20.0
其中每人医疗费用责任限额	0.5	1.0	1.5	1.8	2.0
年度基准费率(‰)	20.0	17.7	17.0	16.5	15.6

注：累计责任限额＝每次事故责任限额；法律费用基准费率：0.25％。

短期费率表　　表9-2

保险期间	一个月	二个月	三个月	四个月	五个月	六个月	七个月	八个月	九个月	十个月	十一个月	十二个月
年费率的百分比(%)	10	20	30	40	50	60	70	80	85	90	95	100

注：不足1个月的部分按1个月计收。

三、风险调节系数

（一）行业类别调节系数

对以下行业，根据其生产规模及行业细分特点，设置1.5～3的调节系数。

1. 使用危险物质作为生产原料的企业；2. 排放有毒污染物或者其他危险废物的企业；3. 危险废物集中处置场所的经营管理单位；4. 生产具有剧毒特性的危险化学品；5. 其他对环境的潜在危害较大，最易发生污染事故的企业。

其他风险相对较小的行业类别根据其业务性质采用不低于0.8的行业调节系数。保险地址在城市中心区域或者人口密集区域的，系数在上述基础上，上浮20％。

（二）环保安全设施调节系数

1. 依法通过了环保局环评审核、环保验收、环保安全检查；2. 环保设施运行，环保安全状况以及相关配置符合规定；3. 有严格的环保控制制度，并配备有相关的检测人员进行监控防范的。

满足上述全部三项条件的，系数为0.8～0.9；满足上述第一项条件以及后两项中任何一项的，系数为1；仅满足上述第一项条件的，系数为1.1～1.5。

（三）环保安全等级调节系数

根据被保险人往年度环保事故状况，"三同时"执行情况以及项目环评情况，由被保险人出具有效的资质证明作为参考，结合环保局认定情况，调节系数为0.9～2.5。

每发生一次不符合"三同时"标准，或者项目环评不合格，或者曾经发生环保事故的，系数增加0.2～0.5。

四、保费计算举例

某企业投保环境污染责任保险，选择每次事故责任限额100万元，法律费用累计责任限额为20万元，行业类别调节系数为1.5，环保安全设施调节系数为0.8，环保安全等级调节系数为0.9，根据表9-1查，其基准费率为20‰，法律费用基准费率按规定为0.25％，计算其投保费用。

根据保费计算公式：

年度基准保险费＝每次事故责任限额×基准费率＋法律费用累计责任限额×法律费用基准费率＝100×20‰＋20×0.25％＝2.05

实际保险费＝年度基准保险费×调节系数1×调节系数2×调节系数3
＝2.05×1.5×0.8×0.9
＝2.214（万元）

9.3.6 责任限额和免赔额

环境污染保险条款规定，保险合同设每次事故责任限额、每次事故每人人身伤亡责任限额、每次事故每人医疗费用责任限额、每次事故清污费用责任限额、累计责任限额、法律费用责任限额，由投保人和保险人双方协商确定并在保险合同中载明。

每次事故每人人身伤亡责任限额不超过人民币20万元；每次事故每人医疗费用责任限额不超过人民币2万元；每次事故清污费用责任限额不超过每次事故责任限额的50％；每次事故责任限额与累计责任限额一致。

法律费用责任限额不超过人民币100万元。对于被保险人每次事故法律费用的赔偿金额，按本保险合同的约定另行计算，但不超过法律费用责任限额的25％。

每次事故财产损失免赔额为1000元或财产损失的10％，以高者为准；每次事故清污费用免赔额为5000元或清污费用的10％，以高者为准。

9.3.7 保险期间与追溯期

除另有约定外，保险期间为1年，以保险合同载明的起讫时间为准。追溯期是指自保险期间开始向前追溯约定的时间期间，投保人连续投保，追溯期可以连续计算，但最长不得超过3年。追溯期的起始日不应超过首张保险单的保险期间起始日。追溯期由保险合同双方约定，并在保险合同中载明。

9.4 环境污染责任保险的赔偿

9.4.1 保险人的赔偿责任基础

一、被保险人和向其提出损害赔偿请求的第三者协商并经保险人确认；
二、仲裁机构裁决；
三、人民法院判决；
四、保险人认可的其他方式。

9.4.2 环境污染责任保险赔偿标准

目前在《环境污染责任赔偿标准》未出台之前，赔偿标准主要依据是：

一、人身伤亡的赔偿标准

根据《最高人民法院关于审理人身损害赔偿案件适用法律若干问题的解释》规定的项目，确定赔偿金额。

二、财产损失赔偿标准

根据环保部门评估的第三者的实际财产损失,以及实际发生的清理费用,确定赔偿金额。

三、诉讼费用赔偿标准

根据法院诉讼费收据,按照诉讼费用的实际发生额,确定赔偿费用。

9.4.3 保险责任范围内,赔偿额的计算

一、对于每次事故造成的损失,保险人在每次事故责任限额内计算赔偿,其中对每人人身伤亡的赔偿金额不得超过每次事故每人人身伤亡责任限额,对每人医疗费用的赔偿金额不得超过每次事故每人医疗费用责任限额。

二、对于每次事故被保险人依法应支付的清污费用,保险人在每次事故清污费用责任限额内据实赔偿。

三、在依据本条第一项和第二项计算的基础上,保险人在扣除每次事故免赔额后进行赔偿,但对人身伤亡的赔偿不扣除免赔额。在保险期间或追溯期内发生一次或多次保险责任范围内事故的,保险人对被保险人的所有赔偿不超过保险合同载明的累计责任限额。法律费用依照"不超过法律费用责任限额的25%"的规定计算的,不在此限。

四、对于被保险人每次事故法律费用的赔偿金额,保险人在第26条计算的赔偿金额以外,按本保险合同的约定另行计算,但不超过法律费用责任限额的25%。

五、在本保险期间内,保险人对被保险人多次索赔的法律费用累计赔偿金额不超过本保险合同列明的法律费用责任限额。

六、保险事故发生时,如果存在重复保险,保险人按照本保险合同的累计责任限额与所有有关保险合同的累计责任限额总和的比例承担赔偿责任。

七、保险人收到被保险人的赔偿请求后,应当及时做出核定,并将核定结果通知被保险人;对属于保险责任的,在与被保险人达成有关赔偿金额的协议后10日内,履行赔偿义务。

八、被保险人对保险人请求赔偿的权利,自其知道保险事故发生之日起两年不行使而消灭。

9.5 投保人、被保险人义务

9.5.1 如实告知义务

投保人应履行如实告知义务,如实回答保险人就被保险人的有关情况提出的询问,并如实填写投保单。

投保人故意隐瞒事实,不履行如实告知义务的,或者因过失未履行如实告知义务,足以影响保险人决定是否同意承保或者提高保险费率的,保险人有权解除保险合同,保险合同自保险人的解约通知书到达投保人或被保险人时解除。

投保人故意不履行如实告知义务的,保险人对于保险合同解除前发生的保险事故,不承担赔偿责任,并不退还保险费。

投保人因过失未履行如实告知义务,对保险事故的发生有严重影响的,保险人对于保

险合同解除前发生的保险事故,不承担赔偿责任,但可退还保险费。

9.5.2 缴纳保险费的义务
除另有书面约定外,投保人应在保险合同成立时交清保险费。未按约定交清保险费前发生的保险事故,保险人不承担赔偿责任。

9.5.3 遵守法律义务
被保险人应严格遵守国家及政府有关部门制定的其他相关法律、法规及规定,加强安全管理和污染物管理的规定,采取合理的预防措施,尽力避免或减少责任事故的发生。

保险人可以对被保险人遵守前款约定的情况进行检查,向投保人、被保险人提出消除不安全因素和隐患的书面建议,投保人、被保险人应该认真付诸实施。

投保人、被保险人未遵守上述约定而导致保险事故的,保险人不承担赔偿责任;投保人、被保险人未遵守上述约定而导致损失扩大的,保险人对扩大部分的损失不承担赔偿责任。

9.5.4 及时履行义务
被保险人应选用合格的人员并且使拥有的建筑物、道路、工厂、机器、装修的设备处于坚实、良好可供使用状态,同时,应立即纠正已发现的污染缺陷并调查和纠正类似缺陷,必要时应当公告其危险性,新增设备或流程的,应取得环境保护部门的合格验收。否则,由于被保险人未及时履行上述义务而导致的损失和费用,保险人不负责赔偿。

9.5.5 变更通知义务
在保险期间内,如足以影响保险人决定是否继续承保或是否增加保险费的保险合同重要事项变更,被保险人应及时书面通知保险人,保险人有权要求增加保险费或者解除合同。

被保险人未履行通知义务,因上述保险合同重要事项变更而导致保险事故发生的,保险人不承担赔偿责任。

9.5.6 采取措施的义务
发生保险责任范围内的事故,被保险人应该尽力采取必要、合理的措施,防止或减少损失,否则,对因此扩大的损失,保险人不承担赔偿责任。

9.5.7 立即通知义务
发生保险责任范围内的事故,被保险人应该及时通知保险人,并书面说明事故发生的原因、经过和损失情况;对因未及时通知导致保险人无法对事故原因进行合理查勘的,保险人不承担赔偿责任;对因未及时通知导致保险人无法核实损失情况的,保险人对无法核实部分不承担赔偿责任。

9.5.8 保护事故现场义务
发生保险责任范围内的事故,被保险人应该允许并且协助保险人进行事故调查;对于拒绝或者妨碍保险人进行事故调查导致无法确定事故原因或核实损失情况的,保险人不承担赔偿责任。

9.5.9　不得对第三者做出任何承诺的义务

被保险人收到第三者的损害赔偿请求时,应立即通知保险人。未经保险人书面同意,被保险人自行对第三者做出的任何承诺、拒绝、出价、约定、付款或赔偿,保险人不认可。

9.5.10　诉讼通知义务

被保险人获悉可能发生诉讼、仲裁时,应立即以书面形式通知保险人;接到法院传票或其他法律文书后,应将其副本及时送交保险人。保险人有权以被保险人的名义处理有关诉讼或仲裁事宜,被保险人应提供有关文件,并给予必要的协助。

对因未及时提供上述通知或必要协助引起或扩大的损失,保险人不承担赔偿责任。

9.5.11　单证提供义务

被保险人向保险人请求赔偿时,应提交保险单正本、所辖保险地址的县级及以上国家环保部门污染事故认定书、污染程度及事故损失鉴定材料、县级及以上的医疗机构或司法机关出具的残疾鉴定诊断书、死亡证明、县级以上(含县级)医院或保险人认可的医疗机构出具的医疗费用收据、诊断证明及住院病历、有关的法律文书(裁定书、裁决书、判决书、调解书等)或和解协议、损失清单、支付凭证,以及保险人合理要求的有效的、作为请求赔偿依据的其他证明材料。

被保险人未履行前款约定的单证提供义务,导致保险人无法核实损失情况的,保险人对无法核实部分不承担赔偿责任。

9.5.12　其他保险合同说明义务

被保险人在请求赔偿时应当如实向保险人说明与本保险合同保险责任有关的其他保险合同的情况。对未如实说明导致保险人多支付保险金的,保险人有权向被保险人追回多支付的部分。

9.5.13　保留对第三方责任人赔偿权利的义务

发生保险责任范围内的损失,应由有关责任方负责赔偿的,被保险人应行使或保留向该责任方请求赔偿的权利。

保险事故发生后,保险人未履行赔偿义务之前,被保险人放弃对有关责任方请求赔偿的权利的,保险人不承担赔偿责任。

在保险人向有关责任方行使代位请求赔偿权利时,被保险人应当向保险人提供必要的文件和其所知道的有关情况。

由于被保险人的过错致使保险人不能行使代位请求赔偿的权利的,保险人相应扣减赔偿金额。

9.6 环境污染责任制度推行、存在问题与对策

9.6.1 环境污染责任制度推行

目前我国环境污染责任保险制度正在积极推行之中。我国早在 1983 年就颁布的《海洋石油勘探环境保护条例》第 9 条规定：企业事业单位和作业者应当具有有关污染损害赔偿的民事责任保险和其他财务保证。国家海事局 1999 年颁布《船舶载运装油类安全与防污染监督管理办法》第 6 条规定，从事海洋运输不论吨位大小，必须进行保险或者取得财务保证。

在 20 世纪 90 年代初，我国由保险公司和当地环保部门合作推出了污染责任保险，大连是最早开展此项业务的城市，1991 年正式运作，后来，湖南、江苏、沈阳等地也相继开展。2007 年 12 月原国家环保总局和保监会联合下文《关于环境污染责任保险工作的指导意见》，提出要在"十二五"期间全面推行环境污染责任保险制度。2008 年以来，在湖南、江苏、湖北、宁波、沈阳等地推进环境污染责任保险制度的试点工作，以改变多年来我国"污染企业获利、损害政府埋单"的局面。以湖南为例，湖南省曾确定了环境污染风险较大的化工、有色、钢铁等行业 18 家企业作为第一批试点的重点企业。截至去年 10 月底，已有多家企业投保环境污染责任险。

早在 2007 年年末，华泰保险公司的两款保险产品"场所污染责任保险"及"场所污染责任保险（突发及意外保障）"通过保监会的备案批准正式推向市场。这意味着华泰保险公司成为内资保险公司中首家试水环境污染责任保险的企业。

场所污染责任保险是国外环境污染责任保险产品体系中的主流产品，其所占比例超过 50%。华泰推出的产品主要针对场所污染，结合国内市场情况和法律法规，本地化后推出的。该产品是独立的污染责任保险产品，既可承保意外突发污染，也可承保渐进性污染；既可承保保险期限内发生的污染事故，也可考虑承保此前发生的"老的"污染事故。该产品将对被保险人因污染事故所致第三者损害而需承担的经济赔偿责任、污染事故清理补救费用及相关法律抗辩费用提供保险保障。

此外，也可扩展承保因污染事故导致企业营业中断所致的损失。华泰新推出的产品承保范围更广，适合制造商、中型化工企业和房地产商等各类企业投保。运输途中造成的污染、承包商在不同工程承包中造成的污染等，都是海外常见的环境污染责任险的保障范围。继推出场所污染责任保险后，华泰不排除推出其他环境污染责任险种。

2008 年，中国人保针对高科技企业的需求开发出首款环境污染责任保险产品，当年 3 月份就在湖北签发出第一单。此后，中国人保加强与各地环保部门、经纪公司、再保公司的协作，进一步完善产品及试点方案，截至目前，已有湖北、辽宁、深圳在陆续开展业务，重庆、湖南、江苏、云南等分公司也已经提出试点需求。

中国平安也积极开发相关产品。根据 2008 年环保部和保监会联合下发的《关于开展环境污染责任险工作的意见》，平安财险自行开发了适合市场需求的环境污染责任险产品，并于 2008 年 4 月向中国保监会备案了《平安环境污染责任险》，正式推向市场。

平安环境污染责任险产品于 2008 年 4 月份备案后，平安即开始启动了紧张而有序的销售和推广工作，在江苏、辽宁、湖南、湖北、重庆、河南等试点省市，平安积极参与与当地环保部门、保监局、企业界的沟通和交流，推广环境污染责任险。

9.6.2 试点存在的主要问题

一、费率高且赔付率低

保险的保险费率过高，赔付率过低成为试点存在的主要问题之一。例如试点城市大连，1991 年至 1995 年的环境污染责任保险的赔付率只有 5.7%，沈阳市 1993 至 1995 年责任保险的赔付率为零，远远低于国内其他险种 50% 左右的赔付率。而国外保险业的赔付率为 70%~80%。

赔付率过低的原因是保险责任范围过窄，我国目前只把突发性污染事故造成的民事赔偿责任作为保险标的。事实上，由于污染而造成民事赔偿的不仅仅限于突发性污染事故（如工厂爆炸、毒气泄漏），还有累积性污染事故，污染物累积到一定程度，同样会对第三人造成人身或财产损害，且后者出现的频率和损失额要比前者大得多。责任范围过窄，风险就相应减少，赔付率过低也就不难理解。

我国的污染责任保险费率是按行业划分的，最低费率为 2.2%，最高为 8%，较其他险种只有千分之几的费率相比，要高出好几倍。在赔付率很低的情况下，高费率不做调整，就会影响投保者的积极性。

二、环保法规不够健全

我国的环保法规不够健全，尤其缺少污染赔偿方面的法律规定，再加上执法不严，对排污者客观上形不成压力。虽然污染环境造成了损失，却很少承担赔偿责任。据权威部门估算，我国由于环境污染造成的直接经济损失每年达 1200 亿，而赔偿数额却少得可怜。以 1993 年为例，污染事故的赔偿金额仅有 4142 万元，政府罚款 478.8 万元，两项合计不足 5000 万元。绝大部分经济损失由国家、社会来承担。因此，污染者没有真正形成压力，没有形成很强的风险意识，缺乏积极投保的内在动力和外部压力。

三、缺少纠纷处理机制

缺少有效的环境纠纷解决机制。我国现有的环境纠纷解决途径主要是民事诉讼和行政调解，一方面污染受害者无力承担高昂的诉讼费和律师费，而另一方面排污企业多是当地的利税大户，或明或暗地受当地政府的保护，使得受害者在索赔过程中困难重重。这种状况使排污者很少有忧患意识，觉得上不上保险无关紧要。

9.6.3 完善保险制度对策

一、建立强制保险制度

我国应建立强制性污染责任保险为主，任意性责任保险为辅的保险制度。环境责任保险在我国大多属于自愿性保险，一些企业因抱着侥幸心理，大多数没有参加该保险，使无辜受害人得不到公平赔偿的现象普遍存在。基于我国环境问题的现状，笔者认为可借鉴美国和瑞典的立法模式，实行强制责任保险为主，任意责任保险为辅的制度。在产生环境污染和危害最严重的行业实行强制责任保险，如石油、化工、印染、采矿、水泥、造纸、皮革、火力发电、煤气、核燃料生产、房地产、建筑等有毒危险废弃物的处理等行业。如英国在 1965 年发布的核装置法要求安装者负责最低为 500 万英镑的责任保险。德国自 1991 年 1 月 1 日，依法强制实行环境损害责任保险。我国在一些行业也已推行强制责任保险，依照《海洋石油勘探、开发环境保护管理条例》（1983 年）第 9 条的规定，从事海洋石油勘探、开发的企业、事业单位和作业者，应当投保污染损害民事责任的保险。我国是《国际油污损害民事责任公约》的缔约国，该公约规定了强制责任保险，我国《海洋环境保护法》对此作了相同规定，即载运 2000t 以上散装货油的船舶，应当持有效的油污损害民事责任保险。在城建、公用事业、商业等污染较轻的行业则可实行任意责任保险。

二、扩大责任保险范围

从国外经验看，污染责任保险的范围都在不断扩大，这是一个共同趋势。因此，我国责任保险也不应仅限于突发性污染事故，而应把经常性排污造成的第三人受害的民事赔偿责任纳入责任保险的范围。当然，这样一来会增加保险公司的风险，保险公司出于营利目的，可能不愿意承保。为了促进保险公司承保，就需要政府的财政支持和政策优惠，如减免税措施、注入保险基金、由政府出面促使各保险公司联合起来承保以进一步分散风险或进行再保险等。如意大利在 1990 年后由 76 家保险公司组成联合承保集团，经过大量调查取证，制定出合理的保险费率，承保污染责任保险。由于此项业务适应了环境污染危机的现实需要，发展迅速，很快占整个责任保险业务总量的 90% 以上。随着我国加入 WTO，保险市场开放，外国保险公司进入，竞争将更加激烈，我国保险公司应该勇于开拓新的险种和承保范围。其次，可考虑借鉴法国的做法，在承保累积性污染事故时，附加严格的限制条件。如要求投保人必须遵守法律和保单规定的条件，充分履行安装损害防止设施和维护保险标的安全的义务，且保险人或其代理人有权不经预先通知而随时前往查看，以促使被保险人采取改进措施和避免事故发生。如违背保险合同条款，或违反有关法律、行政命令，则被保险人无权获得赔偿。

三、确定合理保险费率

在污染责任保险中，保险费率的确定是最困难的。费率的高低取决于风险大小及最大赔偿金额的估算，需要在大量污染侵权事实的基础上，运用科学方法进行风险评估，而且要准确确定每个企业的污染风险等级异常困难。最简便的方法，是按不同行业确定不同费率。如大连市保险公司按不同行业确定了 6 种费率，最高为石油、化工、印染等，保险费率为 3.6%，最低的如城建、公用事业为 2.2%。同时，可考虑对不同污染区域的排污企业、排污程度，实行可浮动的弹性费率。投保单位如当年无事故发生，在续保时可给予优惠。

四、加强环境法制建设

加强环境法制建设，切实维护公众的环境权益。企业不愿意投保，并不是说我国污染损害事件很少发生。恰恰相反，从 20 世纪 80 年代至 1997 年，中国环境纠纷一直稳定在每年 10 万件左右，1998 年猛升到 18 万件，1999 年增加到 25 万件，2000 年超过 30 万件。由于我国环境纠纷处理立法滞后，处理机制不健全，且污染受害者多是贫弱的农民、渔民、市民，在得不到公正赔偿时只有默默忍受。忍无可忍时，就采取上访、静坐，甚至砸厂、堵门、封路、械斗等过激手段，影响社会安定。正如著名环境法学家金瑞林教授指出的，"因环境问题而生的环境侵权现象及救济将成为今后我国的一大社会问题"。因此，加强环境法制建设，在制定《环境损害赔偿法》时把环境污染责任保险纳入其中是现实的迫切需要。同时，逐步提高企业的排污标准，严格执法，强化企业的环保意识，切实维护公众的环境权益。

总之，环境污染责任保险制度依赖于民事责任制度的健全，公众参与制度的完善，也离不开新闻媒体的宣传，及学者对这一制度的深入研究。

第 10 章　物业管理责任保险

10.1　物业管理责任保险概述

10.1.1　物业管理责任保险的基本概念

物业管理责任保险属于责任保险的一种，它是在物业管理活动中，物业管理人员（被保险人），由于工作疏忽或过失导致第三者（物业的使用者）发生意外事故造成的人身伤害或财产损失时，应由保险人承担经济赔偿责任的一个险种。物业责任保险分为基本险保险和附加停车场盗窃、抢劫责任保险两部分。

10.1.2　保险意义

物业管理企业是劳动密集型行业，在日常服务的同时，也伴随着沉重的责任，其背后都隐藏着一定的责任风险，中国人民财产保险公司提供的物业管理行业风险分析书当中列举了"因小区安全措施不当、或警告标识不明显，引起第三者滑倒、碰撞、坠落等意外事故，造成第三者财产损失或人身伤亡"、"水管爆裂、水淹造成物业财产损失"、"发生地震、暴风、暴雨、雷击等自然灾害时，因被保险人管理、维护不善，造成灾害来临时本不应发生的损失"、"小区内基础设施发生故障，造成业主损失"、"车辆在小区内行驶、停放时由于物业管理不善造成损坏或丢失"、"电梯故障使乘客受困，耽误乘客行动导致经济损失或其他损失"共 11 种可能存在的风险。现实当中的众多例子证明了这份分析书并非危言耸听。

2003 年 6 月，中科院某研究所尹姓退休干部在所居住小区内被车撞成植物人。其家属遂以小区内车祸不属于交通事故，不应按交通事故处理为由，将肇事司机以及该小区物业管理公司告上法庭。

2003 年 8 月，北京丰台区一 11 岁女学生为捡掉在一层平台上的网球，不慎脚下一滑，倒在钢筋护栏上，扎穿胸部，经诊断为"右胸锐器心房贯通伤"，共支付医院治疗费用 2.9 万余元。家属以物业公司未能发现钢筋护栏上的安全隐患为由，与物业管理公司对簿公堂。

2003 年 11 月和 2004 年 2 月大津一居民区内发生两次房顶大量渗漏水现象，造成家庭财产严重损失，使业主几个星期不能正常生活。

2003 年 6 月，北京宣武区一小区内，一棵高达 10 余米的槐树被大风连根拔起，砸坏了停在树下的一辆现代索纳塔的前挡风玻璃。事后，保险公司依据保险合同为车主理赔了 3.3 万元。5 个月后，保险公司将该小区物业公司推上被告席。法院审理后认为，作为专业管理者,该小区物业公司应当有能力预见事故的发生,但没有预见已构成过失,应对车辆被砸坏负赔偿责任。

由此可见,物业管理企业在进行正常的经营活动时,客观上面临着多种民事赔偿责任风险,而作为微利经营的物业管理公司其经济实力十分有限,则一旦发生较为严重的责任事故,将给物业管理企业带来沉重的经济负担。面对客观存在的风险,必须进行管理,既要认识危险、估计和分析危险,从而采取措施消灭危险、减少危险或转嫁危险。保险是危险管理的一种有效方式,特定的危险是保险的对象。

10.1.3 物业管理责任保险的功能

物业保险是整个社会保险中不可缺少的一个重要组成部分,物业责任保险通过对物业管理领域由于意外事故等造成的保险责任范围的损失提供经济补偿或资金付给,对推动物业管理起到积极作用。物业责任保险大体有以下作用:

一、可以转移责任风险,减轻物企经济压力

物业服务是一个微利行业,主要是以收取物业服务费用维持运营,一旦遇到责任赔偿损失,对其财务的影响是不言而喻的。物业管理企业参保是一种全面解决管理责任引发的经营风险的有效措施,在美国,专业的物业管理公司必须依照有关楼宇的管理的规定,为其接管的物业公共部位及其设施购买保险。以便一旦发生意外事故,由保险公司按照合同有关规定给予赔付,使全体业主遭受到的损失得到及时补偿,对共用部位和设施意外损毁修复得到保障,以及第三者人身伤害和财产损失得到保障。投保物业管理责任保险可以有效地转移企业的风险,为企业解除后顾之忧。

二、加强物业安全管理提高风险防范意识

通过保险的宣传服务,最终目的是使物业管理企业和广大业主消除侥幸心理因素,增强安全事故的防范意识,通过加强物业的风险管理和保险的宣传教育工作,力争少出意外事故或不出意外事故,努力降低意外事故的发生率,经过努力,使保险起到"事先思想预防,事后经济补偿"的作用,维护管理区域乃至社会稳定,保一方平安。

三、可以增强管理企业自身防灾救灾力量

物业保险的承保人可以对被保险的房屋财产等的安全情况进行检查,运用日常业务活动中积累的防灾防损经验,向被保险人员提出消除不安全因素的合理建议,从而起到促进保护业主人身和财产安全的作用。

四、促进服务的规范化、提高企业的市场竞争力

推进物业管理责任保险的现实意义在于通过物业服务企业参加物业管理责任保险,可以推动物业管理企业制度化、法制化、科学化、规范化的进程,促使物业管理水平,提高物业管理企业的安全信誉和竞争力。从我国港澳地区和国外的情况来看,物业管理责任保险属于强制险,实践证明,早投保,早分散风险、早受益。

正因为如此,2000 年 9 月中国人民财产保险公司就推出了物业责任保险,专门针对物业管理企业的风险状况而开发、设计的险种。2001 年 12 月 26 日,深圳万科与人保深圳分公司签订了全国首例物业管理责任险协议。2002 年 3 月 8 日,深圳中海也购买了此险种,中海、万科两家物业管理企业率先投保。

10.2 物业管理责任保险的法规依据

10.2.1 《中华人民共和国物权法》(主席令第62号)

《中华人民共和国物权法》(2007年10月1日起施行)规定:国家实行社会主义市场经济制度,保障一切市场主体的平等法律地位和发展权利;国家、集体、私人的物权和其他权利人的物权受法律保护,任何单位和个人不得侵犯。

同时对住宅区业主对建筑物内的住宅、经营性用房等专有部分、业主对其建筑物专有部分、业主对建筑物专有部分以外的共有部分、建筑区划内的道路、绿地、其他公共场所、公用设施和物业服务用房、建筑区划内停放汽车的车位、车库、其他场地停车位等进行了权利的界定,对个人财产的所属关系进行了更为准确的解释,不仅使个人财产权进一步得到保护,也意味着个人承担风险的责任得以明确,对物权关系的解读与保险行业的经营有直接的关系,对物业保险有重大的影响。

10.2.2 《物业管理条例》(国务院令[2007]第504号)

《物业管理条例》(2007年10月1日施行)以下简称《条例》。国务院修改后的《条例》自2007年10月1日起施行。《条例》与同时施行的物权法相对接,《条例》从"管理"到"服务"明确业主权利,明确赋予了业主选聘和解聘物业服务企业的决定权,将"物业管理企业"修改为"物业服务企业",将"业主公约"修改为"管理规约",将"业主临时公约"修改为"临时管理规约",明确了物业服务的主从关系。

《条例》第6条规定:"房屋的所有权人为业主。业主在物业管理活动中,享有下列权利:(一)按照物业服务合同的约定,接受物业服务企业提供的服务……;"

《条例》第36条规定:"物业服务企业应当按照物业服务合同的约定,提供相应的服务。物业服务企业未能履行物业服务合同的约定,导致业主人身、财产安全受到损害的,应当依法承担相应的法律责任。"

《条例》第47条规定:"物业服务企业应当协助做好物业管理区域内的安全防范工作。发生安全事故时,物业服务企业在采取应急措施的同时,应当及时向有关行政管理部门报告,协助做好救助工作。"

10.2.3 《物业服务收费管理办法》(国家发改委、原建设部发改价格[2003]第1864号)

国家发改委、原建设部制定的《物业服务收费管理办法》(2004年1月1日执行)以下简称《办法》。《办法》中明确规定,物业服务成本或者物业服务支出构成中含有:共用部位、共用设施设备、公众责任(即物业管理责任)等保险费用。保险费用可以列入物业管理成本或物业服务支出中。

《办法》第11条规定:"物业服务成本或者物业服务支出构成中一般包括以下部分:……物业共用部位、共用设施设备及公众责任保险费用……"。

10.2.4 《物业服务定价成本监审办法(试行)》(发改价格[2007]第2285号)

国家发改委、原建设部关于印发的《物业服务定价成本监审办法(试行)》。(2007年10月1日实施)以下简称《办法》。《办法》为物业定价成本作了统一标尺。

《办法》第7条规定:"物业服务定价成本由……物业共用部位共用设施设备及公众责任保险费用……费用组成"。

《办法》第13条规定:"物业共用部位共用设施设备以及公众责任保险费用是指物业管理企业购买共用部位共用设施设备以及公众责任保险所支付的保险费用。以物业管理企业和保险公司签订的保险单和交纳的保险费为准。"

10.2.5 《关于审理人身损害适用法律若干问题的解释》(2003年12月4日最高人民法院审判委员会第1299次会议通过)

最高人民法院《关于审理人身损害适用法律若干问题的解释》(2004年5月1日起实施)以下简称《司法解释》。

一、从事经营活动或者其他社会活动的人,负有相应的公众安全保障义务,因第三人侵权导致损害结果发生的,安全保障义务人有过错的,应当在其能够防止或者制止损害的范围内承担相应的补充赔偿责任。目的是促进商业、服务领域在安全保障方面加强管理,合理分配损害。

二、《司法解释》第6条规定:"从事住宿、餐饮、娱乐等经营活动或者其他社会活动的自然人、法人、其他组织,未尽合理限度范围内的安全保障义务致使他人遭受人身损害,赔偿权利人请求其承担相应赔偿责任的,人民法院应予支持。"

三、《司法解释》第16条规定:"下列情形,适用民法通则第126条的规定,由所有人或者管理人承担赔偿责任,但能够证明自己没有过错的除外:1.道路、桥梁、隧道等人工建造的构筑物因维护、管理瑕疵致人损害的;2.堆放物品滚落、滑落或者堆放物倒塌致人损害的;3.树木倾倒、折断或者果实坠落致人损害。前款第1项情形,因设计、施工缺陷造成损害的,由所有人、管理人与设计、施工者承担连带责任。"

下面以中国平安保险公司物业管理责任保险条款为例,介绍物业管理责任保险的内容。

10.3 物业管理责任保险的主要内容

10.3.1 物业管理责任保险对象

物业管理责任保险条款规定:凡在工商行政管理部门登记注册,取得合法资格的物业管理者,均可作为被保险人。物业管理责任保险以此作为投保人的条件。

我国物业服务企业实行资质制度,等级分为一、二、三级。国务院建设主管部门负责一级物业服务企业资质证书的颁发和管理。省、自治区人民政府建设主管部门负责二级物业服务企业资质证书的颁发和管理,直辖市人民政府房地产主管部门负责二级和三级物业服务企业资质证书的颁发和管理,并接受国务院建设主管部门的指导和监督。设区的市的人民政府房地产主管部门负责三级物业服务企业资质证书的颁发和管理,并接受省、自治区人民政府建设主管部门的指导和监督。

我国境内申请物业服务企业,实施对物业服务企业资质管理。各级资质设有相应的注册资金、人员构成、职业资格证书、管理物业规模等标准。分别由省、自治区人民政府建设主管部门、直辖市人民政府房地产主管部门、设区的市的人民政府房地产主管部门分级负责管理。

新设立的物业服务企业应当自领取营业执照之日起30日内,持有关文件向工商注册所在地直辖市、设区的市的人民政府房地产主管部门申请资质。

10.3.2 物业管理责任保险责任范围

一、第三者人身伤害和财产损失

物业管理责任保险条款第3条规定:在本保险期限内,被保险人在本保险单明细表中列明区域内从事物业管理工作过程中,因过失导致意外事故而致使第三者人身伤亡或财产损失,依法应由被保险人承担的经济赔偿责任,本公司负赔偿责任。

应注意以下问题:(一)列明区域主要是指物业服务区域内;(二)因为物业服务人员的工作过失导致的意外事故;(三)第三者的财产损失是指由被保险人管理的、保单明细表中列明区域内的共用道路、场地、房屋及配套设施设备。

二、诉讼或仲裁费用

由物业服务法律纠纷所产生的诉讼费和仲裁费用,是意外事故产生损失的一部分,因此物业管理责任保险条款第4条规定:发生保险事故后,被保险人支付的经本公司同意的诉讼或仲裁费用,本公司根据本保险合同的规定负赔偿责任。

三、合理费用

物业管理责任保险责任范围还包括因发生意外事故而产生的其他合理费用,保险人也负责赔偿。物业管理责任保险条款第5条规定:发生保险事故后,被保险人为减少对第三者人身伤亡或财产损失的赔偿责任所支付的必要、合理的费用,本公司根据本保险合同的规定负赔偿责任。

物业管理责任保险的责任范围同其他责任保险一样,在事故发生时间、地点和事故原因方面具有严格的规定。一般规定在保险期间内承保的区域内的物业,由于被保险人管理上的疏忽或过失而发生意外事故而产生的人身伤亡或财产损失。依法应由被保险人承担的经济赔偿责任,保险人负责赔偿。

四、应注意的问题

在这里条款保险责任采取列明方式,理解上述内容应注意以下几个方面:

(一)被保险人在管理小区、写字楼、商住楼等范围内的物业因管理上的疏忽或过失导致维修、养护管理不善而发生意外事故造成的第三者的人身伤亡或财产损失。

值得注意的是,第三者是指除保险人与被保险人(包括被保险人的代表及雇员)以外的遭受人身伤亡或财产损失的受害人,包括物业业主、非业主使用人及出入物业管理场所的其他人。

人身伤亡是指受害人身体上的伤残、疾病、死亡,但不包括精神伤害。财产损失是指物质的直接损坏或丢失。

第三者的财产损失是指由被保险人管理的、保单明细表中列明区域内的共用道路、场地、房屋及配套设施设备。

（二）事先经保险人书面同意的诉讼费用包括被保险人和受害人在法院进行诉讼或抗辩而支出的费用；被保险人向有关责任方进行追偿而产生的诉讼费用等，这些费用的支出必须事先经保险人的认可。

（三）必要的、合理的费用，包括抢救受伤人员和受灾财产所支出的费用。

五、责任具体内容

2003年《物业管理条例》出台后，特别是《物业服务收费管理办法》实施后，在实务操作中，物业管理责任保险被某些保险公司具体的分为《财产一切险》（物业共用部位、共用设施设备保险）和《公众责任保险》。而一些保险公司制定的物业管理责任的保险条款是在以往的公众责任保险条款上修改而来的，这些条款没有较好的结合物业管理的具体内容，实施操作起来较为困难。

一般物业管理企业与保险公司所签订的上述保险合同中，对保险公司赔付责任范围具体主要包含以下内容：

（一）被保险人负责维护和管理的电梯发生责任事故，给第三者造成人身伤害和财产损失，依法应由被保险人承担的经济赔偿责任；

（二）被保险人以自行施工的方式对物业进行维修或装修，如工程造价不超过人民币100万元，在施工过程中给第三者造成人身伤害和财产损失，依法应由被保险人承担的经济赔偿责任；

如工程由其施工单位负责，或工程总造价超过人民币100万元，则除非事先得到保险的书面同意，保险公司不负责赔偿；

（三）因共用部位设立的霓虹灯、广告招牌及建筑装饰物发生坠落或倒塌，造成第三者人身伤害和财产损失，依法由被保险人承担的经济赔偿责任；

（四）因共用部位发生火灾或爆炸事故，造成第三者人身伤害和财产损失，依法应由被保险人承担的经济赔偿责任；

（五）因共有设施设备的锅炉及压力容器发生爆炸或其他意外事故，造成第三者人身伤害和财产损失，依法应由被保险人承担的经济赔偿责任；

（六）因各类共用设施设备（如绿化、园艺、围栏、楼梯扶手及踏步、供变电设施、公共照明设备、井盖）等破损、缺失或存在缺陷，造成第三者人身伤害和财产损失，依法应由被保险人承担的经济赔偿责任；

（七）物业管理区域内不明原因的高空坠物，造成第三者人身伤害和财产损失，依法应由被保险人承担的经济赔偿责任；

（八）位于共用部位的自来水管道、下水管道、中水管道、暖气管道及其他管道或阀门发生漏水事故，造成第三者人身伤害和财产损失，依法应由被保险人承担的经济赔偿责任；

（九）由被保险人委托或聘用的保安员与保洁员，因工作中存在过失行为，造成第三者人身伤害和财产损失，依法应由被保险人承担的经济赔偿责任；

（十）发生其他不属于本保险单除外责任的意外事故，造成第三者伤害和财产损失，依法应由被保险人承担的经济赔偿责任；

(十一) 事先经保险公司书面同意的诉讼费用，保险公司责任赔偿。

10.3.3 物业管理责任保险责任免除

一、一般性责任免除

根据《物业管理保险条款》第6条规定，物业管理责任保险对下列原因造成的损失、费用和责任，保险人不负责赔偿责任：

(一) 被保险人或其代表及雇员的故意行为；

(二) 战争、军事行动、武装冲突、恐怖活动、罢工、暴动、民众骚乱、盗窃、抢劫；

(三) 核反应、核辐射及放射性污染；

(四) 大气、土地和水污染及其他污染；以上第一至四款均为责任保险的责任免除条款。

(五) 火灾、爆炸、地震、雷击、暴风、暴雨、洪水、台风等自然灾害，但因被保险人管理、维护不善，造成灾害来临时本不应发生的损失除外；这一条是说，如果是由于被保险人的管理或维护不善，使自然灾害发生时本不应发生的损失发生了（包括损失扩大部分），则保险人不应负责。

(六) 物业管理区域内房屋建筑、设施以及第三者电器设备本身缺陷所导致的损失；此款属于建筑质量保险或产品责任保险范畴故予以免除责任；

(七) 直接或间接由于计算机2000年问题引起的损失。

二、特殊责任免除

根据《物业管理保险条款》第7条规定，下列损失和费用，保险人也不负赔偿责任：

(一) 被保险人或其代表及雇员自身的人身伤亡以及被保险人或其代表及雇员所有或其保管、控制的非物业财产损失；这是由于物业管理责任保险承保的是第三者责任保险，而不是物业公司或其员工本身遭受的人身伤亡或财产损失险，此类保险另由其他相关保险险种承保，故予以免除。

(二) 被保险人与他人签订的协议中所约定的责任，但即使没有这种协议，被保险人仍应承担的法律责任不在此限；被保险人与他人签订的协议中所约定的责任不属于物业管理责任，故免除。

(三) 物业管理资质证书被资质审批部门吊销期间所发生的损失；这一条款属于违反有关物业管理法律的规定，资质证书被资质审批部门吊销期间仍进行经营属于非法经营，所以责任免除。

(四) 被保险人将物业管理区域内的专项服务业务委托给他人导致的第三者的人身伤亡及财产损失；这一除外也是由于企业违反了有关物业管理法律，所以免除。

(五) 保险事故引起的第三者精神损害及被保险人减产、停产等间接损失；这一款责任免除的原因是由于物业管理责任保险赔偿的是直接造成的损失或费用，而不是间接的损失或费用，所以免除。

(六) 供水、供电、供气、供热、通讯、有线电视等单位未依法承担物业管理区域内相关管线和设备维修、养护责任发生的损失；这一免责是由于造成的损失应由相关单位负责，被保险人不应承担责任。

(七) 本保险单明细表中列明区域内机动车辆及非机动车辆的损失；这一标的另附有

机动车辆及非机动车附加保险。

（八）游泳场所内发生的第三者人身伤亡及财产损失；这一标的另有游泳场所事故责任附加保险，故免除。

（九）电梯运行事故或故障导致的第三者人身伤亡及财产损失；这一标的另附有电梯运行意外事故附加保险，故免除。

（十）罚款、违约金或惩罚性赔款。

（十一）保险单明细表或有关特别约定中规定的应由被保险人自行负担的免赔额。

10.3.4 保险费率及赔付限额

一、保险费率

物业管理责任保险的保险费是以年物业费收入为基准，乘以物业保险费率。一般物业管理保险费率为1%，计算公式如下：

（一）基本保险费：年保险费＝年物业管理费收入×基本险费率

（二）附加保险费：年保险费＝附加险累计赔偿额×附加险费率

二、赔付限额

（一）主险的赔偿限额

每次保险事故承担的本条款第3条、第4条、第5条的赔偿金额之和不超过保险单明细表中列明的每次事故赔偿限额，每次保险事故每人人身伤亡赔偿金额不超过保险单明细表中列明的每人每次事故赔偿限额。在保险期限内，无论发生多少次保险事故，本公司承担的最高赔偿金额不超过本保险单明细表中列明的累计赔偿限额。

（二）附加险的赔偿限额

1. 游泳场所责任附加险的赔偿限额

本保险年累计赔偿限额为人民币50万元，每人每次人身伤亡赔偿限额为人民币10万元。

2. 停车场责任附加险的赔偿限额

每次保险事故绝对免赔额为人民币1000元或损失金额的20%，以两者较高者为准，每次保险事故每个车位赔偿限额为人民币15万元。在保险期限内无论发生多少次保险事故，最高赔偿金额不超过累计赔偿限额。

3. 电梯责任附加险的赔偿限额

每人每次人身伤亡赔偿限额为人民币10万元。对于同一部电梯，每次保险事故赔偿金额不超过每次事故赔偿限额，在保险期限内无论发生多少次保险事故，最高赔偿金额不超过本保险单明细表中列明的每部电梯的累计赔偿限额。

10.4 物业管理责任保险附加条款

物业管理责任保险附加险包括三种即游泳场所附加险、停车场附加险和电梯附加险。

10.4.1 游泳场所附加险

游泳场所附加险承保的是在正常开放时间内被保险人的下列损失和费用：

被保险人管理游泳场所过程中因过失导致的第三者在游泳场所内死亡或伤残,依法应由被保险人承担的经济赔偿责任和发生保险事故后,被保险人支付的必要、合理的施救费用。

游泳场所的责任免除包括:游泳池正常开放时间内没有合格救生员值勤;游泳者在游泳场所内感染传染性疾病;游泳者故意行为。

10.4.2 停车场责任附加险

停车场责任附加险主要承保的是停车场内的机动车辆,因整车被盗或空中物体坠落或建筑物倒塌导致机动车辆损毁造成的损失,被保险人依法应承担的经济赔偿责任,保险人负责赔偿。

除外责任包括:车辆本身的缺陷或进场前已经发生的损失;车载货物及车内物品损失;未锁车门导致的整车被盗损失;被保险人明确指定机动车辆停放位置的,未按指定位置随意停放的机动车辆的损失;他人碰撞车辆或恶意行为导致的损失;非全车被盗,仅车上零部件或附属设备被盗发生的损失等。

10.4.3 电梯责任附加险

电梯责任附加险承保的是物业区域内的电梯(包括客用电梯、货用电梯、人货两用电梯和自动扶梯)在运行过程中发生意外事故造成搭乘人员的人身伤亡或财产损失,保险人负责赔偿被保险人依法应承担的经济赔偿责任。

电梯附加责任险的除外责任包括:电梯维修保养人员、安全检测人员的人身伤亡及财产损失;发生火灾时,使用非消防用电梯所造成的人员伤亡及财产损失;电梯乘坐人数或装载货物重量超过该电梯最大负荷量导致的人身伤亡及财产损失;未取得有效的电梯准用证、非经具有相应资质的合法企业生产、安装、维修的电梯在运行过程中导致的损失;电梯未按国家有关规定接受检验或检验不合格导致人身伤亡及财产损失;根据电梯使用说明应该配备电梯司机的电梯未配备合格的电梯司机所发生的损失;被保险人发现有妨碍电梯安全运行的技术故障后,仍使电梯带故障运行所导致的损失。

10.5 物业管理责任保险与公众责任保险的选择

10.5.1 两险种的主要区别

物业管理责任保险与公众责任保险的主要差别在于保险的范围与保险费的计算方法。

一、保险责任范围差异

大多物业管理责任保险条款主要是参照公众责任保险的基准,针对物业管理公司的经营特点制作的,所以大部分条款两者是相同的,现仅针对两者的不同之处做简要说明。

(一)责任范围条款措辞比较

1. 物业责任保险的措辞为:"在保险单明细表列明的范围内,因被保险人管理上的疏忽或过失而发生意外事故,造成第三者的人身伤亡或财产损失,依法应由被保险人承担的经济赔偿责任,保险人负责赔偿"。

2. 公众责任保险的措辞为:"被保险人在保险单明细表列明的范围内,因经营业务发生意外事故,造成第三者的人身伤亡或财产损失,依法应由被保险人承担的经济赔偿责任。"同时对上述的"意外事故"有明确的解释,意外事故是指:日常生活、生产中的疏忽大意、失职、犯罪等原因而造成的事故,如失火、爆炸、碰撞等。意外事故必须是非所预见、非所愿意、非所期待的事故,亦即危险的发生一般应是事起仓促、猝不及防或事故的发生纯属偶然,非始料所及或事故发生虽属意料所及但不能确知其必然发生或确定其发生时间。

(二) 责任除外条款措辞比较

1. 公众责任保险条款措辞为:"被保险人根据与他人的协议应承担的责任。但即使没有这种协议,被保险人仍应承担的责任不在此限。"物业管理责任保险条款的措辞为:"被保险人根据非经政府有关部门核准,且保险人未书面认可的协议应承担的责任";

2. 公众责任保险设有:"对于未载入本保险单明细表而属于被保险人的或其所占有的或以其名义使用的任何牲畜、脚踏车、车辆、火车头、各类船只、飞机、电梯、升降机、自动梯、起重机、吊车或其他升降装置"的条款;而物业管理责任保险条款并无相关条款;

3. 公众责任保险条款设有:"火灾、地震、爆炸、洪水、烟熏"条款;而物业管理责任保险条款则无此项条款;

4. 公众责任保险条款措辞为:"被保险人及其代表的故意行为或重大过失";而物业管理责任保险条款措辞为:"被保险人及其代表的故意行为";

5. 物业管理责任保险条款设有:"地震、雷击、暴风、暴雨、洪水、火山爆发、地下火、龙卷风、台风等自然灾害,但因被保险人管理、维护不善,造成灾害来临时本不应发生的损失除外"条款。而公众责任保险条款则无此项条款。

二、保险的计费方法与费率的差异

保险的计费基数的不同与费率不同。物业管理责任保险的年保险费是:

$$年保险费=年物业管理费收入×《物业管理责任保险》费率$$

《物业管理责任保险》一般情况下费率是:1%。

公众责任保险的年保险费是:

$$年保险费=投保赔偿总限额×《公众责任保险》费率$$

《公众责任保险》一般情况下费率是:0.12%。

10.5.2 两险种风险转移的效果

物业管理责任保险和公众责任保险两个险种,对物业管理企业都起到一定的责任风险转移的效果,但责任风险转移的程度是不同的。

物业管理责任保险条款对物业管理人员管理水平的要求相对不是太严格,一旦发生意外事故,基本都可以归纳于"管理上的疏忽或过失",都可以认定为保险事故,属于物业责任险保险的赔偿范围,获得保险公司的赔付。

而公众责任保险条款,同样是上述的意外事故,就需分析事故的发生是否在物业管理"不可控制"范围内,是否是"不可预料"的。如果,本可预见的,只要是可控制事故,由于管理人员的不作为、不管理,而产生的"突发事件",这样的意外事故是不属于公众责任险的保险范围之内,保险公司可以不受理这项事故的理赔请求,认定条件较为苛刻。

物业管理责任保险转嫁了物业管理企业经营过程中过失责任的风险,对物业管理企业及楼盘管理是有利的,物业服务人员不必担心意外事件的发生,一旦发生而产生损失都可以由保险公司来承担理赔,并能够及时、有保障地得到赔偿。但不利于提高公司基层的物业管理水平。此外,物业管理责任保险费率也比较高,一般是公众责任保险的保险费率的10倍左右。

而公众责任保险对管理不善、预防不善的管理虽然存在一定的风险,但只要预防、控制了,但依然发生事故造成的损失,保险公司还是能够承担赔偿的。这样促进物业管理公司提高自身管理的责任意识与物业管理水平。

10.5.3 两险种风险转移程度比较

两险种风险转移程度是有所差别的。通过事例说明,某物业管理公司受业主委托管辖中高档住宅公寓。一天 10 号楼垂直上水管的一个堵头被水冲了出来,堵头上和水管上的连接螺纹全都锈蚀了,水直接漫到了该层的业主家中,虽然及时抢修堵住了水流,并及时把流入业主家的水擦清了,但是进水还是把业主家的实木地板完全浸透了,几天后地板干了,地板都翘起来,造成损失近万元,业主要求物业管理公司赔偿。

该小区物业管理公司当年已投保了物业管理责任保险。事故发生后,管理处及时将这一情况报告了保险公司的理赔人员,理赔人员记录了当时事故发生的现场情况,并及时做了理赔报告。这是物业管理公司平时没对水管维护和保养的过失,以致见到漏水也未处理,只是找了个容器在下面接漏水,天长日久漏水把堵头和管接头上的螺纹全锈蚀了,自来水也就冲飞了水管堵头,造成业主的经济损失。

按照保险条款规定,物业管理责任保险对被保险人管理上的疏忽或过失而发生意外事故造成下列损失或费用,依法应由被保险人承担的经济赔偿责任,保险人负责赔偿。这位业主一个月内很快获得了保险公司的赔偿。

公众责任保险认定的条件是比较严格的,如果该小区的物业管理公司投保的是公众责任保险,同样对上述所发生的意外事故,保险公司除了派人来记录事故现场外,还必须对事故发生的原因进行调查。如果了解到是物业管理公司平时没对公共设备设施(包括进水管)进行维护和保养,水管封口天长日久漏水把堵头和管接头上的螺纹全锈蚀了,自来水冲出造成物主损失,就会认定是物业服务人员平时不维保、对设施不监控,见到漏水事故不及时处理而造成的。漏水现象说明事故是有预兆的、是可预料的。这样发生的"意外事故"不属于"不可预料的以及被保险人无法控制并造成物质损失或人身伤亡的突发性事件。"因此,认定为除外责任,保险人不予理赔,物业管理公司虽然投保了该险,但需自己承担事故责任,赔偿业主的损失。

当然,如果物业管理公司平时对水管进行了防锈保护,定时刷防锈漆、及时维修了,在此情况下,即使发生了这样的意外事故,只要物业管理公司有上述的维修、保养记录,意外事故就属于"不可预料"和"无法控制"的突发性事件,应属于公众责任保险承保的责任事故,依法应由被保险人承担的经济赔偿责任,保险人负责赔偿。

10.5.4 物业公司对两险种的选择

公众责任保险和物业管理责任保险都可以对物业管理企业在物业服务过程中发生的突

发事故的损失进行赔偿，但是对突发事故承保的程度和责任范围有不同，物业管理责任保险的承保责任范围要大于公众责任保险的承保责任范围。因而物业管理责任的保险费也高于公众责任保险的保险费。

对于管理水平不高的物业管理企业，为了预防过大的意外损失，以投保物业管理责任保险为宜。物业管理责任保险可以扩大保险的服务领域，用保险手段帮助物业管理企业解除经济责任纠纷的困扰，最大限度地保障物业使用者的经济利益和合法权益，可以在物业使用者的合法权益受到侵害时，及时地、有保障地得到赔偿。

对于管理水平高的物业管理企业可以投保公众责任保险，特别是非居物业的管理。一方面公众责任保险确实为物业管理企业转移了一定意突发事件损失的风险，另一方面物业管理企业可以对职工加强风险意识的教育，提高物业管理责任心和管理的水平，特别是设施设备管理的水平。更可观的是，公众责任保险保费将比《物业管理责任保险》的保费少，为物业服务企业节约一笔不小的费用。

物业管理企业必须正确选择适合自己管理物业投保的险种，适当地转移风险，正确处理好物业管理企业、业主和保险公司的关系，以全面保障、促进物业服务企业的健康发展。

10.6 物业管理责任保险推行中存在的问题与对策

10.6.1 面临主要问题

一、公民缺乏较强的保险意识

在我国，保险意识没有深入人心，多数物业公司认为只要公司管理规范，就不会发生意外事件。物业管理公司对物业保险认识不足，以致发展多年的深市物业管理行业内至今都少有人过问和购买物业保险，在日常管理和服务过程中发生了许多诸如机动车辆被盗、高空抛物砸伤过路人、污水井盖被盗掉进小孩、电梯困人复发心脏病等经济索赔案件，管理公司常常作为第三者被推上法庭，出现和业主没完没了的纠纷。

二、法律环境不够完善

物业管理责任保险是提供专业服务时，因过失致使服务的消费者或第三者遭受财产损失或人身伤害而"依法"承担的经济赔偿责任。因此是否有法可依是判定保险责任的关键所在，也是该保险合同成立的重要基础。我国物业管理保险条例对于保护消费者的权益发挥了积极的作用。但是并没有具体的法规对物业管理公司应当承担的经济赔偿责任的认定进行详细的规定，加之实际执法中没有足够的案例可循，导致判定何种情况下物业管理公司应当承担赔偿责任，赔偿到何种程度等都存在相当大的困难。

三、物业管理行业发展不规范

物业责任保险在现阶段缺乏有效的市场需求，该险种最早在 2000 年 9 月由中国人民保险公司推出，但直到 2001 年底，才在深圳签了第一单。保险经营是以"大数法则"为基础的，需要承保足够的风险单位来分散风险。由于投保单位太少，保险公司面临的风险无法分散，还可能面临着"逆选择"的风险，不得不将费率定到比较高的水平或者干脆对于为数不多的投保人拒绝承保，形成恶性循环。保费收入有限、赔付率高，这样的经营状况使得保险公司的积极性也大打折扣。这种现状离不开我国物业管理行业的特点以及市场经济中的竞争因素。生活中许多物业管理企业的前身多是房管所基建单位的分支机构，也有些是安置下岗职工的劳服企业。这些造成了物业管理公司的管理水平低、效益差，造成物业管理责任保险发展缓慢。

四、可操作性有待提高

物业管理责任保险，应是整个社会保险中不可缺少的一个重要组成部分，物业保险通过对物业管理区域由于自然灾害和意外事故等造成的保险责任范围的损失提供经济补偿。一般物业管理保险分为：房屋财产险、物业管理责任险、物业共用部位和共用设施设备及公共责任险、物业员工普通社会保险及其他保险。现在保险公司推出的"物业管理责任险"名义上是专为物业管理公司定身而设的，按保险公司条文规定，物业管理责任险主要承担各类物业管理公司因管理或从业管理过程中的疏忽或过失，造成第三者人身伤亡或财产损失，依法应由投保该保险的物业管理公司承担的经济赔偿责任。

物业管理责任险是建立在物业管理公司已经有赔偿责任的前提下，再转嫁给保险公司赔偿，其保险费不能从物管费中支出，应该由物业管理公司自己独立承担。这款保险本意是对物业管理公司因工作上的疏忽或过失造成他人损害应由保险公司来赔偿，但这对物业管理行业可能是一个挑战。有业主会认为，今后出了事就由物业管理公司来承担责任，尤其是目前物业管理立法滞后，许多物业管理责任不能正确区分的情况下，容易将物业管理公司的有限责任扩大为无限责任。所以，现在许多保险意识强的物业管理公司，宁愿购买传统意义的公共责任险，而不购买物业管理责任险。而公共责任险附加条款太复杂，在发生事故时，理赔又很难，让人望而却步。对此，可借鉴先进国家的经验，尽可能细化保险条款，明确责任，尽可能地覆盖发生事故的可能性，增强其操作性。

10.6.2 完善机制的建议

一、健全法规和制度

现行的相关法律、法规不健全，造成在责任上，业主、物管企业与保险公司较难区分，产生推磨现象。如车辆在小区内遭到损坏，在找不到肇事方的情况下，从物业管理条例到各政策法规，都没有明确规定该由谁来担责、赔偿，如业主被宠物咬伤、道路不平老人摔伤、高空抛物伤人、污水井盖被盗导致的事故等。小区水域的伤害事故一旦发生，物业管理公司常常作为被告被推上法庭。目前由于物业管理法规尚不完善，责任认定比较困难，业主损失往往很难得到赔偿。因此，需要通过国家立法把购买物业保险事项和物业管理收费等进行明示，以鼓励物业管理公司特别是中小型公司购买物业保险。

二、引入强制保险制度，组织行业统保物业管理责任保险

在发达国家，为了保护消费者的权益，很多职业责任保险被作为法定强制保险，投保职业责任保险是专业服务机构或人员执业的必要条件。在美国、日本、新加坡以及我国的香港、台湾地区，物业管理公司投保物业管理责任险是非常普遍的。在中国香港，投保这一险种的费用占了整个物业管理费的20%至30%。从目前物业管理行业的情况来看，各类物业管理企业无论是经营方式、服务内容还是管理水平等均具有较强的同质性，其风险状况也呈现出很高的同质性特征。因此，根据大多数法则，宜采用行业统保的方式开办物业管理责任保险。通过发布行业统保指导意见等管理规定，督促物业管理企业提高经营管理水平、加强风险控制与管理，提高抵御、承担风险的能力。进一步通过制定相应的法律法规，明确物业管理公司应当承担的经济赔偿责任以及赔偿程度的认定，使物业管理强制保险得到全面的执行，从而更好的抵御服务管理中的风险。

三、物业公司主动加强和保险公司合作

物业管理在创建品牌时，引进保险机制是最好的规避风险、分解风险、服务于业主的手段。物业管理公司可以为其接管物业购买保险，以便在意外发生后，保障第三者的财物乃至生命安全。因此，物业公司通过对业主保险意识的适当引导，形成整个小区积极投保的氛围，就可以使整个物业管理活动积极开展，树立物业公司自身的形象，从而为长远发展奠定基础。所以，为了获得物业管理公司业主的双重利益，物业管理公司应当主动加强和保险公司的合作。

四、保险公司合理设计险种

由于有不断出现的物业管理风险，才会有物业公司投保的需要，才会有保险公司从研究分析到推出物业保险产品。但是，保险的成熟并为社会所普遍接受，是需要一个过程的。保险公司在开发新险种的同时，必须在实践中不断地完善条款和调整费率，促进买卖双方的距离不断接近，使保险产品为相关的群体所接受。保险公司是经营风险的机构，为了避免自己的风险，在保险责任的设置和费率的安排上自然十分谨慎，但谨慎到让被保险人的风险无法转移，也就等于结束了这个险种的使命。如果在保险期限内没有一个风险赔偿发生，说明这个险种有问题，或者这个险种的保险责任设置有问题。保险的推出，必须有相关需求的支持，必须有民意的认可，才能和现实贴近，才会有生命力，真正起到其应有的作用。

10.6.3 物业责任保险条款修订的建议

一、物业责任保险方案的构思

（一）编制原则

早在2000年有关单位已经编制出《物业管理责任保险条款》，但是其条款的责任范围、保障程度、保险费用、赔偿处理办法等内容的具体确定，是关乎物业管理责任保险市场能否顺利开发的关键因素。因此，在保险方案设计时应坚持以下原则：

1. 保险责任范围要宽、选择余地要大。要满足不同类型物业管理的需要，要尽可能、全面地涵盖物业管理的责任风险。

2. 保险费用的计算要与所有风险因素挂钩，充分体现公正、公平和保证物业企业规避风险的原则。条款责任范围拓宽，对保险费用的计算应进行根本的调整，使其更接近市场和实际。

3. 通过保险中介机构操作物业责任保险，其目的是使中介机构站在业主与物业企业方面向保险业寻求服务，而中介服务费用由保险公司来承担，不额外增加业主的费用，最终形成一个确实符合业主和物业公司的需要的方案。

（二）责任保险范围

应考虑到不同物业公司、物业项目的类型的实际情况和需要，责任保险范围应分为：基本责任保险和附加责任保险，供不同物业企业选择使用。

1. 基本责任保险

它使用所有物业管理项目，主要保障物业管理企业在项目管理过程中，因管理上的疏忽或过失而发生意外事故造成的损失或费用，依法应由物业管理企业承担的经济责任，保险公司负责赔偿的范围包括：第三者人身伤亡和财产损失；事先经保险公司同意的诉讼费用；发生保险事故后，被保险人为缩小或减少对第三者人身伤害或财产损失的赔偿责任所支付的必要的合理的费用。基本责任保险只是一个最基本的保障，有许多责任是不保的，在责任免除中有明确的规定：例如机动车车辆损失、电梯责任、运动场馆责任、广告牌责任、锅炉责任等均不属于基本保险范围。因此，可以说基本保险范围实际是指物业项目中最普通的共用部位和共用设施设备内的第三者人身伤亡和财产损失，这样就相对地降低了保险费用。

2. 附加责任保险

基本责任保险中不保的项目，都有附加责任保险来承保。从物业小区实际情况来看，除了共用部位和共用设施设备意外风险外，主要集中在机动车车辆和业主家庭、业主人身风险上。因此，保险条款应附加机动车车辆划伤、碰撞、恶意损坏、火灾爆炸、玻璃单独破碎、全车或车辆部分被盗抢、运动场馆、电梯、广告及装饰装置、建筑物改动、锅炉爆炸、业主家庭人身伤害或财产损失、业主见义勇为附加责任条款。这样责任范围广泛了，可以供物业公司根据情况选择投保，这样既可以节省保险费用，又可以全面转移保险风险，可以满足不同物业的实际需要。

二、保费计算依据

原保险费用的收费标准是以物业服务费收入为依据的，笔者认为保险条款制订方案应依据风险因素对保险费的收费标准进行调整，应在保险公司在保本的基础上，向有利于物业管理企业方面做出变动，充分体现出公平、公正、微利的原则。因此确定与物业管理责任风险直接相关的因素是十分重要的和必要的。物业管理责任风险和下列因素有直接相关。

1. 与物业覆盖面积有关

物业覆盖面积是指物业项目中，管理服务区域内建筑面积与绿地、道路、水面等共用部位和共用设施设备占用面积的总和。物业管理覆盖面积越大，范围越广，产生的风险越大，反之亦然。因此覆盖面积的大小将直接影响到管理责任风险的大小。故基本险的保险费的计算应与物业管理覆盖面积有关。

2. 与业主入住率有关

业主入住率是指一个物业管理区域内，业主实际入住数与理论入住数的比率。同一生活（工作）空间内，入住的业主越多，活动人数越多，事故发生概率越大，这是显而易见的。例如同样是10万m^2的物业管理小区，100％的入住率与50％的入住率其所存在的风险显然是不同的。因此，入住率越高，物业的风险责任越大，故基本保费的计算与业主入住率有关。

3. 与机动车数量有关

在一个物业管理区域内，机动车辆数目越多，风险就越多，物业的责任风险也就越大。因此，附加机动车险保费应与机动车位数与实际停放车辆数有关。一个物业管理区域内停放车辆数一般都由多年前制定的设计规范确定了一个最大限额。但目前随着私家车的剧增，多数管理区域内都大大超过了这个限额。因此，机动车事故发生率也就大大超过正常的比例，要保证公平、合理地计算附加机动车辆的保险费用，一方面国家要尽快出台住宅小区内有关机动车容量方面的设计规范标准，使业主和物业公司在机动车容量管理上有法可依。另一方面，物业管理企业应科学、合理地规划、设置和严格管理本区域内的机动车停放和行驶，这些与物业管理企业的服务水平有关。

附加机动车辆责任保险费用还应与选择的保险赔偿额有关。

4. 与特殊风险因素有关

物业管理范围内如果存在运动场馆、电梯、锅炉、广告及装饰装置等，其风险因素必然高于没有上述设施的物业小区，因此，若要附加转移这类责任风险，附加保费的计算必然要与这些风险因素相关。

5. 与赔偿限额有关

赔偿限额是保险人在保险事故发生后，对事故所造成的人身伤害或财产损失，向被保险人赔付的最高额度。一般赔偿限额是由被保险人签约时选择确定的。当然，被保险人选择的赔偿限额越高，其所缴纳的保险费用就应该越高，反之就越低。但赔偿限额与保险费用并非完全呈现几何倍数关系，单位面积风险一定的情况下，赔偿限额增加得越多，保险费用增加的反而越少。

6. 与物业管理水平有关

物业管理水平与责任风险因素息息相关，在保费的计算中引入物业管理水平的概念具有积极的正面影响。对同一个物业项目，不同资质等级的物业管理公司来管理，其物业管理服务水平是不同的，其风险控制与防范的能力也是不同的，两种不同的管理导致其管理区域内，风险事故的发生率产生不同的影响。因此，保险费用的计算应该考虑到物业管理水平的因素。

在保险费用的计算中，除去"物业管理收费率"和"物业管理收费标准"的因素等于物业服务费用有关的因素，主要是基于以下几点考虑：

物业管理面临的风险，不应该与管理项目收费总量的多少发生变化，也就是说，物业管理收费率或物业管理收费标准同物业责任风险并无直接的关系，对于同类型的硬件条件相差不悬殊的不同管理区域，其面临的责任风险差别不大，而收费标准或收费率却肯定有差异，若依据高收费标准收取保险费用，则低标准收费区域业主或企业将多承担保险费用；若依据实际收费率计算保险费用，且保证规避全部责任风险，则企业就要从其利润中承担保险费用。若只按实际收费率计算保险费用，则必然影响到风险的合理规避，这些都会对保险服务的公正性、公平性产生不利影响。

三、赔偿限额的分等定级

物业管理责任保险的赔偿限额应该细化为全年累计赔偿限额，每次事故赔偿限额、每次事故每人赔偿限额（每人财产损失赔偿限额、每人人身伤害损失赔偿限额），等级的设定应该满足不同物业的服务收费标准，不同物业管理项目的不同保障程度需求。

第 11 章 公众责任保险

11.1 公众责任保险概述

11.1.1 公众责任险概念

近年来,国内发生的多起影响较大、社会反映强烈的重大恶性社会公共安全事件,如东北松花江水污染、中石油川东钻探公司"12.23"井喷事故、北京密云县的元宵节事故、天潭酒店大火、辽宁昌图烟花爆炸、重庆天原化工总厂氯气泄漏爆炸、吉林市商业大厦"11.6"火灾等,唤起了人们对公众责任险的重视。

公众责任保险又称为"普通责任保险"或者"综合责任保险",它是责任保险中独立的、适用范围极其广泛的保险类别,是承保被保险人或者其雇员在从事所保业务活动中,因意外事故而对第三者造成的人身伤害(例如疾病、残疾、死亡等)和财产损害或灭失,依法应由生产、经营管理者承担民事赔偿责任的由保险公司负责赔偿。这种民事赔偿责任可以是侵权责任造成的,也可以是合同(契约)责任造成的。

由于经营方常常因疏忽或是意外事故造成他人人身伤亡或财产损失,影响当事人经济利益及正常的经营活动顺利进行,公众责任险正是为适应机关、企事业单位及个人转嫁这种风险的需要而产生的。

公众责任保险适用范围广泛,可适用于工厂、办公楼、旅馆、住宅、商店、医院、学校、影剧院、展览馆等各种公众活动的场所。公众活动场所特别是企业或大型会议、赛事、展览等的组织者投保公众责任保险已经是一种国际惯例。世界上大多数国家和地区都十分重视公众责任保险的推行,以保障公民和消费者在公众场所的安全和权益。就建设领域而言,这一保险险种较多的用于市政工程企业、物业服务行业。

11.1.2 公众责任险分类

由于公众责任保险适用的范围非常广泛,其业务复杂,险种众多。它主要包括场所责任保险、承运人责任保险和个人责任保险等。

一、场所责任保险

场所责任保险是公众责任保险中常见的、主要的一个险种,它是公众责任保险的主要业务。所谓"场所"乃有行为的场地,诸如工地、旅馆、电梯、车库、展览会、娱乐场所(如公园、动物园、影剧院、溜冰场、游乐场、青少年宫、俱乐部等)、商店、办公楼、学校、工厂、机场等,针对不同的场所可分为不同的保险类别。

场所责任保险的承保方式通常是在普通公众责任保险单的基础上，加列场所责任保险条款独立承保，但也可以设计专门的场所责任保险合同予以承保。

二、承包人责任保险

承包人责任保险承保的是各种建筑工程、安装工程、装卸作业和各类加工的承包人在进行承包合同项下的工作或其他作业时所造成的损害赔偿责任。承包人是指承包各种建筑工程、安装工程、装卸作业以及承揽加工、定做、修缮、修理、印刷、设计、测绘、测试、广告等业务的法人或自然人。承包人责任的特点在于，责任产生于承包人从事受托工作即为他人工作的过程中。虽然行为人是承包人，但与之相联系的却是发包人和委托人的工程项目或加工作业等活动。因此，承包人有转嫁损害赔偿责任风险的必要。承包人责任保险的主要险种有建筑工程承包人责任保险和修船责任保险等。

三、个人责任保险

个人责任保险主要承保私人住宅及个人在日常生活中所造成的损害赔偿责任。任何个人或家庭都可以将自己或自己的所有物（动物或静物）或能造成损害他人利益的责任风险通过投保个人责任险而转移给保险人。主要的个人责任保险有住宅责任保险、综合个人保险和个人职业保险等。

11.1.3 公众责任保险特征

一、公众场所责任

公众场所是供公民从事社会生活的各种场所，是提供公众进行工作、学习、经济、文化、社交、娱乐、体育、参观、医疗、卫生、休息、旅游和满足部分生活需求所使用的一切公用建筑物、场所及其设施的总称。公众是指不同性别、年龄、职业、民族或国籍、不同健康状况、不同人际从属关系的个体组成的流动人群。

各种公众设施场所、工厂、生活小区、办公楼、学校、医院、商店、展览馆、动物园、宾馆、旅店、影剧院、运动场所以及工程建设工地等，均存在着公众责任事故风险。这些场所的所有者、经营管理者等均需要通过投保公众责任保险来转嫁其责任风险。

二、公众责任

所谓"公众责任"是指致害人在公众场所的过错行为致使他人的人身或者财产遭受损害，依法应由致害人承担的对受害人的经济赔偿责任。公众责任的构成，以在法律上负有经济赔偿责任为前提，其法律依据是国家民法以及各种有关的单项法规制度。公众责任有两个基本特征：

一、致害人（被保险人）所损害的对象不是事先特定的，而是不确定的；在公众场所，由于被保险人的疏忽或过失，造成第三人损害，第三人事前无法确定，是不确定的群体或个人；

二、致害人（被保险人）的损害行为是对社会大众利益的损害，而非特定群体或个人利益的。这种责任主要属于侵权责任范畴，侵权责任是指行为人由于过错或者法律特别规定的，违反法律规定的义务，以作为或不作为的方式，侵害他人人身权利和财产权利及其他利益，依法应当承担损害赔偿等法律后果。

11.2 公众责任保险的意义

11.2.1 有利于受害人及时得到补偿

当公共场所发生意外伤害事故时，由于经营者经济实力、赔偿态度的不同，以及事故原因认定的复杂性等因素，往往导致受侵害人不能及时获得经济赔偿。而如果经营者投保了公众责任保险，当意外事故发生后，保险公司可以直接介入责任事故的事后救助和善后处理，受害人可以迅速获得赔偿，尽快恢复正常的生活秩序，特别是在一些重大的责任事故发生后，在事故责任人无力赔偿的情况下，通过建立公众责任保险制度，可以使赔偿有所保障，使人民群众的生命和财产利益得到有效保护。如 2004 年 5 月法国戴高乐机场发生的坍塌事故，事故中 2 名不幸遇难的我国公民的家属分别获得了至少 400 万元人民币的赔偿金，受害者能够快速得到如此高额的赔偿是由保险公司支付的，这是因为机场投保了公众责任险。正因为有保险公司在背后支撑，事故的善后理赔才会顺利快捷。

11.2.2 有利于保险公司扩大保源

随着社会经济活动的多样化，市场主体多元化，作为自主经营、自负盈亏、自担责任的利益主体，必然需要通过投保来化解和转嫁无处不在的各种风险，保持经营管理的稳定。从社会经济发展需求来看，社会主义市场经济体制的建立和完善，为公众责任保险的发展提供了广阔的市场空间。保险经营的依据是大数法则，保险的覆盖面越广，就越能分散风险。因此，发展公众责任保险对保险公司来说也非常有利。

11.2.3 有利于保障国民经济的有序运行

在发展经济的过程中，经营者总会遇到这样那样的责任风险。如果每一次责任事故的风险都由企业自身完全承担，很有可能影响正常的生产经营秩序。如 2003 年重庆市开县发生"12.23"特大井喷事故，为补偿因毒气泄漏而造成周边群众无辜死伤和财产损失，事故直接责任人四川石油管理局川东钻探公司仅首期支付赔偿款就高达 3300 多万元，这无疑将企业拖入了效益的深渊。但如果投保了公众责任保险，经营单位只需交纳少额保险费就可将日常经营中的大额无法确定的巨额风险转嫁给保险公司。避免因生产责任事故的发生而导致破产或生产秩序受到严重破坏，保持生产经营的稳定性。

11.2.4 有利于减轻政府的负担和压力

随着社会经济的不断发展，责任保险已经成为灾害危机处理的一种重要方式，成为政府履行社会管理职能的重要辅助手段之一。而在我国，对突发事件的应急处理措施基本上是以政府为主导的，市场发挥的作用很小。一些重大的责任事故发生后，政府在事故处理方面承担了大量工作，财政负担很重。近年来，由于一些生产经营者经济能力有限或有意逃避责任，常常在发生重大、特大责任事故后躲藏逃匿，把灾后救助和事故善后全部推给地方政府。在一些行业和一些地方甚至出现了"业主发财、政府发丧"的不正常现象，对政府财政形成了很大压力。发展公众责任保险后，政府可以按照市场经济的原则建立多层次和多元化的管理模式，利用保险公司作为经营风险的特殊行业，充分发挥其经济补偿和社会管理功能，有效地转嫁风险，辅助政府进行社会管理，减轻政府财政负担和压力。

11.2.5 有利于促进我国和谐社会的构建

党的十六届四中全会提出把不断提高构建社会主义和谐社会的能力，作为党的五大执政能力之一，这充分说明党对社会主义和谐社会的高度重视，也反映出构建和谐社会是巩固党执政的社会基础，实现党的历史任务的必然要求。通过大力发展我国的公众责任保险，引入风险分摊机制，由企业、保险公司等共同编织一张公众责任事故的安全"保险网"，建立健全社会预警体系和应急机制，提高保障公共安全和处置突发事件的能力，增加社会的抗风险能力，保障正常的社会秩序。这些都适应了社会主义市场经济发展要求，坚持以人为本、立法为公，维护大多数群众的利益，为社会经济进一步发展提供重要保障，促进了我国构建社会主义和谐社会的步伐。

11.3 公众责任保险内容

11.3.1 承保对象与标的

一、承保对象

投保人可就工厂、办公楼、旅馆、住宅、商店、医院、学校、影剧院、展览馆等各种公众活动的场所投保公众责任保险。

二、保险标的

该险种的保险标的是被保险人的法律责任，为无形标的。公众责任保险所承保的危险，限于被保险人因为一次事故或保险期间的任何事故对社会公众责任保险的被保险人，若希望以责任保险转嫁其对雇员承担的赔偿责任，应当另外购买雇主责任保险。

11.3.2 责任范围与保险限额

一、责任范围

保险公司在公众责任保险中主要承担两部分责任：一是在被保险人造成第三人人身伤亡或财产损失时，依法应承担的经济赔偿责任；二是在责任事故发生后，如果引起法律诉讼，事先经保险人书面同意由被保险人承担的相关的诉讼费支付责任。三是发生保险责任事故后，被保险人为缩小或减少对第三者人身伤亡或财产损失的赔偿责任所支付必要的、合理的费用。但保险公司的最高赔偿责任不超过保单上所规定的每次事故的赔偿限额或累计赔偿的限额。

二、赔偿限额与免赔额

公众责任险一般规定赔偿限额与免赔额，赔偿限额的规定主要有两种方法：一是规定每次事故的赔偿限额，无分项、无累计；二是规定每次事故的赔偿限额，并规定保险期限内的总赔偿金额。

11.3.3 责任免除

一、一般责任免除

故意行为免除、战争免除、行政处罚征用免除、核免除、地震免除、污染免除、锅炉爆炸免除；

二、其他保险责任免除

（一）被保险人或其雇员从事医师、律师、会计师、设计师、建筑师、美容师或其他专门职业所发生的赔偿责任，上述责任属于各类职业保险责任范围，所以除外；

（二）不洁、有害食物或饮料引起的食物中毒或传染性疾病，有缺陷的卫生装置，以及售出的商品、食物、饮料存在缺陷造成他人的损害除外；

（三）对于未载入本保险单而属于被保险人的或其所占有的或以其名义使用的任何牲畜、车辆、火车头、各类船只、飞机、电梯、升降机、自动梯、起重机、吊车或其他升降装置造成的损失，上述内容属于车辆、船只、飞机、特种设备保险责任范畴予以除外；

（四）由于震动、移动或减弱支撑引起任何土地、财产、建筑物的损害责任。被保险人因改变、维修或装修建筑物造成第三者人身伤亡或财产损失的赔偿责任；由于属于相应工程险责任范围承保予以除外；

（五）因保险固定场所周围建筑物发生火灾、爆炸波及保险固定场所，再经保险固定场所波及他处的火灾责任，保险人不负责赔偿，应由引发事故的周边建筑所有人承担责任；

（六）在为被保险人服务的任何人所遭受的伤害责任除外；此项责任属雇主责任保险的范围，保险人不负责赔偿；

（七）被保险人因在本保险单列明的地点范围内所拥有、使用或经营的游泳池发生意外事故造成的第三者人身伤亡或财产损失除外；因属于游泳池责任保险承保范围；

（八）被保险人因在本保险单列明的地点范围内所拥有、使用或经营的停车场发生意外事故造成的第三者人身伤亡或财产损失除外；属于停车场责任保险或物业保险附加责任范围；

（九）被保险人因在本保险单列明的固定场所内布置的广告、霓虹灯、灯饰物发生意外事故造成的第三者人身伤亡或财产损失除外；广告等设施保险属于户外广告保险承保范围；

（十）被保险人因出租房屋或建筑物发生火灾造成第三者人身伤亡或财产损失的赔偿责任除外；出租房或建筑物火灾分别属于出租房责任保险和火灾责任保险范畴。

11.3.4 其他除外

一、未经有关监督管理部门验收或经验收不合格的固定场所或设备发生火灾爆炸事故造成第三者人身伤亡或财产损失的赔偿责任除外；

二、保险单列明的或有关条款中规定的应由被保险人自行负担的免赔额除外；

三、其他不属于本保险责任范围内的一切损失、费用和责任除外；

四、被保险人及第三者的停产、停业等造成的一切间接损失除外。

11.3.5 保险费率

一、保费概述

一般情况下，公众责任保险像其他财产保险业务那样制定固定的费率表，对赔偿限额很高或者是高风险的行业应该根据被保险人的风险情况逐笔制定承保方案和确定费率，以便确保保险人承担的风险责任与所收取的保险费相适应。保险期限一般为一年的时间，费率多为年费率。保险费按每次事故或者累计的赔偿额所适用的业务种类费率计收。

按照国际保险界的习惯做法，保险人对公众责任保险一般按每次事故的基本赔偿限额和免赔额分别制订人身伤害和财产损失两项保险费率，如果基本赔偿限额和免赔额需要增减时，保险费率也应当适当增减，但又非按比例增减。公众责任保险费的计算方式包括如下两种情况：

（一）以赔偿限额（累计或每次事故赔偿限额）为计算依据：保险人的应收保险费＝累计赔偿限额×适用费率；

（二）对某些业务按场所面积大小计算保险费：保险人的应收保险费＝保险场所占用面积（m^2）×每平方米保险费

二、保费规章

（一）主条款年度费率（见表11-1）

公众责任保险主条款年度费率表　　　　表11-1

业务种类 费率(‰)	每次事故或累计赔偿限额(元)	10万以下		10万~50万		50万~100万		100万~200万		200万~300万		300万~400万		400万~600万		600万以上
		每次事故	累计	每次事故	累计	每次事故	累计	每次事故	累计	每次事故	累计	每次事故	累计	每次事故	累计	每次事故 累计
1	从事行政事业工作的单位，如代表处、办公楼、设计院、咨询单位等	3.8	3.1	3.5	2.9	3.2	2.7	2.9	2.4	2.7	2.3	2.5	2.1	2.4	2	估报告报总公司审核，由总公司确定承保条件。分公司需将承保方案及风险评
2	从事无特别危险工作的单位。如通信、地毯、包装、工艺、电影制片、电子、纺织、仪器、汽车修理、酿酒等	4	3.3	3.7	3.1	3.36	2.8	3	2.5	2.8	2.4	2.6	2.2	2.5	2.1	
3	从事有相当危险工作的单位，如锅炉、冷藏、电工、卷烟、水暖维修等	4.4	3.7	4	3.3	3.7	3.1	3.3	2.7	3.1	2.6	2.9	2.4	2.0	2.3	
4	从事有特大危险工作的单位，如水泥厂、锯木厂、造船、油漆、塑料化工厂、橡胶、桥梁、商店、宾馆、娱乐场所、运动场、展览馆等	5	4.2	4.6	3.8	4.2	3.54	3.8	3.6	3.8	3.6	3.3	2.75	3.2	2.7	
5	从事有特别危险工作的单位，如建筑、安装、装卸、起重、石油钻井、钢铁、火柴、管道安装等	6	5	5.6	4.7	5.1	4.25	4.6	3.8	4.3	3.6	4	3.3	3.8	3.2	
6	高空、深水作业、探险、勘探	9	7.5	8.3	6.9	7.65	6.38	6.8	5.6	6.5	5.4	6	5.1	5.8	4.8	
7	航天、航空	另议														

注：1. 有累计赔偿限额，每次事故赔偿限额低于或等于累计赔偿限额：
　　　　　保险费＝累计赔偿限额×对应费率
　　2. 无累计赔偿限额，仅有每次事故赔偿限额：
　　　　　保险费＝每次事故赔偿限额×对应费率

(二) 扩展条款基本费率（见表11-2）

公众责任保险扩展款基本费率表　　　　　　　　　　表 11-2

扩展条款	每次事故赔偿分限额(人民币)	主险适用费率的百分比
1. 交叉责任条款	10万～50万	5%～20%
2. 契约责任条款	10万～50万	10%～20%
3. 罢工、暴乱、民众骚动及恶意破坏条款	10万～50万	10%～20%
4. 恐怖活动条款	10万～50万	20%～35%
5. 电梯责任条款	10万～50万	10%～20%
6. 锅炉爆炸责任条款	10万～50万	15%～25%
7. 火灾和爆炸责任条款	10万～50万	10%～20%
8. 食品、饮料责任条款	10万～50万	5%～20%
9. 提供物品及服务条款	10万～50万	5%～20%
10. 客人财产责任条款	5万～20万	5%～20%
11. 出租人责任条款	10万～50万	20%～30%
12. 建筑物改变条款	10万～50万	20%～35%
13. 租用汽车责任条款	10万～50万	15%～30%
14. 人身侵害责任条款	10万～50万	10%～20%
15. 急救费用条款	10万～50万	10%～20%
16. 游泳池责任条款	10万～50万	10%～25%
17. 广告及装饰装置责任条款	10万～50万	10%～20%
18. 车辆装卸责任条款	10万～50万	10%～20%
19. 救火费用条款	10万～50万	10%～20%
20. 董事及高级管理人员个人第三者责任条款	10万～50万	10%～20%

(三) 费率表说明

1. 保费计算：总保险费＝主险保险费＋附加险保险费

2. 附加责任保险条款保费的计收应以基本险赔偿限额为基数。即：附加保险费＝公众责任险赔偿限额×适用的保单费率×适用费率百分比

3. 附加交叉责任条款在使用时应注意：

本条款的目的是避免同一被保险人承保的业务中的被保险人之间相互进行追偿。由于采用本条款将导致保险人责任范围扩大，故在特约承保时应加收保险费，一般为主险费率的 5%～20%。其他条件则以保险单上规定为准。

本条款适用条件：

(1) 公众责任保险项下有一个以上被保险人；(2) 对于各被保险人之间造成相互的第三者责任不予追偿；(3) 每一被保险人如同自有一张独立的保险单；(4) 每一个负有责任的被保险人都可以在保险单项下得到保障；(5) 保险人对保险单上载明的所有被保险人的每次事故赔偿金额不得超过保险单上规定的赔偿金额。

附加责任保险费的计收应以基本险赔偿限额为基数。即：附加保险费＝公众责任险赔偿限额×适用的保单费率×适用费率百分比

4. 免赔额规定

免赔额的确定以承保业务的风险大小为依据，由保险双方商定后填写在相应的栏目内，一般可掌握在人民币 1000～20000 之间或美元 100～3000 之间，具体金额可视实际风

险情况确定。对特殊风险或高赔偿限额的业务除规定具体的免赔额外还可同时规定免赔率，两者以高者为准。每次事故免赔率可在每次事故损失金额的 2%～10% 的范围内确定。

（四）短期费率（见表 11-3）

公众责任保险短期费率表　　　　表 11-3

保险期限	一个月	二个月	三个月	四个月	五个月	六个月	七个月	八个月	九个月	十个月	十一个月	十二个月
按年费率(%)	10	20	30	40	50	60	70	80	85	90	95	100

注：不足 1 个月的按 1 个月计收。

（五）浮动范围。保险人可视风险大小和市场情况对费率进行上下 30% 的浮动。

11.4　火灾公众责任保险

11.4.1　保险概述

一、火险的概念

"火灾公众责任保险"简称"火险"。火险是众多公众责任险中的一个重要险种。所谓火灾公众责任保险，是指在保险期间内，被保险人在本保险合同载明的场所内依法从事生产、经营等活动时，因该场所内发生火灾、爆炸造成第三者人身损害，依照中华人民共和国法律应由被保险人承担的人身损害经济赔偿责任，保险人按照本保险合同约定负责赔偿。

火险首先是责任保险，其保险标的是被保险的责任，是依法对保险事故造成第三人损害应承担的经济赔偿责任，这种标的是无形的；

火险属于场地责任保险，在保险合同载明的场地内发生火灾，造成人身伤害经济损失，保险人负责赔偿，场地外所产生的损失保险人不负赔偿责任，具有空间范围的限制；

火险的保险事故是因场所内意外引发造成人身伤害损失，不是火灾造成的人身伤害损失，不属于本保险责任范围。

二、火险的法律依据

（一）《中华人民共和国消防法》（主席令第 6 号，2009 年 5 月 1 日起施行）第 33 条规定："国家鼓励、引导公众聚集场所和生产、储存、运输、销售易燃易爆危险品的企业投保火灾公众责任保险；鼓励保险公司承保火灾公众责任保险。"

（二）《侵权责任法》（主席第 21 号令，2010 年 7 月 1 日起施行）第 37 条："宾馆、商场、银行、车站、娱乐场所等公共场所的管理人或者群众性活动的组织者，未尽到安全保障义务，造成他人损害的，应当承担侵权责任。

因第三人的行为造成他人损害的，由第三人承担侵权责任；管理人或者组织者未尽到安全保障义务的，承担相应的补充责任。"

（三）《机关、团体、企业、事业单位消防安全管理规定》（公安部 61 号令）第 12 条规定："建筑工程施工现场的消防安全由施工单位负责。实行施工总承包的，由总承包单位负责。分包单位向总承包单位负责，服从总承包单位对施工现场的消防安全管理。

建筑物进行局部改建、扩建和装修的工程，建设单位应当与施工单位在订立的合同中明确各方对施工现场的消防安全责任。"

（四）《建设工程消防监督管理规定》第41条规定："建设、设计、施工、工程监理单位、消防技术服务机构及其从业人员违反有关消防法规、国家工程建设消防技术标准，造成危害后果的，除依法给予行政处罚或者追究刑事责任外，还应当依法承担民事赔偿责任。"

11.4.2 火灾公众责任保险内容

一、火险对象

重要企业；宾馆、饭店、餐馆、酒楼、商场、集贸市场、歌舞厅、影剧院等公众聚集场所的所有者或经营单位；加油站、加气站、汽修厂等易燃易爆场所的生产经营单位以及易发生火灾事故的其他公众场所的生产经营单位。

二、火险责任

保险事故造成的人身损害而产生的经济赔偿以及被保险人支付的仲裁或诉讼费用以及事先经保险人书面同意支付的其他必要的、合理的费用。

三、火险免责

（一）一般除外：被保险人的故意或重大过失行为除外；地震、地下火、核爆炸、空中运行物体坠落引发的火灾、爆炸除外；战争动乱除外；战争、敌对行动、军事行为、武装冲突、罢工、骚乱、暴动、恐怖活动、盗窃、抢劫除外；行政行为或司法行为除外；

（二）违法违规除外：被保险人从事与保险合同载明的经营范围不符的活动或违法违规经营除外；未经有关消防及安全监督管理部门验收或经验收不合格的固定场所或设备发生火灾、爆炸事故造成的损失除外；

（三）保险人除外：被保险人或其雇员的人身损害除外；

（四）合同责任除外：被保险人应该承担的合同责任，但无合同存在时仍然应由被保险人承担的人身损害经济赔偿责任不在此限除外；

（五）罚金除外：罚款、罚金及惩罚性赔偿除外；

（六）精神损害赔偿除外；

（七）财产除外：火灾、爆炸事故造成的任何直接或间接财产损失除外；

四、保险限额与保费

（一）责任限额。责任限额包括每人责任限额和累计责任限额，由投保人与保险人协商确定，并在保险合同中载明。

（二）标准保费计算

标准保险费 = 基准保险费×行业类别系数×营业面积系数×建筑物结构系数×防火设施系数

1. 基准保费。基准保费计算是以被保险人所选择的限额而确定的，计算公式如下：

$$基准保险费 = 每人责任限额 \times [5+(N-5) \times 30\%] \times 基准费率$$

其中 $N=$ 累计责任限额/每人责任限额，$N \geqslant 5$。

火灾公众责任保险费率见表11-4。

中国人财保险公司火灾公众责任保险费率表　　　　表 11-4

每人责任限额 M(万)	基准费率(‰)	每人责任限额 M(万)	基准费率(‰)
5≤M＜10	1.6	30≤M＜40	0.9
10≤M＜20	1.2	40≤M≤50	0.8
20≤M＜30	1.0		

注：1. 被保险人必须将位于不同地址的场所分别投保。
　　2. 每人责任限额最低为5万，最高为50万。
　　3. 累计责任限额最低为每人责任限额的5倍。

2. 行业类别系数

(1) 工厂、办公楼等非开放性场所（国民经济行业代码为C类、D类、E类、G类、U类、J类、K类、L74、M类、N类、S类）：0.5～0.8

该类别为生产性制造类企业以及在中、高档写字楼办公的非生产性企业及物业管理企业，如IT企业、会计师、律师事务所、技术密集型服务类企业等。

(2) 教育、医疗、文体类［国民经济行业代码为P类、Q类、R类（R8932、R92除外）］：0.8～0.9

该类别包括各种培训学校、展览馆、图书馆、博物馆等文化教育机构，医院、防疫站、保健站、卫生所等医疗保健机构。

(3) 宾馆、饭店类（国民经济行业代码为I66）：1.0～1.2

该类别包括宾馆、旅馆、招待所等。

(4) 商业、服务类［国民经济行业代码为F类、H类、L73、0类（0824、0825除外）］：1.3～1.6

该类别包括商店、门市、超市、商贸公司、批发市场、车站、停车场、物流运输公司、汽修服务等为公众提供服务的企业。

(5) 娱乐、餐饮类（国民经济行业代码为I67、0824、0825、R8932、R92）：1.8～2.0

该类别包括餐馆、歌厅、舞厅、网吧、酒吧、茶馆、影剧院、浴室、游戏厅、桌球室等。

注：国民经济行业分类标准采用(GB/T 4754—2002)，本表未列明的行业类别根据其业务性质采用上述类似行业类别系数，且不低于0.8；上述场所内包含有家属楼或其他住宅楼的，系数在上述基础上上浮20％。

3. 营业面积系数

(1) 营业面积系数Ⅰ（适用行业类别一至四）见表 11-5

中国人财保险公司火灾公众责任保险营业面积系数Ⅰ表　　　　表 11-5

营业面积/m²	系数	营业面积/m²	系数
＜500	0.7～0.8	≥5000,＜10000	1.2～1.3
≥500,＜1000	0.8～0.9	≥10000,＜20000	1.5～1.8
≥1000,＜2000	0.9～1.0	≥20000	2～3
≥2000,＜5000	1.0～1.1		

(2) 营业面积系数 Ⅱ（适用行业类别五）见表 11-6

中国人财保险公司火灾公众责任保险营业面积系数Ⅱ表　　表 11-6

营业面积/m²	系数	营业面积/m²	系数
<200	0.7~0.8	≥2000,<5000	1.2~1.3
≥200,<500	0.8~0.9	≥5000,<10000	1.5~1.8
≥500,<1000	0.9~1.9	≥10000	2~3
≥1000,<2000	1.0~1.1		

注：露天面积不计入营业面积；营业场所在地下或半地下的，系数在上述基础上上浮 20%。

4. 建筑物结构系数（见表 11-7）

中国人财保险公司火灾公众责任保险建筑物结构系数表　　表 11-7

建筑物结构	系数	建筑物结构	系数
钢、钢筋混凝土型	0.9	砖木型结构	1.1
混合型结构	1.0	纯木及其他结构	1.3

5. 防火设施系数

(1) 依法通过了公安消防机构消防设计审核、消防验收、消防安全检查；
(2) 建筑布局合理，疏散通道、安全出口、疏散指示标志、应急照明、消防车通道、防火防烟分区、防火间距符合规定；
(3) 消防设施运行、消火栓状况以及灭火器材配置符合规定；
(4) 消防控制室的值班操作人员持证上岗。

满足上述全部四项条件的，系数为 0.7~0.8；满足上述第一项条件以及后三项中任何两项的，系数为 0.8~0.9；满足上述第一项条件以及后三项中任何一项的，系数为 0.9~1；仅满足上述第一项条件的，系数为 1~1.2。

11.5 公众责任保险现状与原因分析

11.5.1 公众责任保险现状

虽然我国责任保险制度建设起步较晚，但国家对公众责任保险的发展历来给予高度重视。除《消费者权益保护法》有要求外，1995 年国务院办公厅 11 号文件和公安部《公共娱乐场所消防安全管理规定》以及 1995 年 2 月 20 日国务院办公厅批转公安部《消防改革与发展纲要》中都已明确规定："重要企业、易燃易爆危险品场所和大型商场、游乐园、宾馆、饭店、影剧院、歌舞厅、娱乐休闲等公共场所都必须参加火灾和公众责任保险。"

但由于种种原因，这一险种的发展却不理想。据《中国消费者报》分别对北京、兰州、郑州、深圳、武汉等一些有影响的大型商场和娱乐场所调查分析，除极个别单位投保了公众责任保险外，90% 以上的经营者对投保公众责任保险不感兴趣。据国家保监会统计，从 2001 年至 2003 年 4 月底，保监会共受理各保险公司备案的各类责任保险 253 个，责任范围涉及社会的各个领域；2002 年，全国责任保险保费收入 36 亿元，占财产保费收入 4.6%，到了 2005 年上半年，我国的责任险保费收入为 23 亿，占产险比例的 3.4%，其间从未超过 5%，基本上是处在徘徊状态。

在发达国家,责任保险费收入一般占财产保险保费收入的20%以上,其中美国的各种责任保险的保费收入占非寿险业务的40%至50%,欧洲一些国家的责任保险费收入占整个非寿险保费收入的30%以上,日本等国家的责任险保费收入约占非寿险保费收入的25%至30%。

11.5.2 保险滞后的原因分析

导致我国公众责任保险发展滞后的原因很多,但归纳起来主要有以下几个方面:

一、公众认识和接受程度不够

目前,保险业对公众责任险业务的宣传力度不够,国内公众对公众责任险知之甚少,对公众责任事故往往缺乏足够的维权和索赔意识,发生民事损害纠纷时一些受害者不知道运用法律手段来维护自己的合法权益,即使有的受害者知道通过法院向企业索赔,但因举证困难、时间耗费过多等种种原因放弃索赔而"自认倒霉",因为即使诉讼获胜往往得到的赔偿也比较有限。经营者对自己应对社会公众承担的责任没有清晰的认识,对公众责任险的转嫁责任风险机能缺乏了解。加之公众责任事故的发生率并不高,大部分公众场所业主存在侥幸心理,有些宁可独自承担风险,也不愿因投保而增加经营"成本",且一旦出现大的公众场所事故,主要依靠政府出面做善后的抚恤处理,根本不知道运用保险管理风险和转嫁风险的保障机制和手段。

二、保险公司积极性不高

责任保险虽然是财产险的一个险种,但与传统的财产保险相比,开办时间短,所占比例小,公众责任保险不仅标的分散,保费低廉,而且风险大。在技术、管理上对保险公司的要求较高,加之前面提到的公众接受程度不够,有效需求不足,因此都不愿意花大力气在公众责任险上,导致了我国的责任险种较为单一,产品开发速度相对较慢,创新力度不够,在险种开发和创新方面后劲不足。在设计产品时无法将所有风险都考虑在内,加上保险公司自身的技术条件落后以及责任险经营情况不理想,因此,保险公司对发展公众责任保险的积极性也就不高。

三、相关法律法规落后

在我国的《保险公司管理规定》中,将责任保险分为法定责任保险和一般责任保险。而我国现阶段,有关责任方面的法律法规很不健全。《民法通则》第119条规定:"侵害公民身体造成伤害的,应当赔偿医疗费、因误工减少的收入、残废者生活费等费用。"该条只是规定了要赔偿,但并没有说明赔偿额。误工费、伤残补助费、精神损失费怎么计算,也没有实际规定。最高人民法院2001年1月发布《关于审理触电人身损害赔偿案件若干问题的解释》的司法解释,使法院在审理人身损害案件时有据可依,但具体的赔偿标准还不明细,根据各地经济状况与消费状态不同,赔偿金结果就相差很大。如同样是由花盆飞下伤人事件,深圳市一名受害者得到10万元的赔偿金,而××市市民仅得到1万元的赔偿。有些行业也通过立法部门颁布了行业的法律法规,如《消费者权益保障法》等,但与责任保险密切相关的法律法规还不多,特别是对民事赔偿责任的法律界定还没有统一的明确的规范标准,国家保护民事责任受害方合法权益的法律制度还不够完善。

四、政策层面的支持力度不够

保险业整体税负偏重,营业税率高于交通、建筑、通信等行业。保险业虽与银行业同样执行5%的税率,但银行业税基为利息收入,保险业则为保费收入,以致影响保险企业的自我积累能力的提高。加之政府引导力度偏弱,相关部门与保险企业的协调配合不够,发展公众责任保险缺乏有力、有效地推动机制。

11.6 发展我国公众责任保险的对策

11.6.1 加强社会宣传力度

全社会对保险的认识和理解非常有限,更谈不上利用保险管理企业和个人风险。因此,保险业必须充分认识宣传的重要性,加强宣传力度,在社会上大造声势,以新颖的形式(如宣传册、产品推广会、企业交流会等)和丰富多彩的内容大力宣传责任保险,引起社会共鸣,提高社会公众维权意识,强化责任人的法律意识,培育全社会的维权意识和风险转嫁意识,为推动公众责任保险的发展奠定坚实的群众基础和营造良好的社会氛围。

11.6.2 政府提供政策支持

开展公众责任保险既是一种经济行为,也是一种公共社会管理行为,反映了国家对人民高度负责的态度,体现了"立党为公、执政为民"的本质要求。发展公众责任保险,政府责无旁贷,积极发挥引导和推动作用是地方政府的一项重要职责。有关政府部门应提高对公众责任保险的认识,给予理解和支持,及时解决存在的问题。建议对关系到国计民生的重大公众责任进行强制保险,或者在税收等方面对其提供优惠便利条件。但同时也要加强监管,确保保险公司依法正规经营,防范风险,为我国公众责任保险的发展创造宽松的环境,促进与实现我国公众责任保险的持续健康快速发展。

11.6.3 不断完善相关法律法规

人们可能承担什么样的责任风险是依据法律的规定,所以说法律制度是责任保险发展的基础。对公众责任险而言,最主要的原因是相关法律法规的缺失。有关部门应当根据社会经济发展的要求,加快相关法律的研究,对缺少法律调控的领域,尽快制定法律,弥补空白,建议国家应制定《公众安全法》,并将投保公众责任保险作为"安全许可"的重要条款写进法律,实行公众责任强制保险。如我国不妨把综合性公众场所如商场、酒店、娱乐场所等是否投保了公众责任险同是否具备消防设施一样,作为准许其营业的一个硬条件。同时应明确责任并应对民事赔偿责任的具体额度予以细化,以保证相关案件有法可依,为促进公众责任保险的发展打下基础。

11.6.4 加大产品创新力度

当前进行公众责任保险产品的创新,主要在于以社会需求为导向进行产品创新,针对不同行业、不同单位、不同地域的需要,积极开发有特色的、符合投保人需求的公众责任险产品,重点开发那些直接关系到人民群众生产生活安全的产品,尽快推出一个产品链,先通过市场方式进行推广,以典型案例争取社会认可。同时也要注重承保标的风险管理,提供优质的理赔服务，为保险能够发挥其功能提供最终保障。

11.6.5 重视专业人才的培养

责任保险是高风险、高技术性的领域，对从业人员的素质要求较高。首先，由于公众责任保险涉及法律法规的内容比较多，条款的制定有其特殊性。为了准确地把握责任保险市场的需求，合理控制风险，在设计险种时，需要了解相应的法律法规、精通法律的专业人员以制定合理的条款。另外，有条件的公司可以挑选一些资深的核保人员派送出去进修法律专业，培养出既懂法律又懂保险的专业人才，以利于险种开发和风险控制。其次，精算人才对保险公司的产品开发和风险管理有着至关重要的作用。因此，我国应尽快培养和储备一批具有保险、法律和相关业务领域知识的复合型人才，建立责任保险人才库，为大力发展公众责任保险、推动业务稳步健康发展打下坚实的基础。

11.6.6 简化小额案件诉讼程序

设立专门的小额请求法庭，使小额索赔能够及时、合理得到补偿，为责任保险的迅速理赔处理创造条件，使老百姓更乐于接受和欢迎责任保险。因为对于小额索赔，如果用既有的法定程序去审理，则势必会因为民事诉讼程序的繁琐耗时，造成众多受害人放弃对应权益的追求，也会对保险公司的理赔处理产生意见。因此，针对大量小额赔偿纠纷案件，有必要建立小额请求法庭，用简单方便、收费较少、时间较短的起诉、应诉、调查、审理、判决的程序和方法，及时有效地处理这种小额纠纷，并很快得到保险公司的赔偿。

发展公众责任保险是一项综合的系统工程，只单纯依靠某一方面的努力是不够的。可以相信，通过政府、保险行业和公共场所经营业主的共同努力，在实现公众责任险的经济效益和社会效益相统一的前提下，我国的公众责任险一定会有更快的发展，为我国的经济建设发挥应有的作用。

第 12 章 机动车交通事故责任险

12.1 机动车责任强制保险

12.1.1 交强险基本定义

机动车交通事故责任强制保险简称"交强险",它是我国第一个通过立法予以强制实施的责任险种。依据《机动车交通事故责任强制保险条例》(国务院令第 462 号)(以下简称《交强险条例》)第 3 条:"机动车交通事故责任强制保险是指由保险公司对被保险机动车发生道路交通事故造成本车人员、被保险人以外的受害人的人身伤亡、财产损失,在责任限额内予以赔偿的强制性责任保险。"

交强险是责任保险的一种,与其他责任保险一样,其承保的标的是一种无形的民事损害赔偿责任,其承保的是被保险人依法所负的第三者责任;所谓的第三者责任是指由于疏忽或者过失致使他人财产损失或人身伤亡而依法应负有的赔偿责任。其赔付内容包括两部分,一是受损第三方的人身伤害损失;二是第三方的财产损失。在保险单载明的赔偿限额内给予赔偿。但因事故产生的善后工作,保险人不负责处理。

12.1.2 交强险的特点

一、强制性

它的"强制性"体现在,它不仅要求所有上路行驶的机动车车主或管理人必须投保,而且具有经营强制三者险资格的保险公司一律不得拒保,不得随意解除交强责任保险合同(投保人未履行如实告知义务的除外)。已投保交强责任险的机动车发生交通事故造成人身伤亡、财产损失的,由保险公司在交强险责任限额范围内予以赔偿。交强险的赔偿范围几乎涵盖了所有道路交通责任风险,且不设免赔率与免赔额。

《交强险条例》第 2 条规定,在中华人民共和国境内道路上行驶的机动车的所有人或者管理人应当投保机动车交通事故责任强制保险,未投保机动车交通事故责任强制保险的机动车不得上道路行驶。如果不投保就上路行驶会受到何种处罚?根据《交强险条例》第 39 条规定,将由交警扣留机动车,通知机动车所有人、管理人依照规定投保,处依照规定投保最低责任限额应缴纳的保险费的 2 倍罚款。

《交强险条例》第 40 条还规定,上道路行驶的机动车未放置保险标志的,公安机关交通管理部门应当扣留机动车,通知当事人提供保险标志或者补办相应手续,可以处警告或者 20 元以上 200 元以下罚款。

二、以人为本

交强责任险将保障受害人得到及时有效的赔偿作为首要目标。

《交强险条例》规定，被保险机动车发生道路交通事故造成本车人员和被保险人以外的受害人人身伤亡、财产损失的，由保险公司依法在机动车交通事故责任强制保险责任限额范围内予以赔偿。条例还规定，三种情况下保险公司将进行提前垫付，随后向致害人追偿：驾驶人未取得驾驶资格或者醉酒的；被保险机动车被盗抢期间肇事的；被保险人故意制造道路交通事故的。

此外，国家设立道路交通事故社会救助基金。对于道路交通事故中受害人抢救费用超过机动车交通事故责任强制保险责任限额的、肇事机动车未参加该强制保险或机动车肇事后逃逸的情形，由救助基金先行垫付受害人人身伤亡的丧葬费用、部分或全部抢救费用。

三、公益性

主要是国家为了弥补交通事故中第三者遭受的损失，保护受害人的权益而设立的，因此只是在总体上做到保本微利。保监会按照总体上不盈利不亏损的原则审批保险费率，保险公司经营机动车交通事故责任强制保险不以盈利为目的，且机动车交通事故责任强制保险业务必须与其他业务分开管理、实行单独核算。

保监会将定期予以核查，以维护广大消费者的利益。保监会根据保险公司机动车交通事故责任强制保险业务的总体盈利或者亏损情况，可以要求或者允许保险公司相应调整保险费率。但调整保险费率幅度较大的，也应当进行听证。奖优罚劣，通过经济手段提高驾驶员守法合规意识，促进道路交通安全。《交强险条例》规定安全驾驶者可以享有优惠的费率，经常肇事者将负担高额保费。

交强责任险在实行统一费率的同时，采取费率与车主的驾驶记录直接挂钩的方式体现"奖优罚劣"。《交强险条例》规定，被保险机动车没有发生道路交通安全违法行为和道路交通事故的，保险公司应当在下一年度降低其保险费率。以后年份以此类推直至降至最低标准。相反，被保险机动车发生道路交通安全违法行为或者道路交通事故的，保险公司在下一年度提高其保险费率。在道路交通事故中被保险人没有过错的，不提高其保险费率。降低或者提高保险费率的标准，由保监会会同国务院公安部门制定。

《交强险条例》还要求逐步建立机动车交强责任保险与道路交通安全违法行为和道路交通事故的信息共享机制，实现保险费率与交通违章挂钩。

四、商业化运作

机动车交强责任保险条款费率由保险公司制定，保监会按照机动车交强责任保险业务总体上不盈利不亏损原则进行审批，保险公司自主经营、自负盈亏。

12.1.3 交强险法律依据

一、《中华人民共和国道路交通安全法》（以下简称《交安法》）（主席令第 81 号、2004 年）首次提出建立机动车交通事故责任保险制度，设立救助基金。《交安法》第 17 条："国家实行机动车第三者责任强制保险制度，设立道路交通事故社会救助基金。具体办法由国务院规定。"第 76 条："机动车发生交通事故造成人身伤亡、财产损失的，由保险公司在机动车第三者责任强制保险责任限额范围内予以赔偿。"

二、《机动车交通事故责任强制保险条例》（国务院第 462 号令、2006 年）分为总则、投保、赔偿、罚则和附则共 5 章 46 条，其中第 2 条规定："在中华人民共和国境内道路上行驶的机动车的所有人或者管理人，应当依照《中华人民共和国道路交通安全法》的规定投保机动车交通事故责任强制保险。"《交强险条例》中对保险人、行人和驾驶员等进行了明确规定。

三、《中华人民共和国侵权责任法》（主席令第 21 号、2009 年）第 49 条："机动车发生交通事故造成损害的，依照道路交通安全法的有关规定承担赔偿责任。"

下面依据《交强险条例》和中国人民财产保险有限公司制定的《机动车交通事故责任强制保险条款》（以下简称《交强险条款》），介绍保险的有关内容。

12.1.4　交强险投保与赔偿对象

一、投保对象

《交强险条例》第 2 条规定："在中华人民共和国境内道路上行驶的机动车的所有人或者管理人，应当依照《中华人民共和国道路交通安全法》的规定投保机动车交通事故责任强制保险。"机动车包括：家庭自用车、非营业客车、营业客车、非营业货车、营业货车、特种车、摩托车和拖拉机等。投保人为：机动车的所有人或者管理人。

二、赔偿对象

根据《交强险条例》第 3 条规定："本条例所称机动车交通事故责任强制保险，是指由保险公司对被保险机动车发生道路交通事故造成本车人员、被保险人以外的受害人的人身伤亡、财产损失，在责任限额内予以赔偿的强制性责任保险。"

《交强险条例》第 42 条第 2 项规定："被保险人，是指投保人及其允许的合法驾驶人。"同时《机动车交通事故责任强制保险条款》（以下简称《交强险条款》）第 4 条："交强险合同中的被保险人是指投保人及其允许的合法驾驶人。"第 5 条："交强险合同中的受害人是指因被保险机动车发生交通事故遭受人身伤亡或者财产损失的人，但不包括被保险机动车车上人员、被保险人。"可见，交强险将"本车人员"、"被保险人"、"投保人"、"本车驾驶人"以外的受害第三者列为受害人范畴。

（一）车上人员。是指包括车辆驾驶人和乘车人。车辆所有人和车辆驾驶人都是机动车的实际控制人。在合法获得机动车控制权的情况下，驾驶人的人格在法律上从属于机动车保有人或所有人，其代表机动车保有人或所有人对机动车实施控制，并为机动车保有人或所有人的经济利益而控制机动车的实际运行，因而不构成机动车强制责任保险的第三者，所以除外。乘车人从法律属性上看，并不从属于机动车保有人或所有人（第二者），也不从属于作为合同一方当事人的保险人（第一者），是独立于两者之外的一类民事主体。由于交强责任险主要解决车外人员的保障问题，因此，在第三者概念中除外。

（二）被保险人。交强责任险合同中的被保险人是指投保人及其允许的合法驾驶人。投保人是指与保险人订立交强险合同，并按照合同负有支付保险费义务的机动车的所有人、管理人。被保险人允许的合格驾驶员，这里有两层含义：

1. 被保险人允许的驾驶员，指持有驾驶执照的被保险人本人、配偶及他们的直系亲属或被保险人的雇员、或驾驶员使用保险车辆在执行被保险人委派的工作期间、或被保险人与使用保险车辆的驾驶员具有营业性的租赁关系；

2. 是合法的，是指上述驾驶员必须持有效驾驶执照，并且所驾车辆与驾驶执照规定的准驾车类相符。只有"允许"和"合格"两个条件同时具备的驾驶员在使用保险车辆发生保险事故造成损失时,保险人才予以赔偿。保险车辆被人私自开走,或未经车主、保险车辆所属单位主管负责人同意,驾驶员私自许诺的人开车,均不能视为"被保险人允许的驾驶员"开车,此类情况发生肇事,保险人不予赔偿。

(三)受害人。交强险合同中的受害人是指因被保险机动车发生交通事故遭受人身伤亡或者财产损失的人,但不包括被保险机动车本车车上人员、被保险人;是指车外的第三人。

(四)责任限额。交强险合同中的责任限额是指被保险机动车发生交通事故,保险人对每次保险事故所有受害人的人身伤亡和财产损失所承担的最高赔偿金额;责任限额分为死亡伤残赔偿限额、医疗费用赔偿限额、财产损失赔偿限额以及被保险人在道路交通事故中无责任的赔偿限额。其中无责任的赔偿限额分为无责任死亡伤残赔偿限额、无责任医疗费用赔偿限额以及无责任财产损失赔偿限额。

机动车交通事故责任强制保险涉及全国1亿多辆机动车,保障全国十几亿道路和非道路通行者的生命财产安全。限定受害人范围,一是考虑机动车交通事故责任强制保险作为一种责任保险,以被保险人对第三方依法应负的民事赔偿责任为保险标的。二是考虑到2004年实施的《中华人民共和国道路运输条例》要求从事客运服务的承运人必须投保承运人责任险,乘客的人身财产损害可以依法得到赔偿。

12.1.5 责任范围及赔偿限额

一、交强险责任范围

《交强险条例》第8条规定:"在中华人民共和国境内(不含港、澳、台地区),被保险人在使用被保险机动车过程中发生交通事故,致使受害人遭受人身伤亡或者财产损失,依法应当由被保险人承担的损害赔偿责任,保险人按照交强险合同的约定对每次事故在下列赔偿限额内负责赔偿。"

二、交强险赔偿限额

《交强险条例》第23条:"机动车交通事故责任强制保险在全国范围内实行统一的责任限额。责任限额分为死亡伤残赔偿限额、医疗费用赔偿限额、财产损失赔偿限额以及被保险人在道路交通事故中无责任的赔偿限额。"

机动车交通事故责任强制保险责任限额由保监会会同国务院公安部门、国务院卫生主管部门、国务院农业主管部门规定。

(一)机动车在道路交通事故中有责任的赔偿限额
1. 死亡伤残赔偿限额:110000元人民币;
2. 医疗费用赔偿限额:10000元人民币;
3. 财产损失赔偿限额:2000元人民币。

(二)机动车在道路交通事故中无责任的赔偿限额
1. 死亡伤残赔偿限额:11000元人民币;
2. 医疗费用赔偿限额:1000元人民币;
3. 财产损失赔偿限额:100元人民币。

（三）赔偿限额名词解释

1. 死亡伤残赔偿限额：是指被保险机动车发生交通事故，保险人对每次保险事故所有受害人的死亡伤残费用所承担的最高赔偿金额。死亡伤残费用包括丧葬费、死亡补偿费、受害人亲属办理丧葬事宜支出的交通费用、残疾赔偿金、残疾辅助器具费、护理费、康复费、交通费、被抚养人生活费、住宿费、误工费，被保险人依照法院判决或者调解承担的精神损害抚慰金。

2. 医疗费用赔偿限额：是指被保险机动车发生交通事故，保险人对每次保险事故所有受害人的医疗费用所承担的最高赔偿金额。医疗费用包括医药费、诊疗费、住院费、住院伙食补助费，必要的、合理的后续治疗费、整容费、营养费。

3. 财产损失赔偿限额：是指被保险机动车发生交通事故，保险人对每次保险事故所有受害人的财产损失承担的最高赔偿金额。

12.1.6 交强险责任免除

一、事故原因免除

依据《交强险条例》第22条、《交强险条款》第9条规定，以下原因造成第三者损失的，保险人责任除外：

（一）驾驶人未取得驾驶资格或者醉酒的；

（二）被保险机动车被盗抢期间肇事的；

（三）被保险人故意制造道路交通事故的。

二、损失费用免除

依据《交强险条款》第10条，对下列损失和费用，交强责任除外：

（一）因受害人故意造成的交通事故的损失；

（二）被保险人所有的财产及被保险机动车上的财产遭受的损失；

（三）被保险机动车发生交通事故，致使受害人停业、停驶、停电、停水、停气、停产、通讯；

（四）网络中断、数据丢失、电压变化等造成的损失；

（五）受害人财产因市场价格变动造成的贬值、修理后因价值降低造成的损失等其他各种间接损失；

（六）因交通事故产生的仲裁或者诉讼费用以及其他相关费用。

12.1.7 交强险保险费用

一、基础费率确定

交强险基础保险费根据中国保监会批复中国保险行业协会《关于中国保险行业协会制定机动交通事故责任强制保险行业协会条款费率的批复》（保监产险〔2006〕638号）执行。交强险的基础费率共分42种，家庭自用车、非营业客车、营业客车、非营业货车、营业货车、特种车、摩托车和拖拉机等八大类42小类车型保险费率各不相同。但对同一车型，全国执行统一价格。见表12-1部分机动车交通事故责任强制保险基础费率表（2008版）。

部分机动车交通事故责任强制保险部分基础费率表（2008 版） 表 12-1

车辆大类	序号	车辆明细分类	保费（元）
非营业客车	1	企业非营业汽车 6 座以下	1000
	2	企业非营业汽车 6～10 座	1130
	3	企业非营业汽车 10～20 座	1220
	4	企业非营业汽车 20 座以上	1270
	5	机关非营业汽车 6 座以下	950
	6	机关非营业汽车 6～10 座	1070
	7	机关非营业汽车 10～20 座	1140
	8	机关非营业汽车 20 座以上	1320
非营业货车	1	非营业货车 2t 以下	1200
	2	非营业货车 2～5t	1470
	3	非营业货车 5～10t	1650
	4	非营业货车 10t 以上	2220
营业货车	1	营业货车 2t 以下	1850
	2	营业货车 2～5t	3070
	3	营业货车 5～10t	3450
	4	营业货车 10t 以上	4480
特种车	1	特种车一	3710
	2	特种车二	2430
	3	特种车三	1080
	4	特种车四	3980
说明		1. 座位和吨位的分类都按照"含起点不含终点"的原则来解释。 2. 特种车一：油罐车、汽罐车、液罐车；特种车二：专用净水车、特种车一以外的罐式货车，及用于清障、清扫、清洁、起重、装卸、升降、搅拌、挖掘、推土、冷藏、保温等各种专用机动车；特种车三：装有固定专用仪器设备从事专业工作的监测、消防、运钞、医疗、电视转播等的各种专用机动车；特种车四：集装箱拖头。 3. 挂车根据实际的使用性质并按照对应吨位货车的 30%计算。 4. 低速载货汽车参照运输型拖拉机 14.7kW 以上的费率执行	

（一）一年期基础保险费的计算

投保一年期机动车交通事故责任强制保险的，根据《机动车交通事故责任强制保险基础费率表》中相对应的金额确定基础保险费。

机动车交通事故责任强制保险条款费率由保险公司制定，保监会按不盈不亏原则进行审批。根据保险公司此项业务的总体盈利或者亏损情况，保监会可以要求或者允许保险公司调整保险费率。对于费率调整幅度较大的，应当进行听证。

（二）短期基础保险费的计算

《交强险条例》第 20 条规定：机动车交通事故责任强制保险的保险期间为 1 年，但有下列情形之一的，投保人可以投保短期机动车交通事故责任强制保险：

1. 境外机动车临时入境的；2. 机动车临时上道路行驶的；3. 机动车距规定的报废期限不足 1 年的；4. 保监会规定的其他情形。

投保保险期间不足 1 年的机动车交通事故责任强制保险的，按短期费率系数计收保险费，不足 1 个月按 1 个月计算。具体为：先按《机动车交通事故责任强制保险基础费率表》中相对应的金额确定基础保险费，再根据投保期限选择相应的短期月费率系数，两者相乘即为短期基础保险费。短期月费率系数见表12-2。

短期月费率系数表　　　　　　　　　　　表12-2

保险期间(月)	1	2	3	4	5	6	7	8	9	10	11	12
短期月费率系数(%)	10	20	30	40	50	60	70	80	85	90	95	100

注：短期基础保险费＝年基础保险费×短期月费率系数

二、交强险最终保费的计算

（一）交强险保费计算公式

依据《机动车交通事故责任强制保险费率浮动暂行办法》（保监发〔2007〕52号）文件规定：

最终保费＝基础保费×(1＋与道路交通事故相联系的浮动比A)。交强险费率浮动因素及比率见表12-3所示。

交强险费率浮动因素及比率表　　　　　表12-3

比率	浮动因素	浮动比率
A1	上一个年度未发生有责任道路交通事故	浮动比率－10%
A2	上两个年度未发生有责任道路交通事故	浮动比率－20%
A3	上三个年度未发生有责任道路交通事故	浮动比率－30%
A4	上一个年度发生一次有责任不涉及死亡的道路交通事故	浮动比率0%
A5	上一个年度发生两次有责任不涉及死亡的道路交通事故	浮动比率10%
A6	上一个年度发生有责任道路交通死亡事故	浮动比率30%

例如：某一装卸机动车一年内未发生有责任交通事故，其第二年缴纳的保费为：2430×(1－10%)＝2187元。

（二）交强险保费计算说明

1. 与道路交通事故相联系的浮动比率A为A1至A6其中之一，不累加。同时满足多个浮动因素的，按照向上浮动或者向下浮动比率的高者计算。

2. 仅发生无责任道路交通事故的，交强险费率仍可享受向下浮动。

3. 浮动因素计算区间为上期保单出单日至本期保单出单日之间。

4. 与道路交通事故相联系浮动时，应根据上年度交强险已赔付的赔案浮动。上年度发生赔案但还未赔付的，本期交强险费率不浮动，直至赔付后的下一年度交强险费率向上浮动。

（三）几种特殊情况的交强险费率浮动方法

1. 首次投保交强险的机动车费率不浮动。

2. 在保险期限内，被保险机动车所有权转移，应当办理交强险合同变更手续，且交强险费率不浮动。

3. 机动车临时上道路行驶或境外机动车临时入境投保短期交强险的，交强险费率不浮动。其他投保短期交强险的情况下，根据交强险短期基准保险费并按照上述标准浮动。

4. 被保险机动车经公安机关证实丢失后追回的，根据投保人提供的公安机关证明，在丢失期间发生道路交通事故的，交强险费率不向上浮动。

5. 机动车上一期交强险保单满期后未及时续保的，浮动因素计算区间仍为上期保单出单日至本期保单出单日之间。

6. 在全国车险信息平台联网或全国信息交换前，机动车跨省变更投保地时，如投保人能提供相关证明文件的，可享受交强险费率向下浮动。不能提供的，交强险费率不浮动。

12.1.8　交强险保险合同的解除

一、合同解除条件

《交强险条例》第16条："投保人不得解除机动车交通事故责任强制保险合同，但有下列情形之一的除外：

（一）被保险机动车被依法注销登记的；（二）被保险机动车办理停驶的；（三）被保险机动车经公安机关证实丢失的。"

《交强险条例》第17条："机动车交通事故责任强制保险合同解除前，保险公司应当按照合同承担保险责任。合同解除时，保险公司可以收取自保险责任开始之日起至合同解除之日止的保险费，剩余部分的保险费退还投保人。"

《交强险条款》第23条规定："交强险合同解除后，投保人应当及时将保险单、保险标志交还保险人；无法交回保险标志的，应当向保险人说明情况，征得保险人同意。"

二、合同解除退费规定

《交强险条款》（2009版）第24条："发生《交强险条例》所列明的投保人、保险人解除交强险合同的情况时，保险人按照日费率收取自保险责任开始之日起至合同解除之日止期间的保险费。"

根据《交强险条例》、《交强险条款》规定解除保险合同时，保险人应按如下标准计算退还投保人保险费。

（一）投保人已交纳保险费，但保险责任尚未开始的，全额退还保险费；

（二）投保人已交纳保险费，但保险责任已开始的，退回未到期责任部分保险费：退还保险费＝保险费×（1－已了责任天数/保险期间天数）

12.1.9　抢救费用的垫付

一、抢救费的概念

抢救费用，是指机动车发生道路交通事故导致人员受伤时，医疗机构参照国务院卫生主管部门组织制定的有关临床诊疗指南，对生命体征不平稳和虽然生命体征平稳但如果不采取处理措施会产生生命危险，或者导致残疾、器官功能障碍，或者导致病程明显延长的受伤人员，采取必要的处理措施所发生的医疗费用。

二、抢救费的垫付

道路交通事故的发生往往是具有突发性的，如果医疗机构对交通事故中的受伤人员得不到及时的抢治就会有生命危险，因此，《交安法》明确规定，医疗机构应当及时对在道路交通事故中受害人员进行抢救，不得因抢救费用未及时支付而拖延救治。

同时，为保障医疗机构对受伤人员所用的医疗费用及时到位，《交强险条例》第22条和《交强险条款》第9条规定，被保险机动车在以下几种情况下，发生交通事故，造成受害人受伤需要抢救的，保险人在医疗费用赔偿限额内垫付。被保险人在交通事故中无责任的，保险人在无责任医疗费用赔偿限额内垫付。对于其他损失和费用，保险人不负责垫付和赔偿：（一）驾驶人未取得驾驶资格的；（二）驾驶人醉酒的；（三）被保险机动车被盗抢期间肇事的；（四）被保险人故意制造交通事故的。对于垫付的抢救费用，保险人有权向致害人追偿。

12.1.10 交强险赔偿归责原则

一、赔偿归责概念

归责原则是确定侵权行为人承担民事赔偿责任的原则，包括：过错责任原则、无过错责任原则、公平责任原则；其中过错责任原则有四个构成要件，即违法行为、损害事实、违法行为与损害事实之间的因果关系和主观过错；无过错责任原则是根据法律规定，当损害发生时，不管加害人主观上是否存在过错，均应当承担责任的一种归责原则；公平原则是指当损害事实发生时，双方当事人都没有过错，基于公平的考虑，由双方当事人公平地分担损失的原则。

二、赔偿的基本归责

（一）保险限额内归责原则

《交安法》与《交强险条例》规定：被保险机动车发生道路交通事故造成本车人员、被保险人以外的受害人人身伤亡、财产损失的，由保险公司依法在机动车交通事故责任强制保险责任限额范围内予以赔偿。也就是说，肇事车辆参加机动车交强责任险的，不考虑被保险人有无过错，只要肇事车辆给对方造成损失，就要由保险公司在保险责任限额范围内赔偿给对方造成的损失。可见在保险限额之内赔偿实施的是无过错归责原则。

（二）保险限额外归责原则

那么，超出保险责任限额范围外的部分如何赔偿呢？依据《交安法》第76条、《侵权责任法》第49条、50条、51条、52条的规定：机动车发生交通事故造成人身伤亡、财产损失的，由保险公司在机动车第三者责任强制保险责任限额范围内予以赔偿；不足的部分，按照下列规定承担赔偿责任：

1. 机动车之间发生交通事故的，由有过错的一方承担赔偿责任；双方都有过错的，按照各自过错的比例分担责任。

2. 机动车与非机动车驾驶人、行人之间发生交通事故，非机动车驾驶人、行人没有过错的，由机动车一方承担赔偿责任；有证据证明非机动车驾驶人、行人有过错的，根据过错程度适当减轻机动车一方的赔偿责任；机动车一方没有过错的，承担不超过10%的赔偿责任。

交通事故的损失是由非机动车驾驶人、行人故意碰撞机动车造成的，机动车一方不承担赔偿责任。

3. 因租赁、借用等情形机动车所有人与使用人不是同一人时，发生交通事故后属于该机动车一方责任的，由保险公司在机动车强制保险责任限额范围内予以赔偿。不足部分，由机动车使用人承担赔偿责任；机动车所有人对损害的发生有过错的，承担相应的赔偿责任。

4. 当事人之间已经以买卖等方式转让并交付机动车但未办理所有权转移登记,发生交通事故后属于该机动车一方责任的,由保险公司在机动车强制保险责任限额范围内予以赔偿。不足部分,由受让人承担赔偿责任。

5. 以买卖等方式转让拼装或者已达到报废标准的机动车,发生交通事故造成损害的,由转让人和受让人承担连带责任。

6. 盗窃、抢劫或者抢夺的机动车发生交通事故造成损害的,由盗窃人、抢劫人或者抢夺人承担赔偿责任。保险公司在机动车强制保险责任限额范围内垫付抢救费用的,有权向交通事故责任人追偿。

综上所述,交强责任保险在交通事故赔偿处理中,保险公司在责任限额内实行的是无过错责任,超出保险责任限额后,机动车之间承担过错责任,而机动车对行人承担过错推定责任。

在实际理赔过程中,一般是按交强责任险先行赔付,责任方机动车支付超出限额部分,如机动车还有商业第三者责任保险,在机动车司机赔付后,司机还可以到保险公司报销部分赔偿额。

12.1.11 机动车交通事故救助基金

一、救助基金基本概念

救助基金是指在道路交通事故中由于某些特殊情况,肇事者对受害人的人身伤亡的丧葬费用、部分或者全部抢救费用不能及时支付时,由救助基金先行垫付,事后由救助基金管理机构再向道路交通事故责任人追偿的基金。

救助基金是《交安法》第 17 条规定的一项新制度。这项制度是机动车交通事故强制保险制度的补充,旨在保证道路交通事故中受害人不能按照交强险制度和侵权人得到赔偿时,可以通过救助基金的救助,获得及时抢救或者适当补偿。财政部、保监会等五部委专门下发《道路交通事故社会救助基金管理试行办法》(第 56 号)(以下简称《救助基金管理办法》),自 2010 年 1 月 1 日起施行。

二、救助基金的来源

依据《交强险条例》第 25 条:救助基金的来源包括:

(一)按照机动车交通事故责任强制保险的保险费的一定比例提取的资金;

(二)对未按照规定投保机动车交通事故责任强制保险的机动车的所有人、管理人的罚款;

(三)救助基金管理机构依法向道路交通事故责任人追偿的资金;

(四)救助基金孳息;

(五)其他资金。

为了进一步加大救助基金的保障力度,扩大救助基金资金来源,经国务院批准,《救助基金管理办法》规定,地方政府按照保险公司经营交强险缴纳营业税数额给予的财政补助,作为救助基金的重要资金来源。这部分资金与按照机动车交强险的保险费的一定比例提取的资金共同构成救助基金的主要来源。同时还明确,救助基金可以接受社会捐款。

三、救助基金救助范围

《救助基金管理办法》第 12 条规定:"有下列情形之一时,救助基金垫付道路交通事故中受害人人身伤亡的丧葬费用、部分或者全部抢救费用:抢救费超过责任限额的,未参加机动车第三者责任强制保险或者肇事后逃逸的,依法应当由救助基金垫付受害人丧葬费用、部分或者全部抢救费用的,由道路交通事故发生地的救助基金管理机构及时垫付。"

《救助基金管理办法》第 24 条:"救助基金管理机构根据本办法垫付抢救费用和丧葬费用后,应当依法向机动车道路交通事故责任人进行追偿。"

(一)受害人,是指机动车发生道路交通事故造成除被保险机动车本车人员、被保险人以外的受害人。

(二)抢救费用,是指机动车发生道路交通事故导致人员受伤时,医疗机构按照《道路交通事故受伤人员临床诊疗指南》,对生命体征不平稳和虽然生命体征平稳但如果不采取处理措施会产生生命危险,或者导致残疾、器官功能障碍,或者导致病程明显延长的受伤人员,采取必要的处理措施所发生的医疗费用。

救助基金一般垫付受害人自接受抢救之时起 72h 内的抢救费用,特殊情况下超过 72h 的抢救费用由医疗机构书面说明理由。具体应当按照机动车道路交通事故发生地物价部门核定的收费标准核算。

医疗机构在抢救受害人结束后,对尚未结算的抢救费用,可以向救助基金管理机构提出垫付申请,并提供有关抢救费用的证明材料。

(三)丧葬费用,是指丧葬所必需的遗体运送、停放、冷藏、火化的服务费用。具体费用应当按照机动车道路交通事故发生地物价部门制定的收费标准确定。

需要救助基金垫付丧葬费用的,由受害人亲属凭处理该道路交通事故的公安机关交通管理部门出具的《尸体处理通知书》和本人身份证明向救助基金管理机构提出书面垫付申请。

(四)道路外事故,机动车在道路以外的地方通行时发生事故,造成人身伤亡的,比照适用《救助基金管理办法》。主要是将拖拉机在田间作业发生的事故纳入救助基金垫付范围,比照《救助基金管理办法》执行。

四、救助基金垫付程序

(一)救助基金垫付抢救费用的基本程序:需要救助基金垫付部分或者全部抢救费用的,公安机关交通管理部门应当在 3 个工作日内书面通知救助基金管理机构。救助基金管理机构收到公安机关交通管理部门垫付通知和医疗机构垫付尚未结算抢救费用的申请及相关材料后,应当在 5 个工作日内进行审核,对符合垫付要求的,救助基金管理机构应当将相关费用划入医疗机构账户。需要强调的是,《道路交通安全法》第 75 条规定:"医疗机构对交通事故中的受伤人员应当及时抢救,不得因抢救费用未及时支付而拖延救治。"

(二)救助基金垫付丧葬费用的基本程序:需要救助基金垫付丧葬费用的,由受害人亲属凭处理该道路交通事故的公安机关交通管理部门出具的《尸体处理通知书》和本人身份证明向救助基金管理机构提出书面垫付申请。救助基金管理机构收到丧葬费用垫付申请和有关证明材料后,对符合垫付要求的,应当在 3 个工作日内按照有关标准垫付丧葬费用,并书面告知处理该道路交通事故的公安机关交通管理部门。对无主或者无法确认身份的遗体,由公安部门按照有关规定处理。

12.2 机动车第三者责任商业保险

12.2.1 商业车险定义

机动车第三者责任商业保险简称"商业三责险"。商业三责险是在保险期间内,被保险人在使用被保险机动车过程中发生意外事故,致使第三者遭受损失,依法由被保险人承担的损害责任,保险人负责对于超过机动车交通事故责任强制保险赔偿限额以上的部分给予赔偿的保险险种。

目前,交强险赔偿限额一般无法满足实际赔偿的需要。据北京有关部门调查,在交通事故中造成人员伤亡,大约死亡一人(60周岁以下)要赔偿49.4500万元(居民户)、23.9720万元(农村户),而交强险赔偿限额仅为11万元。调查统计造成最低的伤残十级伤残赔偿金分别为:4.9450万元、2.3972万元,而交强险的医疗赔偿限额仅为1万元。车主获得的保障仍然不足。交强责任险中的医疗费用赔偿限额很多时候仅能支付抢救费用,而车主实际需要支付的,还包括伤者后期的治疗费用。商业三责险可起到补充作用,车主投保了商业三责险后,一旦发生交通事故,将由保险公司向受害第三方提供赔偿,商业三责险是交强责任险的必要补充。

12.2.2 商业三责险与交强险区别

目前,商业三责险包括A、B、C三款版本,分别以人保财险、平安产险和太平洋保险为代表。商业三责险与交强险有以下区别:

一、保险属性不同

商业三责险属于商业性保险,保险公司具有一定的盈利属性,是自愿投保的险种。当被保险人认为交强险不足以弥补发生交通事故对第三者的经济损失,经济条件允许的情况下,可以根据自己的意愿选择相应档次的保险限额投保。

二、赔偿归责不同

在商业三责险中,保险公司是根据投保人或被保险人在交通事故中应负的责任来确定赔偿责任,实行的是过错归责;保险人依据被保险机动车驾驶人在事故中所负的事故责任比例,承担相应的赔偿责任。而交强险对机动车发生交通事故造成人身伤亡、财产损失的赔偿,实行无过错归责,出现交通事故造成损失,无论被保险人有无过错责任,保险公司都要在交强险责任限额范围内予以赔偿。

三、赔偿范围不同

在商业三责险中,责任范围是对于超过机动车交通事故责任强制保险各分项赔偿限额以上的部分负责赔偿。而交强险的责任范围是各分项的责任限额之内进行赔偿,两者具有很强的互补性。

四、赔偿起点不同

在商业三责险中,保险公司赔偿起点高,对各项赔偿限额明确规定设有免赔额、免赔率。在赔付时要加以扣除;而交强险各项责任一律不设免赔额。

五、保险费用不同

商业三责险费率高于交强险。商业三责险赔偿额分为不同的档次，由投保人根据自身经济状况自由选择；而交强险由于赔偿限额是全国统一的，保险费用是固定的。

目前，商业三责险包括 A、B、C 三款版本，分别以人保财险、平安产险和太平洋保险为代表。我们以人保财险机动车第三者责任保险条款为例，介绍商业三责险的主要内容。

12.2.3 承保对象与责任范围

一、承保对象

《商业三责险条款》第 2 条对承保对象表述为：本保险合同中的机动车是指在中华人民共和国境内（不含港、澳、台地区）行驶，以动力装置驱动或者牵引，上道路行驶的供人员乘用或者用于运送物品以及进行专项作业的轮式车辆（含挂车）、履带式车辆和其他运载工具。不包括摩托车、拖拉机和特种车。

应注意的是商业三责险与交强险的承保对象是有所差别的，具有限制性。交强险承保的车辆包括各种机动车：各式家庭自用车、营业客车、非营业货车、营业货车、特种车、摩托车和拖拉机等。

二、责任范围

《商业三责险条款》第 4 条规定：保险期间内，被保险人或其允许的合法驾驶人在使用被保险机动车过程中发生意外事故，致使第三者遭受人身伤亡或财产直接损毁，依法应当由被保险人承担的损害赔偿责任，保险人依照本保险合同的约定，对于超过机动车交通事故责任强制保险各分项赔偿限额以上的部分负责赔偿。主要区别在于交强险是按照合同的约定对每次事故在下列赔偿限额内负责赔偿；而商业三责险是对交强险赔付后超出部分的损失予以赔偿。

（一）被保险人或其允许的合格驾驶员应同时具备两个条件：第一，被保险人或其允许的驾驶员是指被保险人本人以及经被保险人委派、雇佣或认可的驾驶保险车辆的人员。第二，合格的驾驶员是指上述驾驶员必须持有效驾驶证，并且所驾车辆与驾驶证规定的准驾车型相符；驾驶出租汽车或营业性客车的驾驶员还必须具备交通运输管理部门核发的许可证书或其他必备证书，否则仍认定为不合格。

（二）使用保险车辆过程：保险车辆作为一种工具被使用的整个过程，包括行驶和停放。例如，保险吊车固定车轮后进行吊卸作业。

（三）意外事故：不是行为人出于故意，而是行为人不可预见的以及不可抗拒的并造成人员伤亡或财产损失的突发事件。车辆使用中发生的意外事故，分为道路交通事故和非道路事故。凡在道路上发生的交通事故属于道路交通事故。凡不在公路、城市街道和胡同（里巷），以及公共广场、公共停车场供车辆、行人通行的地方使用保险车辆过程中发生的事故，属于非道路事故。例如在铁路道口、渡口、机关大院、农村场院、乡间小道上发生的与机动车辆有关的事故。

对于非道路事故，公安交通管理部门一般不予受理。这时可请出当地政府有关部门根据道路交通事故处理规定研究处理，但应参照道路交通事故处理有关法规的赔偿范围、项目和标准以及保险合同的规定计算保险赔款金额。

（四）保险的第三者：在保险合同中，保险人是第一方，也叫第一者；被保险人或使用保险车辆的致害人是第二方，也叫第二者；除保险人与被保险人之外的，因保险车辆的意外事故致使保险车辆下的人员或财产遭受损害的，在车下的受害人是第三方，为第三者。同一被保险人的车辆之间发生意外事故，相对方均不构成第三者。

（五）人身伤亡与直接损毁：人身伤亡是指人的身体受伤害或人的生命终止。直接损毁是指保险车辆发生意外事故，直接造成事故现场他人现有财产的实际损毁。

（六）保险人不是无条件地完全承担"被保险人依法应当支付的赔偿金额"，而是依照道路交通事故处理条例等有关法律规定及保险合同的规定，对于超过机动车交通事故责任强制保险各分项赔偿限额以上的部分负责赔偿。

12.2.4 商业三责险责任免除

商业三责险的责任免除规定比交强险较为严格和细化。除交强险条例、条款所规定的原因除外（无照驾驶、驾驶酗酒、驾驶故意、被盗抢期间）、损失费用除外（受害人故意、被保险人财产等间接损失）和法律诉讼费除外，还设定许多责任除外条款，根据《机动车交通事故第三者责任保险条款》第5条～第8条，责任免除内容归纳如下：

一、被保险人除外

（一）保险人及其家庭成员的人身伤亡、所有或代管的财产的损失；

（二）被保险机动车本车驾驶人及其家庭成员的人身伤亡、所有或代管的财产的损失；

（三）被保险机动车本车上其他人员的人身伤亡或财产损失。

二、不可抗力除外

地震、战争、军事冲突、恐怖活动、暴乱、扣押、收缴、没收、政府征用除外。

（一）地震是指地下岩层受应力作用错动破裂造成的地面震动，是一种不可抗拒的自然现象；

（二）战争是指国家与国家、民族与民族、政治集团与政治集团之间为了一定的政治、经济目的而进行的武装斗争；

（三）军事冲突是指国家或民族之间在一定范围内的武装对抗；

（四）恐怖活动是指通过爆炸、纵火、枪击、劫持等袭击手段，危害国家、民族、社会安全的行为；

（五）暴乱是指破坏社会秩序的武装骚动；战争、军事冲突、暴乱以政府宣布为准；

（六）扣押是指采用强制手段扣留保险车辆；

（七）收缴是指司法或行政机关没收违法者的保险车辆作为处罚；

（八）政府征用特指政府利用行政手段有偿或无偿占用保险车辆。

三、驾驶人违法除外

（一）利用被保险机动车从事违法活动。

（二）驾驶人饮酒、吸食或注射毒品、被药物麻醉后使用被保险机动车。

饮酒：指驾驶员饮酒后开车。可根据下列之一来判定：一是公安交通管理部门处理交通事故时作出的酒后驾车结论；二是有饮酒后驾车的证据。

吸毒：指驾驶员吸食或注射鸦片、吗啡、海洛因、大麻、可卡因以及国家规定管制的其他能够使人形成瘾癖的麻醉药品和精神药品。

被药物麻醉：指驾驶员吸食或注射有麻醉成分的药品，在整个身体或身体的某一部分暂时失去控制的情况下驾驶车辆。

（三）事故发生后，被保险人或其允许的驾驶人在未依法采取措施的情况下驾驶被保险机动车或者遗弃被保险机动车逃离事故现场，或故意破坏、伪造现场、毁灭证据。

保险车辆肇事逃逸：是指保险车辆肇事后，为了逃避法律法规制裁，逃离肇事现场的行为。

四、驾驶人违规除外

（一）无驾驶证或驾驶证有效期已届满；

（二）驾驶的被保险机动车与驾驶证载明的准驾车型不符；

（三）实习期内驾驶公共汽车、营运客车或者载有爆炸物品、易燃易爆化学物品、剧毒或者放射性等危险物品的被保险机动车，实习期内驾驶的被保险机动车牵引挂车；

（四）持未按规定审验的驾驶证，以及在暂扣、扣留、吊销、注销驾驶证期间驾驶被保险机动车；

（五）使用各种专用机械车、特种车的人员无国家有关部门核发的有效操作证，驾驶营运客车的驾驶人无国家有关部门核发的有效资格证书；

（六）依照法律法规或公安机关交通管理部门有关规定不允许驾驶被保险机动车的其他情况下驾车。

五、间接损失除外

（一）被保险机动车发生意外事故，致使第三者停业、停驶、停电、停水、停气、停产、通讯或者网络中断、数据丢失、电压变化等造成的损失以及其他各种间接损失；保险车辆发生保险事故受损后丧失行驶能力，从受损到修复这一期间，被保险人停止营业或不能继续运输等损失，保险均不负责赔偿；保险车辆发生意外事故致使第三者营业停止、车辆停驶、生产或通讯中断和不能正常供电、供水、供气的损失以及由此而引起的其他人员、财产或利益的损失，不论在法律上是否应由被保险人负责，保险人也不负责赔偿。

（二）精神损害赔偿除外；因保险事故引起的任何有关精神损害赔偿是指无论是否依法应由被保险人承担的任何精神损害赔偿。

（三）因污染（含放射性污染）造成的损失除外；污染指被保险机动车正常使用过程中或发生事故时，由于油料、尾气、货物或其他污染物的泄漏、飞溅、排放、散落等造成的污损、状况恶化或人身伤亡。

因污染引起的任何补偿和赔偿是指不论是否发生保险事故，保险车辆本身及保险车辆所载货物泄漏造成的对外界任何污染引起的补偿和赔偿，保险人都不负责赔偿。

（四）第三者财产因市场价格变动造成的贬值、修理后价值降低引起的损失除外。

（五）被保险机动车被盗窃、抢劫、抢夺期间造成第三者人身伤亡或财产损失除外；被盗窃、抢劫、抢夺期间指被保险机动车被盗窃、抢劫、抢夺过程中及全车被盗窃、抢劫、抢夺后至全车被追回。

（六）被保险人或驾驶人的故意行为造成的损失除外；故意行为是指被保险人或其允许的合格驾驶员明知自己为或不为可能造成损害的结果，而仍希望或放任这种结果的发生。

（七）仲裁或者诉讼费用以及其他相关费用除外。

六、其他责任除外

（一）竞赛、测试、教练，在营业性维修、养护场所修理、养护期间所发生的事故除外。

竞赛：指保险车辆作为赛车直接参加车辆比赛活动；测试：指对保险车辆的性能和技术参数进行测量或试验；教练：指尚未取得合法机动车驾驶证，但已通过合法教练机构办理正式学车手续的学员，在固定练习场所或指定路线，并有合格教练随车指导的情况下驾驶被保险机动车。在营业性修理场所修理期间：指保险车辆进入维修厂（站、店）保养、修理期间，由于自然灾害或意外事故所造成的保险车辆或他人的损失。其中，营业性修理场所指保险车辆进入以盈利为目的修理厂（站、店）；修理期间指保险车辆从进入维修厂（站、店）开始到保养、修理结束并验收合格提车时止，包括保养、修理过程中的测试。

（二）非被保险人允许的驾驶人或操作人员使用被保险机动车事故除外；非被保险人允许的驾驶员或操作人员是指被保险人或其允许的驾驶员或操作人员以外的其他人员。

（三）被保险机动车转让他人，未向保险人办理批改手续事故除外。转让指以转移所有权为目的，处分被保险机动车的行为。被保险人以转移所有权为目的，将被保险机动车交付他人，但未按规定办理转移（过户）登记的，视为转让。

（四）除另有约定外，发生保险事故时被保险机动车无公安机关交通管理部门核发的行驶证或号牌，或未按规定检验或检验不合格发生事故除外。

（五）被保险机动车（不含牵引车、清障车）拖带其他机动车或物体发生的事故除外。因为拖带其他机动车或物体都属于增加了保险车辆危险程度，超出了保险责任正常所承担的范围，故由此产生的任何损失，保险人不予赔偿（不含牵引车、公安交通管理部门的清障车拖带障碍车不在此列）。对于主车和挂车都投保了第三者责任险，挂车投保后与主车视为一体责任。

（六）应当由机动车交通事故责任强制保险赔偿的损失和费用，保险人不负责赔偿。

（七）被保险机动车未投保机动车交通事故责任强制保险或机动车交通事故责任强制保险合同已经失效的，对于机动车交通事故责任强制保险各分项赔偿限额以内的损失和费用，保险人不负责赔偿。

（八）应当由机动车交通事故责任强制保险赔偿的损失和费用，保险人不负责赔偿。保险人对于符合保险条件产生的超出强制险部分的损失费用根据合同约定予以赔偿。

12.2.5 责任限额与保险费用

一、责任限额

《商业三责险条款》第11条规定：每次事故的责任限额，由投保人和保险人在签订本保险合同时按保险监管部门批准的限额档次协商确定。每次事故的责任限额，由投保人和保险人在签订本保险合同时按保险监管部门批准的限额档次协商确定，分为5万、10万元、20万元、50万元、100万元及100万元以上1000万元以下等档次，供投保人和保险人在投保时自行协商选择确定。

《商业三责险条款》第12条规定：主车和挂车连接使用时视为一体，发生保险事故时，由主车保险人和挂车保险人按照保险单上载明的机动车第三者责任保险责任限额的比例，在各自的责任限额内承担赔偿责任，但赔偿金额总和以主车的责任限额为限。

二、保险费用

《商业三责险条款》第 37 条：保险人按照保险监管部门批准的机动车保险费率方案计算保险费。责任保险费用计算方法主要是依据被保险人所选择的最高赔偿限额相应的固定保费交纳。固定保费是指按不同车辆种类和使用性质对应的第三者责任险每次最高赔偿限额时的保险费。

12.2.6 责任期限与合同解除

《商业三责险条款》第 13 条规定："除另有约定外，保险期间为一年，以保险单载明的起讫时间为准。"第 33 条："保险责任开始前，投保人要求解除本保险合同的，应当向保险人支付应交保险费 5％的退保手续费，保险人应当退还保险费。

保险责任开始后，投保人要求解除本保险合同的，自通知保险人之日起，本保险合同解除。保险人按短期月费率（见表 12-4 所示）收取自保险责任开始之日起至合同解除之日止期间的保险费，并退还剩余部分保险费。"

短期月费率表　　　　　　　　　　　　　　　　表 12-4

保险期间(月)	1	2	3	4	5	6	7	8	9	10	11	12
短期月费率(年保险费的百分比)	10％	20％	30％	40％	50％	60％	70％	80％	85％	90％	95％	100％

注：保险期间不足 1 个月的部分，按 1 个月计算。

12.2.7 保险赔偿处理

一、赔偿依据和赔偿标准

《商业三责险条款》第 25 条规定："保险事故发生后，保险人按照国家有关法律、法规规定的赔偿范围、项目和标准以及本保险合同的约定，在保险单载明的责任限额内核定赔偿金额。

保险人按照国家基本医疗保险的标准核定医疗费用的赔偿金额。

未经保险人书面同意，被保险人自行承诺或支付的赔偿金额，保险人有权重新核定。不属于保险人赔偿范围或超出保险人应赔偿金额的，保险人不承担赔偿责任。"本条规定了第三者责任的赔偿依据和赔偿标准。

（一）保险赔偿依据

国家有关法律、法规规定的赔偿范围、项目和标准以及本保险合同的约定，在保险单载明的责任限额内核定赔偿金额。

（二）核定赔偿金额

1. 当被保险人按事故责任比例应付的赔偿金额超过赔偿限额时：赔款＝赔偿限额×（1－免赔率）；

2. 当被保险人按事故责任比例应付的赔偿金额低于赔偿限额时：赔款＝应负赔偿金额×（1－免赔率）。

（三）自行承诺金额处理

未经保险人书面同意，被保险人自行承诺或支付的赔偿金额，保险人有权重新核定。不属于保险人赔偿范围或超出保险人应赔偿金额的，保险人不承担赔偿责任。自行承诺或支付的赔偿金额是指不符合国家有关法律、法规规定的赔偿范围、项目和标准以及保险合同规定,且事先未征得保险人同意,被保险人擅自同意承担或支付的赔款。

二、按事故责任比例赔偿原则

《商业三责险条款》第 24 条规定:"保险人依据被保险机动车驾驶人在事故中所负的事故责任比例,承担相应的赔偿责任。

被保险人或被保险机动车驾驶人根据有关法律法规规定选择自行协商或由公安机关交通管理部门处理事故未确定事故责任比例的,按照下列规定确定事故责任比例:

被保险机动车方负主要事故责任的,事故责任比例为 70%;

被保险机动车方负同等事故责任的,事故责任比例为 50%;

被保险机动车方负次要事故责任的,事故责任比例为 30%。"

三、按责免赔计算原则

《商业三责险条款》第 9 条规定:"保险人在依据本保险合同约定计算赔款的基础上,按下列免赔率免赔:

(一)负次要事故责任的免赔率为 5%,负同等事故责任的免赔率为 10%,负主要事故责任的免赔率为 15%,负全部事故责任的免赔率为 20%;

(二)违反安全装载规定的,增加免赔率 10%;

(三)投保时指定驾驶人,保险事故发生时为非指定驾驶人使用被保险机动车的,增加免赔率 10%;

(四)投保时约定行驶区域,保险事故发生在约定行驶区域以外的,增加免赔率 10%。"

本条规定了机动车辆保险每次保险事故与赔偿计算应按责免赔的原则。第三者责任险的损失经保险双方确认,还应根据保险车辆驾驶员在事故中所负责任,按照免赔率扣除一定的金额:负事故全部责任的以及单方肇事事故,扣除应付赔款金额的 20%;单方肇事事故是指不涉及与第三方有关的损害赔偿的事故,但不包括自然灾害引起的事故。负事故主要责任的,扣除应付赔款金额的 15%;负事故同等责任的,扣除应付赔款金额的 10%;负事故次要责任的,扣除应付赔款金额的 5%。违反安全装载规定的,增加免赔率 5%;因违反安全装载规定导致保险事故发生的,保险人不承担赔偿责任;保险事故发生在约定行驶区域以外的,增加免赔率 10%。

四、重复保险赔偿原则

《商业三责险条款》第 26 条规定:"被保险机动车重复保险的,保险人按照本保险合同的责任限额与各保险合同责任限额的总和的比例承担赔偿责任。其他保险人应承担的赔偿金额,保险人不负责赔偿和垫付。"

五、一次性赔偿结案的原则

《商业三责险条款》第 28 条规定:"保险人支付第三者责任保险赔款后,对被保险人追加的索赔请求,保险人不承担赔偿责任。"本条规定了机动车辆第三者责任险一次性赔偿结案的原则。

六、保险期内连续责任原则

《商业三责险条款》第 29 条规定:"被保险人获得赔偿后,本保险合同继续有效,直至保险期间届满。"本条规定了第三者责任险的保险责任为连续责任。

七、第三者财产损失修复原则

《商业三责险条款》第23条:"因保险事故损坏的第三者财产,应当尽量修复。修理前被保险人应当会同保险人检验,协商确定修理项目、方式和费用。否则,保险人有权重新核定;无法重新核定的,保险人有权拒绝赔偿。"

12.2.8 商业三责车险附加险

一、附加车上货物责任险

(一)适用范围

投保了商业性机动车第三者责任险的机动车,可投保本附加险。

(二)保险责任

发生道路交通意外事故,致使保险车辆所载货物遭受直接损毁,依法应由被保险人承担的经济赔偿责任,保险人负责赔偿。

(三)责任免除

1. 偷盗、哄抢、自然损耗、本身缺陷、短少、死亡、腐烂、变质造成的货物损失;
2. 违法、违章载运或因包装不善造成的损失;
3. 车上人员携带的私人物品;
4. 应当由机动车交通事故责任强制保险赔偿的损失和费用。

(四)赔偿处理

1. 承运的货物发生保险责任范围内的损失,保险人按起运地价格在赔偿限额内负责赔偿;
2. 保险车辆在使用过程中与其他机动车辆发生碰撞,致使保险车辆上所载货物遭受直接损毁,对应当由其他机动车辆的交强险赔偿的金额,保险人先予以扣除,再依据保险车辆驾驶人在事故中所负事故责任比例,按照本合同的规定负责赔偿;
3. 根据保险车辆驾驶人在事故中所负事故责任比例,车上货物责任险在符合赔偿规定的金额内实行相应的事故责任免赔率:

负全部责任的免赔20%,负主要责任的免赔15%,负同等责任的免赔10%,负次要责任的免赔5%。单方肇事事故的事故责任免赔率为20%。并按商业第三者责任保险的约定适用绝对免赔率。

二、附加精神损害赔偿责任险

(一)适用范围

只有在投保了商业性第三者责任保险及车上人员责任险的基础上方可附加本条款。

(二)保险责任

附加精神损害赔偿责任险属于附加险,是指因发生交通事故致使第三者人员的伤残或本车上人员伤残,受害当事人据此提出的精神损害赔偿,依法应由被保险人承担的经济赔偿责任的,保险人在保险单载明的赔偿限额内计算赔偿额的附加险种。

(三)保险范围

单独投保第三者责任险的基础上投保本附加险时,保险人只负责对第三者人员的精神损害赔偿;同时投保第三者责任险和车上人员责任险的基础上投保本附加险时,保险人负责对第三者人员及车上人员的精神损害赔偿。

（四）责任免除

在下列情况下，被保险人承担的精神损害赔偿，保险人不负责赔偿：

1. 非被保险人允许的驾驶人员驾驶保险车辆；
2. 驾驶人员在交通事故中无过错责任；
3. 保险车辆未与第三者发生直接碰撞事故，仅由惊恐引起，造成第三者或车上人员的行为不当所引起的伤残、死亡或怀孕妇女意外流产；
4. 法院调解书中确定的应由被保险人承担的精神损害赔偿；
5. 因疾病、自然分娩、自残、殴斗、自杀、犯罪行为所致的人身伤残；
6. 违章超载；
7. 驾驶人员的故意行为；
8. 被保险人本人及其家庭成员遭受的精神损害；
9. 被保险人利用保险车辆从事违法活动；
10. 被保险人或驾驶人员的故意行为；
11. 保险车辆被盗抢、抢劫、抢夺造成的损失。

（五）赔偿限额

依据人民法院对交通事故责任人应承担的精神损害赔偿的判决在保险单所载明的赔偿限额内负责赔偿。在保险期间内，每次事故每人最高赔偿限额为2万元，累计最高赔偿限额为20万元。

12.3 商业车上人员保险

12.3.1 车上人员险法律依据

车上人员责任险和商业车险同属于商业保险，但车上人员责任险与商业车险是两个不同的商业险种，其所涵盖的风险和获取的保障也截然不同。交强险或商业车险保障的是车下的人员，而车上人员责任险的保障对象仅限于车上人员。从法律角度来说，交强责任险适用的是《交安法》，商业三者险涉及的是侵权民事责任，通常适用《民法通则》、《侵权责任法》等有关法律条款规定；而车上责任险主要是因违反运输合同而产生的合同责任，其受《中华人民共和国合同法》的调节和制约。

12.3.2 车上人员险责任范围

车上人员责任险的赔偿范围仅限于造成车上人员伤亡的损失责任，而不包括财产损失。而交强险（或商业车险）赔偿范围均为人身伤亡和财产损失两部分。

12.3.3 车上人员险赔偿限额

车上人员责任险驾驶人每次事故责任限额和乘客每次事故每人责任限额由投保人和保险人在投保时协商确定。投保乘客座位数按照被保险机动车的核定载客数（驾驶人座位除外）确定。商业车险则按照人身伤害限额和财产限额等级设定。商业车险的保险限额一般较高，赔偿限额人从5万元至100万元以上，而车上人员责任险必须按核定座位数投保，赔偿时最高不超过每座赔偿限额。当然，每座限额一般都远远低于商业车险的限额。

12.3.4　车上人员险责任免除

车上人员责任险规定有严格的免责条款，规定有某些违法除外、违章除外等，其中包括：车上人员在被保险机动车车下时遭受的人身伤亡除外、精神损害赔偿除外、仲裁或者诉讼费用以及其他相关费用除外和应当由机动车交通事故责任强制保险赔偿的损失和费用除外等。显然，该险种与交强责任险（或商业三者险）形成鲜明的对应互补关系。

12.3.5　车上人员险赔偿归责

交强责任险的赔偿实行无过错归责，无论被保险行为人有无过错，保险人均对受害的第三者在限额内进行赔偿；而车上责任险与商业三责险相同，实行的是过错归责，保险人依据被保险机动车驾驶人在事故中所负的事故责任比例，承担相应的赔偿责任，即根据被保险人在事故中过错责任的大小而定赔付金额。

12.4　特种车保险第三者责任

12.4.1　特种车保险概述

一、特种车辆的概念

根据道路交通安全法和机动车交通事故责任强制保险条款，特种车辆是指以下四类车辆：

一是指外廓尺寸、重量等方面超过设计车辆限界，用于特殊货物运输的车辆，如油罐车、汽罐车、液罐车、冷藏车等；

二是指经特制或专门改装，配有固定的装置设备，主要功能不是用于载人或运货的机动车辆，如运钞车、救护车、消防车、警车、工程救险车、军事监理车、清扫、清障、医疗、电视转播、雷达、X光检查等专业车辆；

三是指用于起重、装卸、升降、搅拌、挖掘、推土、压路、自卸载重车、固井水泥车、压裂车、高空作业车、混凝土泵车等的各种轮式或履带式的各种专用机动车；

四是指集装箱拖头。

二、特种车辆保险

特车险是针对特种车辆为标的而设定的保险，在保险期间内，被保险人在使用被保险机动车过程中，如果发生意外事故造成被保险车辆损失和第三者损失按照合同约定，保险人对产生的损失承担保险责任。

（一）特车险是一种商业综合车险，其主要承保的标的可分为两部分：物质损失和第三者损失。保险人对被保险人的特种车辆在意外事故中发生的被保险车辆损失负责赔偿，同时，对于事故造成第三者人身伤害和财产损失也负责给予赔偿。

（二）特车险的保险合同为不定值保险合同。保险人按照承保险别承担保险责任。所谓不定值保险合同指双方当事人在订立保险合同时不预先确定保险标的的保险价值，而是按照保险事故发生时保险标的的实际价值确定保险价值的保险合同。

（三）发生保险事故时，被保险人为防止或者减少被保险机动车的损失所支付的必要的、合理的施救费用，由保险人承担，最高不超过保险金额的数额。按照人财保条款规定，法律诉讼费是予以除外的。

三、特车险与特设险的区别

（一）承保范畴不同：特种车辆是指在用于牵引、清障、清扫、起重、装卸、升降、搅拌、挖掘、推土、压路等的各种轮式或履带式专用车辆，或车内装有固定专用仪器设备，从事专业工作的监测、消防、清洁、医疗、电视转播、雷达、X光检查等车辆以及约定的其他机动车。

特种设备是指锅炉、压力容器、气瓶、压力管道、电梯、客运索道、游艺机和游乐设施、起重机械、厂内机动车辆、防爆电器等危险性较大、一旦发生事故造成的危害性较为严重的设施。

（二）保险属性不同：特种车辆保险属于综合保险，主要标的是特种车辆，负责的是物质损失，同时，也包含对第三者损害的责任标的。特种车保险属于财产保险范畴；特种设备保险主要是对第三者责任保险，标的为被保险人对第三者依法赔偿的责任，特设险属于责任保险范畴。

（三）保费计算不同：特种车辆险是定值保险合同，特种设备保险保费按照设备的实际价值作为基准，乘以相应的费率。而特种车辆保险是不定值合同，是按照保险事故发生时保险标的的实际价值确定保险价值。

四、特车险与其他责任车险的区别（见表12-5）

特车险与其他责任车险的区别　　　　　　　　　　　　　　　　　　　　表12-5

险种	保险标的	保险类别	保险属性	赔偿范围	赔偿内容
强制保险	第三者责任	责任保险	强制性	法律规定范围内	三者人财
商业车险	第三者责任	责任保险	商业性	超出强制险部分	三者人财
车上人险	车上人责任	责任保险	商业性	合同约定额范围	三者人身
特种车险	车损、三责	综合保险	商业性	超出强制险部分	三者人财

下面以人民财产保险公司2007版特种车险条款为例，介绍特种车险项下第三者责任内容。

12.4.2　特车险第三者责任范围

《特车险条款》第6条规定："保险期间内，被保险人或其允许的合法驾驶人或操作人员在使用被保险机动车过程中发生意外事故，致使第三者遭受人身伤亡或财产直接损毁，依法应当由被保险人承担的损害赔偿责任，保险人依照本保险合同的约定，对于超过机动车交通事故责任强制保险各分项赔偿限额以上的部分负责赔偿。"

本条与机动车交通事故第三者责任商业保险规定完全相同，规定了第三者责任险的责任范围。

12.4.3 特车险第三者责任除外

特车险第三者责任与商业车险免责内容，包括被保险人除外、间接损失除外、不可抗力除外、违法行为除外、驾驶人违规行为除外、其他责任除外基本相同。但有以下两点区别。

一、《特车险条款》第三者责任免责部分比《商业三责险》免责部分增加了两款，其中与第三者责任有关的是："在作业中由于震动、移动或减弱支撑造成的财产、土地、建筑物的损毁及由此造成的人身伤亡；"而《商业三责险》免责部分没有。主要保险人为避免承担更大的责任风险，针对特种车具有作业特点而设定的，而商业车险所承保的车辆此类风险并不明显。

二、对挂车免责的措辞。《商业三责险》免责部分措辞为："被保险机动车拖带未投保机动车交通事故责任强制保险的机动车（含挂车）或被未投保机动车交通事故责任强制保险的其他机动车拖带。"此种情况下均属于保险除外责任，保险人不予赔偿。

《特车险条款》第三者责任免责部分措辞为："被保险机动车（不含牵引车、清障车）拖带其他机动车或物体。"被保险机动车拖带未投保的机动车辆或物体的，保险人对事故损失不予赔偿。

12.4.4 责任限额与保险费用

特车险第三者责任与商业三责险责任限额与保险费用条款完全相同。《特种车险条款》第15条规定："第三者责任保险每次事故的责任限额，由投保人和保险人在签订本保险合同时按保险监管部门批准的限额档次协商确定。"第38条："保险费调整的比例和方式以保险监管部门批准的机动车保险费率方案的规定为准。"

12.4.5 责任期限与短期费率

特种车险与商业三责险责任期限与短期费率条款完全相同。《特种车险条款》第16条规定："除另有约定外，保险期间为一年，以保险单载明的起讫时间为准。"第41条："保险责任开始前，投保人要求解除本保险合同的，应当向保险人支付应交保险费5%的退保手续费，保险人应当退还保险费。"

保险责任开始后，投保人要求解除本保险合同的，自通知保险人之日起，本保险合同解除。保险人按短期月费率收取自保险责任开始之日起至合同解除之日止期间的保险费，并退还剩余部分保险费。

12.4.6 特车险第三者责任赔偿

在赔偿依据与标准、按事故责任比例赔偿原则、按责免赔计算原则、重复保险赔偿原则、一次性赔偿结案的原则、保险期内连续责任原则、第三者财产损失修复原则有关条款方面完全相同。所不同的是《特车险第三者责任保险条款》增加了两条赔偿条款：

一、残值处理条款

《特车险条款》第29条："被保险机动车遭受损失后的残余部分由保险人、被保险人协商处理。"为此，第三者财产和机动车遭受损失后尚有价值的剩余部分，应由保险人同被保险人协商作价折归被保险人，并在计算赔款时直接扣除。增设这一条款主要是因为本保险是综合保险，包括车辆损失赔偿所致。

二、代位追偿条款

《特种车险条款》第25条规定："因第三方对被保险机动车的损害而造成保险事故的，保险人自向被保险人赔偿保险金之日起，在赔偿金额范围内代位行使被保险人对第三方请求赔偿的权利，但被保险人必须协助保险人向第三方追偿。

由于被保险人放弃对第三方的请求赔偿的权利或过错致使保险人不能行使代位追偿权利的，保险人不承担赔偿责任或相应扣减保险赔偿金。"

本条规定了保险事故损失应由第三方赔偿的案件处理程序和代位追偿原则。

（一）保险车辆发生保险列明的保险责任范围内的损失是第三方造成的，应由第三方负责赔偿时，被保险人必须向第三方索赔。被保险人在索赔过程中，如遇第三方不予支付的情况，应向人民法院提起诉讼。经人民法院立案后，被保险人书面请求保险人先予赔偿的，同时应向保险人提供人民法院的立案证明。保险人可按保险条款有关规定和保险合同载明的条件先行赔付。

（二）保险人先行赔付后，被保险人必须签具权益转让书，将向第三方追偿权部分或全部转让给保险人，并积极协助保险人向第三方进行追偿。

（三）如果被保险人放弃向第三方索赔的权利，而直接向保险人提出索赔，保险人不予受理。因为被保险人放弃了向第三方追偿的权利，同时也就放弃了向保险人要求赔偿的权利。

（四）由于被保险人的故意或过失行为导致保险人不能正常向第三方行使代位追偿权利的，保险人将视被保险人过错大小，全部扣除或部分扣除保险赔偿金额。

第 13 章 安全生产责任保险

13.1 安全生产责任保险概述

13.1.1 安全生产责任保险背景

近年来,全国安全生产状况逐年好转,但高危行业安全生产事故仍然易发、频发,重特大事故时有发生,给人民生命财产安全造成重大损失。为有效预防安全生产事故,化解事故风险,生产企业全面推广工伤社会保险制度的同时,在煤矿、非煤矿山、危险化学品、烟花爆竹、建筑施工等高危行业推行安全生产责任保险,将保险与事故预防有机结合起来,逐步形成工伤保险和安全生产责任保险相结合的安全生产保险模式,对于加强安全生产管理、促进安全生产形势稳定好转具有十分重要的意义。

一、现行相关保险作用有限

我国高危行业已普遍实行了工伤保险、团体人身意外伤害保险和雇主责任保险等相关保险,在保障从业人员合法权益、分散企业风险、促进安全生产等方面发挥了积极的作用,但以上保险也存在着覆盖面偏小、保障程度低等突出问题,制约着保险作用的进一步发挥,存在着明显不足。

(一)工伤保险。工伤保险是社会保险制度的重要组成部分,是国家为在生产、工作中遭受事故伤害和患职业性疾病的劳动者及亲属提供医疗救助、生活保障、经济补偿和职业康复等物质帮助的一种社会保障制度。我国工伤保险在保障劳动者合法权益,分散用人单位风险和促进安全生产工作方面发挥了重要的作用,但同时也存在着一些缺陷,难以有效满足企业,特别是高危行业对安全生产风险管理的需求。工伤保险在施行过程存在的三个问题:

1. 工伤保险在高危行业全员覆盖率低。我国工伤保险实行记名投保方式,在高危行业覆盖率较低,很大程度上无法解决大量流动性员工的安全保障问题,特别是农民工很难获得保障。

2. 工伤保险赔偿额度较低。由于工伤保险是我国的基本社会保险制度,因此,赔付额较低,工伤保险保障额度以城镇或农村上年平均工资为依据,其中死亡补偿金为 48 个月至 60 个月的统筹地区上年度职工月平均工资。按目前全国平均工资水平,工伤保险死亡补偿金额约为 6 万~7 万元,保障程度较低;且必须经过一定的严格认定程序,手续烦琐。

3. 工伤保险事故预防作用不突出。工伤保险的作用主要体现在事后赔偿,在有效预防事故发生方面发挥的作用极为有限。

(二)团体意外伤害保险。意外伤害保险是被保险人在保险有效期内,因遭受非本意的、外来的、突然发生的意外事故,致使身体蒙受伤害而残废或死亡时,保险人按照保合同的规定给付保险金的一种人身伤害保险。高危行业生产危险系数高，人身伤害事故多，高危行业意外伤害保险可以使商业保险公司参与企业安全管理工作，为安全事故提供补偿损失的资金支持和防范风险的技术支持，在一定程度上减轻企业事故后的经济负担。

目前，总结湖南、贵州、青海、河南等试点省份开展高危行业团体意外人身伤害保险的实践工作，可以看出，意外伤害保险为高危行业风险损失提供了一定的保障，但也存在不容忽视的问题：

1. 团体意外人身伤害保险标准不统一，赔付差距较大；

2. 由于团体意外人身伤害险种赔付条件严格，责任范围较窄，时常引发赔偿法律纠纷，为此企业主动购买团体意外伤害保险意愿不强，参保率低；

3. 高危行业赔付率较高，保险公司经营意愿相对较低。这些问题严重影响了意外人身伤害保险对高危行业职工的保障力度。

（三）雇主责任保险。雇主责任保险是以雇主对其所雇佣的员工在受雇佣期间从事相关工作时因意外事故或患职业病导致伤残、死亡或其他损失的赔偿责任为保险标的的责任保险。它在转嫁企业风险、保障雇员权益方面有着重要的作用。

近年来，山西、辽宁、黑龙江等省份结合本省实际情况，对高危行业及煤矿雇主责任保险进行了创新和改造，并试行推广，但在实施过程中问题较多。

1. 许多企业风险意识较淡，过分追求经济利益，不愿额外增加对员工安全的资金投入；

2. 雇主责任保险的保障范围与工伤保险在赔付范围相一致，又存在重复保险问题，因此已经投保工伤保险的企业，对再次投保雇主责任保险的积极性不高；

3. 安全事故发生后企业必须向保险公司提供政府有关部门的事故证明，从而导致企业受到有关部门的处罚，降低了企业投保的积极性；

4. 保险费率低，赔付率高，导致很多保险机构不愿意开展这方面的工作。鉴于以上原因，商业化、市场化运作的雇主责任保险，难以实现对高危行业的全覆盖和有效保障。

二、企业安全风险抵押金制度改革需要

根据《国务院关于进一步加强安全生产工作的决定》（国发〔2004〕2号）文件精神，在实行安全风险抵押金制度过程中被受各方争议，首先企业不支持，同时有关政府部门也不理解，造成实施的效果并不理想，没有起到"强化安全生产意识，落实企业安全生产主体责任，建立安全生产长效机制"的作用，且制约了社会、经济的进一步发展，客观上需要寻找替代安全风险抵押金制度的新的制约机制。

13.1.2 安全生产责任保险作用

安全生产责任保险是在综合分析工伤社会保险、各种商业保险利弊的基础上，借鉴国际上一些国家的做法和经验提出来的一种带有一定公益性质、采取政策扶持、市场运作、由商业保险机构受理的保险险种和制度；是根据我国现阶段经济发展和安全生产状况，对各商业险种实施整合而开发创新的险种，它是针对生产经营单位发生安全事故的受害方进行无责赔偿的一种新的保险形式。它强调各方主动参与生产事故预防，积极发挥保险机构的社会管理功能，运用行业的差别费率和企业的浮动费率以及预防费用机制，促进实现安保良性互动。推进安全生产责任保险的重要目的是将保险的风险管理职能引入安全生产管理体系,实现风险专业化管理与安全监管监察工作的有机结合,通过强化事前风险防范,最终减少事故发生,促进安全生产,提高安全生产突发事件的应对处置能力。推行高危行业责任保险具有以下重要作用。

一、有助于发挥保险的社会管理功能,促进安全防范措施的落实,突出事故预防作用。我国工伤保险的赔偿额度相对较低,且赔付后不能免除企业安全生产事故的赔偿责任。而运用市场机制引入安全生产责任保险,可以对工伤保险作最好的补充,企业可以及时得到较大的损失赔偿,弥补工伤保险的不足,起到优势互补的作用。另外,安全生产责任保险作为一种商业保险,保险公司会从关心自身资产的角度,主动采取各项措施,协助企业抓好安全生产工作,强化事故风险防范,降低事故发生概率。

二、有利于形成政府监管、保险公司监督、企业自律的约束机制,促使企业深入落实主体责任,不断提高安全管理水平。在安全生产领域引入保险机制后,政府和企业之间又增添了一种新的安全监督的媒介。保险公司通过设计各种条款来发挥自身参与安全生产管理的积极性,将保险费率与企业的行业风险类别、职业伤害频率、安全生产基础条件等,与企业一段时间内的事故和赔付情况相挂钩,动态调整保费比例,实行差别和浮动费率。为了降低保费支出,企业在费率机制的作用下,会更加重视做好安全生产工作,加强安全防范,提高自身的安全信用等级。通过这些市场化、激励约束相容的制度设计,可以很好地调动企业的安全生产积极性,促使企业进一步落实安全生产主体责任,保障生产安全。

三、有利于增加安全事故发生后补偿损失的资金来源,提高安全保障水平,减轻企业经济负担。企业发生安全事故后,尤其是中小企业发生重大、特大安全事故后,补偿损失的资金来源严重不足,企业巨大的赔偿责任很难兑现,不能保证受害人及其家属能够得到相应的经济补偿,导致出现一些企业责任人躲藏逃匿,把抢救和事故善后工作推给地方政府,出现"企业发财,政府买单"的现象。引入保险机制后,可事先通过保费的形式,将各生产经营单位的资金集中起来,在事故发生后,保险机构在承保范围内提供经济补偿。安全生产责任保险可以有效转嫁赔偿责任,为企业提供新的弥补损失的资金来源,提高了安全保障水平,减轻企业安全事故造成的经济赔偿压力,便于事故后迅速恢复生产再谋发展。

13.1.3 安全生产责任保险定义

一、河南安全生产监督总局编制的《关于安全生产责任保险知识问答》中对安责险的定义描述为:被保险对象企业在生产经营管理过程中因疏忽过失而发生安全生产事故造成所雇员工人身伤亡时应当承担的经济赔偿责任为保险标的,按照保险合同约定的企业赔偿责任确定依据及方式确定赔偿责任额,在赔偿限额内进行赔偿的责任保险。

二、乔卫兵等编著的《高危行业安全生产责任保险研究》中对安责险定义的描述为:被保险对象企业在生产经营管理过程中因疏忽过失而发生安全生产事故造成所雇员工、第三者等受害人的人身伤亡或财产直接损失时依法应当承担的经济赔偿责任为保险标的,按照保险合同约定的企业赔偿责任确定依据及方式确定赔偿责任额,在赔偿限额内进行赔偿的责任保险。

上述两者对安责险的定义理解各不相同,河南定义对安责险的定义范围过于狭窄,缺乏对第三者的安全保障;乔氏定义则在赔偿责任范围涉及财产损失部分,财产部分涉及财产保险范畴,同时两者都只针对于"由于疏忽过失而引发的安全责任事故"造成的赔偿责任进行保障,缺乏对安全生产责任事故的全面覆盖。

根据我国各地安责险实施试点方案和各保险公司根据地方具体情况制定的安责险条款,笔者认为安责险是指被保险企业在生产经营管理过程中因意外发生安全生产事故造成的所雇员工以及第三者等受害人的人身伤亡(注:财产损失保险可以附加)应依法承担的民事赔偿责任为保险标的,按照保险合同约定的企业赔偿责任确定依据及方式确定赔偿责任额,在保险赔偿限额内进行赔偿的责任保险。在这里:

(一)"安全生产事故"是指符合国务院颁布的《安全生产事故报告和调查处理条例》(国务院令493号)管辖的,生产经营活动中发生的造成人身伤亡或直接财产损失的安全事故。

(二)"所雇员工"是指与被保险人签订劳动合同或事实上存在劳动合同关系,接受被保险人给付薪金、工资,年满16周岁的人员或按照国家规定审批的未满16周岁的特殊人员。

(三)"第三者":我们将被保险人称为第一者,保险人称为第二者。第三者是指除保险人、被保险人及其代表和雇员之外的其他所有人。

(四)"赔偿限额"是指保险人对于在安全事故中发生的损害承担赔偿责任的金额的限度。保险人在保险双方事先约定的限额内,按照造成的实际损害负责赔偿,实际损害超过限额的部分保险人则不予赔偿。

13.1.4 安全生产责任保险适用范围

安责险主要适用于我国"高危行业"。所谓"高危行业"通常指生产危险系数较高,容易对人身、财产及环境造成危害的行业,如矿山开采、危险化学品、烟花爆竹、民用爆破、建筑施工和交通运输等行业。这些行业由于生产作业的特殊性,容易对参与生产过程中的劳动者、相关第三者及环境等造成损害。

"高危行业"一词是在国家对煤矿开采、非煤矿山、危险化学品、烟花爆竹、建设施工和交通运输等行业进行监督管理过程中逐渐形成的一种称谓。随着国家对这些行业安全生产的重视,高危行业的界定标准和规范标准也逐渐清晰起来。

1987年1月1日起施行的《中华人民共和国民法通则》首次从法律责任的角度对高度危险行业作了规定。该通则第123条规定:"从事高空、高压、易燃、易爆、剧毒、放射性、高速运输工具等对周围环境有高度危险的作业造成他人损害的,应当承担赔偿责任;如果能够证明损害是由受害人故意造成的,不承担民事责任。"

2002年11月1日起施行的《中华人民共和国安全生产法》第2条规定:"在中华人民共和国领域内从事生产经营活动的单位的安全生产,适用本法;有关法律、行政法规对消防安全和道路交通安全、铁路交通安全、水上交通安全、民用航空安全另有规定的,适用其规定。"

13.1.5 安责险与工伤险的关系

安全生产责任保险与工伤社会保险是并行关系,是对工伤社会保险的必要补充。安全生产责任保险与意外伤害保险、雇主责任保险等其他险种是替代关系。生产经营单位已购买意外伤害保险、雇主责任保险等其他险种的，可通过与保险公司协商，适时调整为安全生产责任保险，或到期自动终止转投安全生产责任保险。

13.1.6 安全生产责任保险特征

一、综合性特征

安责险的保险内容除了综合雇主责任险、团体意外伤害保险条款的有关内容，而且还综合了第三者责任险的内容，保险的功能放大。针对安全事故，还包括施救费用项目，覆盖面广、保险条件宽、综合了各商业保险险种的长处，具有综合性的特征。此外，便于已经投保雇主责任险、团体意外伤害险企业向安责险投保的转变。

二、公益性特征

安责险是经国家安全监督总局特批的专业险种，按照"政府主导、市场运作"的模式着力推行责任保险。安责险作为政府主导，为保障企业及其从业人员合法权益而设计的产品，在费率、保额方面与普通商业保险具有明显的差别，具有保费低、保险范围广、应急特征明显等优势。例如，企业购买雇主责任险，费率为3‰，保险额度30万元，则保费需交纳900元；若投保安责险，保险额度30万元，保费仅需300元左右。此外，由于安责险是由政府加以推动、规范和监督，在保证保险服务质量以及安全生产与保险的互动等方面作用的发挥会更加明显。

三、无过错归责

商业保险许多实行的是"过错归责"，因被保险人存在疏忽或过失而引发的安全责任事故保险人才予以赔偿，被保险人无过错而引发的安全事故属于除外责任。安责险则实行"无过错归责"，无论被保险人有无过错，发生安全事故造成雇员伤亡保险人都将赔偿。

由于我国安责险全面实施不久，各地经济发展不平衡，根据地区实际状况，各保险公司所定安责险条款设计有所不同，下面以中国平安保险公司（辽宁）条款为主线，参考其他公司条款，对安责险具体内容加以介绍。

四、理赔手续简化

诸如雇主责任险、意外伤害保险以及公众责任险等商业保险，在发生安全责任事故后，理赔需要相关部门出具鉴定报告、证明材料和清单等大量数据，手续较为复杂，赔付效率低，理赔时间过长，一般需要半年左右的时间，有的甚至1年。安责险规定，被保险人及其代表在生产安全事故发生后不履行救护职责或逃逸等特殊情况下，雇员受伤需要抢救的，保险人根据当地县级以上人民政府安全生产监督管理部门的要求对抢救费用在保险单约定的各单项赔偿限额内先行垫付。

高危行业企业从业人员流动性都比较大，但并不会因此影响企业及时得到赔付。在保险期内，投保企业的从业人员如果发生变动，投保企业在新增人员报到48h内、离职人员离职48h内，通知保险机构办理批改手续即可。

下面以中国平安保险有限公司（辽宁）《安全生产责任保险条款》为主要依据，对安全生产责任保险的内容进行介绍。

13.2 安全生产责任保险内容

13.2.1 投保对象与投保方式

一、安责险投保对象

凡依法成立的，领有工商行政管理部门颁发的有效营业执照及安全监督管理部门核发的安全生产许可证的企业包括但不限于从事非煤矿山、危险化学品、烟花爆竹、民用爆破器材、建筑施工（包括市政工程、交通工程、水利工程和拆除工程）、建材生产等行业和领域从事生产经营活动的企业（单位），均可投保本保险，经保险人同意后，作为安责险的被保险人。

二、安责险投保方式

安全生产责任保险一般采取记实名方式投保。企业投保时应填写投保单和从业人员清单。发生保险合同约定的生产安全事故时，保险公司按照投保企业提供的从业人员名单承担赔偿责任。

在保险期间内，如投保企业的从业人员名单发生变动，投保企业应在新增人员报到之日规定工作日内、离职人员离职后规定工作日内通知保险公司并办理批改手续。保险公司将出具批单增减保险费。事先未及时通知保险公司办理批改手续的更改或新增的从业人员发生的保险事故，保险公司不承担赔偿责任。

13.2.2 安责险责任范围

一、人身伤亡费用

在保险期间内，被保险人依法从事生产、经营、储存等经营活动，因意外事故造成雇员或第三者的人身伤亡，经县级以上人民政府安全生产监督管理部门认定为生产安全事故的，或者因经县级以上人民政府安全生产监督管理部门认定的自然灾害引发的生产安全事故，造成雇员或第三者的人身伤亡的，依据中华人民共和国法律应由被保险人承担的以下经济赔偿责任，保险人根据本保险合同的约定予以赔偿。

（一）雇员及第三者的死亡赔偿金；（二）雇员及第三者的残疾赔偿金；（三）雇员及第三者的医疗费用赔偿金。

二、合理、必要的救援费用

发生保险事故后，被保险人或当地政府在组织事故抢险救援过程中，因征用事故发生企业以外的专业救援队伍及设备所发生的依法应由被保险人承担的费用，保险人根据本保险合同的约定予以赔偿；对于参加事故抢险救助人员的伤亡，保险人依据本保险合同约定在保险责任范围内按照雇员相关赔偿限额予以赔偿。

三、法律纠纷诉讼费用

安全生产责任事故发生后，受害人与当事人产生法律纠纷时，被保险人而发生的诉讼费用，保险人在事先经书面同意的诉讼费用限额内予以赔付。

13.2.3 安责险责任免除

一、一般性责任免除

（一）违法故意除外：投保人、被保险人及其代表的非法生产或故意行为；

（二）财产损失除外：被保险人及其雇员以及第三者的财产损失；

（三）间接损失除外：被保险人及其雇员以及第三者的任何间接损失；

（四）战争因素除外：战争、军事行动、恐怖活动、罢工、暴动、民众骚乱、核反应、核辐射、核辐射事故造成雇员人身伤亡、第三者人身伤亡的赔偿责任；

（五）自然灾害除外：地震、台风、火山爆发、海啸；

（六）任何性质的精神损害赔偿以及各种罚款、罚金及惩罚性赔款；

（七）本保险合同约定的应当由被保险人自行负担的免赔额（率）；

（八）其他不属于保险责任范围内的损失、费用和责任，保险人不负责赔偿。

二、环境污染责任免除

环境污染除外：大气、土地、水污染及其他环境污染导致的赔偿责任；环境污染责任事故属于环境污染责任保险承保范围，所以责任免除。

三、非安全生产事故责任免除

凡不符合《生产安全事故报告和调查处理条例》（国务院令第 493 号）管辖的事故造成的人身伤害或财产损失免责。安责险主要是针对安全生产责任事故引发的人身伤亡损失的保险，故责任事故应符合国家有关安全法律法规的管辖范围，超出管辖范围的事故造成的损失保险人不予赔偿。

四、其他责任免除

（一）职业病除外：因职业病，或任何疾病所致的医疗、残疾或死亡；

（二）交通事故除外：在上下班途中，受到交通及意外事故伤害；

（三）在工作时间和工作岗位，猝死或突发疾病死亡或者在 48h 之内经抢救无效死亡；

（四）原在军队服役，因战、因公负伤致残，已取得革命伤残军人证，到用人单位后旧伤复发。上述责任免除内容，同属工伤保险责任免除条款。

13.2.4 保险费率与赔偿限额

一、赔偿限额

赔偿限额由双方当事人约定。安责险赔偿限额设定一般有以下内容：

（一）每人死亡/伤残赔偿限额；（二）每人医疗费用赔偿限额；（三）每次事故抢险救援费用赔偿限额；（四）第三者累计赔偿限额；（五）雇员累计赔偿限额，雇员累计赔偿限额为每人死亡/伤残赔偿限额与投保雇员人数的乘积。

各项具体限额以本保险单明细表上所载限额为准。

二、保险费率

（一）基准费率

安责险的保险费率确定坚持与地区经济发展相适应的原则，实行行业差别费率、企业安全风险评价分级费率和根据上年安全生产事故状况的浮动费率,根据累计赔偿限额的不同来计算确定保费。例如,巢湖市安全生产责任保险费率(试行),见表13-1~表13-5。

小型生产企业(按人员投保)基准保费表 表13-1

行业类型	费率(‰)	保险费(元/人)	死亡赔偿(万元/人)	累计赔偿限额(万元)
露天矿山	3	600	20	200
地下矿山	3.25	650	20	200
煤矿	3.5	700	20	200
烟花爆竹	3.25	650	20	200
危险化学品	2.5	500	20	200

小型生产经营企业(按企业投保)基准保费表 表13-2

行业类型	保险费(元)	死亡赔偿(万元/人)	累计赔偿限额(万元)	限制人数(人)
烟花爆竹批发	4000	20	100	15
烟花爆竹零售	600	20	40	2
危险化学品销售	1500	20	80	8
加油站	1500	20	80	10
砖瓦取土场	1500	20	80	10
地热、矿泉水	1500	20	80	5

大、中型生产企业(按企业投保)基准保费表 表13-3

行业类型		保险费(元)	死亡赔偿(万元/人)	累计赔偿限额(万元)
非煤矿山	大型	50000	20	300
	中型	30000	20	200
危险化学品	大型	50000	20	300
	中型	30000	20	200

说明:企业类型划分根据统计部门《统计上大中型企业划分办法(暂行)》(国统字[2003]17号)规定,按企业从业人数、资产总额、销售额进行分类。

尾矿库(按单个库及等级投保)基准保费表 表13-4

类型	保险费(元)	死亡赔偿(万元/人)	累计赔偿限额(万元)
三等及以上尾矿库	10000	20	100
四等尾矿库	8000	20	80
五等尾矿库	6000	20	60

其他类型生产经营单位(按人员投保)基准保费表 表13-5

行业类型	费率(‰)	保险费(元/人)	死亡赔偿(万元/人)	累计赔偿限额(万元)
交通运输	3	600	20	200
建筑施工	3	600	20	200
公共聚集场所	3	600	20	200
其他行业	2.5	500	20	200

(二)分级浮动费率

为强化企业安全生产主体责任落实,提高安全生产管理水平,安责险保险费率与企业安全生产评定等级挂钩。例如，福建省规定：凡参保单位在企业安全生产级别评定中被评为 A 级的，保险费率在基准费率的基础上下调 5％；被评为 C 级的，保险费率在基准费率的基础上上调 5％。

（三）安全事故状况浮动费率

保险费率与安全生产责任保险赔付率挂钩，保险费率浮动视不同情况予以上下浮动，下调和上调总幅度一般不超过 30％。福建省规定：发生一般生产安全事故的，次年保险费率在基准费率的基础上上调 10％；发生较大生产安全事故的，次年保险费率在基准费率的基础上上调 20％；发生重大以上生产安全事故的，次年保险费率在基准费率的基础上上调 30％。

13.2.5 安责险赔偿处理

一、保险合同有效期内，发生保险责任范围内的生产安全事故，保险人根据投保人投保时提供的雇员名册，对被保险人依法承担的对其发生残疾、死亡的每个雇员经济赔偿责任，在赔偿限额内给付下列赔偿金：

（一）死亡赔偿金：在保险合同约定的每人死亡赔偿限额内据实赔偿；

（二）残疾赔偿金：按伤残鉴定机构出具的伤残程度鉴定书，并对照国家发布的《职工工伤与职业病致残程度鉴定标准》（GB/T 16180—2006）（以下称《伤残鉴定标准》）确定伤残等级，在保险合同所附伤亡赔偿比例表（见表 13-6）规定的百分比乘以每人伤亡赔偿限额所得金额内据实赔偿；

伤亡赔偿比例表　　　　　　　　　　　表 13-6

项目	伤害程度	保险合同约定每人伤亡赔偿限额的百分比(%)
（一）	死亡	100
（二）	死亡永久丧失工作能力或一级伤残	100
（三）	二级伤残	80
（四）	三级伤残	70
（五）	四级伤残	60
（六）	五级伤残	50
（七）	六级伤残	40
（八）	七级伤残	30
（九）	八级伤残	20
（十）	九级伤残	10
（十一）	十级伤残	5

伤残项目对应《伤残鉴定标准》两项者，如果两项不同级，以级别高者为伤残等级，如果两项同级，以该级别的上一等级为伤残等级；伤残项目对应《伤残鉴定标准》三项以上者（含三项），以该等级中的最高级别的上一等级为伤残等级。但无论如何，伤残等级不得高于上表中所规定的一级。

（三）被保险人不得就其单个雇员因同一保险事故同时申请残疾赔偿金和死亡赔偿金。

二、发生保险责任范围内的生产安全事故，造成第三者人身伤亡事故的，对被保险人依法应承担的死亡赔偿金、残疾赔偿金或医疗费用赔偿金，保险人在本保险合同约定的每人死亡/伤残赔偿限额、每人医疗费用赔偿限额内依照被保险人依法应承担的赔偿责任予以赔偿。

被保险人不得就其单个第三者因同一保险事故同时申请残疾赔偿金和死亡赔偿金。

三、发生保险责任范围内的损失，保险人按以下方式计算赔偿：

（一）保险人对每名雇员人身伤亡、医疗费用的赔偿金额不得超过其分项赔偿限额。在保险期间内，保险人对多次事故造成的雇员人身伤亡的累计赔偿金额不得超过本保险单约定的累计赔偿限额。

（二）保险人对第三者每人死亡、残疾、医疗费用的赔偿金额不得超过其分项赔偿限额，上述赔偿金额之和不得超过第三者累计赔偿限额。

（三）在保险期间内，保险人对抢险救援费用的赔偿金额不得超过本保险合同列明的赔偿限额。

四、被保险人及其代表在生产安全事故发生后不履行救护职责或逃逸等特殊情况下，雇员受伤需要抢救的，保险人根据当地县级以上人民政府安全生产监督管理部门的要求对抢救费用在保险单约定的各单项赔偿限额内先行垫付。垫付款项由被保险人提出申请，当被保险人及其代表逃逸时，经当地县级以上人民政府安全生产监督管理部门提出要求，由其家属与保险人办理相关手续后保险人将垫付抢救费用转账到指定的账号，由当地县级以上人民政府安全生产监督管理部门监督使用，实行专款专用。被保险人应在垫付之日起3个月内向保险人提供保险事故索赔资料；如所发生的生产安全事故不属于保险事故，被保险人应在垫付之日起3个月内偿还保险人垫付的款项。对于未及时偿还垫付款项的，保险人可以采取诉讼方式追偿。

五、保险人根据不同情况，按照以下两种方式支付赔偿金：

（一）被保险人已经支付赔偿金给雇员或第三者的，保险人对依法应由被保险人承担的经济赔偿责任进行赔偿。

（二）被保险人及其代表在生产安全事故发生后逃逸的，或者企业在生产安全事故发生后，未在规定时间内主动承担责任，支付抢险、救灾及善后处理费用的，雇员或第三者可以直接向保险人提出索赔，保险人按本保险合同的约定将赔偿金支付给雇员或第三者。

六、保险人履行赔偿义务后，索赔者或其代理人又就同一事故向被保险人提出索赔的，保险人不负赔偿责任。

七、发生保险责任范围内的损失，应由有关责任方负责赔偿的，保险人自向被保险人赔偿保险金之日起，在赔偿金额范围内代位行使被保险人对有关责任方请求赔偿的权利，被保险人应当向保险人提供必要的文件和所知道的有关情况。

被保险人已经从有关责任方取得赔偿的，保险人赔偿保险金时，可以相应扣减被保险人已从有关责任方取得的赔偿金额。

保险事故发生后，在保险人未赔偿保险金之前，被保险人放弃对有关责任方请求赔偿权利的，保险人不承担赔偿责任；保险人向被保险人赔偿保险金后，被保险人未经保险人同意放弃对有关责任方请求赔偿权利的，该行为无效；由于被保险人故意或者因重大过失致使保险人不能行使代位请求赔偿的权利的，保险人可以扣减或者要求返还相应的保险金。

八、被保险人向保险人请求赔偿保险金的诉讼时效期间为2年，自其知道或者应当知道保险事故发生之日起计算。

13.3 安全生产责任保险推行中存在的问题与对策

13.3.1 安全生产责任保险推行中存在的问题

我国自 2005 年开始在北京、上海、广东、深圳、海南、山西、河北、吉林、安徽 9 省市启动各类责任保险的试点工作。2006 年,重庆市正式作为全国高危行业安全生产责任保险的唯一试点进行了试验和探索。随后,高危行业安全生产责任保险陆续向河南、天津、江西等省市试行推进。各地结合实际情况试行了行业统保、设立防灾防损基金以及建立重特大事故应急救援基金等操作模式,对提高保险覆盖面、推动安保互动、提高责任保险应急效率、减少企业损失和及时恢复生产等方面起到了积极的作用,取了良好的社会效果,为探索建立健全安全生产责任保险体系作出了贡献。由于各种原因,各地在推行安全生产责任保险的过程中也存在着一些障碍和共性问题:

一、立法滞后,政策不明,缺乏强制性

目前,对高危行业投保安全生产责任保险,除煤矿、建筑等行业领域已有法律作出明确规定外,国家对其他高危行业暂无明确强制参保的法律法规,也没有相应的配套法规实施办法和试行指导意见,造成政策支持不足,导致各地自行开发责任保险产品,标准不统一,进展不平衡。另外,商业保险坚持市场运作的原则,在实施过程中主要以企业自愿为主,安全监管部门只能通过宣传、督促等手段加以引导、推行,面对企业拒保缺乏有效的强制手段。

二、保险机构缺乏专业人才,事故预防机制落实不到位

各地推行责任保险尚处起步阶段,保险公司对于事故预防工作开展得还较少。目前,重承保和赔付、轻超前预防是高危行业现行相关保险中普遍存在的现象,各保险机构几乎没有专门资金和专门机构来从事事故预防工作,导致保险与事故预防、安全监察等工作脱节,形成了企业安全生产与保险机构无关的现象。保险的效益尚未有效地反哺安全,安全监管与保险互动互补的安全生产预防机制尚需进一步加强。

三、企业投保意识不强,保险产品单一

在推进安全生产责任保险的过程中发现,很多企业片面地追求经济利益,缺乏风险意识,参与安全生产责任保险的意愿不强,特别是一些高危行业还没有认识到安全责任保险是合理转嫁自身风险、承担社会责任的一种体现和有效方法。另外,保险公司在市场开发方面与企业之间没有做到有效地衔接,对市场的调研分析不够深入透彻,开发的安全生产责任保险产品缺乏针对性,尤其是针对高危行业的保险产品品种单一,不能满足企业安全生产实际需要,所以推广起来难度很大。

13.3.2 存在问题的对策

一、进一步明确开展安全生产责任保险的基本原则

推行高危行业安全生产责任保险工作应坚持立法强制、政府推动、政策引导和市场化运作相结合的基本原则。政府应积极争取通过立法的形式,强制推行,消除实施过程中的法律障碍，并积极组织、沟通、协调保险利益各方，结合生产实际设计保险产品和条款，建立健全责任保险服务体系，共同推进安全生产责任保险的开展。另外，积极研究制定有利于安全生产责任保险推行的相关政策，引导企业积极投保，尊重保险公司与企业的意愿，实行市场化双向选择，保障双方利益，实现共赢。

二、建立安保良性互动机制，突出事故预防

按照"安全第一、预防为主、综合治理"的安全生产方针，把事故预防作为安全生产领域引入责任保险工作的重点，要求保险公司迅速培养一支具有进行高危行业安全生产风险检查、评估与管理、风险预警和控制、应急救援等技能的专业化队伍，充分发挥保险对安全生产的事前预防、风险管理和经济补偿的社会辅助管理功能，实现保险业与安全生产的良性互动，两者深度融合、深层联手，更好地为安全生产服务。

三、探索风险抵押金制度改革，实现与安全生产责任保险有效衔接

高危行业自实行安全生产风险抵押金制度以来，在督促企业加强安全生产、履行安全生产责任等方面发挥了积极作用，但同时也存在着资金闲置、使用效率极低等问题。与风险抵押金制度相比，安全生产责任保险具有保费较低、保障程度较高的特点，同时又具备风险抵押金的基本功能，适宜作为风险抵押金制度的补充和完善。因此，有必要逐步改革现行的安全生产风险抵押金制度，积极探索安全生产风险抵押金与安全生产责任保险有效衔接的对策。

四、加大宣传力度，强化参保意识

为保证高危行业安全生产责任保险的深入推行，各有关部门在做好组织协调工作的同时，还应注重通过召开研讨会、举办论坛、发布广告、新闻报道等形式，加大宣传力度，营造有利于促进安全生产责任保险健康发展的舆论环境，扩大企业和社会对安全生产责任保险的认识，强化企业参保意识，构建和谐劳动关系。

五、建筑施工企业险种的转换

当前，建筑施工行业现行的是团体意外伤害险，团体意外伤害险是指建筑施工人员在从事建筑施工及与建筑施工相关的工作，或在施工现场或施工期限内指定的生活区域内因遭受意外伤害，并因该意外伤害导致人身死亡或伤残，保险公司依照约定给付保险金。团体意外伤害险属于法定强制险种，在国家法律或政策未作调整的情况下，可以继续沿用现行模式。但应注意以下问题：

（一）目前，在建筑行业保险机制尚未改革的情况下，建筑施工团体意外伤害险的实施应当对其保险条件、赔付标准以及防范安全风险、履行社会责任等内容进行调整，与安责险保持协调和统一，防止行业之间职工合法权益保障的失衡。

（二）根据建筑行业安全生产工作特点，应当进一步完善保险机制，扩大权益保险范围，将防范建筑施工过程中因承建方和相关责任主体过失导致第三者的伤亡和财产损失的保险责任纳入建筑行业安全保险的范畴之内，在团体意外伤害保险的基础上，引入公众责任保险。

（三）以修改《建筑法》为契机，理顺法律关系，在法律上为建筑行业保险机制的转换创造有利条件，整合建筑业保险体系。

第 14 章 建设工程保证担保

14.1 建设工程保证担保概述

14.1.1 工程保证担保概念

在建设工程合同担保中,国际上一般采用工程保证担保的形式。工程保证担保涉及三方契约关系。承担保证的一方为保证人(Surely)或称担保人,主要包括从事担保业务的银行、担保公司、保险公司、金融机构、商业团体等;接受保证的一方为权利人(Obligee)或称受益人、债权人;对于权利人具有某种义务的一方为被保证人(Prinepal)或称为义务人、债务人。

在建设工程合同中,当事人的一方为了避免因对方原因而造成的损失,往往要求具有合格资信的第三方为对方提供保证,即通过保证人向权利人提供担保,倘若被保证人不能履行其对权利人的承诺和义务,以致权利人遭受损失,则由保证人代为履约或付出其他形式的补偿。我国将这种形式叫做"工程担保",严格来讲,工程领域的担保应称为"保证担保"更合适。英文中涉及工程保证担保时均使用"Surely bond"这两个字放在一起,看起来有些重复,其实,这两个词的组合并不是词义的并列和叠加,而是表达一种复合概念:负责或保证履行契约所规定的义务并为此担保,也就是说,首先保证办到,然后提供担保。

14.1.2 工程担保的发展

工程保证担保是市场经济发展到较高阶段的产物,在世界已具有近百年的历史,它最早起源于美国。1894 年美国国会通过了"赫德法案",要求所有公共工程必须事先取得工程担保,以专业保证担保取代了个人的信用担保。

保证担保制度依托第三方实行信誉管理机制,以"违约假定"为设计原则,对可能发生的问题加以防范,落实管理制度和措施。在美国工程项目管理模式中,联邦政府和各州政府就依靠工程保证担保制度,通过建立这种体制来管理整个建设工程项目的各项合同,在发包商和承包商之间进行索赔与反索赔,规范建设各方主体行为。

在国际工程建设管理中,担保人和被担保人签订担保协议,并向受益人保证,如果被保证人无法确保工程质量或违约,则由保证人履约或赔偿。然后保证人再行使追债权利或没收保证金,处置反担保资产等。保证担保关系使原来简单的两方关系变成了三方关系,成为一种"金三角关系"。原来开发商和承包商之间从利益角度来讲是对立关系,但是保证担保介入后,三方在目的上有了一致性——"谁都不想赔",这样,三方就会都去想办法避免索赔事件的发生。

由此可见，保证担保制度是一种维护建设工程市场秩序的风险管理机制，它的建立与实行，可以强化市场的守信机制，使不合格的行为主体逐步退出建设市场，保证参与工程各方守信履约，对建立统一开放、公平交易、竞争有序的建设市场运行机制具有十分重要的意义。实行工程保证担保制度现已成为国际工程建设管理的惯例。

自 2000 年开始，我国建设工程领域积极推进保证担保制度。原建设部在 2000 年、2004 年 8 月、2005 年 5 月、2005 年 10 月、2006 年 12 月分别颁布《关于在我国建立工程风险管理制度的指导意见（讨论稿）》、《关于在房地产开发项目中推行工程建设合同担保的若干规定（试行）》、《工程担保合同示范文本（试行）》、《关于选择深圳、厦门等城市作为推广工程担保试点城市的意见》和《关于在建设工程项目中进一步推行工程担保制度的意见》文件，在全国建设工程领域积极推广工程保证担保制度。

深圳市是我国最早实行工程担保的城市。2002 年深圳市建委以地方法规的形式颁布《深圳市建设工程担保实施办法》，要求在深圳建设工程领域推行保证担保制度。北京市 2004 年 8 月建委下发《关于工程建设保证担保的若干规定》，在全市正式实行工程担保制度，它是一个强制要求，建委文件明确规定，建设工程双方必须参加工程担保。

14.2 保证担保与其他保险的区别

14.2.1 保证担保与工程保险

保证担保，作为工程风险管理的一种手段，一种机制，它和保险、信用证制度有何相同、有何不同呢？工程保证担保与工程保险的同异处主要有以下几点：

一、保证担保与工程保险二者的相同点

（一）保证担保与保险组织两者都是政府依据法律批准允许从事相关业务的法人，工程保证担保的专业资格条件和业务能力要求则更高一些，各国均如此。

（二）目标相同。无论是保险还是保证担保，其保障目的都是权利人在合同中权利的顺利实现。在保险中，保险的目的是保障被保险人权利的顺利实现，在保证担保中，保证担保的目的也是保障权利人权利的顺利实现。

（三）性质相同。保险具有保证担保的性质。保险人在签发保险单时，即向被保险人做出了一种保证，即被保险人（权利人）由于保单中规定的原因受到损失，保险人（保证人）即承担对此事故造成损失的赔款责任。这一点，保险与保证担保并无区别。

（四）主从合同关系相同。《担保法》规定，保证合同是主合同的从合同，权利人与义务人所签订的合同为主合同，而担保人与义务人（被担保人）所签订的合同为从合同，主合同无效，保证合同无效。保险也是如此，就工程保险而言，权利必须是真实的，也就是说，必须有真实的工程项目，并有项目法人与承包商签订的承包合同，保险人的责任在一定程度上依附于工程承包合同。因此，保险合同即保险单，在某种程度上也可以说是工程承包合同的从合同。

二、保证担保与工程保险二者的不相同点

（一）合同当事人不同。保证担保合同中涉及三方当事人：委托人（义务人）、权利人和担保人，义务人即被担保人向保证人即担保人提出申请，担保其履行合同义务。而保险合同中只涉及两方当事人：保险人（保险公司）和被保险人。保险合同通常不涉及第三方。

（二）利益对象不同。工程保证担保是由被担保人申请，交付保证费来保证他人（权利人）的利益；而工程保险一般则是由投保人申请，交付保险费来保障自己的利益。

（三）损失产生的根源不同。工程保证担保所承担的是被担保人合同违约或失误的风险，例如，委托人故意引起的，它可以起因于委托人无支付意愿或无支付能力，承包商宣告破产或债务人宣告无偿还能力等。而工程保险所承担的是投保人自己无法控制的、偶然的、意外的风险，投保人的故意行为属于除外责任。工程保证担保的风险对象一般主要是人为因素，工程保险的风险对象则是意外事件引起的损失，换句话讲，工程保证担保的对象主要是道德风险。

（四）投保出发点不同。在工程保证担保中，被保证人向保证人申请保证担保，由保证人提供保证的根本目的并非为了转移自身的风险，而是为了满足对方（债权人）要求提供的信用保障；而在工程保险中，投保人购买保险则是为了转移自身的风险，保障的是自身的经济利益。

（五）损失承受人不同。通常情况下，担保人不会因履行担保责任而蒙受重大损失，如果出现担保赔偿，担保人可以通过反担保的形式，向造成赔偿的责任方行使追偿权。只有当被担保人的所有资产都付给保证人，仍然无法还清担保人代为履约所支付的全部费用时，担保人才会蒙受损失。保险则不同，保险中发生的损失最终是由所有投保人共同承担的。相比之下，一般来说，保险公司所承担的风险要高于与保证担保公司的风险。

（六）损失处理方式不同。在保险过程中，事故一旦发生，保险公司调查确定后，仅按事先约定的保额作经济赔偿。而保证过程中，出现合同违约情况时，赔付的方式是多样的。以履约担保为例：如果承包商在施工过程中违约或因故不能履行合同，担保公司可以安排新的承包商接替遗留工程，也可以向原承包商提供资金或其他所需来帮助他继续履行合同，也可以和业主协商重新开标，开标价格与剩余部分原价之间的差额由担保公司承担。如果业主对以上方式都不满意，担保公司还可以接收该工程，实行全额赔付。

（七）费用制度不同。当承包商或业主正常履行合同之后，工程保证费用扣除必要的手续费用后，其余应当如期返还。只有一方没有正常履约，另一方才能没收对方提供的工程保证金；而在工程保险中，即使没有发生意外事故，投保人交纳的保险费也不再返还。

（八）费用高低不同。工程保证担保所要交纳的保证费用相当于手续费，因而相对较低；相比之下，工程保险所要交纳的保险费用则相对较高。

工程保证担保与工程保险的主要异同点见表 14-1 所示。

14.2.2 保证担保与责任保险

责任保险是保险中的一个特殊的险种，具有与其他保险不同的特征，因此，在理解责任保险与保证担保两者的概念时，还应注意以下两点：

一、两者都涉及第三人

责任保险是指被保险人由于意外事故发生，致使第三者遭受人身或财产损失，被保险人应依法承担的赔偿责任，合同当事人保险人、被保险人和第三方受害人，合同当事人涉及三方。同样，保证担保合同的当事人也涉及三方即担保人、被担保证人（义务人）和权利人三方。

二、两者承保标的不同

责任保险与保证担保的主要区别还体现在两者的承保标的不同。责任保险主要承保的是被保险人应承担的法律责任风险，也承担合同责任风险，但对于合同责任风险主要承保的是合同责任与法律责任发生重合的风险，对于单纯的合同责任风险，责任保险一般不加以承保，但如果承保单纯的合同责任风险，保险人应对此加以严格的条件限制。而保证担保主要担保的是合同责任风险。

14.2.3 保证担保与信用证制度

信用证是由银行发出的一种具有一定担保性质的文件。发出信用证的银行向业主保证中标的承包商将履行合约，如果该承包商因故违约，银行将付给业主一定数额的赔偿金，通常为合同总造价的10%。信用证也是一种保证担保，也是三方关系，这是二者间的相同点。二者的不同有很多方面，为了避免赘述，我们直接用图表的形式予以说明，通过图表详细比较，增进对工程保证担保作用的认识。见表14-2所示。

工程保险与保证担保的异同　　　　　　　　　　　　　　　　　　表14-1

基本内容	工程保险	工程保证担保
标的	合同中规定的所有权利	合同中规定的所有权利
性质	保险	保证担保
保证方式	一般保证	一般保证、连带责任保证
合同属性	从合同（相对合同）	从合同
法人限制范围	资本金限制、特行限制	资本金限制
合同当事人	保险人、被保险人	委托人、债权人、保证担保人
损失产生的根源	意外事件	委托方自身原因
转嫁风险的出发点	将自身风险转移给保险人为自己的经济利益	为他人（权利人）提供信用保障，维护他人的利益
损失实际承受人	保险人、保险群体	保证担保人、委托方
损失处理方式	以约定保额赔偿	继续履约、资金赔付等多种方式
保费最终承担人	强制保费可以转移给业主，一般保费可以由被保险人承担	委托方在投标、履约等形式中，由于计入成本转移给业主
保费	保费不退回	履约后可退

担保制与信用证制的区别　　　　　　　　　　　　　　　　　　表14-2

担保类型	担保制	信用证制
承包商资格审查	全面	有
对项目的独立监控	有	无
赔偿业主的全部损失	有	无
有限的金融保护	无	有
全额的金融保护	有	无
处理合同危机的限度	全额	按比例

14.3 保证担保的种类

国际工程担保的种类主要有要求承包商提供的担保:投标保证担保、履约保证担保、维修担保、付款担保、预付款担保、分包担保、差额担保、完工担保、其他形式的担保。要求业主提供的担保有业主支付保证担保。担保人本身的反担保等形式。

14.3.1 投标担保 (Bid Bond/Tenser Guarnlee)

投标人在工程招投标报价前或同时向业主提交投标保证金或投标保险等,要求所有投标人必须提供由担保公司出具的保证担保证明。保证担保公司保证中标人和业主签约,履行投标文件中的承诺。若中标人因故放弃中标或不履行投标文件承诺,则保证担保公司将付给业主损失。投标担保金额一般为报价总金额的1%~2%,小额合同按3%计算,最低的投标人有可能撤回投标的情况下可达到5%。

投标保证担保一般有三种做法:一是由银行提供投标单,一旦投标人违约,银行将按照担保合同的约定对业主进行赔偿;二是由担保人出具担保书,一旦投标人违约,担保人将支付业主一定的赔偿金。赔偿金可取该标与次标之间的报价差额,同时此次标成为中标人;三是投标人直接向业主缴纳投标保证金。

实行投标担保,由于投标人一旦撤回投标或中标后不与业主签约,便使担保人遭受经济损失,因此,工程担保公司从自身利益出发,必然会对投标人进行严格的资格审查,客观上规范了市场准入制度,确保了投标过程公正、公平。

14.3.2 承包商履约保证担保 (Porformance Bond/Guarantee/Seeurilty)

履约保证担保是承包商按照合同约定履行义务所作的一种经济承诺方式。一般分为三种做法:一是由银行提供履约保函,一旦承包商不能履约合同义务,银行要按照合同约定对业主进行赔偿。银行履约保函一般指担保合同价的10%~25%。美国则规定联邦政府工程的履约担保必须担保合同价的全部金额。二是由担保人提供担保书,如果是非业主的原因造成承包商不能按合同完成工程项目,则担保人必须无条件保证工程按合同的约定完工。它可以给承包商以资金上的支持,避免承包商宣告破产而导致工程失败;可以提供安全和技术上的服务,使工程顺利完成;可以将剩余的工程转给其他承包商去完成,并弥补费用差价。如果上述方法都不行,则以现金赔偿业主的损失。三是由中标人直接向业主交履约保证金。当承包商履约后,业主则予以退还保证金,若中途毁约,则予以没收。通过履约保证担保,可以充分保障业主的合法权益,并迫使承包商认真对待合同的签订和执行。

14.3.3 业主支付保证担保 (Employer Payment Bond/Guarantee)

业主拖欠工程款是工程建设中常见的一大顽疾。业主支付保证担保实际上是业主的履约担保。业主支付保证担保制度,要求业主发包工程前必须与担保公司签订担保协议,委托工程保证担保。工程担保公司对业主的资信情况进行严格的审查,出具担保证明,向承包商保证若业主无资金偿付能力或不履行资金偿付义务时，由担保公司代为偿付，然后担保公司向业主追偿或处置反担保财产等。

14.3.4 付款保证担保（Payment Bond/Guarnlee）

付款保证担保是保证承包商根据合同对分包商付清全部工资和材料费用，以及材料设备厂家的货款。保证金额为合同的100%。一般来说是履约保证担保的一部分。如果承包商不能按合同价全部付清分包商的金额，则由保证担保人补齐差额，如果全部未能予以支付，则由保证担保人全部支付给分包商。

14.3.5 预付款保证担保（Advance Payment Bond Guarnlee）

保证业主付给承包商的工程款用于建筑工程款，不挪作他用。随着业主按照工程进度支付工程价款并逐步扣回预付款，预付款责任随之减少直至消失。一般预付款保证担保为合同价的10%~30%。

14.3.6 分包保证担保（Subeontrak Bond/Guarnlee）

当存在总包分包关系时，总承包商要为各分包商的工作承担完全责任。总承包为了保护自身的权益不受损害，往往要求分包商通过保证人为其提供保证担保，保障分包商将充分履行自己的义务。

14.3.7 差额保证担保（Price Defference Bond/Guarnlee）

如果某项工程招标设有标底，通常在中标价格低于标底10%以上的情况下，为了保证按此中标价格不至于造成工程质量的降低，业主往往要求承包商通过保证人对于标底与中标价格之间的差额部分提供担保。当采取合理最低价评价原则时，更能发挥差额保证的重要作用。

14.3.8 维修保证担保（Maint enanee Bond/Guanlee）

维修担保也称工程质量担保或工程质量内在缺陷担保，是国际上通用的工程风险管理方式。一般分为十年责任险和两年责任险，主要针对工程建成后使用周期长，承包商流动性大的特点而设立的，为合理使用年限内工程本身及其他有关人身财产提供保证。

法国的《建筑职责与保险》中规定：工程项目竣工后，承包商应对工程质量部分在十年内承担缺陷保证责任，对设备在两年内承担功能保证责任。保险费率是根据工程风险的程度、承包商的信誉、质量检查深度等综合测定，一般为工程总造价的1.5%~4%。保证担保为了不承担或少承担维修费用，将在施工阶段积极协助或监督承包商进行全面质量控制，以保证工程质量不出问题；承包商则为了声誉和少付保险费，也需要加强质量管理，努力提高工程质量。保险公司保证承包商在工程竣工后的一定时期内，负责工程质量问题，一旦出现问题则由保证人负责维修或赔偿。

我国建立工程质量保证担保制度早有打算。早在1999年8月国务院办公厅发布的《关于推进住宅产业现代化提高住宅质量的若干意见的通知》中就指出，"住宅开发企业都应该向用户提高《住宅质量保证书》和《住宅使用说明书》，明确住宅建设的质量责任和保修制度和赔偿办法，对保修 3 年以上的项目要通过试点逐步向保险制度过渡。"

2002 年 10 月原建设部住宅产业化促进中心与中国人民保险公司签订了"A 级住宅质量保证保险合作协议书"，中国人民保险公司统一对通过性能认定的住宅提供 10 年的住宅质量保证，主要承保自房屋竣工验收之日起 10 年以内，住宅因主体结构存在缺陷发生的质量事故给消费者造成的损失。

在世界其他国家由于较早地实现了住宅性能认定制度，所以住宅质量保证保险发展较为成熟。比如法国在 1948 年就制定了新技术、新产品评价认定制度。1960 年法国、比利时、西班牙等国家建立了欧洲联合会建筑技术认定制度，现在欧共体各国均加入到这一组织。

2000 年 4 月，日本国会又颁布了以实行住宅性能表示制度为核心内容的《住宅品质确保促进法》，以国家基本法律的形式来推动普通住宅的性能认定工作。在此基础上，这些国家的住宅质量保证保险业十分发达，像法国就出现了多家进行住宅质量保证的保险公司，由另一家大保险公司进行再保险的市场行为。

14.3.9 完工保证担保（Completion Bond/Guarnlee）

为了避免因承包商延期完工后将工程项目占用而遭受损失，业主还可要求承包商通过保证人提供完工保证，以此保证承包商必须按计划完工，并对该工程不具有留置权。如果由于承包商的原因，出现工期延误或工程占用，则保证人应承担相应的损失。

14.3.10 其他保证担保（Others）

要求承包商提供的工程保证担保还包括保留金保证、免税进口材料设备保证、机具使用保证、税务保证等形式。

14.4 保证担保办理程序

工程保证担保，首先要弄清两个问题：一是作为被保证人，自己需求的是什么？被保证人要达到一个什么样的目的？目的明确了，保证担保的形式也就确定了。二是工程保证担保一般程序是如何？担保程序清楚了，办理起来就会节省时间、精力和费用。下面介绍办理工程保证担保的一般程序。

14.4.1 领取申请书

投保单位（被担保人即被保证人）根据自己的投保目的到保证担保单位领取、填写有关类型的《保证担保申请书》。

14.4.2 提供有关资料

投保单位向担保公司提供有关文件与材料（以发包付款保证担保为例）：
一、发包单位的营业执照、税务登记证、贷款证、法人代码证（交验原件，留复印件）；
二、发包单位经上级主管部门批准成立的文件（交验原件，留复印件）；

三、发包单位的企业情况介绍和法定代表人简历;
四、建设工程项目筹建情况介绍;
五、经批准的建设工程立项文件及投资许可证(交验原件,留复印件);
六、建设工程用地许可证和规划许可证(交验原件,留复印件);
七、建设工程国有土地使用权证(交验原件,留复印件);
八、建设工程承发包合同副本(交验原件,留复印件);
九、由设立企业基本账户的开户银行出具的基本账户证明和近半年的银行对账单;
十、由设立工程项目基本账户的开户银行出具的自用资金来源证明和保证专款专用的监管证明;
十一、建设工程资金需贷款的,出具银行贷款承诺书;
十二、近3年的纳税凭证(交验原件,留复印件);
十三、近3年的财务报表和审计部门出具的工程建设资金到位证明;
十四、实行建设监理的建设工程提交监理公司出具的工程款拨付的监督管理证明;
十五、其他材料。

14.4.3 资格预审

保证担保公司对被保证人进行资格预审。

14.4.4 办理反担保手续

投保人办理有关抵押、质押、留置、第三方保证等形式的反担保手续,并提交有关证明证件,填写反担保承诺书或签订反担保协议。

14.4.5 担保人审批

保证担保公司对审查合格的投保人申请书予以受理,不合格的给以说明退回。

14.4.6 交纳担保费

保证担保的被担保单位,经过批准,得到保证担保人的同意后,交纳保证担保费、保证金等。

14.4.7 开具保函

对给予保证担保的被保证方的受益人按约定开具保函。至此,申办保证担保工作全部结束。

保证担保手续过程中,需要注意的是文件材料的硬性和保证担保费率的弹性。文件材料要保证真实可靠,全面完整。否则,不是影响投保人信誉,就是延长办理手续时间,甚至导致买不到保证担保进入不了市场。

可变动的是保证担保费率,信誉高的费率低,信誉差的费率高。在信誉高与低之间有很多的度,因而保证担保费率上下也有很大的弹性。投保人如何少花钱多办事,可以在费率上适当磋商。

14.5 担保金额与时限

工程保证担保函分为：投标保函、履约保函、付款保函、保留金保函、免税进口材料物资及税收保函。现将各类保函的送达时间、金额、有效期等方面内容加以总结比较。见表14-3。

各类担保保函金额与时限比较　　　　　　表14-3

保函名称	送达时间	保函金额	有效期	接触方式
投标保函	随投标书送达	固定金额或投标价的2.5%	90～180d,延期自动失效	1. 定标后退还没中标者，没中标者持函到银行或担保公司办理注销手续； 2. 中标人在递交履约保函后退还；如果在中标通知书规定时日不交履约保函，投标保证金没收
履约保函	中标承包商的授标保函的有效期内	通常为合同的10%,也可因项目的不同和变化作适当的调整	1. 保修期完毕； 2. 施工完毕； 3. 发放工程初步验收证书后(投标书中说明,合同中确定)	保修期结束，退还保函，承包商持函到银行或保证担保公司办注销
付款保函	合同签订后，预付款签订之前	等同于业主预付款，一般在合同价的15%以上	业主扣除完全部预付款后，自行失效	随工程进度次递解保，付款保函随工程进度和预付款的扣还而递减时，业主确认和通知担保方办理退保手续，以降低手续支出
保留金额	合同签订后，首次阶段验工计价前	合同总价的5%～10%,业主通常从每次验工计价中扣款10%,直到够总价的5%～10%为止	保修期结束	颁发工程初步验收证书时,向承包商发放一半保留金,余额在保留期满发放,当承包商得到前一半保留金时,担保公司用半价保函换回先前全价保函,承包商在领回另一半保留金时,半价保函自动失效
免税材料物资与税收保函	支付预付款前	与各类税金、罚金相等	保修期过后	1. 没有偷漏税、倒卖渔利现象，解保； 2. 如果有以上情况,没收保函,获益方到银行或担保公司提款以付罚金和各类税款

14.6 保证担保资信审查

工程保证担保之所以在美国获得巨大成功，以至于美国总统都公开赞颂工程保证担保为美国建筑事业做出了巨大的不可替代的贡献，其根源就在于工程保证担保过程中具有严格科学的资信审查。资格审查，是工程保证担保业务的核心。这也是要求投保人提供大量文件材料并保证其真实的原因。从投保人的角度考虑，了解工程保证担保中的资信审查，有利于自觉规范自己的行为，培养自身的实力，增强市场中的竞争力。工程保证担保中的资信审查一般包括以下7个方面：

14.6.1 工作经验

对承包商的工作经验的考察，建立在该承包商擅长建筑的项目类别、规模的大小、从业时间长短、跨地域施工的经验和该承包商及所属管理人员的受教育程度等诸多因素上。通常，一个承包商擅长于某一类（或几类）特定类别的工程，这是因为特定类别的工程具有特定的标准和要求，另外彼此的施工方法、技术也有所不同，由此带来行业内更为细致的分工。以前的良好成功经验为承包商通过审查并获得新的合同具有积极的作用，而缺乏经验往往使从业时间较短者难以获得合同。

14.6.2 组织结构

承包公司的组织结构的优劣也是审查内容之一。在美国，以下4个因素是常常要认真考虑的：

一、该公司是否人员臃肿？
二、该公司是否缺乏足够人员？
三、该公司是否在均衡发展？
四、该公司是否运作良好？

14.6.3 管理能力

一个各方面发展较均衡的承包商，通常指派可靠的、有经验的项目经理或项目工程师到每一个工地现场指导和管理该项目的施工。当管理人员没有进行及时所需的调整时，劳动力成本和闲置的设备就会造成工程亏损。在美国有许多一度很成功的承包商由于忽视管理监督或安排一些没有经验的人员管理工作而导致工程失败。因此，项目经理、项目工程师的派遣和项目经理、项目工程师的能力如何，直接决定着承包商的成功与否。

14.6.4 施工中的项目数量

有些承包商常常同时进行多个项目的施工。人员不足是经常遇到的问题。一个承包商如果同时施工多个项目，那么他在某个工程中使用经验不足的管理人员和工人的可能性大大增加。此时，对承包商同时施工的项目数量的调查成为不可缺少的一项。一旦项目数量超出承负能力，履约的风险就会大大提高。

14.6.5 施工的地域

如同其他因素一样，拟建项目的地理位置也在审查之列。有些承包商可以在世界各地承揽工程，而另一些则只适合做当地的工程。远涉外地的承包商，需要对当地的工人素质状况、材料供应状况、气候和地方法规了如指掌。被保证人是否适合外域施工？外域施工的经验是否丰富？此次外域工程施工准备情况如何？保证人要弄清该履约保证的风险，就要对这些情况做出细致的分析。

14.6.6 核算能力

承包商在投标之前，要对该项目的成本进行详细的预算。承包商或预算师应对施工方法、构造细节、所需设备、材料供应以及拟定的工程进度了如指掌。投标价格的准确性如何，不仅关系到承包商自身的利益，还直接影响保证方的盈利与否。比如，一个承包商以600,000美元的标价得到一个实际成本应750,000美元的项目，无疑，此中150,000美元的差额便是亏损，承包商很可能因此而无力自拔，最后，只好由保证公司出来收拾残局。相反的，若承包商以 750,000 美元的标价得到一个实际成本应为 600,000 美元的项目，则这差额即为盈利。然而，承包商又因其他原因而不能履约时，保证担保公司还要对这额外的 150,000 美元做出补偿。

为了降低标价风险，保证人常常将被保证人的标价和承包商的标价相比较，尤其是和那些有资格的、积极争取中标的承包商的标价相比较，通过多方面比较，来判断被保证人的标价是否合理。由于这样，竞标者名单和他们的标价对保证人来说就是不可缺少的。当招标不是公开进行时，可以从其他承包商那里得到投标这项工程的标价或从承包商本身得到的比较作为参考，因为承包商必须同其他投标者的标价相比较。所以，标价不同可以反映出对该工程成本的不同看法。如果标价比较近，尤其是前三家投标者的价格比较后，价格的成本计算就是精确的、合理的。

14.6.7 履约记录

被保证人的履约记录，也是资信审查中的重要内容。一个有良好信用记录发展持续稳定的承包商，较之信用记录不佳、发展不稳定的承包商，履约风险就要小得多。对于没有履约记录的初涉建筑业的新承包商来讲，风险更是多方面的。要接受新承包商的投保，必然要对其管理能力、人员情况、公司结构、财务状况、投标能力等方面进行更为严格细致的审查。与此同时，还要提高担保费率来加强对信用风险的控制。

总之，资信审查是保证担保成功与否的关键所在。从承包商的角度讲，能否通过资信审查，直接关系到能否拿到订单、能否进入市场、取得利益。

14.7 工程保证担保制度的意义

14.7.1 有利于建设工程管理机制的转化

市场经济是信用经济，要求具备完善的利益制约机制和信用保证机制。随着市场经济的发展，工程建设和管理中的市场化成分越来越多，这必然要求依靠市场规律解决存在的诸多问题，虚假招标、恶意竞争、私靠乱挂、偷工减料、粗制滥造、拖欠工程款和工人工资等现象之所以屡禁不止，重要的原因就是保证机制的不健全，建设工程领域出现了不受经济制约和惩罚的环境，纵容了建设市场各方主体违规行为。

推行工程保证担保制度，担保人从自身利益出发，必然参与工程管理，严格责任索赔，从而加强被担保人的质量责任意识和风险意识，使工程建设各方主体和担保主体之间形成利益制约，相互规范的监督制约机制，守信则收益（信誉高，保证人愿意担保，费率低，容易得到更多的订单或工程），失信则受罚（保证金等反担保资产被用于赔偿，损失大的足以倾家荡产，信用记录出现污点，没人愿意担保或费率高得出奇，等于被逐出工程市场），大大强化了自我监督和自我约束的力度，从而达到规范建筑市场秩序的目的。建立工程保证担保制度，防范和控制工程风险。发达国家工程建设质量水平稳定，出现风险概率很低，一条重要经验就是用保证担保机制规范市场行为，强化守信守约。

美国公共工程实行了近百年的强制性的保证担保，保证人向收益人（业主）保证，如果委托人（承包商）无法确保工程质量或违约，则由保证人先行代为履约或赔偿，然后再行使追偿权利。这种机制原理很简单：即守信者得到酬偿，失信者受到惩罚。

14.7.2　有利于创建优胜劣汰的市场环境

工程保证担保制度对规范市场准入有着重要的甄别、择优、监督和促进作用。由于保证人与被保证人的经济利益是直接关联的，如果为不合格的承包商保证担保，工程保证担保公司必然蒙受重大经济损失。因而工程保证担保公司必然要对前来投保的承包商的施工能力及管理水平进行严格审查，对质量差的承包商不予保证担保或提高保费；对施工能力强、管理水平高的承包商则竞相提供保证担保并相应地降低保费。

在市场经济成熟的国家，购买不到工程保证担保的承包商无法进入建设市场，用高费率买到工程保证担保的承包商在投标中也处于劣势。因此，工程保证担保公司客观上起到了市场规范者和行业进入壁垒的作用。这样，建设市场优胜劣汰的良性循环系统可以运行，承包商在安全生产与优质生产上投入成本多，就可在保证市场中获得优惠的认可，能够较为容易地进入建设市场。工程保证担保由此成为一道"门槛"，好的企业会顺利得到，差的企业很难得到。在能否获得保证担保面前，企业素质高低极易水落石出。在这种环境下，素质优秀的承包商会越来越多，建设市场也能健康快速地发展。

14.7.3　有利于确保安全生产和工程质量

发达国家工程建设质量水平稳定，出现风险概率很低，一条重要经验就是用保证担保机制规范市场行为。保证担保可以促使工程建设最大限度地降低事故发生概率，这是因为保证担保公司作为企业，最根本目的是盈利，为此，担保人对于每一笔保证担保业务，事先都要小心翼翼地对承包商的施工能力、信用等级进行审查，而且还依据有关法规通过严格的合同条款规范承包商行为，并派出自己的专业人员全程监督工程的实施，甚至从一开始就参与工程的设计，以切实有效地降低风险，最大限度地降低事故发生概率，或在事故发生后，最大限度地降低事故损失，以使保证担保公司的损失最小。工程保证担保公司的这一目标，客观上最大限度地保证了工程建设的安全和建筑质量的提高。

保证担保的介入促使建筑工程企业建立一个多层次的质量保证体系。建设业大都采取多重承包生产方式。一家建筑公司与业主签约成为总承包方后，一般要根据工程的需要，再与各专业公司（空调、消防、供电、热力、煤气、铝合金、木器加工等）签约，让他们承包工程的某一部分。这些二次承包的企业还可能根据工程的需要，再往下进行分包。这样整个施工队伍就不只仅限于一个企业，而是由多个企业的人员组成，层次繁多，人员分散。推行工程保证担保，可以为不同专业、不同层次的工程单位建立起一种多层次的质量风险管理机制，每一层次的质量保证体系既与上一层次相配合，又与下一层次相衔接，层层负责，分包对总包，总包对业主，形成一个多层次工程质量的防范体系，对进一步提高工程质量具有推动作用。

14.7.4　有利于创建建设市场信用机制

建设市场经济的本质与其说是质量或标准，不如说是信用。我国工程质量风险居高不下，一个重要原因就是制约建设各方主体的信用机制不健全，信用意识不发达。建立工程保证担保制度的核心是促使建筑市场各方主体把信用放在第一位，用信用打造企业，将信用看做是企业生存发展的基础和生命线。建筑行业具有自身独特的生产方式,建筑承包商则是在"生产"之前与用户签约进行"销售"活动。用户没有看到"产品"而要选择,最重要的是要根据承包商的信用来进行判断决策。要获得、保持和提高承包商的信誉,工程保证担保制度的建立是一个重要的机制。

通过工程保证担保,为参与工程建设各方提供系统化的信用保障,使建设单位、设计单位、施工单位和施工过程中的总承包商、分包商、供货商形成一个共投体,通过保证担保的机制,建立起相互信任、相互协同的利益共保体,保证工程建设项目的高质量完成,是至关重要的。建设各方主体与工程保证担保公司打交道实际上是一个信用交易过程,用小信用换大信用。投保方取得工程保证担保公司的信任是长期重复交易的结果。

信用的形成是一个长期的过程。当承包商信用积累越来越多时,它就愈发关注自身的信用,为维持和扩大信用作进一步的积累。用经济学语言讲,信用积累是一种沉淀成本,沉淀成本越高,失信的机会成本也就越高。也就是说,建立信用是企业日积月累的结果,而失去信用是一夕一朝就可以办到的,因此,对信用越高的企业来讲,一旦失去信用它所带来的损失就越大。信用机制有一个特殊规律,即信用一旦丧失就很难再重新建立起来,建立信用比毁坏信用要难得多。信用机制如图 14-1 所示。

图 14-1 保证担保信用机制示意图

14.7.5 有利于防范建设工程领域的腐败

原国务院总理朱镕基曾指出:工程质量事故频发,重要原因是由于工程建设领域存在**严重腐败现象,腐败是造成豆腐渣工程的重要因素**。据报道,1998 年全国由于劣质工程造成经济损失达 1000 亿元；国家检察机关近几年查处的 10 多万元贿赂案件，涉及建筑业的占 63%。工程腐败发案率如此之高，如此多的人敢于置国家、社会、人民利益不顾受贿，为贪小利出卖大利，从经济学意义上讲，说明我们的机制有问题。假如我们设计一种严密而合理的机制，使得我们的发包人能够达到这样的境界，即他们不可能考虑接受贿赂，因为假如接受的话，他们会为其行为付出比通过腐败所得利益更大的代价，不仅被没收非法所得，处以巨额罚款，还包括受贿行为极其容易败露，精神上感到极度难堪和痛苦，一句话，成本大大高于所得，那么，发包的人们肯定都会循规蹈矩，不敢胡来。所以整顿和规范建筑市场，惩治工程腐败是必要的。但是，光惩治一批腐败分子，是远远不够的，我们更应该从规范建设市场机制，预防腐败，消除腐败分子以赌博心态企图侥幸牟取非法所得的内在经济动力上做工作，用看不见的手去制止腐败。惟其如此，建立工程保证担保制度便是题中应有之义。

14.7.6 有利于建设行业走向国家市场

我国加入 WTO 后，建设工程业与国际市场的交流是必然的，按照国际惯例，我国企业进入外国市场，必须提供投标、履约、质量等方面的保证条款，这是 FIDIC 合同条款的基本要求。同样，对境外建设企业的管理，也必须实行工程保证担保，这样可以有效地避免或降低工程质量风险，确保工程质量。

14.8 北京市推行保证担保制度的做法与成功经验

14.8.1 工程款支付保证担保

北京市有关文件明确规定：施工总承包工程和由业主直接发包的专业工程，发包人要求承包人提交承包履约保证担保的，应同时向承包人提交工程款支付保证担保，而且担保金额应与承包履约保证担保的担保金额相等。工程款支付保证担保有效期的截止时间为发包人根据工程承包合同的约定完成了除工程质量保修金以外的全部工程结算款项支付之日起 30d 至 180d。对工程承包合同额超过 1 亿元人民币以上的工程，保证担保可按工程承包合同确定的付款周期实行分段滚动担保，但每段担保金额不得低于该段工程付款总额的 10%。同时，该项目的承包履约保证担保也应对等实行分段滚动担保。

14.8.2 劳务分包付款担保

北京市规定：在工程建设中，采用招标投标方式确定劳务分包人的，劳务发包人应当向分包人提交劳务分包付款保证担保；劳务分包付款保证担保的担保金额不得低于劳务分包合同价的 10%；劳务分包付款保证担保有效期的截止时间为劳务分包合同约定的付款截止日之后 30d 至 180d；劳务发包人不能按照合同约定及时支付劳务分包款项的，分包人有权要求保证人承担保证担保责任。

对于劳务分包履约保证担保规定：一是劳务发包人向分包人提交劳务分包付款保证担保的，分包人应同时向劳务发包人提交劳务分包履约保证担保；二是劳务分包履约保证担保的担保金额应与劳务分包付款保证担保的担保金额相等；三是劳务分包履约保证担保有效期的截止时间为劳务分包合同约定的工程竣工之日后 30d 至 180d 天；四是分包人如不能按劳务分包合同约定履行义务时，劳务发包人有权要求保证人承担保证担保责任。

14.8.3 担保合同的监督管理

一、担保合同备案制度

实行工程建设保证担保的，发包人和承包人应当在工程承包合同中约定，将工程款支付保证担保和承包履约保证担保的保函原件交由市或区县招标投标监管部门保管；劳务发包人和分包人应当在劳务分包合同中约定，将劳务分包付款保证担保和劳务分包履约保证担保的保函原件交由市或区县招标投标监管部门保管。具体做法是：保函原件应当在合同备案时一并送交市或区县招标投标监管部门。后者对所保管的保函原件的真实性虽然不承担责任，但有权对保函原件及相关担保合同进行核查，发现虚假保函等问题的，将责令改正。在保函约定的有效期内发生索赔时，债权人可凭索赔文件副本和加盖"原件收讫"证明印章的保函复印件，到市或区县招标投标监管部门取回债务人的保函原件，向保证人提起索赔。赔付后，如债务人的主合同债务尚未履行完毕，债权人应当将债务人的保函原件交回市或区县招标投标监管部门保管。如债务人保函金额已不足以保证主合同继续履行的，债权人应要求债务人续保，并将续保的保函原件送交市或区县招标投标监管部门保管。

二、工程担保合同的衔接

实行分段滚动担保的，上一阶段保证担保解除后，发包人应将加盖"原件收讫"证明印章的承包履约保证担保保函复印件退还承包人，同时应提交下一阶段工程款支付保证担保、承包履约保证担保的保函原件。工程竣工验收合格后，发包人应当将加盖"原件收讫"证明印章的承包履约保证担保保函复印件退还承包人，劳务发包人应当将加盖"原件收讫"证明印章的劳务分包履约保证担保保函复印件退还分包人。承包人和分包人凭保函复印件，取回保函原件，办理解除保证担保责任手续。发包人在扣除工程质量保修金以后，支付全部工程结算款项，承包人应当将加盖"原件收讫"证明印章的工程款支付保证担保保函复印件退还发包人，发包人凭保函复印件取回保函原件，办理解除保证担保责任手续。

三、担保合同的解除

建设工程因故中止施工三个月以上，或未完工但工程承包合同解除，需要解除保证担保责任的，发包人和承包人或劳务发包人和分包人经协商一致，应当凭双方协议、中止施工的情况说明或合同解除备案证明，同时到市或区县招标投标监管部门取回保函原件，办理解除保证担保责任手续。房地产开发项目发包人和承包人、劳务发包人和分包人不依照本规定实行保证担保的，市或区县招标投标监管部门有权要求其改正，仍不改正的不予办理合同备案，并作为不良行为记录记入北京市建设行业信用信息系统。

四、对担保公司的信用管理

对在北京市开展工程建设保证担保业务的专业担保公司实施信用监管，并定期对其资信进行调查和评价，评价结果向政府有关部门、建设单位、房地产开发商、建筑业企业以及金融机构公布。而作为专业担保公司，应在首次承接工程建设保证担保业务后，按规定每年向市建设行政主管部门提交公司营业执照、股东构成、验资报告、上一年度审计报告、法定代表人身份证明等材料。在此期间，区县建设行政主管部门应配合做好对专业担保公司在建筑市场的信用监管工作。如专业担保公司存在下列情况：

（一）担保余额的总额超过其净资产的10倍，或单笔承包履约保证担保金额超过其净资产的50%，或单笔工程款支付保证担保金额超过其净资产的20%；

（二）在保函约定的有效期届满之前，非因主合同中止执行、解除或主合同约定的债务人的义务已实际履行完毕而同意撤销担保或变相撤销担保的；

（三）拒绝承担保证担保责任或在出现索赔后不积极履行赔付义务，给债权人造成损失的；

（四）只收取费用，不履行工程风险预控和对债务人履约情况进行监管等责任的；

（五）未经债务人同意擅自挪用债务人提交的保证金，或在保证担保责任解除后30d内不退还债务人保证金的。

上述行为如经调查属实，将作为不良行为记入北京市建设行业信用系统予以公示，并通报银行业监管部门。

14.9 杭州市推行保证担保制度的做法与成功经验

杭州市是住房和城乡建设部确定的推行工程担保的试点城市之一。杭州市建委按照"市场运作、商业担保、行业管理、政府监督"的工作思路，在试点工作中，通过下发调查问卷、召开座谈会、走访各方主体等方式，深入调研、分析工程担保推行中存在的问题，以完善担保运行机制为出发点，以健全政策法规为立足点，以建立网络联动监管体系为突破口，重点完善、建立投标担保体系、业主工程款支付担保体系、承包商履约担保体系等三个担保体系。同时，他们在完善工程担保管理中敢于创新，取得八大新突破，特别是联合杭州市担保协会，对工程担保公司实施行业自律及市场准入网络化联动监督管理，探索出了对工程担保公司进行科学监管的新模式。

14.9.1 建立网络化监管体系

杭州市初步建立起了建设工程担保计算机辅助管理系统，实现了市建委、市招标办、市担保协会等部门信息共享和信息的及时交换。由市担保协会负责担保公司和担保合同的备案数据输入，市招标办负责银行保函备案和工程担保日常管理包括担保函原件收存管理、退还管理、担保违约管理、担保续约等数据输入，市建委网络终端具备担保统计分析系统和担保余额台账，实施查询和统计功能，对工程担保实行全过程监管。其基本功能有：通过系统进行工程担保日常管理，包括对项目履约和支付担保的备案管理，担保函原件收存和担保到期原件取退还管理，担保违约、担保续约管理等，如根据到期日期和新增担保金额自动计算担保责任余额，对超过担保企业净资产10倍的担保业务进行自动限制，担保期限快到期前30d，系统开始自动提醒等；同时方便担保协会对专业担保公司的行为实行市场信用监管，专业担保公司在杭州市从事建设工程担保业务过程中有不良行为的，由担保协会记录并上网公告。

14.9.2 对担保公司的备案管理

为加强对工程担保公司的市场行为管理,杭州市规定,承担建设工程担保业务的担保公司,应当到市担保协会办理登记备案手续,担保协会对其担保金额和累计担保金额进行核定,对符合要求的,出具工程担保登记表。杭州市建委联合市担保协会对工程担保公司实施行业自律及市场准入联动管理,这在全国尚无先例。

14.9.3 明确保证担保管理范围

据统计显示:历年杭州 1000 万元以下的工程项目个数占总项目的 32%,但工程造价仅占总造价额的 4%,为兼顾管理成本和效率,杭州市确定工程造价在 1000 万元以上的建设项目(含分包的项目)应当实行承包商履约担保和业主工程款支付担保。同时规定,财政全额投融资建设项目,由财政统一提供支付担保。

14.9.4 加强对工程担保合同的管理

为遏制中途退保的现象,杭州市建委规定,申办建筑工程施工许可证前,业主需将承包商提供的承包商履约保函和工程担保合同的原件提交招标办保管;承包商需将业主提供的业主支付保函和担保合同的原件提交招标办保管,以防止保证人、被保证人和受益人擅自撤销担保现象的发生。

14.9.5 担保市场的准入管理制度

杭州市推行工程担保走市场化运作的管理道路,政府不指定开展工程担保业务的担保企业,也不进行行业垄断,但明确了市场准入标准。该标准要求,专业担保公司注册资金应不少于 5000 万元(含 5000 万元),从业人员中应有与其担保业务相适应的经济技术等专业的人员,此举提高了担保公司对工程建设的监管能力。同时,规定由担保协会对担保公司的工程担保资格进行核准,担保公司应当具有与其所承担的建设工程担保业务相适应的清偿能力,担保余额不得超过净资产的 10 倍,单笔担保金额不得超过该担保公司净资产的 50%。

14.9.6 合理确定工程担保额度

杭州市规定:一般招标或者交易的项目,工程造价低于 1 亿元(含 1 亿元)的,担保金额应当不低于工程造价的 10%,工程合同造价 1 亿元以上的,担保金额应当不低于 1000 万元。采用经评审最低价中标法招标的项目,工程造价低于 1 亿元(含 1 亿元)的,担保金额应当不低于工程造价的 15%;工程造价 1 亿元以上的,担保金额应当不低于 1500 万元。

14.9.7 延长担保有效截止时间

为防止拖欠工程款的产生,确保担保的时效性,杭州市建委明确要求:承包商履约担保的有效期截止时间为工程建设合同约定的工程竣工验收合格之日后 90d 以上;业主工程款支付担保的有效期截止时间为工程建设合同约定的完成除工程质量保修金外的全部工程结算款支付之日后 90d 以上。如实际开工时间(即施工许可的开工时间)超出合同开工时间 15d 以上，担保有效截止时间应当相应延长。

14.9.8 建立分级分层管理体系

杭州市建设行政主管部门对工程担保活动实行统一的监督管理，各区、县（市）建设行政主管部门负责本辖区内工程担保活动的监督管理工作；各级建设工程招标投标管理办公室负责日常的管理工作，为保函的查询、统计和管理工作提供服务，定期向市建设行政主管部门报告有关工作情况；市担保协会对工程担保公司实施行业自律及市场准入联动管理。

杭州市积极推行第三方担保，推行工程担保多方受益，减轻了承包商的负担，深受施工企业欢迎。2006 年以来，杭州办理施工许可证的所有项目中，应实行工程担保制度的新建项目 100％按规定办理保函或提交担保。据统计，2006 年 1 月 1 日起至 12 月 20 日，实行工程担保的项目共 481 个，工程造价 221.21 亿元，其中业主工程款支付担保累计金额 19.70 亿元，占工程造价的 8.91％，承包商履约担保累计金额 21.97 亿元，占工程造价的 9.93％。多种担保形式，改变了企业原有的单一现金保证方式，减少了企业流动资金压力。据初步估算，通过工程担保制度的推行，承包商今年少支付的履约保证金总额高达到 3.25 亿元。

推行工程担保制度还有利于从根本上解决拖欠工程款及拖欠民工工资的问题。杭州市拖欠工程款及农民工工资情况的分析，存在拖欠款的主要原因是业主在资金到位和合同履约方面不受约束。保证担保推行后，在实行承包商履约担保的同时，业主支付担保将对等实施，从而确保承包商工程款按时到位，在保证工程项目顺利建设的同时，承包商的利益得到保证，拖欠民工工资问题从源头上得到遏制。从调研情况看，在实行工程担保制度的项目中工程承发包双方基本能履行合同约定，很少出现拖欠工程款问题，同时也为杭州顺利完成清欠目标奠定了基础。2006 年 6 月 14 日，杭州市提前半个月全面完成省政府下达的清欠目标任务，共计解决 614 个工程项目 14.51 亿元拖欠工程款。工程担保运行机制的全面推行，成为防止新欠工作的一项主要长效管理的措施。

同时，推行工程担保制度能有利于防范工程建设中的质量风险。在杭州市招投标推行经评审的最低价中标过程中，如果没有一整套适合市场经济发展的管理体系，投标单位在质量、工期方面的履约风险随之加大。通过推行工程担保，信誉好的企业将很容易地获得担保，信誉差的将不再能获得担保或保费很高，从而逐渐被逐出建筑市场。推行担保制度，有效地保障了工程质量和合同签约双方的合法权益，大大降低工程质量风险。

此外，推行工程担保制度，还有利于杭州市的建筑市场诚信体系的建设，有利于杭州市建筑业企业按照国际惯例参与国际竞争，有利于建设领域反腐倡廉工作的开展。可以说，推行工程担保制度使建筑市场中的各方主体都获益匪浅。

14.10 厦门、深圳等推行保证担保的做法与成功经验

14.10.1 基本情况

一、加强法制建设、完善制度体系

（一）厦门市自 2003 年 1 月 1 日起施行《厦门市建筑市场管理若干暂行规定》（市政

府令第103号），初步确立了以政府规章推行业主支付担保和承包商履约担保。其后，在2006年2月1日起执行《厦门市建设与管理局关于建设工程担保若干实施意见》（厦建、建［2005］160号），实施意见以市政府令第103号中工程担保有关规定及建设部《关于在房地产开发项目中推行工程建设合同担保的若干规定（试行）》（建市［2004］137号）为基础，对厦门市工程担保制度做出进一步的明确和补充。

（二）深圳市根据《深圳经济特区建设工程施工招标投标条例》、《深圳市建设工程质量管理条例》等法规、规章，将工程担保制度作为一项强制性工程管理措施覆盖了全市范围内的所有建设工程。为进一步强化工程担保的推行效果，2004年深圳市把工作重心向制度维护的方向转移，根据多年施行过程中发现的问题和积累的经验，发布了《关于规范建设工程担保活动有关问题的通知》（深建字［2004］87号）。

（三）东莞市结合建筑市场实际情况，在实行投标保证担保的基础上，借鉴试点城市的管理经验，起草了《东莞市建设工程保证担保制度暂行办法》（东府［2005］57号），提交市联席会议讨论并获得通过，2005年4月正式在全市实施。

二、覆盖面积扩大、基本达到效果

深圳市在推行保函统一收存两年至今，共接管1300项工程，保函超过2600份，担保金额达135亿元，合同金额达338亿元。工程担保覆盖全市所有工程，工程担保理念已在市场形成氛围。

厦门市于2006年2月1日起推行有关措施后，截至2006年7月5日已经受理有效工程保函308件。从运作情况看，基本上达到制度设计的初衷或沿着原有制度设计的轨道推进。

东莞市于2005年1月1日开始全面推行，截至2006年6月30日，共982项工程项目实行了担保，担保合同金额累计18.464亿元，涵盖了房地产、市政基础设施、工业厂房等多个工程类别。其中办理工程担保的房地产项目共417项，担保金额7.792亿。工程担保的推行对东莞市建筑市场的信用建设起到了极大的推动作用，拖欠工程款问题得到有效解决。

此外，青岛市于2002年正式实施工程担保制度，主要实施投标担保、业主支付担保和承包商履约担保。目前，已覆盖到非政府财政投资以外的所有社会投资项目。

2003年常州市规定凡在市区建设工程项目，工程施工合同金额在100万元以上的（除政府财政拨款项目须提供财政拨款计划单外），均须提供履约保函。

2003年4月，天津市开始全面实施业主支付和承包商履约担保制度。成都市积极尝试农民工工资支付保证担保制度和业主支付等工程担保制度。

14.10.2 主要做法与成功经验

一、根据市场需要、开展多种担保

虽然各地工程担保工作的进展程度各有不同，但通过近几年不断加强宣传和培训，制定法规和规范性文件，并结合施工许可证发放、合同备案等行政管理手段，厦门、东莞、深圳等地已经经历了工程担保制度在建设领域的试行、确立与普及，并随着市场各方主体对工程担保逐渐深入的了解和认识，许多企业自发选择工程担保的形式规避风险，反映出一定的市场需求，初步建立了适合本地情况的工程担保制度。

除了《关于在房地产开发项目中推行工程建设合同担保的若干规定（试行）》（建市[2004]137号）中所规定的投标、承包商履约、业主工程款支付、承包商付款等四个担保品种外，各地还积极开展符合建筑市场需要的其他类型的工程担保品种，如预付款担保、分包商履约担保、保修金担保等。

厦门市对承包商依法分包且分包工程合同价在50万元以上、劳务分包合同价在10万元以上的，除承包商付款担保之外还增加了等额的分包商履约担保。同时，针对施工企业反映较多的索回工程质量保修金困难的问题，加大了工程质量保修担保的推广力度，明确规定：工程质量保修除采用质量保证金（保修金）担保方式外，还可以采用银行保函、专业担保公司的保证，建设单位接收保函或担保书后，应将保修金结算支付给承包商。此外，深圳市和厦门市为防范过低价中标风险、遏制围标、串标，对投标人投标报价低于最低控制价的，中标人应按招标文件规定提供低价风险担保。

二、培育专业机构、加强市场管理

推行工程担保制度，为形成有竞争性的担保市场，除了继续发挥银行的作用外，应当积极培育和发展专业担保机构。但对专业担保公司在信用等级、担保能力、专业化水平、风险管理措施等方面以及对工程担保机构进行监管的配套制度方面，目前尚处于探索阶段。一些担保机构不具备相应的担保能力和风险管理能力，没有相应的专业技术力量和风险管理制度，往往采取不规范运作，引起市场的不正当竞争，影响了工程担保的作用和声誉。

厦门、深圳、东莞等地从加强市场准入和备案管理入手，专业担保公司从事工程担保业务，其主体资格应在地方建设行政主管部门进行登记，不仅应符合资金规模并报送反映经营状况及相关资信的材料，还应对其专业化水平、人员结构有所要求。目前，在厦门市已登记备案的从事工程担保的担保公司有两家，3家正在办理中；在深圳市有37家已登记备案，注册资本超过5000万元的26家，上亿万元的有12家。

厦门市采取的具体措施有：在厦门开展建设工程担保业务的专业担保公司应符合下列要求：1. 到位的注册资本数额应当在8000万元人民币以上，注册资本中以现金形式注册的资本应当占70%以上；2. 必须与至少一家以上厦门当地银行签订业务合作协议，并已实际开展企业融资担保业务；3. 向厦门市建设工程交易中心提交在本市登记的银行业金融机构或注册资本1亿元人民币以上的企业对其在本市承接的建设工程担保业务承担总额1亿元人民币的连带保证责任的担保书，并提交评估价相当于注册资本35%以上的、在本市房产主管部门办理登记的房产作为抵押担保。

厦门市规定，专业担保公司应在厦门市首次承接建设工程担保业务前和以后，每年5月份向厦门市建设工程交易中心报送下列材料：1. 公司股东构成、公司章程、营业执照、验资报告、上一年度审计报告、法定代表人身份证明等公司重要文件或证明材料；2. 与厦门当地银行签订业务合作协议情况；3. 公司开展担保业务的代偿情况说明；4. 开展企业融资担保业务情况；5. 公司从业人员的专业及结构情况。

开展建设工程担保业务后，还应按下列要求提交相应资料：1. 每季度第一个月15日前提交上一季度公司财务报表；2. 公司如有重大事件（如股东变更、参与诉讼等），须在一个月内提交书面报告。

三、函件集中管理，规范担保行为

厦门、深圳和东莞普遍采取了工程担保保函原件由建设行政主管部门委托建设工程交易服务中心或相关单位实施集中管理，并取得了一定的成效。保函的集中保管可以加强对保函合法、合规范性的审查，有效杜绝提交虚假保函和恶意撤销担保的现象；可以监督保函的有效期，督促续保，保证在工程建设全过程担保的连续性；同时还可以监督保函索赔的处理。保函集中保管后，也有利于进行工程担保信息的统计分析工作。具体做法主要是：

（一）申办建设工程施工许可证前，业主应当将承包商提供的承包商履约担保、低价风险担保的保函或担保书的原件提交市、区建设工程交易中心保管；承包商应当将业主提供的业主支付担保的保函或担保书的原件提交交易中心保管。

（二）业主在申办建设工程施工许可证时，应当提交加盖交易中心"原件收讫"证明印章的业主支付担保和承包商履约担保、低价风险担保的保函或担保书的复印件。

（三）发生索赔时，索赔方可凭索赔文件副本到交易中心取回被索赔方的保函或担保书原件，向保证人提起索赔。

（四）工程因故中止施工需要提前撤销担保的，业主、承包商应当凭建设行政主管部门确认的停工报告副本到交易中心领回有关保函或担保书原件，办理撤销保险手续。

（五）工程竣工验收合格并取得建设行政主管部门备案证明书后，业主、承包商凭加盖交易中心"原件收讫"证明印章的承包商履约担保、业主支付担保的保函或担保书的复印件，分别取回承包商履约担保、业主支付担保的保函或担保书的原件，而后再办理撤销保险手续。

深圳市在保函集中管理的两年时间内，多次通过问卷、亲访、随机调研及召开联席座谈等形式，加强与各工程关联单位、银行、专业担保公司以及外商投资企业之间的联系与沟通，使集中收存、管理保函工作在较短时间内得到社会广泛配合与支持。迄今共按章办理保函退回370多份，市场随意撤销担保行为得到有效杜绝。

四、建立分析系统、加强服务功能

《关于在房地产开发项目中推行工程建设合同担保的若干规定（试行）》第7条做出了关于控制工程担保机构风险的最基本规定，即"专业担保公司担保余额的总额不得超过净资产的10倍，单笔担保金额不得超过该担保公司净资产的50%。"建立工程担保信息统计分析系统是控制工程担保风险、提高政府主管部门监管能力的重要环节。

深圳、厦门已经在建设工程交易中心建立了工程担保统计分析系统，并制订了相应的工作制度，为保函的查询、统计和管理工作提供服务。

深圳市建立的保函管理电子系统，对日常保函收存、记录、清点、分类等数据，统一采用电子化信息编辑，已备案的担保工程被全面跟踪；具备担保有效期限即将到期工程的预警提示功能、自动监测担保公司担保总额是否超额功能；数据库信息动态更新，数据统计简便快捷，每月制作担保情况月报表，实行阶段性统计担保数量等；为保证全市工程担保工作的协调统一，与各区分中心信息共享，数据互换，定期统计担保发生量，记录异常情况，基本实现保函管理信息化、科学化及效率化。由于业务拓展需求，该系统已进行了多次必要升级。

五、结合诚信建设、规范担保市场

信用水平不高,诚信体系建设不完善是工程担保成本高、监管工作负担重的一个重要原因。将工程担保活动纳入建筑市场信用体系进行管理,为工程担保制度的推行提供了良好的信息支持系统。厦门市将担保公司作为建筑市场主体引入建安信用信息监管,专业担保公司存在以下行为的,作为不良行为记录予以公布;情节严重的,禁止其开展工程担保业务。具体内容包括:

(一)超出担保能力从事工程担保业务的;

(二)虚假注册、虚增注册资本金或抽逃资本金的;

(三)擅自挪用被保证人保证金的;

(四)违反约定,拖延或拒绝承担保证责任的;

(五)在保函备案时制造虚假资料或提供虚假信息的;

(六)撤销担保或变相撤销担保的;

(七)安排受益人和被保证人互保的;

(八)恶意压低担保收费,进行不正当竞争的;

(九)不进行风险预控和保后风险监控的;

(十)其他违反法律、法规规定的行为。

第3篇 案 例 篇

第8章 案内篇

第 15 章　勘察设计责任保险案例

15.1　消防水池地板拱起、开裂，勘察设计险负责赔偿吗？

【案例简介】　某建筑设计研究院于 2003 年 3 月同某保险公司签订了建筑工程设计责任保险合同，保险期限一年（2003 年 6 月 2 日至 2004 年 6 月 1 日），追溯期从 2001 年 6 月 2 日起，累计赔偿限额为 1500 万元，每次事故赔偿限额为 10 万元。建筑设计研究院受托完成某单位办公楼的工程设计。2003 年 7 月，工程主体施工已接近尾声，委托人建设单位发现地下消防水池地板拱起、开裂，遂委托建设工程质量安全检测中心对其进行检测，结论为由于设计人员对当地地下水水位估计不足，所设计的水池地板偏薄，消防水池地板在水压力作用下承载力不足。委托人建设单位要求被保险人勘察设计研究院对消防水池进行加固并承担全部费用。委托人建设单位与被保险人建筑设计研究院经过协商达成一致协议：由被保险人建筑设计研究院承担加固费用 15 万元。随后，被保险人建筑设计研究院向保险人申请赔偿。

【责任认定】　保险公司接到报案后，经过核实认为：事故原因是被保险人的设计过失造成的，依照我国有关法律法规及责任保险合同约定，该事故属于保险责任范围，保险公司遂在保险限额内给予赔偿。

【案例评析】　本案是因为工程设计存在瑕疵而引起的对委托人建设单位的赔偿责任。建筑设计研究院与建设单位签订设计合同后，本应该按照行业所公认的标准完成工程设计任务，否则就构成违约。受托人建筑设计研究院对建筑所在地的地形地质进行仔细的勘察是设计人员的首要义务。在本案中尽管设计人员对有关水文情况进行了分析，但由于其工作技能、设备及地质资料不足等原因，建筑设计研究院未能准确估计水文情况，设计与实际存在误差，导致所设计的水池地板偏薄，给委托人建设单位造成了不应有的损失。设计人员的行为属于过失，按照责任保险合同的约定，对于由于设计人员的过失而给建设单位造成的损失，属于工程勘察设计责任保险范围，保险公司应当依照责任保险合同给予赔偿。

15.2　地面突发性地陷，导致仓库倾倒，是否属于勘察设计险责任？

【案例简介】　某一大型水泥建筑仓库，上部结构为圆筒形，直径为 13m，高为 30m。在建筑封顶并装储水泥后，该仓库发生大量沉降，使建筑整体倾倒，基土被挤出地面高达 6m。随后，建设单位请有关部门专家对其原因进行鉴定分析，确定造成该事故的责任。

【责任认定】　通过现场勘查了解到，水泥仓库基础（筏板基础）位于黄土中部（承力层)。此黄土黏土层在筏板基础下很薄,上部荷载传到下一层黄色黏土。由于严重超载,引起地基基础破坏,导致地基整体滑动和水泥仓库倾倒。经过专家分析,导致建筑整体倾倒的原因有三:一是可能仓库地基事先未做勘查、试验与研究;二是借用临近工程的资料,盲目设计,采用设计载荷超过地基土的抗剪强度,导致地基整体滑动破坏;三是水泥装储的速度太快,黏土地基中空隙水压力上升,使有效应力降低,促使地基滑动破坏。确定直接原因为:可能未经勘察或设计措施所致,属于勘察设计保险责任赔偿范围。

【案例评析】 从仓库倾倒现象看是地面的突发性地陷,导致仓库倾倒,造成财产损失。看似是自然灾害的突发性地下灾害所致责任。但从事故近因分析看,仓库倾倒是由于设计载荷超过地基土的抗剪强度(或地基极限荷载强度),导致地基产生整体滑动破坏而造成的。因此,仓库倾倒主要原因、近因是没有进行事先勘察问题和设计错误所致。

勘察设计错误属于勘察设计责任保险风险,故仓库倾倒引起的损失、费用和责任属于勘察设计保险的责任范围,保险人应予以负责赔偿。由此可知,保险事故发生后,保险人要进行认真的现场勘察,不但要了解事故造成的损失的事实,更重要的是要搞清责任事故发生的原因,按照近因分析原则来确定归属责任,建设单位可通过勘察设计单位,按照其投保的保险合同,向保险公司申请赔偿。

15.3 设计错误与意外事故同在,保险如何赔付?

【案例简介】 某厂房结构为吊车梁支在带壁柱砖墙上,屋架支于托墙上,托墙梁支于墙壁柱上。该厂房在施工中突遇暴风雨后,突然倒塌,造成4人死亡。

【责任认定】通过专家分析认为,托墙梁与吊车梁两者之间基本处于同一高度。如设计成整体,则屋面荷载、屋架及上部墙体重可通过托墙梁传给带壁柱。但设计者将托墙梁与吊车梁分开,中间空有约70cm间隙。这样屋面传来的荷载与上段墙,支压在墙壁柱上,形成局部承压,强度严重不足,造成厂房倒塌。故墙体托墙梁下局部承载力严重不足是引起倒塌的主要原因,是设计错误所致。另外,厂房倒塌时遇到暴风雨,加速了厂房提前倒塌,属于次要原因。

【案例评析】 该建设单位由于投保了建筑工程一切险,向保险公司提出索赔。但遭到保险公司的拒绝。原因是:该厂房倒塌时正值暴风雨,从现象上看似乎可归属建筑工程一切保险责任范围的自然灾害——暴风雨,应由建筑工程一切保险来承担赔偿责任。但按照近因分析的原则,主要是由于设计托墙梁下局部承载力严重不足,一直威胁着整个墙体厂房,遇到暴风雨,只不过是加速了墙体倒塌而已,该厂房倒塌的主要原因是设计错误,不属于建筑工程一切险所承保的范围,故保险公司不予赔付。建设单位只好向勘察设计单位提出损失赔偿的要求。该建筑工程勘察设计单位刚好已经投保了建设工程勘察设计责任保险,该设计单位遂向承保单位保险公司提出索赔,保险公司经调查确认后,很快做出赔付的决定,按照保险合同约定,向建设单位支付了损失赔偿费用。

通过以上案例可以看出,勘察设计责任保险与建筑工程一切险有很强的互补性,其主要承保的是由于设计人员工作过失或失误,造成设计缺陷而产生的损失责任。如果设计单位没有投保勘察设计险,毫无疑问,通过双方协商也好,还是通过诉讼也好,这笔损失费用肯定要由勘察设计单位自身承担。勘察设计保险能有效地降低责任风险成本,使受损单位及时得到经济补偿。

15.4 设计错误和施工质量问题同时存在,勘察设计保险人如何赔付?

【案例简介】 某工程为现浇钢筋混凝土框架结构,主体结构已基本完工。该工程北侧,从四楼一塌到底,造成2死1伤的重大倒塌事故。破坏的构件有柱子5根,框架主梁8根,次主梁28根,预制板294块,过梁71m,现浇板99m^2。一层建筑面积1303m^2,倒塌312m^2,二、三层建筑面积1224m^2,倒塌321m^2,四层建筑面积356m^2,倒塌53m^2。

【责任认定】 通过专家分析认为,造成安全事故的原因主要有以下几点:

一、设计方面的问题

(一)框架内力计算问题:实际结构为板支于次梁,次梁为两跨连续梁,支架于框架上。计算中把连续梁当成简支梁计算反力,使经过次梁传给框架的荷载少算20%。从而使框架内力计算偏小;

(二)内力组合问题:没有按《荷载规范》中的关于"荷载应用最不利者组合"的方法进行不利组合;

(三)施工图纸问题:有些尺寸不全,交代不清楚,以致引起差错;

(四)配筋不足。

二、施工方面的问题

(一)混凝土强度大部分未达到设计强度,经回弹仪测定普遍低于30%;

(二)混凝土浇筑质量劣,框架中出现空洞、麻面,其中二层楼有两根柱承载力极低,为破坏倒塌的原点;

(三)钢筋位置不准;

(四)施工堆料过于集中,形成超载;

(五)乱改设计:楼面设计恒载增加了37%,四层屋面恒载增加了120%;

(六)施工管理差,许多部分未留混凝土、砂浆石块,购进水泥无出厂说明和实验报告,预制板无出厂合格证。

原因分析结论:施工质量低劣为主要原因。首先是二层的两根柱子混凝土破坏而丧失支撑力,继而柱中受力主筋压曲失稳,整个柱子折断而造成整体倒塌。而设计疏忽等错误也是一定的重要原因,即安全系数降低,但不是造成楼层倒塌的直接原因。

【案例评析】 根据事故原因分析,施工质量低劣是该事故直接的主要原因,为该事故的近因。按照近因分析原则,虽然施工人员不按照施工规范操作造成施工质量低劣所造成事故为勘察设计保险的除外责任,但也并不能够完全免责。因设计错误也为该事故的重要原因,故在履行赔偿时,由设计错误所增加的部分或改进所产生的额外费用,应由勘察设计保险人负责赔偿。

由此可以看出,在处理设计错误和施工质量问题同时存在的事故中,要根据近因分析原则来确定事故损失,判断最直接的主要原因是由非保危险所致,还是由被保危险所致,要实事求是,都有过失的,应按照责任的大小分摊责任,不要认为有施工质量责任就可完全按照勘察设计除外责任处理。

15.5　勘察单位与建设单位都存在过错，保险人怎么赔偿？

【案例简介】　国营某单位与物探勘察处签订一份地基工程勘察合同书，约定由物探勘察处对该单位拟建的住宅进行地质钻探。合同签订后，物探勘察处出具了工程地质勘察报告，该报告在最后结论和建议中称：根据建筑物的规模、用途和场地地质条件，建议选用粉质黏土和黏土作基础持力层，基础类型以天然浅基为宜，当使用粉质黏土作持力层时，下有淤泥质土，每层土应以宜浅不宜深为原则。并对每幢拟建住宅楼的基础埋深、持力层承载力标准值和压缩模量提出了建议值。

随后，国营某单位委托某电子工程设计院对住宅楼进行设计，并由其所属的设计室进行了补充修改设计。住宅楼陆续完工后，先后发现所建住宅有墙体开裂和山墙外倾。遂后双方对所负责任产生了分歧诉至法院。

【责任认定】　经过法院委托科学技术研究所对发生质量事故的建筑进行事故原因、责任划分的综合鉴定结论为：造成此次重大质量事故的原因是由于当事人双方未严格按照规章办事，在勘探中出现重大失误，在设计中存在明显不足而引起的；从技术角度看，勘察单位提供的详细勘探报告对地基土层（主要是淤泥土）的分布、定名、允许承载力、压缩模量的建议值发生失误是造成此次事故的主要原因，应负主要责任；国营某单位所属的设计人员素质低，违规（越级）设计和不当设计是造成此次事故的次要原因，应负次要责任。经法院判决，应由双方据其各自责任分别承担，勘察院承担70％损失，国营某单位承担30％损失责任。

【案例评析】　这一案例是建设单位与勘察单位都存在过失的赔偿案例。勘察院在勘察报告中关于地基土定名不准，厚度、分布范围的描述明显偏小，特别是给出的建议值数据不准确、不完整，应负主要责任；而国营某单位下属设计室，未按照正规的设计单位某电子工程设计院的指明，直接依此数据进行工程基础修改设计，最后导致工程事故发生，负有重要责任。依据法院判决，勘察单位负有70％的赔偿责任，勘察单位可以先行对建设单位进行赔偿，而后再向保险人提出赔偿申请，由保险人按照保险合同签订的不超过每次责任事故限额给予被保险人。也可以通过被保险人申请，由保险人直接向建设单位按照每次责任事故限额给以补偿。

第 16 章 工程质量责任保险案例

16.1 北京市建筑工程质量保险案例

【案例简介】 2007 年 12 月 28 日,北京市正式启动建筑工程质量保险试点工作,首个试点为常营经济适用房项目。常营经适房是北京第二个公开招标的经适房项目,规划地上建筑面积约 74 万 m^2,可提供 7000 余套经适房和 1000 余套廉租房。2010 年 11 月 30 日以前,项目全部竣工,全部住房用于解决列入住房保障群体的困难家庭的住房需求。

2007 年 12 月 28 日上午,该项目的 4 家开发商——北京建工集团有限责任公司、北京住总房地产开发有限责任公司、北京首都开发控股(集团)有限公司和北京金隅嘉业房地产开发公司,与中国人民财产保险股份有限公司北京分公司签订建筑工程质量保险协议。

【协议内容】 按照相关协议,建筑物竣工验收合格满一年后,经保险人指定的建筑工程质量检查控制机构检查通过,在正常使用条件下,因潜在缺陷在保险期间内发生主体结构、渗漏、设备、管线、装修、玻璃幕墙等质量问题(即属于《建设工程质量管理条例》规定的保修范围),保险人按照与投保人(房地产开发企业)签订的保险合同的约定责任,对被保险人(业主或使用人)修复或赔偿。在发生保险事故后,业主首先向保险人要求赔偿,保险人赔偿后,再向设计、勘察、施工、质量检查控制机构等相关责任人进行追偿。

【案例评析】 北京市是全国正式启动建筑工程质量保险的 14 个试点城市之一。据市建委相关负责人透露,北京建筑工程质量保险将在新建的廉租房、经适房、两限房项目中全面推行,商品房今后将适时推行。

近年来,北京市正处于城市建设大发展时期,住宅工程建设一直保持较大规模。在大量住宅建筑交付使用的同时,住宅建筑工程质量缺陷成为社会关注的问题之一。为了解决住宅交付使用后因质量缺陷引起的纠纷,市建委和市保监局开始在北京试点建设工程质量保险。

目前,建设工程竣工后,建设单位通常保留 5%左右的工程款不支付给施工单位,以作为工程质量保修费用。实行建筑工程质量保险后,可以将这笔费用中的一部分,比如 3%作为建筑工程质量保险的基础费率,用于维护购房者利益的住宅建筑工程质量保险。此外,如果由保险公司委托监理单位履行检查机构的职责,可以将部分原来由建设单位支付的监理费用转为由保险公司支付,同时不增加工程造价。

16.2 长安责任保险公司承保质量保险案例

【案例简介】 长安责任保险公司作为国内唯一的专业责任保险公司,2006 年就研发了建筑工程质量责任保险，之后分别与苏州地产开发经营有限公司和珠海格力房产有限公司签订了苏州天辰花园和珠海格力广场项目的建筑工程质量责任保险合同。

2010年6月3日全国住宅质量责任保险第一单在苏州正式交付。苏州天辰花园二期精装修19号楼的业主成为首批住宅保险客户。保险房为330套，占苏州天辰花园小区房屋数量的21.5%。保险房如出现质量问题，凭保单可找保险公司赔付。保单开创了我国住宅工程质量责任险先河，被业内誉为"全国住宅质量责任保险第一单"。

【协议内容】 长安责任保险公司在保险协议中承诺：业主购买该小区住宅后，10年内凡是因住房主体建筑质量问题、5年内遇到屋顶漏水、3年内墙体、卫生间、外窗渗漏水等所产生的损失维修费用，由长安责任保险股份有限公司承担。

【案例评析】 长期以来，住宅质量投诉是个棘手的问题。开发商相对强势，消费者往往只能选择退让。引入住宅工程质量责任保险制度，可以使防范质量风险的重点前移，通过风险识别、风险评估、风险预防、风险控制，建立起工程质量的综合防范机制。

在两个试点项目中，保险公司把业主、监理等管理人员组合在一起对工程项目的质量、安全进行经常地检查，并配备先进的质量检测仪器，从而使工程质量和安全均在受控范围之内。

此外，根据保险公司请来的专家提出的建议，施工方在建筑工地上采取了诸多科技含量较高的新型施工措施，有力地防范了工程质量通病的发生。从而对减少原先因工程质量出现问题而引起的业主和开发商之间的维权纠纷，使质量问题得到及时解决和有效赔偿，保护购房者的权益将起到积极作用。

有了这份保单，今后天辰花园有约定质量问题时，业主都可以到长安责任保险股份有限公司索赔。对住房质量，消费者就放心多了。

16.3　地基不均匀沉降属于工程质量保险范围吗？

【案例简介】 某开发商开发一住宅小区，共14幢7层砖混结构住宅（其中10幢为条形建筑，4幢为点式建筑）。工程相继开工，一年后相继建成完工并经过工程质量检验部门验收合格。

交付使用一年后，相继发现10幢条形建筑中的6幢建筑的部分墙体开裂，裂缝多为斜向裂缝，从1楼到7楼均有出现，且部分有呈外倾之势；3幢点式住宅发生整体倾斜。后来经仔细观察分析，出现问题的9幢建筑均产生严重的地基不均匀沉降，最大沉降差达160mm以上。事故发生后，有关部门对该工程质量事故进行了鉴定，审查了工程的有关勘察、设计、施工资料，对工程地质又进行了详细的补勘。

经查明，在该厂修建生活区的地下有一古河道通过，古河道沟谷内沉积了淤泥层，该淤泥层系新近沉积物，土质特别柔软，属于高压缩性、低承载力土层，且厚度较大，在建筑基底附加压力作用下，产生较大的沉降。凡古河道通过的9栋建筑物均产生了严重的地基不均匀沉降，均需要对地基进行加固处理，生活区内其他建筑物（古河道未通过）均未出现类似情况。

【责任认定】 该工程地质勘察单位在对工程地质进行详勘时，对所勘察的数据（如淤泥质土的标准贯入度仅为3，而其他地方为7~12）未能引起足够的重视，对地下土层出现了较低承载力的现象未引起重视，轻易地对地基土进行分类判定，将淤泥定为淤泥质粉土，提出其承载力为100kN，E_s＝4MPa。设计单位根据地质勘察报告，设计基础为浅基础，宽度为2800mm，每延米设计荷载为270kN，其埋深为－1.4～2m左右。该工程后经地基加固处理后投入正常使用。

【案例评析】 根据现行的《建筑工程质量责任保险条款》规定：投保人开发的建筑物，按规定的建设程序竣工验收合格满一年后，在正常使用条件下，因潜在缺陷在保险期间内发生"地基产生超出设计规范允许的不均匀沉降"；潜在缺陷是指在竣工验收合格满一年后，保险人指定的建筑工程质量检查控制机构检查时未能发现的引起建筑物损坏的缺陷，包括勘察缺陷、设计缺陷。保险人应按照约定负责赔偿修理、加固或重置的费用。如果该住宅建筑投保了建设工程质量责任保险，则属于责任保险范围，地基加固处理等费用应由保险公司负责赔偿。

16.4　墙体出现裂缝工程质量责任险赔不赔？

【案例简介】 某市一开发商修建一商品房，为了追求较多的利润，要求设计、施工等单位按其要求进行设计施工。设计上采用底层框架（局部为二层框架）上面砌筑9层砖混结构，总高度最高达33.3m，严重违反国家现行规范《建筑抗震设计规范》和地方标准《四川省建筑结构设计统一规定》的要求，框架顶层未采用现浇结构，平面布置不规则、对称，质量和刚度不均匀，在较大洞口两侧未设置构造柱。在施工过程中6至11层采用灰砂砖墙体。

一年后，住户在使用过程中，发现房屋内墙体产生较多的裂缝，经检查有正八字、倒八字裂缝；竖向裂缝；局部墙面出现水平裂缝，以及大量的界面裂缝，构成对住户的安全威胁，引起住户强烈不满，要求房地产商负责，与房地产商发生纠纷，住户多次向各级政府有关部门投诉，产生了极坏的社会影响。

【案例评析】 依据现行的《建设工程质量责任保险条款》规定：主体结构部位出现影响结构安全的裂缝、变形、破损、断裂属于承保风险。主体结构部位是指：建筑物的基础、墙体、柱、梁、楼盖、屋盖等。如果该工程做了建设工程质量责任保险安排，且是通过保险人指定工程质量检验机构验收的，该案质量赔偿属于责任保险范围，可由保险人按照合同约定给予赔偿。

16.5　阳台坍塌工程质量责任保险如何赔偿？

【案例简介】 2006年8日晚，某市一住宅小区东区512栋3单元一侧阳台，从1楼到7楼全部坍塌，2楼一女子不幸遇难。该住宅小区从1998年开始设计施工到1999年交工，其间共有多个开发商和设计单位介入。

【责任认定】 通过房屋结构安全鉴定中心对512栋居民家阳台利用混凝土回弹仪测试阳台板的强度和利用无损探伤仪对墙体内部钢筋的数量和密度进行测试，认定：钢筋数量、钢筋铺设位置以及混凝土强度等几方面存在质量问题。事故是从7楼发生的，7楼的阳台坍塌后引起连锁反应，导致其下方的阳台全部坍塌。

【案例评析】 按照现行工程质量保险条例规定：阳台、雨篷、挑檐等悬挑构件坍塌或出现影响使用安全的裂缝、破损、断裂的，保险人给予赔偿。开发商如事先做了建设工程质量保险的安排，保险人对建筑物阳台坍塌的损坏，按照本保险合同的约定负责赔偿修理、加固或重置。对于此事故造成的人身伤亡损害，按照责任保险规定则予以除外。

第 17 章 施工雇主责任保险案例

17.1 非因工猝死雇主责任保险赔偿吗？

【案例简介】 A 建筑公司为其属下的业务人员在保险公司投保了雇主责任保险，合同确定了责任范围以及医疗、死亡最高赔偿金额。2003 年 3 月 2 日（星期日），A 公司雇员李某在驻地突然倒地昏迷，经过抢救无效死亡。后经调查发现，李某为 A 公司外派常驻销售代表，事发前一天晚上饮酒后一直熟睡，直到第二天起床后，倒地昏迷。根据医院的抢救报告及《居民死亡医学证明书》，原因确定为"意外猝死，死亡原因待查"。为查清死亡原因，经被保险人申请，当地公安部门进行了尸检，并出具《居民死亡医学证明书》，确定死亡原因为"猝死"。

【责任认定】 经保险公司认定，该事故不在工作时间内发生、属于非意外事故及因酗酒引发为理由，认定不属于雇主责任保险责任范围，对本案事故实行拒赔。

【案例评析】 在雇主责任保险活动中，由于当事人双方对责任范围约定不明确、投保要素交代不严格等问题，往往容易导致一些法律纠纷。本案就是因责任范围约定不明确引发的争议，案件的焦点是：李某的死亡是否为雇主责任保险条款规定的责任范围？

按照雇主责任保险合同的约定：凡被保险人雇佣的员工，在保险有效期内，从事保险单所载明的与被保险人的业务有关工作时，雇员遭受意外而致受伤、死亡或患与业务有关的职业性疾病所致残或死亡，被保险人根据雇佣合同须付药费及经济赔偿责任，包括应支付的诉讼费，保险公司负责经济赔偿。

针对上述条款，结合本案事实，被保险人 A 公司认为：

一、尽管李某与公司签订的《劳动合同》约定为定时工作制度，即实行 8h 工作制，但实际上公司对外派人员实行的是不定时工作制，因而尽管李某死亡发生在星期日，还应属于工作时间，李某的死亡应是在从事与本职工作有关业务过程中而发生的意外死亡。

二、"猝死"应释为死亡的原因。当地医院和公安部门出具的《居民死亡医学证明》显示，李某的死亡原因为"猝死"，而保险条款中"遭受意外而受伤、死亡"的"遭受意外"的含义不明确，对"猝死"应理解为遭受不明意外的死亡。

保险公司则认为"猝死"不是李某真正的死亡原因。根据《现代汉语词典》对"猝死"的解释，"猝死"在医学上不是由于暴力而是由于体内潜在的进行性疾病引起的突然死亡。显然，本案中"猝死"并不是李某的死亡原因，而死亡原因是因疾病引起的，同时，也不能认定李某的死亡是从事与工作有关的疾病引起的。

有专家认为，保险公司承担雇主保险合同项下责任的前提是，雇员要从事与保险合同约定的有关工作。只有在满足这一约束的前提下，才能确定保险责任的范围。在本案中，被保险人认为李某死亡是从事保险合同约定的工作而发生的。但是实际上李某是在起床后就发生了呕吐、昏迷等症状，明显没有在从事工作。同时，合同条件表明，在从事与业务有关的工作这一前提条件下，遭受意外受伤、死亡和患有与业务有关的职业性疾病所致伤或死亡是并列的关系。前者意外，是受伤死亡的原因，是来自意外、外部的，而后者则是与自身有关的疾病。

基于以上分析，专家认为此种情况明显有悖于雇主责任保险承担赔偿责任的前提——雇员的伤残、死亡或者和患有职业性疾病须以从事需要与被保险人有关的业务活动为前提，该案李某的死亡是因为其自身疾病造成的，所以，保险公司不应当承担雇主保险赔偿责任。

17.2 雇主能从雇主责任保险赔偿中获益吗？

【案例简介】 2006年年底，某企业为全体员工投保了雇主责任保险，后该单位职工王某某在工作过程中不慎右胳膊扭断，造成医疗费、误工费等费用1.5万元。后保险公司支付给该企业1.41万元。但是当地报纸刊登了该则消息，报道了保险公司为此保险事故支付了1.41万元的保险赔偿金。当王某某通过报纸这一报道得知此事后，与厂方领导大闹，要求将保险公司支付的保险金全部赔偿其损失。因为王某某受伤一事，保险公司赔付厂方1.41万元，但厂方仅仅付给其7000元。后王某某在与厂方索要未果的情况下，一怒将厂方上告到法庭，法院最终判决：厂房除因王某某受伤保险公司支付的赔款如数支付给王某某外，还应根据《劳动法》和雇主合同规定，支付王某某相应的经济补偿。

【案例评析】 雇主责任保险的基本目的之一就是为了保障员工的利益，雇员在工作中因工受伤，根据雇佣劳动合同和国家相关法律规定，雇主应承担相应的赔偿责任。但在雇主投保了雇主责任险以后，雇主就通过了支付一定费用将本来应由其承担的赔偿责任风险转嫁给了保险公司，因此，雇主从保险公司获赔的保险金应当用于支付对第三人的赔偿责任，雇主不能从保险中获得额外收益。

在本案中，根据保险合同规定：被保险人所聘用的雇工在受雇过程中与保险有效期限内，从事与保险单所载明的被保险人的业务工作而遭受意外或患有与业务有关的国家规定的职业性疾病所致伤残或死亡，对被保险人根据劳动合同和中华人民共和国法律、法规，需承担的医疗费及经济赔偿责任，保险人在约定赔偿限额内支付赔款给被保险人而非雇员。同时，根据另一合同关系——雇佣合同，雇员因公受伤，雇主应根据相关规定支付相应的赔偿金额给付雇员。本案中，雇主将保险公司的赔款进行了截扣，未按规定支付雇员伤残赔偿金，使雇员利益受损，严重违反了法律规定以及保险单的约定。

17.3 工伤险赔偿后雇主责任保险还赔偿吗？

【案例简介】 2008年9月30日，某建筑工程公司为其雇佣的50名雇员与保险公司订立雇主责任保险合同。合同约定每人死亡赔偿限额是40个月的工资，伤残赔偿最高限额为48个月工资，投保人按保险单约定交纳了保险费。保险期间内某日，公司雇员任某在执行雇主工作时发生车祸，任某本人受伤，发生医疗费用10万元。事发之后，建筑公司向保险公司提出索赔。在理赔过程中，保险公司获知建筑公司参加了工伤保险，并已获赔 7 万元赔付。因此，保险公司根据《保险法》规定及《雇主责任保险条款》约定做出了拒赔决定。建筑公司不服，于 2009 年 2 月以保险公司对保险合同违约无理由拒赔为由，向保险公司所在地人民法院起诉，请求法院判令保险公司支付保险金计利息、诉讼费用。

【法院争议】 法院在审理过程中有两种意见：

第一种意见认为，建筑公司的保险对象是雇员，有经济利益关系，具有保险利益，故保险合同有效。投保人要求保险公司赔偿金额没有超过赔偿限额，至于建筑公司投保的工伤保险是另一个险种，与此无关。本起事故属于雇主责任保险的保险责任范围，事实清楚，应该予以赔付。

第二种意见认为，建筑公司向保险公司投保雇主责任保险并交纳保费，履行被保险人的义务，保险合同有效，保险事故赔偿应按保险合同规定处理。根据《保险法》第 40 条规定，建筑公司在保险公司投保雇主责任保险及投保工伤保险属于重复保险。根据保险合同约定伤残赔偿限额是雇员的 48 个月工资（即 12 万元），而任某只得到 7 万元的赔偿，故保险公司应再次支付 5 万元的赔偿金。

【案例评析】 本案涉及的问题主要是雇主责任保险与工伤保险的关系及雇主责任保险的办理和理赔的问题。

雇主责任保险是以雇主为被保险人，以雇主对其所雇佣员工在从事保险合同列明的被保险人从事工作时，发生意外所致疾病、伤亡而应承担的赔偿责任为应承担的民事法律责任分，由保险人按照保险条例的约定给付医疗、伤残或死亡赔偿金的一种责任保险。在该险种中，根据劳动法及有关法律规定，雇主对雇员应承担的民事法律责任，由保险人按照保险条款的约定给付医疗、伤残或死亡赔偿金等，但其赔偿金额一般约定有责任限额。

从我国现行法律看，雇主责任保险与工伤保险具有显著的差异。我国现行的《工伤保险条例》制定的依据是《劳动法》，工伤保险的性质属于社会保险性质，是一种与企业共同筹资为劳动者提供的福利保障。而雇主责任保险是商业保险，由保险公司经营，企业自愿投保，它是工伤社会保险制度的有益补充。对于既参加了工伤保险又参加雇主责任保险的单位而言，雇主责任保险起到了工伤保险应当承担的责任部分，可以在工伤保险赔付之后，由商业保险公司对于不足部分在保险合同约定的限额内承担补充赔偿责任。

本案中，因公负伤的雇员已得到 7 万元工伤保险赔偿金，对于建筑公司所应承担的其余 3 万元赔款，因其并未超过保险合同约定得赔偿限额，保险公司应予赔偿。

17.4 投保了工伤险、意外险后如何投雇主责任保险？

【案例简介】 某水电建设工程的分包商水电某局将其固定职工和劳务工向某保险公司投保了雇主责任险，赔偿金额为死亡每人 10 万元、永久性伤残每人 10 万元、伤残死亡每人 10 万元、医疗费用 2 万元，并且附加了意外伤害保险，每人的保险金额为 3 万元。在保险期内，该局的劳务工施某某在公司导流出口进行抽水作业时不幸触电，经抢救无效死亡。固定职工张某驾驶水泥罐车在导流洞进口处因车辆倾斜坠入江中也不幸死亡。被保险人就两人的死亡分别向保险人在雇主责任保险项下索赔丧葬费、死亡补偿金、被抚养人生活费 10 万元，在意外伤害保险项下，申请赔偿给付 3 万元。

【理赔争议】 被保险人提出索赔后，报送保险公司通过相关部门了解到：水电某局已按国家《工伤保险条例》的规定，将其所有的固定工投保了工伤保险。对于投保了两个保险即雇主责任险和意外伤害保险的个案，保险人和被保险人对意外伤害保险项下死亡的施某某、张某某每人给付3万元赔偿金额均没有异议；对劳务工施某某的死亡按照雇主责任保险的赔偿范围处理赔偿10万元也没有异议。但对于固定工张某某因工死亡的赔偿产生了较大的分歧，保险人认为，被保险人已经为其投保了工伤保险，不应再按照雇主责任保险给予经济赔偿。

被保险人水电某局则认为：我们既然投保了雇主责任险，张某某因工死亡，虽然其生前参加了工伤保险，但工伤保险与单位投保的雇主责任险无关，要求保险公司完全避开工伤保险的规定，按雇主责任保险的条款所列明的全部补偿项目给予张某某补偿。对于这个索赔要求，承保公司持有疑义，双方争议较大。被保险人水电某局曾多次到当地保险监管机关投诉。

【案例评析】 本案的关键是雇主责任险、意外伤害险、工伤保险的保险责任怎样认识，以及雇主责任险和工伤保险两者是否存在重复保险，理赔时是否存在比例分摊或先赔后赔的问题。

一、对涉及其他保险的意外伤害险的给付

意外伤害险是以人的生命和身体为保险标的的保险，人的生命和身体是无价的，是不能用价值标准衡量的，由投保人根据需求和经济保费承担能力确定保险金额。也就是说意外伤害险是定额保险。在本案中，被保险人提出对于施某某、张某某在工作期间因意外事故不幸死亡，保险人按照意外伤害险的保险金额3万元给付，无论水电某局是否为施某某、张某某投保了雇主责任险和工伤保险，并不影响意外伤害保险的给付，只要投保人投保意外伤害险，被保险人在保险期间内发生的责任范围伤残死亡，除医药费用外，保险人可以多重给付。

二、对未涉及工伤保险的雇主责任险的赔偿

根据保险人调查，施某某生前系电站公司附近的农民工，被雇主（水电某局）招聘为劳务工。水电某局对在当地招聘的劳务工没有按《工伤保险条例》要求，向劳动保障部门投保工伤保险。只将其作为雇员向保险公司投保了雇主责任险。施某某死后，水电某局对其进行了善后处理对家属进行了经济补偿。事后，某水电局按照保险合同条款向雇主责任保险公司索赔死亡保险金10万元。保险公司按雇主（水电某局）依法承担雇员的经济补偿项目和金额，与雇主责任保险条款核对，按照雇主责任险的责任范围，施某某的具体补偿标准核定补偿丧葬费、死亡赔偿金、被抚养人生活费合计人民币4.23万元。被保险人接受了保险公司的这个补偿意见。

三、对涉及同时投保了雇主责任险和工伤保险的固定工张某某补偿的争议

本案的争议焦点就是涉及同时投保了雇主责任险和工伤保险人员在因工伤亡时应如何补偿？

（一）雇主责任险与工伤保险的属性和特点

雇主责任险是商业性保险。其保险对象是：雇主对其雇用的人员在受雇期间从事雇佣活动中，因发生意外事故或因职业病而造成意外伤残或死亡时，雇主应承担的经济补偿责任。雇主责任险是用《保险法》来规范的，属于自愿保险范畴，具体实施是以保险合同方式并按保险条款办理的。

工伤保险是国家和社会为保障劳动者在因工或职业病或从事工作有关的活动或行为时，因人身受到伤害导致暂时或永久伤残或者丧失劳动能力或因工死亡，导致本人和家庭收入中断的基本生活需要和治疗需要以及相应的赔偿而设立的社会保障制度，它是国家社会保障体系中的一个重要组成部分。工伤保险是国家强制险，2004年1月1日起在中国境内的企业和个体工商户都必须参加工伤保险。工伤保险最重要的原则是无责补偿原则，该原则包括两层含义：一是无论工伤的责任在雇主、个人或第三者，受伤者都会得到经济补偿；二是雇主不直接承担补偿责任，而是由工伤保障有关部门统一管理、组织和实施，一般不需要通过法律程序和法院裁决。

从分析雇主责任险和工伤保险两者的属性可以看出，虽然两者对因工伤残死亡的职工补偿有类似之处，但两者之间补偿的性质是完全不同的，适用的法律也不相同，雇主责任保险保的是雇主，雇主对雇员依法承担的经济赔偿责任，凡雇主负赔偿责任的，保险公司才会赔偿。工伤保险是无责任赔偿。无论企业（雇主）有没有责任，凡参加了工伤保险的人员因工伤残死者都能够按照国家的法律规定得到工伤保险基金的补偿。

（二）对同时投保雇主责任险和工伤保险的人员因工伤残或死亡时的补偿

根据《最高人民法院关于审理人身损害赔偿案件适用法律若干问题的解释》第12条的规定："依法应当参加工伤保险统筹的用人单位的劳动者，因工伤事故遭受人身损害，劳动者或者其近亲属向人民法院起诉请求用人单位承担民事赔偿责任的，告知其按《工伤保险条例》的规定处理。"张某某所在水电某局为他办理了工伤保险，他因工死亡无疑应按工伤保险条例有关条款处理，依照《工伤保险条例》第30条、第31条、第33条、第35条、第37条规定的补偿项目进行赔偿，即医疗费、残疾赔偿费、丧葬补助金、供养亲属抚恤金和一次性死亡补偿金。

投保单位应按照《工伤保险条例》第29条规定，承担工伤职工住院伙食补助费；到统筹地区以外就医所需要的交通费、食宿费；停工期间的工资和停工留薪期的护理费用。张某某因系死亡，死亡前没有发生过治疗抢救过程，因此，工伤保险基金无需承担医疗费，投保单位也无需承担住院伙食费、到统筹地区以外就医所需要的交通费、食宿费；停工期间的工资和停工留薪期的护理费用。工伤保险基金只需承担张某某的丧葬补助金、供养亲属抚恤金和一次性死亡补偿金。由于作为雇主责任险中的被保险人——水电某局在张某某的死亡赔偿中，并没有发生经济赔偿，雇主责任保险公司就不对雇主（水电某局）进行经济赔偿了。因为雇主责任保险保的是雇主对雇员的经济赔偿责任，既然雇主没有经济赔偿，雇主也就没有理由向雇主责任保险公司申请赔偿了。

（三）工伤保险赔偿与雇主责任赔偿的互补作用

由此可见，企业员工在参加了工伤保险后，又参加了商业性的雇主责任保险，对职工发生工伤致残或死亡时，工伤保险基金按照《工伤保险条例》的规定承担相应的赔偿责任，保险公司按照雇主责任保险合同中规定的雇主应承担的责任进行赔偿。两个保险各承担各的赔偿责任，并不存在重复赔偿的问题，不存在先赔后赔的问题，也不存在比例分摊的问题。两者具有较强的互补性。雇主责任保险承担工伤保险赔偿项下雇主所应承担的经济赔偿责任。

四、企业投保的策略

工伤保险是国家养老保险、医疗保险、工伤保险、失业保险、妇女生育保险五大保险之一，雇主责任险则是商业性保险，是社会保障的补充，属于自愿保险。企业或用人单位同时参加了这两个保险，补偿是不同的，是有区别的。在国家按照《工伤保险条例》依法实施工伤保险的同时，如何加快发展商业性雇主责任险业务？充分发挥商业保险的社会功能？

（一）建设企业应搞清工伤保险与雇主责任险的区别。应认清参加工伤保险后，又投保雇主责任险时，企业应与雇主责任保险公司说明情况，双方事先商定出现保险事故后的理赔处理范围，以免日后理赔时产生歧义。同时应知道，在投保了工伤保险后，雇主责任险的保险责任范围将会缩小，企业可争取雇主责任险的费率下浮，以较小的费率争取较好的理赔效果。

（二）企业可以充分与雇主保险公司协商，在工伤保险条款框架的基础上设计一些专门与工伤保险配套的"工伤保险补充保险"条款，将工伤保险基金不赔的，而应由雇主承担的经济责任列为保险责任范围，而将工伤保险赔付部分列为责任免除，协调两者的关系。

（三）《建筑法》第48条规定："建筑施工企业必须为从事危险作业的职工办理意外伤害保险，支付保险费。"意外伤害保险已成为建筑施工企业的强制性保险，目前各地实施的意外伤害险，普遍都对医疗保险作为附加条款，纳入保险责任范围，实际上这与工伤保险条款责任范围有重叠，在工伤保险为强制保险的条件下，建筑意外保险完全可以免除医疗附加险，有利于降低保险费率，促进工伤保险与意外伤害保险相互补充、协调发展。

17.5 投保后雇员又从事分包，雇主责任保险还有效吗？

【案例简介】 某建筑公司为其全部员工投保了雇主责任保险，其中包括员工A和员工B。不久，该公司与员工A签订了一份承包协议，由A承包该公司下属的采石厂，并同意由员工B担任该厂采石爆破工。双方在协议中约定，如员工B从事爆破工作时造成人身伤亡，由员工A承担一切赔偿责任，与公司无关。在保险有效期内，员工B不幸从事爆破作业时意外身亡。虽然有免责协议在先，但该公司考虑其家属生活困难，况且已将员工B在保险公司投保了雇主责任保险，就承诺给予员工B家属部分经济补偿。同时，该公司向保险公司提出了雇主责任保险项下的索赔。

保险公司认为，该员工已经同A签订了协议，B发生意外伤亡事故与公司无关，保险人不承担赔偿责任。当事人双方产生分歧，该建筑公司遂将保险公司告上法庭。

【法院判决】 经过法院审理，最终从"有利于保护被保险人利益"原则出发，判定保险公司对此进行赔付。

【案例评析】 雇主责任险是保障其受雇人在雇佣工作中因雇佣工作而引起的人身伤害而应付的赔偿责任。雇主责任有两个构成要件，一是雇佣关系的存在，二是受雇人执行雇佣人委托的任务。本案中员工B在该公司与保险人签订保险合同在先，后与公司虽然有免责协议，但该工作属于分包该公司的工作，且员工B是通过建筑公司的"同意"担任该厂采石爆破工，与建筑公司仍有一定程度的雇佣关系，其又在从事该公司的分包工作，类似"受雇人执行雇佣人委托的任务"。基本满足上述要件，法院从有利于保护被保险人利益原则出发的判决是符合法律有关规定的。

第18章 工程险第三者责任案例

18.1 上海轨道隧道塌陷事故第三者责任赔偿案例

【案例简介】 上海轨道交通四号线由四家保险公司共保,首席承保人为中国平安保险公司,该公司承担了整个保单40%的份额,中国太平洋保险公司承担了总份额的30%,中国人民保险公司也参与了该项目,险种涉及建工险和第三责任险。

2005年7月1日凌晨,上海轨道交通4号线——浦东南路至南浦大桥区间隧道,在用一种叫"冻结法"的工艺进行上、下行隧道的联络通道施工时,突然出现渗水。瞬时,大量流砂涌入隧道,内外压力失衡导致隧道部分塌陷,地面也随之出现"漏斗型"沉降。由于报警及时,所有人员都已提前撤出,无人员伤亡。与此同时,突发险情致使工地附近的一幢8层楼房裙房坍塌;防汛墙沉陷、开裂、轰然倒塌;靠近事故现场的20多层的临江花园大楼也出现沉降……造成第三方损失。

【理赔处理】 2005年7月下旬,由中国平安保险公司作为首席承保人,其他三家公司参与组成的共保体理赔工作小组迅速开展工作。四家共保体和一家中介公司组成的理赔小组,协同政府善后办对所有受损企业和个人进行逐一核损。由于抢险需要,现场建筑及财产被夷为平地,许多必需的财务证明和现场痕迹均已灭失,所以事后的定损难度极大。工作小组想了许多办法,包括在政府协助下,核对受损企业的报税记录、银行存款记录、买卖合同,甚至邀请资产评估公司对损失前的资产进行评估。最后终于在短短两个月的时间内,与68家受损企业、146户居民达成了定损协议,并很快做到了赔款到位,没有一家上访,赔付金额超过5亿元,此次保险赔付对于社会安定起到了积极作用。

【案例评析】 工程险是一种针对自然灾害或意外事故造成标的物损失的综合性保险,与一般财产保险不同,一般财产只承保物质标的,而建工/安工险不但承保物质标的,而且还承保责任标的即对第三方造成损失的责任,并对事故发生后的清理费用均予以承保。因此,工程险是一种针对"自然灾害"或"意外事故"的综合性险种。

对于第三者责任有如下规定:"在保险期限内,因发生与保险单所承包工程直接相关的意外事故引起工地内及邻近区域的第三者人身伤亡、疾病或财产损失、依法应由被保险人承担的经济赔偿责任,保险人按照条款的规定负责赔偿。"

所谓"意外事故"是指:不可预料的以及被保险人无法控制并造成物质损失或人身伤亡的突发事件。此案采用"冻结法"新工艺施工,属于意外事故。

第三者责任属于场地责任保险,所以保单只是对发生在"场地内或邻近区域"的第三者责任承担责任险。被保险责任人若在工地以外的区域产生的第三者责任,保险人不承担赔偿责任,这是场地责任保险的属性体现。显然,本案例也符合上述第三者责任的保险条件。

上海轨道隧道塌陷事故为国内最大的工程险赔案，保险事故得到顺利的赔付，充分体现出保险为工程建设保驾护航的作用，保险业服务经济建设、参与社会管理的积极作用，为建设工程项目全面引入保险机制产生了巨大影响。

18.2 抽排地下水殃及邻里属于第三者责任吗？

【案例简介】 某建筑施工公司 A 承包了某大厦建设工程，并投保了建工险及附加第三者责任险。承包人 A 根据业主 B 提供的设计和施工方案进行施工，在未作护栏维护工程的情况下，进行敞开式开挖并大量抽排地下水。A 后来因发现施工现场附近地面下沉，就暂时停止了施工，但没有针对地面下沉的情况采取必要的措施。施工单位 A 经与业主 B 商量，修改了原来施工方案后，开始恢复施工，但此时仍然没有对地面沉降采取防护和恢复措施，就进行人工开挖孔桩。

此后，邻近施工现场的一个印刷厂 C 发现厂房、地面开裂，多台进口的精密印刷机出现异常，并有进一步危及人身和财产安全的危险。经受损单位 C 紧急呼吁后，当地政府召集有关单位、专家共同提出补救措施并实施后，地面沉降才得到控制。但是损失已经发生，经保险人到场鉴定后，作出拒绝赔偿的决定。业主 B 自己又委托了权威部门对印刷厂 C 的损失进行了鉴定，鉴定结论是：施工单位 A 在基础工程施工时，大量抽排地下水是造成印刷厂 C 厂房和印刷机受损的直接原因。后来建设单位 A 赔偿了印刷厂各种损失 1000 多万元人民币。

【案例评析】 本案中是由于施工单位违反国家颁布的相关施工规范、规程，大量抽取地下水所致，是一种人为的因素导致第三者损失的后果。虽然建工/安工险第三者责任险中均没有将这种"人为疏失"造成的损失列为标的除外责任。但在建工/安工险条款的中将："被保险人及其代表的故意行为和重大过失引起的任何损失、费用和责任"作为总除外责任。也就是说，当被保险人及其代表的人为过失达到"重大过失"时，保险公司对由此造成的损失不负赔偿责任，而被保险人及其代表的"一般过失"行为造成的损失，从条款上去理解和解释，保险人还是要负赔偿责任的。那么遇到如本案由人为过失造成的损失，是否应该赔偿呢？这就得分析当事人的行为是"重大过失"还是"一般过失"。

首先，过失是过错的一种形式，过错责任原则是确定有无民事责任的主要原则（其他过错推定原则、无过错责任原则和公平原则不在此讨论范围），当事人的过错也就成为承担民事责任的前提。过错包括故意和过失，如果行为人应当预见自己行为的后果但由于过于自信而轻信不会发生或疏忽大意，没有采取措施，致使损害发生的，就是过失。过失也就是指的是行为人应注意、能注意而不注意的一种心理状态。

在法理上和审判实践中，划分"重大过失"和"一般过失"，是根据法律规范对于某一行为人应当注意和能够注意的程度有较高要求时，行为人没有遵守这种要求，但又未违背通常应当注意并能注意的一般规则时，就是"一般过失"。如果行为人不但没有遵守法律规范对他的较高的要求，甚至连人们都应当注意并能注意的一般标准也未达到，就是"重大过失"。

本案中，施工单位作为具有相当资质等级和专业经验的企业，对在施工现场属于软土地基的条件下大量抽取地下水，其可能引起的附近地面的沉降是应该有预见（注意）的，但施工单位没有采取必要的防护措施,显然是一种过失,而当发现附近地面出现沉降,仍然没有采取必要的防护和恢复措施,再行施工,开孔挖桩,错失防止地面进一步沉降的机会,导致邻近第三者重大的财产损失,这是连一般没有专业知识的人都应当注意的问题,业主和施工单位都没有注意到,这不能不说是一个重大过失。重大过失导致第三者损害的,保险人不负赔偿责任。

18.3 隧道施工导致附近池塘干枯属于第三者责任吗?

【案例简介】 某高速公路隧道施工,其中需要挖掘竖井和进行爆破等。不久之后周边某果场的农户反应位于隧道上方灌溉用的池塘干枯导致果园缺水,果树枯死。另一标段也出现类似问题,但受损的是一个小水电站。水电站所有人称由于隧道施工导致河流流量减少,从而令发电量不足。果园和水电站所有人分别于2008年4月10日、4月4日要求施工方赔偿相关损失。该施工段方投保了建工一切险。保险期限2006年10月13日至2012年12月31日,事故日期在保险期限内。

【责任认定】 该案交由保险公估方处理,公估报告认定:依据《水法》"……农村集体经济组织的水塘和由农村集体经济组织修建管理的水库中的水,归该农村集体经济组织使用。"《民法通则》规定:"公民、法人由于过错侵害国家的、集体的财产,侵害他人财产、人身的,应当承担民事责任";建工险第三者责任保险条款:"在本保险期限内,因发生与本保险单所承保工程直接相关的意外事故引起工地内及邻近区域的第三者人身伤亡、疾病或财产损失,依法应由被保险人承担的经济赔偿责任,本公司按下列条款的规定负责赔偿。"等有关规定,认定施工单位的民事侵权行为成立,造成的第三方经济损失应由施工方承担赔偿责任。

【案例评析】 工程险第三者责任条款规定:"在本保险期限内,因发生与本保险单所承保工程直接相关的意外事故引起的第三者人身伤亡、疾病或财产损失,依法应由被保险人承担的经济赔偿责任。"本案中隧道施工方只是按照勘察设计图纸进行隧道施工,在施工中并无明显的工艺错误,可归属意外事故。因为地质情况(尤其是地质突变)是人力不可预料和不可控制的,即使勘察设计存在过错,但对于施工方来讲也是不可预测、不可控制的事件。从施工地点与果园、电站所处位置看,导致果园和水电站流量减少的后果与被保险人施工有直接的因果关系。因此,保险人应承担赔偿责任。

对本案存有争议,主要在于水资源归属问题,涉及损失赔偿请求权是否适当。按照现行《水法》规定,水资源属于国家所有,集体对水资源只具有使用权,使用者是否具有请求损失赔偿的权利?笔者认为,水资源的使用权人,也具有请求赔偿的权利。我国《民法通则》第81条规定:"国家所有的森林、山岭、草原、荒地、滩涂、水面等自然资源,可以依法由全民所有制单位使用,也可以依法确定由集体所有制单位使用,国家保护它的使用、收益的权利;使用单位有管理、保护、合理利用的义务。"

18.4 暴雨造成的第三者责任损失保险赔不赔?

【案例简介】 某高速公路发展有限公司就其投资建设的某高速公路及连接线向保险公

司投保了建安险及第三者责任险附加，保险期限：建设期自 2004 年 6 月 30 日至 2007 年 3 月 30 日（工程完工日）；保证期：建设期结束后 12 个月，自 2007 年 3 月 30 日至 2008 年 3 月 30 日。

2005 年 8 月 28 日至 29 日，该工程第七标段境内连降暴雨，暴雨冲毁正在施工的路基达 3000 多米，由于路基一侧为农民玉米地，路基土方被暴雨冲刷后流失到地里，在田地里形成厚约 10cm 的土层，面积近 20 亩。农民向标段索赔，标段就此向保险公司要求给予赔偿。

【责任主张】 被保险人认为，此次降雨达到暴雨标准，有气象部门的证明为依据。路基是自己施工的，暴雨将路基土冲刷到农民田地，农民要求给予清理或者进行赔偿。自己应当给予农民赔偿，自己既然投保了第三者责任险，农民属于第三者，所以保险公司应当按照合同约定就此部分清理费给予赔偿。

【案例评析】 建安险第三者责任条款规定："在本保险期限内，因发生与建筑或安装工程保险所承保工程直接相关的意外事故引起工地内及邻近区域的第三者人身伤亡或财产损失，依法应由被保险人承担的经济赔偿责任，保险人按本条款的规定负责赔偿。"也就是说，建安险第三者责任必须是与所承保工程直接相关的意外事故而引起的，即建安险第三者责任仅承保与工程活动有关的意外事故引起的被保险人对第三者承担的经济赔偿责任，比如，建筑施工过程中的强夯所产生的震动，造成距离施工地点很近的村民住宅墙壁出现裂缝、倒塌等。而本案第三者农田受损的原因是暴雨，工程物质险承保的风险是"自然灾害"和"意外事故"，第三者责任承保的是意外事故，暴雨属于自然灾害，而非属于意外事故，故本案第三者农民田地受损不在本保险单的第三者责任范围之内。

18.5 沙堆塌陷造成第三方损失被保险人能获赔吗？

【案例简介】 2008 年 7 月 15 日，某集团有限公司××客运专线项目经理部向某保险公司投保了《建筑/安装工程一切险》和附加《第三者责任险》，两份保单均约定保险期间自 2008 年 7 月 20 日零时起至 2013 年 7 月 19 日二十四时止，保证期：12 个月（自 2013 年 7 月 20 日零时起至 2014 年 7 月 19 日二十四时止）。承保的范围为工程主体损失、施工机具及设备、清理残骸及第三者人身伤亡、疾病或财产损失等。双方并对其他事项作出了约定。

2009 年 7 月 23 日，连续几天降暴雨使得工区内的沙场一大堆沙子坍塌，造成沙场附近的民房开裂，并且损失金额超过免赔额。事故发生后，项目部负责人持保单向保险公司提出索赔申请。

【责任认定】 保险公司收到被保险人的索赔请求后，内部产生两种不同意见。

多数人认为：根据对第三者责任范围规定："在本保险期限内，因发生与本保险单所承保工程直接相关的意外事故，引起工地内及邻近区域的第三者人身伤亡、疾病或财产损失，依法应由被保险人承担的经济赔偿责任，保险人负责赔偿。"承保的是意外事故造成的损失，而这次事故是自然灾害所造成的，故保险公司不应该负责赔偿。

有少数人的意见认为：保险合同虽然规定"与工程直接相关的意外事故引起的对第三者的损失，保险人才负责赔偿。"但是，自然灾害也应属于意外事故的范畴，具有不可预测性、无法控制的特征；同时认为，按照保险事故近因分析原则，此案事故造成沙场附近的民房开裂是沙堆塌陷所造成的，沙堆是与承保工程有直接关系的，按照保险人承担赔偿责任的范围应限于以承保风险为近因造成的损失说法，此事故应在责任范围之内。

【案例评析】 在第三者责任保险条款中，不但对第三者责任保险范围进行了规定，同时在建安险第三者责任责任免除条款进一步明确规定：洪水、暴风、龙卷风、暴雨、雷击、地震、海啸、地面突然塌陷、突发性滑坡、崖崩、泥石流、雪灾、雹灾及其他人力不可抗拒的破坏力强大的自然现象造成的任何损失、费用和责任予以除外。为此，此事故对第三者造成的损失属于保险人的除外责任。

第 19 章 特种设备责任保险案例

19.1 特种车辆与特种设备险免责条款是一回事吗?

【案例简介】 江苏省某市吊装服务队因为吊装作业的高度危险性,为其所有的起重车投保特种车辆损失保险、第三者责任险、盗抢险。其中,第三者责任险保险金额 10 万元,保险期间为 2004 年 3 月 11 日至 2007 年 3 月 10 日。吊装队支付了 3 年的保险费 22436.57 元,并经吊装队刘某某在合同上签字。

2005 年 5 月 27 日,吊装队应某房产公司聘请,派起重车为其开发的工业区厂房钢梁进行吊装,随车人员为起重司机方某(持有特种设备作业人员操作证)和辅助工潘某某(没有操作证)。在吊装过程中,钢梁滑落,将雇主雇佣的现场安装工张某某砸伤,经抢救无效死亡。有关部门事故调查报告认定:"起重司机方某对起重作业的安全管理规定不够了解,吊装中没有按照起重十不吊原则进行,没有服从现场无特种作业人员操作证的人员发出的现场指挥信号,且没有检查吊装物件是否捆绑固定牢靠,最终导致事故发生,应负有直接责任;辅助工潘某某没有经过专业训练,不懂起重作业知识。"

2005 年 6 月 3 日,市公安局派出所调解,雇主先行向死者张某某家属赔偿了 19.5 万元及医疗费、殡葬费等后,雇主向吊装队追索损失。2005 年 11 月 1 日,吊装队与雇主经协商达成协议,吊装队赔偿雇主 13 万元并已支付。吊装队认为,他们为起重车投保了 10 万元的第三者责任险,要求保险公司予以理赔,而某保险公司拒绝赔偿。2005 年 12 月 1 日,吊装队向区人民法院起诉,要求某保险公司按保险合同的规定赔偿第三者责任险 10 万元。

【法院审理】 法庭上,保险公司提供了《特种车辆保险条款》其中第 9 条第 6 款规定:驾驶或操作人员无国家有关部门核发的有效操作证,不论任何原因造成的保险特种车辆损失、第三者人身伤亡或财产损失,保险人均不负责赔偿。

保险公司认为:本案中仅起重司机方某持有特种设备作业人员操作证,但挂钩工潘某某和已实际成为特种车辆操作人员的张某某没有操作证,故保险公司按条款规定不负赔偿责任。

在案件审理过程中,保险公司申请法院向市质监局进行了调查。市质监局提供了《特种设备安全监察条例》和《特种设备作业人员培训考核管理规则》等法规、部门规章,文件规定:从事起重机械安装(改造)、维修保养、司索(俗称挂钩工)、指挥的人员以及起重机械司机为特种设备作业人员,均需持有特种设备作业人员操作证方可工作。起重车系非固定的起重机械,可以由具有操作证的司机从事司索工作或指导他人从事司索工作。如果从事司索的人员没有操作证,也未在持有操作证的人员指挥下工作,就违反了《特种设备安全监察条例》。

【法院判决】 据上述规章所述法院认为：原、被告签订的保险合同合法有效，双方均应按合同履行各自的义务。吊装队投保的起重车系特种车辆，仅司机方某持有操作证，司索工潘某某无操作证，且司机方某非但没有指导无操作证的人员从事司索工作，反而服从无操作证的人员的指挥，违反了国务院颁布的《特种设备安全监察条例》的规定，从而导致事故的发生，已符合特设车辆保险条款中约定的保险公司不负责赔偿的条件，吊装队要求某保险公司赔偿第三者责任险，没有法律依据。据此法院判决驳回吊装队的诉讼请求。

【二审认定】 一审宣判后，吊装队立即向市中级人民法院提起上诉。其上诉主要理由为：原审法院仅凭司索工没有操作证而适用《特种车辆保险条款》中"驾驶或操作人员无国家有关部门核发的有效操作证"的免责条款，是认定事实错误。与《特种设备安全监察条例》有关条款不符。

市中级法院经审理认为：《特种车辆保险条款》与《特种设备安全监察条例》所规定的目的和对象是不一样的。《特种车辆保险条款》是确定保险人和被保险人具体的权利和义务，强调的是保险人在何种情况下承担保险责任或者免除保险责任，针对的对象是被保险的特种车辆。而《特种设备安全监察条例》是为了加强对特种设备的安全监察防止和减少事故，保障人民群众生命安全和财产安全，针对的对象是危险性较大、涉及生命安全的特种设备。

因此，特种车辆不等于特种设备，《特种车辆保险条款》中规定的操作人员与《特种设备安全监察条例》中规定的作业人员其范围显然是不同的。《特种车辆保险条款》规定，特种车辆的操作人员是针对该范围内的特种车辆而言的，如起重车辆的驾驶员或电视转播车辆中的操作人员。而《特种设备安全监察条例》规定，特种设备的作业人员是针对该范围的特种设备的作业人员及其相关管理人员。

法院认为，本案中吊装队的经办人刘某某虽然在投保单中投保人声明一栏中签字，称保险人已将投保险种对应的条款（包括责任免除部分）向本人作了明确说明，但作为保险公司应当根据新修改的《中华人民共和国保险法》第5条规定："保险活动当事人行使权利、履行义务应当遵循诚实信用原则"，对《特种车辆保险条款》中操作人员的范围做出特别的解释或做出书面记录，作为约束双方权利和义务的依据。因为保险条款中对操作人员的范围没有明确规定，一般投保人仅能理解操作人员是具体操作特种车辆的人员，很难理解某保险公司所解释的操作起重车的人员还包括司索工、信号指挥工、安装与维修工，故保险公司不能以刘某某在投保人声明一栏中签字，就认定投保人吊装队对操作人员的范围还包括司索工、信号指挥工、安装与维修工的内容已经明知。由于保险公司与吊装队对保险条款中操作人员的解释产生分歧，这表明保险人对保险条款的内容未说明清楚，应当对该模糊条款所导致的争议承担不利的后果。

【二审判决】 根据《特种车辆保险条款》第28条第一项：负主要责任的免赔率为15%的约定，保险分公司应在保险金额10万元、免赔15%的范围内承担赔偿责任。故市中级法院终审判决：某保险公司向吊装队支付保险赔偿金8.5万元。

【案例评析】 特种设备监督管理条例中对特种设备与特种车辆规定的作业人员的概念是有所不同的。特种设备作业人员范围较为广泛，而特种起重车辆的作业人员概念范围要窄一些，两种保险所涉及的作业人员的概念是有所区别的。这主要是因为特种设备作业比车辆作业要复杂得多，需要多方作业人员共同协助完成。

本案所涉及的《特种车辆保险条款》虽然免赔责任条款设有：驾驶或操作人员无驾驶证或驾驶车辆与驾驶证准驾车型不相符；……的规定，但由于保险人在签订保险合同时未对条款所设操作人员的范围尽到说明义务，根据我国《保险法》第17条："订立保险合同，采用保险人提供的格式条款的，保险人向投保人提供的投保单应当附格式条款，保险人应当向投保人说明合同的内容。对保险合同中免除保险人责任的条款，保险人在订立合同时应当在投保单、保险单或者其他保险凭证上作出足以引起投保人注意的提示，并对该条款的内容以书面或者口头形式向投保人作出明确说明；未作提示或者明确说明的，该条款不产生效力"的规定，法院所作出判决是正确的。

19.2 操作人员过失造成事故保险人赔偿吗？

【基本案情】 2005年3月21日某施工单位委派杜某（塔吊司机）、吴某（塔吊维修工）、李某（塔吊维修工）三人负责塔吊使用、维修和管理。李某在更换塔吊钢丝绳（起重钢丝绳）的过程中，从30多米高的起重臂下坠落到地面，经抢救无效死亡。

2005年3月21日上午，杜、吴、李三人到了工地，三人一起爬上了塔吊，吴、李两人就坐上检修小车往起重臂端更换主钢丝绳，开始检修后没有按规定穿戴安全带。

检修小车到位后，吴某用小车上的钢丝绳将小车和超重臂固定，然后两人一起工作。约上午9时，才将旧的主钢丝绳拆卸下来。拆好后，吴某就松开固定小车的钢丝绳，并发出信号（连续敲击两下），请杜某开小车回来，杜某也鸣号回应，但杜某还未正式开机，检修小车已不受控制自行往回滑行，而且速度很快。当小车滑行至距离操作室为25m处时，杜某想把小车控制住，但无效。后来，小车滑行距离操作室10m处时，杜某就切断总电源，想让小车紧急停下，仍然无效。

杜某看见小车继续滑行，至距离操作室5~6m处时，站在小车上李某这时向上跳跃，想伸手抓住攀超重臂架的角钢，此时由于小车的速度过快，李某未能抓住超重臂上的角钢，反而身体被拉出小车外，造成李某从30多米高的超重臂上下坠落于塔吊基础南面的挡土砖墙上（高约1m宽240mm的砖墙），从而造成一起无可挽回的重大安全事故，一直站在检修小车内的吴某则免于一难（他是待检修小车碰撞到防撞装置停下，才慢慢爬下塔吊）。

【原因分析】 经专家组调查和技术论证分析，造成此次事故的近因主要是：在高空作业时，缺乏安全意识，违反安全操作规程，没有系安全带，是造成这次事故的主要原因；其次是检修前没有进行技术交底和班前安全教育，是造成这次事故的次要原因。

【案例评析】 特种设备责任保险对保险责任事故的诱因有明确的界定，不是任何原因印发的事故损失保险人都负责赔偿。例如，被保险人的故意行为；不具有资格证书人员操作特种设备或盗用、伪造、涂改、转借作业人员证件操作特种设备等原因，引发的保险事故除外。

根据上述安全事故责任认定，属于操作人员过失原因而产生的责任事故，责任单位如投保了特种设备责任保险及雇员附加险，依据现行特种设备责任保险条款第2条规定，在保险期间内，保险特种设备在保险单载明的区域范围内，由于"（一）操作人员的过失行为"造成第三者人身伤亡或财产损失的，依法应由被保险人对第三者及雇员的损失承担赔偿责任。同时，保险人负责赔偿的内容还包括事先经保险人书面同意的仲裁或诉讼费和保险事故发生时，被保险人为防止或减少对第三者人身伤亡或财产损失的赔偿责任所支付必要的、合理的费用两项内容。

19.3 突遇恶劣天气发生事故属于保险责任吗？

【案例简介】 某大桥由分包单位施工，总包单位统一监督管理。根据合同规定，总包单位负责桥梁预制厂场地平整，分包单位负责梁厂布置、建设和梁片预制（包括塔吊轨道基础施作、轨道铺设、塔吊安装等）。事发时间为下午3点，分包单位塔式起重机（自带）（以下简称塔吊）吊运梁模槽钢从塔吊东端外轨1m处到梁厂西南侧。在起吊至离地面0.3m时，塔吊向西南侧滑动，塔臂向北侧转，塔吊沿轨道溜动6m后向北面倾倒，塔臂和配重铁砸在公路边临时料棚上。由于当时天阴风大气温低，聚集在料棚取暖的人员被砸，酿成8死4伤的多人伤亡事故。

【原因分析】 吊运过程中突遇强烈阵风。根据县气象局提供的天气情况，县城区当日15时风力为4.7级，梁厂位置处于风口，瞬间强风影响塔吊的操作与稳定。轨道内轨轨面高于外轨轨面4～14.5cm，致使负重塔吊塔身自然外倾，处于不稳定状态。

【案例评析】 自然灾害、意外事故是人们不可预见的、无法控制的，是特种机械人员要经常面对的责任风险。因此，由自然灾害、意外事故诱发的事故风险，是特种设备责任保险承保的重要内容之一。根据有关部门对事故所作的责任认定，本案中的责任单位，如作了特种设备责任保险及雇员附加险的安排，按照现行的特种设备责任保险条款第2条规定："（二）自然灾害和意外事故致特种设备故障"造成第三者或雇员人身伤害和财产损失的，属于责任范围，保险人应负责对受害者的人身伤亡或财产损失进行赔偿。同样，保险人负责赔偿的内容也应包括事故中所发生的有关法律费用和事故发生时产生的施救费用。

19.4 起重机坠落造成事故保险人赔付吗？

【案例简介】 东莞台商大厦发生安全事故，2009年4月4日下午4时10分，该大厦正在施工的核心筒部位一台30余吨重的动臂式塔吊大臂发生断裂，塔吊大臂从212m高空坠落地面，平衡臂配重砸落至核心筒外首层钢结构堆场处，砸穿地面、负一层及负二层楼板，将正在负一层施工的张茂文、范富强砸到，吊臂的操控人员李先波也从212m高空坠落地面，该三人当场死亡。坠落物还造成在现场施工的5名工人受伤。事发时，塔吊正在吊升1t左右的钢结构预埋件。

【原因分析】 经鉴定分析认定，操作塔吊转速太快而导致钢结构断裂。

【案例评析】 责任单位如作了特种设备责任保险及雇员附加险的安排，按照现行特种设备责任保险条款第2条规定："（三）爆炸、坠落或运行过程中的突然故障"造成第三者或雇员人身伤害和财产损失的，属于责任范围，保险人应负责对受害者的人身伤亡或财产损失进行赔偿。如果该单位作了特种设备及附加保险安排，保险人对事故造成的损失应予赔偿。

19.5 无证驾驶事故保险人也负责赔偿吗？

【案例简介】 2004年某房屋建设工地，施工承包人张某某等人从某租赁公司租赁一台起重机施工。下午3时许，承包人张某某来到施工现场，催促吊车司机加快速度。后张某某嫌司机动作太慢，便自己操作，不料吊臂伸得太长，碰到屋顶上空的高压线，在吊臂下面悬挂钢丝绳的两雇工当即被电流击中，从屋顶摔下来，造成一人颅内出血，一人小脑组织挫裂伤的严重后果。

【原因分析】 经调查分析，施工承包人张某某无操作吊车所需证件，属于无证操作。张某某在未取得操作证、不熟悉吊车性能且没有操作经验的情况下，违章操作起重机，将吊臂伸得过长，碰触高压线，以致起重机带电，将绑挂钢丝绳的两雇工从楼顶击落，是引发此次伤害事故的近因和主要原因。

【案例评析】 这是一起由无证人员操作起重机、伸臂过长触碰高压线引发的施工人员遭电击坠落伤害事故。按照国家有关法律、规章明确规定，起重机必须由经培训合格、取得了操作证的人员操作。同时，操作人员必须严格遵守安全操作规程。对于无证操作而引发的事故所造成的人身伤亡和财产损失，特种设备第三者责任保险条款第5条明确规定："（六）不具有资格证书人员操作特种设备或盗用、伪造、涂改、转借作业人员证件操作特种设备"予以责任除外；因此，该单位即使作了特种设备及附加保险安排，保险人对事故造成的损失也不予赔偿。

19.6 未经检测设备发生事故属于保险责任吗？

【案例简介】 2004年某市一正在施工的小区工地一台20t·m塔式起重机发生倾倒事故，塔机操作人员李某从17m的高空掉在地上，送到医院后抢救无效身亡。

该市特种设备检测中心于2个月前对塔机初次检测时发现存在以下问题：无力矩、起重、变幅、超高、回转限位器；小车无断绳保护装置、无防坠落装置；此塔机钢结构组成不是原配件；回转台和塔帽连接架多处补焊，焊缝不合格。

鉴于上述问题，特种设备检测中心没有给其发放检测合格证，并要求其复检，然而，塔机司机在没有进行复检的情况下冒险违规使用，加之吊车指挥人员系无证上岗人员，指挥不当，致使小车开到起重臂端部，料斗失去控制自由下落产生较大动荷载，司机采取紧急制动措施后，导致塔吊在骤然荷载作用下突然倾倒。

【原因分析】 事故塔机未按规定安装必需的安全保护装置，钢结构已进行拆换，未经原生产厂认可或进行重新设计计算，而且关键连接部位进行多处补焊，焊缝不合格；塔机司机在起重机未通过特种设备检测中心检验的情况下冒险违规使用存在严重缺陷的起重机；起重指挥和司机严重违章是事故发生的直接原因；起重指挥人员无证上岗，指挥不当，致使小车开到起重臂端部，料斗失去控制自由下落产生较大动载荷；司机采取紧急制动措施后，导致塔吊在骤然荷载作用下突然倾倒；塔机使用单位严重违反国家有关特种设备安全使用规定。在特种设备检测中心认定塔机存在严重缺陷，必须整改后进行复检的情况下，塔机使用单位既未进行整改，亦未通知复检，违规使用塔机，是事故发生的重要原因。

【案例评析】 塔机使用单位严重违反国家有关特种设备安全使用规定。在特种设备检测中心认定塔机存在严重缺陷，未发放检测合格证，必须整改后进行复检的情况下，塔机使用单位既未进行整改，亦未通知复检，违规使用塔机，是事故发生的重要原因。特种设备第三者责任保险条款第5条规定："（七）特种设备测试；（八）特种设备未经质量技术监督部门检测合格或对影响安全的有关问题提出限期整改后未改正的，属于免除责任。"该单位如果作了特种设备及附加保险安排，保险人对事故造成的损失也不予赔偿。

第20章 环境污染责任保险案例

20.1 氯化氢泄露污染保险赔偿案

【案例简介】 2008年9月28日湖南株洲市农药生产企业昊华公司在清理停产设备时，由于工作人员操作不当，使设备内的氯化氢（盐酸）气体过量外冒，发生了氯化氢气体泄露事件，导致周边村庄农田的大量农作物受到污染。

环境污染事件发生后，致害人昊华公司相关的负责人向上门要求索赔的一些村民进行了损害赔偿。但是事件并未就此平息，周边的村民前后分三批共计120多户人家找到昊华公司提出索赔。

【保险索赔】 致害人昊华公司迅速将情况报告给承保的中国平安保险公司株洲分公司，保险公司立刻派人到现场了解情况，经过实地勘察，迅速查证了氯化氢气体泄漏引起的损害事实，确定了被保险人昊华公司对污染事件负有责任和保险公司应该承担的相应责任，依据《环境污染责任保险》条款，保险人与受害村民达成赔偿协议，在不到10d的时间内就将1.1万元的赔偿金如期给付送到受害村民手中，使这起涉及120户村民切身利益的环境污染赔偿问题得以快速、妥善处理。

【案例评析】 2008年12月1日，国家环境保护部曾通报了这一案例。据悉，这是中国首例环境污染责任险获赔案例。建立环境污染责任保险应处理好几个关系，环境污染责任分担要与环境风险分担相结合，强制保险与资源保险相结合，统一环境责任制度、法规要与实行不同环境风险等级，制定差别流动费率相结合，企业负担要与政策扶植相结合，自愿试点要与政策引导相结合。

2008年湖南省开展了环境污染责任保险试点工作，将18家化工、有色、钢铁等环保污染风险严重的企业列为重点。在污染事件发生前两个月前，生产企业昊华公司购买了中国平安保险公司的环境污染责任保险，根据企业生产状况和往年污染事故造成的赔偿的情况，投保额为4.08万元。

当时，有关部门曾经动员多家环境污染风险较大的企业投保环境污染责任保险，然而，只有昊华公司成为唯一的投保企业，现已享受到了环境污染责任保险的好处。

由于污染事故并未涉及人畜，污染范围相对较小，因此，保险公司根据环境污染责任保险的有关条款与多位村民达成赔偿协议，对污染造成的损失进行了迅速的赔付。

2008年2月环境污染责任保险制度被正式提上议程后，环保责任险的"实惠"是首次展示在公众面前。企业加入污染责任保险后，一旦发生污染损害，保险公司将成为企业的坚强后盾，减少企业经济损失，同时也帮助解决赔偿纠纷，使得处理结果显得更有说服力。

过去类似的因环境污染造成经济损失的案例有很多，但为索赔闹上法庭后，受害者很多都是以败诉告终。现在当事企业投保了相关责任险，受害者就有了起码的保障。

环境污染受害的人数往往不止一两个，意味着赔付的对象比较多，在巨大的赔偿和污染治理费用面前，被告方很有可能"赔不起"，而被告方偿付能力不足会在很大程度上影响法院的判决。过去一旦发生重大环境污染事故，一些事故企业即便破产也无法清偿，而受害者得不到及时的补偿救济，造成的环境破坏只能由政府花巨资来治理。受害者个人、企业、政府三方都将承受巨大损失。

而引入责任保险机制后，极大改善了这一状况。如果肇事企业投保了环境污染责任险，那么一旦险情发生，不仅受害者可以及时得到赔偿，企业也可避免高额赔偿带来的风险，有关政府部门也可减少财政负担，可谓一举三得。但环境责任保险目前仍是个新鲜事物，因而环境保护部门应与相关部门配合，进一步明确相关法律法规中环境污染责任险的地位和适用范围，建立环境污染责任险运转的长效机制。

我国的目标是到2015年，基本完善环境污染责任保险制度，建立起从风险评估、损失评估责任认定和事故处理、资金赔付等为一体的机制，推动环境污染责任保险的全面发展，以有效地维护环境污染受害者的权益，维护企业的正常生产秩序和社会的稳定。

20.2 硫酸泄露污染环境赔偿案

【案例简介】 四川省德阳市作为省重工业城市，化工企业众多，涉及重金属企业更居全国前列，存在的环境隐患点多，环境风险大，德阳市在2009年率先选取了10家龙头化工企业试点。试点工作开始后不久，广汉万福磷肥厂因工人操作不当发生硫酸泄漏，导致附近村民部分农作物损毁、减产。受害村民向致害人广汉万福磷肥厂提出索赔。保险公司经过实地勘察后，认定属于环境污染保险责任，认定责任后，按照保险合同约定向受损农户支付了8000元的赔款，此案成为我国四川省首例环境污染责任保险的获赔案例。

【案例评析】 所谓环境污染责任保险，是指以排污单位对第三人造成的污染损害依法赔偿为内容的保险，这种赔偿责任有时大到排污单位无力承担。正是为适当分散赔偿责任，使受害人能够得到补偿，从而确保生产单位的经营活动继续进行，环境污染责任保险机制才应运而生。排污单位作为投保人，向保险公司预先缴纳一定数额的保险费，保险公司据此代为承担赔偿责任，直接向受损害的第三人赔偿或者支付保险金。

近年来，全国各地的污染事故屡屡发生，给老百姓身心造成了极大的伤害。虽然《水污染防治法》第5条规定：因水污染危害直接受到损失的单位和个人，有权要求致害者排除危害和赔偿损失。但是，由于赔偿责任缺乏具体操作细则以及肇事者受财力所限，受损失的单位或者个人的权益很难得到切实维护。

建立环境污染责任保险制度，不仅能够转移企业面临的风险，而且能够通过费率杠杆、防灾防损、经济补偿等机制，促进企业加强风险管理，增强安全防范措施，降低污染风险，最重要的是，该制度能够实现事后及时有效的赔付和污染清理，维护第三者利益，减轻政府压力。

环境污染责任保险是国际上普遍采用的绿色保险制度。我国的环境污染责任保险制度早在2007年12月，就在江苏、上海等地相继开展试点工作，2008年真正开始实务操作。而在2010年11月15日召开的中国绿色政策高层研讨会上，环保部政策法规司司长杨朝飞表示,十二五期间环境污染责任保险制度将从江苏、湖北、湖南、深圳、重庆等部分省市的试点向全国范围推广。《环境责任保险管理办法》等技术条款已经制定完毕,有望在近期出台。

20.3 市政排污管道破裂污染环境保险赔偿案

【案例简介】 2004年1月,某地市政公司动工铺设了一条排污管道。在此期间,因排污管道破裂使污水改道进入郑某承包的鱼塘,造成部分鱼死亡,部分鱼有严重异味。因久旱无雨,养殖人郑某曾于2004年2月10日、2月14日用漂白粉、生石灰消毒,在鱼塘水变清后,又购进了一批鱼苗,但鱼塘鱼苗仍被再次污染而死亡。

养殖人郑某认为,此次水污染导致库存的1万余斤成品鱼,产生严重异味而不得不廉价出售,另有3000余斤鱼有浮头并死亡。按每斤2元计算仅鱼的损失就2万余元,鱼苗损失7000元,另有消毒费、抽水电费、水质检测费用等,合计经济损失3.9992万元。

当地渔政监督管理站勘验检查笔录,证明鱼的损失为3万余元;当地环境监测站环境监测报告,证明该鱼塘水质已污染;另有市政施工公司出具说明,证明排污管道系由市政公司使用。于是,郑某向当地法院起诉,要求当地市政公司赔偿所有损失3.9992万元。

【法院判决】 2004年10月26日,法院作出判决:法院认为,当地市政公司负责对辖区内的污水排放进行管理,因其排污管道破裂,给他人造成损害,应负赔偿责任。市政公司10日内赔偿养殖人郑某鱼塘损失3.9992万元。

【案例评析】 本案中市政公司对受害者进行了经济赔偿,遭受了一定的经济损失。实际上,造成养殖人郑某损害的真正污染者是谁?还有待进一步明确。市政公司承担的是管理者的责任,但真正的污染排放者,是附近的企业才应承担主要的污染责任。通过本案可见,环境污染责任风险不仅仅只涉及化工、药业、石油等行业,建设领域与其他行业一样同样面临着环境污染责任风险,设想如果市政公司事前对环境污染责任进行了保险安排,按照现行的环境污染责任保险条款规定,本案市政公司的这部分赔偿将应由保险公司承担。环境污染责任保险成为建设行业与其他行业共同防范环境污染责任风险的重要保障。

20.4 工业废水污染赔偿案

【案例简介】 瞿某某通过协议取得朝阳农场虾塘的养殖权。某市药业有限公司、市化工公司、市排污管道管理公司均位于瞿某某承包的水产养殖区域附近,药业公司的废水排污口位于水产养殖区附近的胜利塘河上游。化工公司的工业废水通过管道公司所有、管理的排污管道外排入海,该排污管道紧邻上述胜利塘河,并仅由化工公司使用。

药业公司在2003年4月底大量排放严重超标的工业废水至胜利塘河,以致瞿某某等人遭受较大的经济损失。污染事件发生后,瞿某某和其他水产养殖户提起损害赔偿之诉讼。

【原因分析】 市渔业环境监测站在2003年5月11日对污染现场进行了调查,结论是药业公司排放的污水严重超标致使养殖户的水产品缺氧而死。区环境保护局在2003年5月11日对污染现场进行了调查，确认化工公司通过管道公司的排污管道排污，有渗漏现象，对化工公司和药业公司排污口水质分别进行了检测，确认两公司的排污超标，并对两公司分别做出行政处罚。区渔政管理检查站和市农场管理局渔政管理检查站都对污染现场进行了调查，评估了损失。

【法院判决】 法院通过审理认为：药业公司排放严重超标的工业废水导致鱼类死亡等损害后果，应向受损害的养殖户承担相应的民事责任。化工公司因排污管道有渗漏，其超标污水也是导致鱼类死亡的部分原因，故化工公司也应负一定的民事责任。因药业、化工公司是共同侵权，故两公司应承担连带赔偿责任。市管道公司对排污管道疏于管理，造成污水渗漏，应对化工公司所承担的责任向瞿某某承担补充赔偿责任。

【案例评析】 本案又是一起水系污染责任案，其特点是致害责任主体是多方的，即药业有限公司、市化工公司承担连带责任，市排污管道管理公司承担管理过失赔偿责任。三家公司如作了环境污染保险安排，保险公司各自承担相应被保险人的法律赔偿责任。

20.5　千人诉讼环境污染赔偿案

【案例简介】 西安市某石油公司将其位于某镇的一座油库租赁给珠海某公司使用，珠海某公司遂对油库的油罐进行了清理和冲洗，使处于该油库下游的某村4个组及某村2个组村民家中水井出现异味，村民只能从别处拉水以供生活之需。

事故发生后，省卫生防疫站对两个村的井水、泉水进行了检测，结果显示抽检的井水、泉水有明显汽油味。陕西工程勘察研究院主动对村民的井水、泉水又进行了取样化验，确认村组井水、泉水石油类物质及硝酸盐类物质超标，不符合饮用水标准。

至此，两村1046名村民以某石油公司排污造成其水源污染，致使村民无法正常生产、生活为由将其起诉到西安市中级人民法院，请求判令石油公司赔偿其进行水污染治理和精神损害抚慰等各种经济损失203.97万元。

此案是因污水渗入地下造成下游数百口水井被污染，使当地自然生存环境受到破坏，群众的生命健康遭受严重影响。污染事件发生后，虽经多个部门协调处理，但问题一直无法得到解决。为此村民情绪较为激烈，成为在全省有影响的新类型、涉农、涉群体、重大疑难及敏感案件。

【法院调解】 在法院案件审理中，在多方配合下，原告方为表示理解，主动放弃了200万元的诉讼请求，被告方为表示诚恳，其主管上级主动申请参加诉讼并承担责任。原被告双方达成和解协议，领取了长达109页的民事调解书。该石油公司及其上级单位将用于解决原告方净化水及饮用水设施案款48万元支付原告方，使困扰村民生产、生活用水问题得到解决。

【案例评析】 环境污染责任的一个重要特征是损害涉及面广泛，西安市千人诉讼环境污染责任赔偿案件，足以反映出这一特点。污染事故一旦发生，不仅侵害了公众的利益，影响社会的安定，而且企业也将面临巨大的经济赔偿压力。由此可见，积极引入环境污染责任保险机制化解、分散企业风险的重要意义。

当前，总的来讲，我国环境责任法律体系尚不健全，同时未建立起完整的环境责任保险体系。按照现行的环境污染责任保险条例的规定,承保范围还有一定的局限性,对核事故、噪声、辐射予以除外。未来设计的环境责任保险应尽可能扩大承保范围,涵盖水、大气、核事故、噪声、辐射、固体废物等所有污染领域。

考虑到各种不同环境事故可能产生的损害程度差别较大,而且企业间的经济承受能力也有所不同,投保的方式应该以强制保险为原则,自愿保险为例外。对危险性大、损害后果严重、容易产生跨界影响的环境污染事故应当采取强制的投保方式,否则就可以采取自愿的投保方式。保险公司也应把故意或重大过失造成的污染事故置于除外责任之中。

第 21 章 物业管理责任保险案例

21.1 业主在小区内摔倒保险公司负责吗？

【案例简介】 2008 年年底，某住宅小区单元门前，保洁员拖完地后，由于地面结冰，导致业主王女士摔伤，经医院诊断为胸椎第 11 节压缩性骨折。事故发生后业主王女士伤势比较严重，需卧床休养，在此期间共花费包括挂号费、手术费、治疗费、医药费、误工费、护理费等，共计 2.7 万元。

【责任认定】 该小区物业服务企业投保了"物业管理责任保险"，根据物业管理责任保险的保险责任，"在保险期限内，被保险人在保险单明细表中列明区域内从事物业管理工作过程中，因过失导致意外事故而致使第三者人身伤亡或财产损失，依法应由被保险人承担的经济赔偿责任，保险公司负赔偿责任"。

【责任赔偿】 王女士痊愈后，根据其提供的相关资料，受害第三者王女士所花费的医疗等相关费用，经保险理赔部门核损，属于这次责任事件产生的相关合理费用。保险公司及时向该物业服务企业支付了赔款 2.7 万元。

【案例评析】 物业管理作为一个高风险行业，各项业务涉及面多、人广，直接涉及人身和财产安全，同时繁杂、多样，受环境影响大，处于随时随地的动态之中，可控性低，涉及的对象（人和不动产）都是金额巨大的标的物，但同时物业管理又是一个微利行业，物业公司多保本甚至亏损经营，合理的风险转移是必不可少的，物业管理责任险也就应运而生。

本案按照物业管理责任保险第 3 条：在本保险期限内，被保险人在本保险单明细表中列明区域内从事物业管理工作过程中，因过失导致意外事故而致使第三者人身伤亡或财产损失，依法应由被保险人承担的经济赔偿责任，本公司负赔偿责任的规定，事故发生的近因是"物业服务企业的保洁员擦地后致使地面结冰"，发生地点是在"公共区域"，原因是保洁员没有设立警示牌，未能依法尽到警示责任，所发生的经济赔偿责任依法应属于物业企业，保险人应给予赔偿。

21.2 楼道管井水管爆裂属于保险责任吗？

【案例简介】 某市住宅小区 2 层楼道管井水管突然爆裂，致使 2 层至 1 层住户屋内被淹，造成木地板、墙壁、顶棚、家具、地毯等多种物品损失，经核实，损失共计 1.5 万余元。

【责任认定】 该住宅小区物业服务企业投保了物业管理责任险，此案中，经保险公司现场查勘，事故发生的近因是"水管爆裂"，发生的地点在楼道内，属于公共区域，且水管爆裂的原因为物业服务企业疏于管理造成的,根据物业管理责任险规定,其发生的损失应由物业服务企业承担,经保险公司认定,属于物业管理责任险保险责任。

【责任赔偿】 对于此事故造成的后果,经业主自己修复后,根据其提供的相关资料,经保险公司理赔部门核损,扣除免赔额、折旧等,保险公司向物业服务企业支付了相应的赔款。

【案例评析】 物业服务公司的日常管理工作涉及面较为广泛,往往由于疏忽大意面临着各种各样风险。此案中,按照物业管理责任保险条款规定,事故发生的近因是"楼道管井水管突然爆裂",发生地点是在"小区 2 层楼道",属于公共区域,且原因为物业服务企业疏于管理造成的,未能依法尽到对设备及时维护管理的责任,所发生的经济赔偿责任依法应属于物业服务企业,保险人应给予赔偿。

21.3　购买了停车位车被盗保险人负责赔偿吗?

【案例简介】 某住宅小区业主高某,在本小区内购买了停车位,按照合同约定向物业管理公司交纳了停车占地费和车辆保管费。某日,高某将车停在物业公司指定的固定车位处,次日清晨,高某发现该车被盗。高某在与物业管理公司多次协商未果的情况下,高某将物业管理公司起诉至法院。

【法院判决】 经法院审理认为:物业管理公司与业主存在车辆管理合同关系,物业公司在管理上存在漏洞,对车辆的损失应当给予赔偿。由于该物业管理服务已向保险公司投保了物业管理责任保险,为此,该物业管理公司向业主赔偿后,即根据物业管理责任保险合同,向物业保险公司提出保险索赔。

【案件评析】 物业管理公司收取费用经营车场,与业主形成保管合同关系,但由于物业管理公司的疏忽造成车辆丢失,应赔偿车辆丢失的损失。

根据物业管理责任保险条款规定:在保险期限内,保险单明细表中列明的区域范围内的物业,因被保险人管理上的疏忽或过失而发生意外事故造成的下列损失或费用,依法应由被保险人承担的经济赔偿责任,保险人负责赔偿。

同时,兑现经保险人书面同意的诉讼费用、发生保险责任事故后,被保险人为缩小或减少对第三者人身伤亡或财产损失的赔偿责任所支付必要的、合理的费用。

所以,物业管理公司管理上的疏忽或过失导致第三方遭受损害是保险人承担赔偿责任的前提。本案中,由于物业管理公司在工作存在疏忽或过失造成高某车辆失盗,依照保险合同规定,保险公司应当承担赔偿责任,但该责任以保险合同事先约定的赔偿限额为限。

21.4　业主有错发生事故保险公司就应免责吗?

【案例简介】 2002 年 3 月 11 日,某住宅小区物业管理公司向某保险公司投保购买了物业管理责任保险,对保险人和物业管理公司的相应责任进行了明确约定。该小区住户张某,在装修新购买的底层楼房屋时,拆除了房屋原有的钢窗及钢窗下的墙体,改建成了比较新潮的落地式门。改建后不久张某家中失窃,丢失现金、珠宝等贵重物品价值 908 万元。张某认为其失窃与物业管理公司安全防范措施不当有直接关系。因此,将物业管理公司告上法庭，要求赔偿失窃的财物。

【法院判决】 法院认为物业管理公司实施了正常防范性的安全保卫活动，为此判决物业服务公司对发生的失窃事件不应承担赔偿责任。

【案例评析】 从本案事实来看，物业管理公司提供了必要的安全保卫措施，并且在小区内安排保安人员按时巡逻，每天均有记录，已尽到维护安全的责任，物业管理公司不存在过错。

同时，家居安全不仅应由物业管理公司进行日常的防范工作加以确保，而且业主也应积极地采取必要的防盗措施。业主张某在装修时将原有的钢窗及墙面敲除后更换为落地式塑钢门，天井的围墙也没有防盗措施，为小偷提供了作案机会，应自行承担失盗责任。

根据物业管理保险合同约定，保险人承担保险责任的前提是发生保险责任范围内的事故，即物业服务公司由于管理上的疏忽或过失而导致第三者遭受人身伤害或财产损失。在本案中物业管理公司在管理中并不存在管理的疏忽或过失问题，因此，物业管理公司不应承担赔偿责任，保险人也不承担任何赔偿责任。

21.5 物业公司保险索赔不能隐瞒事实

【案例简介】 2004年2月23日下午19点左右，某住宅小区业主开车驶入停车场入口时，车场值班员走出岗亭拔起地桩打开道闸，正在办理车辆放行手续时，有一小区业主小孩（3岁）在其保姆的带领下从岗亭经过，保姆未能妥善照顾小孩，小孩突然跑进岗亭按动了道闸的控制按钮，岗亭的通道闸门突然放下，将正在驶入的小车前挡风玻璃砸伤。在事故处理过程中，物业服务公司为了减少小孩家长（小区业主）的损失，隐瞒事实向保险公司索赔。

【案例评析】 在物业管理实践中，个别企业在购买物业管理责任保险后，出现思想麻痹，认为公司面临的经济赔偿风险找到了转移通道，企业从此可以高枕无忧，从而在日常管理工作中出现松懈。

其实，购买保险，转嫁的仅仅是经济赔偿责任，保险公司并不会承担管理品质下降、客户满意度下降的后果，物业公司仍然必须承担自己的管理责任，承担客户抱怨甚至流失的后果。更有甚者在现实操作中为了取悦客户，不坚持原则、对保险公司隐瞒事实真相的违规操作，这种行为属于物业公司对保险公司的违约行为，不但有可能面临保险公司拒绝赔偿、公司荣誉受到伤害的风险，若达到一定数额，符合一定条件，公司及法人代表要承担相应罚金甚至刑事责任。

从维系客户关系角度来看，良好的客户关系是建立在专业、优质的物业服务基础之上的，本案中的做法其实并不利于物业公司与业主维持良好的客户关系，反而可能会给日后处理类似问题带来困难。为维护业主不当利益却损害保险人的合法权益，也与物业服务行业一贯提倡的"诚信、尊重顾客、尊重合作伙伴"的原则相悖。

21.6 是公众责任保险还是物业责任保险责任范围？

【案例简介】 2007年3月18日，北京中关村某一商业大厦的下水管道爆裂漏水，由于受污染水的浸泡，造成紧挨着下水管的两家商户电脑、取号机、银联机等财产损失12万多元，该大厦的管理属于物业管理有限公司，两家商户就该事故造成的损失向物业公司提出了索赔。由于物业公司向保险公司投保了公众责任险，但未附加其他责任条款，于是就这一损失向保险公司提出了保险索赔，保险公司接到报案后就进行了现场查勘。为了减少保险理赔纠纷，聘请了保险公估公司进行核定损失和保险理算，保险公估公司理算后，建议保险公司按照公众责任险条款进行理赔。但保险公司对这一案件的性质存有分歧，认为该事故不属于公众责任保险范围。

【案例评析】 本案是否应属公众责任保险，要根据公众责任保险条款的保险责任成立要件看，公众责任保险成立的要件包括：

1. 在保险期限内；2. 列明的地点；3. 被保险人在生产、经营等活动过程中意外事故的发生；4. 造成第三者财产损失或人身伤害及诉讼费用等；5. 依法由被保险人承担的民事赔偿责任。

公众责任险与物业责任险的区别主要表现在以下两个方面：

一、保险责任不同

公众责任险的保险责任是提供被保险人在保险单明细表中列明的地点范围内依法从事生产、经营等活动以及由于意外事故造成第三者财产或人身的损失或费用，依法应由被保险人承担的民事赔偿责任；

而物业管理责任险的保险责任是在本保险期限内，本保险单明细表中列明的区域范围内的物业，被保险人从事物业管理上的"疏忽或过失"而发生意外事故造成第三者人身伤亡或财产损失，依法应由被保险人承担的经济赔偿责任。

二、保险标的不同

公众责任险的保险标的是无形的标的，为不确定性的标的，主要为生产、经营或提供服务的过程中产生的法律责任，补偿的对象主要针对的是社会公众；而物业责任保险从某种程度上来说范围是有限的，相对公众责任险来说，是可以确定其最大损失，而租户承租其各店铺，说明各店主与物业在这一场所中已形成了一定意义上的整体，属于一个经营场所共同责任方，可以说是共同组成独立的一方，当第三者来这里消费所引起的损失理应由店主与物业共同承担，然后按责任分担。

物业公司只是对该大厦的财产进行管理，不是生产、经营单位，对各单位只收取管理费用，是受业主的委托对财产的使用、维修等进行管理，与各租户签订租赁协议，由于物业公司管理不善而造成租户的财产损失或人身伤害负责赔偿，这种赔偿责任属于合同契约责任。

该案从责任范围来说应该是物业管理责任，不属于公众责任保险，主要原因是由于物业公司由于对下水管道没有及时疏通，以致管道弯口处堵塞，造成水管压力过大产生爆裂，致使各租户的固定资产、商品等财产损失，主要责任为物业公司管理不善，另外，物业公司收取费用也只是为了维持财产设备的更好使用，不存在生产、经营方面的利益。而各商户是承租方，共同拥有这一大厦的使用权，从民事法律关系来看，在使用权上物业公司与各租户是并列关系，不属于第三者财产损失。另一方面，公众责任险条款中规定：大气、土地、水污染及其他污染；引起的损失或伤害责任属于除外责任。因此该案件不属于公众责任保险风险，保险人不应当对此进行保险赔偿。

第22章 公众责任保险案例

22.1 在道路旁施工未设置警示标志造成损害事故赔偿案

【案例简介】 某市政公司于2010年5月向保险公司投保了公众责任保险，保险责任是其施工过程中的过失造成他人的人身伤害或财产损失的赔偿责任，赔偿限额为每起事故10000元。同年10月2日，该公司一队工人在维修路边窨井时因下大雨跑回施工棚，忘记在井边设立标志，也未盖好窨井盖子。傍晚时分，雨还在下，一行人骑自行车经过此地时跌入井中受伤，并受感染而致死。受害人家属向该市人民法院起诉要求市政公司承担损害赔偿责任。

【法院判决】 法院判决被告方应向死者家属支付16756元。

【案例评析】 公众责任保险是责任保险的一种，公众责任保险是以被保险人对第三者依法应负的赔偿责任为保险标的的保险。根据公众责任保险条款约定，在保险有效期限内，被保险人在本保险单明细表中列明的地点范围内依法从事生产、经营等活动以及由于意外事故造成第三人损害，依法应由保险人负责赔偿为被保险人造成第三人损害而应承担的赔偿责任。在发生保险事故时，保险公司应当承担赔偿保险金的责任。责任范围的大小，取决于保险合同的约定。

根据合同约定，在本案中市政公司与保险公司约定每次保险事故的赔偿限额为10000元，险种为公众责任保险，那么保险公司要承担10000元的赔偿责任。法院判决市政公司向受害人支付16756元，而保险公司只赔偿10000元，剩余部分应该由市政公司负责赔偿。《侵权责任法》第91条规定："在公共场所或者道路上挖坑、修缮安装地下设施等，没有设置明显标志和采取安全措施造成他人损害的，施工人应当承担侵权责任。"

22.2 公众责任保险代位求偿权纠纷案

【案例简介】 2006年12月，富华中心、富华中心丽亭酒店分公司、富华中心丽晶酒店分公司（以下简称丽晶酒店）作为被保险人向某保险公司营业部投保了公众责任险，保险单写明：保险地域范围为北京辖区范围；赔偿限额为每次事故及累计赔偿限额人民币8千万元（注：每次事故是指不论一次事故还是一个事件引起的一系列事故）；免赔额为每次事故人民币1000元（仅限于财产损失）；保险费为人民币10.56万元；保险期限1年，自2006年12月23日零时起至2007年12月22日二十四时止。被保险人同时投保了超赔责任保险。

2007年8月12日，丽晶酒店向中关村营业部报险称：由于酒店1524房间窗户玻璃突然炸裂，破碎的玻璃掉落下来砸毁停在楼下的两辆车。次日，北京大陆汽车俱乐部有限公司将两车拖至修理厂，拖车费共计 320 元。接到报险后，中关村营业部对现场进行了查勘，查勘报告认定此次事故属于公众责任险保险责任范围。同年 9 月 3 日、9 月 5 日某保险公司营业部出具保险车辆损失情况确认书，确认两车修理费分别为 13653 元和 22791 元。

2007 年 11 月 5 日，丽晶酒店与两车车主签订协议书，约定除车辆修理费、拖车费外，丽晶酒店再一次性补偿两车主 1.6 万元。协议签订后，丽晶酒店即向保险公司营业部递交了索赔申请书，要求保险公司营业部赔偿车辆修理费 36444 元、拖车费 320 元及一次性补偿费 1.6 万元，上述费用共计 52764 元。当月 16 日，保险公司营业部在扣除 1000 元免赔额后，支付了赔偿款 51764 元。收到上述赔款后，富华中心"将已取得赔款部分的保险标的一切权益转让给保险公司营业部，并授权保险公司营业部得以其名义向责任方追偿或诉讼"，并出具了权益转让书。受让上述债权后，保险公司营业部代富华中心行使代位求偿权，被拒绝。另外丽晶酒店隶属于富华中心，非法人企业。

【法庭诉辩】 原告保险公司营业部诉称：2004 年 8 月 24 日，案外人北京富华金宝房地产开发公司（后更名为北京富华金宝中心有限公司，以下简称金宝公司）与被告签订了一份"富华金宝中心五星酒店、商务酒店玻璃幕墙及石材幕墙工程施工合同"（以下简称施工合同），根据该合同，被告应为金宝公司按设计及施工规范要求完成富华金宝中心五星酒店、商务酒店的玻璃幕墙及石材幕墙工程的安装施工，同日，双方还签订了作为合同附件一的"房屋建筑工程质量保修书"，约定被告应按照《建设工程质量管理条例》的规定，为上述工程承担保修责任，其中关于外墙石材及玻璃幕墙等的保修期均为 5 年。施工合同签订后，被告已实际履行该合同，工程于 2005 年 5 月竣工。

2007 年 8 月 12 日，在上述施工合同的保修期内，作为该施工合同施工对象之一的丽晶酒店（系隶属于金宝公司的分公司）发生玻璃炸裂事件，破碎的玻璃掉落下来砸坏停在酒店楼下的两辆车，丽晶酒店依法对因玻璃坠落而给两辆车的车主所造成的损失进行了赔偿，赔偿两车主 52764 元。金宝公司及其下属的丽晶酒店分公司此前向原告投保了公众责任险，两单位同为被保险人。上述玻璃坠落事故发生后，两单位根据与原告的保险合同及对两车主的赔偿情况，向原告提出总额为 52764 元的索赔申请。因该事故属于原告所承保的公众责任险保险责任范围，原告按照与被保险人的约定，在扣除 1000 元的免赔额后，向被保险人金宝公司实际赔付 51764 元。

此后，金宝公司向原告出具权益转让书，将已获得赔款的保险标的一切权益转让给原告。原告认为，根据施工合同以及相关法律法规的规定，被告在其施工范围内附有保修义务与责任，在保修期内，除对房屋建筑工程本身的质量缺陷进行保修外，还应对因此给第三人的人身及财产所造成的损害承担赔偿责任。故原告起诉，要求被告给付损害赔偿款 51764 元，利息损失 4315.03 元并承担案件受理费用。

被告幕墙公司辩称，我们对代位权没有异议，但是玻璃爆碎的原因是否由于我们安装质量问题造成的始终没有认定，这个事情始终也没有确认。

【法院判决】 法院审理查明：2004 年 8 月 24 日，北京富华金宝中心有限公司（原北京富华金宝房地产开发有限公司，以下简称富华中心）与幕墙公司签订富华金宝中心五星酒店、商务酒店玻璃幕墙及石材幕墙工程工程施工合同，约定由幕墙公司负责富华金宝中心五星酒店、商务酒店的玻璃幕墙及石材幕墙工程安装施工。双方同时签订了房屋建筑工程质量保修书，双方根据《建设工程质量管理条例》及有关规定，约定外墙石材、玻璃幕墙质量保修期均为5年。2005年5月工程竣工。

本院认为：中关村营业部与富华中心、丽晶酒店之间签订的公众责任险保险合同，合法有效。保险公司营业部依据保险合同的约定向丽晶酒店赔偿保险金的行为符合合同约定及法律规定。富华中心在取得保险金后将权益转让于某保险公司营业部，亦符合法律规定。

保险公司营业部取得权益后，如想向幕墙公司行使代位求偿权，其必须证明幕墙公司对于丽晶酒店玻璃的破碎存在过错。幕墙公司完成施工任务后，将酒店交付富华中心，并已使用2年，保险公司营业部无法证明玻璃破碎的原因到底是由于生产原因、施工原因还是由于使用不当造成的，现保险公司营业部仅要求幕墙公司承担责任的请求，证据并不充分，本院不予支持。依照《中华人民共和国民事诉讼法》第64条第一款之规定，判决如下：

驳回保险公司营业部的诉讼请求。案件受理费601元，由保险公司营业部负担（已交纳）。

如不服本判决，可在判决书送达之日起15日内，向本院递交上诉状，并按对方当事人的人数提出副本，交纳相应的上诉案件受理费，上诉于北京市第二中级人民法院。如在上诉期满后7日内未交纳上诉案件受理费的，按自动撤回上诉处理。

【案例评析】 保险代位求偿权又称保险代位权，是指当保险标的遭受保险事故造成的损失，依法应由第三者承担赔偿责任时，保险公司自支付保险赔偿金之日起，在赔偿金额的限度内，相应地取得向第三者请求赔偿的权利。"保险代位权是各国保险法基于保险利益原则，为防止被保险人获得双重利益而公认的一种债权移转制度"，通常认为保险代位权其实质是民法清偿代位制度在保险法领域的具体运用。

《保险法》第44条第1款规定："由第三者对保险标的的损害而造成保险事故的保险人自向被保险人赔偿保险金之日起，在赔偿范围内代位行使被保险人对第三人的赔偿权利。"依此条款可见，代为追偿权行使应满足以下三个条件：一是保险事故是由第三人对保险标的而造成的损失，也就是说，被保险人因保险事故对第三人享有损害的赔偿权，要有追偿客体的存在。这是代位追偿的前提条件。二是保险人对被保险人已经完成了赔偿义务；这是代位追偿权利的实质条件；在未尽保险义务前，被保险人仍然有对第三人的损害赔偿权利。三是代位追偿的金额以保险金额为限。这是代位追偿权的额度条件。本案中保险事故是否是由幕墙公司而造成的，幕墙公司对此事故是否应承担赔偿责任，原告保险营业部没有充分的证据，为此，保险公司营业部代位追偿权的行使缺乏前提条件，法院驳回保险营业部的诉状是正确的。

22.3　运沙船撞塌大桥事故公众责任保险赔偿吗？

【案例简介】 2007年6月15日，广东九江大桥因运沙船撞击坍塌，造成桥体和桥上通行车辆及人身的损害，九江大桥业主佛开高速公路有限公司投保了保额为300万元的公众责任险和2.8亿元的财产一切险，在保险公司是否赔付财产一切险的问题上，鲜有不同观点。但是，保险公司是否应当赔付公众责任险，不无争议。

【案例评析】 公众责任险条款规定:"在本保险有效期内,被保险人在本保险单明细表中列明的地点范围内依法从事生产、经营等活动以及由于意外事故造成下列损失或费用,依法应由被保险人承担的民事赔偿责任,保险人负责赔偿"。该条款明确指出,只有被保险人依法应当承担责任时,保险人才承担赔偿责任,如被保险人对损害无赔偿责任,则保险人不需赔偿。对本案来说,桥方佛开高速如对损失承担责任,则保险公司应当赔偿。但是,桥方是否应当承担责任如何判断呢?

从法律上看,桥方是否应当承担责任须依《民法通则》第126条进行判断。《民法通则》第126条规定:"建筑物或其他设施以及建筑物上的搁置物、悬挂物发生倒塌、脱落、坠落造成他人损害的,它的所有人或者管理人应当承担民事责任,但能够证明自己没有过错的除外。"本条在法律上被称为建筑物致人损害条款,其实际含义是:正常情况下,只要建筑物致人损害,就推定所有人或管理人具有过错,应当承担责任。只有所有人或管理人能够证明自己没有过错时,才可以不承担责任,即法律上所谓的"过错推定"原则。根据该条桥方佛开高速应否承担责任,取决于其是否存在过错。于是,问题转变为:对桥方是否存在过错如何进行判断的问题。

过错的判断,一般需要经过两个阶段:其一,当事人是否具有注意义务;其二,当事人是否违反了注意义务。只有在当事人具有注意义务并且违反了注意义务的情形下,当事人才具有过错。亦即只有桥方佛开高速具有船桥相撞或者即使船桥相撞亦能保证桥不坍塌的注意义务并且违反该义务时,桥方才应当承担责任。

桥方是否负有此种注意义务呢?从法律上看,行为人只要从事一定营业活动,对该营业活动可能产生的损害就具有注意义务。桥方佛开高速为收费性经营,属于从事营业活动,因此,其具有避免船桥相撞或者即使船桥相撞亦能保证桥不坍塌的注意义务,此点毋庸置疑。

桥方是否违反了此种注意义务呢?根据注意义务的违反理论,违反注意义务须符合可合理预见和可合理避免两个标准。即桥方如果能够合理预见船只可能撞击桥梁并且能够合理避免,但实施上没有预见或者没有避免,桥方都违反了注意义务,因而具有过错应当赔偿。

很明显,桥方对船只可能撞击桥梁并导致桥梁坍塌应当能够预见。珠江流经九江大桥,必然有大量船舶经过大桥,即使是一个一般民众也能预见到过往船只可能撞击桥梁并造成坍塌,桥方佛开高速没有理由不能预见船只撞击桥梁的可能性。

那么,桥方是否能够合理避免船只撞击桥梁并导致桥梁坍塌呢?美国法官汉德指出,判断一个损害是否可以合理避免,须考量三个因素:事故所造成的损失(L)、事故发生的概率(P),以及避免事故发生的预防成本(B)。如果事故所造成的损失与事故发生的概率之积大于事故的预防成本,即$LP>B$,则损害被认为可以合理避免。反之,则认为损害不能合理避免,此即所谓的汉德公式。将汉德公式引入本案,我们需要考察船只撞击桥梁发生的概率、船只撞击桥梁可能造成的损失以及避免这种损失所花费的成本。这三个数据需要专家出具,如果专家出具的数据表明避免船舶撞桥的成本小于撞击损失与发生概率的乘积,则此种损失被认为可合理避免,而桥方没有避免这种损失,主观上存在过错。反之,如果成本大于损失与概率的乘积,则可以认为桥方对损失不可合理避免,主观上没有过错。

综上所述，桥方是否承担赔偿责任最终与其是否能够合理避免船只撞击桥梁并导致桥梁坍塌密切相关。因为其他两个承担责任的条件——桥方具有注意义务、桥方能够预见船只可能撞击桥梁并导致桥梁坍塌都已经具备。如果专家证据表明桥方能够合理避免船只撞桥的损失，但没有采取合理措施，则桥方具有过错，应当承担桥梁坍塌对他人造成的损失，保险公司因承保桥方的责任而应当赔付这种损失。如果专家证据表明桥方不能合理避免船只撞桥的损失，则桥方没有过错，根据《民法通则》第126条不应承担责任，保险公司自然因被保险人无责而不承担赔付的责任。

22.4 未尽保险风险增加告知义务能获赔吗？

【案例简介】 某房地产开发有限公司将其属下的预售楼盘营业厅向保险公司投保了公众责任险，在投保单和随附的清单中并未列明具体的营业场所风险状况。期间，营业厅为便于带小孩购房消费者方便，内增设了儿童休闲场所，也并未向保险公司说明这一情况。

2009年7月13日，某购房者带一男孩（4岁）到营业厅购房，在营业厅内的儿童休闲场所玩耍，不慎从高处跌下摔伤。事发后，医院诊断结果为：一、右肱骨骨折；二、右尺骨中段开放性骨折伴桡骨小头脱位。受伤人共在医院住院治疗30d，用去医疗费12384.31元。

随后，男孩监护人向营业厅提出索赔，要求赔偿医疗费、护理费、营养费、交通费、精神损失费、住院伙食补助费等合计20074元。监护人与房地产开发公司协商未果，遂向法院提起诉讼，要求房地产开发公司赔偿上述损失。

由于已在保险公司投保了公众责任险，房地产开发公司在诉讼案发生后，要求保险公司提前介入。

【理赔分歧】 保险公司分析认为，房地产开发公司在保险标的的营业场所性质发生了一定变化以后，未及时向保险人履行通知义务。因为保险标的的危险程度有所增加，足以影响保险人决定是否增加保险费或拒绝承保，被保险人应对其未履行通知义务的行为承担责任。

房地产开发公司则认为，保险人在承保时未要求列明投保人经营场的风险状态，出险后才提出危险程度有所增加，这不能成为拒绝赔偿的理由。

后经双方协商，达成一致意见，由保险公司作为第三人申请参加诉讼，与房地产开发公司共同对受害人的索赔进行抗辩，并同意对最终的赔偿金额承担50%的保险赔偿责任。但在保险公司和房地产开发公司向法院提起追加主体的申请后，法院驳回了这一申请。保险公司遂派人直接接受房地产开发公司的委托，作为房地产开发公司的诉讼代理人参加了诉讼。

法院在审理后认为，对于受伤事故，房地产开发公司营业厅应当负一定的责任，受害者监护人在事发时正在现场，因其未尽到监护责任，对受害人的受伤也应负一定的责任。

【法庭判决】 该案在法院的主持下，双方进行协商，达成了赔偿协议，并由法院民事调解书加以确认，具体内容如下：赔偿款额总计为15000元。赔偿比例按6:4计算，由房地产开发公司营业厅承担9000元，余款6000元由受害人的法定代理人自行承担。

【案例评析】 本案是一个涉及诉讼的典型的公众责任保险赔付纠纷案，涉及的法律问题也是非常典型的。由于案件既涉及保险法律关系，又涉及人身损害赔偿法律关系，所以，保险人要对不同的法律关系有不同的考量。

一、对于保险法律关系，双方争议的焦点集中在危险增加的通知义务问题，根据《保险法》第37条的规定，"在合同有效期内，保险标的危险程度增加的，被保险人按照合同约定应当及时通知保险人，保险人有权要求增加保险费或者解除合同。被保险人未履行前款规定的通知义务的，因保险标的危险程度增加而发生的保险事故，保险人不承担赔偿责任。"

但是，的确存在危险程度增加与否的判断问题，本案中在营业厅中增设休闲场所是目前消费行业的习惯做法，保险公司虽认为危险程度增加，但保险公司事前并未通过风险评估表来要求投保人明确保险标的的风险状态，所以，给理赔处理带来一定的困难。

二、在营业厅的休闲场所，消费者当然应当得到经营者的安全保证，毫无疑问，这是《合同法》上规定的一种附随义务，但是，本案小孩的父母亲都在场，却没有尽到照看和保护的监护人义务，这也是应当自行承担一部分责任的依据。

三、本案同时还涉及作为责任保险的保险人提前介入对第三者的损害赔偿案进行抗辩的诉讼模式。由于目前的法律中，无论是《民事诉讼法》还是《保险法》，都没有对这一问题有规定，所以，保险人在实际处理的过程中申请追加为诉讼第三人未得到法院的同意，考虑到本案中保险人和被保险人在对第三人的抗辩中有一定的共同利益，所以通过运用一定的诉讼技巧，以公民代理的形式接受被保险人房地产开发公司的直接委托，作为其诉讼代理人，最终处理结案。

22.5 被水泥平台绊倒摔伤公众责任保险是否赔偿？

【案例简介】 2005年12月10日，某市五星级饭店投保公众责任保险，保额为100万美元，期限1年。2006年5月1日晚，西欧某国领事馆在设宴举行招待会。宴毕，一行到酒吧喝酒直到晚上10点左右，在返回时，副领事H先生被停车场边缘一侧绿化带延伸出来的高80cm，长260cm的水泥平台绊倒摔伤，经医院检查确诊为肋骨压缩性骨折，收入住院治疗。由于H先生不愿住院治疗，第二天擅自出院，医生定期到其住所出诊，期间H先生两次赴香港请私人医生看病，事故当年8月取道香港回国，在其所在国治疗到11月19日。事故发生后该国领事馆向酒店作了通报，但未提出索赔。直到2006年8月14日才正式提出索赔，称H先生正在处于治疗期间，索赔额无法确定，酒店立即将索赔函转交保险公司处理。

【理赔分歧】 双方在理赔上发生分歧：H先生认为：保险人应按照公众责任保险赔偿其各种损失费用22万多马克。理由是：一、造成人身伤害的是酒店的平台，属于民事侵权；因责任方酒店投保了公众责任保险，理应由保险人承担赔偿责任；二、受害人有受伤医疗费和工资损失的全部证明材料和单证。

保险人方则认为：H先生的伤害应由自己负责，考虑到两国的友好关系，可以协商处理。理由是：一、建造平台是为了划分停车场和车道，防止车辆反向行使，建造是正当的，并无过错；二、事故现场是在夜间照明亮度非常好，一般正常人不可能摔到；三、虽然水泥平台是 H 先生受伤的一个因素，但水泥平台本身与事故之间并无因果关系，水泥平台单独作为一个因素不可能造成受伤事故，本案是由于伤者的疏忽造成的，因此伤者责任自负，酒店无责任，保险方也不必承担责任。

【案例评析】 公众责任保险是以被保险人在其经营场所内由于意外事故造成对第三者损失依法承担法律责任为标的的。在本案事故中，被保险人酒店建造水泥平台以及现场照明方面并无不当之处。H 先生当晚到酒吧喝酒是造成此事故的主要因素，为此，被保险人承担责任缺乏法律依据。

由于本案是一起涉外公众责险纠纷案，考虑到两国的友好关系，笔者认为，可通过与 H 先生协商，将其在我国境内住院期间的治疗费用和其擅自出院后，医生定期到其住所出诊的医疗费用保险人予以补偿，H 先生两次赴香港请私人医生看病以及本人在回本国治疗等费用除外。

第 23 章 机动车交通强制险案例

23.1 醉酒驾驶致人死亡保险公司是否赔偿?

【案例简介】 2006 年 12 月 26 日,安徽省某县市民董某与保险公司签订了机动车交通事故责任强制保险合同,为其所有的中型客车投保了交强险,保险期间自 2006 年 12 月 27 日起至 2007 年 12 月 26 日止。2007 年 1 月 26 日,孙某某驾驶该车,将行人曹某某撞伤致死并逃离现场。

公安交通部门认定,孙某某醉酒驾驶致使发生交通事故并驾车逃逸,应承担事故的全部责任,死者曹某某无责。后董某及驾驶员孙某某与受害人曹某某的近亲属达成民事赔偿协议,共同赔偿死亡赔偿金、丧葬费、赡养费等共计 11 万元,已履行完毕。法院制作了刑事附带民事调解书对上述协议予以确认。2007 年 6 月 11 日,法院以交通肇事罪判处孙某某有期徒刑 3 年,缓刑 5 年。后董某以保险公司为被告,以其拒绝理赔为由提起诉讼,请求判保险公司赔付交强险理赔款 5 万元。

【一审判决】 法院认为:原被告订立的机动车交通事故强制保险合同不违反法律规定,应为有效,双方均应按照合同的约定履行各自的权利义务。孙某某醉酒驾驶保险车辆在保险期限内发生交通事故致人死亡,且公安交通部门认定其车辆负事故全部责任、受害人无责任。依照《机动车交通事故强制保险条例》(简称《保险条例》)第 21 条:"被保险机动车发生道路交通事故造成本车人员、被保险人以外的受害人人身伤亡、财产损失的,由保险公司依法在机动车交通事故责任强制保险责任限额范围内予以赔偿……"的规定,保险公司应赔偿因受害人死亡所造成的损失,即死亡赔偿金 5 万元。

经人民法院调解,原告董某已赔偿了受害人近亲属包括死亡赔偿限额 5 万元在内所有损失,该事实诉辩双方均无异议。根据《保险条例》第 31 条:"保险公司可以向被保险人赔偿保险金,也可以直接向受害人赔偿保险金"的规定,原告董某有权向被告保险公司索赔。

虽然被告保险公司辩称:原告驾驶员醉酒发生交通事故不属于强制保险赔偿范围,但《保险条例》第 22 条规定:"有下列情形之一的,保险公司在机动车交通事故责任强制保险限额范围内垫付抢救费用,并有权向致害人追偿:(一)驾驶人未取得驾驶资格或者醉酒的……;有前款所列情形之一,发生道路交通事故的,造成受害人财产损失,保险公司不承担责任。"因此,在醉酒驾驶情况下,保险公司在交强险中的免赔范围仅限于财产损失,不包括造成受害人死亡、伤残时的死亡、伤残赔偿金。

《中华人民共和国保险法》第 31 条规定:"对于保险合同的条款,保险人与投保人、被保险人和受益人发生争议时,人民法院或者仲裁机关应作出有利于被保险人和受益人的解释。"据此,一审法院判决保险公司给付董某死亡赔偿金 5 万元。保险公司不服,提出上诉。

【二审判决】 中级人民法院二审认为：本案的焦点问题是在投保交强险后，醉酒驾车致本车人员、被保险人以外的受害人死亡，保险公司是否应该赔偿受害人死亡赔偿金。根据《保险条例》第 22 条规定，对于醉酒驾车造成交通事故的，保险公司仅应在机动车交通事故责任强制保险责任限额范围内垫付抢救费用，而不包括其他费用，并且在垫付后还有权向致害人追偿。该规定实质上是保险公司免除承担保险责任的规定。垫付抢救期间的医疗费仅是为了能及时救助受害人，在受害人脱离危险以后，保险公司不承担其他责任，此在作为合同组成部分的《保险条款》第 9 条亦有明确规定。

《保险条款》系保监会制定发布作为执行交强险的具体依据，保监会系国务院直属机构，其所发布的条款作为保险合同的组成部分，理应予以遵守。所以，本案中车主在承担责任后无权向保险公司主张索赔。原判适用法律不当，应予纠正。二审法院依照《中华人民共和国民事诉讼法》第 153 条第一款第（二）项的规定，判决撤销一审法院判决，驳回董某诉讼请求。

【再审主张】 原告董某不服二审判决，申请再审称：二审法院原判适用法律错误。认为：

一、原判曲解了《保险条例》第 22 条的立法本意。该条第二款仅规定醉酒驾驶发生交通事故造成受害人的财产损失保险公司不承担赔偿责任，并未规定对受害人的人身损害损失保险公司不承担赔偿责任；

二、原判适用的《保险条款》的效力不及国务院颁布的《保险条例》，依据《中华人民共和国民事诉讼法》第 179 条第一款第（六）项的规定，请求对本案进行再审。本案经审委会讨论，形成两种意见：

第一种意见认为：原判适用法律错误。董某的再审申请符合《中华人民共和国民事诉讼法》第 179 条第一款第（六）项规定的情形，依法应裁定本案由本院提审；再审期间，中止原判决的执行。理由是：

一、《中华人民共和国道路交通安全法》第 76 条关于"机动车发生交通事故造成人身伤亡、财产损失的，由保险公司在机动车第三者责任强制保险责任限额范围内予以赔偿"的规定，明确了保险公司应对保险事故承担无过失赔偿责任，即投保交强险的机动车发生交通事故，致第三人人身伤亡及财产损失的，保险人应在责任限额内予以赔偿。

二、《保险条例》第 22 条，就醉酒驾车等情形的免赔范围作出了限制性规定。该条第一款规定："有下列情形之一的，保险公司在机动车交通事故责任强制保险限额范围内垫付抢救费用，并有权向致害人追偿：（一）驾驶人未取得驾驶资格或者醉酒的……"第二款规定："有前款所列情形之一，发生道路交通事故的，造成受害人财产损失，保险公司不承担责任。"从《保险条例》第 21 条规定的人身伤亡、财产损失两种情形看，第 22 条第二款中的"财产损失"只应作限制性理解，不应包括死亡伤残赔偿金等项目。因此，本案中保险公司对受害人的财产损失依法不承担赔偿责任，但不能免除其支付受害人的死亡赔偿金的法定义务。

三、《保险条例》系国务院制定的行政法规，保监会制定的《保险条款》第 9 条与《保险条例》相关条款发生法律冲突，应以《保险条例》为处理依据。

第二种意见认为：原判适用法律正确。董某的再审申请不符合《中华人民共和国民事诉讼法》第 179 条第一款第（六）项的规定，依法应裁定驳回其再审申请。理由是：

一、对《保险条例》第 22 条中的"财产损失"应作广义理解。从《最高人民法院关于审理人身损害赔偿案件适用法律若干问题的解释》第 1 条"因生命、健康、身体遭受侵害，赔偿权利人起诉请求赔偿义务人赔偿财产损失和精神损害的，人民法院应予受理"的规定来看，"财产损失"系指与精神损害相对应的广义上的财产损失，因此，《保险条例》第 22 条的免赔范围包括因人身伤亡产生的各项经济损失，如伤残赔偿金、死亡赔偿金等。

二、《保险条款》第 9 条规定："被保险车辆在本条（一）至（四）之一的情形下发生的交通事故，造成受害人受伤需抢救的，保险人在接到公安机关交通管理部门的书面通知和医疗机构出具的抢救费用清单后，按照国务院卫生主管部门组织制定的交通事故人员创伤临床诊疗指南和国家基本医疗费用赔偿限额内垫付。被保险人在交通事故中无责任的，保险人在无责任医疗费用赔偿限额内垫付。对于其他损失和费用，保险人不负垫付和赔偿：（一）驾驶人未取得驾驶资格的；（二）驾驶人醉酒的；对于垫付的抢救费用，保险人有权向致害人追偿。"本案中，驾驶人醉酒驾车致人死亡，保险公司对受害人的死亡赔偿金依法不予理赔。

【再审判决】 该案经过向最高法院请示，依据最高人民法院于 2009 年 10 月 20 日以 [2009] 民立他字第 42 号函答复精神，维持二审判决，驳回原告诉讼请求。

【案例评析】 本案纠纷发生的原因是条例措辞不严密所致，容易产生误解。通过安徽省高院的请示，最高人民法院于 2009 年 10 月 20 日作出《关于如何理解和适用〈机动车交通事故责任强制保险条例〉第二十二条的请示的复函》，使问题得到了明确的解决，对全国处理此类案件提供了法律依据。见附文件一、二。

【附文件一】

最高人民法院《关于如何理解和适用〈机动车交通事故
责任强制保险条例〉第二十二条的请示的复函》
（[2009] 民立他字第 42 号）

安徽省高级人民法院：

你院 2009 年 5 月 19 日报请的 [2008] 皖民申字第 0440 号《关于如何理解和适用〈机动车交通事故责任强制保险条例〉第二十二条的请示》收悉。经研究，答复如下：

同意你院审判委员会的少数人意见。

此复。

2009 年 10 月 20 日

【附文件二】

《安徽省高级人民法院关于如何理解和适用〈机动车交通事故责任强制保险条例〉第二十二条的通知》（皖高法 [2009] 371 号）

各中级人民法院、县（区、市）基层人民法院：

本院在审查申请再审人董某与被申请人中国平安财产保险股份有限公司阜阳中心支公司财产保险合同纠纷一案中，对如何理解和适用《机动车交通事故责任强制保险条例》（以下简称《条例》）第二十二条形成不同意见。案经审判委员会讨论决定形成两种意见向最高人民法院请示。最高人民法院于 2009 年 10 月 20 日以 [2009] 民立他字第 42 号函答复我院。

根据答复精神，对《条例》第二十二条中的"受害人的财产损失"应作广义的理解，即这里的"财产损失"应包括因人身伤亡而造成的损失，如伤残赔偿金、死亡赔偿金等。

希望在今后同类案件处理中贯彻执行上述答复精神，确保全省法院法律适用的统一。

安徽省高级人民法院
2009 年 12 月 10 日

23.2　强制/商业险并存精神损害金可先在强制险内赔偿吗？

【案例简介】　2007 年 3 月 28 日，李某某分别为其所有的中型普通全挂货车的牵引车及挂车在保险公司投保了最高赔偿限额为 10 万元的机动车交通事故责任强制保险，同时又投保了最高赔偿限额为 50 万元的商业机动车交通事故责任保险和不计免赔险。

2007 年 9 月 16 日，李某某驾驶货车行驶至一交叉路口时，因占道超车，且对前方行人动态观察不周，剐撞对面由仲某某驾驶的电动三轮车，致使仲某某被碾轧致胸部损伤合并肢体损伤当场死亡。李某某负此次事故的全部责任。案发后，李某某主动向公安机关报警投案。遂后死者亲属诉至法院。

经人民法院审理，认定死者亲属应当获得死亡赔偿金等各项损失 32.8984 万元（包括精神损害抚慰金 3 万元），判令保险公司赔偿受害人机动车交通事故责任强制保险 10 万元和李某某赔偿受害人 22.8984 万元，李某某承担诉讼费 1765 元。

【理赔分歧】　由于商业险对精神损失金除外，根据《保险条款》第 8 条第 2 款规定："死亡伤残赔偿限额和无责任死亡伤残赔偿限额下负责赔偿丧葬费、死亡补偿费、受害人亲属办理丧葬事宜支出的交通费用……，误工费，被保险人依照法院判决或者调解承担的精神损害抚慰金"。李某某在支付了 22.8984 万元的赔偿款和 1765 元诉讼费后，依据保险合同向保险公司提出要求将精神损害抚慰金在强制险中给予赔偿，其余金额在商业险给予赔付。共索赔 23.0749 万元，但保险公司仅赔偿了 19.7706 万元，对于精神损害抚慰金 3 万元、诉讼费 1765 元、误工费 778 元、交通费 500 元等费用不予赔偿。双方发生争议，李某某遂诉至法院，要求保险公司再支付赔偿金 3.3043 万元。

在法庭上，保险公司与李某某就精神损害抚慰金是否可在交强险死亡伤残赔偿限额下优先赔付展开了辩论。保险公司认为：从《保险条款》第 8 条第 2 款规定来看，死亡伤残限额下负责赔偿丧葬费、死亡补偿金被保险人依照法院判决或者调解承担的精神损害抚慰金，很显然是优先赔偿丧葬费和死亡赔偿金的，只有在依次赔偿各项损失后，死亡伤残限额尚有余额的情况下，才可以在余额中赔偿精神损害抚慰金。

【法院判决】　法院审理后认为，李某某与保险公司之间的保险合同合法有效，双方应当按照合同约定行使权利、履行义务。李某某主张的已经法院判决赔偿受害人亲属的精神损害抚慰金 3 万元应当由保险公司赔偿，理由其一，《保险条款》第 8 条第 2 款的规定，没有确定死亡补偿费与精神损害抚慰金的先后赔偿顺序。且现双方对该条款的理解发生争议，应当作出不利于格式条款提供方即保险公司的解释，可解释为机动车交通事故责任强制保险可先行赔付精神损害抚慰金，多出交强险赔偿限额部分可在第三者责任保险中赔偿。

理由其二：李某某既投保了两份交强险，又投保第三者责任险和不计免赔险，支付了较高的保险费用，其与保险公司签约的目的就是最大限度地降低经营风险，如果不在交强险中先行赔付精神损害抚慰金，而精神损害抚慰金在第三者责任险中又得不到赔偿，则李某某不能实现合同目的，有违其签约初衷。

一审法院依据《中华人民共和国保险法》第 31 条、第 51 条的规定，判决保险公司向李某某赔偿保险金 3.3043 万元。

【二审辩论】 保险公司对一审法院判决不服，2008 年 5 月 5 日向市中级人民法院提出上诉辩称：

一、交强险条款并不是保险公司提供的格式条款，是由保监会发布并在全国统一施行，而保监会隶属于国务院，因此该条款具有明显的规章性质，保险公司也是被动地接受该条款的。一审法院将交强险条款按照保险法关于格式条款的规定，作出不利于保险公司的解释是显失公平的；

二、从交强险条款的规定来看，只有在依次赔偿各项损失后，死亡伤残限额尚有余额的情况下，才可以在余额中赔偿精神损害抚慰金，退一步讲，即使上述条款中各项损失先后排列不具有依次赔偿的意思，一审将所有 3 万元精神损害抚慰金完全认定在交强险中，仍然是显失公平的，应当按照交强险总额与受害第三者的总损失之比来确定交强险中所含的精神损害抚慰金数额。综上，一审法院适用法律不当，判决显失公平，请求二审依法改判。

李某某则答辩：交强险条款是由保险公司组成的行业协会制定的，并由保险公司自行采用，明显属于格式条款。李某某在投保时，保险公司没有对保险合同中的免责条款进行明确说明，故合同中的免责条款均不产生效力。原审判决认定事实清楚，适用法律正确，判决结果公正公平，请求驳回上诉，维持一审判决。

市中级人民法院于 2008 年 5 月 21 日公开开庭进行了审理。在审理过程中，保险公司提供了中国保险业协会 2008 年 2 月 1 日下发的《机动车交通事故责任强制保险理赔实务规程（2008 版）》，该规程第四节中规定："四、赔款计算……（七）对被保险人依照法院判决或者调解承担的精神损害抚慰金，原则上在其他赔偿项目足额赔偿后，在死亡伤残限额内赔偿"。保险公司以此欲说明在保险行业实务中，"死亡伤残限额"下负责的各赔偿项目应当依次赔偿，一审法院确定在"死亡伤残限额"下优先赔付精神损害抚慰金是错误的。

【二审判决】 中级人民法院认为，《机动车交通事故责任强制保险理赔实务规程（2008 版）》是保险行业协会为了规范和指导保险公司进行理赔而制定的指导意见，并非法律、法规和规章，仅对行业中的各个保险公司有约束力，对于李某某并无约束力。因此，市中级人民法院终审判决：驳回上诉，维持原判。

【案例评析】 在交通事故保险赔偿案中此类纠纷较为多见，尤其在交强险刚刚实施不久期间，类似纠纷频频发生，导致此类纠纷发生的原因在于法律规定不明确所致。2008 年安徽省六安市发生了一起相同的纠纷案件，安徽省高院向最高法院递交《关于财保六安市分公司与李福国、卢士平、张东泽、六安市正宏糖果厂道路交通事故人身损害赔偿纠纷一案的请示报告》。2008 年 10 月 16 日最高人民法院对此类纠纷作了批复，见附件。

【附文件】

最高人民法院《关于财保六安市分公司与李福国等道路交通事故人身损害赔偿纠纷请示的复函》（[2008]民一他字第25号复函）

安徽省高级人民法院：

你院[2008]皖民一他字第0019号《关于财保六安市分公司与李福国、卢士平、张东泽、六安市正宏糖果厂道路交通事故人身损害赔偿纠纷一案的请示报告》收悉。经研究，答复如下：

《机动车交通事故责任强制保险条例》第3条规定的"人身伤亡"所造成的损害包括财产损害和精神损害。

精神损害赔偿与物资损害赔偿在强制责任保险限额中的赔偿次序，请求权人有权进行选择。请求权人选择优先赔偿精神损害，对物资损害赔偿不足部分由商业第三者责任险赔偿。

此复
中华人民共和国最高人民法院
2008年10月16日

23.3 肇事逃逸交强险负责赔偿吗？

【案例简介】 史某于2007年1月20日将本案肇事车辆在太平洋保险公司投保了交强险。保险合同期间，史某驾驶投保车辆在海滨南路发生交通事故，造成王某死亡，经交警认定，史某属事故后逃逸，承担事故的全部责任，赔偿死者亲属32.5万元。赔偿完毕后，依据交强合同要求保险公司在交强险范围内承担赔付义务，史某代理起诉太平洋保险要求在交强险限额内赔付保险金5万元，向保险公司提出索赔。

【理赔分歧】 保险公司以属于合同的免除责任为由拒绝赔付。太平洋保险公司辩称：史某发生交通事故后逃逸，按照《机动车交通事故责任强制保险条例》第24条规定：机动车肇事后逃逸，应当由责任人承担全部责任，而不应当由社会救助基金部门承担责任，拒绝史某人作为原告的诉讼请求。

【法院判决】 法院认为，根据双方签订的交强险合同条款，并未约定被保险人肇事后逃逸属于保险人的责任免除，保险公司所依据的交强险条例第24条规定，机动车肇事后逃逸，由道路交通事故社会救助基金垫付抢救费用，但社会救助基金和管理机构有权向道路交通事故责任人追偿，保险公司认为社会救助基金不承担责任，保险公司其他损失也不应当承担责任，本条是针对社会救助基金而言，而被告保险公司并非社会基金救助机构，不能将该条款扩大为保险公司，本案中双方当事人也未将其约定为责任免除情形，故判决太平洋保险公司赔付原告保险金5万元。

【案例评析】 交强险为法定保险，除法律行政法规规定的法定免责事由外，保险公司均需对交强险负责赔偿。而根据《道路交通安全法》第76条第2款以及《交强险条例》第21条第2款、第22条之规定，交强险的法定除外责任仅列举了以下五种情形即：受害人故意、被保险机动车驾驶人无证驾驶、醉酒驾车、被保险机动车被盗抢期间肇事、被保险人故意制造交通事故。"被保险机动车肇事后逃逸"并未纳入以上法定除外情形，交强险条款也未将肇事后逃逸列入免赔情形，因此，根据相关的法律规定和合同约定，保险公司应当对"肇事逃逸"予以理赔。

23.4 交强险已到期未续，发生交通事故如何担责？

【案例简介】 2009年6月10日，孙某某驾驶货车（交强险已到期，未及时续买）在205国道当涂段一交叉道口，与徐某骑的自行车相撞，致徐某受伤，当日徐某被送往医院治疗。交警大队认定孙某某负此事故主要责任，徐某负次要责任。

2009年11月6日，徐某经鉴定为十级伤残。徐某所受的损失有医疗费、误工费、护理费、精神抚慰金等共计3万余元，徐某诉至法院要求被告孙某某应在交强险规定的责任限额内，承担全部责任，超出部分再按事故责任划分比例予以赔偿。而被告孙某某由于未续买强制保险，只同意整体按事故责任划分比例予以赔偿。

【法院判决】 通过法院审理，支持原告徐某诉讼请求，判令由肇事机动车一方孙某某在该车应当投保的交强险责任限额内承担无过错赔偿责任，超过保险责任限额的部分再按事故过错责任划分比例予以赔偿。

【案例评析】 交强险具有社会保障性，是为不特定的第三人利益而设立的保障性保险，旨在确保第三人即受害人因交通事故受到损害时能够从保险人处获得及时、便捷的赔偿。《中华人民共和国道路交通安全法》第76条规定："机动车发生交通事故造成人身伤亡、财产损失的，由保险公司在机动车责任强制保险责任限额范围内予以赔偿；不足的部分，按照下列规定承担赔偿责任：机动车之间发生交通事故的，由有过错的一方承担赔偿责任；双方都有过错的，按照各自过错的比例分担责任。"即我国法律对双方均为机动车造成交通事故损害赔偿的归责原则为混合归责原则，即在交强险责任限额内实行无过错责任原则，超出保险责任限额的部分实行过错责任原则。

另根据民法理论，对于民事侵权责任的认定不应要求全部由法律明确规定，有明确规定时当然应赔偿，没有明确规定时依据民法原则、侵权原理构成侵权的，也应承担赔偿责任。结合本案，按照侵权的构成要件分析：

一、若原告不能得到交强险责任限额内的无过错责任赔偿，则造成原告直接损失；

二、被告未续交强险，主观上存在过错，是一种违法行为；

三、被告未履行投保交强险的法定义务，才造成了原告不能得到法定的保险责任限额内的无过错赔偿，即被告的违法行为与原告的损害结果之间存在因果关系。

因此，被告侵害原告的法定交强险赔偿费成立。故法院判令由肇事机动车一方在该车应当投保的交强险责任限额内承担无过错赔偿责任，超过保险责任限额的部分再按事故过错责任划分比例予以赔偿。这一判决符合相关法律、法规的立法宗旨，而且从裁判结果的社会效果来看，还会促使机动车所有人积极参加强制保险，从而更有效发挥保险的分散风险、消化损失的作用。

23.5 摔出车外死亡属于第三者吗？

【案例简介】 2008年，贵州人杨某购有一辆自卸货车。同年4月24日，杨某在保险公司为该车投保了交通事故责任强制险和特种车辆保险,其中强制险死亡伤残赔偿保险金额 11 万,特种车辆车上人员责任保险金额为 5 万。投保后,杨某将自己的车投入到正在施工的某建设工地运营。因建设部门不允许个人车辆在施工区营业,杨某找到某机械施工公司协商,将车挂靠在该公司名下经营。双方口头约定:可以挂靠经营,但发生事故由杨某自行负责,公司不承担任何责任。随后,杨某雇李某为驾驶员,开始施工区内运输业务。

2008 年 10 月 26 日李某驾驶自卸车搭乘詹某,从施工区向骨料场行驶时,因车速过快、路面湿滑,车辆驶入道路左侧与挡墙发生碰撞,坐在副驾驶室位置的詹某被甩出车外,车辆继续前行,货箱尾部与挡墙又发生两次碰撞,此次事故造成詹某当场死亡,车辆、防护墙、防护墩受损的重大交通事故。经公安局事故认定为:由于机动车驾驶员李某超速行驶,导致事故发生,李某负事故全部责任,死者詹某无责任。事故发生后,杨某承担了处理死者的各种费用 11680 元,2008 年 10 月 28 日,杨某、挂靠公司支付受害者家属赔偿费 4 万元。

2009 年 5 月 27 日,李某被提起公诉。法院判决:李某犯交通肇事罪,处有期徒刑 6 个月。随后詹某亲属找挂靠公司索赔,双方发生分歧,未能协商一致。詹某亲属以杨某、挂靠公司、李某为被告,保险公司为第三人,向人民法院提起民事诉讼,诉求被告赔偿损失 38.13084 万元,第三人保险公司以最高保额 16 万元向原告进行理赔。

【法院认定】 2009 年 12 月,法院经过审理认为:李某驾车发生事故致詹某死亡,经公安交警部门认定,李某负全责,对此应当承担赔偿责任。李某受雇于杨某从事雇佣活动而发生,雇主应当承担责任;事故车辆挂靠在施工公司经营,该公司亦应承担相应责任;事故发生时詹某乘坐于车上,是本车车上人员,不属于机动车交通事故强制保险理赔范围,保险公司不承担强制保险理赔责任;杨某投保的特种车辆车上人员责任险指的是对驾驶员的保险,不是乘客险,詹某的死亡不属于该保险合同理赔的范围。杨某投保的特种车保险是商业险,属合同性质,应另案处理。

【法院判决】 由杨某赔偿詹某亲属 30.13696 万元,扣除已经支付的 4 万元,还应赔偿 26.13696 万元。李某、挂靠公司承担连带赔偿责任。

【二审诉讼】 一审判决结果宣告后,杨某、挂靠公司对此不服,提出上诉。二审中,杨某除对赔偿费用计算及其标准有意见外,特别强调保险公司应当承担保险赔付责任。受害人詹某虽然乘坐于事故车上,但事故发生时,他已经被甩出车外,不再是车上人,他是在车外受伤死亡的。因此,他是事故的第三者。根据保险法和强制保险条例的规定,保险公司应在强制性和第三者责任险总和限额 26 万内承担保险赔付责任。被上诉人认同要求保险公司承担赔付责任,其他的给予了辩驳。

【二审判决】 2009 年 4 月 13 日,中级法院作出终审判决:驳回上诉,维持原判。

【案例评析】 本案中,原被告有一个共同的声音,那就是要求第三人的保险公司承担强制险和第三者责任险限额内的赔偿。这一方面是减轻赔偿负担和减少诉讼风险;另一方面则是对受害者甩出车外死亡,置身地面,属车外之人(即第三者)的认识统一。然而,法院确给了相反的结论,未能支持他们相同的主张。

2006 年国务院颁布实施的《机动车交通事故责任强制保险条例》第 3 条规定:"本条例所称机动车交通事故责任强制保险,是指由保险公司对被保险机动车发生道路交通事故造成本车人员、被保险人以外的受害人的人身伤亡、财产损失,在责任限额内予以赔偿的强制性责任保险"。中保协条款《机动车交通事故责任强制保险条款》第5条规定"交强险合同中的受害人是指因被保险机动车发生交通事故遭受人身伤亡或者财产损失的人,但不包括被保险机动车本车车上人员、被保险人"。从条例和条款中可以看出,强制责任险不包括本车车上人。

前述案例中,事故发生时受害人詹某乘坐于事故车副驾驶室,可以肯定地说,詹某从车内甩出车外,与地面物碰撞之间的那一刹那间,詹某是活体,这是不容置疑的,当他与地面物体碰撞之后,即行发生死亡结果。尽管事故车将詹某甩出后,又几次碰撞其他物体,但这一过程中并没有碾压、撞击詹某。因此,发生事故时,詹某属于事故车车上人。法院采纳了保险公司的辩解意见,驳回了原、被告对保险公司请求赔付的主张。这完全符合法规规定和保险合同的约定。

23.6 挂车造成牵引车人员伤害保险人承担责任吗?

【案例简介】 2007年8月某建筑公司分别为其公司名下的苏E2重型半挂牵引车及苏E0自卸半挂车分别向保险公司投保了机动车交通事故责任强制险及商业第三者责任险以及机动车辆损失险、基本不计免赔率特约险,保险期间自2007年9月7日零时自2008年9月6日二十四时止。自卸半挂车的商业第三者责任保险的保险金额为20.0000万元(牵引车车辆损失保险金额为12.6000万元)。

2008年5月22日,建筑公司的驾驶员谭某驾驶重型半挂牵引车牵引半挂重型自卸半挂车驶至某路口处,遇情况制动,致使车辆满载的槽钢前移撞击驾驶室,造成谭某及乘员陈某(原告员工)死亡,车辆受损。交警部门调查后认为:谭某驾驶安全设施不全且超载的重型半挂牵引车牵引重型自卸半挂车,遇情况措施不利的过错行为,违反了《中华人民共和国道路交通安全法》的有关规定,是造成该起交通事故的直接原因。谭某应当负该起事故的全部责任。

事发后,建筑公司向谭某及陈某的家属各赔偿各项损失共计40万元,两家合计80万元。(经市价格认证中心评估,重型半挂牵引车车损为3.6000万元。建筑公司支付车辆修理费3.6000万元,价格认证费1000元。)建筑公司与保险公司为理赔事宜发生纠纷,建筑公司起诉到法院。

【法庭辩论】 原告建筑公司认为,本单位已经为牵引车和挂车分别办理了交通事故强制保险、商业第三者责任险以及机动车辆损失险,由此主张,在一起事故中,牵引车和挂车是作为各自独立的主体出现的,就挂车而言死者谭某及陈某不属于车上人员,就主车而言其车损不属于本车所载货物撞击所致,因此,保险公司应当按保险合同的约定承担赔偿责任。

被告保险公司辩称:挂车和主车视为一体。根据机动车交通事故强制保险条款及商业第三者责任险保险条款的第5条第二项:车上人员的人身伤亡或本车上的财产损失,保险公司不负责赔偿。因谭某和陈某均属于保险车辆的车上人员,因此该部分损失被告不予赔偿。

同时，根据车辆损失险保险条款第 3 条：下列原因造成的损失，保险公司不负责赔偿：……（四）本车所载货物的撞击、腐蚀；……（八）违反法律法规中有关机动车装载规定。第 4 条第二项：未在规定检验期限内进行机动车安全技术检验或检验未通过的，保险公司不负责赔偿。因苏 E2 重型半挂车的车损是由其运载的货物撞击所致，且事发时车辆超载，挂车不符合安全技术条件，因此该车车损保险公司也不予赔偿。综上所述，请求法院依法驳回原告诉讼请求。

【法院认定】 法院认为，原告建筑公司与被告保险公司签订的保险合同系双方真实意思表示，不违反法律规定，依法成立有效。在保险期限内，原告建筑公司允许的驾驶员谭某驾驶车辆苏 E2 重型半挂牵引车牵引保险车辆苏 E0 挂重型自卸半挂车，因遇情况制动致使车辆满载的槽钢前移撞击驾驶室，造成驾驶室内的谭某及乘员陈某死亡，苏 E2 重型半挂牵引车受损，现原告要求被告保险公司在苏 E0 挂重型自卸半挂车交强险和商业第三者责任险保险金额范围内及苏 E2 重型半挂牵引车车辆损失险保险金额范围内赔偿损失。挂车作为一种无动力的机动车辆，没有独立的驾驶员，在非与主车（牵引车）连接状态下无法正常行驶。因此，在一起事故中，挂车与主车应当视为一体。

在本案中，死者谭某及乘员陈某均属车上人员，主车车损属于本车所载货物所致，且事发时车辆超载，根据机动车交通事故责任强制保险条款第 5 条、商业第三者责任险条款的第 5 条第（二）项、车辆损失险条款第 3 条第（四）项及第（八）项，上述情形下原告的赔付请求不符合保险合同约定的赔偿范围，对其诉讼请求，法院不予支持。

法院并认为：挂车在非连接状态下不存在交通事故风险，只有当挂车和主车连接状态下，形成交通事故风险，有挂车的组合其事故风险比单车风险更大，无论已保险的主车拖带未保险的挂车还是未保险的主车拖带已保险的挂车，都属于保险车辆增加危险程度的范畴，超出了保险责任正常所承担的范围，上述情况下保险人有权依据《保险法》第 37 条，不承担赔偿责任。正是基于上述原因，保险公司除要求主车投保外，一般还要求挂车也必须按照机动车单独进行投保。另外，在商业第三者责任险条款第 20 条也明确：挂车和主车投保后视为一体……因此，原告观点依据不足，法院不予采纳。驳回原告建筑公司的诉讼请求。

【二审判决】 经过二审法院审理判决：维持一审判决，驳回原告上诉。

【案例评析】 这是一起第三者损失责任与机动车财产损失交织在一起的赔偿案例。单从第三者责任保险角度分析，按照有关条款规定，牵引车与挂车视为一体，分别投保是基于挂车增加了保险人责任风险的考虑，不能成为独立车而出现。为此，法院判决谭某与陈某对于挂车而言不属于第三者。有关保险条款引用如下：

一、《机动车交通事故责任强制保险条款》第 5 条："交强险合同中的受害人是指因被保险机动车发生交通事故遭受人身伤亡或者财产损失的人，但不包括被保险机动车本车车上人员、被保险人。"

二、《商业第三者责任险条款》第 5 条明确规定："下列损失和费用，本公司不负责赔偿：……（二）车上人员的人身伤亡或本车上的财产损失。"

三、《商业第三者责任险条款》第 20 条规定："挂车和投保后与主车视为一体，发生保险事故时，挂车引起的赔偿责任视同主车引起的赔偿责任……"

23.7　机动车责任险索赔时限如何计算？

【案例简介】 2002年10月，王某某为其车向保险公司投保了机动车第三者责任保险。2003年6月8日，该车发生交通事故致受害第三人死亡。事故发生后，王某某立即向保险公司电话报案。其后，死者家属就驾车致害人王某某的赔偿事宜向法院提起诉讼。一审后王某不服，遂向中级法院提出上诉，二审法院于2005年12月16日下达终审判决，维持原判。王某仍然不服二审判决，遂向二审法院申请再审，被驳回后，王某某又继续向省高级法院申请再审，被省高院于2007年6月20日驳回。结束上述诉讼活动后，王某某于2008年向保险公司提出索赔。

【理赔分歧】 保险公司内部就本案的理赔处理产生了分歧，其中主张应予赔付的分为两种意见：其一认为，2007年6月20日，王某某与受害人的诉讼活动才结束，王某某在2008年向保险公司索赔并没有超过两年的索赔期限；其二认为，王某某在交通事故发生当时即向保险公司报了案即已行使了索赔权利，保险公司不能以超过索赔时限为由拒赔。

主张拒赔的也分为两种意见：其一认为，交通事故发生在2003年6月8日，2008年王某提出索赔时，已远超过保险法规定的两年，保险公司可以拒赔；其二认为，第三者责任险的被保险人只有在其对第三人所承担的民事责任得以固定后才能提出索赔，从本案来说，王某应在二审法院的终审判决书生效之日起两年内行使索赔权利，即2007年12月16日之前，现王某在2008年索赔，已超过索赔时限，保险公司可以拒赔。

【案例评析】 本案的争议点主要有两个：第一个问题是机动车责任险索赔时限的起算点如何规定？第二个问题是出险人报案能否等同于索赔起始点？

一、关于索赔时限的起算点如何确定问题

《保险法》第27条规定"人寿保险以外的其他保险的被保险人或者受益人，对保险人请求赔偿或者给付保险金的权利，自其知道保险事故发生之日起二年不行使而消灭"。

本案索赔时限确定的关键在于如何界定保险事故的发生。这在一般的财产损失险中较易明确，但本案涉及的是机动车第三者责任保险，根据《保险法》第50条规定：责任保险是指以被保险人对第三者依法应负的赔偿责任为保险标的的保险。因此，由于责任保险保险标的的特殊性，其对保险事故的界定，不能简单地理解为一般的损害事故，保险事故发生的标准，应为被保险人对第三者依法承担的民事赔偿责任的确定。

本案王某某投保了第三者责任险，交通事故后即与死者家属进入了诉讼，经一审、二审和两次再审申请，历时四年，哪个时点才是保险事故发生的时点及索赔时限的起算点呢？

发生交通事故后，在侵权人（被保险人）与受害人之间，即产生了侵权损害赔偿的权利义务关系，但此时受害人损失的程度和侵权人民事赔偿责任的大小尚未确定。《民事诉讼法》第158条规定："第二审人民法院的判决、裁定，是终审的判决、裁定"，终审判决生效后，被保险人的赔偿责任（保险标的）得以固定。根据《民事诉讼法》第178条规定：当事人向原审人民法院或者上一级人民法院申请再审的，不停止判决、裁定的执行，因而其后的申请再审的过程，并没有影响判决的效力和赔偿责任的大小。

由此可见，本案保险事故发生的时点既不是交通事故发生的2003年6月8日，也不

是王某某的再审申请最终被高院驳回的 2007 年 6 月 20 日，而应以侵权损害赔偿诉讼中生效的判决书为标志，即 2005 年 12 月 16 日二审法院终审判决的下达。从此时起，被保险人对保险人请求赔偿的权利，二年不行使而消灭。

但是，中国保险监督管理委员会曾在 1999 年 12 月 13 日《关于索赔期限有关问题的批复》(保监复〔1999〕256 号) 中指出："根据《保险法》第 26 条 (即现行《保险法》第 27 条) 的规定，人寿保险以外的其他保险的被保险人或者受益人，对保险人请求赔偿或者给付保险金的权利，自其知道保险事故发生之日起二年内不行使而灭失。"对于责任保险而言，其保险事故就是第三人请求被保险人承担法律责任。保险事故发生之日，应指第三人请求被保险人承担法律责任之日。

如前所述，损害事故的发生，仅在被保险人与受害人之间产生了侵权损害赔偿的法律关系，即使第三人已向被保险人请求承担法律责任，被保险人民事赔偿责任的大小仍尚未确定，请求的金额与最终确定的金额可能并不一致，被保险人无法向保险人提出明确的索赔请求，也往往尚未获得索赔必需的所有材料，即并不具备行使索赔权利的必要条件。因此，可以认为，要求被保险人在其对受害第三人的民事赔偿责任最终确定后提起索赔是比较合理的。民事损害赔偿的确定在实践中主要表现为侵权人和受害人经协商达成赔偿协议、通过诉讼由法院作出有效判决以及通过仲裁由仲裁机构作出有效裁决等，从第三人提出赔偿请求到赔偿责任的最终确定，可能会经历一段较长的时间，鉴于责任保险的特殊性，给予被保险人在民事责任确定之后两年的索赔期限，便于实践操作，也利于保护被保险人的合法权益。

二、关于报案是否等同于索赔时间起点问题

报案仅仅是将发生损害事故并可能引起保险事故的事实通知保险公司，由于基于法律规定的侵权法律关系和基于合同约定的保险法律关系是两种不同类型的法律关系，此时是否发生保险事故、是否属于保险责任尚未最终确定，更勿论损失的大小了。

索赔则是在保险事故发生后，被保险人或受益人做出的请求赔偿或给付保险金的明确意愿。以本案中为例，王某某仅在交通事故发生后电话通知了保险公司，之后并无进一步明确的请求赔偿一定金额之意思表示，也未委托保险公司代为处理诉讼事宜，其索赔时间只能确定为 2008 年而非 2003 年。

实践中和王某某一样只报案却未采取下一步行动，或者提供了部分资料后就再也无音讯的被保险人并不在少数，当他们时隔多年再来索赔，往往因为超出索赔时限而无法获得保险赔付，因为其之前的行为尚不足以构成索赔。可见，不及时行使索赔权既不利于被保险人权益的维护和实现，也不利于保险人及时确定责任、及时结案。当然，如果被保险人提供的资料不全，保险人未及时通知被保险人补充提供相应材料的，保险人就不能以索赔时限已过、被保险人未提供完整的材料而拒绝赔偿。

三、关于有关索赔时限的法律建议

从被保险人的角度而言，不仅事故发生后应及时报案，更要注意一旦责任确定后务必及时索赔，及时提供相关资料，接到保险人补充提供材料的通知后及时补充提供。第三人向其索赔或提起诉讼的，应及时通知保险人，可以请保险人共同参加赔偿事宜的协商，甚至委托保险人代为应诉。保险人尽早介入谈判协商或者诉讼，有利于借助保险人专业技术、人力、经验等，此外，保险人提前介入侵权赔偿的解决过程，还可以充分考虑保险合同的约定和条件，减少或避免被保险人额外的支出和之后不必要的纠纷。

相应的，从保险人的角度来说，接报案时应提示被保险人及时索赔，提示其在遭遇第三人索赔、被提起诉讼时及时通知保险人；在索赔材料不全时及时告知被保险人补充提供。

在责任险条款中，一般都会要求被保险人接到法院传票或其他法律文书后，将其副本或复印件及时送交保险人，并约定保险人有权以被保险人的名义对诉讼进行抗辩或处理有关仲裁事宜，被保险人应提供有关证明和资料，并给予必要的协助。这在国外保险业务中，更是普遍践行的惯例。保险人的提前介入，既是被保险人索赔权及时行使和实现的有力保障，又是尽快解决侵权纠纷、减少保险合同纠纷的有效手段，是责任险中互利双赢的特有方式。

23.8 特种车辆不是特种设备，免责条款难免赔偿责任

【案例简介】 2004年3月10日，江苏省某市吊装队购买了汽车起重机一台。同时，吊装队委托销售公司在某保险公司办理了特种车辆保险业务。吊装队经办人刘某填写了保险投保单，约定：吊装队为其所有的起重车投保特种车辆损失保险、第三者责任险、盗抢险。其中，第三者责任险保险金额10万元。保险期间为2004年3月11日至2007年3月10日。刘某在"投保人声明：保险人已将投保险种对应的条款（包括责任免除部分）向本人作了明确说明，本人已充分理解上述所填写的内容均属实，同意以此投保单作为订立保险合同的依据"一栏中签字。吊装队支付了3年的保险费22436.57元。

2005年5月27日，吊装队应欧阳某某聘请，派起重车为房产公司工业区厂房钢梁进行吊装，随车人员为起重司机方某某和辅助工潘某某，方某某持有特种设备作业人员操作证，潘某某没有操作证。

在吊装过程中，钢梁滑落，将欧阳某某雇佣的现场安装工张某某砸伤，后张某某经抢救无效死亡。市有关部门联合出具的事故调查报告认定："起重司机方某某对起重作业的安全管理规定不够了解，吊装中没有按照起重十不吊原则进行，没有服从现场无特种作业人员操作证的人员发出的现场指挥信号，且没有检查吊装物件是否捆绑固定牢靠，最终导致事故发生，应负有直接责任；辅助工潘某某没有经过专业训练，不懂起重作业知识。"

同年6月3日，经市公安局调解，欧阳某某先行向死者张某某的家属赔偿了195000元及医疗费、殡葬费等。后欧阳某某向吊装队追索损失，2005年11月1日，吊装队与欧阳某某经协商达成协议，吊装队赔偿欧阳某某13万元并已支付。吊装队支付了13万元赔偿款后，认为他们起重车投保了10万元的第三者责任险，故要求保险公司予以理赔，而某保险公司拒绝赔偿。

2005年12月1日，吊装队向区人民法院起诉，要求某保险公司按保险合同的规定赔偿第三者责任险10万元。

【一审审理】 在法庭上，保险公司提供了《特种车辆保险条款》，其中第9条规定"下列情况下，不论任何原因造成保险特种车辆损失、第三者人身伤亡或财产损失，保险人均不负责赔偿"，第6款"驾驶或操作人员有下列情形之一者"，第3项"无国家有关部门核发的有效操作证"。

保险公司认为：本案中，仅起重司机方某某持有特种设备作业人员操作证，但挂钩工潘某某和已实际成为特种车辆操作人员的张某某没有操作证，故保险公司按条款规定不负赔偿责任。

在案件审理过程中，保险公司申请法院向市质量技术监督局进行了调查。市质量技术监督局提供了国务院颁布的《特种设备安全监察条例》、国家质监验总局颁布的《特种设备作业人员培训考核管理规则》等法规、部门规章，其中规定：从事起重机械安装（改造）、维修保养、司索（俗称挂钩工）、指挥的人员以及起重机械司机为特种设备作业人员，均需持有特种设备作业人员操作证方可工作。起重车系非固定的起重机械，可以由具有操作证的司机从事司索工作，或指导他人从事司索工作。如果从事司索的人员没有操作证，也未在持有操作证的人员指挥下工作，就违反了《特种设备安全监察条例》。

【一审判决】 区法院认可了上述调查结果，认为原、被告签订的保险合同合法有效，双方均应按合同履行各自的义务。吊装队投保的起重车系特种车辆，属于特种设备，仅司机方某某持有操作证，辅助工潘某某无操作证，且方某某非但没有指导无操作证的人员从事司索工作，反而服从无操作证的人员的指令，违反了国务院颁布的《特种设备安全监察条例》的"从事起重的司机、司索均应具有特种设备作业人员操作证"的规定，从而导致事故的发生，已符合保险条款中约定的某保险公司不负责赔偿的条件，吊装队要求某保险公司赔偿第三者责任险，没有法律依据。据此，区法院判决驳回吊装队的诉讼请求。

【二审审理】 法院宣判后，吊装队立即向市中级人民法院提起上诉。其上诉主要理由为：原审法院仅凭辅助工没有操作证而适用《特种车辆保险条款》中"驾驶或操作人员无国家有关部门核发的有效操作证"的免责条款，是认定事实错误。

中级法院经审理认为，《特种车辆保险条款》与《特种设备安全监察条例》所规定的目的和对象是不一样的。《特种车辆保险条款》是确定保险人和被保险人具体的权利和义务，强调的是保险人在何种情况下承担保险责任或者免除保险责任，针对的对象是被保险的特种车辆。而《特种设备安全监察条例》是为了加强对特种设备的安全监察，防止和减少事故，保障人民群众生命安全和财产安全，针对的对象是危险性较大、涉及生命安全的特种设备。

因此，特种车辆不等于特种设备，《特种车辆保险条款》中规定的操作人员与《特种设备安全监察条例》中规定的作业人员，其范围显然是不同的。

《特种车辆保险条款》规定，特种车辆的操作人员是针对该范围内的特种车辆而言的，如起重车辆的驾驶员或电视转播车辆中的操作人员。而《特种设备安全监察条例》规定，特种设备的作业人员是针对该范围的特种设备的作业人员及其相关管理人员。

法院认为，本案中，吊装队的经办人刘某虽然在投保单中投保人声明一栏中签字，称保险人已将投保险种对应的条款（包括责任免除部分）向本人作了明确说明，但作为某保险公司应当根据新修改的《中华人民共和国保险法》第5条"保险活动当事人行使权利、履行义务应当遵循诚实信用原则"的规定，对《特种车辆保险条款》中操作人员的范围作出特别的解释或作出书面记录，作为约束双方权利和义务的依据。因为保险条款中对操作人员的范围没有明确规定，一般投保人仅能理解操作人员是具体操作特种车辆的人员，很难理解某保险公司所解释的操作起重车的人员还包括司索工、信号指挥工、安装与维修工，故某保险公司不能以刘勇在投保人声明一栏中签字，就认定投保人吊装队对操作人员的范围还包括司索工、信号指挥工、安装与维修工的内容已经明知。

由于保险公司与吊装队对保险条款中操作人员的解释产生分歧，这表明保险人对保险条款的内容未说明清楚，应当对该模糊条款所导致的争议承担不利的后果，特种车辆不是特种设备，保险公司难免赔偿责任。

【二审判决】 根据《特种车辆保险条款》第28条第1项"负主要责任的免赔率为15％"的约定，某保险分公司应在保险金额10万元、免赔15％的范围内承担赔偿责任。故扬州市中级法院终审判决某保险公司向吊装队支付保险赔偿金8.5万元。

【案例评析】 我国《保险法》第17条规定："订立保险合同，采用保险人提供的格式条款的，保险人向投保人提供的投保单应当附格式条款，保险人应当向投保人说明合同的内容。对保险合同中免除保险人责任的条款，保险人在订立合同时应当在投保单、保险单或者其他保险凭证上作出足以引起投保人注意的提示，并对该条款的内容以书面或者口头形式向投保人作出明确说明；未作提示或者明确说明的，该条款不产生效力。"

第30条规定："采用保险人提供的格式条款订立的保险合同，保险人与投保人、被保险人或者受益人对合同条款有争议的，应当按照通常理解予以解释。对合同条款有两种以上解释的，人民法院或者仲裁机构应当作出有利于被保险人和受益人的解释。"

23.9 意外事故造成第三者损失保险人为何拒赔？

【案例简介】 2007年1月25日，罗某为其所有的吊车向某保险公司投保了特种车保险（机动车损失保险、机动车第三者责任险）以及交强险，保险期间为2007年1月26日至2008年1月25日。2007年7月17日，驾驶员魏某驾驶保险车辆在吊运锅炉时将车下施工人员杨某砸伤，锅炉坠落。杨某住院治疗14d，罗某支付了全部医疗费6751.75元，并赔偿杨某误工费、住院伙食补助费、营养费、护理费、交通费等各项费用6000元，赔偿锅炉损失费18000元。事故发生后，罗某多次向保险公司索赔，保险公司以本事故不属于保险事故为由予以拒赔，罗某遂诉至仲裁委员会，要求裁决被申请人某保险公司支付保险赔偿金22887.24元，仲裁费由被申请人承担。

【仲裁抗辩】 保险公司认为：本案系被保险机动车在吊运锅炉作业时将杨某砸伤，属于意外事故，而非机动车在行驶过程中发生的交通事故，不属于机动车交通事故责任强制保险赔偿范围。根据《特种车保险条款》第9条第8、9项约定：下列损失，保险人不负责赔偿：作业中由于震动、移动或减弱支撑造成的财产、人身损失，被保险机动车举升、吊升物品过程中发生意外事故，造成被吊物品的损失。杨某的人身损害损失和吊运锅炉的财产损失，系被保险机动车在吊运锅炉作业中发生的意外事故损失，均不属于保险责任。

【仲裁认定】 仲裁庭认为："本案保险合同合法有效，本案事故发生在保险合同期间内，符合特车保险条款第6条关于第三者责任保险事故的约定，属于保险事故。杨某被吊车钢绳砸伤，符合保险条款第6条第三者责任保险对于保险责任的约定，与被申请人主张的保险条款第9条第8项关于责任免除的约定情形不符，故被申请人应对第三者杨某的人身伤害损失，承担保险赔偿责任。本案被保险起重车在吊卸锅炉过程中，锅炉掉下受损，按保险条款第9条第9项约定，保险人不负责赔偿，故锅炉受损而产生的财产损失不属于被申请人的保险责任范围，被申请人有权拒绝。"即人伤属保险事故，物损属除外责任。

仲裁庭认为:"申请人在已赔偿的医疗费之外,与第三者杨某协商赔偿第三者误工费、住院伙食补助费、营养费、护理费、交通费合计6000元,系申请人自行承诺和支付的赔偿金额,对于该赔偿金额中不符合法律规定或超出法定标准的部分,因不符合保险特种车保险条款第32条的约定,仲裁庭不予支持。"因此被保险人自行承诺支付给第三者的赔偿费用不能对抗保险人。

【仲裁裁决】 仲裁庭依据《中华人民共和国仲裁法》第7条规定的公平原则,裁决如下:

(一)被申请人应向申请人支付保险赔偿金人民币7561.40元;

(二)申请人预交的本案仲裁受理费955元,处理费500元,合计1455元,由被申请人承担70%计1018.50元,由申请人承担30%计436.50元。被申请人承担的部分,由被申请人付给申请人。

【案例评析】

一、本案意外事故是否属于交通事故?

申请人罗某提交了《南昌市公安交通管理局青山湖大队事故认定书》,仲裁庭认为,事故认定书所载事实属实,予以采信;但对其属于交通事故的认定,因该事故是被保险机动车在停止状态下起重升吊锅炉作业时钢绳断裂将第三者杨某砸伤,不属于道路交通事故,仲裁庭不予采信。

关于"交通事故"的定义,《道路交通安全法》第119条作了如下定义:"(五)交通事故是指车辆在道路上因过错或者意外事故造成的人身伤亡或者财产损失的事件。""(一)道路是指公路、城市道路和虽在单位管辖范围但允许社会机动车通行的地方,包括广场、公共停车场等用于公众通行的场所。"本案意外事故发生于南昌市秦村施工现场,系被保险机动车作业过程中造成的人身伤亡和财产损失事故,由于该施工现场并非法律规定的道路,故本案意外事故不属于交通事故。仲裁庭认为不属于道路交通事故的意见符合法律规定。

二、本案能否比照适用交强险赔偿?

《交强险条例》第3条规定:"本条例所称机动车交通事故责任强制保险,是指由保险公司对被保险机动车发生道路交通事故造成本车人员、被保险人以外的受害人的人身伤亡、财产损失,在责任限额内予以赔偿的强制性责任保险。"第43条规定:"机动车在道路以外的地方通行时发生事故,造成人身伤亡、财产损失的赔偿,比照适用本条例。"即《交强险条例》规定道路交通事故适用交强险赔偿,非道路交通事故比照适用交强险赔偿。

本案属于被保险机动车在作业过程中发生事故,而非"通行时发生事故",故本案不能比照适用交强险赔偿。仲裁庭未裁决保险公司赔偿交强险,符合《交强险条例》规定。

三、本案是否符合《特种车保险条款》第9条第8项情形?

根据《特种车保险条款》第9条第8项约定:"下列损失和费用,保险人不负责赔偿:……(八)在作业中由于震动、移动或减弱支撑造成的财产、土地、建筑物的损毁及由此造成的人身伤亡……"保险公司认为:本案受害人杨某系被保险机动车在吊运锅炉作业中发生意外事故所致,根据保险合同约定,在作业中由于震动、移动或减弱支撑造成的人身伤亡不属于保险责任。仲裁庭则认为:杨某被吊车钢绳砸伤,符合保险条款第6条第三者责任保险对于保险责任的约定,与被申请人主张的保险条款第9条第8项关于责任免除的约定情形不符，故被申请人应对第三者杨某的人身伤害损失，承担保险赔偿责任。

笔者认为：特种车施工作业中（非通行时）发生的意外事故属于工伤事故，不属于第三者责任险的赔偿范围，机动车第三者责任险保障的是在道路上通行的不特定的受害第三者，而非特定的施工现场工作人员。施工作业事故造成的损失应当由其他险种如建工险、雇责险、意外险等予以保障。仲裁庭认为本案不符合责任免除约定情形，但未说明理由，值得商榷。

应该注意的是：商业特种车险以及商业机动车第三者责险保障的是超过交强险各分项赔偿限额以上的部分，而非交强险责任限额内不予赔偿的部分。因此，不属于交强险赔偿范围的事故一般均不能获得商业第三者险的赔偿，否则《特种车保险条款》第6条与第11条将无从适用。

第 24 章　工程保证担保案例

24.1　华远房地产公司工程保证担保案例

【案例简介】 自 2001 年华远地产公司逐渐建立了一整套工程保证担保制度体系，设立了投标、材料质量、工程款、履约、支付、监理、精装修等各个环节、多个方面的工程保证担保品种，并陆续在开发的项目中全面实行。

2003 年华远·海润国际公寓精装修项目，华远地产委托长安保证担保公司向购房人开具了"房屋质量保修保证担保承诺书"，并陆续在华远·尚都国际中心、华远·盈都大厦项目中全面实行。

2004 年针对长期存在的农民工工资拖欠的社会问题，开始对劳务工资支付担保的可行性研究，并在项目中试行。2005 年底代表最高技术标准的高档公寓——华远·昆仑公寓工程整体竣工，此项目全程采用工程保证担保，确保了工程的高标准和高要求。2006 年 1 月华远·裘马都开工，在此项目中开始尝试设计履约担保并成功开具保函，实现了工程保证担保领域的突破和创新。

2007 年华远地产与长安担保公司总结了以往项目的担保实施工作，为提高效率、更快捷有效地解决工程竣工阶段中的问题，共同制定了"全程履约担保"的操作模式。同年，在华远青岛新项目中，已开始推行总包工程担保、电梯工程担保和空调工程担保等措施，其他担保品种也在顺利推进。

2008 年 7 月华远·君城项目制定工程保证担保实施方案，华远地产工程保证担保制度随着公司异地拓展的脚步继续前进，率先在西安房地产市场提出并实施工程保证担保，开当地先河。

【案例评析】 华远房地产公司是北京市首家试行"工程保证担保"制度的房地产企业。经过近 10 年的尝试建立了一整套科学的工程保证担保管理体系。其经验和做法获得国务院及北京市有关领导的高度关注。国务院、原建设部及北京市有关领导视察该公司项目工地，并与该项目担保实施有关人员进行交流，有关领导对担保制度对防范质量漏洞、保证农民工工资按期支付所起到的重大作用表示了支持与肯定。对其创建的"全程履约担保"的操作模式，获得行业的普遍肯定和赞扬。在担保期间，保证担保制度发挥重大作用。2004 年 7 月 15 日华远·尚都国际中心大厦楼顶冷却塔失火。经调查，原来是施工人员操作不慎导致事故发生，施工单位根据工程保证担保有关条例很快进行了修缮，因此，华远地产并没有受到损失。

24.2　工程预付款担保案例

【案例简介】 北京某著名装饰工程公司，于 2009 年 11 月和中共中央某部办公厅签订了一国际交流中心某标段精装修工程施工合同。因为业主需预先支付一笔巨额的工程款以供承包商周转使用，为了保证承包商将这笔款项用于合同约定的项目建设，防止承包商挪作他用、携款潜逃或宣布破产，需要第三方保证人为承包商提供同等数额的预付款担保。担保公司通过实地考察及评审，成功地为该公司向政府提供了预付款担保，使该公司及时快捷地拿到了预付款。

【案例评析】 预付款担保是建设方（业主）向承包方索要的保证担保。业主为防止其给承包商的预付款能够用于合同约定的工程项目之中，以防范预付款挪作他用的风险。随着业主按照工程进度支付工程价款并逐步扣回预付款，预付款责任随之减少直至消失。一般预付款保证担保为合同价的10%～30%。

24.3 承包商履约担保案例

【案例简介】 北京某房地产开发公司，于2008年7月与北京某市政工程有限公司签订了某路段市政工程项目的建设工程施工合同。为保证承包商按照主合同的约定履行义务，发包人需要承包商提供不低于工程建设合同价格一定比例的担保金。担保公司通过考察与评审，成功地为该公司向其业主提供了承包商履约担保，使委托人公司能够更好地发挥其资金的周转作用，同时也有效地避免和降低了工程建设中的风险，维护了双方的合法权益。

【案例评析】 承包商履约担保是业主向承包商索要的担保函件，也就是说，承包商作为被担保人，由担保人（担保公司、银行）出具担保函，提交给业主。保证承包商按照合同履行义务。一旦承包商不能履行合同义务，担保人要按照合同约定对业主进行赔偿。银行履约保函一般指担保合同价的10%～25%。

24.4 投标保证担保案例

【案例简介】 北京某机电设备有限公司于2008年3月参加北京某房地产开发公司装置供应项目的投标。为保证投标人按照招标文件的规定参加投标活动，降低投标人中途撤标或中标后拒不签署中标合同给招标人带来损失，招标人要求投标人出具担保。担保公司通过实地考察和评审，成功地为该公司向招标人提供了投标保证担保，使委托人公司更好地发挥其资金周转作用，同时，也有效地避免了招标过程中的风险，维护了双方的合法权益。

【案例评析】 投标保证担保是指投标人在工程招投标报价前或同时向业主提交投标保证金或投标保险等行为。主要是招标人为规避投标人擅自撤标或中标后擅自毁标的风险，以免造成招标人的损失，招标人往往要求所有投标人必须提供由担保公司出具的保证担保证明，保证担保公司保证中标人和业主签约，履行投标文件中的承诺。若中标人因故放弃中标或不履行投标文件承诺，则保证担保公司将付给业主损失。投标担保金额一般为报价总金额的1%～2%，小额合同按3%计算，最低的投标人有可能撤回投标的情况下可达到5%。

24.5 长安责任保险公司担保案例

长安保险公司承保过许多国家大型项目的工程保证担保业务，包括：总投资540亿元的中关村科技园区、总投资200亿元的广州白云国际机场迁建工程、总投资100亿元的北京沙河高教园区、总投资80亿元的中国南方航空集团基地工程、总投资80亿元的中央电视台新址建设工程、总投资40亿元的国家大剧院、总投资近20亿元的首都博物馆新馆、总投资近10亿元的北京天文馆新馆以及华远房地产、上海中国烟草博物馆、郑州烟草研究院、珠海华发小区、江珠高速公路、湖南金鹰影视城等40多个工程项目。

第4篇 操 作 篇

第4篇　操作篇

第 25 章 建设工程责任保险投保

25.1 投保基本程序

保险投保具体工作大致包括以下几项：

一、根据工程项目风险情况，明确投保原则；

二、制定投保计划，包括选择保险类型、确定投保主要内容、优化投保方式；

三、优化投保方式，即确定由谁来投保，采取什么方式投保；

四、实施投保行动，包括选择保险公司，索取保险申请并填写、配合保险人对工程调研、阅读保险建议书、修订保险计划；

五、签订保险合同，直至合同正式生效为止。保险投保流程如图 25-1 所示。

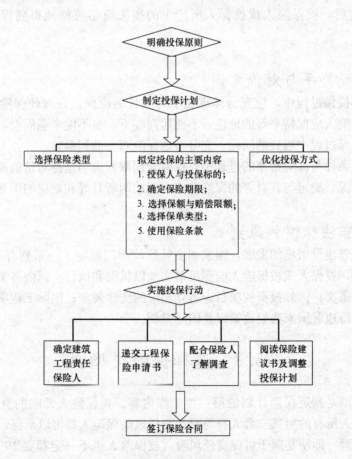

图 25-1 建设工程责任保险投保流程图

25.2 明确投保原则

25.2.1 充分评估责任风险原则

针对建设工程行为主体、工程项目存在的法律责任风险信息，结合企业各项业务流程，进行充分的责任风险评估，分析企业所处的责任风险环境，明确企业内部和外部环境所出现的责任风险。责任风险评估包括风险辨识、风险分析、风险评价三个步骤。对责任风险信息的辨识、分析、评价等手段对工程存在的责任风险的评估，目的是掌握责任风险的分布情况、各类责任风险对被保险人的影响程度和关键责任风险点等重要信息。

25.2.2 满足责任风险分散原则

投保的目的是使投保人——承包商、分包商、专业人员、业主分散责任风险，以确保工程项目的稳定、顺利进行。投保人应在责任保险方案确定中，始终要满足被保险人分散法律风险的需要，始终要考虑：责任风险保障是否具有充分性，要将需要分散的责任风险尽可能地纳入保险责任范围之中；另一方面要考虑到补偿的充分性，当责任保险事故发生后，被保险人或投保人所产生的损失应尽可能地得到保障，使责任损失将到最低点。

25.2.3 实现公平与对价原则

在责任保险投保过程中，应充分体现公平与对价的原则。在责任保险方案制订过程中，投保人与保险人应保持平等的地位，不能居高临下，也不能牵强附会，要以平等协商的态度处理好投保过程中遇到的问题，充分考虑保险双方的利益。

在确定保险条件与保险费率的过程中，保险合同双方应当坚持对价的原则，应根据责任风险的实际情况，确定与其对等的保险费率，形成两者对等和对应的关系。

25.2.4 遵守法律惯例原则

近年来，随着建设市场的发展，国家和主管行政部门制定了一系列有关保险的法律、法规，在投保时，投保人或被保险人应积极落实加以贯彻和执行。国内各类建设工程项目应遵守有关法律条文；国外投资的项目应遵守相应的法律规定；国际工程项目应遵守国际的保险惯例；不得违背国家法规政策以及国际惯例。

25.3 选择保险类型

选择保险类型是制定保险计划的第一项工作内容。被保险人面临的责任风险种类繁多，不是被保险人所有的对第三者人身与财产责任风险保险人都可以承保，投保的责任风险必须是可保风险。即使是属于可保责任风险，被保险人也不一定都要100%的投保，应根据建设工程行为主体、工程项目所处的法律环境、承包方式等因素具体加以确定。尤其对工程的承发包方而言,要根据在对工程法律责任风险充分评估的基础上,决定是否选择责任保险和选择哪类责任保险。

目前,国内适用于建设工程责任保险的险种比较多、种类也比较全,前面我们已经作了较为详细的介绍。从总体上看,不同类型的责任保险险种,其承保标的不同;即使是同一类型责任保险险种,虽然各保险公司所制定的承保责任范围大体相同,但细节上可能又各有差异和侧重。因此,投保人应根据自身具体情况,选择适合自己的责任保险。

25.4 拟定投保主要内容

25.4.1 明确投保人与投保标的

一、投保人是指向保险部门提出订立保险合同申请,并负有交付保险费义务,并对保险标的拥有保险利益的人。投保人可以是承包商,也可以是业主,在有些情况下,还可以是对保险标的拥有保险利益的其他主体。

投保人与被保险人不是一个概念。在建设工程责任保险中,被保险人是指在保险合同中约定的,由于疏忽或过失造成第三者损失依法应承担民事法律责任的人。建设工程责任保险的被保险人范围较广,紧密层的被保险人包括:业主、承包商和分包商;松散层有勘察设计单位、建筑设计单位、监理单位、特种施工机具使用或检测人以及与工程项目建设有直接关系的单位等。

被保险人一般写在责任保险合同之中,在明细表中予以列明,如某建设集团、某建筑设计公司、某监理公司等。

二、投保标的是指投保人请求保险人对什么对象赋予保险,或者说保险的指向是什么?投保人应注意以下问题:

(一)明确保险标的

工程责任保险的保险标的是被保险人的责任,责任对象包括被保险人可能产生的对第三者的侵权责任,工程责任保险一般不包括事故对被保险人及其雇员造成的损失负责;同时,工程责任保险对象不包括各种工程合同责任,但在保险合同双方事先约定的情况下,可以包括部分合同责任,例如,勘察设计责任、工程监理责任。

(二)明确工程项目

投保人在投保过程中还应注意投保的工程项目的界定,因为工程责任保险对保险事故发生责任区域有严格的规定,而这一问题在签订合同时投保人往往忽视,其结果会导致在保险事故赔偿中会引起与保险人的纠纷。在工程项目的界定中,采用与建设项目一致的、明确的、具体的名称。

25.4.2 确定保险期间

确定保险期间是制定保险计划的第二项工作内容。从保险合同生效到保险合同终止这一时间段称之为保险合同期间。工程责任保险期间与工程寿命周期紧密联系,不同责任保险种保险期间与工程寿命周期的不同阶段相对应，如表 25-1 所示。

责任保险期间与工程寿命周期对应表　　　　　表 25-1

责任险种	招投标阶段	施工阶段	使用阶段（1年内）	使用阶段（1年后）
工程保证担保期间	←———————————→			
勘察设计保险期间	←———————————————————————→			
监理责任保险期间		←————————→		
雇主责任保险期间		←————————→		
第三者保险期间		←————————→		
工程质量保险期间				←————→
特种设备保险期间		←——→		
公众责任保险期间		←————————→		
安全生产保险期间		←————————→		
物业管理保险期间		←————————————————→		
	招标日	开工日	验收/交付日	使用满1年日

　　工程责任保险期限保险合同一般设定为 1 年。由于建设工程责任期间与工期有紧密关联，因此，投保人在与保险人签订合同过程中应十分注意保险期与工期的联系，投保人应该将工程的实际情况，特别是与工期有关的情况向保险人充分告知，特别是可能影响工期的因素和情况向保险人进行实事求是的说明，使保险人能够全面了解情况，为保险人合理地确定保险期间提供可靠的依据。保险期间的确定要依据工程施工的合同条款，一般情况下要求与工程施工合同条款衔接，施工特种设备的保险期间应看工程施工的具体情况而定。在保险期间问题上，投保人应该注意以下几个方面：

一、保险期间的变更

　　工程建设是一个庞大的系统工程，建设工期是动态的，随着项目情况的变化会经常发生变动。确定保险期间的主要依据是工程施工合同，但在实际执行过程中往往会出现需要调整的情况。投保人提出变更保险期间的申请，保险人一般可以接受的，并对被保险人酌情增加或退还保费。

二、保险项目停工问题

　　由于某些原因，如遇工程项目停工时，投保人应及时提出申请。投保人向保险人提出停工申请有两层含义：一是履行告知义务，停工是工程保险中的一种典型的风险变化现象，根据保险合同规定，投保人有义务通知保险人并说明停工的具体原因；二是申请修改保险合同，停工不仅导致风险的变更，还导致保险合同的变更，因此，投保人需要相应地变更保险合同，对保险合同进行修改。

25.4.3　选择赔偿限额与免赔额

一、标准条款赔偿限额

　　责任保险承保的是被保险人的赔偿责任，而非有固定价值的标的，因赔偿责任因损害责任事故大小而异，很难准确预计。因此，不论何种责任保险，均无保险金额的规定，而是采用在承保时由保险双方约定赔偿限额的方式，来确定保险人承担的责任限额，凡超过赔偿限额的索赔仍须由被保险人自行承担。从责任保险的发展实践来看，赔偿限额作为保险人承担赔偿责任的最高限额，通常有以下几种类型：

（一）每次责任事故或同一原因引起的一系列责任事故的赔偿限额，其中对人身伤亡和财产损失再制定分项赔偿限额；

（二）保险期内累计的赔偿限额，其中对人身伤亡和财产损失再制定分项赔偿限额；

（三）在某些情况下，保险人也将财产损失和人身伤亡两者合成一个限额，或者只规定每次事故和同一原因引起的一系列责任事故的赔偿限额，而不规定累计赔偿限额；

（四）保险期内的总赔偿限额和每次事故的赔偿限额均为同一个金额。如年度工程设计责任保险规定：本保险合同以建设工程项目的预算金额确定每次事故赔偿限额和累计赔偿限额（两者相等）。

不同的责任赔偿限额方式对与投保人分散风险的程度和保险人实际承担的风险结果是不同的，投保人应根据工程的实际情况需要加以确认和选择。

二、扩展条款赔偿限额

投保人或被保险人为了解决某些责任风险的特殊性，需要针对责任的特点投保一些标的，但这些标的在标准合同条款中并没有设置，投保人可以根据需要安排一些扩展责任的条款。扩展条款是对责任保险标准合同的一种完善。在签订特别条款时投保人不但要了解扩展性责任的性质问题，也要注意了解扩展性责任的定量问题，也就是说要明确扩展性条款的保险金额或赔偿限额。

投保人应该注意，扩展性条款的保险金额与赔偿限额可分为"内置型"和"外加型"。所谓"内置型"是指扩展条款的设定，在增加了其责任范围的基础上，并不改变原来标准保险合同中规定的保险金额或赔偿限额，我们称之为"内置型"。例如，公众责任险的扩展条款"车辆装卸责任"，是对标准合同"车辆装卸除外"的一种扩展，责任范围扩大了，但是其保险赔偿限额没有改变，所以这种扩展条款的保险限额属于"内置型"。

如果由于扩展条款的安排，扩展了责任范围，却增加了一个单独的保险金额或赔偿限额，改变了原标准合同中确定的保险金额与赔偿限额，就称其为"外加型"。例如，公众责任险中的扩展条款"火灾或爆炸"，除了对责任进行了扩展，而且也对保险赔偿限额进行了调整，就属于"外加型"赔偿限额。

三、免赔额的设定

免赔额是指保险人对于保险标的在一定限度内的损失不负责赔偿责任的金额。免赔额是保险制度中的一种保险双方的共保机制，设计免赔额的实质对充分调动被保险人的积极性，对可能发生的损失由投保人与保险人共同承担，降低保险人的风险责任具有一定的意义。免赔额主要是针对一些保险金额巨大、责任范围广、损失几率高的保险种类。

（一）免赔额的类型。保险中的免赔额一般分为相对免赔额和绝对免赔额。相对免赔额是指投保人在索赔时，如果损失金额低于合同设定的免赔额时，则保险人不负赔偿责任；如果投保人的损失金额高于免赔额，则保险人负责全部损失。绝对免赔额是指投保人在索赔时，投保人损失金额若低于免赔额，则保险人不负赔偿责任；如果损失金额高于免赔额，则保险人赔偿损失超出免赔额的那一部分。目前广泛使用的是绝对免赔额，对于相对免赔额使用的比较少了。

（二）免赔额表现的形式。保险免陪额形式分为定额型、比例型、混合型和累进型：

1. 定额型：定额型是指将面额确定为一个固定的货币金额，这是较为常见的形式。也是对被保险人相对有利的形式，被保险人无论发生多大的损失，其可能承担的金额均是相对有限的和固定的。

2. 比例型：比例型是将免配额确定为损失金额的一个固定比例。这是一种对投保人相对不利的形式，一旦发生巨大损失，投保人或被保险人就可能面对一个金额相当大的自负额，这显然不利于投标人或被保险人的财务稳定。

3. 混合型：混合型是指将免赔额同时确定一定金额和一定比例，并且适用两者中的高的。这是一种对被保险人最为不利的免赔额形式，即保险人从"两头堵"的方式控制自身的风险。一方面，一个固定的金额，可以使保险人排除所有低于这一金额的索赔，另一方面，一个固定的比例，可以确保在发生巨大损失时的赔偿金额的控制，显然这一切对于被保险人来讲是极为不利的。

4. 累进型：累进型是指在混合型的基础上，将固定百分比修改为按照出险次数自负额的百分比，例如第一次出现的免赔额比例为 5%，第二次出现的免赔额比例为 7%，第三次出现的免赔额比例为 10%。

在责任保险中第一种免赔形式即定额型较为常见。

（三）每次事故。在我国责任险条款的"赔偿限额"和"免赔额"部分中，涉及"每次事故"的概念。事故次数与"赔偿限额"和"免赔额"的赔偿次数有直接的关系，赔偿限额是针对一次事故投保人所获得的赔偿额的"上限"，也就是保险人在一次事故中应承担的赔偿责任的最高限额。保险损失属于一次事故造成的，被保险人可以获得到一个"上限"的赔偿额，如果损失属于两次事故造成的，则被保险人可以得到两个"上限"的赔偿额。

"免赔额"也是如此，免赔额是针对每次事故承担赔偿责任时，可以扣减的金额，也就是说是被保险人在每次事故中需要自己承担的损失。损失属于一次事故造成的，在索赔中只能扣除一个"免赔额"；两次事故，被保险人将在索赔中被扣除两个"免赔额"。

因此，如何对"每次事故"进行明确的界定，是关乎投保人或被保险人的切身利益问题。但解决这一问题较为困难，例如，对于建筑物先后不同部位坍塌造成人身伤害损失，是将坍塌作为一次事故呢？还是作为多次事故处理？每次事故很难界定。目前解决这一问题的方法是事先在保险合同中对相关问题进行明确和约定，这一点，投保人是需要明确的。

（四）第三者责任免赔额。第三者人身伤亡损失和财产损失是构成第三者责任项下的损失内容。从保护无辜受害者、维护社会的稳定的公益性角度出发，一般第三者的人身伤亡项下没有设定免赔额，因此，免赔额通常是指第三者财产损失。

（五）专项免赔额。专项免赔额是针对承保特殊风险制定的免赔额。有些责任风险具有特殊性或项目具有特殊性，投保人往往要求对于常规责任风险提供特殊责任风险保障，保险合同中保险人会设定一个特别的、较高的免赔额。投保人如果需要也可以对此进行投保，在投保计划安排中选择一个专项免赔额。

四、选择限额与免赔额应注意的问题

最佳的保险制度安排应是同时寻求最小的免赔额、合适的赔偿限额、最低的保险费率、最全面的保障范围，从而达到以最少的费用支出换取最大的保障收益。为此，有以下要点需在保险安排中加以关注：

（一）保险费率与赔偿限额的关系

责任风险的赔偿方式是采取限额赔偿的方式，投保人在做保险制度安排选择赔偿限额时，往往乐意选择赔偿限额高的标准，以便一旦遇到责任风险造成的损失，获得较高的赔偿。投保人应该如何科学地选择赔偿限额呢？

我们说，在一定的赔偿限额区间内，保险费率与赔偿限额成正比关系，赔偿限额越高，保险费率越高。但是，一旦超出这个有效区间，保险费率则会出现一种反比的发展趋势。我们将这种现象称为赔偿限额的"有效区间现象"。究其原因是作为计算保险费的赔偿限额加大一定程度后，实际风险并没有等比的增加，而是呈现出下降的趋势。

究其这种规律的原因是复杂的，其中有法律的原因：特别是根据以往同类责任风险事故争议的判例资料统计；也有经济的原因：地区经济发展状况、人民生活水平；还有社会原因：人们的诉讼意识、维权意识等。所以在责任保险中，赔偿限额超过了有效区间之后，保险费率将随着赔偿限额的增加而呈下降的趋势。保险费率与赔偿限额的关系，如图25-2所示。综上所述，投保人在制定投保方案选择赔偿限额时，应注意有效区间效应问题，在有效区间内选择，应选择一个适当的赔偿限额，避免由于赔偿限额选择不当，导致保险方案不经济的现象。

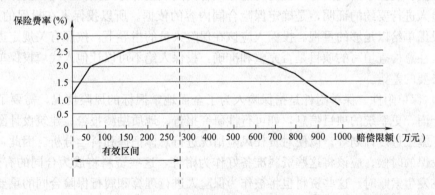

图 25-2 保险费率与赔偿限额关系

（二）赔偿限额的结构性关系。在制定保险计划，选择赔偿限额方面，要特别注意对赔偿限额结构性的关注。赔偿限额包括每次事故赔偿限额和累计事故赔偿限额，赔偿限额的高低决定了保险公司最终承担风险的大小。这里赔偿限额和免赔额一样，要区分是对第三者责任的人身伤害损失，还是对第三者财产损失的赔偿限额，因为赔偿限额都是针对每一类具体的风险而设定的，所以并不是一般人理解的保险只设定一个限额，发生的损失只要不超过这一赔偿限额，保险责任就一定由保险公司负责。而实际上是要看不同风险特定的赔偿限额。限额之内的保险公司赔偿，限额之外的，保险公司并不负责。因此，投保人应针对不同风险结合具体情况确定特定的风险赔偿限额是一个需要仔细权衡的问题。

（三）保险费率与免赔额的关系

保险费率是保险成本的主要决定因素，免赔额对费率的确定有一定程度的影响，免赔额倍数与保费折扣率两者呈正比关系，随着免赔额倍数的增高，保费的折扣率值越大。有些投保人在投保时，为了获得一个较低的保险费率，减少保费的支出，往往乐于提出高免赔额的方案。但这样做的结果，往往会增大企业自留责任风险，达不到责任事故后得到经济补偿的预期目的。因此，投保人应在保险成本与保险效果之间权衡利弊，以求得最佳点。

25.4.4 选择保单类型

一、保单的作用

（一）保单（合同）。保险活动的核心是保险合同，保险合同作为经济合同的一种，其成立需要有两个步骤：一是要约，二是承诺。要约是指一方向另一方做出的订立合同的意思表示，要约的内容必须包括要约人愿意与受约人订立合同的决心和合同的主要条款。承诺则是指受约人对要约完全接受的意思表示。在保险合同的订立过程中，需要经过要约和承诺两个步骤。因此，投保人应根据保险公司提供的条款和费率资料等，填写投保单并将其交付给保险人，这一行为就是保险合同订立过程的要约。而保险人根据投保人提交的投保单，经过审核认为其符合保险条件并在投保单上签章，就是对投保人要约的承诺。在完成了以上步骤后，保险合同宣告成立。

由此看出投保单是投保人要约的证明，是保险人承诺的对象，投保单是确定保险合同内容的依据。投保单出现问题，就有可能导致合同无效或部分无效。因此，投保单是投保人向保险人进行要约的证明，是确定保险合同内容的依据。所以投保人在投保的过程中，应该对投保单给以足够的重视。投保人应该在保险人员的指导下，按照有关规定进行认真的填写，注意检查填写的项目是否完整和准确，投保人绝不可以让他人代填投保单，以免产生不必要的差错。

（二）保单附件。保单附件是指保险人为了全面地掌握标的风险情况，需要了解更丰富、更全面、更系统的项目信息，如可行性研究报告、地质勘测报告、建筑设计图纸、施工合同、施工进度计划等，以便对责任风险情况进行总体把握和科学分析。因此，投保人在准备投保的时候，应该将这些资料准备好作为附件，这些资料将成为合同的有效成分。同时，在发生索赔时，这些资料也将被作为保险人进行理算和履行保险合同的重要依据。

二、选择保单类型

（一）单一保单和开口保单。投保人根据自身要求和项目的特点可选择单一保单和开口保单。

1. 单一保单。单一保单是指向某一个工程项目或者某一个项目的一部分进行投保。在工程建设中，往往需要由各方承包商合作共同完成。一些承包商则独立的完成项目其中的一部分，例如地基基础工程、结构工程、砌体工程等。但投保人应该注意，保险人一般不愿接受对风险较为集中的"某一部分"进行承保，如地基基础工程。另一方面也应注意"某一部分"应该有一个独立的工程合同。再有，投保人应该注意，承保人在接受项目

"某一部分"的保险时，一般不接受第三者责任保险，因为在这种情况下第三者责任的风险较大，也较为复杂。如果要坚持进行第三者责任保险，投保人必须对项目各方关系、项目划分、工地管理等风险情况进行详尽的规划和组织，并向保险人进行说明，在此情况下，投保人才可能获得保险公司的承保，这一类型保单在工程保险中最为常见。

2. 开口保单。开口保单是指由于工程建设的特殊需要，投保人需要一种统一条件的预约保险单。例如，投保人对于一个开发区进行建设时，进行一系列的项目开发，为了统一风险管理水平、避免重复劳动、便于合同的统一和规范管理，防止由于疏忽或过失等原因可能引起的对第三者的损失责任，在项目开发前，可以将其要进行建设的所有项目的保险条件一次性地同承保人进行协商，在协商的基础上，双方签订一个开口保单。在以后的开发建设中，投保人一旦签订了工程合同或者开工建设一个项目时，只需要将项目向承保人进行开工申报，就可以将工程合同纳入开口保单范畴，获得统一的风险保障，不需要逐个对所开发的项目进行协商和签订保险合同。

（二）完成期保单或年度保单。保险保期划分投保人根据自身要求和项目的特点可选择项目营造期保单或年度保单。

1. 营造期保单。建设工期有长有短，短则一年，长则3~5年，保单一般按照工期长短，保险人可提供整个项目营造期的责任保单。

2. 年度保单。投保人需要承保人提供在一年内施工活动的风险保单。在施工建设中承包商需要提供与经营管理配套的风险保障服务。为方便企业年度核算和管理，需要这样一种年度保单。年度保单向承包商提供一定期限（一年）内工程的风险，不管工程何时开始，工程何时结束只要这些在建的项目是由投保人承建的，并在一年合同期内发生的损失，投保人均能获得赔偿。

年度风险保险单可分为：新项目年度保单、期间年度保单和混合保单。新项目年度保单是指投保人要求保险人在保险期限（年度）内开工的项目进行保险；对于在保险期限内（年度）开始之前已经开工的项目不进行保险。期间年度保单是指投保人要求保险人在保险期间的所有项目进行保险，不论项目是否为保险期限以内开工。混合年度保险为新项目年度保单和期间年度保单的混合。

25.4.5 使用保险条款

一、标准条款的使用

目前，我国各类工程责任险种比较齐全，但有些保险条款内容有相互重叠之处，例如公众责任与物业责任险，并且同一险种各保险公司条款基本相同，但又各有所长和侧重，因此，就有一个条款选择问题。投保人应当明了各险种各自的特点、各保险公司条款之间的差别，根据自身防范责任风险确立的目标，选择适合自己的保险条款。

二、特别条款的使用

（一）特别条款的分类。特别条款就是指附加条款。在工程责任保险中，特别条款归纳起来可以分三类：扩展性特别条款、限制性特别条款、规定性特别条款。

1. 扩展类特别条款是对基本条款的一种扩展性条款，将标准条款中的除外条款纳入保险责任范围之中。主要包括：责任对象扩展特别条款（如交叉责任扩展等）；责任范围扩展特别条款（如罢工、暴动及民众骚动扩展等）；责任场地扩展特别条款（电梯、游泳场扩展〈物业〉等）；责任费用扩展特别条款（如误工补助补充责任〈雇主〉等）；责任保期扩展特别条款（如保险期扩展、追溯期扩展等）。

2. 限制性特别条款是对特别条款责任范围加以限制的条款，例如：战争除外、故意除外、驾驶各种机动车辆除外、从事其他职业除外（雇主）等。

3. 规定性特别条款是指针对保险合同执行过程中的一些重要问题，或者需要说明的问题进行明确的规定，以免产生误解和争议。例如：标准与特别条款抵触规定、赔偿限额免赔额的规定、赔偿办法的说明等。

（二）应注意问题

投保人在拟定投保计划时，要注意风险的共性与个性问题，利用标准条款解决工程责任风险分散的共性问题，另一方面也要考虑和善于利用特别条款解决工程责任风险分散的个性问题。一个好的保险方案应该能够满足投保人个性化的需求，这就需要在制定保险计划方案之前，投保人对工程建设中责任风险状况有一个全面地了解和把握，在此基础上与保险人进行充分的沟通，了解保险条款的设定，搞清利用哪些条款可以解决风险分散的共性问题，哪些特别条款可以解决风险分散的个性问题，标准条款与特别条款结合构成一个具有较强针对性的投保计划方案。同时注意标准条款与特别条款的衔接与吻合。

25.5 优化投保方式

25.5.1 优化投保方式

一、传统投保与业主投保方案比较

在传统投保方式上，对建筑工程的各项保险都由业主所发包的各承包商来安排投保，业主唯一的安全保障就是在合同条款中列入业主要求承包商的带有强制性的适当的保险。这时，业主、承包商和保险公司的合同关系如图25-3所示：

然而，由于承包商考虑的是从工程承包中获得最大利润，而业主关心的是工程投资能得到全面的保护，这种由承包商安排他们各自保险计划的方式暴露出许多严重的缺点，重大工程项目的业主日益要求对整个工程保险方案具有控制权。现在，这种情况正在发生变化，国际上大多数比较复杂而巨大的工程项目，如香港地铁、英吉利海峡隧道等都采用了一种新型的保险方式即由业主安排并控制的工程总体保险计划。业主安排工程总体保险计划方式的合同关系如图25-4所示：

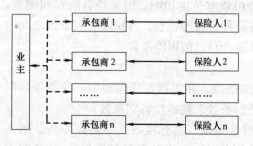

图25-3 承包商安排工程保险方式的合同关系

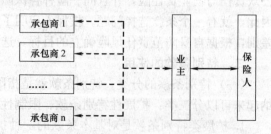

图25-4 业主安排工程总体保险计划方式的合同关系

----▶ 承包合同 ◀──── 保险合同

二、业主安排保险计划的主要优点

由于建设工程的法律法规愈来愈完善，合同关系愈来愈复杂，工程规模越来越庞大，加上承包商和承保商的边际利润减少，承保商遇到的问题越来越多。业主安排保险计划可以解决传统方法中一些明显的不利之处：

（一）传统投保方法上的合同列出的保险条款很含糊，而对工程的说明则十分详细，是极不适宜的。一份正确的业主安排的保险计划会明确地列明保险的责任、费用和险额，从而使承包商在投标期间就清楚地知道享受的承保范围，并准确地估计未来投资（自己需要负担）的风险。

（二）如果由承包商和分包商各自安排保险会不可避免地导致重复投保和漏保，不仅多付保费，增加投资，而且损失可能得不到赔偿或索赔时不同的承保人争论责任的分摊问题，使保险合同难以履行，耽误工期。业主统一安排保险计划则以不重复地取得最大范围的全面保险保障，在整个工程实施过程乃至整个建筑生命周期中，有效地进行责任风险损失的控制。

（三）保险合同的分割使得承包商可能付出较高的保费和承担高额免赔额。业主安排的工程总体保险计划会尽可能地由同一家保险公司负责整个工程的保险，使用一个保单，通过谈判，不仅会减少保费，也能降低免赔额，有利于业主控制投资。

（四）由承包商或分包商分别安排保险，由于分包商投保单的期限是工程分部、分项工程的完工移交时间，而如果责任意外事故在整个工程完工前发生，并导致第三者人身伤亡或财产损失，就会造成缺乏保险保障，受害人得不到经济补偿，而使业主陷于不利的境地。在业主安排保险计划方法中，这种保障缺陷可以得到控制，业主根据工程进展情况，决定是否需要增加保险或续保，进行总体规划。

（五）当发生索赔要求时，传统投保方法，除承包商和他投保的保险公司进行谈判解决索赔问题，在这方面业主并没有直接的发言权，而必须完全依靠承包商的谈判能力来确保索赔要求能够适当和迅速地解决，但由于索赔关系往往十分复杂，承包商可能难以做到这一点。如果是业主安排工程保险，由于业主只和一个保险公司（或保险联体的首席代表）谈判所有索赔问题，各方对所负责任的争端大大减少，索赔程序可以得到顺利进行，业主就能迅速获得由保险公司支付的索赔款项，及时地恢复生产。

（六）在同一工程中有若干个独立的承包商，或涉及分阶段移交工程的情况下，由业主统一负责安排投保计划尤其合适。

三、业主统一安排保险的实践

目前，我国一些城市已经开始规定由业主统一安排投保的方式。例如 2009 年 5 月上海保监局与上海市建设和交通委员会下发《上海市关于推进建设工程风险管理制度试点工作的指导意见》，要求在政府投资的工程或政府主导的公共建设项目中，开展建设工程风险管理和保险制度改革试点工作，实现政府由审批主体向服务主体的转变。

首先，要求业主单位牵头，与设计单位、施工单位组成共同投保体，向保险公司投保"一揽子"建设工程保险，包括：设计责任保险、10 年工程质量责任保险以及建工险、安工险、意外伤害险等。

其次，调整委托关系，充分发挥保险的管理功能，将原来由业主委托工程监理机构对工程实施监理，转变为由保险公司委托专业的工程风险监督检查机构实施工程监理控制，使保险公司参与到工程建设的设计、施工和使用各个阶段的全过程安全质量管理之中。

25.5.2 保险公司的选择

据有关资料统计，2005年全国共有保险法人机构93家，其中保险集团公司6家，保险公司82家（中资保险机构42家，外资保险公司40家）。

2007年全国保险公司增至102家，比2005年增加40家，数量增加了50%，形成了由控股公司、股份公司、政策性公司、专业性公司、外资公司的多元化的组织结构，各具优势，相互竞争的局面。保险公司受限于其资本金额、再保险安排能力，以及本身对工程风险的评估水平和能力，因此，投保人应选择那些信誉好、有一定理赔实力的保险公司。

目前，国内成立较早并且实力较强的保险公司有以下几个：中国人民财产保险有限公司、太平洋保险有限公司和中国平安保险有限公司。中国人民财产保险有限公司具有较为雄厚的经济实力，分公司分布全国各地，其理赔人员业务素质较高，理赔方面比较精通；太平洋保险有限公司具有工作雷厉风行的作风和组织制度严格的优势，一般而言，所属省公司或分公司对超过20万的报损必须报请总公司审批；中国平安保险有限公司具有一定的经济实力，工作人员热情，服务周到，保险理赔开展有条有序。

随着我国保险事业的发展，国内涌出一些新的保险公司，新的保险公司具有新的优势，往往其具备的素质是一些历史悠久的大公司所不具备的，因此，也是投保人一个很好的选择的目标。中国长安责任保险股份有限公司是一个新的保险公司，是由住房和城乡建设部牵头，10部委共同支持，历经10年组建的我国首家专业责任保险公司。2007年9月29日经中国保险监督管理委员会批准开业，总部设在北京。

长安责任保险作为我国第一家专业责任保险公司，经营范围除一般性的财产保险、信用保险、保证保险等险种外，主要以责任保险为特色，并通过对高技术含量的责任保险产品与服务的创新与开发，使得我国责任保险的覆盖领域不断扩大，作用不断加强。

25.5.3 保险公司选择方式

通过招投标方式选择保险公司是最为理想的方式。因此，对于大型工程项目的责任保险可以采用招标方式进行；中小型项目或紧急型工程可以议价、邀请保险人直接协商办理。不论哪种方式，投保人都应该为保险公司提供现场勘查的机会，并准备好工程的相关资料，例如，工程承包合同、工程预算表、工程场所及邻近地区平面分布图、施工方法简述、施工进度表、工程基本设计图纸等使保险人对工程及施工现场有充分的了解。

在招标过程中，投标人可根据自己的投保计划，参考保险人的保险建议书进行适当的调整。投保人也不能采取报价最低的决标方式，而是要将报价与保险公司的风险管理专业建议和保险条件进行综合考虑。总之，投保人应根据工程及所在地的具体情况，采用适当的方式，正确选择保险公司。

25.6 实施保险行动

25.6.1 确定保险公司原则

投保人在确定保险公司时应把握以下原则：一是经济技术原则。选择那些经济实力雄厚，具有工程专业技术能力强的保险公司为保险人；二是诚信履约原则。看保险公司在社会上的信誉度，选择那些社会口碑好，信誉度高的保险公司作为保险人，才能充分保护被保险人的利益；三是服务效率原则。看保险公司的服务水平，是否服务周到、理赔是否程序简洁、及时迅速、准确合理，这关系到被保险人的根本利益。

25.6.2 递交保险申请

保险申请书是投保人对保险人的要约书面形式。申请书由投保人如实和尽可能详尽地填写并签章后作为向承保人投保责任险的依据。申请书是责任保险单的重要组成部分。

25.6.3 配合实地调查

保险人在接到保险申请书后，一般要到被保险人所在工地进行实地调查。调查有两个目的：一是通过实地调查，掌握工程概况和特点，对工程责任风险进行有效的评估，为投保人制定投保建议书获取第一手资料；二是保险人根据实地调查，掌握工程责任风险点，有针对性地对投保人提出防范措施，预防风险发生。实地调查由保险公司承保部门担当。当保险人进行调查时，投保人应给予积极的配合，提供必要的方便和支持。

25.6.4 调整保险计划

投保人应认真阅读和研究投保建议书，投保建议书是保险人根据实地调查资料，根据投保人对责任风险转移方面的具体需求，对保险期限、保障范围、保费、保险金额等方面的书面建议。有时保险人会提供几种建议方案供投保人决策。建议旨在建议投保人按照该建议作出投保安排，在保险格式条款中，投保建议书不属于保险合同的组成部分。根据保险人所提供的投保建议书，对原保险计划做进一步的论证和必要的修改，使保险计划安排更符合实际、经济有效。

25.7 签订保险合同

保险合同是保险双方当事人履行各自义务与责任的法律依据，保险合同受国家法律保护。因此，投保人签订保险合同决不能草率从事，应注意以下几个问题：一是要认真阅读全部合同内容，保险方案的全部内容是否全部包括其中，对于存在疑问的地方请保险人加以解释说明；二是待合同填写完整后，投保人签字，对于未填完整的合同不要轻易签名；三是可聘请律师作为顾问协助完成签约等工作；四是对保险合同要进行妥善保管，防止丢失、毁坏等。

第 26 章 建设工程责任保险索赔

26.1 责任保险索赔概述

26.1.1 保险索赔的概念

保险索赔是指被保险人或其受益人在保险标的遭受损失后或保险期满或保险合同约定事项出现时，按保险单有关条款的规定，向保险人要求赔偿或给付保险金的行为。

保险索赔是被保险人投保的目的，一旦保险标的遭遇损失，被保险人或受害人根据法律或保险合同的约定，将向保险人要求经济赔偿，使受害人人身伤害和财产损失得到补偿，通过保险这一机制达到维护公众合法权益，稳定企业有序、健康发展的目的。

保险索赔是被保险人行使权利的具体体现，《保险法》第 23 条规定："任何单位和个人不得非法干预保险人履行赔偿或者给付保险金的义务，也不得限制被保险人或者受益人取得保险金的权利。"

保险索赔是一个行为过程，它是被保险人在发生保险责任的范围内的损失后，按照双方签订的保险合同的有关约定，向保险人申请经济补偿的过程，是未经过保险人认可的索赔人单方的行为过程。

26.1.2 保险索赔与工程索赔

保险索赔与工程索赔是不同的两个概念，保险索赔不是工程索赔，有以下六个方面的区别：

一、索赔对象。保险索赔对象为保险公司，索赔人是向保险人提出的索赔，要求保险人按照保险合同约定对其经济损失给予赔付；而工程索赔的索赔对象是造成工程损失的一方，如施工承包商、建筑材料、设备供应商等；一旦造成损失，索赔人要求损害方给予经济赔偿。

二、索赔目的。保险索赔的目的是获得保险人应承担责任的赔偿险额、法律费用和必要的、合理的施救费用等；工程索赔的目的是获得导致工程造价所增加的费用或延长工期所造成的经济损失等。

三、索赔依据。保险索赔与工程索赔两者的索赔依据都是由合同来约束的，但保险索赔是以保险合同（保单或保险协议等）为索赔依据；而工程索赔是以工程承包合同为索赔依据的。

四、争议处理。保险索赔的争议处理是由公估人或独立的第三方进行；而工程索赔争议处理是由监理工程师（或业主方的人）承担；两者在纠纷处理过程中，如果仍存有争议，均可采取仲裁或法律诉讼予以解决。

五、处理基础。保险索赔与工程索赔两者都是基于合同中对于风险责任划分的规定而由双方来分摊损失。保险索赔的处理基础是保险公司只赔偿承保风险引起的投保标的的损失扣除免赔之后部分的金额，而没有投保风险或除外风险以及免赔以内的金额都是由被保险人自行承担；而工程索赔的处理基础是基于业主风险或承包商风险划分，但是通常业主处于强势地位，大部分风险都是承包商承担风险。

六、风险诱因。保险索赔风险诱因是被保险人的疏忽或过失导致第三者人身伤害或财产损失。例如，建筑设计人员在工作中的疏忽或过失引发的设计缺陷责任等；而工程索赔风险的诱因较为多样化，如由于风险分担不均、施工条件变化、工程变更、业主违约、合同缺陷、不可抗力导致工程延期等，这些因素都有可能造成工程费用的增加或工期延长，从而导致工程索赔。

26.1.3 责任保险索赔人确定

"谁受损谁索赔"是确定责任保险索赔者的原则，这一原则主要是为了防止被保险人的道德风险，维护受损者利益的需要，换句话讲是由责任保险的目的所决定的。责任保险的标的是被保险人对第三者的损害应承担的法律责任，其保险目的是免除被保险人的这种民事责任，实际受侵害的是第三者，第三者应是索赔者。这一点有别于狭义的财产保险。在狭义的财产保险中确定索赔者是"谁投保谁索赔"，因为被保险人是保险标的的直接利益者，保险事故发生后受害人即被保险人，被保险人就是索赔人。

被保险人在责任保险索赔中则是索赔的申请者。一般来说，责任保险事故发生后，索赔人通过被保险人向保险人提出索赔。《保险法》第65条规定："责任保险的被保险人给第三者造成损害，被保险人对第三者应负的赔偿责任确定的，根据被保险人的请求，保险人应当直接向该第三者赔偿保险金。被保险人怠于请求的，第三者有权就其应获赔偿部分直接向保险人请求赔偿保险金。责任保险的被保险人给第三者造成损害，被保险人未向该第三者赔偿的，保险人不得向被保险人赔偿保险金。"

26.1.4 责任保险索赔条件

在工程责任保险中，保险人的索赔必须具备两个基本条件：

一、《保险法》第65条规定："责任保险是指以被保险人对第三者依法应负的赔偿责任为保险标的的保险。"由于责任保险的标的是被保险人疏忽或过失对第三者损失承担的民事法律责任，因此，索赔事故损失应属于被保险人对于第三者在法律上应承担的赔偿责任；依法不属于被保险人应负的赔偿责任，保险人不予赔偿。

二、责任保险的目的是保障受害第三者的合法权益，使其受到的人身伤害或财产损失得到补偿。为此，索赔必须以受损害的第三者向保险人请求赔偿为条件。保险事故即使属于被保险人依法承担的赔偿责任，但第三者没有提出索赔要求的，保险人可以免责。

上述两个条件，缺少其中一个条件，保险人就可以不承担保险责任。这与狭义的财产保险有所不同。狭义的财产保险责任的构成较为简单，保险财产因保险事故而造成毁损灭失的，保险人即负有赔偿责任。责任保险的目的是为了免除被保险人对第三者的损害赔偿责任；而以财产为保险标的的保险，目的在于补偿被保险人自己的财产因保险事故所遭受的损失。

26.2 责任保险索赔原则

26.2.1 及时性原则

出险报案是保险合同规定的被保险人应尽义务，是履行保险合同的一个重要内容，也是索赔的根本前提。强调及时性原则，不单单是履行被保险人义务的原因或出于索赔本身的要求，还具有防止损失进一步发展、减少损失的原因。这是因为责任事故发生后，其险情往往是持续的，其损失有时是不断累加的，保险人具有提供风险管理的责任，应及时通知保险人，可以获得保险人的技术支持，对于及时制止风险的进一步扩展、实施有效的防范措施，防止损失的进一步扩大，都具有十分重要的意义。

26.2.2 真实性原则

实事求是是处理保险索赔的基本原则。在保险合同执行过程中，经常会遇到各种各样的情况，无论是损失，还是损失的原因往往是错综复杂的。在索赔过程中由于被保险人与保险人利益相对，意见和观点往往是不一致的。在这种情况下，保险双方均要在尊重客观事实的基础上，对责任事故进行客观而实际的分析鉴定，明确责任事故的原因、性质以及责任归属。被保险人应当坚持实事求是的原则，客观地、全面地介绍保险事故受损的情况，合情合理地提出索赔的要求，只有实事求是才能够使双方达成一致，得到保险人的认同，索赔才能获得成功。

26.2.3 合理性原则

保险制度存在的意义和保险合同的本质内涵就体现在损失补偿，被保险人索赔的目的也主要在于获得损失补偿。被保险人的这种索赔补偿是投保人的权利是不容置疑的。但是索赔补偿应该是合理的，合理就是按照实际损失，按照事前保险合同的有关规定，提出补偿要求，不能脱离实际地提出抬高补偿要求，这样做的结果会造成索赔未果，或拖延赔偿的时间，使事故造成第三者的损失不能够得到及时补偿，对社会稳定或企业生产产生不良的影响。

26.2.4 协商性原则

保险合同的执行过程在一定意义上讲是一个沟通协商的过程，尽管合同对于双方的权利与义务进行了明确的规定，但合同不可能将所有问题均包括在内，在执行合同和索赔的过程中，会遇到许多合同中没有规定或规定不明确的事情，尤其是建设工程的责任保险涉及专业性和技术性很强的合同的执行过程，更容易出现分歧和争议。因此，被保险人在索赔过程中，应当充分与保险人沟通协商，通过这种途径将问题加以解决。

26.2.5 法律性原则

保险索赔是法律行为，在追求利益最大化的同时，时刻要有法律意识，不能违反合同及法律的规定。尤其是要注意不能通过虚报、谎报险情来骗保。《保险法》对相关的法律责任也都有明确规定。而"诚信"本身就是合同双方应当遵守的基本准则,工程责任保险索赔是一个非常复杂的过程,索赔人应坚持实事求是的原则,决不能夸大损失,索赔背离实际情况,一旦失去了企业的信誉,发生诚信危机,将要造成无法挽回的经济损失。当然,对于那些不信守合同、意见分歧较大的索赔事件,可以通过邀请律师,通过法律途径对产生的索赔疑难问题加以解决。因此,被保险人应该学会拿起法律的武器,对索赔中遇到的纠纷加以解决,使保险事故造成的损失能够得到合理、及时的补偿。

26.3 责任保险索赔程序

26.3.1 发出索赔通知

一、索赔通知又称为"报案"或"出险通知"

保险事故发生后,在施工现场发生事故的,被保险人应尽快通知业主或监理工程师,在保险合同规定的时间内通知保险公司,并要求保险人来现场进行处理。当发现有犯罪行为嫌疑时,应及时通知公安机关。同时,按照法律和行政法规规定,还应向有关部门报案(行政主管部门、消防部门、公安部门等)。

二、做好保护现场工作

被保险人要保护好现场,以便保险公司到现场勘察,未征得保险公司同意,不应改变现场,对现场及有关事故证据进行保护,以便保险人能够较为准确地了解损失情况。但如遇紧急情况为了防止事故进一步扩大,责任人可以先行对事故可以采取措施,组织抢救,如果施救费用较高时,应在施救的同时尽快地通知保险人,但在抢救之前,应当进行现场拍照和记录,以作为将来索赔的证据。

三、发送索赔通知

索赔通知可以采用口头、书面、电话等形式,并准备一份事故报告,内容包括损失日期、原因、地点、估计损失额、联系人、向其他机关单位报告情况、受害人和目击者的姓名、地址等。

26.3.2 事故现场勘察

保险公司派人到达责任事故现场后,被保险人应当派现场管理人员协同保险人员对事故现场进行勘察,为现场勘察提供必要的工作条件,管理人员应向保险公司人员介绍事故前的具体情况、事故发生的简要过程以及事故造成损失的结果。如果现场已经采取施救,还应该向保险公司工作人员提供抢救过程的情况记录,包括抢险措施、事故现场照片和抢险投入的人员和设备等。

26.3.3 递交诉讼通知

被保险人在预知可能引起诉讼时,应该立即以书面的形式通知保险公司,并在接到法院传票或其他法律文件时立即将其送交保险人,使保险人充分掌握赔偿责任。未经保险人同意，被保险人或其他代表不得对索赔方做出任何承诺或拒绝、出价、约定、付款或赔偿，否则将影响索赔的结果。

已经被起诉或已经进入法律诉讼的情况下被保险人应向保险人提交以下资料：已收到的诉讼或法定程序的具体情况、第三者向被保险人提出的所有书面的主张的复印件、与索赔有关的相应交易的资料复印件、伤者和目击者的姓名、地址、损失程度和索赔金额、所有法庭程序及法庭给被保险人的文件，及所有被保险人存档的法律文件复印件、与第三方提出的主张有关的内部通信及文件复印件、被保险人接到的来自第三方的索赔承担责任的相关人员的详细情况、被保险人可能已经指定的辩护律师的详细情况等。

26.3.4 填写索赔报告

被保险人在确定事故损失后，应及时以书面形式在索赔期限内，及时向保险人提出索赔，递交索赔报告。索赔报告内容包括：保险事故发生的时间、地点、事故发生原因、事故发生过程、造成第三者人身伤害和财产损失程度、被保险人（受害人）请求赔付的内容等。

26.3.5 提供索赔单据

《保险法》第22条第1款规定："保险事故发生后，依保险合同请求保险人赔偿或给付保险金时，投保人、被保人或受益人应当向保险人提供其所能提供的与确认保险事故的性质、原因、损失程度等有关的证明和资料。"为此，索赔时提供索赔单证是被保险人应尽的法律义务。

在递交索赔报告时，索赔人一般应提供的有关单据和证据包括：

一、保险单正本、工程承包合同、原始造价清单（工程质量责任保险）等，主要证明第三者人身和财产受损是否属于保险标的及其价值；

二、事故证明，例如建设工程质量安全鉴定部门、消防部门、气象部门等相关的出险证明材料，以证实责任事故的真实性；

三、损失清单，主要说明索取赔款的计算依据以及有关责任损失费用的名目和用途，例如事故死亡人数、受伤人数、伤残人数、医疗费用、诉讼费用支出、财产损失等数据；

四、法院裁决书及其他必要的证明损失性质、原因和程度的单证材料；

五、提供事故发生后的现场照片以及现场的有关影像资料，如施救的，还要提供施救现场的照片，主要证明责任事故造成损失的状况。

在提供索赔单据过程中，如果索赔人不能一次性完整地向保险人提供索赔单据或保险公司在审核索赔单证时发现单证不完整并要求投保人补充提供，投保方应当继续提供有关证明材料。

26.3.6 举行索赔谈判

根据工程责任事故具体情况和事故的损失情况，被保险人可邀请相关利益人，收集相关索赔资料和损失证明材料，与保险人进行索赔谈判。索赔谈判的内容主要包括两个方面：

一是保险事故的定责。责任定责可分为原因分析和责任分析两个部分。原因分析的目的是要查明事故发生的原因,这是保险定责的首要前提。也就是说,对引发事故造成损失的原因进行分析,判断是否属于被保险人"疏忽或过失"而造成的损害,否则予以除外。责任分析又称责任认定,是指根据近因原则,分析责任的归属,根据发生责任事故的事实,按照责任保险事故有关构成要件,判断事故损害是否是被保险人依法承担的赔偿责任,属于责任保险范围的,由保险人负责给予赔付;否则予以除外。

二是事故损失核定,又称定损。定损是指保险公司在定责的基础上,根据现场勘察情况,确定事故损失情况,是保险人根据保险合同的有关规定,确定保险赔偿金额的过程。定损的核心问题是确定保险金额。定责解决的问题是:事故的原因是什么?是否属于保险责任?定损的核心解决的问题是:风险造成的损失有多少?责任保险合同项下的赔偿金是多少?责任保险定损的内容包括:第三者人身伤亡损失的确定、第三者财产损失的确定、施救费用的确定以及法律诉讼费用的确定。而上述两项的确定需要谈判双方依据索赔事件的真实情况和保险条款的事先约定来加以确认。

26.3.7 签订赔付协议

一旦索赔单证齐全,保险双方就赔付金额达成一致,即可签订赔付协议。保险公司按照赔付协议中明确的最终赔付金额向受害第三者支付赔款。

赔付协议的主要内容包括:保险类别名称、保单号、赔案号、保险标的/被保险人名称、发生事故的时间地点、经保险合同双方同意向被保险人/受益人赔付(币种)金额数目、支付款后保险合同的效用、被保险人(受益人)、保险公司名称(签章)、年月日等。

26.4 索赔应注意的几个问题

26.4.1 提高投保工作周密性

保险索赔与投保工作是紧密相连的。投保工作的每一个环节都应从索赔的角度加以考虑,做到周密、细致、明确和具有可操作性,为索赔奠定基础。因为在保险合同签订时任何一个环节产生的模糊概念、疏忽遗漏都会对日后的索赔工作造成麻烦。

被保险人要充分利用自身熟悉工程项目的优势,全面预测日后可能出现的责任险情,并以特别扩展条款的方式在保险合同中明确,一旦将来有合同中约定的险情出现,将对索赔工作非常有利,并且在报单内明确了出险后的负责理赔的理算师,为后来的保险索赔奠定了良好的基础。同样,不同的工程项目的责任又可以增加不同的扩展条款,而且内容越多越好,越详细越好。

要熟悉相关法律法规。保险合同作为保险活动的载体,是一种法律行为,主要受《中华人民共和国保险法》和《中华人民共和国合同法》的约束,所以保险合同从形式到内容都要符合法律规定。而作为投保人,对相关法律条文也必须熟知,要明确什么行为合法,什么行为违法,做到借助法律力量主动保护、获取合法利益。

26.4.2 强化意识、积极索赔

有些建设工程行为主体即便购买了责任保险，由于缺乏相应的法律知识和合同意识淡薄，被保险人出现责任险情时也没向保险公司索赔的意识，不知道向保险公司报案进行索赔，自动放弃了利用保险索赔减少企业经济损失的机会，虽然保险属于合同管理或风险管理部门的职责，但不能认为保险索赔就是专业部门一家之事，保险索赔是与企业各个部门、全员紧密联系的，是一项系统工程。应在企业全员中树立起保险索赔的意识，避免因为索赔意识淡薄，造成事故现场记录不全、现场保护不善而使索赔失败的结果。

26.4.3 积极收集事故证据

在索赔阶段，保险公司通常会让索赔人提供如下资料：保险单正本、施工合同、设计文件正本、发图单、检测鉴定结果、索赔报告、事故证明或鉴定书、损失清单、事故照片、气象证明、裁决书及其他必要的证明损失性质、原因和程度的单证材料。在提供以上资料时一定要注意两点：

定性资料，即提供的资料一定能够说明事故在保险责任范围内，并且证明事故不在除外责任之内，定性方面一般要查找引起事故的原因。工程责任保险某些险种对"自然灾害和意外事故造成的损失"划为责任范围。如遇到自然灾害这一方面的问题，应积极作出说明，因为自然灾害一般是人力无法抗拒的，一旦定性为自然灾害，保险人的赔偿责任就确定了；而意外事故造成的损失保险责任认定就比较啰嗦，如果牵扯到一些人为因素，很容易和保险公司扯皮。

例如在某项施工起重机安全事故案件索赔过程中，索赔事件的原因是暴雨，属于自然灾害，而根据保险公司掌握的当地气象部门提供的气象资料，施工现场并未达到暴雨的条件。达到暴雨的条件有三个，即 50mm/d、32mm/12h、16mm/h，只要有一个条件满足，即可构成暴雨条件，但是某保险公司只是掌握前两个未达到暴雨条件的资料。根据以上情况，该案件的索赔方找到了施工现场附近的一个水文站，并要求他们提供了事故发生当日 18mm/h 降雨量的证明，从而使得暴雨条件成立，推翻了保险公司的结论。

定量资料，即提供的资料要足以证实上报的损失是真实的，索赔人所提供的资料要实事求是，既要充分翔实，又要保证各种资料间的关联性，不能让保险公司找出漏洞，从而以此为理由，减轻责任，尤其是一些无法考证数据，要在原始资料上去查找数据。对人身伤害造成的损失，要有医疗证明、费用收据等，做到每个数字有依据，认真准确地做好举证工作，拿出对索赔人有利的证据。

26.4.4 完善保险索赔文件

工程责任保险的索赔是一个烦琐、费时的过程，准备好完整的保险索赔文件是能否尽快获得赔付的关键。索赔人提供的文件不完备往往会拖延索赔过程。索赔文件一般包含出险通知、索赔报告、损失清单及其他有关的证明材料。出险通知、索赔报告的内容我们已经作了介绍，损失清单应包括以下内容：

一是第三者人身伤害和财产损失，一旦事故认定为保险责任范围，属于承保风险，保

险人是一定要给予赔付的，这一项损失费用索赔人要想方设法在每次事故赔偿限额范围内报足；

二是责任保险条款约定：事先经保险人书面同意的诉讼费、仲裁费、律师费及鉴定费用，由保险人承担；因此，索赔人应在损失清单中列明；

三是被保险人为防止或者减少保险标的损失所支付的必要的合理的费用，也必须由保险人承担；保险法第57条规定："保险事故发生后，被保险人为防止或者减少保险标的的损失所支付的必要的、合理的费用，由保险人承担。"

第三项经济损失在实际索赔操作过程中往往容易被忽略，但这项费用也是保险理算人员最难以确定的，因为出险时的现场施救和处理过程，保险人员通常不会一直待在现场，通常情况下，这一类费用往往是需要通过双方协商来处理的，当然要在每次事故赔偿限额内协商确定。

26.4.5 熟悉条款、利用条款

保险条款是保险合同双方履行义务和责任的法律依据，被保险人如不熟悉保险条款，就会造成被保险人不能够及时发现，甚至无法发现索赔点，跟踪不及时或轻信保险公司的单方解释，放弃索赔权从而失去索赔的机会或者导致索赔的失败。

当前我国保险市场尚处于发展初期，保险市场行为规范化程度不高，一些保险公司可能存在不规范的保险行为，一些保险公司利用其标准条款的有利条件，把合同中相当一部分风险转嫁给投保人，合同中存在的单方面的约束性，不平等的责权利条款极大量的隐含风险，特别是利用免责条款推卸法律责任。被保险人或索赔人要利用对自己有利的条款减少自己的损失，就必须认真研究保险条款、熟悉保险条款。

26.4.6 与保险人保持良好关系

由于工程责任险种多，各专业又不完全类似，特别是建筑工程专业性非常强，通常情况下保险公司会委托公估公司同时参与理赔。为实现保险索赔利益，被保险人应处理好与保险公司、公估公司的人际关系。

保险公司内部的承保和客服是两个相互独立的部门，承保部门的业绩主要表现在承保额的高低，客服部门的业绩主要表现在理赔的结案率，部门不同，职能不同，考核标准不同。客服是直接参与理赔的部门，因此，在理赔过程中被保险人应当与其搞好关系，使赔付顺利实现。

公估理算人员比较专业，容易得到保险公司的信任，他们的办案经费是按照赔款额的比例收取，赔款额高办案经费就多，赔款额低办案经费就少。在一定程度上只要索赔人有关资料准备的充分，关系融洽，公估人员会对保险事故损失作出合理、准确的核赔。

26.4.7 选择合适的保险中介

保险中介是指保险合同的辅助人，包括：保险代理人（根据保险人的委托，向保险人收取手续费，并在保险人授权的范围内代为其办理保险业务的单位或者个人，保险代理人在保险人授权的范围内代理保险业务的行为所产生的法律责任，由保险人承担）；保险经纪人（基于投保人的利益，为投保人提供投保、缴费、索赔等中介服务，并且向承保的保险人依法收取佣金的单位，其组织形式为有限公司或股份有限公司）；保险公估人（指接受保险当事人的委托，专门从事保险标的的勘验、鉴定、估损、理算等业务，并且据此向当事人委托方收取合理费用的机构）。

保险中介在工程责任保险制度中起着非常重要的作用，一旦发生责任事故，造成第三人损失，负责起草并发出索赔通知、推荐理算师、收集整理索赔资料、催付赔付等。在理赔谈判的过程中，有效的经纪人可以保证被保险人或索赔人被公正对待，以便在保单基础上获得最大限度的经济补偿，并提高索赔效率。另外，保险经纪人有定期的理赔分析报告制度，经常查核承保范围，使保单能符合工程变化的需要，这样可以提高索赔效率，同时培养被保险人的索赔能力。

26.4.8 搞清原因、注重证据

索赔人在涉及出险原因时要慎重，因为保险赔偿涉及保险人和被保险人双方的不同利益，在索赔过程中为了保险利益，有时也需要一些谈判的策略。由于理赔人员对事故现场及事故发生的经过不一定非常清楚，因此他们需要详细地了解事故发生的原因及过程，理赔人员在询问时一般询问的比较细致，有时为了排除非保责任存在的可能，提出一些带有"陷阱"性质的问题请索赔人回答，这就要求索赔方工作人员在对某细节了解不清楚的情况下，一定不要盲目回答，回忆清楚后再予以答复，防止信息失真，因回答失误而导致索赔失败。

注重事实证据。在索赔谈判过程中，一方面保险公司让被保险人提供保险责任成立证据；另一方面，索赔人有权利要求保险公司提供拒赔的证据，往往是保险公司根据自己掌握的大量的保险知识，进行各种推理，为拒赔或少赔找出种种理由，在这种情况下，索赔方一定要让保险人提供证据，在对方未找到证据之前，索赔方一定要坚持自己的索赔理由。

26.4.9 发扬锲而不舍的精神

在责任保险中，事故发生原因往往是复杂的，难以界定的，需要索赔人以理力争，发扬锲而不舍的精神。

例如，某施工单位对隧道溶洞发生责任事故的索赔案，该单位投保雇主责任险后，在隧道施工中出现意外事故。按照雇主责任保险条款规定：重大过失责任除外。索赔人与保险理赔人之间在是属于重大过失还是一般过失的问题上产生分歧，隧道溶洞事故本身是否属于"重大过失"客观上很难确定。保险人认为：设计文件明确说明该隧道地处溶洞发育地段，施工单位应提前探明地质，发现溶洞应超前支护处理，而被保险人没有采取有效处理措施，造成雇员伤亡和财产损失，应属于被保险人的重大过失。施工单位就反复给保险公司解释，根据目前探测水平很难确定溶洞的形状、层理及其规模，并提供各种设计资料和地质专家的论断等，证明现有施工水平根本无法避免溶洞出险带来的各种损失。经过长时间与保险公司反复磋商，施工单位最终取得了赔付，为今后的溶洞责任事故索赔创造了条件。

26.5 索赔时效与纠纷处理

26.5.1 保险索赔期限

索赔期限又称索赔时效,是指法律规定的被保险人和受益人享有的向保险公司提出赔偿或给付保险金权利的期间。超出索赔期限,被保险人或受害人再提出索赔要求,保险人拒绝理赔,由被保险人或受害人自己承担责任。

索赔期限不是通知期限。通知期限是保险条款规定的发生保险事故后被保险人或受害人将此事故通知保险公司的期限。主要目的在于保险人可对防止事故损失进一步扩大采取必要措施和对责任事故性质作出及时判断。

索赔期限也不是理赔期限。理赔期限是指保险条款规定的保险人接受被保险人或受益人提出的请求赔偿后保险人给付保险金的期限。

索赔期限也不是支付期限,保险的支付期限是指保险合同双方签订赔付协议后,保险人向被保险人支付赔付金额所规定的期限。例如,建筑设计责任保险条款第 24 条、建设工程监理责任保险条款第 21 条都规定:"保险人应在与被保险人达成有关赔偿协议后 10 日内,履行赔偿义务。"

对于保险的索赔期限,《民法通则》第 135 条规定:"向人民法院请求保护民事权利的诉讼时效期间为两年,法律另有规定的除外。"《保险法》第 27 条规定:"人寿保险以外的其他保险的被保险人或者受益人,对保险人请求赔偿或者给付保险金的权利,自其知道保险事故发生之日起二年不行使而消灭。"

二年时效起算是以被保险人和受益人"知道"保险事故发生之日起。在责任保险中,有些险种的保险条款也直接规定了索赔时效,如建筑设计责任保险条款、建筑工程质量责任保险、雇主责任保险的有关条款均规定:"被保险人请求赔偿的权利,自其知道事故发生之日起两年不行使而消灭。"

因此,索赔人要注意责任保险的索赔时效问题,避免因疏忽错过时限,导致丧失索赔权利,及时向保险人提出索赔,维护被保险人和受害人的合法权益。

26.5.2 索赔纠纷处理

一、双方协商

在争议发生后,双方应实事求是有诚意的进行磋商,彼此作出让步,达成双方都能接受的和解协议。协商和解一般有自行和解和第三者主持和解两种方法。自行和解即没有第三者介入,双方当事人直接进行交涉;第三者主持和解即由双方当事人以外的第三者从中调停,促使双方达成和解协议。

二、行政仲裁

仲裁是由合同双方当事人在争议发生之前或之后达成书面协议,愿意把他们之间的争议交给双方都同意的第三者进行裁决,仲裁员以裁判者的身份而不是以调解员的身份对双方争议作出裁决。目前,我国对经济合同的争议实行二级仲裁,如果当事人不服,可在接到二级仲裁决定书之日起 15 日内向人民法院提起诉讼,由法院作出判决。仲裁组织作为民间机构，是以第三者或中间人的身份，对双方当事人之间的纠纷作出公断，因而没有采取强制措施的权利，对仲裁裁决的强制执行权，属于人民法院。如果仲裁裁决后，保险人拒不履行裁决，可以向保险人所在地的人民法院的申请强制执行。

三、法律诉讼

诉讼解决保险纠纷，指的是人民法院依法定诉讼程序，对于保险纠纷予以审查，在查明事实，分清责任的基础上作出判决或裁定。诉讼解决保险纠纷是人民法院的司法活动，其所作出的法律裁判具有国家强制力，当事人必须予以执行。

保险合同在履行过程中，双方当事人因保险责任归属、赔偿金额的多少发生争议，应采用适当方式，公平合理地处理。

26.5.3 关于理赔时限的规定

理赔时限是为规范保险人行为而作出的规定，以防止保险人对索赔案件无限期拖延，使被保险人得不到及时的赔付。我国《保险法》对此有如下规定：

一、核定期限规定

保险人收到被保险人或者受益人的赔偿或者给付保险金的请求后，应当及时作出核定；情形复杂的，应当在 30 日内作出核定。（《保险法》第 23 条）

二、给付期限规定

保险人应当将核定结果通知被保险人或者受益人；对属于保险责任的，在与被保险人或者受益人达成赔偿或者给付保险金的协议后 10 日内，履行赔偿或者给付保险金义务。保险合同对赔偿或者给付保险金的期限有约定的，保险人应当按照约定履行赔偿或者给付保险金义务。（《保险法》第 23 条）

三、延期规定

保险人未及时履行前款规定义务的，除支付保险金外，应当赔偿被保险人或者受益人因此受到的损失。（《保险法》第 23 条）

四、拒赔通知规定

保险人依照规定作出核定后，对不属于保险责任的，应当自作出核定之日起 3 日内向被保险人或者受益人发出拒绝赔偿或者拒绝给付保险金通知书，并说明理由。（《保险法》第 24 条）

五、理算拖延规定

保险人自收到赔偿或者给付保险金的请求和有关证明、资料之日起 60 日内，对其赔偿或者给付保险金的数额不能确定的，应当根据已有证明和资料可以确定的数额先予以支付；保险人最终确定赔偿或者给付保险金的数额后，应当支付相应的差额。（《保险法》第 25 条）

第5篇 文 件 篇

第5篇 文化篇

第 27 章 建设工程责任保险法律法规

27.1 中华人民共和国保险法（修改）

中华人民共和国主席令

第 十 一 号

《中华人民共和国保险法》已由中华人民共和国第十一届全国人民代表大会常务委员会第七次会议于 2009 年 2 月 28 日修订通过，现将修订后的《中华人民共和国保险法》公布，自 2009 年 10 月 1 日起施行。

中华人民共和国主席　胡锦涛

2009 年 2 月 28 日

中华人民共和国保险法

第一章　总　　则

第一条　为了规范保险活动，保护保险活动当事人的合法权益，加强对保险业的监督管理，维护社会经济秩序和社会公共利益，促进保险事业的健康发展，制定本法。

第二条　本法所称保险，是指投保人根据合同约定，向保险人支付保险费，保险人对于合同约定的可能发生的事故因其发生所造成的财产损失承担赔偿保险金责任，或者当被保险人死亡、伤残、疾病或者达到合同约定的年龄、期限等条件时承担给付保险金责任的商业保险行为。

第三条　在中华人民共和国境内从事保险活动，适用本法。

第四条　从事保险活动必须遵守法律、行政法规，尊重社会公德，不得损害社会公共利益。

第五条　保险活动当事人行使权利、履行义务应当遵循诚实信用原则。

第六条　保险业务由依照本法设立的保险公司以及法律、行政法规规定的其他保险组织经营，其他单位和个人不得经营保险业务。

第七条　在中华人民共和国境内的法人和其他组织需要办理境内保险的，应当向中华人民共和国境内的保险公司投保。

第八条　保险业和银行业、证券业、信托业实行分业经营、分业管理，保险公司与银行、证券、信托业务机构分别设立。国家另有规定的除外。

第九条　国务院保险监督管理机构依法对保险业实施监督管理。

国务院保险监督管理机构根据履行职责的需要设立派出机构。派出机构按照国务院保险监督管理机构的授权履行监督管理职责。

第二章 保险合同
第一节 一般规定

第十条 保险合同是投保人与保险人约定保险权利义务关系的协议。

投保人是指与保险人订立保险合同,并按照合同约定负有支付保险费义务的人。

保险人是指与投保人订立保险合同,并按照合同约定承担赔偿或者给付保险金责任的保险公司。

第十一条 订立保险合同,应当协商一致,遵循公平原则确定各方的权利和义务。

除法律、行政法规规定必须保险的外,保险合同自愿订立。

第十二条 人身保险的投保人在保险合同订立时,对被保险人应当具有保险利益。

财产保险的被保险人在保险事故发生时,对保险标的应当具有保险利益。

人身保险是以人的寿命和身体为保险标的的保险。

财产保险是以财产及其有关利益为保险标的的保险。

被保险人是指其财产或者人身受保险合同保障,享有保险金请求权的人。投保人可以为被保险人。

保险利益是指投保人或者被保险人对保险标的具有的法律上承认的利益。

第十三条 投保人提出保险要求,经保险人同意承保,保险合同成立。保险人应当及时向投保人签发保险单或者其他保险凭证。

保险单或者其他保险凭证应当载明当事人双方约定的合同内容。当事人也可以约定采用其他书面形式载明合同内容。

依法成立的保险合同,自成立时生效。投保人和保险人可以对合同的效力约定附条件或者附期限。

第十四条 保险合同成立后,投保人按照约定交付保险费,保险人按照约定的时间开始承担保险责任。

第十五条 除本法另有规定或者保险合同另有约定外,保险合同成立后,投保人可以解除合同,保险人不得解除合同。

第十六条 订立保险合同,保险人就保险标的或者被保险人的有关情况提出询问的,投保人应当如实告知。

投保人故意或者因重大过失未履行前款规定的如实告知义务,足以影响保险人决定是否同意承保或者提高保险费率的,保险人有权解除合同。

前款规定的合同解除权,自保险人知道有解除事由之日起,超过三十日不行使而消灭。自合同成立之日起超过二年的,保险人不得解除合同;发生保险事故的,保险人应当承担赔偿或者给付保险金的责任。

投保人故意不履行如实告知义务的,保险人对于合同解除前发生的保险事故,不承担赔偿或者给付保险金的责任,并不退还保险费。

投保人因重大过失未履行如实告知义务,对保险事故的发生有严重影响的,保险人对于合同解除前发生的保险事故,不承担赔偿或者给付保险金的责任,但应当退还保险费。

保险人在合同订立时已经知道投保人未如实告知的情况的,保险人不得解除合同;发生保险事故的,保险人应当承担赔偿或者给付保险金的责任。

保险事故是指保险合同约定的保险责任范围内的事故。

第十七条　订立保险合同，采用保险人提供的格式条款的，保险人向投保人提供的投保单应当附格式条款，保险人应当向投保人说明合同的内容。

对保险合同中免除保险人责任的条款，保险人在订立合同时应当在投保单、保险单或者其他保险凭证上作出足以引起投保人注意的提示，并对该条款的内容以书面或者口头形式向投保人作出明确说明；未作提示或者明确说明的，该条款不产生效力。

第十八条　保险合同应当包括下列事项：

（一）保险人的名称和住所；

（二）投保人、被保险人的姓名或者名称、住所，以及人身保险的受益人的姓名或者名称、住所；

（三）保险标的；

（四）保险责任和责任免除；

（五）保险期间和保险责任开始时间；

（六）保险金额；

（七）保险费以及支付办法；

（八）保险金赔偿或者给付办法；

（九）违约责任和争议处理；

（十）订立合同的年、月、日。

投保人和保险人可以约定与保险有关的其他事项。

受益人是指人身保险合同中由被保险人或者投保人指定的享有保险金请求权的人。投保人、被保险人可以为受益人。

保险金额是指保险人承担赔偿或者给付保险金责任的最高限额。

第十九条　采用保险人提供的格式条款订立的保险合同中的下列条款无效：

（一）免除保险人依法应承担的义务或者加重投保人、被保险人责任的；

（二）排除投保人、被保险人或者受益人依法享有的权利的。

第二十条　投保人和保险人可以协商变更合同内容。

变更保险合同的，应当由保险人在保险单或者其他保险凭证上批注或者附贴批单，或者由投保人和保险人订立变更的书面协议。

第二十一条　投保人、被保险人或者受益人知道保险事故发生后，应当及时通知保险人。故意或者因重大过失未及时通知，致使保险事故的性质、原因、损失程度等难以确定的，保险人对无法确定的部分，不承担赔偿或者给付保险金的责任，但保险人通过其他途径已经及时知道或者应当及时知道保险事故发生的除外。

第二十二条　保险事故发生后，按照保险合同请求保险人赔偿或者给付保险金时，投保人、被保险人或者受益人应当向保险人提供其所能提供的与确认保险事故的性质、原因、损失程度等有关的证明和资料。

保险人按照合同的约定，认为有关的证明和资料不完整的，应当及时一次性通知投保人、被保险人或者受益人补充提供。

第二十三条　保险人收到被保险人或者受益人的赔偿或者给付保险金的请求后，应当及时作出核定；情形复杂的，应当在三十日内作出核定，但合同另有约定的除外。保险人应当将核定结果通知被保险人或者受益人；对属于保险责任的，在与被保险人或者受益人达成赔偿或者给付保险金的协议后十日内,履行赔偿或者给付保险金义务。保险合同对赔偿或者给付保险金的期限有约定的,保险人应当按照约定履行赔偿或者给付保险金义务。

保险人未及时履行前款规定义务的,除支付保险金外,应当赔偿被保险人或者受益人因此受到的损失。

任何单位和个人不得非法干预保险人履行赔偿或者给付保险金的义务,也不得限制被保险人或者受益人取得保险金的权利。

第二十四条 保险人依照本法第二十三条的规定作出核定后,对不属于保险责任的,应当自作出核定之日起三日内向被保险人或者受益人发出拒绝赔偿或者拒绝给付保险金通知书,并说明理由。

第二十五条 保险人自收到赔偿或者给付保险金的请求和有关证明、资料之日起六十日内,对其赔偿或者给付保险金的数额不能确定的,应当根据已有证明和资料可以确定的数额先予支付;保险人最终确定赔偿或者给付保险金的数额后,应当支付相应的差额。

第二十六条 人寿保险以外的其他保险的被保险人或者受益人,向保险人请求赔偿或者给付保险金的诉讼时效期间为二年,自其知道或者应当知道保险事故发生之日起计算。

人寿保险的被保险人或者受益人向保险人请求给付保险金的诉讼时效期间为五年,自其知道或者应当知道保险事故发生之日起计算。

第二十七条 未发生保险事故,被保险人或者受益人谎称发生了保险事故,向保险人提出赔偿或者给付保险金请求的,保险人有权解除合同,并不退还保险费。

投保人、被保险人故意制造保险事故的,保险人有权解除合同,不承担赔偿或者给付保险金的责任;除本法第四十三条规定外,不退还保险费。

保险事故发生后,投保人、被保险人或者受益人以伪造、变造的有关证明、资料或者其他证据,编造虚假的事故原因或者夸大损失程度的,保险人对其虚报的部分不承担赔偿或者给付保险金的责任。

投保人、被保险人或者受益人有前三款规定行为之一,致使保险人支付保险金或者支出费用的,应当退回或者赔偿。

第二十八条 保险人将其承担的保险业务,以分保形式部分转移给其他保险人的,为再保险。

应再保险接受人的要求,再保险分出人应当将其自负责任及原保险的有关情况书面告知再保险接受人。

第二十九条 再保险接受人不得向原保险的投保人要求支付保险费。

原保险的被保险人或者受益人不得向再保险接受人提出赔偿或者给付保险金的请求。

再保险分出人不得以再保险接受人未履行再保险责任为由,拒绝履行或者迟延履行其原保险责任。

第三十条 采用保险人提供的格式条款订立的保险合同,保险人与投保人、被保险人或者受益人对合同条款有争议的,应当按照通常理解予以解释。对合同条款有两种以上解释的,人民法院或者仲裁机构应当作出有利于被保险人和受益人的解释。

第二节 人身保险合同

第三十一条 投保人对下列人员具有保险利益:

(一) 本人;

（二）配偶、子女、父母；

（三）前项以外与投保人有抚养、赡养或者扶养关系的家庭其他成员、近亲属；

（四）与投保人有劳动关系的劳动者。

除前款规定外，被保险人同意投保人为其订立合同的，视为投保人对被保险人具有保险利益。

订立合同时，投保人对被保险人不具有保险利益的，合同无效。

第三十二条　投保人申报的被保险人年龄不真实，并且其真实年龄不符合合同约定的年龄限制的，保险人可以解除合同，并按照合同约定退还保险单的现金价值。保险人行使合同解除权，适用本法第十六条第三款、第六款的规定。

投保人申报的被保险人年龄不真实，致使投保人支付的保险费少于应付保险费的，保险人有权更正并要求投保人补交保险费，或者在给付保险金时按照实付保险费与应付保险费的比例支付。

投保人申报的被保险人年龄不真实，致使投保人支付的保险费多于应付保险费的，保险人应当将多收的保险费退还投保人。

第三十三条　投保人不得为无民事行为能力人投保以死亡为给付保险金条件的人身保险，保险人也不得承保。

父母为其未成年子女投保的人身保险，不受前款规定限制。但是，因被保险人死亡给付的保险金总和不得超过国务院保险监督管理机构规定的限额。

第三十四条　以死亡为给付保险金条件的合同，未经被保险人同意并认可保险金额的，合同无效。

按照以死亡为给付保险金条件的合同所签发的保险单，未经被保险人书面同意，不得转让或者质押。

父母为其未成年子女投保的人身保险，不受本条第一款规定限制。

第三十五条　投保人可以按照合同约定向保险人一次支付全部保险费或者分期支付保险费。

第三十六条　合同约定分期支付保险费，投保人支付首期保险费后，除合同另有约定外，投保人自保险人催告之日起超过三十日未支付当期保险费，或者超过约定的期限六十日未支付当期保险费的，合同效力中止，或者由保险人按照合同约定的条件减少保险金额。

被保险人在前款规定期限内发生保险事故的，保险人应当按照合同约定给付保险金，但可以扣减欠交的保险费。

第三十七条　合同效力依照本法第三十六条规定中止的，经保险人与投保人协商并达成协议，在投保人补交保险费后，合同效力恢复。但是，自合同效力中止之日起满二年双方未达成协议的，保险人有权解除合同。

保险人依照前款规定解除合同的，应当按照合同约定退还保险单的现金价值。

第三十八条　保险人对人寿保险的保险费，不得用诉讼方式要求投保人支付。

第三十九条　人身保险的受益人由被保险人或者投保人指定。

投保人指定受益人时须经被保险人同意。投保人为与其有劳动关系的劳动者投保人身保险，不得指定被保险人及其近亲属以外的人为受益人。

被保险人为无民事行为能力人或者限制民事行为能力人的,可以由其监护人指定受益人。

第四十条　被保险人或者投保人可以指定一人或者数人为受益人。

受益人为数人的,被保险人或者投保人可以确定受益顺序和受益份额;未确定受益份额的,受益人按照相等份额享有受益权。

第四十一条　被保险人或者投保人可以变更受益人并书面通知保险人。保险人收到变更受益人的书面通知后,应当在保险单或者其他保险凭证上批注或者附贴批单。

投保人变更受益人时须经被保险人同意。

第四十二条　被保险人死亡后,有下列情形之一的,保险金作为被保险人的遗产,由保险人依照《中华人民共和国继承法》的规定履行给付保险金的义务:

(一)没有指定受益人,或者受益人指定不明无法确定的;

(二)受益人先于被保险人死亡,没有其他受益人的;

(三)受益人依法丧失受益权或者放弃受益权,没有其他受益人的。

受益人与被保险人在同一事件中死亡,且不能确定死亡先后顺序的,推定受益人死亡在先。

第四十三条　投保人故意造成被保险人死亡、伤残或者疾病的,保险人不承担给付保险金的责任。投保人已交足二年以上保险费的,保险人应当按照合同约定向其他权利人退还保险单的现金价值。

受益人故意造成被保险人死亡、伤残、疾病的,或者故意杀害被保险人未遂的,该受益人丧失受益权。

第四十四条　以被保险人死亡为给付保险金条件的合同,自合同成立或者合同效力恢复之日起二年内,被保险人自杀的,保险人不承担给付保险金的责任,但被保险人自杀时为无民事行为能力人的除外。

保险人依照前款规定不承担给付保险金责任的,应当按照合同约定退还保险单的现金价值。

第四十五条　因被保险人故意犯罪或者抗拒依法采取的刑事强制措施导致其伤残或者死亡的,保险人不承担给付保险金的责任。投保人已交足二年以上保险费的,保险人应当按照合同约定退还保险单的现金价值。

第四十六条　被保险人因第三者的行为而发生死亡、伤残或者疾病等保险事故的,保险人向被保险人或者受益人给付保险金后,不享有向第三者追偿的权利,但被保险人或者受益人仍有权向第三者请求赔偿。

第四十七条　投保人解除合同的,保险人应当自收到解除合同通知之日起三十日内,按照合同约定退还保险单的现金价值。

第三节　财产保险合同

第四十八条　保险事故发生时,被保险人对保险标的不具有保险利益的,不得向保险人请求赔偿保险金。

第四十九条　保险标的转让的,保险标的的受让人承继被保险人的权利和义务。

保险标的转让的,被保险人或者受让人应当及时通知保险人,但货物运输保险合同和另有约定的合同除外。

因保险标的转让导致危险程度显著增加的，保险人自收到前款规定的通知之日起三十日内，可以按照合同约定增加保险费或者解除合同。保险人解除合同的，应当将已收取的保险费，按照合同约定扣除自保险责任开始之日起至合同解除之日止应收的部分后，退还投保人。

被保险人、受让人未履行本条第二款规定的通知义务的，因转让导致保险标的危险程度显著增加而发生的保险事故，保险人不承担赔偿保险金的责任。

第五十条　货物运输保险合同和运输工具航程保险合同，保险责任开始后，合同当事人不得解除合同。

第五十一条　被保险人应当遵守国家有关消防、安全、生产操作、劳动保护等方面的规定，维护保险标的的安全。

保险人可以按照合同约定对保险标的的安全状况进行检查，及时向投保人、被保险人提出消除不安全因素和隐患的书面建议。

投保人、被保险人未按照约定履行其对保险标的的安全应尽责任的，保险人有权要求增加保险费或者解除合同。

保险人为维护保险标的的安全，经被保险人同意，可以采取安全预防措施。

第五十二条　在合同有效期内，保险标的的危险程度显著增加的，被保险人应当按照合同约定及时通知保险人，保险人可以按照合同约定增加保险费或者解除合同。保险人解除合同的，应当将已收取的保险费，按照合同约定扣除自保险责任开始之日起至合同解除之日止应收的部分后，退还投保人。

被保险人未履行前款规定的通知义务的，因保险标的的危险程度显著增加而发生的保险事故，保险人不承担赔偿保险金的责任。

第五十三条　有下列情形之一的，除合同另有约定外，保险人应当降低保险费，并按日计算退还相应的保险费：

（一）据以确定保险费率的有关情况发生变化，保险标的的危险程度明显减少的；

（二）保险标的的保险价值明显减少的。

第五十四条　保险责任开始前，投保人要求解除合同的，应当按照合同约定向保险人支付手续费，保险人应当退还保险费。保险责任开始后，投保人要求解除合同的，保险人应当将已收取的保险费，按照合同约定扣除自保险责任开始之日起至合同解除之日止应收的部分后，退还投保人。

第五十五条　投保人和保险人约定保险标的的保险价值并在合同中载明的，保险标的发生损失时，以约定的保险价值为赔偿计算标准。

投保人和保险人未约定保险标的的保险价值的，保险标的发生损失时，以保险事故发生时保险标的的实际价值为赔偿计算标准。

保险金额不得超过保险价值。超过保险价值的，超过部分无效，保险人应当退还相应的保险费。

保险金额低于保险价值的，除合同另有约定外，保险人按照保险金额与保险价值的比例承担赔偿保险金的责任。

第五十六条　重复保险的投保人应当将重复保险的有关情况通知各保险人。

重复保险的各保险人赔偿保险金的总和不得超过保险价值。除合同另有约定外，各保险人按照其保险金额与保险金额总和的比例承担赔偿保险金的责任。

　　重复保险的投保人可以就保险金额总和超过保险价值的部分，请求各保险人按比例返还保险费。

　　重复保险是指投保人对同一保险标的、同一保险利益、同一保险事故分别与两个以上保险人订立保险合同，且保险金额总和超过保险价值的保险。

　　第五十七条　保险事故发生时，被保险人应当尽力采取必要的措施，防止或者减少损失。

　　保险事故发生后，被保险人为防止或者减少保险标的的损失所支付的必要的、合理的费用，由保险人承担；保险人所承担的费用数额在保险标的损失赔偿金额以外另行计算，最高不超过保险金额的数额。

　　第五十八条　保险标的发生部分损失的，自保险人赔偿之日起三十日内，投保人可以解除合同；除合同另有约定外，保险人也可以解除合同，但应当提前十五日通知投保人。

　　合同解除的，保险人应当将保险标的未受损失部分的保险费，按照合同约定扣除自保险责任开始之日起至合同解除之日止应收的部分后，退还投保人。

　　第五十九条　保险事故发生后，保险人已支付了全部保险金额，并且保险金额等于保险价值的，受损保险标的的全部权利归于保险人；保险金额低于保险价值的，保险人按照保险金额与保险价值的比例取得受损保险标的的部分权利。

　　第六十条　因第三者对保险标的的损害而造成保险事故的，保险人自向被保险人赔偿保险金之日起，在赔偿金额范围内代位行使被保险人对第三者请求赔偿的权利。

　　前款规定的保险事故发生后，被保险人已经从第三者取得损害赔偿的，保险人赔偿保险金时，可以相应扣减被保险人从第三者已取得的赔偿金额。

　　保险人依照本条第一款规定行使代位请求赔偿的权利，不影响被保险人就未取得赔偿的部分向第三者请求赔偿的权利。

　　第六十一条　保险事故发生后，保险人未赔偿保险金之前，被保险人放弃对第三者请求赔偿的权利的，保险人不承担赔偿保险金的责任。

　　保险人向被保险人赔偿保险金后，被保险人未经保险人同意放弃对第三者请求赔偿的权利的，该行为无效。

　　被保险人故意或者因重大过失致使保险人不能行使代位请求赔偿的权利的，保险人可以扣减或者要求返还相应的保险金。

　　第六十二条　除被保险人的家庭成员或者其组成人员故意造成本法第六十条第一款规定的保险事故外，保险人不得对被保险人的家庭成员或者其组成人员行使代位请求赔偿的权利。

　　第六十三条　保险人向第三者行使代位请求赔偿的权利时，被保险人应当向保险人提供必要的文件和所知道的有关情况。

　　第六十四条　保险人、被保险人为查明和确定保险事故的性质、原因和保险标的的损失程度所支付的必要的、合理的费用，由保险人承担。

　　第六十五条　保险人对责任保险的被保险人给第三者造成的损害，可以依照法律的规定或者合同的约定，直接向该第三者赔偿保险金。

　　责任保险的被保险人给第三者造成损害，被保险人对第三者应负的赔偿责任确定的，根据被保险人的请求，保险人应当直接向该第三者赔偿保险金。被保险人怠于请求的，第三者有权就其应获赔偿部分直接向保险人请求赔偿保险金。

责任保险的被保险人给第三者造成损害，被保险人未向该第三者赔偿的，保险人不得向被保险人赔偿保险金。

责任保险是指以被保险人对第三者依法应负的赔偿责任为保险标的的保险。

第六十六条 责任保险的被保险人因给第三者造成损害的保险事故而被提起仲裁或者诉讼的，被保险人支付的仲裁或者诉讼费用以及其他必要的、合理的费用，除合同另有约定外，由保险人承担。

第三章 保险公司

第六十七条 设立保险公司应当经国务院保险监督管理机构批准。

国务院保险监督管理机构审查保险公司的设立申请时，应当考虑保险业的发展和公平竞争的需要。

第六十八条 设立保险公司应当具备下列条件：

（一）主要股东具有持续盈利能力，信誉良好，最近三年内无重大违法违规记录，净资产不低于人民币二亿元；

（二）有符合本法和《中华人民共和国公司法》规定的章程；

（三）有符合本法规定的注册资本；

（四）有具备任职专业知识和业务工作经验的董事、监事和高级管理人员；

（五）有健全的组织机构和管理制度；

（六）有符合要求的营业场所和与经营业务有关的其他设施；

（七）法律、行政法规和国务院保险监督管理机构规定的其他条件。

第六十九条 设立保险公司，其注册资本的最低限额为人民币二亿元。

国务院保险监督管理机构根据保险公司的业务范围、经营规模，可以调整其注册资本的最低限额，但不得低于本条第一款规定的限额。

保险公司的注册资本必须为实缴货币资本。

第七十条 申请设立保险公司，应当向国务院保险监督管理机构提出书面申请，并提交下列材料：

（一）设立申请书，申请书应当载明拟设立的保险公司的名称、注册资本、业务范围等；

（二）可行性研究报告；

（三）筹建方案；

（四）投资人的营业执照或者其他背景资料，经会计师事务所审计的上一年度财务会计报告；

（五）投资人认可的筹备组负责人和拟任董事长、经理名单及本人认可证明；

（六）国务院保险监督管理机构规定的其他材料。

第七十一条 国务院保险监督管理机构应当对设立保险公司的申请进行审查，自受理之日起六个月内作出批准或者不批准筹建的决定，并书面通知申请人。决定不批准的，应当书面说明理由。

第七十二条 申请人应当自收到批准筹建通知之日起一年内完成筹建工作；筹建期间

不得从事保险经营活动。

第七十三条　筹建工作完成后，申请人具备本法第六十八条规定的设立条件的，可以向国务院保险监督管理机构提出开业申请。

国务院保险监督管理机构应当自受理开业申请之日起六十日内，作出批准或者不批准开业的决定。决定批准的，颁发经营保险业务许可证；决定不批准的，应当书面通知申请人并说明理由。

第七十四条　保险公司在中华人民共和国境内设立分支机构，应当经保险监督管理机构批准。

保险公司分支机构不具有法人资格，其民事责任由保险公司承担。

第七十五条　保险公司申请设立分支机构，应当向保险监督管理机构提出书面申请，并提交下列材料：

（一）设立申请书；

（二）拟设机构三年业务发展规划和市场分析材料；

（三）拟任高级管理人员的简历及相关证明材料；

（四）国务院保险监督管理机构规定的其他材料。

第七十六条　保险监督管理机构应当对保险公司设立分支机构的申请进行审查，自受理之日起六十日内作出批准或者不批准的决定。决定批准的，颁发分支机构经营保险业务许可证；决定不批准的，应当书面通知申请人并说明理由。

第七十七条　经批准设立的保险公司及其分支机构，凭经营保险业务许可证向工商行政管理机关办理登记，领取营业执照。

第七十八条　保险公司及其分支机构自取得经营保险业务许可证之日起六个月内，无正当理由未向工商行政管理机关办理登记的，其经营保险业务许可证失效。

第七十九条　保险公司在中华人民共和国境外设立子公司、分支机构、代表机构，应当经国务院保险监督管理机构批准。

第八十条　外国保险机构在中华人民共和国境内设立代表机构，应当经国务院保险监督管理机构批准。代表机构不得从事保险经营活动。

第八十一条　保险公司的董事、监事和高级管理人员，应当品行良好，熟悉与保险相关的法律、行政法规，具有履行职责所需的经营管理能力，并在任职前取得保险监督管理机构核准的任职资格。

保险公司高级管理人员的范围由国务院保险监督管理机构规定。

第八十二条　有《中华人民共和国公司法》第一百四十七条规定的情形或者下列情形之一的，不得担任保险公司的董事、监事、高级管理人员：

（一）因违法行为或者违纪行为被金融监督管理机构取消任职资格的金融机构的董事、监事、高级管理人员，自被取消任职资格之日起未逾五年的；

（二）因违法行为或者违纪行为被吊销执业资格的律师、注册会计师或者资产评估机构、验证机构等机构的专业人员，自被吊销执业资格之日起未逾五年的。

第八十三条　保险公司的董事、监事、高级管理人员执行公司职务时违反法律、行政法规或者公司章程的规定，给公司造成损失的，应当承担赔偿责任。

第八十四条　保险公司有下列情形之一的，应当经保险监督管理机构批准：

（一）变更名称；

（二）变更注册资本；

（三）变更公司或者分支机构的营业场所；

（四）撤销分支机构；

（五）公司分立或者合并；

（六）修改公司章程；

（七）变更出资额占有限责任公司资本总额百分之五以上的股东，或者变更持有股份有限公司股份百分之五以上的股东；

（八）国务院保险监督管理机构规定的其他情形。

第八十五条　保险公司应当聘用经国务院保险监督管理机构认可的精算专业人员，建立精算报告制度。

保险公司应当聘用专业人员，建立合规报告制度。

第八十六条　保险公司应当按照保险监督管理机构的规定，报送有关报告、报表、文件和资料。

保险公司的偿付能力报告、财务会计报告、精算报告、合规报告及其他有关报告、报表、文件和资料必须如实记录保险业务事项，不得有虚假记载、误导性陈述和重大遗漏。

第八十七条　保险公司应当按照国务院保险监督管理机构的规定妥善保管业务经营活动的完整账簿、原始凭证和有关资料。

前款规定的账簿、原始凭证和有关资料的保管期限，自保险合同终止之日起计算，保险期间在一年以下的不得少于五年，保险期间超过一年的不得少于十年。

第八十八条　保险公司聘请或者解聘会计师事务所、资产评估机构、资信评级机构等中介服务机构，应当向保险监督管理机构报告；解聘会计师事务所、资产评估机构、资信评级机构等中介服务机构，应当说明理由。

第八十九条　保险公司因分立、合并需要解散，或者股东会、股东大会决议解散，或者公司章程规定的解散事由出现，经国务院保险监督管理机构批准后解散。

经营有人寿保险业务的保险公司，除因分立、合并或者被依法撤销外，不得解散。

保险公司解散，应当依法成立清算组进行清算。

第九十条　保险公司有《中华人民共和国企业破产法》第二条规定情形的，经国务院保险监督管理机构同意，保险公司或者其债权人可以依法向人民法院申请重整、和解或者破产清算；国务院保险监督管理机构也可以依法向人民法院申请对该保险公司进行重整或者破产清算。

第九十一条　破产财产在优先清偿破产费用和共益债务后，按照下列顺序清偿：

（一）所欠职工工资和医疗、伤残补助、抚恤费用，所欠应当划入职工个人账户的基本养老保险、基本医疗保险费用，以及法律、行政法规规定应当支付给职工的补偿金；

（二）赔偿或者给付保险金；

（三）保险公司欠缴的除第（一）项规定以外的社会保险费用和所欠税款；

（四）普通破产债权。

破产财产不足以清偿同一顺序的清偿要求的，按照比例分配。

破产保险公司的董事、监事和高级管理人员的工资，按照该公司职工的平均工资计算。

第九十二条　经营有人寿保险业务的保险公司被依法撤销或者被依法宣告破产的，其持有的人寿保险合同及责任准备金，必须转让给其他经营有人寿保险业务的保险公司；不能同其他保险公司达成转让协议的，由国务院保险监督管理机构指定经营有人寿保险业务的保险公司接受转让。

转让或者由国务院保险监督管理机构指定接受转让前款规定的人寿保险合同及责任准备金的，应当维护被保险人、受益人的合法权益。

第九十三条　保险公司依法终止其业务活动，应当注销其经营保险业务许可证。

第九十四条　保险公司，除本法另有规定外，适用《中华人民共和国公司法》的规定。

第四章　保险经营规则

第九十五条　保险公司的业务范围：

（一）人身保险业务，包括人寿保险、健康保险、意外伤害保险等保险业务；

（二）财产保险业务，包括财产损失保险、责任保险、信用保险、保证保险等保险业务；

（三）国务院保险监督管理机构批准的与保险有关的其他业务。

保险人不得兼营人身保险业务和财产保险业务。但是，经营财产保险业务的保险公司经国务院保险监督管理机构批准，可以经营短期健康保险业务和意外伤害保险业务。

保险公司应当在国务院保险监督管理机构依法批准的业务范围内从事保险经营活动。

第九十六条　经国务院保险监督管理机构批准，保险公司可以经营本法第九十五条规定的保险业务的下列再保险业务：

（一）分出保险；

（二）分入保险。

第九十七条　保险公司应当按照其注册资本总额的百分之二十提取保证金，存入国务院保险监督管理机构指定的银行，除公司清算时用于清偿债务外，不得动用。

第九十八条　保险公司应当根据保障被保险人利益、保证偿付能力的原则，提取各项责任准备金。

保险公司提取和结转责任准备金的具体办法，由国务院保险监督管理机构制定。

第九十九条　保险公司应当依法提取公积金。

第一百条　保险公司应当缴纳保险保障基金。

保险保障基金应当集中管理，并在下列情形下统筹使用：

（一）在保险公司被撤销或者被宣告破产时，向投保人、被保险人或者受益人提供救济；

（二）在保险公司被撤销或者被宣告破产时，向依法接受其人寿保险合同的保险公司提供救济；

（三）国务院规定的其他情形。

保险保障基金筹集、管理和使用的具体办法，由国务院制定。

第一百零一条　保险公司应当具有与其业务规模和风险程度相适应的最低偿付能力。保险公司的认可资产减去认可负债的差额不得低于国务院保险监督管理机构规定的数额；

低于规定数额的,应当按照国务院保险监督管理机构的要求采取相应措施达到规定的数额。

第一百零二条 经营财产保险业务的保险公司当年自留保险费,不得超过其实有资本金加公积金总和的四倍。

第一百零三条 保险公司对每一危险单位,即对一次保险事故可能造成的最大损失范围所承担的责任,不得超过其实有资本金加公积金总和的百分之十;超过的部分应当办理再保险。

保险公司对危险单位的划分应当符合国务院保险监督管理机构的规定。

第一百零四条 保险公司对危险单位的划分方法和巨灾风险安排方案,应当报国务院保险监督管理机构备案。

第一百零五条 保险公司应当按照国务院保险监督管理机构的规定办理再保险,并审慎选择再保险接受人。

第一百零六条 保险公司的资金运用必须稳健,遵循安全性原则。

保险公司的资金运用限于下列形式:

(一)银行存款;

(二)买卖债券、股票、证券投资基金份额等有价证券;

(三)投资不动产;

(四)国务院规定的其他资金运用形式。

保险公司资金运用的具体管理办法,由国务院保险监督管理机构依照前两款的规定制定。

第一百零七条 经国务院保险监督管理机构会同国务院证券监督管理机构批准,保险公司可以设立保险资产管理公司。

保险资产管理公司从事证券投资活动,应当遵守《中华人民共和国证券法》等法律、行政法规的规定。

保险资产管理公司的管理办法,由国务院保险监督管理机构会同国务院有关部门制定。

第一百零八条 保险公司应当按照国务院保险监督管理机构的规定,建立对关联交易的管理和信息披露制度。

第一百零九条 保险公司的控股股东、实际控制人、董事、监事、高级管理人员不得利用关联交易损害公司的利益。

第一百一十条 保险公司应当按照国务院保险监督管理机构的规定,真实、准确、完整地披露财务会计报告、风险管理状况、保险产品经营情况等重大事项。

第一百一十一条 保险公司从事保险销售的人员应当符合国务院保险监督管理机构规定的资格条件,取得保险监督管理机构颁发的资格证书。

前款规定的保险销售人员的范围和管理办法,由国务院保险监督管理机构规定。

第一百一十二条 保险公司应当建立保险代理人登记管理制度,加强对保险代理人的培训和管理,不得唆使、诱导保险代理人进行违背诚信义务的活动。

第一百一十三条 保险公司及其分支机构应当依法使用经营保险业务许可证,不得转让、出租、出借经营保险业务许可证。

第一百一十四条　保险公司应当按照国务院保险监督管理机构的规定，公平、合理拟订保险条款和保险费率，不得损害投保人、被保险人和受益人的合法权益。

保险公司应当按照合同约定和本法规定，及时履行赔偿或者给付保险金义务。

第一百一十五条　保险公司开展业务，应当遵循公平竞争的原则，不得从事不正当竞争。

第一百一十六条　保险公司及其工作人员在保险业务活动中不得有下列行为：

（一）欺骗投保人、被保险人或者受益人；

（二）对投保人隐瞒与保险合同有关的重要情况；

（三）阻碍投保人履行本法规定的如实告知义务，或者诱导其不履行本法规定的如实告知义务；

（四）给予或者承诺给予投保人、被保险人、受益人保险合同约定以外的保险费回扣或者其他利益；

（五）拒不依法履行保险合同约定的赔偿或者给付保险金义务；

（六）故意编造未曾发生的保险事故、虚构保险合同或者故意夸大已经发生的保险事故的损失程度进行虚假理赔，骗取保险金或者牟取其他不正当利益；

（七）挪用、截留、侵占保险费；

（八）委托未取得合法资格的机构或者个人从事保险销售活动；

（九）利用开展保险业务为其他机构或者个人牟取不正当利益；

（十）利用保险代理人、保险经纪人或者保险评估机构，从事以虚构保险中介业务或者编造退保等方式套取费用等违法活动；

（十一）以捏造、散布虚假事实等方式损害竞争对手的商业信誉，或者以其他不正当竞争行为扰乱保险市场秩序；

（十二）泄露在业务活动中知悉的投保人、被保险人的商业秘密；

（十三）违反法律、行政法规和国务院保险监督管理机构规定的其他行为。

第五章　保险代理人和保险经纪人

第一百一十七条　保险代理人是根据保险人的委托，向保险人收取佣金，并在保险人授权的范围内代为办理保险业务的机构或者个人。

保险代理机构包括专门从事保险代理业务的保险专业代理机构和兼营保险代理业务的保险兼业代理机构。

第一百一十八条　保险经纪人是基于投保人的利益，为投保人与保险人订立保险合同提供中介服务，并依法收取佣金的机构。

第一百一十九条　保险代理机构、保险经纪人应当具备国务院保险监督管理机构规定的条件，取得保险监督管理机构颁发的经营保险代理业务许可证、保险经纪业务许可证。

保险专业代理机构、保险经纪人凭保险监督管理机构颁发的许可证向工商行政管理机关办理登记，领取营业执照。

保险兼业代理机构凭保险监督管理机构颁发的许可证，向工商行政管理机关办理变更登记。

第一百二十条　以公司形式设立保险专业代理机构、保险经纪人，其注册资本最低限额适用《中华人民共和国公司法》的规定。

国务院保险监督管理机构根据保险专业代理机构、保险经纪人的业务范围和经营规模,可以调整其注册资本的最低限额,但不得低于《中华人民共和国公司法》规定的限额。

保险专业代理机构、保险经纪人的注册资本或者出资额必须为实缴货币资本。

第一百二十一条 保险专业代理机构、保险经纪人的高级管理人员,应当品行良好,熟悉保险法律、行政法规,具有履行职责所需的经营管理能力,并在任职前取得保险监督管理机构核准的任职资格。

第一百二十二条 个人保险代理人、保险代理机构的代理从业人员、保险经纪人的经纪从业人员,应当具备国务院保险监督管理机构规定的资格条件,取得保险监督管理机构颁发的资格证书。

第一百二十三条 保险代理机构、保险经纪人应当有自己的经营场所,设立专门账簿记载保险代理业务、经纪业务的收支情况。

第一百二十四条 保险代理机构、保险经纪人应当按照国务院保险监督管理机构的规定缴存保证金或者投保职业责任保险。未经保险监督管理机构批准,保险代理机构、保险经纪人不得动用保证金。

第一百二十五条 个人保险代理人在代为办理人寿保险业务时,不得同时接受两个以上保险人的委托。

第一百二十六条 保险人委托保险代理人代为办理保险业务,应当与保险代理人签订委托代理协议,依法约定双方的权利和义务。

第一百二十七条 保险代理人根据保险人的授权代为办理保险业务的行为,由保险人承担责任。

保险代理人没有代理权、超越代理权或者代理权终止后以保险人名义订立合同,使投保人有理由相信其有代理权的,该代理行为有效。保险人可以依法追究越权的保险代理人的责任。

第一百二十八条 保险经纪人因过错给投保人、被保险人造成损失的,依法承担赔偿责任。

第一百二十九条 保险活动当事人可以委托保险公估机构等依法设立的独立评估机构或者具有相关专业知识的人员,对保险事故进行评估和鉴定。

接受委托对保险事故进行评估和鉴定的机构和人员,应当依法、独立、客观、公正地进行评估和鉴定,任何单位和个人不得干涉。

前款规定的机构和人员,因故意或者过失给保险人或者被保险人造成损失的,依法承担赔偿责任。

第一百三十条 保险佣金只限于向具有合法资格的保险代理人、保险经纪人支付,不得向其他人支付。

第一百三十一条 保险代理人、保险经纪人及其从业人员在办理保险业务活动中不得有下列行为:

(一)欺骗保险人、投保人、被保险人或者受益人;

(二)隐瞒与保险合同有关的重要情况;

(三)阻碍投保人履行本法规定的如实告知义务,或者诱导其不履行本法规定的如实告知义务；

（四）给予或者承诺给予投保人、被保险人或者受益人保险合同约定以外的利益；

（五）利用行政权力、职务或者职业便利以及其他不正当手段强迫、引诱或者限制投保人订立保险合同；

（六）伪造、擅自变更保险合同，或者为保险合同当事人提供虚假证明材料；

（七）挪用、截留、侵占保险费或者保险金；

（八）利用业务便利为其他机构或者个人牟取不正当利益；

（九）串通投保人、被保险人或者受益人，骗取保险金；

（十）泄露在业务活动中知悉的保险人、投保人、被保险人的商业秘密。

第一百三十二条　保险专业代理机构、保险经纪人分立、合并、变更组织形式、设立分支机构或者解散的，应当经保险监督管理机构批准。

第一百三十三条　本法第八十六条第一款、第一百一十三条的规定，适用于保险代理机构和保险经纪人。

第六章　保险业监督管理

第一百三十四条　保险监督管理机构依照本法和国务院规定的职责，遵循依法、公开、公正的原则，对保险业实施监督管理，维护保险市场秩序，保护投保人、被保险人和受益人的合法权益。

第一百三十五条　国务院保险监督管理机构依照法律、行政法规制定并发布有关保险业监督管理的规章。

第一百三十六条　关系社会公众利益的保险险种、依法实行强制保险的险种和新开发的人寿保险险种等的保险条款和保险费率，应当报国务院保险监督管理机构批准。国务院保险监督管理机构审批时，应当遵循保护社会公众利益和防止不正当竞争的原则。其他保险险种的保险条款和保险费率，应当报保险监督管理机构备案。

保险条款和保险费率审批、备案的具体办法，由国务院保险监督管理机构依照前款规定制定。

第一百三十七条　保险公司使用的保险条款和保险费率违反法律、行政法规或者国务院保险监督管理机构的有关规定的，由保险监督管理机构责令停止使用，限期修改；情节严重的，可以在一定期限内禁止申报新的保险条款和保险费率。

第一百三十八条　国务院保险监督管理机构应当建立健全保险公司偿付能力监管体系，对保险公司的偿付能力实施监控。

第一百三十九条　对偿付能力不足的保险公司，国务院保险监督管理机构应当将其列为重点监管对象，并可以根据具体情况采取下列措施：

（一）责令增加资本金、办理再保险；

（二）限制业务范围；

（三）限制向股东分红；

（四）限制固定资产购置或者经营费用规模；

（五）限制资金运用的形式、比例；

（六）限制增设分支机构；

（七）责令拍卖不良资产、转让保险业务；

（八）限制董事、监事、高级管理人员的薪酬水平；

（九）限制商业性广告；

（十）责令停止接受新业务。

第一百四十条　保险公司未依照本法规定提取或者结转各项责任准备金，或者未依照本法规定办理再保险，或者严重违反本法关于资金运用的规定的，由保险监督管理机构责令限期改正，并可以责令调整负责人及有关管理人员。

第一百四十一条　保险监督管理机构依照本法第一百四十条的规定作出限期改正的决定后，保险公司逾期未改正的，国务院保险监督管理机构可以决定选派保险专业人员和指定该保险公司的有关人员组成整顿组，对公司进行整顿。

整顿决定应当载明被整顿公司的名称、整顿理由、整顿组成员和整顿期限，并予以公告。

第一百四十二条　整顿组有权监督被整顿保险公司的日常业务。被整顿公司的负责人及有关管理人员应当在整顿组的监督下行使职权。

第一百四十三条　整顿过程中，被整顿保险公司的原有业务继续进行。但是，国务院保险监督管理机构可以责令被整顿公司停止部分原有业务、停止接受新业务，调整资金运用。

第一百四十四条　被整顿保险公司经整顿已纠正其违反本法规定的行为，恢复正常经营状况的，由整顿组提出报告，经国务院保险监督管理机构批准，结束整顿，并由国务院保险监督管理机构予以公告。

第一百四十五条　保险公司有下列情形之一的，国务院保险监督管理机构可以对其实行接管：

（一）公司的偿付能力严重不足的；

（二）违反本法规定，损害社会公共利益，可能严重危及或者已经严重危及公司的偿付能力的。

被接管的保险公司的债权债务关系不因接管而变化。

第一百四十六条　接管组的组成和接管的实施办法，由国务院保险监督管理机构决定，并予以公告。

第一百四十七条　接管期限届满，国务院保险监督管理机构可以决定延长接管期限，但接管期限最长不得超过二年。

第一百四十八条　接管期限届满，被接管的保险公司已恢复正常经营能力的，由国务院保险监督管理机构决定终止接管，并予以公告。

第一百四十九条　被整顿、被接管的保险公司有《中华人民共和国企业破产法》第二条规定情形的，国务院保险监督管理机构可以依法向人民法院申请对该保险公司进行重整或者破产清算。

第一百五十条　保险公司因违法经营被依法吊销经营保险业务许可证的，或者偿付能力低于国务院保险监督管理机构规定标准，不予撤销将严重危害保险市场秩序、损害公共利益的，由国务院保险监督管理机构予以撤销并公告，依法及时组织清算组进行清算。

第一百五十一条　国务院保险监督管理机构有权要求保险公司股东、实际控制人在指定的期限内提供有关信息和资料。

第一百五十二条　保险公司的股东利用关联交易严重损害公司利益，危及公司偿付能力的，由国务院保险监督管理机构责令改正。在按照要求改正前，国务院保险监督管理机构可以限制其股东权利；拒不改正的，可以责令其转让所持的保险公司股权。

第一百五十三条　保险监督管理机构根据履行监督管理职责的需要，可以与保险公司董事、监事和高级管理人员进行监督管理谈话，要求其就公司的业务活动和风险管理的重大事项作出说明。

第一百五十四条　保险公司在整顿、接管、撤销清算期间，或者出现重大风险时，国务院保险监督管理机构可以对该公司直接负责的董事、监事、高级管理人员和其他直接责任人员采取以下措施：

（一）通知出境管理机关依法阻止其出境；

（二）申请司法机关禁止其转移、转让或者以其他方式处分财产，或者在财产上设定其他权利。

第一百五十五条　保险监督管理机构依法履行职责，可以采取下列措施：

（一）对保险公司、保险代理人、保险经纪人、保险资产管理公司、外国保险机构的代表机构进行现场检查；

（二）进入涉嫌违法行为发生场所调查取证；

（三）询问当事人及与被调查事件有关的单位和个人，要求其对与被调查事件有关的事项作出说明；

（四）查阅、复制与被调查事件有关的财产权登记等资料；

（五）查阅、复制保险公司、保险代理人、保险经纪人、保险资产管理公司、外国保险机构的代表机构以及与被调查事件有关的单位和个人的财务会计资料及其他相关文件和资料；对可能被转移、隐匿或者毁损的文件和资料予以封存；

（六）查询涉嫌违法经营的保险公司、保险代理人、保险经纪人、保险资产管理公司、外国保险机构的代表机构以及与涉嫌违法事项有关的单位和个人的银行账户；

（七）对有证据证明已经或者可能转移、隐匿违法资金等涉案财产或者隐匿、伪造、毁损重要证据的，经保险监督管理机构主要负责人批准，申请人民法院予以冻结或者查封。

保险监督管理机构采取前款第（一）项、第（二）项、第（五）项措施的，应当经保险监督管理机构负责人批准；采取第（六）项措施的，应当经国务院保险监督管理机构负责人批准。

保险监督管理机构依法进行监督检查或者调查，其监督检查、调查的人员不得少于二人，并应当出示合法证件和监督检查、调查通知书；监督检查、调查的人员少于二人或者未出示合法证件和监督检查、调查通知书的，被检查、调查的单位和个人有权拒绝。

第一百五十六条　保险监督管理机构依法履行职责，被检查、调查的单位和个人应当配合。

第一百五十七条　保险监督管理机构工作人员应当忠于职守，依法办事，公正廉洁，不得利用职务便利牟取不正当利益，不得泄露所知悉的有关单位和个人的商业秘密。

第一百五十八条　国务院保险监督管理机构应当与中国人民银行、国务院其他金融监督管理机构建立监督管理信息共享机制。

保险监督管理机构依法履行职责,进行监督检查、调查时,有关部门应当予以配合。

第七章 法 律 责 任

第一百五十九条 违反本法规定,擅自设立保险公司、保险资产管理公司或者非法经营商业保险业务的,由保险监督管理机构予以取缔,没收违法所得,并处违法所得一倍以上五倍以下的罚款;没有违法所得或者违法所得不足二十万元的,处二十万元以上一百万元以下的罚款。

第一百六十条 违反本法规定,擅自设立保险专业代理机构、保险经纪人,或者未取得经营保险代理业务许可证、保险经纪业务许可证从事保险代理业务、保险经纪业务的,由保险监督管理机构予以取缔,没收违法所得,并处违法所得一倍以上五倍以下的罚款;没有违法所得或者违法所得不足五万元的,处五万元以上三十万元以下的罚款。

第一百六十一条 保险公司违反本法规定,超出批准的业务范围经营的,由保险监督管理机构责令限期改正,没收违法所得,并处违法所得一倍以上五倍以下的罚款;没有违法所得或者违法所得不足十万元的,处十万元以上五十万元以下的罚款。逾期不改正或者造成严重后果的,责令停业整顿或者吊销业务许可证。

第一百六十二条 保险公司有本法第一百一十六条规定行为之一的,由保险监督管理机构责令改正,处五万元以上三十万元以下的罚款;情节严重的,限制其业务范围、责令停止接受新业务或者吊销业务许可证。

第一百六十三条 保险公司违反本法第八十四条规定的,由保险监督管理机构责令改正,处一万元以上十万元以下的罚款。

第一百六十四条 保险公司违反本法规定,有下列行为之一的,由保险监督管理机构责令改正,处五万元以上三十万元以下的罚款:

(一)超额承保,情节严重的;

(二)为无民事行为能力人承保以死亡为给付保险金条件的保险的。

第一百六十五条 违反本法规定,有下列行为之一的,由保险监督管理机构责令改正,处五万元以上三十万元以下的罚款;情节严重的,可以限制其业务范围、责令停止接受新业务或者吊销业务许可证:

(一)未按照规定提存保证金或者违反规定动用保证金的;

(二)未按照规定提取或者结转各项责任准备金的;

(三)未按照规定缴纳保险保障基金或者提取公积金的;

(四)未按照规定办理再保险的;

(五)未按照规定运用保险公司资金的;

(六)未经批准设立分支机构或者代表机构的;

(七)未按照规定申请批准保险条款、保险费率的。

第一百六十六条 保险代理机构、保险经纪人有本法第一百三十一条规定行为之一的,由保险监督管理机构责令改正,处五万元以上三十万元以下的罚款;情节严重的,吊销业务许可证。

第一百六十七条 保险代理机构、保险经纪人违反本法规定,有下列行为之一的,由保险监督管理机构责令改正,处二万元以上十万元以下的罚款;情节严重的,责令停业整顿或者吊销业务许可证:

（一）未按照规定缴存保证金或者投保职业责任保险的；
（二）未按照规定设立专门账簿记载业务收支情况的。

第一百六十八条　保险专业代理机构、保险经纪人违反本法规定，未经批准设立分支机构或者变更组织形式的，由保险监督管理机构责令改正，处一万元以上五万元以下的罚款。

第一百六十九条　违反本法规定，聘任不具有任职资格、从业资格的人员的，由保险监督管理机构责令改正，处二万元以上十万元以下的罚款。

第一百七十条　违反本法规定，转让、出租、出借业务许可证的，由保险监督管理机构处一万元以上十万元以下的罚款；情节严重的，责令停业整顿或者吊销业务许可证。

第一百七十一条　违反本法规定，有下列行为之一的，由保险监督管理机构责令限期改正；逾期不改正的，处一万元以上十万元以下的罚款：
（一）未按照规定报送或者保管报告、报表、文件、资料的，或者未按照规定提供有关信息、资料的；
（二）未按照规定报送保险条款、保险费率备案的；
（三）未按照规定披露信息的。

第一百七十二条　违反本法规定，有下列行为之一的，由保险监督管理机构责令改正，处十万元以上五十万元以下的罚款；情节严重的，可以限制其业务范围、责令停止接受新业务或者吊销业务许可证：
（一）编制或者提供虚假的报告、报表、文件、资料的；
（二）拒绝或者妨碍依法监督检查的；
（三）未按照规定使用经批准或者备案的保险条款、保险费率的。

第一百七十三条　保险公司、保险资产管理公司、保险专业代理机构、保险经纪人违反本法规定的，保险监督管理机构除分别依照本法第一百六十一条至第一百七十二条的规定对该单位给予处罚外，对其直接负责的主管人员和其他直接责任人员给予警告，并处一万元以上十万元以下的罚款；情节严重的，撤销任职资格或者从业资格。

第一百七十四条　个人保险代理人违反本法规定的，由保险监督管理机构给予警告，可以并处二万元以下的罚款；情节严重的，处二万元以上十万元以下的罚款，并可以吊销其资格证书。

未取得合法资格的人员从事个人保险代理活动的，由保险监督管理机构给予警告，可以并处二万元以下的罚款；情节严重的，处二万元以上十万元以下的罚款。

第一百七十五条　外国保险机构未经国务院保险监督管理机构批准，擅自在中华人民共和国境内设立代表机构的，由国务院保险监督管理机构予以取缔，处五万元以上三十万元以下的罚款。

外国保险机构在中华人民共和国境内设立的代表机构从事保险经营活动的，由保险监督管理机构责令改正，没收违法所得，并处违法所得一倍以上五倍以下的罚款；没有违法所得或者违法所得不足二十万元的，处二十万元以上一百万元以下的罚款；对其首席代表可以责令撤换；情节严重的，撤销其代表机构。

第一百七十六条　投保人、被保险人或者受益人有下列行为之一，进行保险诈骗活动，尚不构成犯罪的，依法给予行政处罚：
（一）投保人故意虚构保险标的，骗取保险金的；

（二）编造未曾发生的保险事故，或者编造虚假的事故原因或者夸大损失程度，骗取保险金的；

（三）故意造成保险事故，骗取保险金的。

保险事故的鉴定人、评估人、证明人故意提供虚假的证明文件，为投保人、被保险人或者受益人进行保险诈骗提供条件的，依照前款规定给予处罚。

第一百七十七条　违反本法规定，给他人造成损害的，依法承担民事责任。

第一百七十八条　拒绝、阻碍保险监督管理机构及其工作人员依法行使监督检查、调查职权，未使用暴力、威胁方法的，依法给予治安管理处罚。

第一百七十九条　违反法律、行政法规的规定，情节严重的，国务院保险监督管理机构可以禁止有关责任人员一定期限直至终身进入保险业。

第一百八十条　保险监督管理机构从事监督管理工作的人员有下列情形之一的，依法给予处分：

（一）违反规定批准机构的设立的；

（二）违反规定进行保险条款、保险费率审批的；

（三）违反规定进行现场检查的；

（四）违反规定查询账户或者冻结资金的；

（五）泄露其知悉的有关单位和个人的商业秘密的；

（六）违反规定实施行政处罚的；

（七）滥用职权、玩忽职守的其他行为。

第一百八十一条　违反本法规定，构成犯罪的，依法追究刑事责任。

第八章　附　则

第一百八十二条　保险公司应当加入保险行业协会。保险代理人、保险经纪人、保险公估机构可以加入保险行业协会。

保险行业协会是保险业的自律性组织，是社会团体法人。

第一百八十三条　保险公司以外的其他依法设立的保险组织经营的商业保险业务，适用本法。

第一百八十四条　海上保险适用《中华人民共和国海商法》的有关规定；《中华人民共和国海商法》未规定的，适用本法的有关规定。

第一百八十五条　中外合资保险公司、外资独资保险公司、外国保险公司分公司适用本法规定；法律、行政法规另有规定的，适用其规定。

第一百八十六条　国家支持发展为农业生产服务的保险事业。农业保险由法律、行政法规另行规定。

强制保险，法律、行政法规另有规定的，适用其规定。

第一百八十七条　本法自 2009 年 10 月 1 日起施行。

27.2　中华人民共和国侵权责任法

中华人民共和国侵权责任法

（2009 年 12 月 26 日第十一届全国人民代表大会常务委员会第十二次会议通过）

目 录

第一章 一般规定
第二章 责任构成和责任方式
第三章 不承担责任和减轻责任的情形
第四章 关于责任主体的特殊规定
第五章 产品责任
第六章 机动车交通事故责任
第七章 医疗损害责任
第八章 环境污染责任
第九章 高度危险责任
第十章 饲养动物损害责任
第十一章 物件损害责任
第十二章 附 则

第一章 一般规定

第一条 为保护民事主体的合法权益，明确侵权责任，预防并制裁侵权行为，促进社会和谐稳定，制定本法。

第二条 侵害民事权益，应当依照本法承担侵权责任。

本法所称民事权益，包括生命权、健康权、姓名权、名誉权、荣誉权、肖像权、隐私权、婚姻自主权、监护权、所有权、用益物权、担保物权、著作权、专利权、商标专用权、发现权、股权、继承权等人身、财产权益。

第三条 被侵权人有权请求侵权人承担侵权责任。

第四条 侵权人因同一行为应当承担行政责任或者刑事责任的，不影响依法承担侵权责任。

因同一行为应当承担侵权责任和行政责任、刑事责任，侵权人的财产不足以支付的，先承担侵权责任。

第五条 其他法律对侵权责任另有特别规定的，依照其规定。

第二章 责任构成和责任方式

第六条 行为人因过错侵害他人民事权益，应当承担侵权责任。

根据法律规定推定行为人有过错，行为人不能证明自己没有过错的，应当承担侵权责任。

第七条 行为人损害他人民事权益，不论行为人有无过错，法律规定应当承担侵权责任的，依照其规定。

第八条 二人以上共同实施侵权行为，造成他人损害的，应当承担连带责任。

第九条 教唆、帮助他人实施侵权行为的，应当与行为人承担连带责任。

教唆、帮助无民事行为能力人、限制民事行为能力人实施侵权行为的，应当承担侵权责任；该无民事行为能力人、限制民事行为能力人的监护人未尽到监护责任的，应当承担相应的责任。

第十条 二人以上实施危及他人人身、财产安全的行为，其中一人或者数人的行为造成他人损害，能够确定具体侵权人的，由侵权人承担责任；不能确定具体侵权人的，行为人承担连带责任。

第十一条　二人以上分别实施侵权行为造成同一损害，每个人的侵权行为都足以造成全部损害的，行为人承担连带责任。

第十二条　二人以上分别实施侵权行为造成同一损害，能够确定责任大小的，各自承担相应的责任；难以确定责任大小的，平均承担赔偿责任。

第十三条　法律规定承担连带责任的，被侵权人有权请求部分或者全部连带责任人承担责任。

第十四条　连带责任人根据各自责任大小确定相应的赔偿数额；难以确定责任大小的，平均承担赔偿责任。

支付超出自己赔偿数额的连带责任人，有权向其他连带责任人追偿。

第十五条　承担侵权责任的方式主要有：

（一）停止侵害；
（二）排除妨碍；
（三）消除危险；
（四）返还财产；
（五）恢复原状；
（六）赔偿损失；
（七）赔礼道歉；
（八）消除影响、恢复名誉。

以上承担侵权责任的方式，可以单独适用，也可以合并适用。

第十六条　侵害他人造成人身损害的，应当赔偿医疗费、护理费、交通费等为治疗和康复支出的合理费用，以及因误工减少的收入。造成残疾的，还应当赔偿残疾生活辅助具费和残疾赔偿金。造成死亡的，还应当赔偿丧葬费和死亡赔偿金。

第十七条　因同一侵权行为造成多人死亡的，可以以相同数额确定死亡赔偿金。

第十八条　被侵权人死亡的，其近亲属有权请求侵权人承担侵权责任。被侵权人为单位，该单位分立、合并的，承继权利的单位有权请求侵权人承担侵权责任。

被侵权人死亡的，支付被侵权人医疗费、丧葬费等合理费用的人有权请求侵权人赔偿费用，但侵权人已支付该费用的除外。

第十九条　侵害他人财产的，财产损失按照损失发生时的市场价格或者其他方式计算。

第二十条　侵害他人人身权益造成财产损失的，按照被侵权人因此受到的损失赔偿；被侵权人的损失难以确定，侵权人因此获得利益的，按照其获得的利益赔偿；侵权人因此获得的利益难以确定，被侵权人和侵权人就赔偿数额协商不一致，向人民法院提起诉讼的，由人民法院根据实际情况确定赔偿数额。

第二十一条　侵权行为危及他人人身、财产安全的，被侵权人可以请求侵权人承担停止侵害、排除妨碍、消除危险等侵权责任。

第二十二条　侵害他人人身权益，造成他人严重精神损害的，被侵权人可以请求精神损害赔偿。

第二十三条　因防止、制止他人民事权益被侵害而使自己受到损害的，由侵权人承担责任。侵权人逃逸或者无力承担责任，被侵权人请求补偿的，受益人应当给予适当补偿。

第二十四条　受害人和行为人对损害的发生都没有过错的，可以根据实际情况，由双方分担损失。

第二十五条　损害发生后，当事人可以协商赔偿费用的支付方式。协商不一致的，赔偿费用应当一次性支付；一次性支付确有困难的，可以分期支付，但应当提供相应的担保。

第三章　不承担责任和减轻责任的情形

第二十六条　被侵权人对损害的发生也有过错的，可以减轻侵权人的责任。

第二十七条　损害是因受害人故意造成的，行为人不承担责任。

第二十八条　损害是因第三人造成的，第三人应当承担侵权责任。

第二十九条　因不可抗力造成他人损害的，不承担责任。法律另有规定的，依照其规定。

第三十条　因正当防卫造成损害的，不承担责任。正当防卫超过必要的限度，造成不应有的损害的，正当防卫人应当承担适当的责任。

第三十一条　因紧急避险造成损害的，由引起险情发生的人承担责任。如果危险是由自然原因引起的，紧急避险人不承担责任或者给予适当补偿。紧急避险采取措施不当或者超过必要的限度，造成不应有的损害的，紧急避险人应当承担适当的责任。

第四章　关于责任主体的特殊规定

第三十二条　无民事行为能力人、限制民事行为能力人造成他人损害的，由监护人承担侵权责任。监护人尽到监护责任的，可以减轻其侵权责任。

有财产的无民事行为能力人、限制民事行为能力人造成他人损害的，从本人财产中支付赔偿费用。不足部分，由监护人赔偿。

第三十三条　完全民事行为能力人对自己的行为暂时没有意识或者失去控制造成他人损害有过错的，应当承担侵权责任；没有过错的，根据行为人的经济状况对受害人适当补偿。

完全民事行为能力人因醉酒、滥用麻醉药品或者精神药品对自己的行为暂时没有意识或者失去控制造成他人损害的，应当承担侵权责任。

第三十四条　用人单位的工作人员因执行工作任务造成他人损害的，由用人单位承担侵权责任。

劳务派遣期间，被派遣的工作人员因执行工作任务造成他人损害的，由接受劳务派遣的用工单位承担侵权责任；劳务派遣单位有过错的，承担相应的补充责任。

第三十五条　个人之间形成劳务关系，提供劳务一方因劳务造成他人损害的，由接受劳务一方承担侵权责任。提供劳务一方因劳务自己受到损害的，根据双方各自的过错承担相应的责任。

第三十六条　网络用户、网络服务提供者利用网络侵害他人民事权益的，应当承担侵权责任。

网络用户利用网络服务实施侵权行为的，被侵权人有权通知网络服务提供者采取删除、屏蔽、断开链接等必要措施。网络服务提供者接到通知后未及时采取必要措施的，对损害的扩大部分与该网络用户承担连带责任。

网络服务提供者知道网络用户利用其网络服务侵害他人民事权益，未采取必要措施的，与该网络用户承担连带责任。

第三十七条 宾馆、商场、银行、车站、娱乐场所等公共场所的管理人或者群众性活动的组织者，未尽到安全保障义务，造成他人损害的，应当承担侵权责任。

因第三人的行为造成他人损害的，由第三人承担侵权责任；管理人或者组织者未尽到安全保障义务的，承担相应的补充责任。

第三十八条 无民事行为能力人在幼儿园、学校或者其他教育机构学习、生活期间受到人身损害的，幼儿园、学校或者其他教育机构应当承担责任，但能够证明尽到教育、管理职责的，不承担责任。

第三十九条 限制民事行为能力人在学校或者其他教育机构学习、生活期间受到人身损害，学校或者其他教育机构未尽到教育、管理职责的，应当承担责任。

第四十条 无民事行为能力人或者限制民事行为能力人在幼儿园、学校或者其他教育机构学习、生活期间，受到幼儿园、学校或者其他教育机构以外的人员人身损害的，由侵权人承担侵权责任；幼儿园、学校或者其他教育机构未尽到管理职责的，承担相应的补充责任。

第五章　产品责任

第四十一条 因产品存在缺陷造成他人损害的，生产者应当承担侵权责任。

第四十二条 因销售者的过错使产品存在缺陷，造成他人损害的，销售者应当承担侵权责任。

销售者不能指明缺陷产品的生产者也不能指明缺陷产品的供货者的，销售者应当承担侵权责任。

第四十三条 因产品存在缺陷造成损害的，被侵权人可以向产品的生产者请求赔偿，也可以向产品的销售者请求赔偿。

产品缺陷由生产者造成的，销售者赔偿后，有权向生产者追偿。

因销售者的过错使产品存在缺陷的，生产者赔偿后，有权向销售者追偿。

第四十四条 因运输者、仓储者等第三人的过错使产品存在缺陷，造成他人损害的，产品的生产者、销售者赔偿后，有权向第三人追偿。

第四十五条 因产品缺陷危及他人人身、财产安全的，被侵权人有权请求生产者、销售者承担排除妨碍、消除危险等侵权责任。

第四十六条 产品投入流通后发现存在缺陷的，生产者、销售者应当及时采取警示、召回等补救措施。未及时采取补救措施或者补救措施不力造成损害的，应当承担侵权责任。

第四十七条 明知产品存在缺陷仍然生产、销售，造成他人死亡或者健康严重损害的，被侵权人有权请求相应的惩罚性赔偿。

第六章　机动车交通事故责任

第四十八条 机动车发生交通事故造成损害的，依照道路交通安全法的有关规定承担赔偿责任。

第四十九条 因租赁、借用等情形机动车所有人与使用人不是同一人时，发生交通事故后属于该机动车一方责任的，由保险公司在机动车强制保险责任限额范围内予以赔偿。

不足部分，由机动车使用人承担赔偿责任；机动车所有人对损害的发生有过错的，承担相应的赔偿责任。

第五十条　当事人之间已经以买卖等方式转让并交付机动车但未办理所有权转移登记，发生交通事故后属于该机动车一方责任的，由保险公司在机动车强制保险责任限额范围内予以赔偿。不足部分，由受让人承担赔偿责任。

第五十一条　以买卖等方式转让拼装或者已达到报废标准的机动车，发生交通事故造成损害的，由转让人和受让人承担连带责任。

第五十二条　盗窃、抢劫或者抢夺的机动车发生交通事故造成损害的，由盗窃人、抢劫人或者抢夺人承担赔偿责任。保险公司在机动车强制保险责任限额范围内垫付抢救费用的，有权向交通事故责任人追偿。

第五十三条　机动车驾驶人发生交通事故后逃逸，该机动车参加强制保险的，由保险公司在机动车强制保险责任限额范围内予以赔偿；机动车不明或者该机动车未参加强制保险，需要支付被侵权人人身伤亡的抢救、丧葬等费用的，由道路交通事故社会救助基金垫付。道路交通事故社会救助基金垫付后，其管理机构有权向交通事故责任人追偿。

第七章　医疗损害责任

第五十四条　患者在诊疗活动中受到损害，医疗机构及其医务人员有过错的，由医疗机构承担赔偿责任。

第五十五条　医务人员在诊疗活动中应当向患者说明病情和医疗措施。需要实施手术、特殊检查、特殊治疗的，医务人员应当及时向患者说明医疗风险、替代医疗方案等情况，并取得其书面同意；不宜向患者说明的，应当向患者的近亲属说明，并取得其书面同意。

医务人员未尽到前款义务，造成患者损害的，医疗机构应当承担赔偿责任。

第五十六条　因抢救生命垂危的患者等紧急情况，不能取得患者或者其近亲属意见的，经医疗机构负责人或者授权的负责人批准，可以立即实施相应的医疗措施。

第五十七条　医务人员在诊疗活动中未尽到与当时的医疗水平相应的诊疗义务，造成患者损害的，医疗机构应当承担赔偿责任。

第五十八条　患者有损害，因下列情形之一的，推定医疗机构有过错：

（一）违反法律、行政法规、规章以及其他有关诊疗规范的规定；

（二）隐匿或者拒绝提供与纠纷有关的病历资料；

（三）伪造、篡改或者销毁病历资料。

第五十九条　因药品、消毒药剂、医疗器械的缺陷，或者输入不合格的血液造成患者损害的，患者可以向生产者或者血液提供机构请求赔偿，也可以向医疗机构请求赔偿。患者向医疗机构请求赔偿的，医疗机构赔偿后，有权向负有责任的生产者或者血液提供机构追偿。

第六十条　患者有损害，因下列情形之一的，医疗机构不承担赔偿责任：

（一）患者或者其近亲属不配合医疗机构进行符合诊疗规范的诊疗；

（二）医务人员在抢救生命垂危的患者等紧急情况下已经尽到合理诊疗义务；

（三）限于当时的医疗水平难以诊疗。

前款第一项情形中，医疗机构及其医务人员也有过错的，应当承担相应的赔偿责任。

第六十一条 医疗机构及其医务人员应当按照规定填写并妥善保管住院志、医嘱单、检验报告、手术及麻醉记录、病理资料、护理记录、医疗费用等病历资料。

患者要求查阅、复制前款规定的病历资料的，医疗机构应当提供。

第六十二条 医疗机构及其医务人员应当对患者的隐私保密。泄露患者隐私或者未经患者同意公开其病历资料，造成患者损害的，应当承担侵权责任。

第六十三条 医疗机构及其医务人员不得违反诊疗规范实施不必要的检查。

第六十四条 医疗机构及其医务人员的合法权益受法律保护。干扰医疗秩序，妨害医务人员工作、生活的，应当依法承担法律责任。

第八章 环境污染责任

第六十五条 因污染环境造成损害的，污染者应当承担侵权责任。

第六十六条 因污染环境发生纠纷，污染者应当就法律规定的不承担责任或者减轻责任的情形及其行为与损害之间不存在因果关系承担举证责任。

第六十七条 两个以上污染者污染环境，污染者承担责任的大小，根据污染物的种类、排放量等因素确定。

第六十八条 因第三人的过错污染环境造成损害的，被侵权人可以向污染者请求赔偿，也可以向第三人请求赔偿。污染者赔偿后，有权向第三人追偿。

第九章 高度危险责任

第六十九条 从事高度危险作业造成他人损害的，应当承担侵权责任。

第七十条 民用核设施发生核事故造成他人损害的，民用核设施的经营者应当承担侵权责任，但能够证明损害是因战争等情形或者受害人故意造成的，不承担责任。

第七十一条 民用航空器造成他人损害的，民用航空器的经营者应当承担侵权责任，但能够证明损害是因受害人故意造成的，不承担责任。

第七十二条 占有或者使用易燃、易爆、剧毒、放射性等高度危险物造成他人损害的，占有人或者使用人应当承担侵权责任，但能够证明损害是因受害人故意或者不可抗力造成的，不承担责任。被侵权人对损害的发生有重大过失的，可以减轻占有人或者使用人的责任。

第七十三条 从事高空、高压、地下挖掘活动或者使用高速轨道运输工具造成他人损害的，经营者应当承担侵权责任，但能够证明损害是因受害人故意或者不可抗力造成的，不承担责任。被侵权人对损害的发生有过失的，可以减轻经营者的责任。

第七十四条 遗失、抛弃高度危险物造成他人损害的，由所有人承担侵权责任。所有人将高度危险物交由他人管理的，由管理人承担侵权责任；所有人有过错的，与管理人承担连带责任。

第七十五条 非法占有高度危险物造成他人损害的，由非法占有人承担侵权责任。所有人、管理人不能证明对防止他人非法占有尽到高度注意义务的，与非法占有人承担连带责任。

第七十六条 未经许可进入高度危险活动区域或者高度危险物存放区域受到损害，管理人已经采取安全措施并尽到警示义务的，可以减轻或者不承担责任。

第七十七条 承担高度危险责任，法律规定赔偿限额的，依照其规定。

第十章 饲养动物损害责任

第七十八条 饲养的动物造成他人损害的，动物饲养人或者管理人应当承担侵权责任，但能够证明损害是因被侵权人故意或者重大过失造成的，可以不承担或者减轻责任。

第七十九条 违反管理规定，未对动物采取安全措施造成他人损害的，动物饲养人或者管理人应当承担侵权责任。

第八十条 禁止饲养的烈性犬等危险动物造成他人损害的，动物饲养人或者管理人应当承担侵权责任。

第八十一条 动物园的动物造成他人损害的，动物园应当承担侵权责任，但能够证明尽到管理职责的，不承担责任。

第八十二条 遗弃、逃逸的动物在遗弃、逃逸期间造成他人损害的，由原动物饲养人或者管理人承担侵权责任。

第八十三条 因第三人的过错致使动物造成他人损害的，被侵权人可以向动物饲养人或者管理人请求赔偿，也可以向第三人请求赔偿。动物饲养人或者管理人赔偿后，有权向第三人追偿。

第八十四条 饲养动物应当遵守法律，尊重社会公德，不得妨害他人生活。

第十一章 物件损害责任

第八十五条 建筑物、构筑物或者其他设施及其搁置物、悬挂物发生脱落、坠落造成他人损害，所有人、管理人或者使用人不能证明自己没有过错的，应当承担侵权责任。所有人、管理人或者使用人赔偿后，有其他责任人的，有权向其他责任人追偿。

第八十六条 建筑物、构筑物或者其他设施倒塌造成他人损害的，由建设单位与施工单位承担连带责任。建设单位、施工单位赔偿后，有其他责任人的，有权向其他责任人追偿。

因其他责任人的原因，建筑物、构筑物或者其他设施倒塌造成他人损害的，由其他责任人承担侵权责任。

第八十七条 从建筑物中抛掷物品或者从建筑物上坠落的物品造成他人损害，难以确定具体侵权人的，除能够证明自己不是侵权人的外，由可能加害的建筑物使用人给予补偿。

第八十八条 堆放物倒塌造成他人损害，堆放人不能证明自己没有过错的，应当承担侵权责任。

第八十九条 在公共道路上堆放、倾倒、遗撒妨碍通行的物品造成他人损害的，有关单位或者个人应当承担侵权责任。

第九十条 因林木折断造成他人损害，林木的所有人或者管理人不能证明自己没有过错的，应当承担侵权责任。

第九十一条 在公共场所或者道路上挖坑、修缮安装地下设施等，没有设置明显标志和采取安全措施造成他人损害的，施工人应当承担侵权责任。

窨井等地下设施造成他人损害，管理人不能证明尽到管理职责的，应当承担侵权责任。

第十二章 附　则

第九十二条 本法自2010年7月1日起施行。

27.3 特种设备安全监察条例

中华人民共和国特种设备安全监察条例

(2003年3月11日中华人民共和国国务院令第373号公布 根据2009年1月24日《国务院关于修改〈特种设备安全监察条例〉的决定》修订)

第一章 总 则

第一条 为了加强特种设备的安全监察,防止和减少事故,保障人民群众生命和财产安全,促进经济发展,制定本条例。

第二条 本条例所称特种设备是指涉及生命安全、危险性较大的锅炉、压力容器(含气瓶,下同)、压力管道、电梯、起重机械、客运索道、大型游乐设施和场(厂)内专用机动车辆。

前款特种设备的目录由国务院负责特种设备安全监督管理的部门(以下简称国务院特种设备安全监督管理部门)制订,报国务院批准后执行。

第三条 特种设备的生产(含设计、制造、安装、改造、维修,下同)、使用、检验检测及其监督检查,应当遵守本条例,但本条例另有规定的除外。

军事装备、核设施、航空航天器、铁路机车、海上设施和船舶以及矿山井下使用的特种设备、民用机场专用设备的安全监察不适用本条例。

房屋建筑工地和市政工程工地用起重机械、场(厂)内专用机动车辆的安装、使用的监督管理,由建设行政主管部门依照有关法律、法规的规定执行。

第四条 国务院特种设备安全监督管理部门负责全国特种设备的安全监察工作,县以上地方负责特种设备安全监督管理的部门对本行政区域内特种设备实施安全监察(以下统称特种设备安全监督管理部门)。

第五条 特种设备生产、使用单位应当建立健全特种设备安全、节能管理制度和岗位安全、节能责任制度。

特种设备生产、使用单位的主要负责人应当对本单位特种设备的安全和节能全面负责。

特种设备生产、使用单位和特种设备检验检测机构,应当接受特种设备安全监督管理部门依法进行的特种设备安全监察。

第六条 特种设备检验检测机构,应当依照本条例规定,进行检验检测工作,对其检验检测结果、鉴定结论承担法律责任。

第七条 县级以上地方人民政府应当督促、支持特种设备安全监督管理部门依法履行安全监察职责,对特种设备安全监察中存在的重大问题及时予以协调、解决。

第八条 国家鼓励推行科学的管理方法,采用先进技术,提高特种设备安全性能和管理水平,增强特种设备生产、使用单位防范事故的能力,对取得显著成绩的单位和个人,给予奖励。

国家鼓励特种设备节能技术的研究、开发、示范和推广,促进特种设备节能技术创新和应用。

特种设备生产、使用单位和特种设备检验检测机构,应当保证必要的安全和节能投入。

国家鼓励实行特种设备责任保险制度，提高事故赔付能力。

第九条　任何单位和个人对违反本条例规定的行为，有权向特种设备安全监督管理部门和行政监察等有关部门举报。

特种设备安全监督管理部门应当建立特种设备安全监察举报制度，公布举报电话、信箱或者电子邮件地址，受理对特种设备生产、使用和检验检测违法行为的举报，并及时予以处理。

特种设备安全监督管理部门和行政监察等有关部门应当为举报人保密，并按照国家有关规定给予奖励。

第二章　特种设备的生产

第十条　特种设备生产单位，应当依照本条例规定以及国务院特种设备安全监督管理部门制订并公布的安全技术规范（以下简称安全技术规范）的要求，进行生产活动。

特种设备生产单位对其生产的特种设备的安全性能和能效指标负责，不得生产不符合安全性能要求和能效指标的特种设备，不得生产国家产业政策明令淘汰的特种设备。

第十一条　压力容器的设计单位应当经国务院特种设备安全监督管理部门许可，方可从事压力容器的设计活动。

压力容器的设计单位应当具备下列条件：

（一）有与压力容器设计相适应的设计人员、设计审核人员；

（二）有与压力容器设计相适应的场所和设备；

（三）有与压力容器设计相适应的健全的管理制度和责任制度。

第十二条　锅炉、压力容器中的气瓶（以下简称气瓶）、氧舱和客运索道、大型游乐设施以及高耗能特种设备的设计文件，应当经国务院特种设备安全监督管理部门核准的检验检测机构鉴定，方可用于制造。

第十三条　按照安全技术规范的要求，应当进行型式试验的特种设备产品、部件或者试制特种设备新产品、新部件、新材料，必须进行型式试验和能效测试。

第十四条　锅炉、压力容器、电梯、起重机械、客运索道、大型游乐设施及其安全附件、安全保护装置的制造、安装、改造单位，以及压力管道用管子、管件、阀门、法兰、补偿器、安全保护装置等（以下简称压力管道元件）的制造单位和场（厂）内专用机动车辆的制造、改造单位，应当经国务院特种设备安全监督管理部门许可，方可从事相应的活动。

前款特种设备的制造、安装、改造单位应当具备下列条件：

（一）有与特种设备制造、安装、改造相适应的专业技术人员和技术工人；

（二）有与特种设备制造、安装、改造相适应的生产条件和检测手段；

（三）有健全的质量管理制度和责任制度。

第十五条　特种设备出厂时，应当附有安全技术规范要求的设计文件、产品质量合格证明、安装及使用维修说明、监督检验证明等文件。

第十六条　锅炉、压力容器、电梯、起重机械、客运索道、大型游乐设施、场（厂）内专用机动车辆的维修单位，应当有与特种设备维修相适应的专业技术人员和技术工人以及必要的检测手段，并经省、自治区、直辖市特种设备安全监督管理部门许可，方可从事相应的维修活动。

第十七条　锅炉、压力容器、起重机械、客运索道、大型游乐设施的安装、改造、维修以及场（厂）内专用机动车辆的改造、维修，必须由依照本条例取得许可的单位进行。

电梯的安装、改造、维修，必须由电梯制造单位或者其通过合同委托、同意的依照本条例取得许可的单位进行。电梯制造单位对电梯质量以及安全运行涉及的质量问题负责。

特种设备安装、改造、维修的施工单位应当在施工前将拟进行的特种设备安装、改造、维修情况书面告知直辖市或者设区的市的特种设备安全监督管理部门，告知后即可施工。

第十八条　电梯井道的土建工程必须符合建筑工程质量要求。电梯安装施工过程中，电梯安装单位应当遵守施工现场的安全生产要求，落实现场安全防护措施。电梯安装施工过程中，施工现场的安全生产监督，由有关部门依照有关法律、行政法规的规定执行。

电梯安装施工过程中，电梯安装单位应当服从建筑施工总承包单位对施工现场的安全生产管理，并订立合同，明确各自的安全责任。

第十九条　电梯的制造、安装、改造和维修活动，必须严格遵守安全技术规范的要求。电梯制造单位委托或者同意其他单位进行电梯安装、改造、维修活动的，应当对其安装、改造、维修活动进行安全指导和监控。电梯的安装、改造、维修活动结束后，电梯制造单位应当按照安全技术规范的要求对电梯进行校验和调试，并对校验和调试的结果负责。

第二十条　锅炉、压力容器、电梯、起重机械、客运索道、大型游乐设施的安装、改造、维修以及场（厂）内专用机动车辆的改造、维修竣工后，安装、改造、维修的施工单位应当在验收后30日内将有关技术资料移交使用单位，高耗能特种设备还应当按照安全技术规范的要求提交能效测试报告。使用单位应当将其存入该特种设备的安全技术档案。

第二十一条　锅炉、压力容器、压力管道元件、起重机械、大型游乐设施的制造过程和锅炉、压力容器、电梯、起重机械、客运索道、大型游乐设施的安装、改造、重大维修过程，必须经国务院特种设备安全监督管理部门核准的检验检测机构按照安全技术规范的要求进行监督检验；未经监督检验合格的不得出厂或者交付使用。

第二十二条　移动式压力容器、气瓶充装单位应当经省、自治区、直辖市的特种设备安全监督管理部门许可，方可从事充装活动。

充装单位应当具备下列条件：

（一）有与充装和管理相适应的管理人员和技术人员；

（二）有与充装和管理相适应的充装设备、检测手段、场地厂房、器具、安全设施；

（三）有健全的充装管理制度、责任制度、紧急处理措施。

气瓶充装单位应当向气体使用者提供符合安全技术规范要求的气瓶，对使用者进行气瓶安全使用指导，并按照安全技术规范的要求办理气瓶使用登记，提出气瓶的定期检验要求。

第三章　特种设备的使用

第二十三条　特种设备使用单位，应当严格执行本条例和有关安全生产的法律、行政法规的规定，保证特种设备的安全使用。

第二十四条　特种设备使用单位应当使用符合安全技术规范要求的特种设备。特种设备投入使用前,使用单位应当核对其是否附有本条例第十五条规定的相关文件。

第二十五条 特种设备在投入使用前或者投入使用后 30 日内,特种设备使用单位应当向直辖市或者设区的市的特种设备安全监督管理部门登记。登记标志应当置于或者附着于该特种设备的显著位置。

第二十六条 特种设备使用单位应当建立特种设备安全技术档案。安全技术档案应当包括以下内容:

(一) 特种设备的设计文件、制造单位、产品质量合格证明、使用维护说明等文件以及安装技术文件和资料;

(二) 特种设备的定期检验和定期自行检查的记录;

(三) 特种设备的日常使用状况记录;

(四) 特种设备及其安全附件、安全保护装置、测量调控装置及有关附属仪器仪表的日常维护保养记录;

(五) 特种设备运行故障和事故记录;

(六) 高耗能特种设备的能效测试报告、能耗状况记录以及节能改造技术资料。

第二十七条 特种设备使用单位应当对在用特种设备进行经常性日常维护保养,并定期自行检查。

特种设备使用单位对在用特种设备应当至少每月进行一次自行检查,并作出记录。特种设备使用单位在对在用特种设备进行自行检查和日常维护保养时发现异常情况的,应当及时处理。

特种设备使用单位应当对在用特种设备的安全附件、安全保护装置、测量调控装置及有关附属仪器仪表进行定期校验、检修,并作出记录。

锅炉使用单位应当按照安全技术规范的要求进行锅炉水(介)质处理,并接受特种设备检验检测机构实施的水(介)质处理定期检验。

从事锅炉清洗的单位,应当按照安全技术规范的要求进行锅炉清洗,并接受特种设备检验检测机构实施的锅炉清洗过程监督检验。

第二十八条 特种设备使用单位应当按照安全技术规范的定期检验要求,在安全检验合格有效期届满前 1 个月向特种设备检验检测机构提出定期检验要求。

检验检测机构接到定期检验要求后,应当按照安全技术规范的要求及时进行安全性检验和能效测试。

未经定期检验或者检验不合格的特种设备,不得继续使用。

第二十九条 特种设备出现故障或者发生异常情况,使用单位应当对其进行全面检查,消除事故隐患后,方可重新投入使用。

特种设备不符合能效指标的,特种设备使用单位应当采取相应措施进行整改。

第三十条 特种设备存在严重事故隐患,无改造、维修价值,或者超过安全技术规范规定使用年限,特种设备使用单位应当及时予以报废,并应当向原登记的特种设备安全监督管理部门办理注销。

第三十一条 电梯的日常维护保养必须由依照本条例取得许可的安装、改造、维修单位或者电梯制造单位进行。

电梯应当至少每 15 日进行一次清洁、润滑、调整和检查。

第三十二条 电梯的日常维护保养单位应当在维护保养中严格执行国家安全技术规范的要求，保证其维护保养的电梯的安全技术性能，并负责落实现场安全防护措施，保证施工安全。

电梯的日常维护保养单位，应当对其维护保养的电梯的安全性能负责。接到故障通知后，应当立即赶赴现场，并采取必要的应急救援措施。

第三十三条 电梯、客运索道、大型游乐设施等为公众提供服务的特种设备运营使用单位，应当设置特种设备安全管理机构或者配备专职的安全管理人员；其他特种设备使用单位，应当根据情况设置特种设备安全管理机构或者配备专职、兼职的安全管理人员。

特种设备的安全管理人员应当对特种设备使用状况进行经常性检查，发现问题的应当立即处理；情况紧急时，可以决定停止使用特种设备并及时报告本单位有关负责人。

第三十四条 客运索道、大型游乐设施的运营使用单位在客运索道、大型游乐设施每日投入使用前，应当进行试运行和例行安全检查，并对安全装置进行检查确认。

电梯、客运索道、大型游乐设施的运营使用单位应当将电梯、客运索道、大型游乐设施的安全注意事项和警示标志置于易于为乘客注意的显著位置。

第三十五条 客运索道、大型游乐设施的运营使用单位的主要负责人应当熟悉客运索道、大型游乐设施的相关安全知识，并全面负责客运索道、大型游乐设施的安全使用。

客运索道、大型游乐设施的运营使用单位的主要负责人至少应当每月召开一次会议，督促、检查客运索道、大型游乐设施的安全使用工作。

客运索道、大型游乐设施的运营使用单位，应当结合本单位的实际情况，配备相应数量的营救装备和急救物品。

第三十六条 电梯、客运索道、大型游乐设施的乘客应当遵守使用安全注意事项的要求，服从有关工作人员的指挥。

第三十七条 电梯投入使用后，电梯制造单位应当对其制造的电梯的安全运行情况进行跟踪调查和了解，对电梯的日常维护保养单位或者电梯的使用单位在安全运行方面存在的问题，提出改进建议，并提供必要的技术帮助。发现电梯存在严重事故隐患的，应当及时向特种设备安全监督管理部门报告。电梯制造单位对调查和了解的情况，应当作出记录。

第三十八条 锅炉、压力容器、电梯、起重机械、客运索道、大型游乐设施、场（厂）内专用机动车辆的作业人员及其相关管理人员（以下统称特种设备作业人员），应当按照国家有关规定经特种设备安全监督管理部门考核合格，取得国家统一格式的特种作业人员证书，方可从事相应的作业或者管理工作。

第三十九条 特种设备使用单位应当对特种设备作业人员进行特种设备安全、节能教育和培训，保证特种设备作业人员具备必要的特种设备安全、节能知识。

特种设备作业人员在作业中应当严格执行特种设备的操作规程和有关的安全规章制度。

第四十条 特种设备作业人员在作业过程中发现事故隐患或者其他不安全因素，应当立即向现场安全管理人员和单位有关负责人报告。

第四章 检验检测

第四十一条 从事本条例规定的监督检验、定期检验、型式试验以及专门为特种设备生产、使用、检验检测提供无损检测服务的特种设备检验检测机构,应当经国务院特种设备安全监督管理部门核准。

特种设备使用单位设立的特种设备检验检测机构,经国务院特种设备安全监督管理部门核准,负责本单位核准范围内的特种设备定期检验工作。

第四十二条 特种设备检验检测机构,应当具备下列条件:

(一) 有与所从事的检验检测工作相适应的检验检测人员;

(二) 有与所从事的检验检测工作相适应的检验检测仪器和设备;

(三) 有健全的检验检测管理制度、检验检测责任制度。

第四十三条 特种设备的监督检验、定期检验、型式试验和无损检测应当由依照本条例经核准的特种设备检验检测机构进行。

特种设备检验检测工作应当符合安全技术规范的要求。

第四十四条 从事本条例规定的监督检验、定期检验、型式试验和无损检测的特种设备检验检测人员应当经国务院特种设备安全监督管理部门组织考核合格,取得检验检测人员证书,方可从事检验检测工作。

检验检测人员从事检验检测工作,必须在特种设备检验检测机构执业,但不得同时在两个以上检验检测机构中执业。

第四十五条 特种设备检验检测机构和检验检测人员进行特种设备检验检测,应当遵循诚信原则和方便企业的原则,为特种设备生产、使用单位提供可靠、便捷的检验检测服务。

特种设备检验检测机构和检验检测人员对涉及的被检验检测单位的商业秘密,负有保密义务。

第四十六条 特种设备检验检测机构和检验检测人员应当客观、公正、及时地出具检验检测结果、鉴定结论。检验检测结果、鉴定结论经检验检测人员签字后,由检验检测机构负责人签署。

特种设备检验检测机构和检验检测人员对检验检测结果、鉴定结论负责。

国务院特种设备安全监督管理部门应当组织对特种设备检验检测机构的检验检测结果、鉴定结论进行监督抽查。县以上地方负责特种设备安全监督管理的部门在本行政区域内也可以组织监督抽查,但是要防止重复抽查。监督抽查结果应当向社会公布。

第四十七条 特种设备检验检测机构和检验检测人员不得从事特种设备的生产、销售,不得以其名义推荐或者监制、监销特种设备。

第四十八条 特种设备检验检测机构进行特种设备检验检测,发现严重事故隐患或者能耗严重超标的,应当及时告知特种设备使用单位,并立即向特种设备安全监督管理部门报告。

第四十九条 特种设备检验检测机构和检验检测人员利用检验检测工作故意刁难特种设备生产、使用单位,特种设备生产、使用单位有权向特种设备安全监督管理部门投诉,接到投诉的特种设备安全监督管理部门应当及时进行调查处理。

第五章 监督检查

第五十条 特种设备安全监督管理部门依照本条例规定,对特种设备生产、使用单位和检验检测机构实施安全监察。

对学校、幼儿园以及车站、客运码头、商场、体育场馆、展览馆、公园等公众聚集场所的特种设备，特种设备安全监督管理部门应当实施重点安全监察。

第五十一条　特种设备安全监督管理部门根据举报或者取得的涉嫌违法证据，对涉嫌违反本条例规定的行为进行查处时，可以行使下列职权：

（一）向特种设备生产、使用单位和检验检测机构的法定代表人、主要负责人和其他有关人员调查、了解与涉嫌从事违反本条例的生产、使用、检验检测有关的情况；

（二）查阅、复制特种设备生产、使用单位和检验检测机构的有关合同、发票、账簿以及其他有关资料；

（三）对有证据表明不符合安全技术规范要求的或者有其他严重事故隐患、能耗严重超标的特种设备，予以查封或者扣押。

第五十二条　依照本条例规定实施许可、核准、登记的特种设备安全监督管理部门，应当严格依照本条例规定条件和安全技术规范要求对有关事项进行审查；不符合本条例规定条件和安全技术规范要求的，不得许可、核准、登记；在申请办理许可、核准期间，特种设备安全监督管理部门发现申请人未经许可从事特种设备相应活动或者伪造许可、核准证书的，不予受理或者不予许可、核准，并在 1 年内不再受理其新的许可、核准申请。

未依法取得许可、核准、登记的单位擅自从事特种设备的生产、使用或者检验检测活动的，特种设备安全监督管理部门应当依法予以处理。

违反本条例规定，被依法撤销许可的，自撤销许可之日起 3 年内，特种设备安全监督管理部门不予受理其新的许可申请。

第五十三条　特种设备安全监督管理部门在办理本条例规定的有关行政审批事项时，其受理、审查、许可、核准的程序必须公开，并应当自受理申请之日起 30 日内，作出许可、核准或者不予许可、核准的决定；不予许可、核准的，应当书面向申请人说明理由。

第五十四条　地方各级特种设备安全监督管理部门不得以任何形式进行地方保护和地区封锁，不得对已经依照本条例规定在其他地方取得许可的特种设备生产单位重复进行许可，也不得要求对依照本条例规定在其他地方检验检测合格的特种设备，重复进行检验检测。

第五十五条　特种设备安全监督管理部门的安全监察人员（以下简称特种设备安全监察人员）应当熟悉相关法律、法规、规章和安全技术规范，具有相应的专业知识和工作经验，并经国务院特种设备安全监督管理部门考核，取得特种设备安全监察人员证书。

特种设备安全监察人员应当忠于职守、坚持原则、秉公执法。

第五十六条　特种设备安全监督管理部门对特种设备生产、使用单位和检验检测机构实施安全监察时，应当有两名以上特种设备安全监察人员参加，并出示有效的特种设备安全监察人员证件。

第五十七条　特种设备安全监督管理部门对特种设备生产、使用单位和检验检测机构实施安全监察，应当对每次安全监察的内容、发现的问题及处理情况，作出记录，并由参加安全监察的特种设备安全监察人员和被检查单位的有关负责人签字后归档。被检查单位的有关负责人拒绝签字的，特种设备安全监察人员应当将情况记录在案。

第五十八条　特种设备安全监督管理部门对特种设备生产、使用单位和检验检测机构进行安全监察时，发现有违反本条例规定和安全技术规范要求的行为或者在用的特种设备存在事故隐患、不符合能效指标的，应当以书面形式发出特种设备安全监察指令，责令有关单位及时采取措施，予以改正或者消除事故隐患。紧急情况下需要采取紧急处置措施的，应当随后补发书面通知。

第五十九条　特种设备安全监督管理部门对特种设备生产、使用单位和检验检测机构进行安全监察，发现重大违法行为或者严重事故隐患时，应当在采取必要措施的同时，及时向上级特种设备安全监督管理部门报告。接到报告的特种设备安全监督管理部门应当采取必要措施，及时予以处理。

对违法行为、严重事故隐患或者不符合能效指标的处理需要当地人民政府和有关部门的支持、配合时，特种设备安全监督管理部门应当报告当地人民政府，并通知其他有关部门。当地人民政府和其他有关部门应当采取必要措施，及时予以处理。

第六十条　国务院特种设备安全监督管理部门和省、自治区、直辖市特种设备安全监督管理部门应当定期向社会公布特种设备安全以及能效状况。

公布特种设备安全以及能效状况，应当包括下列内容：

（一）特种设备质量安全状况；

（二）特种设备事故的情况、特点、原因分析、防范对策；

（三）特种设备能效状况；

（四）其他需要公布的情况。

第六章　事故预防和调查处理

第六十一条　有下列情形之一的，为特别重大事故：

（一）特种设备事故造成 30 人以上死亡，或者 100 人以上重伤（包括急性工业中毒，下同），或者 1 亿元以上直接经济损失的；

（二）600MW 以上锅炉爆炸的；

（三）压力容器、压力管道有毒介质泄漏，造成 15 万人以上转移的；

（四）客运索道、大型游乐设施高空滞留 100 人以上并且时间在 48h 以上的。

第六十二条　有下列情形之一的，为重大事故：

（一）特种设备事故造成 10 人以上 30 人以下死亡，或者 50 人以上 100 人以下重伤，或者 5000 万元以上 1 亿元以下直接经济损失的；

（二）600MW 以上锅炉因安全故障中断运行 240h 以上的；

（三）压力容器、压力管道有毒介质泄漏，造成 5 万人以上 15 万人以下转移的；

（四）客运索道、大型游乐设施高空滞留 100 人以上并且时间在 24h 以上 48h 以下的。

第六十三条　有下列情形之一的，为较大事故：

（一）特种设备事故造成 3 人以上 10 人以下死亡，或者 10 人以上 50 人以下重伤，或者 1000 万元以上 5000 万元以下直接经济损失的；

（二）锅炉、压力容器、压力管道爆炸的；

（三）压力容器、压力管道有毒介质泄漏，造成 1 万人以上 5 万人以下转移的；

（四）起重机械整体倾覆的；

（五）客运索道、大型游乐设施高空滞留人员 12h 以上的。

第六十四条　有下列情形之一的，为一般事故：

（一）特种设备事故造成 3 人以下死亡，或者 10 人以下重伤，或者 1 万元以上 1000

万元以下直接经济损失的；

（二）压力容器、压力管道有毒介质泄漏，造成500人以上1万人以下转移的；

（三）电梯轿厢滞留人员2h以上的；

（四）起重机械主要受力结构件折断或者起升机构坠落的；

（五）客运索道高空滞留人员3.5h以上12h以下的；

（六）大型游乐设施高空滞留人员1h以上12h以下的。

除前款规定外，国务院特种设备安全监督管理部门可以对一般事故的其他情形做出补充规定。

第六十五条　特种设备安全监督管理部门应当制定特种设备应急预案。特种设备使用单位应当制定事故应急专项预案，并定期进行事故应急演练。

压力容器、压力管道发生爆炸或者泄漏，在抢险救援时应当区分介质特性，严格按照相关预案规定程序处理，防止二次爆炸。

第六十六条　特种设备事故发生后，事故发生单位应当立即启动事故应急预案，组织抢救，防止事故扩大，减少人员伤亡和财产损失，并及时向事故发生地县以上特种设备安全监督管理部门和有关部门报告。

县以上特种设备安全监督管理部门接到事故报告，应当尽快核实有关情况，立即向所在地人民政府报告，并逐级上报事故情况。必要时，特种设备安全监督管理部门可以越级上报事故情况。对特别重大事故、重大事故，国务院特种设备安全监督管理部门应当立即报告国务院并通报国务院安全生产监督管理部门等有关部门。

第六十七条　特别重大事故由国务院或者国务院授权有关部门组织事故调查组进行调查。

重大事故由国务院特种设备安全监督管理部门会同有关部门组织事故调查组进行调查。

较大事故由省、自治区、直辖市特种设备安全监督管理部门会同有关部门组织事故调查组进行调查。

一般事故由设区的市的特种设备安全监督管理部门会同有关部门组织事故调查组进行调查。

第六十八条　事故调查报告应当由负责组织事故调查的特种设备安全监督管理部门的所在地人民政府批复，并报上一级特种设备安全监督管理部门备案。

有关机关应当按照批复，依照法律、行政法规规定的权限和程序，对事故责任单位和有关人员进行行政处罚，对负有事故责任的国家工作人员进行处分。

第六十九条　特种设备安全监督管理部门应当在有关地方人民政府的领导下，组织开展特种设备事故调查处理工作。

有关地方人民政府应当支持、配合上级人民政府或者特种设备安全监督管理部门的事故调查处理工作，并提供必要的便利条件。

第七十条　特种设备安全监督管理部门应当对发生事故的原因进行分析，并根据特种设备的管理和技术特点、事故情况对相关安全技术规范进行评估；需要制定或者修订相关安全技术规范的，应当及时制定或者修订。

第七十一条　本章所称的"以上"包括本数，所称的"以下"不包括本数。

第七章 法律责任

第七十二条 未经许可,擅自从事压力容器设计活动的,由特种设备安全监督管理部门予以取缔,处5万元以上20万元以下罚款;有违法所得的,没收违法所得;触犯刑律的,对负有责任的主管人员和其他直接责任人员依照刑法关于非法经营罪或者其他罪的规定,依法追究刑事责任。

第七十三条 锅炉、气瓶、氧舱和客运索道、大型游乐设施以及高耗能特种设备的设计文件,未经国务院特种设备安全监督管理部门核准的检验检测机构鉴定,擅自用于制造的,由特种设备安全监督管理部门责令改正,没收非法制造的产品,处5万元以上20万元以下罚款;触犯刑律的,对负有责任的主管人员和其他直接责任人员依照刑法关于生产、销售伪劣产品罪、非法经营罪或者其他罪的规定,依法追究刑事责任。

第七十四条 按照安全技术规范的要求应当进行型式试验的特种设备产品、部件或者试制特种设备新产品、新部件,未进行整机或者部件型式试验的,由特种设备安全监督管理部门责令限期改正;逾期未改正的,处2万元以上10万元以下罚款。

第七十五条 未经许可,擅自从事锅炉、压力容器、电梯、起重机械、客运索道、大型游乐设施、场(厂)内专用机动车辆及其安全附件、安全保护装置的制造、安装、改造以及压力管道元件的制造活动的,由特种设备安全监督管理部门予以取缔,没收非法制造的产品,已经实施安装、改造的,责令恢复原状或者责令限期由取得许可的单位重新安装、改造,处10万元以上50万元以下罚款;触犯刑律的,对负有责任的主管人员和其他直接责任人员依照刑法关于生产、销售伪劣产品罪、非法经营罪、重大责任事故罪或者其他罪的规定,依法追究刑事责任。

第七十六条 特种设备出厂时,未按照安全技术规范的要求附有设计文件、产品质量合格证明、安装及使用维修说明、监督检验证明等文件的,由特种设备安全监督管理部门责令改正;情节严重的,责令停止生产、销售,处违法生产、销售货值金额30%以下罚款;有违法所得的,没收违法所得。

第七十七条 未经许可,擅自从事锅炉、压力容器、电梯、起重机械、客运索道、大型游乐设施、场(厂)内专用机动车辆的维修或者日常维护保养的,由特种设备安全监督管理部门予以取缔,处1万元以上5万元以下罚款;有违法所得的,没收违法所得;触犯刑律的,对负有责任的主管人员和其他直接责任人员依照刑法关于非法经营罪、重大责任事故罪或者其他罪的规定,依法追究刑事责任。

第七十八条 锅炉、压力容器、电梯、起重机械、客运索道、大型游乐设施的安装、改造、维修的施工单位以及场(厂)内专用机动车辆的改造、维修单位,在施工前未将拟进行的特种设备安装、改造、维修情况书面告知直辖市或者设区的市的特种设备安全监督管理部门即行施工的,或者在验收后30日内未将有关技术资料移交锅炉、压力容器、电梯、起重机械、客运索道、大型游乐设施的使用单位的,由特种设备安全监督管理部门责令限期改正;逾期未改正的,处2000元以上1万元以下罚款。

第七十九条 锅炉、压力容器、压力管道元件、起重机械、大型游乐设施的制造过程和锅炉、压力容器、电梯、起重机械、客运索道、大型游乐设施的安装、改造、重大维修过程,以及锅炉清洗过程,未经国务院特种设备安全监督管理部门核准的检验检测机构按照安全技术规范的要求进行监督检验的,由特种设备安全监督管理部门责令改正,已经出厂的，没收违法生产、销售的产品，已经实施安装、改造、重大维修或者清洗的，责令限期进行监督检验，处 5 万元以上 20 万元以下罚款；有违法所得的，没收违法所得；情节严重的，撤销制造、安装、改造或者维修单位已经取得的许可，并由工商行政管理部门吊销其营业执照；触犯刑律的，对负有责任的主管人员和其他直接责任人员依照刑法关于生产、销售伪劣产品罪或者其他罪的规定，依法追究刑事责任。

第八十条　未经许可，擅自从事移动式压力容器或者气瓶充装活动的，由特种设备安全监督管理部门予以取缔，没收违法充装的气瓶，处 10 万元以上 50 万元以下罚款；有违法所得的，没收违法所得；触犯刑律的，对负有责任的主管人员和其他直接责任人员依照刑法关于非法经营罪或者其他罪的规定，依法追究刑事责任。

移动式压力容器、气瓶充装单位未按照安全技术规范的要求进行充装活动的，由特种设备安全监督管理部门责令改正，处 2 万元以上 10 万元以下罚款；情节严重的，撤销其充装资格。

第八十一条　电梯制造单位有下列情形之一的，由特种设备安全监督管理部门责令限期改正；逾期未改正的，予以通报批评：

（一）未依照本条例第十九条的规定对电梯进行校验、调试的；

（二）对电梯的安全运行情况进行跟踪调查和了解时，发现存在严重事故隐患，未及时向特种设备安全监督管理部门报告的。

第八十二条　已经取得许可、核准的特种设备生产单位、检验检测机构有下列行为之一的，由特种设备安全监督管理部门责令改正，处 2 万元以上 10 万元以下罚款；情节严重的，撤销其相应资格：

（一）未按照安全技术规范的要求办理许可证变更手续的；

（二）不再符合本条例规定或者安全技术规范要求的条件，继续从事特种设备生产、检验检测的；

（三）未依照本条例规定或者安全技术规范要求进行特种设备生产、检验检测的；

（四）伪造、变造、出租、出借、转让许可证书或者监督检验报告的。

第八十三条　特种设备使用单位有下列情形之一的，由特种设备安全监督管理部门责令限期改正；逾期未改正的，处 2000 元以上 2 万元以下罚款；情节严重的，责令停止使用或者停产停业整顿：

（一）特种设备投入使用前或者投入使用后 30 日内，未向特种设备安全监督管理部门登记，擅自将其投入使用的；

（二）未依照本条例第二十六条的规定，建立特种设备安全技术档案的；

（三）未依照本条例第二十七条的规定，对在用特种设备进行经常性日常维护保养和定期自行检查的，或者对在用特种设备的安全附件、安全保护装置、测量调控装置及有关附属仪器仪表进行定期校验、检修，并作出记录的；

（四）未按照安全技术规范的定期检验要求，在安全检验合格有效期届满前 1 个月向特种设备检验检测机构提出定期检验要求的；

（五）使用未经定期检验或者检验不合格的特种设备的；

（六）特种设备出现故障或者发生异常情况，未对其进行全面检查、消除事故隐患，继续投入使用的；

（七）未制定特种设备事故应急专项预案的；

（八）未依照本条例第三十一条第二款的规定，对电梯进行清洁、润滑、调整和检查的；

（九）未按照安全技术规范要求进行锅炉水（介）质处理的；

（十）特种设备不符合能效指标，未及时采取相应措施进行整改的。

特种设备使用单位使用未取得生产许可的单位生产的特种设备或者将非承压锅炉、非压力容器作为承压锅炉、压力容器使用的，由特种设备安全监督管理部门责令停止使用，予以没收，处2万元以上10万元以下罚款。

第八十四条 特种设备存在严重事故隐患，无改造、维修价值，或者超过安全技术规范规定的使用年限，特种设备使用单位未予以报废，并向原登记的特种设备安全监督管理部门办理注销的，由特种设备安全监督管理部门责令限期改正；逾期未改正的，处5万元以上20万元以下罚款。

第八十五条 电梯、客运索道、大型游乐设施的运营使用单位有下列情形之一的，由特种设备安全监督管理部门责令限期改正；逾期未改正的，责令停止使用或者停产停业整顿，处1万元以上5万元以下罚款：

（一）客运索道、大型游乐设施每日投入使用前，未进行试运行和例行安全检查，并对安全装置进行检查确认的；

（二）未将电梯、客运索道、大型游乐设施的安全注意事项和警示标志置于易于为乘客注意的显著位置的。

第八十六条 特种设备使用单位有下列情形之一的，由特种设备安全监督管理部门责令限期改正；逾期未改正的，责令停止使用或者停产停业整顿，处2000元以上2万元以下罚款：

（一）未依照本条例规定设置特种设备安全管理机构或者配备专职、兼职的安全管理人员的；

（二）从事特种设备作业的人员，未取得相应特种作业人员证书，上岗作业的；

（三）未对特种设备作业人员进行特种设备安全教育和培训的。

第八十七条 发生特种设备事故，有下列情形之一的，对单位，由特种设备安全监督管理部门处5万元以上20万元以下罚款；对主要负责人，由特种设备安全监督管理部门处4000元以上2万元以下罚款；属于国家工作人员的，依法给予处分；触犯刑律的，依照刑法关于重大责任事故罪或者其他罪的规定，依法追究刑事责任：

（一）特种设备使用单位的主要负责人在本单位发生特种设备事故时，不立即组织抢救或者在事故调查处理期间擅离职守或者逃匿的；

（二）特种设备使用单位的主要负责人对特种设备事故隐瞒不报、谎报或者拖延不报的。

第八十八条 对事故发生负有责任的单位，由特种设备安全监督管理部门依照下列规定处以罚款：

（一）发生一般事故的，处10万元以上20万元以下罚款；

（二）发生较大事故的，处20万元以上50万元以下罚款；

（三）发生重大事故的，处50万元以上200万元以下罚款。

第八十九条 对事故发生负有责任的单位的主要负责人未依法履行职责，导致事故发生的，由特种设备安全监督管理部门依照下列规定处以罚款；属于国家工作人员的，并依法给予处分；触犯刑律的，依照刑法关于重大责任事故罪或者其他罪的规定，依法追究刑事责任：

（一）发生一般事故的，处上一年年收入30%的罚款；

（二）发生较大事故的，处上一年年收入40%的罚款；

（三）发生重大事故的，处上一年年收入60%的罚款。

第九十条 特种设备作业人员违反特种设备的操作规程和有关的安全规章制度操作，或者在作业过程中发现事故隐患或者其他不安全因素，未立即向现场安全管理人员和单位有关负责人报告的，由特种设备使用单位给予批评教育、处分；情节严重的，撤销特种设备作业人员资格；触犯刑律的，依照刑法关于重大责任事故罪或者其他罪的规定，依法追究刑事责任。

第九十一条 未经核准，擅自从事本条例所规定的监督检验、定期检验、型式试验以及无损检测等检验检测活动的，由特种设备安全监督管理部门予以取缔，处5万元以上20万元以下罚款；有违法所得的，没收违法所得；触犯刑律的，对负有责任的主管人员和其他直接责任人员依照刑法关于非法经营罪或者其他罪的规定，依法追究刑事责任。

第九十二条 特种设备检验检测机构，有下列情形之一的，由特种设备安全监督管理部门处2万元以上10万元以下罚款；情节严重的，撤销其检验检测资格：

（一）聘用未经特种设备安全监督管理部门组织考核合格并取得检验检测人员证书的人员，从事相关检验检测工作的；

（二）在进行特种设备检验检测中，发现严重事故隐患或者能耗严重超标，未及时告知特种设备使用单位，并立即向特种设备安全监督管理部门报告的。

第九十三条 特种设备检验检测机构和检验检测人员，出具虚假的检验检测结果、鉴定结论或者检验检测结果、鉴定结论严重失实的，由特种设备安全监督管理部门对检验检测机构没收违法所得，处5万元以上20万元以下罚款，情节严重的，撤销其检验检测资格；对检验检测人员处5000元以上5万元以下罚款，情节严重的，撤销其检验检测资格，触犯刑律的，依照刑法关于中介组织人员提供虚假证明文件罪、中介组织人员出具证明文件重大失实罪或者其他罪的规定，依法追究刑事责任。

特种设备检验检测机构和检验检测人员，出具虚假的检验检测结果、鉴定结论或者检验检测结果、鉴定结论严重失实，造成损害的，应当承担赔偿责任。

第九十四条 特种设备检验检测机构或者检验检测人员从事特种设备的生产、销售，或者以其名义推荐或者监制、监销特种设备的，由特种设备安全监督管理部门撤销特种设备检验检测机构和检验检测人员的资格，处5万元以上20万元以下罚款；有违法所得的，没收违法所得。

第九十五条 特种设备检验检测机构和检验检测人员利用检验检测工作故意刁难特种设备生产、使用单位，由特种设备安全监督管理部门责令改正；拒不改正的，撤销其检验检测资格。

第九十六条 检验检测人员，从事检验检测工作，不在特种设备检验检测机构执业或者同时在两个以上检验检测机构中执业的，由特种设备安全监督管理部门责令改正，情节严重的，给予停止执业 6 个月以上 2 年以下的处罚；有违法所得的，没收违法所得。

第九十七条 特种设备安全监督管理部门及其特种设备安全监察人员，有下列违法行为之一的，对直接负责的主管人员和其他直接责任人员，依法给予降级或者撤职的处分；触犯刑律的，依照刑法关于受贿罪、滥用职权罪、玩忽职守罪或者其他罪的规定，依法追究刑事责任：

（一）不按照本条例规定的条件和安全技术规范要求，实施许可、核准、登记的；

（二）发现未经许可、核准、登记擅自从事特种设备的生产、使用或者检验检测活动不予取缔或者不依法予以处理的；

（三）发现特种设备生产、使用单位不再具备本条例规定的条件而不撤销其原许可，或者发现特种设备生产、使用违法行为不予查处的；

（四）发现特种设备检验检测机构不再具备本条例规定的条件而不撤销其原核准，或者对其出具虚假的检验检测结果、鉴定结论或者检验检测结果、鉴定结论严重失实的行为不予查处的；

（五）对依照本条例规定在其他地方取得许可的特种设备生产单位重复进行许可，或者对依照本条例规定在其他地方检验检测合格的特种设备，重复进行检验检测的；

（六）发现有违反本条例和安全技术规范的行为或者在用的特种设备存在严重事故隐患，不立即处理的；

（七）发现重大的违法行为或者严重事故隐患，未及时向上级特种设备安全监督管理部门报告，或者接到报告的特种设备安全监督管理部门不立即处理的；

（八）迟报、漏报、瞒报或者谎报事故的；

（九）妨碍事故救援或者事故调查处理的。

第九十八条 特种设备的生产、使用单位或者检验检测机构，拒不接受特种设备安全监督管理部门依法实施的安全监察的，由特种设备安全监督管理部门责令限期改正；逾期未改正的，责令停产停业整顿，处 2 万元以上 10 万元以下罚款；触犯刑律的，依照刑法关于妨害公务罪或者其他罪的规定，依法追究刑事责任。

特种设备生产、使用单位擅自动用、调换、转移、损毁被查封、扣押的特种设备或者其主要部件的，由特种设备安全监督管理部门责令改正，处 5 万元以上 20 万元以下罚款；情节严重的，撤销其相应资格。

第八章 附 则

第九十九条 本条例下列用语的含义是：

（一）锅炉，是指利用各种燃料、电或者其他能源，将所盛装的液体加热到一定的参数，并对外输出热能的设备，其范围规定为容积大于或者等于 30L 的承压蒸汽锅炉；出口水压大于或者等于 0.1MPa（表压），且额定功率大于或者等于 0.1MW 的承压热水锅炉；有机热载体锅炉。

（二）压力容器，是指盛装气体或者液体，承载一定压力的密闭设备，其范围规定为最高工作压力大于或者等于 0.1MPa（表压），且压力与容积的乘积大于或者等于 2.5MPa·L 的气体、液化气体和最高工作温度高于或者等于标准沸点的液体的固定式容器和移动式容器；盛装公称工作压力大于或者等于 0.2MPa（表压），且压力与容积的乘积大于或者等于 1.0MPa·L 的气体、液化气体和标准沸点等于或者低于 60℃液体的气瓶；氧舱等。

（三）压力管道，是指利用一定的压力，用于输送气体或者液体的管状设备，其范围规定为最高工作压力大于或者等于 0.1MPa（表压）的气体、液化气体、蒸汽介质或者可燃、易爆、有毒、有腐蚀性、最高工作温度高于或者等于标准沸点的液体介质，且公称直径大于 25mm 的管道。

（四）电梯，是指动力驱动，利用沿刚性导轨运行的箱体或者沿固定线路运行的梯级（踏步），进行升降或者平行运送人、货物的机电设备，包括载人（货）电梯、自动扶梯、自动人行道等。

（五）起重机械，是指用于垂直升降或者垂直升降并水平移动重物的机电设备，其范围规定为额定起重量大于或者等于 0.5t 的升降机；额定起重量大于或者等于 1t，且提升高度大于或者等于 2m 的起重机和承重形式固定的电动葫芦等。

（六）客运索道，是指动力驱动，利用柔性绳索牵引箱体等运载工具运送人员的机电设备，包括客运架空索道、客运缆车、客运拖牵索道等。

（七）大型游乐设施，是指用于经营目的，承载乘客游乐的设施，其范围规定为设计最大运行线速度大于或者等于 2m/s，或者运行高度距地面高于或者等于 2m 的载人大型游乐设施。

（八）场（厂）内专用机动车辆，是指除道路交通、农用车辆以外仅在工厂厂区、旅游景区、游乐场所等特定区域使用的专用机动车辆。

特种设备包括其所用的材料、附属的安全附件、安全保护装置和与安全保护装置相关的设施。

第一百条 压力管道设计、安装、使用的安全监督管理办法由国务院另行制定。

第一百零一条 国务院特种设备安全监督管理部门可以授权省、自治区、直辖市特种设备安全监督管理部门负责本条例规定的特种设备行政许可工作，具体办法由国务院特种设备安全监督管理部门制定。

第一百零二条 特种设备行政许可、检验检测，应当按照国家有关规定收取费用。

第一百零三条 本条例自 2003 年 6 月 1 日起施行。1982 年 2 月 6 日国务院发布的《锅炉压力容器安全监察暂行条例》同时废止。

27.4 机动车交通事故责任强制保险条例

机动车交通事故责任强制保险条例
（中华人民共和国国务院令第 462 号）

《机动车交通事故责任强制保险条例》已经 2006 年 3 月 1 日国务院第 127 次常务会议通过，现予公布，自 2006 年 7 月 1 日起施行。

总　理　温家宝
二〇〇六年三月二十一日

机动车交通事故责任强制保险条例

第一章 总 则

第一条 为了保障机动车道路交通事故受害人依法得到赔偿，促进道路交通安全，根据《中华人民共和国道路交通安全法》、《中华人民共和国保险法》，制定本条例。

第二条 在中华人民共和国境内道路上行驶的机动车的所有人或者管理人，应当依照《中华人民共和国道路交通安全法》的规定投保机动车交通事故责任强制保险。

机动车交通事故责任强制保险的投保、赔偿和监督管理，适用本条例。

第三条 本条例所称机动车交通事故责任强制保险，是指由保险公司对被保险机动车发生道路交通事故造成本车人员、被保险人以外的受害人的人身伤亡、财产损失，在责任限额内予以赔偿的强制性责任保险。

第四条 国务院保险监督管理机构（以下称保监会）依法对保险公司的机动车交通事故责任强制保险业务实施监督管理。

公安机关交通管理部门、农业（农业机械）主管部门（以下统称机动车管理部门）应当依法对机动车参加机动车交通事故责任强制保险的情况实施监督检查。对未参加机动车交通事故责任强制保险的机动车，机动车管理部门不得予以登记，机动车安全技术检验机构不得予以检验。

公安机关交通管理部门及其交通警察在调查处理道路交通安全违法行为和道路交通事故时，应当依法检查机动车交通事故责任强制保险的保险标志。

第二章 投 保

第五条 中资保险公司（以下称保险公司）经保监会批准，可以从事机动车交通事故责任强制保险业务。

为了保证机动车交通事故责任强制保险制度的实行，保监会有权要求保险公司从事机动车交通事故责任强制保险业务。

未经保监会批准，任何单位或者个人不得从事机动车交通事故责任强制保险业务。

第六条 机动车交通事故责任强制保险实行统一的保险条款和基础保险费率。保监会按照机动车交通事故责任强制保险业务总体上不盈利不亏损的原则审批保险费率。

保监会在审批保险费率时，可以聘请有关专业机构进行评估，可以举行听证会听取公众意见。

第七条 保险公司的机动车交通事故责任强制保险业务，应当与其他保险业务分开管理，单独核算。

保监会应当每年对保险公司的机动车交通事故责任强制保险业务情况进行核查，并向社会公布；根据保险公司机动车交通事故责任强制保险业务的总体盈利或者亏损情况，可以要求或者允许保险公司相应调整保险费率。

调整保险费率的幅度较大的，保监会应当进行听证。

第八条 被保险机动车没有发生道路交通安全违法行为和道路交通事故的，保险公司应当在下一年度降低其保险费率。在此后的年度内，被保险机动车仍然没有发生道路交通安全违法行为和道路交通事故的，保险公司应当继续降低其保险费率，直至最低标准。被保险机动车发生道路交通安全违法行为或者道路交通事故的，保险公司应当在下一年度提高其保险费率。多次发生道路交通安全违法行为、道路交通事故，或者发生重大道路交通事故的，保险公司应当加大提高其保险费率的幅度。在道路交通事故中被保险人没有过错的，不提高其保险费率。降低或者提高保险费率的标准，由保监会会同国务院公安部门制定。

第九条 保监会、国务院公安部门、国务院农业主管部门以及其他有关部门应当逐步建立有关机动车交通事故责任强制保险、道路交通安全违法行为和道路交通事故的信息共享机制。

第十条 投保人在投保时应当选择具备从事机动车交通事故责任强制保险业务资格的保险公司，被选择的保险公司不得拒绝或者拖延承保。

保监会应当将具备从事机动车交通事故责任强制保险业务资格的保险公司向社会公示。

第十一条 投保人投保时，应当向保险公司如实告知重要事项。

重要事项包括机动车的种类、厂牌型号、识别代码、牌照号码、使用性质和机动车所有人或者管理人的姓名（名称）、性别、年龄、住所、身份证或者驾驶证号码（组织机构代码）、续保前该机动车发生事故的情况以及保监会规定的其他事项。

第十二条 签订机动车交通事故责任强制保险合同时，投保人应当一次支付全部保险费；保险公司应当向投保人签发保险单、保险标志。保险单、保险标志应当注明保险单号码、车牌号码、保险期限、保险公司的名称、地址和理赔电话号码。

被保险人应当在被保险机动车上放置保险标志。

保险标志式样全国统一。保险单、保险标志由保监会监制。任何单位或者个人不得伪造、变造或者使用伪造、变造的保险单、保险标志。

第十三条 签订机动车交通事故责任强制保险合同时，投保人不得在保险条款和保险费率之外，向保险公司提出附加其他条件的要求。

签订机动车交通事故责任强制保险合同时，保险公司不得强制投保人订立商业保险合同以及提出附加其他条件的要求。

第十四条 保险公司不得解除机动车交通事故责任强制保险合同；但是，投保人对重要事项未履行如实告知义务的除外。

投保人对重要事项未履行如实告知义务，保险公司解除合同前，应当书面通知投保人，投保人应当自收到通知之日起 5 日内履行如实告知义务；投保人在上述期限内履行如实告知义务的，保险公司不得解除合同。

第十五条 保险公司解除机动车交通事故责任强制保险合同的，应当收回保险单和保险标志，并书面通知机动车管理部门。

第十六条 投保人不得解除机动车交通事故责任强制保险合同，但有下列情形之一的除外：

（一）被保险机动车被依法注销登记的；

（二）被保险机动车办理停驶的；

（三）被保险机动车经公安机关证实丢失的。

第十七条 机动车交通事故责任强制保险合同解除前，保险公司应当按照合同承担保险责任。

合同解除时,保险公司可以收取自保险责任开始之日起至合同解除之日止的保险费,剩余部分的保险费退还投保人。

第十八条 被保险机动车所有权转移的,应当办理机动车交通事故责任强制保险合同变更手续。

第十九条 机动车交通事故责任强制保险合同期满,投保人应当及时续保,并提供上一年度的保险单。

第二十条 机动车交通事故责任强制保险的保险期间为1年,但有下列情形之一的,投保人可以投保短期机动车交通事故责任强制保险:

(一)境外机动车临时入境的;
(二)机动车临时上道路行驶的;
(三)机动车距规定的报废期限不足1年的;
(四)保监会规定的其他情形。

第三章 赔 偿

第二十一条 被保险机动车发生道路交通事故造成本车人员、被保险人以外的受害人人身伤亡、财产损失的,由保险公司依法在机动车交通事故责任强制保险责任限额范围内予以赔偿。

道路交通事故的损失是由受害人故意造成的,保险公司不予赔偿。

第二十二条 有下列情形之一的,保险公司在机动车交通事故责任强制保险责任限额范围内垫付抢救费用,并有权向致害人追偿:

(一)驾驶人未取得驾驶资格或者醉酒的;
(二)被保险机动车被盗抢期间肇事的;
(三)被保险人故意制造道路交通事故的。

有前款所列情形之一,发生道路交通事故的,造成受害人的财产损失,保险公司不承担赔偿责任。

第二十三条 机动车交通事故责任强制保险在全国范围内实行统一的责任限额。责任限额分为死亡伤残赔偿限额、医疗费用赔偿限额、财产损失赔偿限额以及被保险人在道路交通事故中无责任的赔偿限额。

机动车交通事故责任强制保险责任限额由保监会会同国务院公安部门、国务院卫生主管部门、国务院农业主管部门规定。

第二十四条 国家设立道路交通事故社会救助基金(以下简称救助基金)。有下列情形之一时,道路交通事故中受害人人身伤亡的丧葬费用、部分或者全部抢救费用,由救助基金先行垫付,救助基金管理机构有权向道路交通事故责任人追偿:

(一)抢救费用超过机动车交通事故责任强制保险责任限额的;
(二)肇事机动车未参加机动车交通事故责任强制保险的;
(三)机动车肇事后逃逸的。

第二十五条 救助基金的来源包括:

(一)按照机动车交通事故责任强制保险的保险费的一定比例提取的资金;
(二)对未按照规定投保机动车交通事故责任强制保险的机动车的所有人、管理人的罚款;

（三）救助基金管理机构依法向道路交通事故责任人追偿的资金；
（四）救助基金孳息；
（五）其他资金。

第二十六条 救助基金的具体管理办法，由国务院财政部门会同保监会、国务院公安部门、国务院卫生主管部门、国务院农业主管部门制定试行。

第二十七条 被保险机动车发生道路交通事故，被保险人或者受害人通知保险公司的，保险公司应当立即给予答复，告知被保险人或者受害人具体的赔偿程序等有关事项。

第二十八条 被保险机动车发生道路交通事故的，由被保险人向保险公司申请赔偿保险金。保险公司应当自收到赔偿申请之日起1日内，书面告知被保险人需要向保险公司提供的与赔偿有关的证明和资料。

第二十九条 保险公司应当自收到被保险人提供的证明和资料之日起5日内，对是否属于保险责任作出核定，并将结果通知被保险人；对不属于保险责任的，应当书面说明理由；对属于保险责任的，在与被保险人达成赔偿保险金的协议后10日内，赔偿保险金。

第三十条 被保险人与保险公司对赔偿有争议的，可以依法申请仲裁或者向人民法院提起诉讼。

第三十一条 保险公司可以向被保险人赔偿保险金，也可以直接向受害人赔偿保险金。但是，因抢救受伤人员需要保险公司支付或者垫付抢救费用的，保险公司在接到公安机关交通管理部门通知后，经核对应当及时向医疗机构支付或者垫付抢救费用。

因抢救受伤人员需要救助基金管理机构垫付抢救费用的，救助基金管理机构在接到公安机关交通管理部门通知后，经核对应当及时向医疗机构垫付抢救费用。

第三十二条 医疗机构应当参照国务院卫生主管部门组织制定的有关临床诊疗指南，抢救、治疗道路交通事故中的受伤人员。

第三十三条 保险公司赔偿保险金或者垫付抢救费用，救助基金管理机构垫付抢救费用，需要向有关部门、医疗机构核实有关情况的，有关部门、医疗机构应当予以配合。

第三十四条 保险公司、救助基金管理机构的工作人员对当事人的个人隐私应当保密。

第三十五条 道路交通事故损害赔偿项目和标准依照有关法律的规定执行。

第四章 罚　则

第三十六条 未经保监会批准，非法从事机动车交通事故责任强制保险业务的，由保监会予以取缔；构成犯罪的，依法追究刑事责任；尚不构成犯罪的，由保监会没收违法所得，违法所得20万元以上的，并处违法所得1倍以上5倍以下罚款；没有违法所得或者违法所得不足20万元的，处20万元以上100万元以下罚款。

第三十七条 保险公司未经保监会批准从事机动车交通事故责任强制保险业务的，由保监会责令改正，责令退还收取的保险费，没收违法所得，违法所得10万元以上的，并处违法所得1倍以上5倍以下罚款；没有违法所得或者违法所得不足10万元的，处10万元以上50万元以下罚款；逾期不改正或者造成严重后果的，责令停业整顿或者吊销经营保险业务许可证。

第三十八条 保险公司违反本条例规定，有下列行为之一的，由保监会责令改正，处5万元以上30万元以下罚款；情节严重的，可以限制业务范围、责令停止接受新业务或者吊销经营保险业务许可证：

（一）拒绝或者拖延承保机动车交通事故责任强制保险的；

（二）未按照统一的保险条款和基础保险费率从事机动车交通事故责任强制保险业务的；

（三）未将机动车交通事故责任强制保险业务和其他保险业务分开管理、单独核算的；

（四）强制投保人订立商业保险合同的；

（五）违反规定解除机动车交通事故责任强制保险合同的；

（六）拒不履行约定的赔偿保险金义务的；

（七）未按照规定及时支付或者垫付抢救费用的。

第三十九条　机动车所有人、管理人未按照规定投保机动车交通事故责任强制保险的，由公安机关交通管理部门扣留机动车，通知机动车所有人、管理人依照规定投保，处依照规定投保最低责任限额应缴纳的保险费的2倍罚款。

机动车所有人、管理人依照规定补办机动车交通事故责任强制保险的，应当及时退还机动车。

第四十条　上道路行驶的机动车未放置保险标志的，公安机关交通管理部门应当扣留机动车，通知当事人提供保险标志或者补办相应手续，可以处警告或者20元以上200元以下罚款。

当事人提供保险标志或者补办相应手续的，应当及时退还机动车。

第四十一条　伪造、变造或者使用伪造、变造的保险标志，或者使用其他机动车的保险标志，由公安机关交通管理部门予以收缴，扣留该机动车，处200元以上2000元以下罚款；构成犯罪的，依法追究刑事责任。

当事人提供相应的合法证明或者补办相应手续的，应当及时退还机动车。

第五章　附　　则

第四十二条　本条例下列用语的含义：

（一）投保人，是指与保险公司订立机动车交通事故责任强制保险合同，并按照合同负有支付保险费义务的机动车的所有人、管理人。

（二）被保险人，是指投保人及其允许的合法驾驶人。

（三）抢救费用，是指机动车发生道路交通事故导致人员受伤时，医疗机构参照国务院卫生主管部门组织制定的有关临床诊疗指南，对生命体征不平稳和虽然生命体征平稳但如果不采取处理措施会产生生命危险，或者导致残疾、器官功能障碍，或者导致病程明显延长的受伤人员，采取必要的处理措施所发生的医疗费用。

第四十三条　机动车在道路以外的地方通行时发生事故，造成人身伤亡、财产损失的赔偿，比照适用本条例。

第四十四条　中国人民解放军和中国人民武装警察部队在编机动车参加机动车交通事故责任强制保险的办法，由中国人民解放军和中国人民武装警察部队另行规定。

第四十五条　机动车所有人、管理人自本条例施行之日起3个月内投保机动车交通事故责任强制保险；本条例施行前已经投保商业性机动车第三者责任保险的，保险期满，应当投保机动车交通事故责任强制保险。

第四十六条　本条例自2006年7月1日起施行。

27.5 关于审理物业服务纠纷司法解释

中华人民共和国最高人民法院公告

《最高人民法院关于审理物业服务纠纷案件具体应用法律若干问题的解释》已于2009年4月20日由最高人民法院审判委员会第1466次会议通过，现予公布，自2009年10月1日起施行。

二〇〇九年五月十五日

最高人民法院关于审理物业服务纠纷案件具体应用法律若干问题的解释

为正确审理物业服务纠纷案件，依法保护当事人的合法权益，根据《中华人民共和国民法通则》、《中华人民共和国物权法》、《中华人民共和国合同法》等法律规定，结合民事审判实践，制定本解释。

第一条　建设单位依法与物业服务企业签订的前期物业服务合同，以及业主委员会与业主大会依法选聘的物业服务企业签订的物业服务合同，对业主具有约束力。业主以其并非合同当事人为由提出抗辩的，人民法院不予支持。

第二条　符合下列情形之一，业主委员会或者业主请求确认合同或者合同相关条款无效的，人民法院应予支持：

（一）物业服务企业将物业服务区域内的全部物业服务业务一并委托他人而签订的委托合同；

（二）物业服务合同中免除物业服务企业责任、加重业主委员会或者业主责任、排除业主委员会或者业主主要权利的条款。

前款所称物业服务合同包括前期物业服务合同。

第三条　物业服务企业不履行或者不完全履行物业服务合同约定的或者法律、法规规定以及相关行业规范确定的维修、养护、管理和维护义务，业主请求物业服务企业承担继续履行、采取补救措施或者赔偿损失等违约责任的，人民法院应予支持。

物业服务企业公开作出的服务承诺及制定的服务细则，应当认定为物业服务合同的组成部分。

第四条　业主违反物业服务合同或者法律、法规、管理规约，实施妨害物业服务与管理的行为，物业服务企业请求业主承担恢复原状、停止侵害、排除妨害等相应民事责任的，人民法院应予支持。

第五条　物业服务企业违反物业服务合同约定或者法律、法规、部门规章规定，擅自扩大收费范围、提高收费标准或者重复收费，业主以违规收费为由提出抗辩的，人民法院应予支持。

业主请求物业服务企业退还其已收取的违规费用的，人民法院应予支持。

第六条　经书面催交，业主无正当理由拒绝交纳或者在催告的合理期限内仍未交纳物业费，物业服务企业请求业主支付物业费的，人民法院应予支持。物业服务企业已经按照合同约定以及相关规定提供服务，业主仅以未享受或者无需接受相关物业服务为抗辩理由的，人民法院不予支持。

第七条　业主与物业的承租人、借用人或者其他物业使用人约定由物业使用人交纳物业费，物业服务企业请求业主承担连带责任的，人民法院应予支持。

第八条　业主大会按照物权法第七十六条规定的程序作出解聘物业服务企业的决定后，业主委员会请求解除物业服务合同的，人民法院应予支持。

物业服务企业向业主委员会提出物业费主张的，人民法院应当告知其向拖欠物业费的业主另行主张权利。

第九条　物业服务合同的权利义务终止后，业主请求物业服务企业退还已经预收，但尚未提供物业服务期间的物业费的，人民法院应予支持。

物业服务企业请求业主支付拖欠的物业费的，按照本解释第六条规定处理。

第十条　物业服务合同的权利义务终止后，业主委员会请求物业服务企业退出物业服务区域、移交物业服务用房和相关设施，以及物业服务所必需的相关资料和由其代管的专项维修资金的，人民法院应予支持。

物业服务企业拒绝退出、移交，并以存在事实上的物业服务关系为由，请求业主支付物业服务合同权利义务终止后的物业费的，人民法院不予支持。

第十一条　本解释涉及物业服务企业的规定，适用于物权法第七十六条、第八十一条、第八十二条所称其他管理人。

第十二条　因物业的承租人、借用人或者其他物业使用人实施违反物业服务合同，以及法律、法规或者管理规约的行为引起的物业服务纠纷，人民法院应当参照本解释关于业主的规定处理。

第十三条　本解释自2009年10月1日起施行。

本解释施行前已经终审，本解释施行后当事人申请再审或者按照审判监督程序决定再审的案件，不适用本解释。

第 28 章 建设工程责任保险行政文件

28.1 建设工程勘察设计责任保险行政文件

关于积极推进工程设计责任保险工作的指导意见
(建质〔2003〕218 号)

各省、自治区建设厅，直辖市建委：

工程设计责任保险对控制设计风险，提高工程设计质量具有重要的保障作用。我国自 1999 年开始进行工程设计责任保险试点以来，目前已有北京、上海、深圳、贵州等 7 个省（市）推行了此项保险制度，并取得了一些经验。为了适应加入 WTO 与国际惯例接轨的需要，积极推进工程设计责任保险制度的建立与开展，提出以下指导意见：

一、各地建设行政主管部门要充分认识建立工程设计责任保险制度的重要性，结合本地区的实际，积极、稳妥地推进此项工作，力争于 2004 年年底前，在全国范围内建立工程设计责任保险制度。

二、各地建设行政主管部门要主动与有关部门商量，在制定保险责任、责任免除、保险期限、费率、追溯期和免赔额等保险条款规定时，应兼顾工程设计企业和保险企业双方利益，要适应勘察设计企业发展需要。为使保险条款更符合我国国情和勘察设计企业的特点，我部正组织有关试点城市对试行保险条款进行修订，待形成推荐样本后，印发各地参照使用。

三、社会管理是政府职能的重要组成部分。各地建设行政主管部门应加强对政府投资工程项目和与社会公共利益、公众安全密切相关的住宅小区和公共建筑等工程项目风险的监督管理。为其服务的设计企业应提供具有赔偿能力的证明，同时，业主应该向设计企业提供设计费支付担保。

四、保险中介机构要充分利用行业协会、学会的技术、信息和管理资源优势，发挥其在工程设计责任保险中的作用，为工程设计保险提供有关的服务。

五、根据市场经济发达国家的经验，工程设计责任保险可采用年保、单项保和多项保等保险方式。勘察设计企业可根据业主和企业自身的需要，选择一种或多种险种方式。

六、为促进工程设计保险市场健康发展，规范市场各方主体行为，各地建设行政主管部门要及时会同当地保险主管部门，制定相关的市场管理规定或办法，以保障公平竞争和市场秩序。

七、各地建设行政主管部门要指导工程质量事故评估和鉴定机构的建设，明确其职责和鉴定程序，保证工程设计质量评估鉴定的正常进行。

各省、自治区、直辖市建设行政主管部门要根据本指导意见，积极推进本地区工程设计责任保险工作，并将实施工程设计责任保险制度的规定报建设部备案。

中华人民共和国建设部
二〇〇三年十一月十四日

28.2 建设工程质量责任保险行政文件

关于推进建设工程质量保险工作的意见
（建质〔2005〕133号）

各省、自治区建设厅，直辖市建委，各保监局：

为进一步完善我国建设工程质量保证机制，发挥市场在建设工程质量保证机制中的基础性作用，有效防范和化解工程风险，根据《中华人民共和国建筑法》、《中华人民共和国保险法》和《建设工程质量管理条例》，现就推进建设工程质量保险工作提出以下意见：

一、随着我国加入WTO及政府职能的转变，以及工程建设法律、法规的健全，人民群众维权意识的提高，需要进一步改革和完善工程质量保证机制，在工程建设领域引入工程质量保险制度。建设工程质量保险对于化解工程建设各方技术及财务风险、维护社会稳定、促进建设各方诚实守信都具有重要意义。建立起完善的建设工程质量保险制度，有利于用经济手段切实保护消费者权益，确保最终用户的利益；有利于使法律法规所规定的各方质量责任落到实处；有利于形成优胜劣汰的市场竞争机制，规范市场秩序，发挥市场配置建设资源的基础性作用。

二、建设工程质量保险是一种转移在工程建设和使用期间由可能的质量缺陷引起的经济责任的方式，它由能够转移工程技术风险、落实质量责任的一系列保险产品组成，包括建筑工程一切险、安装工程一切险、工程质量保证保险和相关职业责任保险等。其中，工程质量保证保险主要为工程竣工后一定期限内出现的主体结构问题和渗漏问题等提供风险保障。

三、各地建设行政主管部门和保险监管部门要加强对工程质量保险工作的指导，有关单位也要高度重视，积极参与，主动配合，共同推进工程质量保险工作健康发展。

（一）大型公共建筑和地铁等地下工程的建设单位要高度重视技术风险管理工作，应积极投保建设工程质量保险。其他类型的工程为了加强风险管理，也应根据情况投保建设工程质量保险。工程勘察单位、设计单位、监理单位、施工图审查机构、工程质量检测机构等应积极投保相应的责任保险。

（二）商品房的开发单位以及施工单位应积极投保建设工程质量保证保险等关系到工程使用人利益的相关保险。

（三）鼓励建设单位（或开发单位）牵头，就建设工程项目统一投保。

（四）保险公司要努力发展风险管理技术，对投保的工程项目，可委托有资质的工程监理单位、工程质量检测单位、经建设行政主管部门认定的施工图审查机构对建设工程施工图设计文件和施工过程进行检查，或进行技术风险分析评估，根据工程技术风险状况，逐步实行费率差异化。

（五）各有条件的保险公司应遵循市场经济规律，在有效防范风险的前提下，积极开发能满足工程建设需要的保险产品。保险条款既要符合国际惯例，又要适应我国基本建设规模大、地区发展不平衡的实际情况。

四、各地建设行政主管部门和保险监管部门应共同推动工程技术风险评级体系的建立，并充分发挥各行业协会在制定工程质量保险合同示范文本、教育培训等方面的作用，加强有关工程损失案例和数据的搜集与共享。要在不断总结和改进试点工作的基础上，积极稳妥地全面推进实施建设工程质量保险制度。

中华人民共和国建设部
中国保险监督管理委员会
二〇〇五年八月五日

28.3 特种设备责任保险行政文件

江西省质量技术监督局关于推行特种设备责任保险工作的通知
（赣质监联发〔2009〕9号）

各设区市质量技术监督局，各保险公司省级分公司，各特种设备生产、使用单位：

为认真贯彻落实国务院新修改公布，并于2009年5月1日施行的《特种设备安全监察条例》（以下简称《条例》）和江西省人民政府《关于加快推进全省责任保险发展工作意见的通知》（赣府厅发〔2005〕3号）精神，提高特种设备生产、使用单位抵御特种设备事故风险能力，现结合我省实际，在全省范围内推行特种设备责任保险。有关事项通知如下：

一、充分认识推行特种设备责任保险的重要意义

锅炉、压力容器（含气瓶）、压力管道、电梯、起重机械、客运索道、大型游乐设施和场（厂）内专用机动车辆等是涉及生命安全、危险性较大的特种设备，一旦发生事故，将会给人民生命财产安全和经济发展造成严重损失和社会影响。现在每年因安全事故造成不少人员伤亡和财产损失，为了妥善解决这些问题，分散风险和化解矛盾，其中一个有效的方法就是引导和鼓励各相关生产、使用单位参加责任保险。国务院新修改的《条例》规定："国家鼓励实行特种设备责任保险制度，提高事故赔付能力"。这是保护人民人身权和财产权不受侵害、维护社会和谐稳定的重要手段，是落实生产、使用单位主体责任的重要举措，是充分发挥市场机制、推进政府特种设备安全监管和公共服务创新的有益尝试，是运用市场化的手段促进特种设备安全管理，解决责任赔偿等方面的法律纠纷，缓和、化解社会矛盾的有效方式。

在特种设备安全管理中引入责任保险机制，能够有效发挥保险辅助政府进行特种设备安全管理的作用，既可以减轻各级政府的财政负担，又能提高处理特种设备责任事故的行政效率。因此，开展特种设备保险工作，建立市场化的灾害、事故补偿机制，对完善灾害防范和救助体系，增强全社会抵御风险的能力，促进经济又好又快发展，具有不可替代的重要作用。各级质量技术监督部门、各财产保险公司要从学习贯彻十七大精神，实践科学发展观的高度，充分认识做好我省特种设备责任险工作的重要意义，采取多种形式宣传推行特种设备责任保险工作，增强生产、使用单位的风险防范和保险保障意识，为促进特种设备安全管理，维护公共安全，建设"和谐平安江西"发挥积极的作用。

二、推行范围

（一）引导和鼓励全省特种设备的使用单位或产权所有者投保特种设备责任保险。

（二）倡导和鼓励特种设备生产单位投保相关产品责任保险。

三、保险标准

特种设备责任保险金额的确定要符合最高人民法院《关于审理人身损害赔偿案件适用法律若干问题的解释》的有关标准及我省经济发展水平，同时遵循既要依法保障人民群众生命财产权益，又要降低特种设备生产、使用单位投保成本的原则。相关赔偿限额、保费标准和责任范围等应符合我省实际，保险条款、费率应按规定报省保险监管部门审批备案。

四、工作要求

（一）特种设备责任保险工作涉及各类特种设备，是一项点多面广的系统工程。各级质量技术监督部门要加强与保险行业的沟通和协调配合，认真做好《条例》的宣传、贯彻工作，及时总结特种设备责任保险工作的好经验，好做法，在积极引导和鼓励特种设备使用单位和业主按规定投保特种设备责任险的同时，积极倡导和鼓励特种设备生产单位投保产品责任险及相关保险，最大程度转移和化解各领域特种设备给社会带来的潜在风险与威胁。

（二）各保险公司要遵循公平竞争的原则，依法合规经营，树立大局意识、服务意识和责任意识，主动加强与相关部门和单位的沟通、协调，将自身效益与社会责任紧紧地结合起来，充分发挥保险的社会管理功能。在保险产品方面要加大创新力度，根据特种设备生产和使用单位或产权所有者的风险管理需求，设计开发保险产品，并发挥保险费率的杠杆作用，促使生产、使用单位加强安全工作；在保险服务方面为投保单位提供便捷、高效的承保理赔服务。同时，各保险机构要加强内控制度建设，防范经营风险，与相关主管部门共同努力，维护我省特种设备责任保险业务的健康、稳定、持续发展。

（三）特种设备生产、使用单位要增强风险防范和保险意识，增强社会责任感，充分认识参加保险是转移和化解自身风险，保证经营稳定的有效措施，积极主动办理特种设备责任险投保手续。鼓励公共场所和潜在较大事故风险的特种设备使用单位和业主，特别是列入特种设备重点监控范围的单位以及容易造成群死群伤的锅炉、压力容器、起重机械，人员密集场所的电梯、大型游乐设施、客运索道等使用单位和业主率先投保。

（四）各相关部门在推行特种设备责任保险工作时，要依法合规并充分尊重市场规律，认真按照"政府推动、市场运作"的原则，做到"公开、公平、公正"。在推行中出现的特殊情况和问题，要认真分析，妥善处理，确保特种设备责任保险工作有效、顺利进行。

江西省质量技术监督局
二〇〇九年十月二十六日

28.4　环境污染责任保险行政文件

关于环境污染责任保险工作的指导意见
（环发［2007］189号）

各省、自治区、直辖市环保局（厅），副省级城市环保局，新疆生产建设兵团环保局，全

军环办,各保监局:

为贯彻落实《国务院关于落实科学发展观加强环境保护的决定》(国发〔2005〕39号)、《国务院关于保险业改革发展的若干意见》(国发〔2006〕23号)、《国务院关于印发节能减排综合性工作方案的通知》(国发〔2007〕15号)精神,加快建立环境污染责任保险制度,进一步健全我国环境污染风险管理制度,现就开展环境污染责任保险工作提出以下意见。

一、充分认识开展环境污染责任保险工作的重大意义

当前,我国正处于环境污染事故的高发期。一些地方的工业企业污染事故频发,严重污染环境,危害群众身体健康和社会稳定,特别是一些污染事故受害者得不到及时赔偿,引发了很多社会矛盾。因此,采取综合手段加强污染事故防范和处置工作,成为当前环保工作的重要任务。

环境污染责任保险是以企业发生污染事故对第三者造成的损害依法应承担的赔偿责任为标的的保险。利用保险工具来参与环境污染事故处理,有利于分散企业经营风险,促使其快速恢复正常生产;有利于发挥保险机制的社会管理功能,利用费率杠杆机制促使企业加强环境风险管理,提升环境管理水平;有利于使受害人及时获得经济补偿,稳定社会经济秩序,减轻政府负担,促进政府职能转变。国际经验表明,实施环境污染责任保险是维护污染受害者合法权益、提高防范环境风险的有效手段。

因此,加快环境污染责任保险制度建设,是切实推进环境保护历史性转变的迫切要求,是环境管理与市场手段相结合的有益尝试。各级环保部门和各级保险监管部门要充分认识到环境污染责任保险的重要性,在当地政府的统一组织下,积极开展环境污染责任保险制度的研究及试点示范工作,结合当地实际,制定工作方案,认真履行职责,推动本地区环境污染责任保险工作实施。

二、开展环境污染责任保险工作的指导原则与工作目标

(一)指导原则

以邓小平理论和"三个代表"重要思想为指导,贯彻落实科学发展观,坚持以下原则,逐步推动环境污染责任保险工作的开展。

——整复推动,市场运作。各地环保、保险监管部门要积极协调当地政府有关部门,推进本行政区域环境污染责任保险制度的实施;环保部门会同保险监管部门从防范环境风险出发,提出投保企业或设施的范围以及损害赔偿标准等;保险监管部门加强行业监督管理,推进环境责任保险市场的规范;保险公司积极开发环境责任险产品,按市场经济法律法规要求履行保险人的责任;投保企业加强环境风险管理,主动如实报告有关信息。

——突出重点,先易后难。先期重点选择环境危害大、最易发生污染事故和损失容易确定的行业、企业和地区,率先开展环境污染责任保险工作;现阶段环境污染责任保险的承保标的以突发、意外事故所造成的环境污染直接损失为主。逐步建立配套的标准和法规制度;逐步完善环境污染责任保险系列制度。

——严格监管,稳健经营。环保部门要加强对污染企业的环境监管,促进企业提高防范污染事故的水平;保险监管部门要加强对保险机构的监管,督促保险机构认真履行保险合同,为投保企业提供保障;保险公司要完善内部管理,完善费率、理赔等制度,力争取得良好的业绩。

——互惠互利，双赢发展。环保部门、保监部门加大执法力度，履行监管职责，提高企业环保责任意识和风险防范意识，规范和壮大环境污染责任保险市场，有效化解污染事故带来的环境和社会矛盾；投保企业利用责任保险机制，抵御污染事故带来的经营风险，承担社会责任，维护企业利益；保险从业机构提供适合国情的环境污染责任保险服务，拓展业务领域，力争取得良好经营业绩；广大群众共享市场化的环境污染责任保险制度的成果，促进社会和谐稳定。

（二）工作目标

"十一五"期间，初步建立符合我国国情的环境污染责任保险制度。在重点行业和区域开展环境污染责任保险的试点示范工作，初步建立重点行业基于环境风险程度投保企业或设施目录以及污染损害赔偿标准，探索与环境责任保险制度相结合的环境管理制度，发挥环境污染责任保险的社会管理和经济补偿的功能。到 2015 年，环境污染责任保险制度相对完善，并在全国范围内推广，保险覆盖面逐步扩大，保障能力不断增强，风险评估、损失评估、责任认定、事故处理、资金赔付等各项机制不断健全，使该制度在应对环境污染事故带来损失的事件中发挥积极有效的作用。

三、逐步建立和完善环境污染责任保险制度

实施环境污染责任保险是重要的环境管理和社会管理的制度创新，必须充分发挥国家部门、地方政府、相关企业的积极性。在建立这项制度的起步阶段，建议各地在地市以上区域开展试点，由政府统一组织进行，重点抓好以下工作。

（一）建立健全国家立法和地方配套法规建设。环境污染责任保险涉及环保部门、保险监管部门、保险公司、投保企业等。为规范管理，环保和保险监管部门要积极推动相关领域的立法工作，确定环境污染责任保险的法律地位。各省、自治区、直辖市及有立法权的市可以在有关地方环保法中增加"环境污染责任保险"条款。

（二）明确环境污染责任保险的投保主体。要根据本地区环境状况和企业特点，以生产、经营、储存、运输、使用危险化学品企业，易发生污染事故的石油化工企业、危险废物处置企业等为对象开展试点，尤其是对近年来发生重大污染事故的企业、行业，具体范围由环保部门商保险监管部门提出；在此基础上，国家和省环保部门制定开展环境污染责任保险的企业投保目录，并适时调整。保险公司要开发相应产品，合理确定责任范围，分类厘定费率，提高环境污染责任保险制度实施的针对性和有效性。试点地区保险企业应加强环境技术管理人员的能力建设。

（三）建立环境污染事故勘查、定损与责任认定机制。环保部门与保险监管部门应建立环境事故勘察与责任认定机制。在发生环境事故后，企业应及时通报相关承保的保险公司，允许保险公司对环境事故现场进行勘查，在环境事故勘查过程中，应遵循国家有关法律和规定，保守国家机密和信息。发生污染事故的企业、相关保险公司、环保部门应根据国家有关法规，公开污染事故的有关信息。环保部门要通过监测、执法等手段，为保险的责任认定工作提供支持。在条件完善时，要探索第三方进行责任认定的机制。

环保部门制定环境污染事故损失核算标准和相应核算指南。在国家没有出台专门的环境污染事故核算标准的情况下，保险公司可以委托国家认可的独立第三方机构对环境污染事故进行定损，根据现有有关法律法规，对环境污染造成的直接经济损失进行核定。

（四）建立规范的理赔程序。保险监管部门应指导保险公司建立规范的环境污染责任保险理赔程序认定标准。保险公司要加强对理赔工作的管理，规范、高效、优质地开展理赔工作。赔付过程要保证公开透明和信息的通畅，受害人可以通过环保部门和保险公司获取赔偿信息等，最大程度的保障受害人的合法权益。

（五）提高环境污染事故预防能力。保险公司要指导投保企业开展环境事故预防管理，提高企业环境事故预防能力。承保前，保险公司应对投保企业进行风险评估，根据企业生产性质、规模、管理水平及危险等级等要素合理厘定费率水平。承保后，要主动定期对投保企业环境事故预防工作进行检查，及时指出隐患与不足，并提出书面整改意见，督促投保企业加强事故预防能力建设，并将有关情况报送当地环保部门。具备条件的环保部门可以根据国家的要求或地方的规定，把部分行业或企业是否投保与项目环境影响评价、"三同时"等制度结合起来。

四、切实提高工作支持和保障水平

（一）要加强领导，推动环境污染责任保险工作机制的建设

各级环保部门、保险监管部门要高度重视环境污染责任保险试点工作，取得当地政府、人大、政协以及相关部门的支持，完善相关地方法规，将环境污染责任保险制度作为强化高环境风险企业环境管理的手段，并纳入当地突发事件应急工作体系。当前要重点提高环保部门监管能力，特别是对环境风险源监控能力、对污染事故调查和损失评估能力、对突发环境事件应急响应能力等，为环境责任保险制度实施提供基础支持。

（二）各司其职，推动环境污染责任保险工作的开展

各级环保部门要严格执法、公平执法，督促企业认真履行环境污染事故预防和事故处理等职责。国家和地方环保部门要开展高污染、高环境风险企业和工艺设施的调查，充分评估其环境风险和影响，制定开展环境污染责任保险的行业与工艺指导目录，积极配合保险监管部门和保险公司开展事故勘查、定损、理赔等工作。

各级保险监管部门要高度关注各保险公司实施环境污染责任保险的有关情况，加强对保险公司的指导、监督和管理。督促保险公司加强对投保企业的污染事故预防能力审查。

保险公司要把开展环境污染责任保险工作作为履行社会责任的重要内容，加强对企业防范污染事故的指导，合理确定费率，事故发生后及时介入，认真执行环境污染事故承保和赔付程序，确保赔款及时支付给事故受害者。

（三）积极开展相关研究和宣传工作

环境污染责任保险在我国刚刚起步。环保部门和保险监管部门做好相关的政策和技术研究，重点解决风险评估、损失评估、责任范围、赔偿限额、索赔时效等关键问题，切实加强环境污染责任保险的可操作性。各级环保部门、保险监管部门及保险公司等有关单位应积极开展关于环境污染责任保险的宣传工作，使企业充分认识到投保的重要性和对自身的益处，逐步形成企业主动投保的氛围。

国家环境保护总局
中国保险监督管理委员会
二〇〇七年十二月四日

28.5 公众责任保险

关于积极推进火灾公众责任保险,切实加强火灾防范和风险管理工作的通知
(公通字〔2006〕34号)

各省、自治区、直辖市公安厅、局,各保监局,各财产保险公司,各保险行业协会:

火灾是严重危害人民群众生命财产安全的多发性灾害。据统计,1996年至2005年,全国共发生火灾191万起,造成25万人死亡、直接财产损失145亿元。同期,全国保险业的火灾赔款与给付逐年增加。为充分利用保险业的经济补偿和辅助社会管理功能,进一步发挥保险在火灾防范和火灾风险管理方面的作用,1995年以来,国务院和国务院办公厅先后转发了公安部《消防改革与发展纲要》和《关于"十五"期间消防工作发展指导意见》,对推行火灾公众责任保险和建立消防与保险良性互动机制提出了要求。2002年,全国人大常委会消防法执法检查组提出了"实行单位消防安全强制保险制度,鼓励保险公司介入消防工作,利用市场经济机制调节火灾风险"的建议。

为贯彻落实党中央、国务院提出的构建社会主义和谐社会、实现经济社会又快又好发展的要求,以及落实人大常委会消防法执法检查建议,推动建立消防与保险的良性互动机制,公安部和中国保监会决定,积极推进火灾公众责任保险,切实加强火灾防范和风险管理工作。现就有关要求通知如下:

一、充分认识发展火灾公众责任保险的紧迫性和必要性

近年来,商场市场、宾馆饭店、歌舞娱乐场所等公众聚集场所火灾致使公众伤害的问题突出。由于这些场所的经营单位基本没有投保公众责任险,而发生火灾后经营单位又无力承担对火灾受害人的赔偿责任,最后往往是由政府"兜底包揽"对伤亡人员的灾后救助和经济赔偿。特别是一些火灾涉及群体利益,赔偿金额巨大,如果受害人得不到及时赔偿,极有可能引发群体性事件,甚至影响社会稳定。这一问题亟待解决。

保险是运用市场机制进行社会管理的重要方式。火灾公众责任保险是以被保险人因火灾造成的对第三者的伤害所依法应付的赔偿责任为保险标的的保险。发展火灾公众责任保险,通过市场化的风险转移机制,用商业手段解决责任赔偿等方面的法律纠纷,可以使受害企业和群众尽快恢复正常生产生活秩序,对于切实保护公民合法权益,促进社会和谐稳定具有重要的现实意义。

积极发展火灾公众责任保险,是建立完善社会主义市场经济对协调经济社会安全发展的必然选择,是完善消防安全监管和建设社会保障体系的重要举措,有利于充分发挥保险的经济补偿和辅助社会管理功能,提高社会的火灾风险管理水平;有利于预防和化解社会矛盾,减轻政府灾后救助负担,促进政府职能转变。各级公安消防部门和保险监管部门要充分认识发展火灾公众责任保险的重要意义,认真研究制定相关政策,积极引导保险公司创新火灾公众责任保险产品的设计、销售和服务,努力为群众提供可靠的火灾风险保障。

二、认真开展防灾防损工作,加强火灾防范和风险管理

(一)保险业要着力提高火灾风险管理水平。各级保险监管部门要加强对保险市场的监督指导,引导保险公司开发适合市场需求的火灾公众责任险和火灾财产险产品,结合保险标的的消防安全特点,制定切实有效的防灾防损方案,提高火灾风险管理水平。承保

前，保险公司应对保险标的的火灾风险进行严格评估，出具火灾风险及消防安全状况评估意见书，根据承保条件和风险评估状况厘定费率水平。承保后，应定期对保险标的的消防安全状况进行检查，及时指出不安全因素和隐患，并提出书面整改建议。对被保险人未按约定履行消防安全责任的，保险公司应增加保费或依法解除保险合同；对被保险人加强消防安全管理，保险标的的危险程度明显减少的，保险公司应降低或退还相应保费。出险后，保险公司应当快速做好勘查、定损、理赔等灾后服务工作，切实保障当事人的合法权益。

保险行业协会要充分发挥协调、交流作用，在保险监管部门指导下，组织开展火灾公众责任保险调研和信息交流，并积极与政府和有关部门沟通，反映情况，协调行动。

（二）公安消防部门要加强对公众聚集场所和易燃易爆场所的消防监督检查。公众聚集场所和易燃易爆场所发生火灾极易造成重大人员伤亡和财产损失，是消防监督检查的重点。各级公安消防部门要切实加强对这两类场所的日常监督管理，严格实施建筑工程消防设计审核、验收和开业前检查，把好火灾预防源头关；要会同有关部门积极开展联合执法，坚决查处违反消防法律法规的行为。对存在重大火灾隐患，不能保障消防安全的，要依法查处；对发生火灾事故的，要严格追究有关单位和责任人员的责任。同时，各地公安消防部门在日常监督检查和宣传教育中，要积极引导公众聚集场所和易燃易爆场所参加火灾公众责任保险。

（三）公安消防部门和保险业要加强配合，积极推动建立消防与保险的良性互动机制。各级公安消防部门和保险监管部门要按照各自职责，加强协调配合，运用法律手段和经济手段，共同促进单位做好消防安全管理工作，积极参加火灾公众责任保险，提高预防和抵御火灾危害的能力。公安消防部门和保险业在火灾风险评估、消防安全检查及防灾防损科研等方面要密切合作，建立信息交换制度，制定火灾风险评估标准和消防安全评价体系，及时沟通情况，研究预防对策；要鼓励探索支持消防公益事业的新途径，促进消防与保险良性互动发展，共同推进火灾风险防范。保险公司要加强对防灾防损、核保和理赔定损人员的消防安全知识和技能培训，公安消防部门对保险公司理赔人员进入火灾现场开展损失勘查应依法提供条件。同时，要积极发挥保险行业协会和中介机构在火灾风险评估、防灾防损以及理赔定损方面的作用，进一步提高防灾防损和评估定损的科学性和公信力。

三、积极促进开展火灾公众责任保险

各地要按照"政府领导、多方参与、齐抓共管、商业运作"原则，积极、稳妥地推动开展火灾公众责任保险，并在有条件的地方先行开展试点。火灾公众责任保险的范围要以商场市场、宾馆饭店、歌舞娱乐场所等公众聚集场所和易燃易爆化学危险品场所为重点，具体标准和条件等由各地确定。各地要紧紧依靠政府领导，认真研究促进火灾公众责任保险发展的政策措施，力争在体制、机制方面取得创新，尤其要积极推动地方立法工作，为开展火灾公众责任保险提供必要的法律、政策保障。要制定具体工作方案，建立完善公安消防部门和保险监管部门的工作交流制度，加强与相关部门的协调配合，充分发挥行业协会的作用，加强宣传教育引导，切实推进火灾公众责任险的开展。各地在实施中遇到的情况和问题，要及时报告公安部和中国保监会。公安部和中国保监会将对各地尤其是已开展试点工作的上海、深圳、天津、吉林、重庆、山东等地的工作情况进行调研，不断总结经验，适时提出指导性意见。

中华人民共和国公安部　中国保险监督管理委员会
二〇〇六年三月二十四日

28.6　安全生产责任保险文件

28.6.1　健全安全生产保障体系文件

关于大力推进安全生产领域责任保险健全安全生产保障体系的意见
国家安全生产监督管理总局、中国保险监督管理委员会文件
（安监总政法〔2006〕207号）

各省、自治区、直辖市及新疆生产建设兵团安全生产监督管理局、保监局，各财产保险公司：

党中央、国务院高度重视安全生产工作，党的十六届五中全会提出了安全发展的理念，强调在经济发展的过程中要高度重视和切实抓好安全生产工作，实现安全发展。2006年5月31日，国务院第138次常务会议专题研究保险业改革发展问题，制定和发布了《国务院关于保险业改革发展的若干意见》（国发〔2006〕23号），其中提出要"大力发展责任保险，健全安全生产保障和突发事件应急保险机制"。为落实十六届五中全会精神和国务院第138次常务会议要求，进一步发挥商业保险促进安全生产的积极作用，健全和完善我国安全生产保障体系，现提出以下意见：

一、充分认识发展责任保险对于社会安全发展的重要意义

实现安全发展是全面落实科学发展观的必然要求，也是构建社会主义和谐社会的迫切需要。在经济持续快速增长的同时，我国安全生产保持了总体稳定、趋于好转的发展态势，但目前安全生产形势依然严峻，事故总量还很大，煤矿等重点行业领域重特大事故多发的势头还未得到有效遏制。我国正处于工业化进程中的安全事故"易发期"。

保险是运用市场机制进行社会管理的重要方式。责任保险是指以被保险人对第三者依法应负的赔偿责任为保险标的的保险，它具有较强的经济补偿与社会管理功能。通过建立责任保险制度，有利于预防和化解社会矛盾，减轻政府在事故发生后的救助负担，促进政府职能转变。对于维护人民群众的利益、促进经济健康运行、保障社会安定，都具有十分重要意义。国内外的经验和国内现实情况均表明，运用商业责任保险与安全生产工作相结合的手段，是解决事故预防、灾害处置、利益保障等安全生产问题的有效机制。

发挥商业保险的积极作用，既是实现社会安全发展的需要，也是保险业改革发展的必然趋势。但是，在我国安全生产保障体系中，责任保险缺位的现象还比较突出。因此，大力推动责任保险与安全发展的有效结合，充分运用责任保险经济手段加强和改善安全生产状况，是当前安全生产监督管理部门和保险监管部门、保险企业面临的一项重要而紧迫的工作。

二、准确把握发展安全生产领域责任保险的指导原则和工作目标

（一）指导原则

以邓小平理论和"三个代表"重要思想为指导,落实以人为本、全面、协调、可持续的科学发展观,坚持"安全第一,预防为主,综合治理"的方针,探索推进将商业责任保险机制引入安全生产领域的方式和途径,为安全生产领域责任保险的健康发展营造良好环境,逐步建立起商业责任保险与安全生产工作结合的良性互动机制,促进责任保险机制对于安全生产风险的有效管理,进一步健全完善社会安全发展保障制度。

(二)工作目标

逐步建立起符合各行业安全发展需要的责任保险制度,初步形成"政府推动、市场运作"的安全生产领域责任保险发展机制。按照《国务院关于保险业改革发展的若干意见》的要求,首先在采掘业、建筑业等高危行业推行雇主责任险、商业补充工伤责任保险试点,取得经验后逐步在其他高危行业、公众聚集场所等领域推广。探索保险与高危行业安全生产风险抵押金相结合的风险管理制度。到2010年,力争实现安全生产领域责任保险产品体系相对完备、保险服务覆盖全面、突出事故预防机制的风险管理水平显著提高的发展目标,促进多方合作共赢。

三、认真履行各部门各机构职责,切实保障和促进安全生产领域责任保险持续快速健康发展

(一)安全生产监督管理部门

各级安全生产监督管理部门要认清商业责任保险的积极作用和重要意义,充分认识到引入商业责任保险机制是抓好安全生产工作、实现安全发展的有效途径。要为安全生产与责任保险的结合营造良好的社会氛围,高度重视加强与当地保险监管部门、保险企业的协调合作,积极研究解决工作中的问题,切实做好安全生产领域责任保险的组织协调工作。

一是要把发展责任保险纳入安全生产工作规划中,积极探索安全生产监督与责任保险结合的新途径、新方法,引导、鼓励有关生产经营单位,首先是采掘业、建筑业等高危行业和公众聚集场所等领域投保责任保险。条件具备的,可推动制定相关的地方立法和政策。

二是要与保险监管部门、保险企业加强沟通和协调,在总结经验的基础上,创新服务模式,帮助保险公司运用费率杠杆调节手段,促进生产经营主体加强和改善安全生产工作。要积极探索加强事故预防的有效途径,可借鉴国内外的做法和经验,积极与保险监管部门及保险企业一起,探索按照保费一定比例提取费用用于安全预防的做法,加大事故预防的手段和力度。

三是要切实做好相关试点的组织、宣传、指导和检查工作。指导重点行业的企业参加责任保险的试点并做好相关的监督检查工作,确保试点的稳步开展,通过试点工作不断总结经验。

(二)保险监管部门

各级保险监管部门要牢固树立政治意识、大局意识、责任意识,充分认识到开展安全生产责任保险工作是保险业服务经济社会发展全局的重要体现,也是加快保险业自身发展的必然趋势。要与当地安全生产监督管理部门加强信息沟通,加强工作联系,认真研究制定相关政策,鼓励和引导保险企业积极进行产品创新和服务创新,制定指导性的行业服务标准,引导和督促保险企业规范经营,确保各项工作有序开展。

(三)各财产保险公司

各财产保险公司要在政府相关部门的指导下,认真贯彻落实有关政策方针,与生产企业积极探索合作内容,自觉投入到安全发展保障机制建设中,实现与其他社会主体的共同发展。

一是要进一步加大对市场的调查与分析力度,结合实际,开发出适销对路的责任保险产品,不断建立起以市场需求为导向的责任保险产品体系。

二是要不断改善服务质量,提高服务效率,增强专业化经营水平。强化事前预防机制,通过开展培训、咨询、宣传等活动,促进企业改进生产管理水平,及时消除事故隐患;加强防灾防损检查,在检查中发现的重大安全隐患,在要求被保险人整改的同时,将有关情况抄送当地安全生产监督管理部门,达到预防、控制和管理风险的目的;在发生保险事故时积极参与抢险救灾,主动、迅速、准确地核定赔款;事后要及时、合理地履行保险赔偿责任。

三是要充分发挥保险费率的价格杠杆作用,督促企业自觉做好安全生产工作。实行与被保险企业的安全生产基础设施条件、技术管理水平及以往事故记录等相结合的费率浮动机制。有条件的要建立事故统计数据库,实现业务的精细化管理。

四是要诚信经营,做好理赔服务工作。事故发生后,要积极配合相关部门参与对事故的调查、救援和处置工作,及时核定损失和支付赔款,更好地发挥保险业保障经济、造福于民的作用。

各省级安全生产监督管理局、保监局要认真贯彻落实本意见精神,及时转发辖区内生产企业和保险企业,研究制定具体实施方案。在落实过程中如遇到问题,请及时向安全监管总局和中国保监会报告。

二〇〇六年九月二十七日

28.6.2 安全生产责任保险指导意见文件

关于在高危行业推进安全生产责任保险的指导意见

安监总政法〔2009〕137号

各省、自治区、直辖市及新疆生产建设兵团安全生产监督管理局,各省级煤矿安全监察机构,总局和煤矿安监局机关各司局、应急指挥中心,各直属事业单位、社团组织:

党中央、国务院高度重视安全生产,近年来采取了一系列重大措施加强安全生产工作,使全国安全生产状况呈现逐年好转的态势。但是,煤矿、非煤矿山、危险化学品、烟花爆竹、道路交通、建筑施工等高危行业生产安全事故仍然居高不下,重特大事故时有发生,给人民生命财产安全造成重大损失。有效预防生产安全事故,化解事故风险,仍是当前一项十分重要而紧迫的任务。充分发挥保险在促进安全生产中的经济补偿和社会管理功能,对于加强安全生产管理、促进安全生产形势稳定好转具有十分重要的意义。

安全生产责任保险是在综合分析研究工伤社会保险、各种商业保险利弊的基础上,借鉴国际上一些国家通行的做法和经验,提出来的一种带有一定公益性质、采取政府推动、立法强制实施、由商业保险机构专业化运营的新的保险险种和制度。它的特点是强调各方主动参与事故预防,积极发挥保险机构的社会责任和社会管理功能,运用行业的差别费率和企业的浮动费率以及预防费用机制,实现安全与保险的良性互动。推进安全生产责任保险的目的是将保险的风险管理职能引入安全生产监管体系，实现风险专业化管理与安全监管监察工作的有机结合，通过强化事前风险防范，最终减少事故发生，促进安全生产，提高安全生产突发事件的应对处置能力。

为了更好地贯彻《国务院关于保险业改革发展的若干意见》（国发［2006］23号）精神，有效推进安全生产责任保险，充分发挥保险机制在加强安全生产工作中的重要作用，在各地探索实践的基础上，提出以下指导意见：

一、充分认识推进安全生产责任保险的重要意义

实现安全生产形势持续稳定好转必须坚持综合治理，充分调动和发挥一切有利于加强安全生产工作的因素，从不同层面加大工作力度，这是安全生产方针和建立安全生产长效机制、实现长治久安的基本要求。在安全生产领域引入保险制度，特别是高危行业推进安全生产责任保险，是安全生产工作综合治理的一项重要措施，在国际上被证明是一种行之有效的做法。

一是有助于发挥保险的社会管理功能，促进安全防范措施的落实，降低生产安全事故的发生概率。保险机构与投保单位签订了保险合同以后，就与企业一起共同构成了风险共担的关系主体，他们出于对各自利益的考虑，必须要采取一些措施，加强对企业安全生产的监督，以期减少事故、减少赔偿。同时，企业引入保险机制后，就能给本单位引入一个从自身利益出发、关注企业安全生产的市场主体，有利于防范生产安全事故的发生。

二是有利于形成企业安全生产自我约束机制，提高企业员工的安全意识。保险公司为了降低事故赔偿，通常会设计一些激励约束相兼容的制度条款来调动企业加强安全管理的积极性，提高企业管理人员做好安全生产工作的责任心。同时，由于保险公司为了减少安全事故的发生，往往会主动宣传安全生产工作，有利于广大从业人员提高安全意识，采取正确的安全生产方式。

三是能够保证生产安全事故发生后补偿损失的资金来源，减轻政府的负担。生产安全事故发生后，尤其是中小企业发生重大、特别重大生产安全事故后，政府要及时组织抢险和救援，并介入善后工作，保证受难者家属能够得到一定的经济补偿。引入保险机制后，可事先通过保费的形式，将各生产经营单位的资金集中起来，在事故发生后，保险机构在承保范围内提供补偿。这样通过引入保险机制，提供了一条新的弥补损失的资金来源，能有效减轻政府的财政负担。

二、推进安全生产责任险的指导思想和基本原则

指导思想：以科学发展观为指导，坚持安全发展理念和"安全第一、预防为主、综合治理"方针，从建立安全生产长效机制出发，采取政府推动和市场化运作相结合的方式，在高危行业积极推进安全生产责任保险，充分利用保险的风险控制和社会管理功能，加强事故预防和安全管理，建立安全监管部门、保险机构、企业和职工个人多方共赢互动的激励约束机制，有效促进安全生产状况的持续改善和安全生产形势的稳定好转，最终实现根本好转。

基本原则：

（一）坚持立法强制和政策引导相结合。在煤矿、非煤矿山、危险化学品、烟花爆竹等行业推进安全生产责任保险的同时，积极争取通过立法的形式，强制推行。在税收、资金、目标责任考核、行业发展战略等方面，研究制定一些有利于企业积极投保安全生产责

任保险的政策，引导企业积极投保。

（二）坚持政府推动和市场化运作相结合。政府有关部门通过行政手段积极组织、沟通、协调保险机构和高危行业生产经营单位，设计适合行业和地方需要的安全生产责任保险产品和条款，建立健全责任保险服务体系，共同推进安全生产责任保险的开展。在运行中充分尊重保险公司与投保单位的意愿，实行市场化双向选择，逐步达到保险公司与投保单位互利共赢的局面。

（三）坚持不过多增加企业负担。在充分测算企业安全生产投入、事故损失、风险抵押金等各项安全生产费用开支的基础上，合理确定安全生产责任保险费率和保险水平，让企业真正感到没有过多增加经济负担，并能享受投保安全生产责任保险所带来的实惠。

（四）坚持试点先行，以点带面，全面推动。要把推动安全生产责任保险作为一项重要工作来抓。通过确定试点地区、行业，加大工作力度，及时总结经验，在试点的基础上在高危行业逐步推开。

三、处理好推进安全生产责任保险中一些重点问题

（一）参保企业及保险范围。原则上要求煤矿、非煤矿山、危险化学品、烟花爆竹、公共聚集场所等高危及重点行业推进安全生产责任保险。保险范围主要是事故死亡人员和伤残人员的经济赔偿、事故应急救援和善后处理费用。对伤残人员的赔偿，可参考有关部门鉴定的伤残等级确定不同的赔付标准，并在保险产品合同中载明。

（二）保额的确定与调整。由各省（区、市）根据本地区的经济发展水平和安全生产实际状况分别制定统一的保额标准。目前，原则上保额的低限不得小于 20 万元/人。

（三）费率的确定与浮动。首次安全生产责任保险的费率可以根据本地区确定的保额标准和本地区、行业前 3 年生产安全事故死亡、伤残的平均人数进行科学测算。各地区、行业安全生产责任保险的费率根据上年安全生产状况实行一年浮动一次。具体费率执行标准及费率浮动办法由省级安全监管部门和煤矿安全监察机构会同有关保险机构共同研究制定。

（四）处理好安全生产责任保险与风险抵押金的关系。安全生产风险抵押金是安全生产责任保险的一种初级形式，在推进安全生产责任保险时，要按照国务院国发〔2006〕23号文件要求继续完善这项制度。原则上企业可以在购买安全生产责任保险与缴纳风险抵押金中任选其一。已缴纳风险抵押金的企业可以在企业自愿的情况下，将风险抵押金转换成安全生产责任保险。未缴纳安全生产风险抵押金的企业，如果购买了安全生产责任保险，可不再缴纳安全生产风险抵押金。

（五）有关保险险种的调整与转换。安全生产责任保险与工伤社会保险是并行关系，是对工伤社会保险的必要补充。安全生产责任保险与意外伤害保险、雇主责任保险等其他险种是替代关系。生产经营单位已购买意外伤害保险、雇主责任保险等其他险种的，可以通过与保险公司协商，适时调整为安全生产责任保险，或到期自动终止，转投安全生产责任保险。

（六）发挥中介机构的作用。在推进安全生产责任保险工作中，可以根据需要选择保险经纪公司代理保险的投保、赔付、参与事故预防工作等相关事宜。鼓励选择有实力、有信誉、有良好服务水平的保险经纪公司代理保险业务，发挥保险经纪公司专业化服务的作用。

(七)保险公司和保险经纪公司的准入。安全生产责任保险是一项新的制度和险种,涉及的领域多、范围广,社会敏感性大,有的事故赔付额度巨大,必须选择有条件的保险公司、保险经纪公司进行投保。国家安全监管总局将组织有关专家对申请办理安全生产责任保险的保险机构资质进行审核,并公布审核结果。已经选择保险机构开展投保业务的地区,省级安全监管部门、煤矿安全监察机构要将选择情况报国家安全监管总局备案。

(八)加大在煤炭行业推进安全生产责任保险力度,并逐步推广到其他高危行业。煤炭行业作为一个危险性较大的特殊行业,推进安全生产责任保险有较好的基础和成功的经验。依据有关法律法规和国务院有关规定,在煤炭行业推进安全生产责任保险,各方面的条件比较成熟,应采取有效措施,加大力度,积极推进。非煤矿山、建筑施工、危险化学品、烟花爆竹等高危行业也要积极推进安全生产责任保险。

四、推进安全生产责任保险工作的基本要求

(一)加强对推进安全生产责任保险工作的组织领导。各省级安全监管部门、煤矿安全监察机构要把在高危行业推进安全生产责任保险作为一项重要工作来抓,有条件的地区可以确定3~5个市先行试点,积累经验。推进安全生产责任保险是一项复杂的工作,关系到各方利益的调整,不仅涉及面宽,而且政策性强,必须加强政府对推进安全生产责任保险工作的领导,及时研究解决工作进程中遇到的各种困难和问题。安全监管部门、煤矿安全监察机构要加强与保险监管部门的密切合作,建立沟通和协调机制,履行好自身的职责,共同做好推进安全生产责任保险工作,对于好的做法和经验及时组织推动和交流。

(二)加强政策研究,完善工作机制。要深入开展在安全生产领域引入保险机制的理论和政策研究,并结合实际,研究解决投保安全生产责任保险实际运行过程中出现的矛盾和问题。通过深入的研究,为安全生产领域引入保险机制提供政策支持。

(三)把事故预防作为推进安全生产责任保险工作的重点。事前预防是安全生产工作的首要任务和价值所在。保险机构应加大安全生产的预防性投入,主动开展公益性、社会性的安全生产宣传教育培训和安全文化建设,以增强从业人员和社会公众的安全意识,实施超前预防,从而减少事故、降低赔付,实现保险机构的经济效益与社会效益的统一。

(四)建立安全生产与保险业良性互动机制。借鉴国内外在安全生产领域引入商业保险的做法和经验,不断开发、完善适合于我国不同高危行业的安全生产责任保险产品,逐步形成服务于安全生产的专业化产品体系。进一步强化保险的社会辅助管理功能,逐步实现保险业由单一产品营销服务模式,向服务安全生产的安全评价、风险预警和控制、应急救援、事故评估等多功能职能模式转变,为促进安全生产形势持续稳定好转做出贡献。

(五)加大宣传力度,营造有利的舆论环境。要采取多种形式,加大宣传力度,提高有关方面及全社会的认知、认同感,提高安全保险意识,使推进安全生产责任保险工作在全社会形成广泛共识,营造一个良好的氛围。

各级安全监管部门、煤矿安全监察机构,各有关生产经营单位要站在科学发展、安全发展、构建社会主义和谐社会的高度,充分认识推进安全生产责任保险对加强安全生产工作、促进安全生产形势稳定好转的重要意义。要切实加强领导,认真研究制定推进本地区安全生产责任保险工作方案,采取有力措施,并抓好落实,力争使这项工作取得新的突破,为实现全国安全生产形势的持续稳定好转,最终实现根本好转做出贡献。

国家安全生产监督管理总局
二〇〇九年七月二十日

28.7　建设工程担保制度行政文件

关于在建设工程项目中进一步推行工程担保制度的意见
(建市〔2006〕326号)

各省、自治区建设厅,直辖市建委,计划单列市建委(建设局),新疆生产建设兵团建设局,总后营房部工程管理局:

为进一步推行工程担保制度,我们制定了《关于在建设工程项目中进一步推行工程担保制度的意见》。现将《关于在建设工程项目中进一步推行工程担保制度的意见》印发给你们,请结合本地实际贯彻。

中华人民共和国建设部
二〇〇六年十二月七日

关于在建设工程项目中进一步推行工程担保制度的意见

推行工程担保制度是规范建筑市场秩序的一项重要举措,对规范工程承发包交易行为,防范和化解工程风险,遏制拖欠工程款和农民工工资,保证工程质量和安全等具有重要作用。建设部于2004年8月和2005年5月分别印发了《关于在房地产开发项目中推行工程建设合同担保的若干规定(试行)》(建市〔2004〕137号)和《工程担保合同示范文本》,并在部分试点城市取得了经验。为了进一步推行工程担保制度,现提出如下意见。

一、充分认识推行工程担保制度的意义,明确目标和原则

1. 工程担保是指在工程建设活动中,由保证人向合同一方当事人(受益人)提供的,保证合同另一方当事人(被保证人)履行合同义务的担保行为,在被保证人不履行合同义务时,由保证人代为履行或承担代偿责任。引入工程担保机制,增加合同履行的责任主体,根据企业实力和信誉的不同实行有差别的担保,用市场手段加大违约失信的成本和惩戒力度,使工程建设各方主体行为更加规范透明,有利于转变建筑市场监管方式,有利于促进建筑市场优胜劣汰,有利于推动建设领域治理商业贿赂工作。

2. 工作目标:2007年6月份前,省会城市和计划单列市在房地产开发项目中推行试点;2008年年底前,全国地级以上城市在房地产开发项目中推行工程担保制度试点,有条件的地方可根据本地实际扩大推行范围;到2010年,工程担保制度应具备较为完善的法律法规体系、信用管理体系、风险控制体系和行业自律机制。

3. 基本原则:借鉴国际经验,结合中国国情,坚持促进发展与防范风险相结合,政府推进与行业自律相结合,政策性引导与市场化操作相结合,培育市场与扶优限劣相结合。发挥市场机制作用,结合信用体系建设,调动各方积极性,积极推行工程担保制度。

二、积极稳妥推进工程担保试点工作

1. 近几年来，一些地方在建立和推行工程担保制度方面开展了有成效的工作。2005年10月，建设部确定天津、深圳、厦门、青岛、成都、杭州、常州七城市作为推行工程担保试点城市，为进一步推行工程担保制度积累了经验。各省、自治区、直辖市建设行政主管部门应在2007年3月底前确定本地区的工程担保试点城市或试点项目。

2. 各地要针对推行工程担保制度过程中存在的问题，如相关法律法规滞后，工程担保市场监管有待加强，专业化担保机构发育不成熟，工程担保行为不规范等，加强调查研究，及时总结经验，根据相关法律法规和本地区的实际情况，制定本地区实施工程担保制度的相关管理规定，推动地方工程担保制度的实施。

3. 工程建设合同造价在1000万元以上的房地产开发项目（包括新建、改建、扩建的项目），施工单位应当提供以建设单位为受益人的承包商履约担保，建设单位应当提供以施工单位为受益人的业主工程款支付担保。不按照规定提供担保的，地方建设行政主管部门应当要求其改正，并作为不良行为记录记入建设行业信用信息系统。其他工程担保品种除了另有规定外，可以由建设单位、施工单位自行选择实行。除了《关于在房地产开发项目中推行工程建设合同担保的若干规定（试行）》中所规定的投标担保、承包商履约担保、业主工程款支付担保、承包商付款担保四个担保品种外，各地还应积极鼓励开展符合建筑市场需要的其他类型的工程担保品种，如预付款担保、分包履约担保、保修金担保等。

三、加强工程担保市场监管

1. 《关于在房地产开发项目中推行工程建设合同担保的若干规定（试行）》已经明确："国务院建设行政主管部门负责对工程建设合同的担保工作实行统一监督管理，县级以上地方人民政府建设行政主管部门负责对本行政区域内的工程建设合同担保进行监督管理。"各级建设行政主管部门要落实责任，明确目标，加大工作力度，积极稳妥推进工程担保制度。

2. 提供工程担保的保证人可以是在中华人民共和国境内注册的有资格的银行、专业担保公司、保险公司。专业担保公司应当具有与当地行政区域内的银行签订的合作协议，并取得银行一定额度的授信，或根据中国银行业监督管理委员会的规定具备与银行开展授信业务的条件。银行、专业担保公司、保险公司从事工程担保应当遵守相关法律法规和建设行政主管部门的有关规定。

3. 专业担保公司从事工程担保业务应符合资金规模和人员结构的要求，并在地方建设行政主管部门进行备案。专业担保公司开展工程担保业务应向地方建设行政主管部门报送反映其经营状况及相关资信的材料。地方建设行政主管部门应当根据本地区的实际情况，引导市场主体在工程建设活动中，要求具有与其所担保工程相适应的自有资金、专业人员的专业担保公司提供担保。

4. 已开展工程担保的地区应当尽快建立对专业担保公司资信和担保能力的评价体系，使专业担保公司的信用信息在行业内公开化，以利于当事人对其选择和发挥行业与社会的监督作用。

5. 担保金额是指担保主合同的标的金额，担保余额是指某时点上已发生且尚未解除担保责任的金额，担保代偿是指保证人按照约定为债务人代为清偿债务的行为，再担保是指再担保人为保证人承保的担保业务提供全部保证或部分保证责任的担保行为。

6. 专业担保机构的担保余额一般应控制在该公司上一年度末净资产的 10 倍，单笔履约担保的担保金额不得超过该公司上一年度末净资产的 50%，单笔业主工程款支付担保的担保金额不得超过该公司上一年度末净资产的 20%。

7. 要尽快建立工程担保信息调查分析系统，便于对保证人的数量、市场份额、担保代偿情况、担保余额和保函的查询、统计和管理工作，担保余额超出担保能力的专业担保机构限制其出具保函或要求其做出联保、再担保等安排。

8. 工程担保监管措施完善的地方，在工程担保可以提交银行保函、专业担保公司或保险公司保函的情况下，应由被保证人自主选择其担保方式，但其提交的担保必须符合有关规定。使用外资建设的项目，投资人对工程担保有专门要求的除外。

9. 各地建设行政主管部门可以根据本地区的实际情况，制定合理的担保费率的最低限额，避免出现恶性竞争影响担保行业的健康发展。

四、规范工程担保行为

1. 地方建设行政主管部门可以参考建设部颁发的工程担保合同示范文本，制定本地区统一使用的工程担保合同或保函格式文本。

2. 保证人提供的保证方式应当是连带责任保证。保证人应当建立健全对被保证人和项目的保前评审、保后服务和风险监控制度，加强内部管理，规范经营。保证人对于承保的施工项目，应当有效地进行保后风险监控工作，定期出具保后跟踪调查报告。

3. 在保函有效期截止前 30 日，被保证人合同义务尚未实际履行完毕的，保证人应当对被保证人作出续保的提示，被保证人应当及时提交续保保函。被保证人在保函有效期截止日前未提交续保保函的，建设行政主管部门将该行为记入建设行业信用信息系统，并可以按照有关规定予以处理。

4. 工程担保保函应为不可撤销保函，在保函约定的有效期届满之前，除因主合同终止执行外，保证人、被保证人和受益人都不得以任何理由撤保。

5. 保证人要求被保证人提供第三方反担保的，该反担保人不得为受益人或受益人的关联企业。

6. 工程建设单位依承包商履约保函向保证人提出索赔之前，应当书面通知施工单位，说明导致索赔的原因，并向保证人提供项目总监理工程师及其监理单位对索赔理由的书面确认。项目总监理工程师及其监理单位应当在承发包合同约定的时间内对建设单位的索赔理由进行核实并作出相应的处理。施工单位依业主工程款支付保函向保证人提出索赔之前，应当书面通知建设单位和保证人，说明导致索赔的原因。建设单位应当在 14d 内向保证人提供能够证明工程款已按约定支付或工程款不应支付的有关证据，否则保证人应该在担保额度内予以代偿。

五、实行保函集中保管制度

1. 地方建设行政主管部门可以实行保函集中保管制度。建设行政主管部门可以委托建设工程交易服务中心或相关单位具体实施保函保管、工程担保信息的统计分析工作以及对索赔处理的监管。

2. 建设单位在申办建设工程施工许可证前，应当将施工单位提供的承包商履约保函原件和建设单位提供的业主工程款支付保函原件提交建设行政主管部门或其委托单位保管。工程投标担保提倡以保函形式提交，把投标保函纳入集中保管的范围。实行分段滚动担保的,应将涵盖各阶段保证责任的保函原件分阶段提交建设行政主管部门或其委托单位保管。

3. 建设行政主管部门或其委托单位应当对保函的合规性(包括保证人主体的合规性和保函条件的合规性等)进行审核,发现保函不合规的,不予收存。建设行政主管部门或其委托单位对保函的真实性不承担责任,但有权对保函的真实性进行核查。建设单位、施工单位提供虚假担保资料或虚假保函的,建设行政主管部门将该行为记入建设行业信用信息系统,并可以根据相关规定给予处分。

4. 在保函约定的有效期内发生索赔时,索赔方可凭索赔文件到建设行政主管部门或其委托单位取回被索赔方的保函原件,向保证人提起索赔。经索赔后,如被索赔方的主合同义务尚未履行完毕,索赔方应当将被索赔方的保函原件交回建设行政主管部门或其委托单位保管;如被索赔方的保函金额已不足以保证主合同继续履行的,索赔方应当要求被索赔方续保,并将续保的保函原件送交建设行政主管部门或其委托单位保管。

5. 工程建设单位、施工单位的主合同义务已实际履行完毕,应当分别凭施工单位出具的工程款支付情况证明或工程竣工验收证明文件以及由建设行政主管部门出具的保函收讫证明原件,由保函受益人到建设行政主管部门或其委托单位分别取回保函原件,退回保证人。

6. 在保函有效期届满前,建设工程因故中止施工三个月以上,或建设工程未完工但工程承包合同解除,需要解除担保责任的,工程建设单位、施工单位经协商一致,应当凭双方中止施工的协议、中止施工的情况说明或合同解除备案证明,到建设行政主管部门或其委托单位取回保函原件,办理解除担保手续,恢复施工前应当按规定重新办理担保手续。

7. 建设行政主管部门或其委托单位应当建立保证人工程担保余额台账,进行有关信息的统计和管理工作,建立相应的数据库,为保证人的担保余额、保函的查询提供方便条件。

六、加快信用体系建设

1. 各地要按照建设部《关于加快推进建筑市场信用体系建设工作的意见》、《建筑市场诚信行为信息管理试行办法》和《全国建筑市场责任主体不良行为记录基本标准》等有关规定,加快建筑市场信用体系建设,为推行工程担保制度提供支持。

2. 保证人可依据建筑市场主体在资质、经营管理、安全与文明施工、质量管理和社会责任等方面的信用信息,实施担保费率差别化制度。对于资信良好的建设单位、施工单位,应当适当降低承保条件,实现市场奖优罚劣的功能。

3. 保证人在工程担保业务活动中存在以下情况的,应记入建筑市场信用信息系统,并作为不良行为记录予以公布,情节严重的,应禁止其开展工程担保业务:

(1) 超出担保能力从事工程担保业务的;

(2) 虚假注册、虚增注册资本金或抽逃资本金的;

(3) 擅自挪用被保证人保证金的;

(4) 违反约定,拖延或拒绝承担保证责任的;

(5) 在保函备案时制造虚假资料或提供虚假信息的;

(6) 撤保或变相撤保的;

（7）安排受益人和被保证人互保的；
（8）恶意压低担保收费，进行不正当竞争的；
（9）不进行风险预控和保后风险监控的；
（10）其他违反法律、法规规定的行为。

七、加强行业自律、宣传培训和专题研究

1. 建设行政主管部门、行业自律组织应积极宣传、介绍工程担保制度，开展有关的培训工作，特别应当注重对专业担保公司从业人员的培训，有条件的地方可以组织专业担保公司从业人员进行专业性的考核。

2. 建设行政主管部门、行业自律组织、有关科研机构应加强对工程担保推行情况的调研工作，进一步深化对工程担保品种、模式的研究，及时总结实践经验，设计切实可行的担保品种，推广有效的工程担保模式，促进工程担保制度健康发展。

第 29 章 建设工程责任保险有关条款

29.1 建设工程勘察设计责任保险条款

29.1.1 年度设计保险条款

中国人民保险公司建设工程设计责任保险条款
（1999 年 10 月已报经中国保险监督管理委员会核准备案）

保 险 对 象

第一条 凡经国家建设行政主管部门批准，取得相应资质证书并经工商行政管理部门注册登记依法成立的建设工程设计单位，均可作为被保险人。

保 险 责 任

第二条 被保险人在本保险单明细表中列明的追溯期或保险期限内，在中华人民共和国境内（港、澳、台地区除外）完成设计的建设工程，由于设计的疏忽或过失而引发的工程质量事故造成下列损失或费用，依法应由被保险人承担经济赔偿责任的，在本保险期限内，由该委托人首次向被保险人提出赔偿要求并经被保险人向保险人提出索赔申请时，保险人负责赔偿：

（一）建设工程本身的物质损失；

（二）第三者人身伤害和财产损失。

事先经保险人书面同意的诉讼费用，保险人负责赔偿。但此项费用与上述第（一）、（二）项的每次索赔赔偿总金额不得超过本保险单明细表中列明的每次索赔赔偿限额。

发生保险责任事故后，被保险人为缩小或减少对委托人的经济赔偿责任所支付的必要的、合理的费用，保险人负责赔偿。

责 任 免 除

第三条 下列原因造成的损失、费用和责任，保险人不负责赔偿：

（一）被保险人及其代表的故意行为；

（二）战争、敌对行为、军事行为、武装冲突、罢工、骚乱、暴动、盗窃、抢劫；

（三）政府有关当局的行政行为或执法行为；

（四）核反应、核子辐射和放射性污染；

（五）地震、雷击、暴雨、洪水等自然灾害；

（六）火灾、爆炸。

第四条 下列原因造成的损失、费用和责任，保险人也不负责赔偿：

（一）委托人提供的账册、文件或其他资料的损毁、灭失、盗窃、抢劫、丢失；

（二）他人冒用被保险人或与被保险人签订劳动合同的人员的名义设计的工程；

（三）被保险人将工程设计任务转让、委托给其他单位或个人完成的；
（四）被保险人承接超越国家规定的资质等级许可范围的工程设计业务；
（五）被保险人的注册人员超越国家规定的执业范围执行业务；
（六）未按国家规定的建设程序进行工程设计；
（七）委托人提供的工程测量图、地质勘察等资料存在的错误。

第五条　被保险人的下列损失、费用和责任，保险人不负责赔偿：
（一）由于设计错误引起的停产、减产等间接经济损失；
（二）因被保险人延误交付设计文件所致的任何后果损失；
（三）被保险人在本保险单明细表中列明的追溯期起始日之前执行工程设计业务所致的赔偿责任；
（四）未与被保险人签订劳动合同的人员签名出具的施工图纸引起的任何索赔；
（五）被保险人或其雇员的人身伤亡及其所有或管理的财产的损失；
（六）被保险人对委托人的精神损害；
（七）罚款、罚金、惩罚性赔款或违约金；
（八）因勘察而引起的任何索赔；
（九）被保险人与他人签订协议所约定的责任；但依照法律规定应由被保险人承担的不在此列；
（十）直接或间接由于计算机2000年问题引起的损失；
（十一）本保险单明细表或有关条款中规定的应由被保险人自行负担的每次索赔免赔额。

第六条　其他不属于本保险责任范围的一切损失、费用和责任；保险人不负责赔偿。

被保险人义务

第七条　被保险人应履行如实告知义务，提供与其签订劳动合同的工程设计人员名单，并如实回答保险人就有关情况提出的询问。

第八条　被保险人应按约定如期缴付保险费，未按约定缴付保险费的，保险人不承担赔偿责任。

第九条　在本保险期限内，保险重要事项变更或保险标的危险程度增加的，被保险人应及时书面通知保险人，保险人应办理批改手续或增收保险费。

第十条　发生本保险责任范围内的事故时；被保险人应尽力采取必要的措施，缩小或减少损失；立即通知保险人，并书面说明事故发生的原因、经过和损失程度。否则，对扩大部分的赔偿责任保险人不负责赔偿。

第十一条　被保险人获悉可能引起诉讼时；应立即以书面形式通知保险人；接到法院传票或其他法律文书后；应及时送交保险人。

第十二条　被保险人应遵守政府有关部门制定的各项规定，采取合理的预防措施，减少建设工程设计事故和建设工程设计差错的发生。

第十三条　本保险期限届满时，被保险人应如实将在本保险期限内已完成设计任务的所有建设工程的《建设工程设计合同》和设计文件副本送交保险人。对未通知保险人的建设工程，一旦发生工程质量事故，保险人不负责赔偿。

第十四条　被保险人如果不履行第七条至第十三条规定的各项义务，保险人不负责赔偿责任，或从解约通知书送达 15 日后终止本保险。

赔 偿 处 理

第十五条　建设工程发生损失后，应由政府建设行政主管部门按照国家有关建设工程质量事故调查处理的规定作出鉴定结果。

第十六条　发生保险责任事故时，未经保险人书面同意，被保险人或其代表自行对索赔方作出的任何承诺、拒绝、出价、约定、付款或赔偿，保险人均不承担责任。必要时，保险人可以被保险人的名义对诉讼进行抗辩或处理有关索赔事宜。

第十七条　保险人对被保险人每次索赔的赔偿金额以法院或政府有关部门依法裁定的或经双方当事人及保险人协商确定的应由被保险人偿付的金额为准，但不得超过本保险单明细表中列明的每次索赔赔偿限额及所含人身伤亡每人赔偿限额。在本保险期限内，保险人对被保险人多次索赔的累计赔偿金额不得超过本保险单明细表中列明的累计赔偿限额。

第十八条　保险人根据上述第二条的规定，对每次索赔中被保险人为缩小或减少对委托人的经济赔偿责任所支付的必要的、合理的费用及事先经保险人书面同意支付的诉讼费用予以赔偿。

第十九条　被保险人向保险人申请赔偿时，应提交保险单正本、《建设工程设计合同》和设计文件正本、发图单、工程设计人员与被保险人签订的劳动合同、索赔报告、事故证明或鉴定书、损失清单、裁决书及其他必要的证明损失性质、原因和程度的单证材料。

第二十条　必要时，保险人有权以被保险人的名义向有关责任方提出索赔要求。未经保险人书面同意，被保险人自行接受有关责任方就有关损失作出的付款或赔偿安排或放弃向有关责任方索赔的权利，保险人可以不负赔偿责任或解除本保险。

第二十一条　发生本保险责任范围内的损失，应由有关责任方负责赔偿的，被保险人应采取一切必要的措施向有关责任方索赔。保险人自向被保险人赔付之日起，取得在赔偿金额范围内代位行使被保险人向有关责任方请求赔偿的权利。在保险人向有关责任方行使代位请求赔偿权利时任方行使代位请求赔偿权利时，被保险人应积极协助，并提供必要的文件和所知道的有关情况。

第二十二条　保险事故发生后，如被保险人有重复保险存在，保险人仅负按比例赔偿的责任。

争 议 处 理

第二十三条　合同争议解决方式由当事人在合同约定从下列两种方式中选择一种：

（一）因履行本合同发生的争议，由当事人协商解决，协商不成的，提交×××仲裁委员会仲裁；

（二）因履行本合同发生的争议，由当事人协商解决；协商不成的，依法向人民法院诉讼。

其 他 事 项

第二十四条　本保险生效后，被保险人可随时书面申请解除本保险；保险人亦可提前十五天发出书面通知解除本保险，保险费按日平均计收。

29.1.2　单项工程设计责任保险条款

中国人民财产保险股份有限公司单项设计责任保险条款

保 险 对 象

第一条 凡经国家建设行政主管部门批准，取得相应资质证书并经工商行政管理部门注册登记依法成立的建设工程设计单位，均可作为被保险人。

保 险 责 任

第二条 本保险单明细表中列明的建设工程项目，在本保险期限内，因被保险人设计的疏忽或过失，而引发的工程质量事故，造成下列损失或费用，依法应由被保险人承担的经济赔偿责任，保险人负责赔偿。

（一）建设工程本身的物质损失；

（二）第三者人身伤亡或财产损失。

（三）事先经保险人书面同意的诉讼费用。

上述第（一）、（二）和（三）项的每次索赔赔偿总金额不得超过本保险单明细表中列明的每次索赔赔偿限额。

发生保险责任事故后时，被保险人为减少对委托人的经济赔偿责任所支付的必要的、合理的费用，保险人也负责赔偿。本项费用每次索赔赔偿总金额不得超过本保险单明细表中列明的每次索赔赔偿限额。

责 任 免 除

第三条 下列原因造成的损失、费用和责任，保险人不负责赔偿：

（一）被保险人及其代表的故意行为；

（二）战争、敌对行为、军事行为、武装冲突、罢工、骚乱、暴动、盗窃、抢劫；

（三）政府有关当局的行政行为或执法行为；

（四）核反应、核子辐射和放射性污染；

（五）地震、雷击、暴雨、洪水等自然灾害；

（六）火灾、爆炸。

第四条 下列原因造成的损失、费用和责任，保险人也不负责赔偿：

（一）委托人提供的账册、文件或其他资料的损毁、灭失、盗窃、抢劫、丢失；

（二）他人冒用被保险人或与被保险人签订劳动合同的人员的名义设计的工程；

（三）被保险人将工程设计任务转让、委托给其他单位或个人完成的；

（四）被保险人承接超越国家规定的资质等级许可范围的工程设计业务；

（五）被保险人的注册人员超越国家规定的执业范围执行业务；

（六）未按国家规定的建设程序进行工程设计的；但不包括国家、市建设行政管理部门特许的重点建设项目；

（七）委托人提供的工程测量图、地质勘察等资料存在的错误。

第五条 被保险人的下列损失、费用和责任，保险人不负责赔偿：

（一）由于设计错误引起的停产、减产等间接经济损失；

（二）因被保险人延误交付设计文件所致的任何后果损失；

（三）被保险人在本保险单明细表中列明的追溯期起始日之前执行工程设计业务所致的赔偿责任；

（四）未与被保险人签订劳动合同的人员签名出具的施工图纸引起的任何索赔；

（五）被保险人或其雇员的人身伤亡及其所有或管理的财产的损失；

（六）被保险人对委托人的精神损害；

（七）罚款、罚金、惩罚性赔款或违约金；

（八）因勘察而引起的任何索赔；

（九）被保险人与他人签订协议所约定的责任；但依照法律规定应由被保险人承担的不在此列；

（十）直接或间接由于计算机2000年问题引起的损失；

（十一）本保险单明细表或有关条款中规定的应由被保险人自行负担的每次索赔免赔额。

第六条 其他不属于本保险责任范围的一切损失、费用和责任；保险人不负责赔偿。

赔偿限额

第七条 本保险合同以建设工程项目的预算金额确定每次事故赔偿限额和累积赔偿限额。（两者相等）

保险期限

第八条 本保险在被保险人设计的项目在工地动工或用于被保险人设计的工程项目的材料、设备运抵之时起，至工程验收和合格期满之日终止。但在任何情况下，本保险期限的起始和终止不得超出本保险单明晰表中开列明的保险生效日期或终止日期。除非另有约定，本保险期的期限不得超过八年。

投保人 被保险人义务

第九条 投保人应履行如实告知义务，提供与其签订劳动合同的工程设计人员名单，并如实回答保险人就有关情况提出的询问。

第十条 投保人应按约定如期缴付保险费，未按约定缴付保险费的，保险人不承担赔偿责任。

第十一条 在本保险期限内，保险重要事项变更或保险标的危险程度增加的，投保人、被保险人应及时书面通知保险人，保险人应办理批改手续或增收保险费。

第十二条 被保险人应遵守政府有关部门制定的各项规定，采取合理的预防措施，减少建设工程设计事故和建设工程设计差错的发生。

第十三条 投保时，被保险人应将该工程的《建设工程设计合同》和设计文件副本递交保险人，工程竣工验收并合格后，被保险人应将《工程验收合格证书》提供给保险人。

第十四条 发生本保险责任范围内的事故时；被保险人应尽力采取必要的措施，缩小或减少损失；立即通知保险人，并书面说明事故发生的原因、经过和损失程度。否则，对扩大部分的赔偿责任保险人不负责赔偿。

第十五条 被保险人获悉可能引起诉讼时；应立即以书面形式通知保险人；接到法院传票或其他法律文书后；应及时送交保险人。

第十六条 投保人、被保险人如果不履行第九条至第十二条、第十五条规定的任何一项义务，保险人不负赔偿责任，或从解约通知书送达投保人时解除保险合同。

赔偿处理

第十七条 建设工程发生损失后，应由政府建设行政主管部门按照国家有关建设工程质量事故调查处理的规定作出鉴定结果。

第十八条 发生保险责任事故时,未经保险人书面同意,被保险人或其代表自行对索赔方作出的任何承诺、拒绝、出价、约定、付款或赔偿,保险人均不承担责任。必要时,保险人可以被保险人的名义对诉讼进行抗辩或处理有关索赔事宜。

第十九条 保险人对被保险人每次索赔的赔偿金额以法院或政府有关部门依法裁定的或经双方当事人及保险人协商确定的应由被保险人偿付的金额为准,但该赔偿金额和事先经保险人书面同意的诉讼费之和,不得超过本保险单明细表中列明的每次索赔赔偿限额及所含人身伤亡每人赔偿限额。在本保险期限内,保险人对被保险人多次索赔的累计赔偿金额不得超过本保险单明细表中列明的累计赔偿限额。

第二十条 保险人对每次索赔中被保险人为缩小或减少对委托人的经济赔偿责任所支付的必要的、合理的费用,在规定的限额内予以赔偿。

第二十一条 被保险人向保险人申请赔偿时,应提交保险单正本、《建设工程设计合同》和设计文件正本、发图单、工程设计人员与被保险人签订的劳动合同、索赔报告、事故证明或鉴定书、损失清单、裁决书及其他必要的证明损失性质、原因和程度的单证材料。

第二十二条 必要时,保险人有权以被保险人的名义向有关责任方提出索赔要求。未经保险人书面同意,被保险人自行接受有关责任方就有关损失作出的付款或赔偿安排或放弃向有关责任方索赔的权利,保险人可以不负赔偿责任或解除本保险。

第二十三条 发生本保险责任范围内的损失,应由有关责任方负责赔偿的,被保险人应采取一切必要的措施向有关责任方索赔。保险人自向被保险人赔付之日起,取得在赔偿金额范围内代位行使被保险人向有关责任方请求赔偿的权利。在保险人向有关责任方行使代位请求赔偿权利时,被保险人应积极协助,并提供必要的文件和所知道的有关情况。

第二十四条 受到被保险人的赔偿请求后,保险人应及时作出核定,对属于保险责任的,保险人应在与被保险人达成有关赔偿协议后 10 日内,履行赔偿义务。

第二十五条 保险事故发生后,如被保险人有重复保险存在,保险人仅负按比例赔偿的责任。

第二十六条 被保险人请求赔偿的权利,自其知道事故发生之日起两年不行使而消灭。

争议处理

第二十七条 有关本合同争议解决方式由当事人在合同约定从下列两种方式中选择第____种:

(一)因履行本合同发生的争议,由当事人协商解决,协商不成的,提交_____仲裁委员会仲裁;

(二)因履行本合同发生的争议,由当事人协商解决;协商不成的。依法向人民法院诉讼。

第二十八条 本保险合同适用于中华人民共和国法律。

其他事项

第二十九条 本保险生效后,被保险人可随时书面申请解除本保险;保险人亦可向投保人发出解约通知书解除本保险合同,保险费按日平均计收。

29.1.3 工程勘察责任保险条款

中国人民财产保险股份有限公司建设工程勘察责任保险条款
(2002年)
保 险 对 象

第一条 凡经建设行政主管部门批准，取得相应资质并经工商行政管理部门登记注册，依法设立的建设工程勘察单位，均可作为本保险的被保险人。

保 险 责 任

第二条 被保险人在本保险单明细表中列明的保险期限或追溯期内完成勘察（出具勘察成果文件之日为完成勘察之日）的、位于中华人民共和国境内（不包括港、澳、台地区）的建设工程，由于被保险人勘察工作中的过失发生工程质量事故造成下列损失，在本保险期限内，由建设单位向被保险人首次提出索赔申请，依据中华人民共和国法律应由被保险人承担赔偿责任时，保险人根据本保险单的约定负责赔偿：

（一）建设工程本身的损坏；

（二）第三者的人身伤亡和财产损失。

第三条 下列费用，保险人也负责赔偿：

（一）仲裁或诉讼费用及事先经保险人书面同意支付的律师费用；

（二）保险责任事故发生时，被保险人为控制或减少损失所支付的必要的、合理的费用。

第四条 对于每次事故，保险人就上述第二条、第三条（一）项下的赔偿金额和第三条（二）项下的赔偿金额分别不超过本保险单明细表中列明的每次事故赔偿限额；对于每人人身伤亡，保险人的赔偿金额不超过本保险单明细表中列明的每人人身伤亡赔偿限额；在保险期限内，保险人的累计赔偿金额不超过本保险单明细表在列明的累计赔偿限额。

责 任 免 除

第五条 下列原因造成的损失、费用和责任，保险人不负责赔偿：

（一）战争、类似战争行为、敌对行为、军事行为、武装冲突、恐怖活动、罢工、骚乱、暴动；

（二）国家机关的行政行为或执法行为；

（三）核反应、核子辐射和放射性污染；

（四）地震、雷击、暴雨、洪水、台风等自然灾害；

（五）火灾、爆炸。

第六条 下列原因造成的损失、费用和责任，保险人也不负责赔偿：

（一）被保险人或其代表的故意行为；

（二）建设单位提供的资料、文件的毁损、灭失或丢失；

（三）他人冒用被保险人的名言进行工程勘察；

（四）被保险人将工程勘察业务转包或违法分包其他单位或者个人；

（五）被保险人承接超越其国家规定的资质等级许可范围的工程勘察业务；

（六）被保险人被吊销《工程勘察资质证书》后或被责令停业整顿期间继续承接工程勘察业务。

第七条　对于下列各项，保险人不负责赔偿：
（一）被保险人未签订《建设工程勘察合同》进行勘察的建设工程发生的任何损失；
（二）因被保险人延迟交付勘察成果文件所致的任何性质的损失；
（三）由于保险责任事故造成的任何性质的间接损失；
（四）被保险人或其雇员的人身伤亡及其所有或管理的财产损失；
（五）罚款、罚金、惩罚性赔款；
（六）精神损害赔偿责任；
（七）本保险单明细表或有关条款中列明的免赔额。
第八条　其他不属于保险责任范围内的损失、费用和责任，保险人不负责赔偿。

投保人、被保险人义务

第九条　投保人应履行如实告知的义务，并如实回答保险人提出的询问。

投保人故意隐瞒事实，不履行如实告知义务的，或者因过失未履行如实告知义务，足以影响保险人决定是否同意承保或者提高保险费率的，保险人有权解除保险合同。

投保人故意不履行如实告知义务的，保险人对于保险合同解除前发生的保险事故，不承担赔偿或者给付保险金的责任，并不退还保险费。

投保人因过失未履行如实告知义务，对保险事故的发生有严重影响的，保险人对于保险合同解除前发生的保险事故，不承担赔偿或者给付保险金的责任，但可以退还保险费。

第十条　投保人应按照本保险单明细表中列明的交费日期一次性交清全部保险费。

第十一条　在本保险期限内，保险单明细表中列明的事项发生变更的，被保险人应及时书面通知保险人。

第十二条　被保险人获悉索赔方可能会向法院提起诉讼时，或在接到法院传票或其他法律文书后，应立即以书面形式通知保险人。

第十三条　发生本保险责任范围内的事故时，被保险人应采取必要的措施，控制或减少损失；立即通知保险人，并书面说明事故发生的原因、经过和损失程度。

第十四条　被保险人应遵守国家及政府有关部门制定的相关法律、法规及规定，加强管理，采取合理的预防措施，尽力避免或减少工程勘察责任事故的发生。

第十五条　本保险期限届满时，被保险人应将在本保险期限内签订的所有《建设工程勘察合同》的副本送保险人备案。

第十六条　投保人或被保险人如果不履行上述第十条至第十五条约定的各自应尽的任何一项义务，保险人均有权不承担赔偿责任，或从解约通知书送达投保人时解除本保险合同。

赔偿处理

第十七条　发生保险责任范围内的事故时，未经保险人书面同意，被保险人或其代表对索赔方不得作出任何承诺、拒绝、出价、约定、付款或赔偿。必要时，保险人可以被保险人的名义对仲裁或诉讼进行抗辩或处理有关索赔事宜。

第十八条　由被保险人勘察的建设工程发生工程质量事故的，保险人以中华人民共和国人民法院判决的、仲裁机构裁决的或政府建设行政主管部门裁定的应由被保险人承担的赔偿责任作为赔偿的依据。

第十九条　被保险人向保险人申请赔偿时，应提交保险单正本、索赔申请、损失清单、证明事故责任人与被保险人存在雇佣关系的证明材料、事故责任人的执业资格证书、赔偿责任认定文件、与委托人签订的《建设工程勘察合同》正本以及其他必要的有效单证材料。

第二十条 发生本保险责任范围内的损失，应由有关责任方负责赔偿的，被保险人应立即以书面形式向该责任方提出索赔，并积极采取措施向该责任方进行索赔。保险人自向被保险人赔付之日起，取得在赔偿金额范围内代位追偿的权利。保险人向有关责任方行使代位追偿时，被保险人应当积极协助，并提供必要的文件和有关情况。

第二十一条 收到被保险人的赔偿请求后，保险人应及时做出核定，对属于保险责任的，保险人应在与被保险人达成有关赔偿协议后10日内，履行赔偿义务。

第二十二条 保险人进行赔偿后，累计赔偿限额应相应减少。被保险从需增加时，应补交保险费，由保险人出具批单批注。应补交的保险费为：原保险费×保险事故发生日至保险期限终止日之间的天数/保险期限（d）×增加的累计赔偿/原累计赔偿限额。

第二十三条 本保险单负责赔偿损失、费用或责任时，若另有其他保障相同的保险存在，不论是否由被保险人或他人以其名义投保，也不论该保险赔偿与否，本保险单仅负责按比例分摊赔偿的责任。其他保险人应承担的赔偿份额，本保险人不负责垫付。

第二十四条 被保险人对人保险人请求赔偿的权利，自其知道保险事故发生之日起二年不行使而消灭。

争 议 处 理

第二十五条 本保险合同的争议解决方式由投保人、被保险人与保险人从下列两种方式选择一种，并列明于本保险单明细表中：

（一）因履行本保险合同发生争议，由投保人、被保险人与保险人协商解决。协商不成的，提交仲裁委员会仲裁；

（二）因履行本保险合同发生争议，由投保人、被保险人与保险人协商解决。协商不成的，依法向人民法院起诉。

第二十六条 本保险合同的争议处理适用中华人民共和国法律。

其 他 事 项

第二十七条 本保险合同生效后，投保人可随时书面申请解除本保险合同，保险人亦可提前15日向投保人发出解约通知书解除本保险合同，保险费按日平均计收。

29.2 建筑工程质量责任保险条款

29.2.1 工程质量责任保险主险条款

中国人民保险公司建筑工程质量保险条款
总 则

第一条 本保险合同由保险条款、保险单、保险凭证、批单及投保单组成。凡涉及本保险合同的约定，均应采用书面形式。

第二条 凡获得国家或当地建设主管部门资质认可的建筑开发商均可作为本保险合同的投保人，于工程开工前就其开发的住宅商品房及写字楼工程（以下简称建筑物）投保本保险。

第三条 对上述建筑物具有所有权的自然人、法人或其他组织为本保险合同的被保险人。

保 险 责 任

第四条 本保险合同中载明的、由投保人开发的建筑物，按规定的建设程序竣工验收合格满一年后，经保险人指定的建筑工程质量检查控制机构检查通过，在正常使用条件下，因潜在缺陷在保险期间内发生下列质量事故造成建筑物的损坏，经被保险人向保险人提出索赔申请，保险人按照本保险合同的约定负责赔偿修理、加固或重置的费用：

（一）整体或局部倒塌；

（二）地基产生超出设计规范允许的不均匀沉降；

（三）阳台、雨篷、挑檐等悬挑构件坍塌或出现影响使用安全的裂缝、破损、断裂；

（四）主体结构部位出现影响结构安全的裂缝、变形、破损、断裂。

正常使用：指按照建筑物的原设计条件使用，包括但不限于：（1）不改变建筑物主体结构；（2）不改变使用用途；（3）不超过设计荷载。

潜在缺陷：指在竣工验收合格满一年后，保险人指定的建筑工程质量检查控制机构检查时未能发现的引起建筑物损坏的缺陷，包括勘察缺陷、设计缺陷、施工缺陷和建筑材料缺陷。

建筑物的损坏：指投保人交付给被保险人的建筑物出现结构损坏或渗漏。投保人交付时的建筑物包含装修、设备、设施的，该装修、设备、设施因前述结构损坏或渗漏造成的损坏，也在建筑物的损坏范围内。

主体结构部位：指建筑物的基础、墙体、柱、梁、楼盖、屋盖等。

修理、加固费用：包括材料费、人工费、专家费、残骸清理费等必要、合理的费用。

责 任 免 除

第五条 下列原因造成建筑物的损坏，保险人不负责赔偿：

（一）投保人、被保险人的故意行为；

（二）战争、敌对行动、军事行动、武装冲突、罢工、骚乱、暴动、恐怖活动；

（三）行政行为或司法行为；

（四）被保险人使用不当或改动结构、设备位置和原防水措施；

（五）核辐射、核裂变、核聚变、核污染及其他放射性污染；

（六）雷电、暴风、台风、龙卷风、暴雨、洪水、雪灾、海啸、地震、崖崩、滑坡、泥石流、地面塌陷等自然灾害；

（七）火灾、爆炸；

（八）外界物体碰撞、空中运行物体坠落；

（九）建筑物附近施工影响。

第六条 对于下列各项，保险人不负责赔偿：

（一）在对建筑物进行修复过程中发生的功能改变或性能提高所产生的额外费用；

（二）人身伤亡；

（三）被保险人在入住后添置的包括装修在内的任何财产的损失；

（四）任何性质的间接损失；

（五）本保险合同载明的免赔额。

第七条　其他不属于保险责任范围内的一切损失和费用，保险人也不负责赔偿。

保险合同成立、生效与保险期间

第八条　凡符合本保险合同第二条约定的投保人，于工程开工前投保本保险，保险人同意承保，本保险合同成立。

第九条　建筑物竣工验收合格满一年后，投保人应就其开发的建筑物，向保险人指定的建筑工程质量检查控制机构申请质量检查，上述机构检查通过后，本保险合同自检查通过之日起生效。

第十条　保险期间为10年，自保险合同生效之日起算。保险期间开始前，保险人不承担保险责任。

保险金额、保险费与免赔额

第十一条　保险金额包括总保险金额、单位建筑面积保险金额和每张保险凭证的保险金额。

$$总保险金额 = 保险合同生效时建筑物的平均销售价格（元/m^2）\times 实际建筑物总面积 - 建筑物的土地使用权转让价$$

$$单位建筑面积保险金额 = 总保险金额 / 建筑物总面积$$

$$每张保险凭证的保险金额 = 被保险人所购买单元的建筑物的建筑面积 \times 单位建筑面积保险金额$$

对于投保人尚未出售的建筑物的保险金额也按照本条每张保险凭证的保险金额的约定计算。

第十二条　保险合同成立时，保险人依据投保人确定的预计平均销售价格与预计建筑物总面积计收预付保险费。在保险合同生效后，投保人应向保险人提供保险合同生效时建筑物的平均销售价格和实际建筑物总面积，保险人据此计算总保险金额和实际保险费。预付保险费低于实际保险费的，投保人应补足差额；预付保险费高于实际保险费的，保险人退回高出的部分。

第十三条　免赔额为每张保险凭证的每次事故的免赔额，由投保人与保险人在签订保险合同时协商确定，并在保险合同中载明。

投保人、被保险人义务

第十四条　投保人应履行如实告知义务，如实回答保险人就投保建筑物及投保人的有关情况提出的询问，并如实填写投保单。

投保人故意隐瞒事实，不履行如实告知义务的，或者因过失未履行如实告知义务，足以影响保险人决定是否同意承保或者提高保险费率的，保险人有权解除保险合同，保险合同自保险人的解约通知书到达投保人时解除。

投保人故意不履行如实告知义务的，保险人对于保险合同解除前发生的保险事故，不承担赔偿责任，并不退还保险费。投保人因过失未履行如实告知义务，对保险事故的发生有严重影响的，保险人对于保险合同解除前发生的保险事故，不承担赔偿责任，但可退还保险费。

第十五条　保险合同生效时，投保人应向保险人提供竣工验收合格证书，工程施工承包单位出具的工程质量保修书、建筑物使用说明书，保险人指定的建筑工程质量检查控制机构在竣工验收时对投保建筑物出具的建筑工程竣工验收质量评估报告和在竣工验收合格满一年后对投保建筑物出具的建筑工程质量检查通过的报告等文件。若投保人无法或不提供前述文件，保险人有权解除本保险合同。

第十六条　投保人应在保险合同成立时一次性交清预付保险费，并在保险合同生效时补足预付保险费与实际保险费的差额。实际保险费交清前发生的保险事故，保险人不承担赔偿责任。

第十七条　本保险合同生效前，投保人向社会公众就投保本保险事宜进行宣传或报道时，其内容必须事先得到保险人的书面认可，不得利用本保险欺骗或误导社会公众。

若投保人违反前述约定擅自进行宣传，保险人有权解除本保险合同，且保险人对于投保人对社会公众所做的欺骗或误导性宣传不承担任何赔偿责任，同时，保险人有权就因此产生的损失向投保人索赔。

第十八条　投保人应接受并积极配合保险人指定的建筑工程质量检查控制机构对投保建筑物在施工期间和竣工验收1年后进行的质量检查工作。

第十九条　投保人应严格遵守有关建筑工程质量的法律、法规以及国家及政府有关部门制定的其他相关法律、法规及规定，加强管理，采取合理的预防措施，尽力避免或减少工程质量事故的发生；被保险人应严格按照建筑物使用说明书的要求使用建筑物。

保险人可以对投保人、被保险人遵守前款约定的情况进行检查，向投保人、被保险人提出消除不安全因素和隐患的书面建议，投保人、被保险人应该认真付诸实施。

投保人、被保险人未遵守上述约定而导致保险事故的，保险人不承担赔偿责任；投保人、被保险人未遵守上述约定而导致损失扩大的，保险人对扩大部分的损失不承担赔偿责任。

第二十条　在保险期间内，如建筑物发生转让的，转让人和受让人应及时书面通知保险人，经保险人在保险凭证上进行批注后，该受让人成为被保险人，享有被保险人在本保险合同下的相应权益。

第二十一条　在保险期间内，如建筑物的用途及其他可能导致建筑物危险程度增加的重要事项变更，被保险人应及时书面通知保险人，保险人有权要求增加保险费或者解除合同。保险人要求解除保险合同的，保险人按照保险责任开始之日起至合同解除之日止与保险期间的日比例计收保险费后，退还剩余部分保险费。

被保险人未履行上述通知义务，因建筑物危险程度增加而导致保险事故发生的，保险人不承担赔偿责任。

第二十二条　发生本保险责任范围内的事故，被保险人应该：

（一）尽力采取必要、合理的措施，防止或减少损失，否则，对因此扩大的损失，保险人不承担赔偿责任；

（二）立即通知保险人，并书面说明事故发生的原因、经过和损失情况；对因未及时通知导致保险人无法对事故原因进行合理查勘的，保险人不承担赔偿责任；对因未及时通知导致保险人无法核实损失情况的，保险人对无法核实部分不承担赔偿责任；

（三）保护事故现场，允许并且协助保险人进行事故调查；对于拒绝或者妨碍保险人进行事故调查导致无法认定事故原因或核实损失情况的，保险人不承担赔偿责任。

第二十三条　被保险人向保险人请求赔偿时，应提交保险单或保险凭证、索赔申请、损失清单、房产所有权证明文件、建筑工程质量保修书，以及保险人合理要求的有效的、作为请求赔偿依据的其他证明材料。

被保险人未履行前款约定的单证提供义务，导致保险人无法核实损失情况的，保险人对无法核实部分不承担赔偿责任。

第二十四条　被保险人在请求赔偿时应当如实向保险人说明与本保险合同保险责任有关的其他保险合同的情况。对未如实说明导致保险人多支付保险金的，保险人有权向被保险人追回多支付的部分。

第二十五条　发生保险责任范围内的损失，应由投保人之外的有关责任方负责赔偿的，被保险人应行使或保留向该责任方请求赔偿的权利。

保险事故发生后，保险人未履行赔偿义务之前，被保险人放弃对该责任方请求赔偿的权利的，保险人不承担赔偿责任。

在保险人向该责任方行使代位请求赔偿权利时，被保险人应当向保险人提供必要的文件和其所知道的有关情况。

由于被保险人的过错致使保险人不能行使代位请求赔偿的权利的，保险人相应扣减赔偿金额。

赔偿处理

第二十六条　被保险人与保险人之间就建筑物的损坏是否由于保险责任范围内的质量事故所致，或就损坏的建筑物是否需要加固或重建存在争议时，应以双方共同认可的建筑工程质量检测鉴定机构的检测鉴定结果为准。

如检测鉴定结果认定建筑物损坏全部或部分属于本保险合同约定的保险责任范围，保险人承担全部或相应部分的检测鉴定费用；如检测鉴定结果认定建筑物损坏不属于本保险合同约定的保险责任范围，保险人不承担检测鉴定费用。

第二十七条　建筑物发生保险责任范围内的质量事故，需要进行修理或加固的，保险人在每张保险凭证的保险金额范围内根据实际发生的修理或加固费用扣除每张保险凭证的每次事故免赔额进行赔偿。在保险期间内，保险人在每一保险凭证项下的赔偿金额不论对于一次事故还是对于多次事故累计均以每张保险凭证的保险金额为限。

建筑物发生保险责任范围内的质量事故，需要重建的，保险人在每张保险凭证的保险金额范围内根据实际重建费用扣除每张保险凭证的每次事故免赔额进行赔偿。保险人将相当于每张保险凭证的保险金额的赔款支付给被保险人后，保险合同终止。

在保险期间内，保险人所承担的赔偿金额累计不超过总保险金额。

第二十八条　被保险人对建筑物进行修理或加固必须得到保险人的书面认可。否则，保险人不承担赔偿责任。

第二十九条　保险事故发生时，如果存在保障相同的保险，保险人按照本保险合同的相应保险金额与所有有关保险合同的相应保险金额或责任限额总和的比例承担赔偿责任。

其他保险人应承担的赔偿金额，本保险人不负责垫付。

第三十条　保险人收到被保险人的赔偿请求后，应当及时作出核定，并将核定结果通知被保险人；对属于保险责任的，在与被保险人达成有关赔偿金额的协议后十日内，履行赔偿义务。

第三十一条　被保险人对保险人请求赔偿的权利，自其知道保险事故发生之日起二年不行使而消灭。

争议处理

第三十二条 因履行本保险合同发生的争议,由当事人协商解决。协商不成的,提交保险合同载明的仲裁机构仲裁;保险合同未载明仲裁机构或者争议发生后未达成仲裁协议的,可向人民法院起诉。

第三十三条 本保险合同的争议处理适用中华人民共和国法律。

其他事项

第三十四条 若投保建筑物竣工验收满一年后,未经保险人指定的建筑工程质量检查控制机构检查通过,或者发生本条款第十五条第二款或第十七条第二款约定情形的,保险人可解除本保险合同,投保人应当向保险人支付相当于预付保险费10%的手续费,保险人应当退还剩余部分预付保险费。

第三十五条 本保险合同成立后,未经被保险人书面同意,投保人不得解除本保险合同;经全体被保险人书面同意,投保人方可解除保险合同。

保险责任开始前,投保人要求解除保险合同的,自通知保险人之日起,保险合同解除,投保人应当向保险人支付相当于实际保险费10%的手续费,保险人应当退还剩余部分预付保险费;保险责任开始后,投保人要求解除保险合同的,自通知保险人之日起,保险合同解除,保险人按照附表规定的短期费率计算收取自保险责任开始之日起至合同解除之日止期间的保险费,并退还剩余部分保险费。

29.2.2 工程质量责任保险附加险条款

建筑工程质量保险附加渗漏扩展条款

经保险合同双方特别约定,鉴于投保人向保险人出具了保险合同中载明建筑物的防渗漏工程已达到国家相关验收标准的证明文件,且投保人已支付相应附加保险费,本保险合同扩展承保在本附加险条款保险期间内,因屋面、外墙面、厨房和卫生间地面、地下室、管道防渗漏工程的潜在缺陷发生渗漏所产生的修理、加固或重置费用。

本附加险条款的保险期间为五年,自建筑物竣工验收合格满一年后,经保险人指定的建筑工程质量检查控制机构对建筑物的质量检查通过之日起算。

保险责任开始后,投保人要求解除保险合同的,自通知保险人之日起,保险合同解除,保险人按照附表规定的短期费率计算收取自保险责任开始之日起至合同解除之日止期间的保险费,并退还剩余部分保险费。

本附加险条款与主险条款相抵触之处,以本附加险条款为准;其他未尽事项以主险条款为准。

29.3 工程监理责任保险条款

29.3.1 工程监理保险条款

中国人民保险公司工程监理责任保险条款

保险对象

第一条 凡经建设行政主管部门批准,取得相应资质证书并经工商行政管理部门登记注册，依法设立的工程建设监理企业，均可作为本保险的被保险人。

保 险 责 任

第二条　在本保险单明细表中列明的保险期限或追溯期内，被保险人在中华人民共和国境内（不包括港、澳、台地区）开展工程监理业务时，因过失未能履行委托监理合同中约定的监理义务或发出错误指令导致所监理的建设工程发生工程质量事故，而给委托人造成经济损失，在本保险期限内，由委托人首次向被保险人提出索赔申请，依法应由被保险人承担赔偿责任时，保险人根据本保险合同的约定负责赔偿。

第三条　下列费用，保险人也负责赔偿：

（一）事先经保险人书面同意的仲裁或诉讼费用及律师费用；

（二）保险责任事故发生时，被保险人为控制或减少损失所支付的必要的，合理的费用。

第四条　对于每次事故，保险人就上述第二条，第三条（一）和第三条（二）项下的赔偿金额分别不超过本保险单明细表中列明的每次事故赔偿限额；在保险期限内，保险人的累计赔偿金额不超过本保险单明细表中列明的累计赔偿限额。

责 任 免 除

第五条　下列原因造成的损失，费用和责任，保险人不负责赔偿：

（一）战争，类似战争行为，敌对行为，军事行动，武装冲突，恐怖活动，罢工，骚乱，暴动；

（二）政府有关部门的行政行为或执法行为；

（三）核反应，核子辐射和放射性污染。

第六条　下列原因造成的损失，费用和责任，保险人也不负责赔偿：

（一）被保险人的故意行为；

（二）泄露委托人的商业秘密；

（三）委托人提供的资料，文件的毁损，灭失或丢失；

（四）他人冒用被保险人的名义承接工程监理业务；

（五）被保险人将工程监理业务转让给其他单位或者个人；

（六）被保险人承接超越其国家规定的资质等级许可范围的工程监理业务；

（七）被保险人被收缴《监理许可证书》或《工程监理企业资质证书》后或被勒令停业整顿期间继续承接工程监理业务；

（八）被保险人的监理工程师被吊销执业资格后或被勒令暂停执业期间继续执行业务。

第七条　对于下列各项，保险人不负责赔偿：

（一）被保险人未签订《建设工程委托监理合同》进行监理的建设工程发生的任何损失；

（二）由于保险责任事故造成的任何性质的间接损失；

（三）被保险人或其雇员的人身伤亡及其所有或管理的财产的损失；

（四）罚款，罚金，惩罚性赔款；

（五）本保险单明细表或有关条款中列明的免赔额。

第八条　其他不属于保险责任范围内的损失，费用和责任，保险人不负责赔偿。

投保人，被保险人义务

第九条　投保人应履行如实告知的义务，提供全部在册从业人员名单，并如实回答保险人提出的询问。

第十条 投保人应按保险单中的约定交付保险费。

第十一条 在本保险期限内,保险单明细表中列明的事项发生变更的,被保险人应及时书面通知保险人,并根据保险人的要求办理变更手续。

第十二条 被保险人获悉索赔方可能会提起诉讼或仲裁时,或在接到法院传票或其他法律文书后,应立即以书面形式通知保险人。

第十三条 发生本保险责任范围内的事故时,被保险人应采取必要的措施,控制或减少损失;立即通知保险人,并书面说明事故发生的原因,经过和损失程度。

第十四条 被保险人应遵守国家及政府有关部门制定的相关法律,法规及规定,加强管理,采取合理的预防措施,尽力避免或减少工程监理责任事故的发生。

第十五条 本保险期限届满时,被保险人应将在本保险合同的副本送交保险人备案。

第十六条 投保人或被保险人如果不履行上述第九条至第十五条约定的各自应尽的任何一项义务,保险人均不负赔偿责任,或从解约通知书送达投保人时解除本保险合同。

赔偿处理

第十七条 发生保险责任范围内的事故时,未经保险人书面同意,被保险人或其代表对索赔方不得做出任何承诺、拒绝、出价、约定、付款或赔偿。必要时,保险人可以被保险人的名义对仲裁或诉讼进行抗辩或处理有关索赔事宜。

第十八条 由被保险人监理的建设工程发生工程质量事故的,保险人以法院,仲裁机构或政府建设行政主管部门依法做出的鉴定结果作为赔偿的依据。

第十九条 被保险人向保险人申请赔偿时,应提交保险单正本,索赔申请,损失清单,证明事故责任人与被保险人存在雇佣关系的证明材料,事故责任人的执业资格证书,事故原因证明或裁决书,与委托人签订的《建设工程委托监理合同》正本以及其他必要的有效单证材料。

第二十条 发生本保险责任范围内的损失,应由有关责任方负责赔偿的,被保险人应立即以书面形式向该责任方提出索赔,并积极采取措施向该责任方进行索赔。保险人自向被保险人赔付之日起,取得在赔偿金额范围内代位追偿的权利。保险人向有关责任方行使代位追偿时,被保险人应当积极协助,并提供必要的文件和有关情况。

第二十一条 收到被保险人的索赔申请后,保险人应及时做出核定,对属于保险责任的,保险人应在与被保险人达成有关赔偿协议后10日内,履行赔偿义务。

第二十二条 保险人进行赔偿后,累计赔偿限额应相应减少。被保险人需增加时,应补交保险费,由保险人出具批单批注。应补交的保险费为:原保险费×保险事故发生日至保险期限终止日之间的天数/保险期限(d)×增加的累计赔偿限额/原累计赔偿限额。

第二十三条 本保险单负责赔偿损失,费用或责任时,若另有其他保障相同的保险存在,不论是否由被保险人或他人以其名义投保,也不论该保险赔偿与否,本保险单仅负责按比例分摊赔偿的责任。对应由其他保险人承担的赔偿责任,本保险人不负责垫付。

第二十四条 被保险人对保险人请求赔偿的权利,自其知道或应当知道保险事故发生之日起二年不行使的,视为自动放弃。

争 议 处 理

第二十五条　本保险合同的争议解决方式由当事人从下列两种方式选择一种，并列明于本保险单明细表中：

（一）因履行本保险合同发生争议，由当事人协商解决。协商不成的，提交仲裁委员会仲裁；

（二）因履行本保险合同发生争议，由当事人协商解决。协商不成的，依法向人民法院起诉。

其 他 事 项

第二十六条　期限内签订的《建设工程保险合同》生效后，投保人可随时书面申请解除本保险合同，保险人亦可提前15日向投保人发出解约通知书解除本保险合同，保险费按日平均计收。

第二十七条　本保险合同的争议处理适用中华人民共和国法律。

29.3.2　天安工程监理保险（甲种）

中国天安保险股份有限公司建设工程监理责任保险条款（甲种）

第一条　被保险人

凡经工商行政管理部门登记注册，并取得国家有关部门核发的监理单位资质等级证书的监理公司，均可提出投保申请，成为本保险的被保险人。

第二条　保险期限

一年，自保险期限开始之日零时起，至保险期限终止之日二十四时止。

第三条　保险责任

在保险期限内，被保险人由于疏忽或过失而未履行监理合同所规定的监理义务或指令错误，致使委托方（即业主）在保险期限或随后的宽限期内对其提出赔偿要求的，视为保险事故发生，保险人将根据本条款的规定，赔偿被保险人依法应承担的委托方的直接经济损失，及经保险人事先书面同意而发生的律师费用、诉讼或仲裁费用，但无论如何不超过保单规定的赔偿限额。

第四条　宽限期

自保险期限结束后的次日零时起算，至第1095天的二十四时止。

第五条　责任免除

保险人对于下列原因直接或间接引起的索赔不承担赔偿责任：

一、被保险人或其雇员的恶意、欺骗或违法行为。

二、委托方或其雇员与承建单位的共谋或串通。

三、委托方不听从被保险人的意见而造成建设项目的损失。

四、战争、敌对行为、内战、暴乱或罢工。

五、核裂变、核聚变、核辐射、核原料或核废料的污染。

六、被保险人的破产。

七、由于超出工程预算或进度所造成的经济损失。

八、罚金或其他经济补偿以外的惩罚性赔偿。

九、被保险人对委托方或第三方的诽谤、中伤。

十、被保险人抄袭、窃取或泄露商业机密。

十一、被保险人侵犯他人知识产权。

十二、图纸、文件资料或证件的毁损或灭失。

十三、被保险人在中华人民共和国（不包括香港、澳门）以外地区履行监理合同过程中的疏忽或过失。

十四、被保险人超出其资质允许的或项目所在地相关管理部门许可的范围之外的行为。

十五、被保险人在本保险生效前已经或应当知道的可能引起本保险项下索赔的事情。

十六、计算机2000年问题。

十七、其他不属于保险责任范围的原因。

第六条 被保险人义务

一、根据保险单明细表和批单的规定付清保险费。

二、保证其委派的监理工程师持有监理工程师执业证书。

三、保证其经营区域内的各地建委已许可其在当地承接建设工程监理业务。

四、委托方一旦向被保险人提出赔偿请求，或被保险人根据其掌握的情况有理由认为委托方会提出赔偿请求，被保险人应于72h内，以书面形式通知保险人。

五、被保险人一旦了解到委托方有诉讼的意向，应于72h内通知保险人。被保险人收到法院送达的任何文书后，应于24h内将上述报告或文书传真给保险人，并于保险人要求时，将原件交保险人审阅。

六、未征得保险人的同意，不擅自支付任何款项、承认任何责任、发生任何费用或与委托方达成和解协议或提起诉讼。

七、保险期限内地址变更、经营范围或区域扩大以及发生其他足以影响承保风险的事宜，应及时书面通知保险人，保险人有权根据风险增加的程度追收保费。

八、被保险人如不履行本条第四款所规定的义务，保险人有权拒绝承担由于被保险人不履行本条第四款所规定的义务而造成的保险人损失的扩大部分。

九、被保险人如不履行本条除第四款以外的各款义务，保险人有权自书面通知送达被保险人之日起，解除本保险合同，并拒绝赔偿。

第七条 赔偿处理

一、被保险人向保险人提出索赔后，保险人有权选择委派代理人参与保险事故的处理和/或在必要时以被保险人的名义接办对任何索赔或诉讼的抗辩和处理，对此被保险人应提供保险人合理要求的一切协助与信息。如果被保险人拒绝接受保险人或其代理人提出的和解的建议，则保险人的责任将不超过该纠纷本可以和解解决的金额，但无论如何不超过保单明细表所列明的赔偿限额。

二、被保险人向保险人提出索赔时，必须提供下列单证：

（一）保单正本、保费收据；

（二）索赔申请书；

（三）相关的监理合同正本；

（四）当地市质检总站的鉴定报告（如索赔系由工程质量问题引起）；

（五）经保险人同意后与委托方签订的和解协议或法院判决、仲裁裁决；

（六）经保险人同意后被保险人支付的诉讼费、仲裁费、律师费的发票；

（七）保险人要求提供的其他材料。

三、对于保险责任范围内的事故，在被保险人提供了上述单证后，保险人将根据本保险条款的规定，在保单明细表所列明的赔偿限额之内，扣除保单列明的免赔金额后，向被保险人进行赔偿。

四、若本保险责任范围内的损失涉及其他责任方时，不论保险人是否已赔偿被保险人，被保险人应立即采取一切必要的措施行使或保留向该责任方追偿的权利。在保险人支付赔款后，被保险人应将向该责任方追偿的权利转让给保险人，移交一切必要的单证，并协助保险人向责任方追偿。

第八条　保险费

一、投保时，根据被保险人上年度营业收入收取预收保险费。保险期满后，根据保险期限内的实际营业收入计算实际保险费。实际保险费若高于预收保险费，被保险人应补交其差额。预收保险费若高于实际保险费，保险人退还其差额，但实际保险费不得低于所规定的最低保险费。

二、基本保险费：根据基本保险费率计算，适用于一档赔偿限额。

三、被保险人选择二档赔偿限额，保险费为基本保险费乘以费率倍数。

第九条　总则

一、保险合同的成立：投保单是保险合同成立的基础和不可分割的组成部分。被保险人应对投保单中列明的问题以及本公司提出的其他问题作出真实、详尽的回答或描述。

二、保险责任的开始：被保险人付清保单列明的保费是保险责任开始的前提。

三、保险合同的解除：保险合同成立后，被保险人可随时书面申请解除保险合同，保险人亦有权提前15d发出解除保险合同的书面通知（但保险人因被保险人违反本条款第五条的规定而解除合同的，保险合同自被保险人收到书面通知之日起解除）。保险合同生效期间的保险费按日计收。

四、合理查验：保险人有权在任何适当的时候选派代表对被保险人的风险情况进行查验。被保险人应提供一切便利及保险人要求的与风险评估有关的详情和资料。但上述查验并不构成保险人对被保险人的任何认可或承诺。被保险人若不采纳保险人提出的任何降低或排除风险的合理建议，对于该风险引起的任何损失或责任保险人概不负责。

五、权益丧失：如果任何索赔含有虚假成分，或被保险人或其代表在索赔时采取欺诈手段企图在本保险单项下获取利益，或任何损失是由被保险人或其代表的故意行为所致，被保险人将丧失其在本保险项下的所有权益，对由此产生的包括保险人已支付的赔款在内的一切损失，被保险人应负责赔偿。

六、重复保险：若发生本保险项下的保险事故时，被保险人还可就同一委托方的同一赔偿要求在另外一张保单项下获得赔偿，则不论是否以被保险人或他人的名义投保，也不论被保险人是否已得到该笔赔偿，本保险人仅负责按比例分摊赔偿的责任。

29.3.3　天安工程监理保险（乙种）

中国天安保险股份有限公司建设工程监理责任保险条款（乙种）

第一章　投保人和被保险人

第一条　凡经国家建设行政主管部门或国家有关部门批准，取得相应资质等级证书并经工商行政管理部门登记注册依法设立的建设工程监理公司,均可作为本保险的投保人和被保险人。

第二章 保险责任

第二条 被保险人在本保险单明细表中列明的追溯期或保险期限内,在中华人民共和国境内(中国港、澳、台地区除外)履行建设工程委托监理合同(以下简称为"监理合同")时,由于疏忽或过失而未能履行监理合同所规定的监理义务或者由于指令错误,从而致使委托人发生经济损失,依法应由被保险人承担经济赔偿责任的,并且在本保险期限内,该委托人首次向被保险人提出书面索赔要求并经被保险人向保险人提出索赔申请时,保险人将根据本条款的规定,对于下列损失和费用负责赔偿:

(一)监理合同中所列明的被保险人应承担的委托人的直接经济损失;

(二)事先经保险人书面同意的诉讼费、仲裁费、律师费及鉴定费;

(三)被保险人为减少或缩小对委托人的经济赔偿责任所支付的必要的、合理的费用;

上述三项损失和费用的每次赔偿总金额不得超过本保险单明细表中列明的每次事故赔偿限额。并且每一保险年度的累计赔偿限额不得超过本保险单明细表中列明的累计赔偿限额。

第三章 除外责任

第三条 由于下列原因造成的损失和费用,保险人不负责赔偿:

(一)战争、敌对行为、军事行动、武装冲突、罢工、骚乱、暴动、盗窃、抢劫;

(二)政府有关当局的行政行为或执法行为;

(三)核反应、核辐射和放射性污染;

(四)地震、雷击、暴雨、洪水等自然灾害;

(五)火灾、爆炸。

第四条 由于下列原因直接或间接引起的索赔,保险人也不负责赔偿:

(一)委托人不听从被保险人的意见而造成建设项目的损失;

(二)委托人或其雇员与承建单位的共谋或串通;

(三)委托人提供的账册、文件或其他资料的损毁、灭失、盗窃、抢劫或丢失;

(四)他人冒用被保险人或其雇员的名义监理工程;

(五)被保险人或其雇员的恶意、欺骗或违法行为;

(六)被保险人将工程监理项目转让、委托给其他单位或个人;

(七)被保险人承接超出其资质等级许可范围的工程监理项目;

(八)被保险人的专业监理人员超出国家规定的执业范围执行业务;

(九)被保险人破产;

(十)被保险人抄袭、窃取、泄露商业机密或侵犯他人知识产权;

(十一)直接或间接由于计算机2000年问题引起的损失。

第五条 对于下列损失和费用,保险人不负责赔偿:

(一)被保险人在本保险单明细表中列明的追溯期起始日之前执行工程监理业务所致的赔偿责任;

(二)被保险人在中华人民共和国以外地区(包括中国港、澳、台地区)执行工程监理业务所致的赔偿责任;

（三）被保险人或其雇员的人身伤亡以及被保险人或其雇员所有或管理的财产的损失；

（四）委托人的间接经济损失；

（五）罚款、罚金或其他惩罚性赔款和违约金；

（六）被保险人对委托人的精神损害赔偿；

（七）本保险单明细表和有关条款中规定的应由被保险人自行负担的每次事故免赔额。

第六条　其他不属于本保险责任范围的一切损失和费用，保险人不负责赔偿。

第四章　保险期限和追溯期

第七条　本保险的保险期限为一年，自本保险单列明的保险责任起始日零时起至保险责任终止日的二十四时止。

第八条　本保险的追溯期为二年，自本保险单列明的保险责任起始日的前一日二十四时起上溯二年的零时止。

第五章　投保人和被保险人义务

第九条　投保时，投保人应履行如实告知义务，向保险人提供其全部在册的工程监理人员名单，并对投保单中列明的事项以及保险人提出的其他事项作出真实详尽的填写或回答。

第十条　投保人应按约定如期缴纳保险费，未按约定缴纳保险费的，保险人不负责赔偿。

第十一条　被保险人应保证其委派的监理工程师持有效的监理工程师执业证书。

第十二条　被保险人应保证在其资质等级和经营范围内承接建设工程监理业务。

第十三条　在保险期限内，发生保险事项变更或保险标的危险程度增加时，被保险人应及时书面通知保险人，保险人应办理批改手续或增收保险费。

第十四条　发生本保险责任范围内的事故时，被保险人应尽力采取必要的措施减少或缩小损失；同时立即通知保险人，并书面说明事故发生的原因、经过和损失程度。否则，对扩大部分的损失责任保险人不负责赔偿。

第十五条　委托人一旦向被保险人提出赔偿要求，或被保险人根据其掌握的情况有理由认为委托人会提出赔偿要求，被保险人应在三个工作日内，以书面形式通知保险人。

第十六条　被保险人一旦获悉委托人有诉讼的意向，应在三个工作日内书面通知保险人；被保险人在收到法院传票或其他法律文书后，应在两个工作日内将上述文书的复印件送交保险人，并在保险人要求时，将原件交保险人审阅。

第十七条　发生保险责任事故时，未经保险人书面同意，被保险人不得擅自向委托人作出任何承诺、拒绝、出价、约定、协议、付款或赔款。

第十八条　被保险人应遵守政府有关部门制定的各项规定，采取合理的预防措施，减少建设工程监理事故的发生。

第十九条　投保时，被保险人应如实将在追溯期内签订的监理合同文本及相关附件的复印件送交保险人备案。保险期限内，被保险人应在监理合同签订后十个工作日内将监理合同文本及相关附件的复印件送交保险人备案。对于未通知保险人的工程监理项目，一旦发生保险事故，保险人不负责赔偿。

第二十条　在保险期限内，保险人有权在适当的时候选派代表对被保险人的风险情况进行查验，被保险人应提供一切便利，并根据保险人的要求提供与风险评估有关的详情和资料。但上述查验并不构成保险人对被保险人的任何认可或承诺。

第二十一条　如果发生保险责任范围内的损失，应由有关责任方负责赔偿的，不论保险人是否已赔偿给被保险人，被保险人应立即采取一切必要的措施行使或保留向该责任方追偿的权利。在保险人支付赔款后，被保险人应将向该责任方追偿的权利转让给保险人，同时移交一切必要的单证，并协助保险人向责任方追偿。

第二十二条　投保人或被保险人如不履行第九条至第二十一条所规定的各项义务，保险人有权自书面通知送达被保险人之日起，解除本保险合同，并且不负赔偿责任。

第六章　免　赔　额

第二十三条　本保险的每次事故免赔额分为每次事故绝对免赔额和每次事故绝对免赔率两种，分别按以下两种方式确定：

（一）每次事故绝对免赔额根据被保险人的工商注册登记地和资质等级不同分为两档六级（详见《建设工程监理责任保险每次事故绝对免赔额表》）；

（二）每次事故绝对免赔率为被保险人每次保险事故索赔金额的5%。

第二十四条　如果被保险人每次保险事故的索赔金额低于或等于每次事故绝对免赔额，保险人不负责赔偿。如果被保险人每次保险事故的索赔金额高于每次事故绝对免赔额，每次事故免赔额根据每次事故绝对免赔额和每次事故绝对免赔率两种计算方式中金额较高的一种方式确定。

第七章　赔　偿　处　理

第二十五条　如果发生本保险责任范围内的事故，保险人有权选择委派代理人参与保险事故的处理；必要时，保险人可以被保险人的名义对诉讼进行抗辩或处理有关索赔事宜。

第二十六条　被保险人向保险人提出索赔时，应提供下列单证和资料：

（一）保单和保险费收据正本；

（二）索赔申请书；

（三）相关的监理合同正本；

（四）事故证明或鉴定书；

（五）相关监理工程师与被保险人签订的劳动合同；

（六）损失清单；

（七）法院判决书、仲裁裁决书或经保险人同意后与委托人签订的和解协议；

（八）经保险人书面同意后被保险人所支付的诉讼费、仲裁费、律师费和鉴定费发票；

（九）经保险人书面同意后被保险人支付的施救费用的发票；

（十）其他能够证明损失性质、原因和程度的必要单证和资料。

第二十七条　保险人对被保险人每次索赔的索赔金额以法院、仲裁委员会或政府有关部门依法裁定的或经双方当事人及保险人协商确定的应由被保险人偿付的金额为依据；对于事先经保险人书面同意的诉讼费、仲裁费、律师费或鉴定费以及被保险人为减少或缩小对委托人的经济赔偿责任所支付的必要的、合理的费用，以实际支付的金额为依据。

第二十八条　对于保险责任范围内的事故，保险人根据第二十七条确定的索赔金额在扣除每次事故免赔额后，向被保险人进行赔偿。但每次事故的赔偿金额最高不得超过本保险单明细表中列明的每次事故赔偿限额。在保险期限内，保险人对被保险人多次索赔的累计赔偿金额不得超过本保险单明细表中列明的累计赔偿限额。

第二十九条 保险事故发生时，如被保险人有重复保险存在，保险人仅负责按比例赔偿的责任。

第三十条 被保险人从知道发生保险事故的当日起，两年内未向保险人申请赔偿，即作为自愿放弃索赔权益。之后，保险人不再受理索赔或支付赔款。

第八章 保险费率和保险费

第三十一条 保险费率根据被保险人的工商注册登记地和资质等级不同分为两档六级（详见《建设工程监理责任保险费率表》）。

第三十二条 投保时，投保人可根据被保险人上年度营业收入或本年度预期营业收入选择确定每一保险年度的累计赔偿限额，并以此作为计算保险费的依据。

第三十三条 保险费根据每一保险年度的累计赔偿限额乘以适用的年保险费率计算。

第九章 无赔款优待

第三十四条 被保险人连续投保三个保险年度，并且在此期间未发生保险赔款，在第四个保险年度续保时可享受无赔款减收保险费优待，优待金额为本保险年度续保应缴纳保险费的10%。无论被保险人连续几年未发生保险事故，无赔款优待一律为应缴保险费的10%。

第十章 争议处理

第三十五条 投保人、被保险人和保险人之间一切有关本保险合同的争议和纠纷应通过友好协商解决。如协商不成，可依法向人民法院提起诉讼。

第十一章 合同解除

第三十六条 本保险合同生效后，被保险人可随时书面申请解除本合同。保险人自收到要求解除合同的书面申请之日起，不再承担在此日之后所发生的保险事故的赔偿责任。

第三十七条 保险人亦可提前15日发出书面通知解除本合同。保险人自本保险合同解除之日起，不再承担在此日之后所发生的保险事故的赔偿责任。

第三十八条 本保险合同提前解除时，保险人应向被保险人退还未到期保险费，未到期保险费按日平均计退。

第十二章 其他事项

第三十九条 保险人与被保险人在订立或履行本保险合同过程中所知悉的对方的商业秘密，不论合同是否订立或已经终止履行，不得泄露或者不正当地使用。泄露或不正当地使用该商业秘密给对方造成损失的，应承担损害赔偿责任。

第十三章 释 义

保险人是指天安保险股份有限公司。

建设工程监理是指建设工程监理单位接受建设单位的委托，在监理合同约定的范围内，依据法律、法规及有关技术标准和建设工程承发包合同，对建设工程的建筑活动实施的监督。

委托人是指与被保险人签订建设工程委托监理合同，委托被保险人实施建设工程项目监理的建设单位。

监理工程师执业证书是指国家注册监理工程师证书、地方注册监理工程师证书两种类型。

保险年度是指从保险责任起始日零时起至保险责任终止日二十四时止为一个保险年度。

建设工程监理责任保险（乙种）费率表

年费率% \ 资质等级	甲级	暂定甲级	乙级	暂定乙级	丙级	暂定丙级
一档	0.70	0.75	0.80	0.85	0.90	0.95
二档	0.80	0.85	0.90	0.95	1.00	1.05

注：1. 一档费率适用于工商注册登记所在地在保险合同签订地的工程监理公司。
　　2. 二档费率适用于工商注册登记所在地不在保险合同签订地的工程监理公司。

建设工程监理责任保险（乙种）每次事故绝对免赔额表（单位：万元）

免赔额 \ 资质等级	甲级	暂定甲级	乙级	暂定乙级	丙级	暂定丙级
一档	1.5	2.0	2.5	3.0	3.5	4.0
二档	2.0	2.5	3.0	3.5	4.0	4.5

注：1. 一档费率适用于工商注册登记所在地在保险合同签订地的工程监理公司。
　　2. 二档费率适用于工商注册登记所在地不在保险合同签订地的工程监理公司。

29.4 雇主责任保险条款

29.4.1 雇主责任保险条款

中国人民财产保险公司新版雇主责任保险条款（2004）

总　　则

第一条　本保险合同由保险条款、投保单、保险单以及批单组成。凡涉及本保险合同的约定，均应采用书面形式。

第二条　中华人民共和国境内（不包括香港、澳门和台湾地区）的各类企业、有雇工的个体工商户、国家机关、事业单位、社会团体、学校均可作为本保险合同的被保险人。

第三条　本保险合同所称工作人员，是指与被保险人存在劳动关系（包括事实劳动关系）的各种用工形式、各种用工期限、年满16周岁的劳动者及其他按国家规定和法定途径审批的劳动者。

保险责任

第四条　在保险期间内，被保险人的工作人员在中华人民共和国境内（不包括香港、澳门和台湾地区）因下列情形导致伤残或死亡，依照中华人民共和国法律应由被保险人承担的经济赔偿责任，保险人按照本保险合同约定负责赔偿：

（一）在工作时间和工作场所内，因工作原因受到事故伤害；

（二）工作时间前后在工作场所内，从事与工作有关的预备性或者收尾性工作受到事故伤害；

（三）在工作时间和工作场所内，因履行工作职责受到暴力等意外伤害；

（四）被诊断、鉴定为职业病；

（五）因工外出期间，由于工作原因受到伤害或者发生事故下落不明；

（六）在上下班途中，受到交通及意外事故伤害；

（七）在工作时间和工作岗位，突发疾病死亡或者在 48h 之内经抢救无效死亡；

（八）在抢险救灾等维护国家利益、公共利益活动中受到伤害；

（九）原在军队服役，因战、因公负伤致残，已取得革命伤残军人证，到用人单位后旧伤复发；

（十）法律、行政法规规定应当认定为工伤的其他情形。

第五条　保险事故发生后，被保险人因保险事故而被提起仲裁或者诉讼的，对应由被保险人支付的仲裁或者诉讼费用以及事先经保险人书面同意支付的其他必要的、合理的费用（以下简称"法律费用"），保险人按照本保险合同约定的限额也负责赔偿。

责 任 免 除

第六条　下列原因造成的损失、费用和责任，保险人不负责赔偿：

（一）投保人、被保险人的故意或重大过失行为；

（二）战争、敌对行动、军事行为、武装冲突、罢工、暴动、民众骚乱、恐怖活动；

（三）核辐射、核爆炸、核污染及其他放射性污染；

（四）行政行为或司法行为；

（五）被保险人承包商的工作人员遭受的伤害；

（六）被保险人的工作人员犯罪或者违反法律、法规的；

（七）被保险人的工作人员醉酒导致伤亡的；

（八）被保险人的工作人员自残或者自杀的；

（九）在工作时间和工作岗位，被保险人的工作人员因投保时已患有的疾病发作或分娩、流产导致死亡或者在 48h 之内经抢救无效死亡。

第七条　下列损失、费用和责任，保险人不负责赔偿：

（一）罚款、罚金及惩罚性赔款；

（二）精神损害赔偿；

（三）被保险人的间接损失；

（四）被保险人的工作人员因保险合同列明情形之外原因发生的医疗费用；

（五）本保险合同中载明的免赔额。

责任限额与免赔额

第八条　责任限额包括每人伤亡责任限额、每人医疗费用责任限额、法律费用责任限额及累计责任限额，由投保人自行确定，并在保险合同中载明。其中每人伤亡责任限额不低于 3 万元人民币；每人医疗费用责任限额不超过每人伤亡责任限额的 50% 并且不高于 5 万元人民币，法律费用责任限额为伤亡责任限额的 20%。

第九条　每次事故每人医疗费用免赔额由投保人与保险人在签订保险合同时协商确定，并在保险合同中载明。

保 险 期 间

第十条　除另有约定外，保险期间为一年，以保险合同载明的起讫时间为准。

投保人、被保险人义务

第十一条　投保人应履行如实告知义务，如实回答保险人就被保险人的有关情况提出的询问，并如实填写投保单。

投保人故意隐瞒事实，不履行如实告知义务的，或者因过失未履行如实告知义务，足以影响保险人决定是否同意承保或者提高保险费率的，保险人有权解除保险合同，保险合同自保险人的解约通知书到达投保人或被保险人时解除。

投保人故意不履行如实告知义务的，保险人对于保险合同解除前发生的保险事故，不承担赔偿责任，并不退还保险费。

投保人因过失未履行如实告知义务，对保险事故的发生有严重影响的，保险人对于保险合同解除前发生的保险事故，不承担赔偿责任，但可退还保险费。

第十二条　投保人应在保险合同成立时一次性支付保险费。保险事故发生时投保人未足额支付保险费的，保险人按照已交保险费与保险合同约定保险费的比例承担赔偿责任。

第十三条　被保险人应严格遵守有关安全生产和职业病防治的法律法规以及国家及政府有关部门制定的其他相关法律、法规及规定，执行安全卫生规程和标准，加强管理，采取合理的预防措施，预防保险事故发生，避免和减少损失。

保险人可以对被保险人遵守前款约定的情况进行检查，向投保人、被保险人提出消除不安全因素和隐患的书面建议，投保人、被保险人应该认真付诸实施。

投保人、被保险人未遵守上述约定而导致保险事故发生的，保险人不承担赔偿责任；投保人、被保险人未遵守上述约定而导致损失扩大的，保险人对扩大部分的损失不承担赔偿责任。

第十四条　在保险期间内，如保险合同所载事项变更或其他足以影响保险人决定是否继续承保或是否增加保险费的保险合同重要事项变更，被保险人应及时书面通知保险人，保险人有权要求增加保险费或者解除合同。

被保险人未履行通知义务，因上述保险合同重要事项变更而导致保险事故发生的，保险人不承担赔偿责任。

第十五条　发生本保险责任范围内的事故，被保险人应该：

（一）尽力采取必要、合理的措施，防止或减少损失，使工作人员得到及时救治，否则，对因此扩大的损失，保险人不承担赔偿责任；

（二）立即通知保险人，并书面说明事故发生的原因、经过和损失情况；对因未及时通知导致保险人无法对事故原因进行合理查勘的，保险人不承担赔偿责任；对因未及时通知导致保险人无法核实损失情况的，保险人对无法核实部分不承担赔偿责任；

（三）允许并且协助保险人进行事故调查；对于拒绝或者妨碍保险人进行事故调查导致无法确定事故原因或核实损失情况的，保险人不承担赔偿责任；

第十六条　被保险人收到其工作人员的损害赔偿请求时，应立即通知保险人。未经保险人书面同意，被保险人自行对其工作人员作出的任何承诺、拒绝、出价、约定、付款或赔偿，保险人不承担赔偿责任。

第十七条　被保险人获悉可能发生诉讼、仲裁时，应立即以书面形式通知保险人；接到法院传票或其他法律文书后，应将其副本及时送交保险人。保险人有权以被保险人的名义对诉讼进行抗辩或处理有关仲裁事宜，被保险人应提供有关文件，并给予必要的协助。

对因未及时提供上述通知或必要协助引起或扩大的损失，保险人不承担赔偿责任。

第十八条　被保险人向保险人请求赔偿时，应提交保险单正本、索赔申请、工作人员名单、有关事故证明书、就诊病历、检查报告、用药清单、支付凭证、损失清单、劳动保障行政部门出具的工伤认定证明、劳动能力鉴定委员会出具的劳动能力鉴定证明或保险人认可的医疗机构出具的残疾程度证明、公安部门或保险人认可的医疗机构出具的死亡证明、有关的法律文书（裁定书、裁决书、判决书等）或和解协议以及保险人合理要求的有效的、作为请求赔偿依据的其他证明材料。

被保险人未履行前款约定的单证提供义务，导致保险人无法核实损失的，保险人对无法核实部分不承担赔偿责任。

第十九条　被保险人在请求赔偿时应当如实向保险人说明与本保险合同保险责任有关的其他保险合同的情况。对未如实说明导致保险人多支付保险金的，保险人有权向被保险人追回应由其他保险合同的保险人负责赔偿的部分。

第二十条　发生保险责任范围内的损失，应由有关责任方负责赔偿的，被保险人应行使或保留行使向该责任方请求赔偿的权利。

保险事故发生后，保险人未履行赔偿义务之前，被保险人放弃对有关责任方请求赔偿的权利的，保险人不承担赔偿责任。

在保险人向有关责任方行使代位请求赔偿权利时，被保险人应当向保险人提供必要的文件和其所知道的有关情况。

由于被保险人的过错致使保险人不能行使代位请求赔偿的权利的，保险人相应扣减赔偿金额。

赔 偿 处 理

第二十一条　保险人的赔偿以下列方式之一确定的被保险人的赔偿责任为基础：

（一）被保险人和向其提出损害赔偿请求的工作人员或其代理人协商并经保险人确认；

（二）仲裁机构裁决；

（三）人民法院判决；

（四）保险人认可的其他方式。

第二十二条　在保险责任范围内，被保险人对其工作人员因本保险合同列明的原因所致伤残、死亡依法应承担的经济赔偿责任，保险人按照本保险合同约定负责赔偿：

（一）死亡：在保险合同约定的每人伤亡责任限额内据实赔偿；

（二）伤残：

A 永久丧失全部工作能力：在保险合同约定的每人伤亡责任限额内据实赔偿；

B 永久丧失部分工作能力：依保险人认可的医疗机构出具的伤残程度证明，在保险合同所附伤残赔偿比例表规定的百分比乘以每人伤亡责任限额的数额内赔偿；

C 经保险人认可的医疗机构证明，暂时丧失工作能力超过 5d（不包括 5d）的，在超过 5d 的治疗期间，每人/天按当地政府公布的最低生活标准赔偿误工补助，以医疗期满及确定伤残程度先发生者为限，最长不超过 1 年。如经过诊断被医疗机构确定为永久丧失全部（部分）工作能力，保险人按 A 款或 B 款确定的赔偿金额扣除已赔偿的误工补助后予以赔偿。

第二十三条　在保险责任范围内，被保险人对其工作人员因本保险合同列明的情形所致伤残、死亡依法应承担的下列医疗费用，保险人在本保险合同约定的每人医疗费用责任

限额内据实赔偿,包括:
（一）挂号费、治疗费、手术费、检查费、医药费;
（二）住院期间的床位费、陪护费、伙食费、取暖费、空调费;
（三）就（转）诊交通费、急救车费
（四）安装假肢、假牙、假眼和残疾用具费用。

除紧急抢救外,受伤工作人员均应在县级以上（含县级）医院或保险人认可的医疗机构就诊。

被保险人承担的诊疗项目、药品使用、住院服务及辅助器具配置费用,保险人均按照国家工伤保险待遇规定的标准,在依据本条第一款（一）至（四）项计算的基础上,扣除每次事故每人医疗费用免赔额后进行赔偿。

第二十四条　保险人对每次事故法律费用的赔偿金额,不超过法律费用责任限额的25%。

同一原因同时导致被保险人多名工作人员伤残或死亡的,视为一次保险事故。

第二十五条　发生保险责任范围内的损失,在保险期间内,保险人对每个工作人员的各项累计赔偿金额不超过保险合同载明的分项每人责任限额;保险人对应由被保险人支付的法律费用的累计赔偿金额不超过保险合同载明的法律费用责任限额;保险人对被保险人的所有赔偿不超过保险合同载明的累计责任限额。

第二十六条　保险人按照投保时被保险人提供的工作人员名单承担赔偿责任。被保险人对名单范围以外的工作人员承担的赔偿责任,保险人不负责赔偿。经保险人同意按约定人数投保的,如发生保险事故时被保险人的工作人员人数多于投保时人数,保险人按投保人数与实际人数的比例承担赔偿责任。

第二十七条　保险事故发生时,如有其他相同保障的保险（包括工伤保险）存在,不论该保险赔偿与否,保险人对本条款第二十二、二十三及二十四条项下的赔偿,仅承担差额责任。

其他保险人应承担的赔偿金额,本保险人不负责垫付。

第二十八条　保险人收到被保险人的赔偿请求后,应当及时作出核定,并将核定结果通知被保险人;对属于保险责任的,在与被保险人达成有关赔偿金额的协议后十日内,履行赔偿义务。

第二十九条　被保险人对保险人请求赔偿的权利,自其知道保险事故发生之日起两年不行使而消灭。

争议处理

第三十条　因履行本保险合同发生的争议,由当事人协商解决。协商不成的,提交保险合同载明的仲裁机构仲裁;保险合同未载明仲裁机构或者争议发生后未达成仲裁协议的,应向被告住所地人民法院起诉。

第三十一条　本保险合同的争议处理适用中华人民共和国法律。

其他事项

第三十二条　保险责任开始前,投保人要求解除保险合同的,应当向保险人支付相当于保险费5%的退保手续费,保险人应当退还剩余部分保险费;保险人要求解除保险合同的,不得向投保人收取手续费并应退还已收取的保险费。

保险责任开始后,投保人要求解除保险合同的,自通知保险人之日起,保险合同解除,保险人按照保险责任开始之日起至合同解除之日止期间按短期费率计收保险费,并退还剩余部分保险费;保险人要求解除保险合同的,应提前15日向投保人发出解约通知书,保险人按照保险责任开始之日起至合同解除之日止期间与保险期间的日比例计收保险费,并退还剩余部分保险费。

短期费率表

保险期间	一个月	二个月	三个月	四个月	五个月	六个月	七个月	八个月	九个月	十个月	十一个月	十二个月
年费率的百分比(%)	10	20	30	40	50	60	70	80	85	90	95	100

注:不足1个月的按1个月计收。

伤亡赔偿比例表

项目	伤害程度	保险合同约定每人伤亡责任限额的百分比(%)
(一)	死亡	100
(二)	永久丧失工作能力或一级伤残	100
(三)	二级伤残	80
(四)	三级伤残	65
(五)	四级伤残	55
(六)	五级伤残	45
(七)	六级伤残	25
(八)	七级伤残	15
(九)	八级伤残	10
(十)	九级伤残	4
(十一)	十级伤残	1

29.4.2 人保雇主责任附加险条款(人民财产保险有限公司)

一、附加罢工、暴动、骚乱责任保险条款(2004)

经保险合同双方特别约定,且投保人已支付相应附加保险费,在保险期间内被保险人的工作人员由于罢工、暴动、民众骚乱导致伤残或死亡,依照中华人民共和国法律应由被保险人承担的经济赔偿责任,保险人按照本附加险合同约定,在责任限额内负责赔偿。

本附加险条款与雇主责任保险条款相抵触之处,以本附加险条款为准;其他未尽事项以雇主责任保险条款为准。

二、附加核子辐射责任保险条款(2004)

经保险合同双方特别约定,且投保人已支付相应附加保险费,从事核工业生产、研究、应用的被保险人的职工在保险期间内由于突然发生的核泄漏事件受到伤害,或由于核辐射而患有职业病,被依法认定为工伤,依照中华人民共和国法律应由被保险人承担的经济赔偿责任,保险人按照本附加险合同约定,在责任限额内负责赔偿。

本附加险条款与雇主责任保险条款相抵触之处,以本附加险条款为准;其他未尽事项以雇主保险条款为准。

三、附加公务出国责任保险条款（2004）

经保险合同双方特别约定，且投保人已支付相应附加保险费，在保险期间内被保险人的工作人员在公务出国期间因意外事故导致伤残或死亡，依照中华人民共和国法律应由被保险人承担的经济赔偿责任，保险人按照本附加险合同约定，在责任限额内负责赔偿。

保险人对被保险人支付的境外（包括香港、澳门及台湾地区）医疗费用不承担赔偿责任。

本附加险条款与雇主责任保险条款相抵触之处，以本附加险条款为准；其他未尽事项以雇主责任保险条款为准。

四、附加误工补助补充责任保险条款（2004）

经保险合同双方特别约定，且投保人已支付相应附加保险费，在保险期间内发生雇主责任保险条款第二十二条（二）款C项下赔偿时，若被保险人工作人员工资标准的80%高于当地政府公布的最低生活标准，保险人按照该工作人员事故前12个月平均工资80%的标准，补足差额。

本附加险条款与雇主责任保险条款相抵触之处，以本附加险条款为准；其他未尽事项以雇主责任保险条款为准。

五、附加第三者责任保险条款（2004）

保险责任

经保险合同双方特别约定，且投保人已支付相应附加保险费，在保险期间内被保险人的工作人员在从事保险合同载明的被保险人业务时，因意外或疏忽，造成第三者人身伤亡或财产损失，依照中华人民共和国法律应由被保险人承担的经济赔偿责任，保险人按照本附加险合同约定，在保险合同载明的本附加险责任限额内负责赔偿。

责任免除

下列责任，保险人不负责赔偿：

（一）被保险人工作人员因驾驶各种机动车辆造成第三者人身伤亡或财产损失所引起的赔偿责任；

（二）被保险人工作人员因从事医师、律师、会计师、建筑师、美容师等其他专门职业造成第三者人身伤亡或财产损失，所引起的赔偿责任。

责任限额及免赔额

责任限额包括每次事故责任限额、累计责任限额以及每次事故每人伤亡责任限额，由投保人自行确定，并在保险合同中载明。

每次事故财产损失免赔额由投保人与保险人在签订保险合同时协商确定，并在保险合同中载明。

发生本附加责任范围内的损失，保险人对每次事故人身伤亡的赔偿金额与每次事故财产损失的赔偿金额之和不超过保险合同载明的第三者责任每次事故责任限额；在保险期间内，保险人对第三者责任的累计赔偿金额不超过保险合同载明的第三者责任累计责任限额。

其他事项

本附加险条款与雇主责任保险条款相抵触之处，以本附加险条款为准；其他未尽事项以雇主责任保险条款为准。

29.5 特种设备责任保险条款

29.5.1 特种设备第三者责任保险条款

人民财产保险有限公司保特种设备第三者责任保险条款

保 险 对 象

第一条 凡获得国家技术监督行政部门的批准，经执业验收及注册登记，取得《特种设备使用证》，并按国家规定定期进行特种设备检验的使用者，均可作为本保险合同的被保险人。

特种设备是指锅炉、压力容器、气瓶、压力管道、电梯、客运索道、游艺机和游乐设施、起重机械、厂内机动车辆、防爆电器等。厂内机动车是指限于企业厂区范围内（含码头、货场等生产作业区域或施工现场）行驶及作业的机动车辆。

保 险 责 任

第二条 在保险期间内，保险特种设备在保险单载明的区域范围内，由于下列原因造成第三者人身伤亡或财产损失，依法应由被保险人承担的赔偿责任，保险人负责赔偿：

（一）操作人员的过失行为；

（二）自然灾害和意外事故致特种设备故障；

（三）爆炸、坠落或运行过程中的突然故障。

第三条 下列费用，保险人也负责赔偿：

（一）事先经保险人书面同意的仲裁或诉讼费；

（二）保险事故发生时，被保险人为防止或减少对第三者人身伤亡或财产损失的赔偿责任所支付必要的、合理的费用。

第四条 对于每次保险事故，保险人就上述第二条、第三条（一）和第三条（二）项下的赔偿金额分别不超过保险单明细表中列明的每次事故责任限额；对于每人人身伤亡，保险人的赔偿金额不超过保险单明细表中列明的每人人身伤亡责任限额；在保险期间内，保险人的累计赔偿金额不超过保险单明细表中列明的累计责任限额。

责 任 免 除

第五条 下列原因造成的损失、费用和责任，保险人不负责赔偿：

（一）被保险人的故意行为；

（二）战争、敌对行动、军事行为、武装冲突、恐怖活动、罢工、骚乱、暴动；

（三）核反应、核子辐射和放射性污染；

（四）国家机关的行政行为或执法行为；

（五）地震、盗窃、抢劫；

（六）不具有资格证书人员操作特种设备或盗用、伪造、涂改、转借作业人员证件操作特种设备；

（七）特种设备测试；

（八）特种设备未经质量技术监督部门检测合格或对影响安全的有关问题提出限期整改后未改正的；

（九）被保险人盗用、伪造检验报告、检测结果或在用设备超期未检或该报废仍然使用；

（十）特种设备的充装者擅自对非自有气瓶、非托管气瓶或非法制造及超检验周期的气瓶、罐车等进行充装的。

第六条　对于下列损失、责任或费用，保险人不负责赔偿：

（一）被保险人或其雇员的人身伤亡及被保险人或其雇员所有或管理的财产损失；

（二）被保险人与他人协议中约定的责任，但不包括没有该协议被保险人仍应承担的责任；

（三）精神损害赔偿责任；

（四）因保险事故造成的间接损失；

（五）罚款及惩罚性赔款；

（六）本保险单明细表或有关条款中列明的免赔额。

第七条　其他不属于保险责任范围的损失、费用和责任，保险人不负责赔偿。

保 险 期 间

第八条　保险期间按照国家规定的特种设备检验期限确定。

投保人、被保险人义务

第九条　投保人应履行告知义务，并如实回答保险人提出的询问。

投保人故意隐瞒事实，不履行如实告知义务的，或者因过失未履行如实告知义务，足以影响保险人决定是否同意承保或者提高保险费率的，保险人有权解除保险合同。

投保人故意不履行如实告知义务的，保险人对于保险合同解除前发生的保险事故，不承担赔偿或者给付保险金的责任，并不退还保险费。

投保人因过失未履行如实告知义务，对保险事故的发生有严重影响的，保险人对于保险合同解除前发生的保险事故，不承担赔偿或者给付保险金的责任，但可以退还保险费。

第十条　投保人应按照约定如期交付保险费，未按约定交付保险费的，保险人不承担赔偿责任。保险费按年计算，可一次交付也可分期交付。

第十一条　在本保险期间内，保险单明细表中列明的事项变更的，被保险人应及时书面通知保险人。

第十二条　被保险人应严格遵守国家《特种设备安全监察条例》的规定，使特种设备保持安全运行技术状态。

第十三条　被保险人对特种设备应加强管理，采取合理的预防措施，尽力避免或减少责任事故的发生，对已经发现的缺陷立即修复。制定《特种设备紧急处理预案》，对控制事故损失的扩大和人员紧急抢救做好准备。

第十四条　发生本保险责任范围内的事故时，被保险人应尽力采取必要的措施，防止或减少人身伤亡和财产损失；在事故调查人员到达前，被保险人要保护好现场，并立即通知保险人，书面说明事故发生的原因、经过及损失程度。

第十五条　被保险人获悉索赔方可能会向法院提起诉讼时，或在接到法院传票或其他法律文书后，应立即以书面形式通知保险人。

第十六条　投保人或被保险人如不履行上述第十一条至第十五条约定的各自应尽的任何一项义务，保险人有权不承担赔偿责任，或从解约通知书送达投保人时解除本保险合同。

赔偿处理

第十七条 发生保险责任范围内的事故时,未经保险人书面同意,被保险人不得自行对索赔方作出任何承诺、拒绝、出价、约定、付款或赔偿。必要时,保险人可以被保险人的名义对仲裁或诉讼进行抗辩或处理有关索赔事宜。

第十八条 保险人对每次事故的赔偿以中华人民共和国人民法院或仲裁机构或政府有关部门依法裁定、调解的或经索赔方、被保险人及保险人三方协商确定的应由被保险人承担的赔偿责任为依据,但不得超过本保险单明细表中列明的每次事故责任限额。

第十九条 被保险人向保险人申请赔偿时,应提交保险单正本、事故证明、国家质检部门出具的事故责任认定和处理报告、事故调解书、裁定书、判决书、损失清单和有关费用单据以及保险人认为其他必要的有效单证材料。

第二十条 特种设备因保险事故致使第三者财产损坏,应当尽量修复。修理前被保险人须会同保险人检验,确定修理项目、方式和费用。否则,保险人有权重新核定或拒绝赔偿。

第二十一条 第三者责任事故赔偿后,对受害第三者任何赔偿费用的增加,保险人不再负责。

第二十二条 发生本保险责任范围内的损失,应由有关责任方负责赔偿的,被保险人应立即以书面形式向该责任方提出索赔,并积极采取措施向该责任方进行索赔。保险人自向被保险人赔付之日起,取得在赔偿金额范围内代位追偿的权利。保险人向有关责任方行使代位追偿时,被保险人应当积极协助,并提供必要的证据材料。

第二十三条 由于被保险人放弃对有关责任方请求赔偿的权利或过错使保险人不能行使代位追偿权利的,保险人不承担赔偿责任或相应扣减保险赔偿金。

第二十四条 收到被保险人的索赔申请后,保险人应当迅速审查核定。对属于保险责任的,保险人应在与被保险人达成有关赔偿保险金数额的协议后10日内一次性赔偿结案。

第二十五条 本保险合同负责赔偿损失、费用或责任时,若另有其他保障相同的保险存在,不论是否由被保险人或他人以其名义投保,也不论该保险赔偿与否,本保险合同仅负责按比例分摊赔偿的责任。其他保险人应承担的赔偿份额,本保险人不负责垫付。

第二十六条 被保险人对保险人请求赔偿的权利,自其知道保险事故发生之日起二年不行使而消灭。

争议处理

第二十七条 因履行本保险合同发生争议,由当事人协商解决。协商不成的,提交保险单载明的仲裁机构仲裁;保险单未载明仲裁机构或者争议发生后未达成仲裁协议的,可向中华人民共和国人民法院起诉。

第二十八条 本保险合同的争议处理适用中华人民共和国法律。

其他事项

第二十九条 本保险合同生效后,投保人可随时书面通知解除本保险合同;保险人亦可提前15日向投保人发出解约通知书解除本保险合同。保险合同解除后,保险费均按日平均计收。

29.5.2 特种设备第三者责任保险附加雇员伤害险

人民财产保险有限公司保附加雇员伤害责任保险条款

第一条 保险责任在特种设备第三者责任保险的保险期间内，被保险人的雇员在从事被保险人的业务工作时，因特种设备第三者责任保险的保险事故造成的雇员的人身伤害，依法应由被保险人承担的赔偿责任，保险人负责赔偿。

第二条 责任限额每次事故责任限额与特种设备第三者责任保险的每人人身伤亡责任限额相同；累计责任限额与特种设备第三者责任保险的累计责任限额相同。

第三条 保险费为特种设备第三者责任保险保险费的 20%。

第四条 其他事项本附加险必须在投保特种设备第三者责任保险的基础上，根据投保人的需要另外投保。本条款未约定之处，以特种设备第三者责任保险条款为准。

人保特种设备第三者责任保险附加恶意破坏、暴力冲突责任保险条款

第一条 保险责任在特种设备第三者责任保险保险期间内，被保险设备由于遭受恶意破坏、暴力冲突造成第三者人身伤亡或财产损失，依法应由被保险人承担的赔偿责任，保险人负责赔偿。

第二条 保险费为特种设备第三者责任保险保险费的 15%。

第三条 其他事项本附加险必须在投保特种设备第三者责任保险的基础上，根据投保人的需要另外投保。本条款未约定之处，以特种设备第三者责任保险条款为准。

29.5.3 特种设备检验检测责任保险条款

人保特种设备检验检测责任保险条款

(2004 年 9 月 27 日中国保险监督管理委员会核准备案编号：人保〔2004〕155 号)

总　　则

第一条 本保险合同由保险条款、投保单、保险单以及批单组成。凡涉及本保险合同的约定，均应采用书面形式。

第二条 凡经国家特种设备安全监督管理部门核准，取得相应资质证书，依法成立的特种设备检验检测机构，均可作为本保险合同的被保险人。

保险责任

第三条 在保险期间或保险合同载明的追溯期内，被保险人在保险单明细表中列明的经营业务范围和区域范围内从事特种设备检验检测业务，因过失导致检验检测质量事故，造成被检验检测人或其他人的人身伤亡或财产损失，由该被检验检测人在本保险期间内首次向被保险人提出损害赔偿请求，依照中华人民共和国法律应由被保险人承担的经济赔偿责任，保险人按照本保险合同约定负责赔偿。

第四条 保险事故发生后，被保险人因保险事故而被提起仲裁或者诉讼的，对应由被保险人支付的仲裁或诉讼费用以及其他必要的、合理的费用（以下简称"法律费用"），经保险人事先书面同意，保险人按照本保险合同约定也负责赔偿。

责 任 免 除

第五条 下列原因造成的损失、费用和责任，保险人不负责赔偿：

（一）投保人、被保险人的故意或重大过失行为；

（二）核辐射、核爆炸、核污染及其他放射性污染；
（三）行政行为或司法行为。

第六条 有下列情形之一的，保险人不负责赔偿：
（一）被保险人超越核定或保险合同约定的业务范围办理业务；
（二）被保险人将检验检测任务转让、委托给其他单位或个人完成的；
（三）被保险人被吊销营业许可证后或被责令停业整顿期间继续办理业务；
（四）被保险人的特种设备检验检测人员私自接受委托或在其他特种设备检验检测机构执业；
（五）无有效的《特种设备检验检测人员证书》或不具备相应资格等级的人员从事特种设备检验检测业务；
（六）他人冒用被保险人的特种设备检验检测人员的名义办理业务。

第七条 下列损失、费用和责任，保险人不负责赔偿：
（一）被保险人或其雇员的人身伤亡及其所有或管理的财产的损失；
（二）被保险人应该承担的合同责任，但无合同存在时仍然应由被保险人承担的法律责任不在此限；
（三）罚款、罚金及惩罚性赔偿；
（四）精神损害赔偿；
（五）被保险人的间接损失；
（六）因检验检测质量事故给被检验检测人造成的停工、停业、停产等间接损失；
（七）按本保险合同中约定的免赔率计算的免赔额。

责任限额与免赔率

第八条 责任限额包括每次事故责任限额、累计责任限额，由投保人自行确定，并在保险合同中载明。

第九条 每次事故免赔率由投保人与保险人在签订保险合同时协商确定，并在保险合同中载明。

保 险 期 间

第十条 除另有约定外，保险期间为1年，以保险合同载明的起讫时间为准。

保 险 费

第十一条 保险合同成立时，保险人依据保险单上列明的被保险人预计保险期间内业务收入计收预付保险费。预计保险期间内业务收入不得低于上年同期水平。保险期间届满后一个月内，被保险人应将保险期间内实际业务收入书面通知保险人，保险人据此计算保险费并对预付保险费进行调整。预付保险费低于保险费的，被保险人应补足差额；预付保险费高于保险费的，保险人退回高出的部分，但保险费不得低于预付保险费的50%。

投保人、被保险人义务

第十二条 投保人应履行如实告知义务，提供全部在册特种设备检验检测人员名单，如实回答保险人就特种设备检验检测业务以及被保险人的其他有关情况提出的询问，并如实填写投保单。

投保人故意隐瞒事实，不履行如实告知义务的，或者因过失未履行如实告知义务，足以影响保险人决定是否同意承保或者提高保险费率的，保险人有权解除保险合同，保险合同自保险人的解约通知书到达投保人或被保险人时解除。

投保人故意不履行如实告知义务的,保险人对于保险合同解除前发生的保险事故,不承担赔偿责任,并不退还保险费。

投保人因过失未履行如实告知义务,对保险事故的发生有严重影响的,保险人对于保险合同解除前发生的保险事故,不承担赔偿责任,但可退还保险费。

第十三条　除另有约定外,投保人应在保险合同成立时一次性支付预付保险费。投保人未按约定支付预付保险费的,保险人按照保险事故发生时已交预付保险费与合同约定预付保险费的比例承担赔偿责任。

第十四条　被保险人应严格遵守《特种设备安全监察条例》、《特种设备检验检测机构管理规定》以及国家及政府有关部门制定的其他相关法律、法规及规定,加强管理,采取合理的预防措施,尽力避免或减少责任事故的发生。

保险人可以对被保险人遵守前款约定的情况进行检查,向投保人、被保险人提出消除不安全因素和隐患的书面建议,投保人、被保险人应该认真付诸实施。

投保人、被保险人未遵守上述约定而导致保险事故的,保险人不承担赔偿责任;投保人、被保险人未遵守上述约定而导致损失扩大的,保险人对扩大的损失部分不承担赔偿责任。

第十五条　在保险期间内,如被保险人的机构资质级别、经营业务范围和区域范围或其他足以影响保险人决定是否继续承保或是否增加保险费的保险合同重要事项变更,被保险人应及时书面通知保险人,保险人有权要求增加保险费或者解除合同。

被保险人未履行通知义务,因上述保险合同重要事项变更而导致保险事故发生的,保险人不承担赔偿责任。

第十六条　发生本保险责任范围内的事故,被保险人应该:

(一)尽力采取必要、合理的措施,防止或减少损失,否则,对因此扩大的损失,保险人不承担赔偿责任;

(二)立即通知保险人,并书面说明事故发生的原因、经过和损失情况;对因未及时通知导致保险人无法对事故原因进行合理查勘的,保险人不承担赔偿责任;对因未及时通知导致保险人无法核实损失情况的,保险人对无法核实部分不承担赔偿责任;

(三)允许并且协助保险人进行事故调查;对于拒绝或者妨碍保险人进行事故调查导致无法确定事故原因或核实损失情况的,保险人不承担赔偿责任。

第十七条　被保险人收到被检验检测人的损害赔偿请求时,应立即通知保险人。未经保险人书面同意,被保险人自行对被检验检测人或其他人作出的任何承诺、拒绝、出价、约定、付款或赔偿,保险人不承担赔偿责任。

第十八条　被保险人获悉可能发生诉讼、仲裁时,应立即以书面形式通知保险人;接到法院传票或其他法律文书后,应将其副本及时送交保险人。保险人有权以被保险人的名义对诉讼进行抗辩或处理有关仲裁事宜,被保险人应提供有关文件,并给予必要的协助。

对因未及时提供上述通知或必要协助引起或扩大的损失,保险人不承担赔偿责任。

第十九条　被保险人向保险人请求赔偿时,应提交保险单正本、索赔申请、损失清单、检验检测报告正本、证明事故责任人与被保险人存在劳动关系的材料、事故责任人的执业资格证书、事故原因证明或裁决书、与被检验检测人签订的书面委托合同正本以及保险人合理要求的有效的、作为请求赔偿依据的其他证明材料。

被保险人未履行前款约定的单证提供义务,导致保险人无法核实损失的,保险人对无法核实部分不承担赔偿责任。

第二十条 被保险人在请求赔偿时应当如实向保险人说明与本保险合同保险责任有关的其他保险合同的情况。对未如实说明导致保险人多支付保险金的,保险人有权向被保险人追回应由其他保险合同的保险人负责赔偿的部分。

第二十一条 发生保险责任范围内的损失,应由有关责任方负责赔偿的,被保险人应行使或保留行使向该责任方请求赔偿的权利。

保险事故发生后,保险人未履行赔偿义务之前,被保险人放弃对有关责任方请求赔偿的权利的,保险人不承担赔偿责任。

在保险人向有关责任方行使代位请求赔偿权利时,被保险人应当向保险人提供必要的文件和其所知道的有关情况。由于被保险人的过错致使保险人不能行使代位请求赔偿的权利的,保险人相应扣减赔偿金额。

赔 偿 处 理

第二十二条 保险人的赔偿以下列方式之一确定的被保险人的赔偿责任为基础:
(一)被保险人和向其提出损害赔偿请求的被检验检测人协商并经保险人确认;
(二)仲裁机构裁决;
(三)人民法院判决;
(四)保险人认可的其他方式。

第二十三条 发生保险责任范围内的损失,保险人按以下方式计算赔偿:
(一)对于每次事故造成的损失,保险人在每次事故责任限额内计算赔偿;
(二)在依据本条第(一)项计算的基础上,保险人在扣除每次事故免赔额后进行赔偿;

每次事故免赔额是依据本条第(一)项计算的金额乘以本保险合同中约定的免赔率。
(三)在保险期间内,保险人对多次事故损失的累计赔偿金额不超过累计责任限额。

第二十四条 对每次事故法律费用的赔偿金额,保险人在第二十三条计算的赔偿金额以外按应由被保险人支付的数额另行计算,但不超过每次事故责任限额的30%。

在保险期间内,保险人对法律费用的累计赔偿金额不超过累计责任限额的20%。

第二十五条 保险事故发生时,如有重复保险存在的情况,保险人按照本保险合同的累计责任限额与所有有关保险合同的累计责任限额总和的比例承担赔偿责任。

其他保险人应承担的赔偿金额,本保险人不负责垫付。

第二十六条 保险人收到被保险人的赔偿请求后,应当及时作出核定,并将核定结果通知被保险人;对属于保险责任的,在与被保险人达成有关赔偿金额的协议后十日内,履行赔偿义务。

第二十七条 被保险人对保险人请求赔偿的权利,自其知道保险事故发生之日起二年不行使而消灭。

争 议 处 理

第二十八条 因履行本保险合同发生的争议,由当事人协商解决。协商不成的,提交保险合同载明的仲裁机构仲裁;保险合同未载明仲裁机构或者争议发生后未达成仲裁协议的，应向被告住所地人民法院起诉。

第二十九条　本保险合同的争议处理适用中华人民共和国法律。

其 他 事 项

第三十条　保险责任开始前，投保人要求解除保险合同的，应当向保险人支付预付保险费 5‰ 的手续费，保险人应当退还预付保险费；保险人要求解除保险合同的，不向被保险人收取手续费并应退还已收取的预付保险费。

保险责任开始后，投保人要求解除保险合同的，自通知保险人之日起，保险合同解除，保险人按下列公式计算收取自保险责任开始之日起至合同解除之日止期间的保险费，并退还剩余部分预付保险费：

$$保险费 = (S_1 \times 5\% + S_2 \times 95\%) \times R$$

其中：S_1 代表保险合同载明的保险期间内的预计业务收入；S_2 代表保险责任开始之日起至合同解除之日止期间内的实际业务收入；R 代表保险合同约定的累计责任限额对应的费率。

保险责任开始后，保险人亦可提前十五日向投保人发出解约通知书解除本保险合同，保险费按下列公式计收，并退还剩余部分预付保险费：保险费 $= S_2 \times R$。

其中：S_2 代表保险责任开始之日起至合同解除之日止期间内的实际业务收入；R 代表保险合同约定的累计责任限额对应的费率。

第三十一条　本保险有关名词：

特种设备：是指涉及生命安全、危险性较大的锅炉、压力容器（含气瓶）、压力管道、电梯、起重机械、客运索道、大型游乐设施。具体含义以《中华人民共和国特种设备安全监察条例》第八十八条的规定为准。

特种设备检验检测人员：是指经国家特种设备安全监督管理部门组织考核合格，取得检验检测人员证书，从事特种设备检验检测业务的人员。

特种设备检验检测业务是指：

（一）对锅炉、压力容器、压力管道元件、起重机械、大型游乐设施的制造过程进行监督检验；

（二）对现场安装、重大维修和改造的特种设备进行监督检验和验收检验；

（三）对在用特种设备进行定期检验；

（四）对特种设备及相关产品进行型式试验。

29.5.4　长安责任保险股份有限公司特种设备第三者责任保险

特种设备第三者责任保险条款
总　则

第一条　本保险合同由保险条款、投保单、保险单以及批单等有关文件组成。凡涉及本保险合同的约定，均应采用书面形式。

第二条　凡获得国家技术监督行政部门的批准，经执业验收及注册登记，取得《特种设备使用证》，并按国家规定定期进行特种设备检验的使用者，均可作为本保险合同的被保险人。

特种设备是指锅炉、压力容器、气瓶、压力管道、电梯、客运索道、游艺机和游乐设施、起重机械、厂内机动车辆、防爆电器等（厂内机动车是指限于企业厂区范围内（含码头、货场等生产作业区域或施工现场）行驶及作业的机动车辆）。

保 险 责 任

第三条 在保险期间内，保险特种设备在保险单载明的区域范围内，由于下列原因造成第三者人身伤亡或财产损失，依法应由被保险人承担的赔偿责任，保险人负责赔偿：

（一）操作人员的过失行为；

（二）自然灾害和意外事故致特种设备故障；

（三）爆炸、坠落或运行过程中的突然故障。

第四条 保险事故发生后，被保险人为缩小或减少对第三者人身伤亡或财产损失的赔偿责任所支付必要的、合理的费用，保险人也负责赔偿。

第五条 保险事故发生后，被保险人因保险事故而被提起仲裁或者诉讼的，对应由被保险人支付的仲裁或诉讼费用以及事先经保险人书面同意支付的其他必要的、合理的费用（以下简称"法律费用"），保险人按照本保险合同约定也负责赔偿。

责 任 免 除

第六条 下列原因造成的损失、费用和责任，保险人不负责赔偿：

（一）被保险人的故意行为；

（二）战争、敌对行动、军事行为、武装冲突、恐怖活动、罢工、骚乱、暴动；

（三）核反应、核子辐射和放射性污染；

（四）国家机关的行政行为或执法行为；

（五）地震、盗窃、抢劫；

（六）不具有资格证书人员操作特种设备或盗用、伪造、涂改、转借作业人员证件操作特种设备；

（七）特种设备测试；

（八）特种设备未经质量技术监督部门检测合格或对影响安全的有关问题提出限期整改后未改正的；

（九）被保险人盗用、伪造检验报告、检测结果或在用设备超期未检或该报废仍然使用；

（十）特种设备的充装者擅自对非自有气瓶、非托管气瓶或非法制造及超检验周期的气瓶、罐车等进行充装的。

第七条 下列损失、责任或费用，保险人不负责赔偿：

（一）被保险人或其雇员的人身伤亡及被保险人或其雇员所有或管理的财产损失；

（二）被保险人与他人协议中约定的责任，但不包括没有该协议被保险人仍应承担的责任；

（三）精神损害赔偿责任；

（四）因保险事故造成的间接损失；

（五）罚款及惩罚性赔款；

（六）本保险合同中载明的免赔额或按本保险合同载明的免赔率计算的免赔额。

第八条 其他不属于本保险责任范围内的损失、费用和责任，保险人不负责赔偿。

赔偿限额和免赔额（率）

第九条 赔偿限额是保险人按照与投保人约定的对发生保险责任范围内的事故造成的损失予以赔偿的最高金额。

赔偿限额包括每次事故赔偿限额、每人人身伤亡赔偿限额、累计赔偿限额，由投保人与保险人协商确定，并在保险合同中载明。

第十条 每次事故免赔额（率）由投保人与保险人在签订保险合同时协商确定，并在保险合同中载明。

保 险 期 限

第十一条 保险期限按照国家规定的特种设备检验期限确定，以保险单载明的起讫时间为准。

保 险 费

第十二条 保险人按照被保险特种设备的类型、检验周期、赔偿限额等参照费率表确定具体适用的费率，以赔偿限额乘以费率计算出被保险人应交纳的保险费。

保险人义务

第十三条 订立保险合同时，采用保险人提供的格式条款的，保险人向投保人提供的投保单应当附格式条款，保险人应当向投保人说明保险合同的内容。对保险合同中免除保险人责任的条款，保险人在订立合同时应当在投保单、保险单或者其他保险凭证上作出足以引起投保人注意的提示，并对该条款的内容以书面或者口头形式向投保人作出明确说明；未作提示或者明确说明的，该条款不产生效力。

第十四条 本保险合同成立后，保险人应当及时向投保人签发保险单或其他保险凭证。

第十五条 保险人依据本合同中约定所取得的保险合同解除权，自保险人知道有解除事由之日起，超过 30 日不行使而消灭。发生保险事故的，保险人承担赔偿责任。

保险人在合同订立时已经知道投保人未如实告知的情况的，保险人不得解除合同；发生保险事故的，保险人应当承担赔偿责任。

第十六条 保险人本条款第二十七条约定认为被保险人提供的有关索赔的证明和资料不完整的，应当及时一次性通知投保人、被保险人补充提供。

第十七条 保险人收到被保险人的赔偿保险金的请求后，应当及时作出是否属于保险责任的核定；情形复杂的，应当在三十日内作出核定，但本保险合同另有约定的除外。

保险人应当将核定结果通知被保险人；对属于保险责任的，在与被保险人达成赔偿保险金的协议后十日内，履行赔偿保险金义务。保险合同对赔偿保险金的期限有约定的，保险人应当按照约定履行赔偿保险金的义务。保险人依照前款的规定作出核定后，对不属于保险责任的，应当自作出核定之日起三日内向被保险人发出拒绝赔偿保险金通知书，并说明理由。

第十八条 保险人自收到赔偿保险金的请求和有关证明、资料之日起六十日内，对其赔偿保险金的数额不能确定的，应当根据已有证明和资料可以确定的数额先予支付；保险人最终确定赔偿的数额后，应当支付相应的差额。

第十九条 保险人对在办理保险业务中知道的投保人、被保险人的业务和财产情况及个人隐私，负有保密的义务。

投保人、被保险人义务

第二十条　订立保险合同，保险人就保险标的或者被保险人的有关情况提出询问的，投保人应当如实告知。

投保人故意或者因重大过失未履行前款规定的如实告知义务，足以影响保险人决定是否同意承保或者提高保险费率的，保险人有权解除保险合同。

投保人故意不履行如实告知义务的，保险人对于合同解除前发生的保险事故，不承担赔偿保险金的责任，并不退还保险费。

投保人因重大过失未履行如实告知义务，对保险事故的发生有严重影响的，保险人对于合同解除前发生的保险事故，不承担赔偿保险金的责任，但应当退还保险费。

第二十一条　除另有约定外，投保人应当在保险合同成立时交付保险费。对于保险费交付之前发生的事故，保险人不负责赔偿。

第二十二条　被保险人应严格遵守国家《特种设备安全监察条例》的规定，使特种设备保持安全运行技术状态。

被保险人对特种设备应加强管理，采取合理的预防措施，尽力避免或减少责任事故的发生，对已经发现的缺陷立即修复。制定《特种设备紧急处理预案》，对控制事故损失的扩大和人员紧急抢救做好准备。

投保人、被保险人未按照约定履行上述安全义务的，保险人有权要求增加保险费或者解除合同。

第二十三条　在保险合同有效期内，保险标的的危险程度显著增加的，被保险人应当按照合同约定及时通知保险人，保险人可以按照合同约定增加保险费或者解除合同。

被保险人未履行前款约定的通知义务的，因保险标的的危险程度显著增加而发生的保险事故，保险人不承担赔偿保险金的责任。

第二十四条　知道保险事故发生后，被保险人应该：

（一）尽力采取必要、合理的措施，防止或减少损失，否则，对因此扩大的损失，保险人不承担赔偿责任；

（二）及时通知保险人，并书面说明事故发生的原因、经过和损失情况；故意或者因重大过失未及时通知，致使保险事故的性质、原因、损失程度等难以确定的，保险人对无法确定的部分，不承担赔偿责任，但保险人通过其他途径已经及时知道或者应当及时知道保险事故发生的除外；

（三）保护事故现场，允许并且协助保险人进行事故调查。对于拒绝或者妨碍保险人进行事故调查导致无法确定事故原因或核实损失情况的，保险人对无法核实的部分不承担赔偿责任。

第二十五条　被保险人收到受害人及其代表的损害赔偿请求时，应立即通知保险人。未经保险人书面同意，被保险人对受害人及其代理人作出的任何承诺、拒绝、出价、约定、付款或赔偿，保险人不受其约束。对于被保险人自行承诺或支付的赔偿金额，保险人有权重新核定，不属于本保险责任范围或超出应赔偿限额的，保险人不承担赔偿责任。在处理索赔过程中，保险人有权自行处理由其承担最终赔偿责任的任何索赔案件，被保险人有义务向保险人提供其所能提供的资料和协助。

第二十六条　被保险人获悉可能发生诉讼、仲裁时，应立即以书面形式通知保险人；

接到法院传票或其他法律文书后,应将其副本及时送交保险人。保险人有权以被保险人的名义处理有关诉讼或仲裁事宜,被保险人应提供有关文件,并给予必要的协助。

对因未及时提供上述通知或必要协助导致扩大的损失,保险人不承担赔偿责任。

第二十七条 被保险人向保险人请求赔偿时,应提供保险单正本、事故证明、国家质检部门出具的事故责任认定和处理报告、事故调解书、裁定书、判决书、损失清单和有关费用单据等被保险人所能提供的与确认保险事故的性质、原因、损失程度等有关的其他证明和资料。

被保险人未履行前款约定的索赔材料提供义务,导致保险人无法核实损失情况的,保险人对无法核实部分不承担赔偿责任。

赔偿处理

第二十八条 保险人的赔偿以下列方式之一确定的被保险人的赔偿责任为基础:

(一)被保险人和向其提出损害赔偿请求的受害人及其代表协商并经保险人确认;

(二)仲裁机构裁决;

(三)人民法院判决;

(四)保险人认可的其他方式。

第二十九条 被保险人给第三者造成损害,被保险人未向该第三者赔偿的,保险人不得向被保险人赔偿保险金。

第三十条 保险人受理报案、进行现场查勘、核损定价、参与案件诉讼、向被保险人提供建议等行为,均不构成保险人对赔偿责任的承诺。

第三十一条 发生保险责任范围内的损失,保险人按以下方式计算赔偿:

(一)对于每次事故造成的损失,保险人在每次事故赔偿限额内计算赔偿,其中对每人人身伤亡的赔偿金额不得超过每人赔偿限额;

(二)在依据本条第(一)项计算的基础上,保险人在扣除每次事故免赔额或按保险合同约定免赔率计算的免赔额后进行赔偿,但对于人身伤亡的赔偿不扣除每次事故免赔额(率);

(三)在保险期间内,保险人对多次事故损失的累计赔偿金额不超过累计赔偿限额。

第三十二条 发生保险事故时,如果被保险人的损失在有相同保障的其他保险项下也能够获得赔偿,则本保险人按照本保险合同的赔偿限额与其他保险合同及本合同的赔偿限额总和的比例承担赔偿责任。

其他保险人应承担的赔偿金额,本保险人不负责垫付。若被保险人未如实告知导致保险人多支付赔偿金的,保险人有权向被保险人追回多支付的部分。

第三十三条 发生保险责任范围内的损失,应由有关责任方负责赔偿的,保险人自向被保险人赔偿保险金之日起,在赔偿金额范围内代位行使被保险人对有关责任方请求赔偿的权利,被保险人应当向保险人提供必要的文件和所知道的有关情况。

被保险人已经从有关责任方取得赔偿的,保险人赔偿保险金时,可以相应扣减被保险人已从有关责任方取得的赔偿金额。

保险事故发生后,在保险人未赔偿保险金之前,被保险人放弃对有关责任方请求赔偿权利的,保险人不承担赔偿责任;保险人向被保险人赔偿保险金后,被保险人未经保险人同意放弃对有关责任方请求赔偿权利的,该行为无效;由于被保险人故意或者因重大过失致使保险人不能行使代位请求赔偿的权利的，保险人可以扣减或者要求返还相应的保险金。

第三十四条　被保险人向保险人请求赔偿保险金的诉讼时效期间为二年，自其知道或者应当知道保险事故发生之日起计算。

争　议　处　理

第三十五条　因履行本保险合同发生的争议，由当事人协商解决。协商不成的，提交保险单载明的仲裁机构仲裁；保险单未载明仲裁机构且争议发生后未达成仲裁协议的，依法向中华人民共和国人民法院起诉。

第三十六条　本保险合同的争议处理适用中华人民共和国法律（不包括港澳台地区法律）。

其 他 事 项

第三十七条　被保险人可随时书面申请注销本保险单。对本保险单已生效期间的保险费，保险人按日比例计收。保险责任开始前，投保人要求解除保险合同的，应当向保险人支付保险费的5％作为退保手续费。

第三十八条　投保人提出保险要求，经保险人同意承保，保险合同成立。依法成立的保险合同，自双方约定的保险起期开始时生效，但投保人未向保险人交清保险费或未按双方约定向保险人交付保险费的情形除外。

29.6　环境污染责任保险条款

中国人民财产保险股份有限公司湖北省分公司

环境污染责任保险条款

总　　则

第一条　本保险合同由保险条款、投保单、保险单以及批单组成。凡涉及本保险合同的约定，均应采用书面形式。

第二条　凡依法设立并符合国家环评标准、其场所及设备经有关环境保护管理部门验收合格的企事业单位、社会团体，均可作为本保险合同的被保险人。

保 险 责 任

第三条　在保险期间或本保险合同载明的追溯期内，被保险人在本保险单明细表中列明的保险地址内，依法从事生产经营活动过程中，由于突发的意外事故导致有毒有害物质的排放、泄露、溢出、渗漏，造成承保区域内第三者的人身伤亡或直接财产损失，并被县级以上环境保护管理部门认定为环境污染责任事故，由受害人在保险期间内首次向被保险人提出损害赔偿请求，依照中华人民共和国法律应由被保险人承担侵权经济赔偿责任的，视为保险事故发生，保险人按照本保险合同的约定负责赔偿。

本保险合同所指"承保区域"是指保险地址外围1km以内的范围。

第四条　被保险人因发生保险事故而支出的合理的、必要的清污费用，保险人按照本保险合同约定负责赔偿。

清污费用是指为排除环境污染危害而发生的检验、监测、清除、处置、中和等费用。

第五条　保险事故发生后，被保险人因保险事故而被提起仲裁或者诉讼的，对应由被保险人支付的仲裁或诉讼费用以及其他必要的、合理的费用（以下简称"法律费用"），经保险人事先书面同意，保险人按照本保险合同约定也负责赔偿。

责 任 免 除

第六条 下列原因造成的损失、费用和责任，保险人不负责赔偿：

（一）投保人、被保险人或雇佣人员的故意或重大过失行为；

（二）战争、敌对行动、军事行为、武装冲突、罢工、骚乱、暴动、恐怖活动；

（三）核反应、核子辐射和光电、噪音或放射性污染；

（四）行政行为或司法行为；

（五）自然灾害；

自然灾害：指地震及其次生灾害、雷电、暴雨、洪水、暴风、龙卷风、冰雹、台风、飓风、沙尘暴、暴雪、冰凌、突发性滑坡、崩塌、泥石流、地面突然下陷下沉及其他人力不可抗拒的破坏力强大的自然现象。

（六）井喷；

（七）被保险人生产流程本身固有原因导致的污水、废气等污染物不达标排放。

第七条 下列损失、费用和责任，保险人也不负责赔偿：

（一）被保险人未能在保险事故发生后的 72h 内发现的损失、费用和责任；

（二）被保险人或其雇员的人身伤亡及其所有或管理的财产的损失；

（三）水体、大气、土壤等生态污染的损失；

（四）累进式、渐变式污染造成的损失；

（五）政府列明了的潜在污染地的任何索赔，保险单另有约定的除外；

（六）被保险人应该承担的合同责任，但无合同存在时仍然应由被保险人承担的法律责任不在此限；

（七）任何间接损失；

（八）罚款、罚金及惩罚性赔款。

第八条 未经有关环境保护管理部门验收或经验收不合格的场所或设备发生环境污染事故造成第三者人身伤亡或财产损失的，保险人不承担赔偿责任。

第九条 本保险单列明的应由被保险人自行负担的免赔额，保险人不承担赔偿责任。

第十条 其他不属于本保险责任范围的损失、费用和责任，保险人不负责赔偿。

责任限额与免赔额

第十一条 本保险合同设每次事故责任限额、每次事故每人人身伤亡责任限额、每次事故每人医疗费用责任限额、每次事故清污费用责任限额、累计责任限额、法律费用责任限额，由投保人和保险人双方协商确定并在保险合同中载明。

每次事故每人人身伤亡责任限额不超过人民币 20 万元，每次事故每人医疗费用责任限额不超过人民币 2 万元。

每次事故清污费用责任限额不超过每次事故责任限额的 50%。

每次事故责任限额与累计责任限额一致。

法律费用责任限额不超过人民币 100 万元。

第十二条 每次事故免赔额由投保人与保险人在签订保险合同时协商确定，并在保险合同中载明。

保险期间和追溯期

第十三条　除另有约定外,保险期间为一年,以保险合同载明的起讫时间为准。

追溯期是指自保险期间开始向前追溯约定的时间期间,投保人连续投保,追溯期可以连续计算,但最长不得超过三年。追溯期的起始日不应超过首张保险单的保险期间起始日。追溯期由保险合同双方约定,并在保险合同中载明。

投保人、被保险人义务

第十四条　投保人应履行如实告知义务,如实回答保险人就被保险人的有关情况提出的询问,并如实填写投保单。

投保人故意隐瞒事实,不履行如实告知义务的,或者因过失未履行如实告知义务,足以影响保险人决定是否同意承保或者提高保险费率的,保险人有权解除保险合同,保险合同自保险人的解约通知书到达投保人或被保险人时解除。

投保人故意不履行如实告知义务的,保险人对于保险合同解除前发生的保险事故,不承担赔偿责任,并不退还保险费。

投保人因过失未履行如实告知义务,对保险事故的发生有严重影响的,保险人对于保险合同解除前发生的保险事故,不承担赔偿责任,但可退还保险费。

第十五条　除另有书面约定外,投保人应在保险合同成立时交清保险费。未按约定交清保险费前发生的保险事故,保险人不承担赔偿责任。

第十六条　被保险人应严格遵守国家及政府有关部门制定的其他相关法律、法规及规定,加强安全管理和污染物管理的规定,采取合理的预防措施,尽力避免或减少责任事故的发生。

保险人可以对被保险人遵守前款约定的情况进行检查,向投保人、被保险人提出消除不安全因素和隐患的书面建议,投保人、被保险人应该认真付诸实施。

投保人、被保险人未遵守上述约定而导致保险事故的,保险人不承担赔偿责任;投保人、被保险人未遵守上述约定而导致损失扩大的,保险人对扩大部分的损失不承担赔偿责任。

第十七条　被保险人应选用合格的人员并且使拥有的建筑物、道路、工厂、机器、装修的设备处于坚实、良好可供使用状态,同时,应立即纠正已发现的污染缺陷并调查和纠正类似缺陷,必要时应当公告其的危险性,新增设备或流程的,应取得环境保护部门的合格验收。否则,由于被保险人未及时履行上述义务而导致的损失和费用,保险人不负责赔偿。

第十八条　在保险期间内,如足以影响保险人决定是否继续承保或是否增加保险费的保险合同重要事项变更,被保险人应及时书面通知保险人,保险人有权要求增加保险费或者解除合同。

被保险人未履行通知义务,因上述保险合同重要事项变更而导致保险事故发生的,保险人不承担赔偿责任。

第十九条　发生保险责任范围内的事故,被保险人应该:

(一)尽力采取必要、合理的措施,防止或减少损失,否则,对因此扩大的损失,保险人不承担赔偿责任;

(二)立即通知保险人,并书面说明事故发生的原因、经过和损失情况;对因未及时通知导致保险人无法对事故原因进行合理查勘的，保险人不承担赔偿责任；对因未及时通知导致保险人无法核实损失情况的，保险人对无法核实部分不承担赔偿责任；

（三）保护事故现场，允许并且协助保险人进行事故调查；对于拒绝或者妨碍保险人进行事故调查导致无法确定事故原因或核实损失情况的，保险人不承担赔偿责任。

第二十条　被保险人收到第三者的损害赔偿请求时，应立即通知保险人。未经保险人书面同意，被保险人自行对第三者做出的任何承诺、拒绝、出价、约定、付款或赔偿，保险人不认可。

第二十一条　被保险人获悉可能发生诉讼、仲裁时，应立即以书面形式通知保险人；接到法院传票或其他法律文书后，应将其副本及时送交保险人。保险人有权以被保险人的名义处理有关诉讼或仲裁事宜，被保险人应提供有关文件，并给予必要的协助。

对因未及时提供上述通知或必要协助引起或扩大的损失，保险人不承担赔偿责任。

第二十二条　被保险人向保险人请求赔偿时，应提交保险单正本、所辖保险地址的县级及以上国家环保部门污染事故认定书、污染程度及事故损失鉴定材料、县级及以上的医疗机构或司法机关出具的残疾鉴定诊断书、死亡证明、县级以上（含县级）医院或保险人认可的医疗机构出具的医疗费用收据、诊断证明及住院病历、有关的法律文书（裁定书、裁决书、判决书、调解书等）或和解协议、损失清单、支付凭证，以及保险人合理要求的有效的、作为请求赔偿依据的其他证明材料。

被保险人未履行前款约定的单证提供义务，导致保险人无法核实损失情况的，保险人对无法核实部分不承担赔偿责任。

第二十三条　被保险人在请求赔偿时应当如实向保险人说明与本保险合同保险责任有关的其他保险合同的情况。对未如实说明导致保险人多支付保险金的，保险人有权向被保险人追回多支付的部分。

第二十四条　发生保险责任范围内的损失，应由有关责任方负责赔偿的，被保险人应行使或保留向该责任方请求赔偿的权利。

保险事故发生后，保险人未履行赔偿义务之前，被保险人放弃对有关责任方请求赔偿的权利的，保险人不承担赔偿责任。

在保险人向有关责任方行使代位请求赔偿权利时，被保险人应当向保险人提供必要的文件和其所知道的有关情况。

由于被保险人的过错致使保险人不能行使代位请求赔偿的权利的，保险人相应扣减赔偿金额。

赔偿处理

第二十五条　保险人的赔偿以下列方式之一确定的被保险人的赔偿责任为基础：

（一）被保险人和向其提出损害赔偿请求的第三者协商并经保险人确认；

（二）仲裁机构裁决；

（三）人民法院判决；

（四）保险人认可的其他方式。

第二十六条　发生保险责任范围内的损失，保险人按以下方式计算赔偿：

（一）对于每次事故造成的损失，保险人在每次事故责任限额内计算赔偿，其中对每人人身伤亡的赔偿金额不得超过每次事故每人人身伤亡责任限额，对每人医疗费用的赔偿金额不得超过每次事故每人医疗费用责任限额；

（二）对于每次事故被保险人依法应支付的清污费用，保险人在每次事故清污费用责任限额内据实赔偿。

（三）在依据本条第（一）项和第（二）项计算的基础上，保险人在扣除每次事故免赔额后进行赔偿，但对人身伤亡的赔偿不扣除免赔额。在保险期间或追溯期内发生一次或多次保险责任范围内事故的，保险人对被保险人的所有赔偿不超过保险合同载明的累计责任限额。法律费用依照第二十七条的规定计算，不在此限。

第二十七条 对于被保险人每次事故法律费用的赔偿金额，保险人在第二十六条计算的赔偿金额以外，按本保险合同的约定另行计算，但不超过法律费用责任限额的25%。

在本保险期间内，保险人对被保险人多次索赔的法律费用累计赔偿金额不超过本保险合同列明的法律费用责任限额。

第二十八条 保险事故发生时，如果存在重复保险，保险人按照本保险合同的累计责任限额与所有有关保险合同的累计责任限额总和的比例承担赔偿责任。

其他保险人应承担的赔偿金额，本保险人不负责垫付。

第二十九条 保险人收到被保险人的赔偿请求后，应当及时作出核定，并将核定结果通知被保险人；对属于保险责任的，在与被保险人达成有关赔偿金额的协议后十日内，履行赔偿义务。

第三十条 被保险人对保险人请求赔偿的权利，自其知道保险事故发生之日起二年不行使而消灭。

争议处理

第三十一条 因履行本保险合同发生的争议，由当事人协商解决。协商不成的，提交保险合同载明的仲裁机构仲裁；保险合同未载明仲裁机构或者争议发生后未达成仲裁协议的，依法向中华人民共和国人民法院起诉。

第三十二条 本保险合同的争议处理适用中华人民共和国法律。

其他事项

第三十三条 保险责任开始前，投保人要求解除保险合同的，应当向保险人支付相当于保险费5%的退保手续费，保险人应当退还剩余部分保险费；保险人要求解除保险合同的，不得向投保人收取手续费并应退还已收取的保险费。

保险责任开始后，投保人要求解除保险合同的，自通知保险人之日起，保险合同解除，保险人按短期费率计收自保险责任开始之日起至合同解除之日止期间的保险费，并退还剩余部分保险费；保险人要求解除保险合同的，应提前十五日向投保人发出解约通知书，保险人按照保险责任开始之日起至合同解除之日止期间与保险期间的日比例计收保险费，并退还剩余部分保险费。

释 义

第三十四条 本保险合同涉及下列术语时，适用下列释义：

（一）"有毒有害物质"：是指被列入《危险货物品名表》（GB 12268）、《危险化学品名录》（2002版）、《国家危险废物名录》（环发［1998］089号）和《剧毒化学品目录》（2002年版）中的剧毒、强腐蚀性、强刺激性、致癌、致畸的物质。

（二）第三者：是指除保险人和被保险人及其代表、雇员、近亲属以外的第三方。

（三）自然灾害：

地震及其次生灾害：指震级在 4.75 级以上、烈度在 6 级以上的天然破坏性地震，次生灾害则指地震时造成的河水倾溢、水坝崩塌等引起的水灾，易燃、易爆物、剧毒品等设备受损引起的燃、爆、污染，以及细菌传播、水源污染、瘟疫等，造成的间接损失。

雷电：指积雨云中、云间或云地之间产生的放电现象，其破坏形式分为直接雷击和感应雷击两种。

暴雨：指每小时降雨量达 16mm 以上，或连续 12h 降雨量达 30mm 以上，或连续 24h 降雨量达 50mm 以上的降雨。

洪水：指山洪暴发、江河泛滥、潮水上岸及倒灌。

暴风：指风力达 8 级、风速在 17.2m/s 以上的自然风。

龙卷风：指一种范围小而时间短的猛烈旋风，陆地上平均最大风速在 79m/s～103m/s，极端最大风速在 100m/s 以上。

冰雹：从强烈对流的积雨云中降落到地面的冰块或冰球，是直径大于 5mm，核心坚硬的固体降水。

台风、飓风：台风指中心附近最大平均风力 12 级或以上，即风速在 32.6m/s 以上的热带气旋；飓风是一种与台风性质相同、但出现的位置区域不同的热带气旋，台风出现在西北太平洋海域，而飓风出现在印度洋、大西洋海域。

沙尘暴：指强风将地面大量尘沙吹起，使空气很混浊，水平能见度小于 1km 的天气现象。

暴雪：指连续 12h 的降雪量大于或等于 10mm 的降雪现象。

冰凌：指严寒致使雨雪在物体上结成的成下垂形状的冰块。

突发性滑坡：斜坡上不稳的岩土体或人为堆积物在重力作用下突然整体向下滑动的现象。

崩塌：石崖、土崖、岩石受自然风化、雨蚀造成崩溃下塌，以及大量积雪在重力作用下从高处突然崩塌滚落。

泥石流：由于雨水、冰雪融化等水源激发的、含有大量泥沙石块的特殊洪流。

地面突然下陷下沉：地壳自然变异、地层收缩引起地面突然下陷下沉。

29.7 物业管理责任保险条款

29.7.1 物业管理保险主险条款

中国平安保险公司物业管理责任保险条款

总　　则

第一条　为保障物业管理者的合法权益，促进物业管理行业健康发展，特制定本保险。

第二条　凡取得物业管理资质证书并依法在工商行政管理部门登记注册的物业管理者，均可作为本保险的被保险人。

保险责任

第三条　在本保险期限内，被保险人在本保险单明细表中列明区域内从事物业管理工作过程中，因过失导致意外事故而致使第三者人身伤亡或财产损失，依法应由被保险人承担的经济赔偿责任，本公司负赔偿责任。

第四条　发生保险事故后，被保险人支付的经本公司同意的诉讼或仲裁费用，本公司根据本保险合同的规定负赔偿责任。

第五条　发生保险事故后，被保险人为减少对第三者人身伤亡或财产损失的赔偿责任所支付的必要、合理的费用，本公司根据本保险合同的规定负赔偿责任。

责 任 免 除

第六条　下列原因造成的损失，本公司不负赔偿责任：

（一）被保险人或其代表及雇员的故意行为；

（二）战争、军事行动、武装冲突、恐怖活动、罢工、暴动、民众骚乱、盗窃、抢劫；

（三）核反应、核辐射及放射性污染；

（四）大气、土地和水污染及其他污染；

（五）火灾、爆炸、地震、雷击、暴风、暴雨、洪水、台风等自然灾害，但因被保险人管理、维护不善，造成灾害来临时本不应发生的损失除外；

（六）物业管理区域内房屋建筑、设施以及第三者电器设备本身缺陷所导致的损失；

（七）直接或间接由于计算机2000年问题引起的损失。

第七条　下列损失和费用，本公司也不负赔偿责任：

（一）被保险人或其代表及雇员自身的人身伤亡以及被保险人或其代表及雇员所有或其保管、控制的非物业财产损失；

（二）被保险人与他人签订的协议中所约定的责任，但即使没有这种协议，被保险人仍应承担的法律责任不在此限；

（三）物业管理资质证书被资质审批部门吊销期间所发生的损失；

（四）被保险人将物业管理区域内的专项服务业务委托给他人导致的第三者的人身伤亡及财产损失；

（五）保险事故引起的第三者精神损害及被保险人减产、停产等间接损失；

（六）供水、供电、供气、供热、通讯、有线电视等单位未依法承担物业管理区域内相关管线和设备维修、养护责任发生的损失；

（七）本保险单明细表中列明区域内机动车辆及非机动车辆的损失；

（八）游泳场所内发生的第三者人身伤亡及财产损失；

（九）电梯运行事故或故障导致的第三者人身伤亡及财产损失；

（十）罚款、违约金或惩罚性赔款；

（十一）保险单明细表或有关特别约定中规定的应由被保险人自行负担的免赔额；

第八条　其他不属于本保险责任范围内的损失、费用。

赔 偿 限 额

第九条　本公司对每次保险事故承担的本条款第二条、第四条、第五条的赔偿金额之和不超过保险单明细表中列明的每次事故赔偿限额，每次保险事故每人人身伤亡赔偿金额不超过保险单明细表中列明的每人每次事故赔偿限额。在保险期限内，无论发生多少次保险事故，本公司承担的最高赔偿金额不超过本保险单明细表中列明的累计赔偿限额。

投保人、被保险人义务

第十条 投保时,投保人应履行如实告知义务,对投保申请书中的事项以及本公司提出的其他事项做出真实、详尽的说明或描述,并提供物业管理资质证书及本公司要求提供的其他材料。

第十一条 投保人应按约定如期缴付保险费。

第十二条 发生本保险责任范围内的事故时,被保险人应尽力采取必要的措施以减少损失。同时,应立即通知本公司,并书面说明事故发生的原因、经过和损失程度。

第十三条 在得知可能引起索赔诉讼时,被保险人应及时通知本公司。本公司有权以被保险人的名义接办对诉讼的抗辩或处理索赔事宜,被保险人应向本公司提供一切所需的资料和协助。

第十四条 在本保险有效期限内,如果保险重要事项变更或保险标的危险程度增加,被保险人应及时书面通知本公司,本公司有权要求增加保险费或解除本保险合同。被保险人如未履行上述通知义务,本公司有权拒绝赔偿因危险程度增加而发生保险事故所造成的损失。本保险合同解除后,本公司将按日比例退还被保险人本保险单项下未到期部分的保险费。

第十五条 被保险人应当遵守国家及当地主管部门颁布的有关安全法规及管理规定,讲求职业道德,尽职尽责做好物业管理工作。

第十六条 投保人、被保险人如不履行条款第十条至第十五条规定的各项义务,本公司有权拒绝赔偿或终止本保险合同。

赔偿处理

第十七条 被保险人在向本公司申请赔偿时,应提供下列材料:

(一) 保险单正本;
(二) 营业执照及物业管理资质证书;
(三) 相关职权机关出具的事故证明;
(四) 索赔人的索赔申请和损失清单;
(五) 经过法院或仲裁机关裁判的,应提供生效裁判文书;
(六) 本公司要求提供的其他材料。

第十八条 发生保险事故时,未经本公司书面同意,被保险人或其代表对第三者不得做出任何承诺、拒绝、出价、约定、付款或赔偿。

第十九条 发生本保险责任范围内的损失,应当由第三方负责赔偿的,被保险人应采取一切必要措施向第三方索赔。本公司自向被保险人赔付之日起,取得在赔偿金额范围内代位行使被保险人对第三方请求赔偿的权利。在本公司向第三方行使代位请求赔偿权利时,被保险人应积极协助,并提供必要的文件和所知道的有关情况。

第二十条 投保人如有重复保险的情况,本公司仅负按比例赔偿的责任。

第二十一条 被保险人的索赔期限,从其知道或应当知道保险事故发生之日起,不得超过两年。

其他事项

第二十二条 本保险合同生效后,投保人可随时书面申请解除本保险合同,保险费按短期费率计收;本公司亦可提前十五天发出书面通知解除本保险合同,保险费按日比例计收。

第二十三条　被保险人与本公司之间因本保险事宜发生争议时，可以协商解决，协商不成的，由双方当事人根据保险合同的约定，从下列两种方式中选择一种解决：

（一）提交_____仲裁委员会仲裁。

（二）向被告住所地人民法院起诉。

定义：

物业财产指由被保险人管理的、保单明细表中列明区域内的共用道路、场地、房屋及配套设施设备。

29.7.2　物业管理责任保险附加游泳险

游泳场所责任附加险条款

第一条　保险责任

本保险单明细表中列明的游泳池在正常开放时间内被保险人的下列损失和费用，本公司负赔偿责任：

（一）被保险人管理游泳场所过程中因过失导致的第三者在游泳场所内死亡或伤残依法应由被保险人承担的经济赔偿责任；

（二）发生保险事故后，被保险人支付的必要合理的施救费用。

第二条　赔偿限额

本保险年累计赔偿限额为人民币 50 万元，每人每次人身伤亡赔偿限额为人民币 10 万元。

第三条　责任免除

下列情况下发生的损失，本公司不承担赔偿责任：

（一）游泳池正常开放时间内没有合格救生员值勤；

（二）游泳者在游泳场所内感染传染性疾病；

（三）游泳者故意行为。

本保险为物业管理责任保险的附加险，本条款与主险条款内容相抵触时，以本条款为准，未尽之处，以主险条款为准。

29.7.3　物业管理责任保险附加停车险

停车场责任附加险条款

凡依法取得停车场有效经营许可证的物业管理者均可投保本附加险。

第一条　保险责任

凡持被保险人发放的有效停车卡或出入卡停放在保险单明细表中列明停车场内的机动车辆，因下列原因造成的损失，本公司负责赔偿被保险人依法应当承担的经济赔偿责任：

（一）整车被盗；

（二）空中物体坠落或建筑物倒塌导致机动车辆损毁。

第二条　除外责任

对下列损失，本公司不负赔偿责任：

（一）车辆本身的缺陷或进场前已经发生的损失；

（二）车载货物及车内物品损失；

（三）未锁车门导致的整车被盗损失；

（四）被保险人明确指定机动车辆停放位置的，未按指定位置随意停放的机动车辆的损失；

（五）他人碰撞车辆或恶意行为导致的损失；

（六）非全车被盗，仅车上零部件或附属设备被盗发生的损失；

（七）不属于保险责任的其他任何损失。

第三条 赔偿限额及免赔额

本保险每次保险事故绝对免赔额为人民币1000元或损失金额的20%，以两者较高者为准，每次保险事故每个车位赔偿限额为人民币15万元。在保险期限内无论发生多少次保险事故，本公司最高赔偿金额不超过累计赔偿限额。

本保险为物业管理责任保险的附加险，本条款与主险条款内容相抵触时，以本条款为准，未尽之处，以主险条款为准。

29.7.4 物业管理责任保险附加电梯责任险

电梯责任附加险条款

第一条 保险责任

在本保险单明细表中列明区域内的电梯（包括客用电梯、货用电梯、人货两用电梯和自动扶梯）在运行过程中发生意外事故造成搭乘人员的人身伤亡或财产损失，本公司负责赔偿被保险人依法应承担的经济赔偿责任。

第二条 赔偿限额

本保险每人每次人身伤亡赔偿限额为人民币10万元。对于同一部电梯，每次保险事故赔偿金额不超过每次事故赔偿限额，在保险期限内无论发生多少次保险事故，本公司的最高赔偿金额不超过本保险单明细表中列明的每部电梯的累计赔偿限额。

第三条 除外责任

本公司对下列各项不负赔偿责任：

（一）电梯维修保养人员、安全检测人员的人身伤亡及财产损失；

（二）发生火警时，使用非消防用电梯所造成的人员伤亡及财产损失；

（三）电梯乘坐人数或装载货物重量超过该电梯最大负荷量导致的人身伤亡及财产损失；

（四）未取得有效的电梯准用证、非经具有相应资质的合法企业生产、安装、维修的电梯在运行过程中导致的损失；

（五）电梯未按国家有关规定接受检验或检验不合格导致人身伤亡或财产损失；

（六）根据电梯使用说明应该配备电梯司机的电梯未配备合格的电梯司机所发生的损失；

（七）被保险人发现有妨碍电梯安全运行的技术故障后，仍使电梯带故障运行所导致的损失。

本保险为物业管理责任保险的附加险，本条款与主险条款内容相抵触时，以本条款为准，未尽之处，以主险条款为准。

附件：物业管理责任保险及附加险费率表

一、物业管理责任保险费率表

（一）物业管理责任保险基本费率表（见下表）

物业管理责任保险基本费率表

累计赔偿限额 建筑面积	100万	300万	500万	800万	1000万
10万平方米以下	0.35%	0.32%	0.30%	0.28%	0.26%
10万~30万	0.38%	0.36%	0.34%	0.32%	0.30%
30万~50万	0.42%	0.40%	0.38%	0.36%	0.35%
50万~100万	0.45%	0.42%	0.40%	0.38%	0.36%
100万以上	0.50%	0.47%	0.45%	0.42%	0.40%

注：每人每次人身伤亡赔偿限额为10万元

（二）每次事故赔偿限额系数表（见下表所示）

每次事故赔偿限额系数表

每次事故赔偿限额	累计赔偿限额的20%	累计赔偿限额的30%	累计赔偿限额的40%	累计赔偿限额的50%
系数	0.95	1.0	1.05	1.1

（三）物业类型系数表（见下表所示）

物业类型系数表

物业类型	社团机关、写字楼、住宅小区	商场	酒店宾馆	工业区	体育场所、娱乐场所
系数	1.0	1.1	1.2	1.3	1.5

（四）保费计算方式

保险费＝累计赔偿限额×基本费率×每次事故赔偿限额系数×物业类型系数

二、游泳场所责任附加险费率

（一）每个游泳场所年定额保险费＝6000元×物业类型系数

（二）赔偿限额：年累计赔偿限额为50万元，每人每次人身伤亡赔偿限额10万元。

三、停车场责任附加险费率

（一）每个车位年定额保险费为120元；

（二）每次事故每个车位赔偿限额为15万元。

四、电梯责任附加险费率

（一）每部电梯基本费率（见下表所示）

电梯基本费率

累计赔偿限额	50万	100万	200万	300万
基本费率	0.26%	0.24%	0.22%	0.20%

注：每人每次人身伤亡赔偿限额为10万元。

（二）每部电梯每次事故赔偿限额系数表（见下表所示）

电梯每次事故赔偿限额系数表

每次事故赔偿限额	累计赔偿限额的20%	累计赔偿限额的30%	累计赔偿限额的40%	累计赔偿限额的50%
系数	0.95	1.0	1.05	1.1

（三）电梯责任附加险保费

1. 每部电梯保险费＝累计赔偿限额×基本费率×每次事故赔偿限额系数
2. 电梯责任附加险保费＝各部电梯保险费之和

29.8 公众责任保险条款

29.8.1 普通公众责任险条款

中国人民财产保险有限公司公众责任险条款

保 险 对 象

第一条 凡依法设立的企事业单位、社会团体、个体工商户、其他经济组织及自然人，均可作为被保险人。

保 险 责 任

第二条 在本保险有效期限内，被保险人在本保险单明细表中列明的地点范围内依法从事生产、经营等活动以及由于意外事故造成下列损失或费用，依法应由被保险人承担的民事赔偿责任，保险人负责赔偿：

（一）第三者人身伤亡或财产损失；

（二）事先经保险人书面同意的诉讼费用；

（三）发生保险责任事故后，被保险人为缩小或减少对第三者人身伤亡或财产损失的赔偿责任所支付必要的、合理的费用。

上述第（一）与第（二）项每次事故赔偿总金额不得超过本保险单明细表中列明的每次事故赔偿限额；第（三）项每次事故赔偿金额不得超过本保险单明细表中列明的每次事故赔偿限额。

责 任 免 除

第三条 下列原因造成的损失、费用和责任，保险人不负责赔偿：

（一）被保险人及其代表的故意或重大过失行为；

（二）战争、敌对行为、军事行为、武装冲突、罢工、骚乱、暴动、盗窃、抢劫；

（三）政府有关当局的没收、征用；

（四）核反应、核子辐射和放射性污染；

（五）地震、雷击、暴雨、洪水、火山爆发、地下火、龙卷风、台风暴风等自然灾害；

（六）烟熏、大气、土地、水污染及其他污染；

（七）锅炉爆炸、空中运行物体坠落；

（八）直接或间接由于计算机2000年问题引起的损失。

第四条 被保险人的下列损失、费用和责任，保险人不负责赔偿：

（一）被保险人或其代表、雇佣人员人身伤亡的赔偿责任，以及上述人员所有的或由其保管或控制的财产的损失；

（二）罚款、罚金或惩罚性赔款；

（三）被保险人与他人签订协议所约定的责任，但应由被保险人承担的法律责任不在此列。

第五条 下列属于其他险种保险责任范围的损失、费用和责任，保险人不负责赔偿：

（一）被保险人或其雇员从事医师、律师、会计师、设计师、建筑师、美容师或其他专门职业所发生的赔偿责任；

（二）不洁、有害食物或饮料引起的食物中毒或传染性疾病，有缺陷的卫生装置，以及售出的商品、食物、饮料存在缺陷造成他人的损害；

（三）对于未载入本保险单而属于被保险人的或其所占有的或以其名义使用的任何牲畜、车辆、火车头、各类船只、飞机、电梯、升降机、自动梯、起重机、吊车或其他升降装置造成的损失；

（四）由于震动、移动或减弱支撑引起任何土地、财产、建筑物的损害责任。被保险人因改变、维修或装修建筑物造成第三者人身伤亡或财产损失的赔偿责任；

（五）被保险人及第三者的停产、停业等造成的一切间接损失。

第六条 未经有关监督管理部门验收或经验收不合格的固定场所或设备发生火灾爆炸事故造成第三者人身伤亡或财产损失的赔偿责任，保险人不负责赔偿；因保险固定场所周围建筑物发生火灾、爆炸波及保险固定场所，再经保险固定场所波及他处的火灾责任，保险人不负责赔偿。

第七条 下列原因造成的损失、费用和责任，保险人不负责赔偿：

（一）被保险人因在本保险单列明的地在范围内所拥有、使用或经营的游泳池发生意外事故造成的第三者人身伤亡或财产损失；

（二）被保险人因在本保险单列明的固定场所内布置的广告、霓虹灯、灯饰物发生意外事故造成的第三者人身伤亡或财产损失；

（三）被保险人因在本保险单列明的地点范围内所拥有、使用或经营的停车场发生意外事故造成的第三者人身伤亡或财产损失；

（四）被保险人因出租房屋或建筑物发生火灾造成第三者人身伤亡或财产损失的赔偿责任。

第八条 本保险单列明的或有关条款中规定的应由被保险人自行负担的免赔额，保险人不负责赔偿。

第九条 其他不属于本保险责任范围内的一切损失、费用和责任，保险人不负责赔偿。

被保险人义务

第十条 被保险人应履行如实告知义务，并回答保险人就有关情况提出的询问。

第十一条 被保险人应按约定如期缴付保险费，未按约定缴付保险费的，保险人不承担赔偿责任。

第十二条 在本保险有效期限内，保险重要事项变更或保险标的危险程度增加的，被保险人应及时书面通知保险人，保险人应办理批改手续或增收保险费。

第十三条　发生本保险责任范围内的事故时，被保险人应尽力采取必要的措施，缩小或减少损失；立即通知保险人，并书面说明事故发生的原因、经过和损失程度。

第十四条　被保险人获悉可能引起诉讼时，应立即以书面形式通知保险人；当接到法院传票或其他法律文书后，应及时送交保险人。

第十五条　被保险人应选用合格的人员并且使拥有的建筑物、道路、工厂、机器、装修的设备处于坚实、良好可供使用状态。同时，应遵照法律法规和政府有关部门的要求，对已经发现的缺陷立即修复，并采取临时性的预防措施以防止发生意外事故。

第十六条　被保险人如果不履行第十条至第十五条约定的各项义务，保险人不负赔偿责任，或从解约通知书送达十五日后终止本保险。

赔偿处理

第十七条　发生保险责任事故时，未经保险人书面同意，被保险人或其代表自行对索赔方作出的任何承诺、拒绝、出价、约定、付款或赔偿，保险人均不承担责任。必要时，保险人可以被保险人的名义对诉讼进行抗辩或处理有关索赔事宜。

第十八条　保险人对每次事故的赔偿金额以法院或政府有关部门依法裁定的或经双方当事人及保险人协商确定的应由被保险人偿付的金额为准，但不得超过本保险单明细表中列明的每次事故赔偿限额及所含人身伤亡每人赔偿限额。在本保险期限内多次事故的累计赔偿金额，不得超过本保险单明细表中列明的累计赔偿限额。

第十九条　保险人根据以上第二条《保险责任》的规定对每次事故中被保险人为缩小或减少损失支付必要的、合理的费用及事先经保险人书面同意的诉讼费用予以赔偿。

第二十条　被保险人在向保险人申请赔偿时，应提交保险单正本、事故证明书、损失清单、裁决书，由保险人认可的县级以上（台县级）医疗机构出具的医疗证明以及保险人认为其他必要的单证材料。

第二十一条　必要时，保险人有权以被保险人名义向有关责任方提出索赔要求。未经保险人书面同意，被保险人自行接受有关责任方就有关损失作出付款或赔偿安排或放弃向有关责任方索赔的权利，保险人可以不负赔偿责任或解除本保险。

第二十二条　发生本保险责任范围内的损失，应由有关责任方负责赔偿的，被保险人应采取一切必要的措施向有关责任方索赔。保险人自向被保险人赔付之日起，取得在赔偿金额范围内代位行使被保险人对有关责任方请求赔偿的权利。在保险人向有关责任方行使代位请求赔偿的权利时，被保险人应积极协助，并提供必要的文件和所知道的有关情况。

第二十三条　被保险人请求索赔的权利，自其知道或者应当知道保险事故发生之日起二年不行使而消灭。

争议处理

第二十四条　被保险人和保险人之间有关本保险的争议，应协商解决。协商不成的，可向法院提起诉讼。除事先有特别约定外，诉讼应在被告方所在地法院进行。本保险适用中华人民共和国法律。

其他事项

第二十五条　本保险生效后，被保险人可随时书面申请解除本保险，保险费按短期费率计收；保险人亦可提前15d发出书面通知解除本保险，保险费按日平均计收。

29.8.2 火灾公众责任险条款

中国人民财产保险公司火灾公众责任保险条款

总　则

第一条 本保险合同由保险条款、投保单、保险单以及批单组成。凡涉及本保险合同的约定，均应采用书面形式。

保险责任

第二条 在保险期间内，被保险人在本保险合同载明的场所内依法从事生产、经营等活动时，因该场所内发生火灾、爆炸造成第三者人身损害，依照中华人民共和国法律应由被保险人承担的人身损害经济赔偿责任，保险人按照本保险合同约定负责赔偿。

第三条 保险事故发生后，被保险人因保险事故而被提起仲裁或者诉讼的，对应由被保险人支付的仲裁或诉讼费用以及事先经保险人书面同意支付的其他必要的、合理的费用（以下简称"法律费用"），保险人按照本保险合同约定也负责赔偿。

责任免除

第四条 下列原因造成的损失、费用和责任，保险人不负责赔偿：
（一）被保险人从事与保险合同载明的经营范围不符的活动或违法违规经营；
（二）投保人、被保险人的故意或重大过失行为；
（三）战争、敌对行动、军事行为、武装冲突、罢工、骚乱、暴动、恐怖活动、盗窃、抢劫；
（四）由地震、火山爆发、地下火、核爆炸、空中运行物体坠落引发的火灾、爆炸；
（五）行政行为或司法行为。

第五条 下列损失、费用和责任，保险人不负责赔偿：
（一）被保险人或其雇员的人身损害；
（二）被保险人应该承担的合同责任，但无合同存在时仍然应由被保险人承担的人身损害经济赔偿责任不在此限；
（三）罚款、罚金及惩罚性赔偿；
（四）精神损害赔偿；
（五）火灾、爆炸事故造成的任何直接或间接财产损失；
（六）未经有关消防及安全监督管理部门验收或经验收不合格的固定场所或设备发生火灾、爆炸事故造成的损失。

责任限额

第六条 责任限额包括每人责任限额和累计责任限额，由投保人与保险人协商确定，并在保险合同中载明。

保险期间

第七条 除另有约定外，保险期间为一年，以保险合同载明的起讫时间为准。投保人、被保险人义务

第八条 投保人应履行如实告知义务，如实回答保险人就被保险人和保险场所的有关情况提出的询问，并如实填写投保单。

投保人故意隐瞒事实，不履行如实告知义务的，或者因过失未履行如实告知义务，足

以影响保险人决定是否同意承保或者提高保险费率的，保险人有权解除保险合同，保险合同自保险人的解约通知书到达投保人或被保险人时解除。投保人故意不履行如实告知义务的，保险人对于保险合同解除前发生的保险事故，不承担赔偿责任，并不退还保险费。

投保人因过失未履行如实告知义务，对保险事故的发生有严重影响的，保险人对于保险合同解除前发生的保险事故，不承担赔偿责任，但可退还保险费。

第九条　除另有约定外，投保人应在保险合同成立时一次性支付保险费。保险费交付前发生的保险事故，保险人不承担赔偿责任。

第十条　被保险人应严格遵守国家公安消防等部门有关消防、安全生产操作、特种设备使用等方面的相关法律、法规及规定，加强管理，采取合理的预防措施，尽力避免或减少责任事故的发生。

保险人可以对被保险人遵守前款约定的情况进行检查，向投保人、被保险人提出消除不安全因素和隐患的书面建议，投保人、被保险人应该认真付诸实施。投保人、被保险人未遵守上述约定而导致保险事故的，保险人不承担赔偿责任；投保人、被保险人未遵守上述约定而导致损失扩大的，保险人对扩大部分的损失不承担赔偿责任。

第十一条　在保险期间内，如经营范围、营业面积或其他足以影响保险人决定是否继续承保或是否增加保险费的保险合同重要事项变更，被保险人应及时书面通知保险人，保险人有权要求增加保险费或者解除合同。

被保险人未履行通知义务，因上述保险合同重要事项变更而导致保险事故发生的，保险人不承担赔偿责任。

第十二条　发生保险责任范围内的事故，被保险人应该：

（一）立即通知当地公安消防部门，并尽力采取必要、合理的措施，防止或减少损失，否则，对因此扩大的损失，保险人不承担赔偿责任；

（二）立即通知保险人，并书面说明事故发生的原因、经过和损失情况；对因未及时通知导致保险人无法对事故原因进行合理查勘的，保险人不承担赔偿责任；对因未及时通知导致保险人无法核实损失情况的，保险人对无法核实部分不承担赔偿责任；

（三）允许并且协助保险人进行事故调查；对于拒绝或者妨碍保险人进行事故调查导致不能确定事故原因或核实损失情况的，保险人不承担赔偿责任。

第十三条　被保险人收到第三者的损害赔偿请求时，应立即通知保险人。未经保险人书面同意，被保险人自行对第三者作出的任何承诺、拒绝、出价、约定、付款或赔偿，保险人不承担赔偿责任。

第十四条　被保险人获悉可能发生诉讼、仲裁时，应立即以书面形式通知保险人；接到法院传票或其他法律文书后，应将其副本及时送交保险人。保险人有权以被保险人的名义处理有关诉讼或仲裁事宜，被保险人应提供有关文件，并给予必要的协助。

对因未及时提供上述通知或必要协助引起或扩大的损失，保险人不承担赔偿责任。

第十五条　被保险人向保险人请求赔偿时，应提交保险单正本、事故证明书、保险人指定或认可的医疗机构或司法机关出具的残疾鉴定诊断书、死亡证明、县级以上（含县级）医院或保险人认可的医疗机构出具的医疗费用收据、诊断证明及病历、有关的法律文书（裁定书、裁决书、判决书、调解书等）、损失清单以及保险人合理要求的有效的、作为请求赔偿依据的其他证明材料。

被保险人未履行前款约定的单证提供义务，导致保险人无法核实损失情况的，保险人对无法核实部分不承担赔偿责任。

第十六条 被保险人在请求赔偿时应当如实向保险人说明与本保险合同保险责任有关的其他保险合同的情况。对未如实说明导致保险人多支付保险金的，保险人有权向被保险人追回应由其他保险合同的保险人负责赔偿的部分。

第十七条 发生保险责任范围内的损失，应由有关责任方负责赔偿的，被保险人应行使或保留行使向该责任方请求赔偿的权利。

保险事故发生后，保险人未履行赔偿义务之前，被保险人放弃对有关责任方请求赔偿的权利的，保险人不承担赔偿责任。

在保险人向有关责任方行使代位请求赔偿权利时，被保险人应当向保险人提供必要的文件和其所知道的有关情况。

由于被保险人的过错致使保险人不能行使代位请求赔偿的权利的，保险人相应扣减赔偿金额。

赔 偿 处 理

第十八条 保险人的赔偿以下列方式之一确定的被保险人的赔偿责任为基础：

（一）被保险人和向其提出损害赔偿请求的第三者协商并经保险人确认；

（二）仲裁机构裁决；

（三）人民法院判决；

（四）保险人认可的其他方式。

第十九条 发生保险责任范围内的损失，保险人对每人人身损害的赔偿金额不超过每人责任限额，在保险期间内，保险人累计赔偿金额不超过累计责任限额。

第二十条 对每次事故法律费用的赔偿金额，保险人在第十九条计算的赔偿金额以外按应由被保险人支付的数额另行计算，但不超过累计责任限额的2%。因同一起火灾、爆炸事故造成多人伤亡，导致多人同时或先后向被保险人索赔的，视为一次保险事故。

在保险期间内，保险人对多次事故法律费用的累计赔偿金额不超过累计责任限额的10%。

第二十一条 保险事故发生时，如果存在重复保险，保险人按照本保险合同的累计责任限额与所有有关保险合同的累计责任限额总和的比例承担赔偿责任。其他保险人应承担的赔偿金额，本保险人不负责垫付。

第二十二条 保险人收到被保险人的赔偿请求后，应当及时作出核定，并将核定结果通知被保险人；对属于保险责任的，在与被保险人达成有关赔偿金额的协议后十日内，履行赔偿义务。

第二十三条 被保险人对保险人请求赔偿的权利，自其知道保险事故发生之日起二年不行使而消灭。

争 议 处 理

第二十四条 因履行本保险合同发生的争议，由当事人协商解决。协商不成的，提交保险合同载明的仲裁机构仲裁；保险合同未载明仲裁机构或者争议发生后未达成仲裁协议的，可向人民法院起诉。

第二十五条 本保险合同的争议处理适用中华人民共和国法律。

其他事项

第二十六条 保险责任开始前，投保人要求解除保险合同的，应当向保险人支付相当于保险费5%的退保手续费，保险人应当退还剩余部分保险费；保险人要求解除保险合同的，不得向投保人收取手续费并应退还已收取的保险费。

保险责任开始后，投保人要求解除保险合同的，自通知保险人之日起，保险合同解除，保险人按短期费率计收自保险责任开始之日起至合同解除之日止期间的保险费，并退还剩余部分保险费；保险人要求解除保险合同的，应提前15日向投保人发出解约通知书，保险人按照保险责任开始之日起至合同解除之日止期间与保险期间的日比例计收保险费，并退还剩余部分保险费。

29.9 机动车交通事故责任保险条款

29.9.1 交通事故责任强制保险条款

机动车交通事故责任强制保险条款（2009版）

总 则

第一条 根据《中华人民共和国道路交通安全法》、《中华人民共和国保险法》、《机动车交通事故责任强制保险条例》等法律、行政法规，制定本条款。

第二条 机动车交通事故责任强制保险（以下简称交强险）合同由本条款与投保单、保险单、批单和特别约定共同组成。凡与交强险合同有关的约定，都应当采用书面形式。

第三条 交强险费率实行与被保险机动车道路交通安全违法行为、交通事故记录相联系的浮动机制。

签订交强险合同时，投保人应当一次支付全部保险费。保险费按照中国保险监督管理委员会（以下简称保监会）批准的交强险费率计算。

定 义

第四条 交强险合同中的被保险人是指投保人及其允许的合法驾驶人。

投保人是指与保险人订立交强险合同，并按照合同负有支付保险费义务的机动车的所有人、管理人。

第五条 交强险合同中的受害人是指因被保险机动车发生交通事故遭受人身伤亡或者财产损失的人，但不包括被保险机动车本车车上人员、被保险人。

第六条 交强险合同中的责任限额是指被保险机动车发生交通事故，保险人对每次保险事故所有受害人的人身伤亡和财产损失所承担的最高赔偿金额。责任限额分为死亡伤残赔偿限额、医疗费用赔偿限额、财产损失赔偿限额以及被保险人在道路交通事故中无责任的赔偿限额。其中无责任的赔偿限额分为无责任死亡伤残赔偿限额、无责任医疗费用赔偿限额以及无责任财产损失赔偿限额。

第七条 交强险合同中的抢救费用是指被保险机动车发生交通事故导致受害人受伤时，医疗机构对生命体征不平稳和虽然生命体征平稳但如果不采取处理措施会产生生命危险，或者导致残疾、器官功能障碍，或者导致病程明显延长的受害人，参照国务院卫生主管部门组织制定的交通事故人员创伤临床诊疗指南和国家基本医疗保险标准，采取必要的处理措施所发生的医疗费用。

保 险 责 任

第八条 在中华人民共和国境内（不含港、澳、台地区），被保险人在使用被保险机动车过程中发生交通事故，致使受害人遭受人身伤亡或者财产损失，依法应当由被保险人承担的损害赔偿责任，保险人按照交强险合同的约定对每次事故在下列赔偿限额内负责赔偿：

（一）死亡伤残赔偿限额为110000元；

（二）医疗费用赔偿限额为10000元；

（三）财产损失赔偿限额为2000元；

（四）被保险人无责任时，无责任死亡伤残赔偿限额为11000元；无责任医疗费用赔偿限额为1000元；无责任财产损失赔偿限额为100元。

死亡伤残赔偿限额和无责任死亡伤残赔偿限额项下负责赔偿丧葬费、死亡补偿费、受害人亲属办理丧葬事宜支出的交通费用、残疾赔偿金、残疾辅助器具费、护理费、康复费、交通费、被扶养人生活费、住宿费、误工费，被保险人依照法院判决或者调解承担的精神损害抚慰金。

医疗费用赔偿限额和无责任医疗费用赔偿限额项下负责赔偿医药费、诊疗费、住院费、住院伙食补助费，必要的、合理的后续治疗费、整容费、营养费。

垫付与追偿

第九条 被保险机动车在本条（一）至（四）之一的情形下发生交通事故，造成受害人受伤需要抢救的，保险人在接到公安机关交通管理部门的书面通知和医疗机构出具的抢救费用清单后，按照国务院卫生主管部门组织制定的交通事故人员创伤临床诊疗指南和国家基本医疗保险标准进行核实。对于符合规定的抢救费用，保险人在医疗费用赔偿限额内垫付。被保险人在交通事故中无责任的，保险人在无责任医疗费用赔偿限额内垫付。对于其他损失和费用，保险人不负责垫付和赔偿。

（一）驾驶人未取得驾驶资格的；

（二）驾驶人酗酒的；

（三）被保险机动车被盗抢期间肇事的；

（四）被保险人故意制造交通事故的。

对于垫付的抢救费用，保险人有权向致害人追偿。

责 任 免 除

第十条 下列损失和费用，交强险不负责赔偿和垫付：

（一）因受害人故意造成的交通事故的损失；

（二）被保险人所有的财产及被保险机动车上的财产遭受的损失；

（三）被保险机动车发生交通事故，致使受害人停业、停驶、停电、停水、停气、停产、通信或者网络中断、数据丢失、电压变化等造成的损失以及受害人财产因市场价格变动造成的贬值、修理后因价值降低造成的损失等其他各种间接损失；

（四）因交通事故产生的仲裁或者诉讼费用以及其他相关费用。

保 险 期 间

第十一条 除国家法律、行政法规另有规定外，交强险合同的保险期间为一年，以保险单载明的起止时间为准。

投保人、被保险人义务

第十二条 投保人投保时，应当如实填写投保单，向保险人如实告知重要事项，并提供被保险机动车的行驶证和驾驶证复印件。重要事项包括机动车的种类、厂牌型号、识别代码、号牌号码、使用性质和机动车所有人或者管理人的姓名（名称）、性别、年龄、住所、身份证或者驾驶证号码（组织机构代码）、续保前该机动车发生事故的情况以及保监会规定的其他事项。

投保人未如实告知重要事项，对保险费计算有影响的，保险人按照保单年度重新核定保险费计收。

第十三条 签订交强险合同时，投保人不得在保险条款和保险费率之外，向保险人提出附加其他条件的要求。

第十四条 投保人续保的，应当提供被保险机动车上一年度交强险的保险单。

第十五条 在保险合同有效期内，被保险机动车因改装、加装、使用性质改变等导致危险程度增加的，被保险人应当及时通知保险人，并办理批改手续。否则，保险人按照保单年度重新核定保险费计收。

第十六条 被保险机动车发生交通事故，被保险人应当及时采取合理、必要的施救和保护措施，并在事故发生后及时通知保险人。

第十七条 发生保险事故后，被保险人应当积极协助保险人进行现场查勘和事故调查。

发生与保险赔偿有关的仲裁或者诉讼时，被保险人应当及时书面通知保险人。

赔偿处理

第十八条 被保险机动车发生交通事故的，由被保险人向保险人申请赔偿保险金。被保险人索赔时，应当向保险人提供以下材料：

（一）交强险的保险单；

（二）被保险人出具的索赔申请书；

（三）被保险人和受害人的有效身份证明、被保险机动车行驶证和驾驶人的驾驶证；

（四）公安机关交通管理部门出具的事故证明，或者人民法院等机构出具的有关法律文书及其他证明；

（五）被保险人根据有关法律法规规定选择自行协商方式处理交通事故的，应当提供依照《交通事故处理程序规定》规定的记录交通事故情况的协议书；

（六）受害人财产损失程度证明、人身伤残程度证明、相关医疗证明以及有关损失清单和费用单据；

（七）其他与确认保险事故的性质、原因、损失程度等有关的证明和资料。

第十九条 保险事故发生后，保险人按照国家有关法律法规规定的赔偿范围、项目和标准以及交强险合同的约定，并根据国务院卫生主管部门组织制定的交通事故人员创伤临床诊疗指南和国家基本医疗保险标准，在交强险的责任限额内核定人身伤亡的赔偿金额。

第二十条 因保险事故造成受害人人身伤亡的，未经保险人书面同意，被保险人自行承诺或支付的赔偿金额，保险人在交强险责任限额内有权重新核定。

因保险事故损坏的受害人财产需要修理的，被保险人应当在修理前会同保险人检验，协商确定修理或者更换项目、方式和费用。否则，保险人在交强险责任限额内有权重新核定。

第二十一条　被保险机动车发生涉及受害人受伤的交通事故，因抢救受害人需要保险人支付抢救费用的，保险人在接到公安机关交通管理部门的书面通知和医疗机构出具的抢救费用清单后，按照国务院卫生主管部门组织制定的交通事故人员创伤临床诊疗指南和国家基本医疗保险标准进行核实。对于符合规定的抢救费用，保险人在医疗费用赔偿限额内支付。被保险人在交通事故中无责任的，保险人在无责任医疗费用赔偿限额内支付。

合同变更与终止

第二十二条　在交强险合同有效期内，被保险机动车所有权发生转移的，投保人应当及时通知保险人，并办理交强险合同变更手续。

第二十三条　在下列三种情况下，投保人可以要求解除交强险合同：

（一）被保险机动车被依法注销登记的；

（二）被保险机动车办理停驶的；

（三）被保险机动车经公安机关证实丢失的。

交强险合同解除后，投保人应当及时将保险单、保险标志交还保险人；无法交回保险标志的，应当向保险人说明情况，征得保险人同意。

第二十四条　发生《机动车交通事故责任强制保险条例》所列明的投保人、保险人解除交强险合同的情况时，保险人按照日费率收取自保险责任开始之日起至合同解除之日止期间的保险费。

附　　则

第二十五条　因履行交强险合同发生争议的，由合同当事人协商解决。

协商不成的，提交保险单载明的仲裁委员会仲裁。保险单未载明仲裁机构或者争议发生后未达成仲裁协议的，可以向人民法院起诉。

第二十六条　交强险合同争议处理适用中华人民共和国法律。

第二十七条　本条款未尽事宜，按照《机动车交通事故责任强制保险条例》执行。

29.9.2　机动车第三者责任商业保险条款

（编者注：中国保险行业协会制定2007年。本保险条款自2007年4月1日起实施，2006年7月1日中国保监会审批的中保协条款［2006］2号同时废止。本条款适用于中国人保财险、中国大地保险、华泰财险、大众保险、阳光财险、永安财险、中华联合财险、天安保险、安邦财险、中国人寿财险、日本东京海上日动火灾保险公司上海分公司等财产保险公司。）

条款设计说明

一、车上人员责任保险和机动车盗抢保险分别提供了主险和附加险两套条款，保险责任和费率完全相同，供各公司自主选择。

二、不计免赔率特约条款的投保条件在条款中未作明确规定，其适用范围由各公司自主确定。

机动车第三者责任保险条款
（中保协条款［2007］1号）
总　　则

第一条　机动车第三者责任保险合同（以下简称本保险合同）由本条款、投保单、保险单、批单和特别约定共同组成。凡涉及本保险合同的约定，均应采用书面形式。

第二条 本保险合同中的机动车是指在中华人民共和国境内（不含港、澳、台地区）行驶，以动力装置驱动或者牵引，上道路行驶的供人员乘用或者用于运送物品以及进行专项作业的轮式车辆（含挂车）、履带式车辆和其他运载工具（以下简称被保险机动车），但不包括摩托车、拖拉机和特种车。

第三条 本保险合同中的第三者是指因被保险机动车发生意外事故遭受人身伤亡或者财产损失的人，但不包括被保险机动车本车上人员、投保人、被保险人和保险人。

保 险 责 任

第四条 保险期间内，被保险人或其允许的合法驾驶人在使用被保险机动车过程中发生意外事故，致使第三者遭受人身伤亡或财产直接损毁，依法应当由被保险人承担的损害赔偿责任，保险人依照本保险合同的约定，对于超过机动车交通事故责任强制保险各分项赔偿限额以上的部分负责赔偿。

责 任 免 除

第五条 被保险机动车造成下列人身伤亡或财产损失，不论在法律上是否应当由被保险人承担赔偿责任，保险人均不负责赔偿：

（一）被保险人及其家庭成员的人身伤亡、所有或代管的财产的损失；

（二）被保险机动车本车驾驶人及其家庭成员的人身伤亡、所有或代管的财产的损失；

（三）被保险机动车本车上其他人员的人身伤亡或财产损失。

第六条 下列情况下，不论任何原因造成的对第三者的损害赔偿责任，保险人均不负责赔偿：

（一）地震；

（二）战争、军事冲突、恐怖活动、暴乱、扣押、收缴、没收、政府征用；

（三）竞赛、测试、教练，在营业性维修、养护场所修理、养护期间；

（四）利用被保险机动车从事违法活动；

（五）驾驶人饮酒、吸食或注射毒品、被药物麻醉后使用被保险机动车；

（六）事故发生后，被保险人或其允许的驾驶人在未依法采取措施的情况下驾驶被保险机动车或者遗弃被保险机动车逃离事故现场，或故意破坏、伪造现场、毁灭证据；

（七）驾驶人有下列情形之一者：

1. 无驾驶证或驾驶证有效期已届满；

2. 驾驶的被保险机动车与驾驶证载明的准驾车型不符；

3. 实习期内驾驶公共汽车、营运客车或者载有爆炸物品、易燃易爆化学物品、剧毒或者放射性等危险物品的被保险机动车，实习期内驾驶的被保险机动车牵引挂车；

4. 持未按规定审验的驾驶证，以及在暂扣、扣留、吊销、注销驾驶证期间驾驶被保险机动车；

5. 使用各种专用机械车、特种车的人员无国家有关部门核发的有效操作证，驾驶营运客车的驾驶人无国家有关部门核发的有效资格证书；

6. 依照法律法规或公安机关交通管理部门有关规定不允许驾驶被保险机动车的其他情况下驾车。

（八）非被保险人允许的驾驶人使用被保险机动车；

（九）被保险机动车转让他人，未向保险人办理批改手续；

（十）除另有约定外，发生保险事故时被保险机动车无公安机关交通管理部门核发的行驶证或号牌，或未按规定检验或检验不合格；

（十一）被保险机动车拖带未投保机动车交通事故责任强制保险的机动车（含挂车）或被未投保机动车交通事故责任强制保险的其他机动车拖带。

第七条　下列损失和费用，保险人不负责赔偿：

（一）被保险机动车发生意外事故，致使第三者停业、停驶、停电、停水、停气、停产、通讯或者网络中断、数据丢失、电压变化等造成的损失以及其他各种间接损失；

（二）精神损害赔偿；

（三）因污染（含放射性污染）造成的损失；

（四）第三者财产因市场价格变动造成的贬值、修理后价值降低引起的损失；

（五）被保险机动车被盗窃、抢劫、抢夺期间造成第三者人身伤亡或财产损失；

（六）被保险人或驾驶人的故意行为造成的损失；

（七）仲裁或者诉讼费用以及其他相关费用。

第八条　应当由机动车交通事故责任强制保险赔偿的损失和费用，保险人不负责赔偿。

保险事故发生时，被保险机动车未投保机动车交通事故责任强制保险或机动车交通事故责任强制保险合同已经失效的，对于机动车交通事故责任强制保险各分项赔偿限额以内的损失和费用，保险人不负责赔偿。

第九条　保险人在依据本保险合同约定计算赔款的基础上，在保险单载明的责任限额内，按下列免赔率免赔：

（一）负次要事故责任的免赔率为5％，负同等事故责任的免赔率为10％，负主要事故责任的免赔率为15％，负全部事故责任的免赔率为20％；

（二）违反安全装载规定的，增加免赔率10％；

（三）投保时指定驾驶人，保险事故发生时为非指定驾驶人使用被保险机动车的，增加免赔率10％；

（四）投保时约定行驶区域，保险事故发生在约定行驶区域以外的，增加免赔率10％。

第十条　其他不属于保险责任范围内的损失和费用。

责　任　限　额

第十一条　每次事故的责任限额，由投保人和保险人在签订本保险合同时按保险监管部门批准的限额档次协商确定。

第十二条　主车和挂车连接使用时视为一体，发生保险事故时，由主车保险人和挂车保险人按照保险单上载明的机动车第三者责任保险责任限额的比例，在各自的责任限额内承担赔偿责任，但赔偿金额总和以主车的责任限额为限。

保　险　期　间

第十三条　除另有约定外，保险期间为一年，以保险单载明的起讫时间为准。

保险人义务

第十四条　保险人在订立保险合同时，应向投保人说明投保险种的保险责任、责任免除、保险期间、保险费及支付办法、投保人和被保险人义务等内容。

第十五条　保险人应及时受理被保险人的事故报案，并尽快进行查勘。

保险人接到报案后 48h 内未进行查勘且未给予受理意见，造成财产损失无法确定的，以被保险人提供的财产损毁照片、损失清单、事故证明和修理发票作为赔付理算依据。

第十六条　保险人收到被保险人的索赔请求后，应当及时作出核定。

（一）保险人应根据事故性质、损失情况，及时向被保险人提供索赔须知。审核索赔材料后认为有关的证明和资料不完整的，应当及时通知被保险人补充提供有关的证明和资料；

（二）在被保险人提供了各种必要单证后，保险人应当迅速审查核定，并将核定结果及时通知被保险人；

（三）对属于保险责任的，保险人应在与被保险人达成赔偿协议后 10 日内支付赔款。

第十七条　保险人对在办理保险业务中知道的投保人、被保险人的业务和财产情况及个人隐私，负有保密的义务。

投保人、被保险人义务

第十八条　投保人应如实填写投保单并回答保险人提出的询问，履行如实告知义务，并提供被保险机动车行驶证复印件、机动车登记证书复印件，如指定驾驶人的，应当同时提供被指定驾驶人的驾驶证复印件。

在保险期间内，被保险机动车改装、加装或被保险家庭自用汽车、非营业用汽车从事营业运输等，导致被保险机动车危险程度增加的，应当及时书面通知保险人。否则，因被保险机动车危险程度增加而发生的保险事故，保险人不承担赔偿责任。

第十九条　除另有约定外，投保人应当在本保险合同成立时交清保险费；保险费交清前发生的保险事故，保险人不承担赔偿责任。

第二十条　发生保险事故时，被保险人应当及时采取合理的、必要的施救和保护措施，防止或者减少损失，并在保险事故发生后 48h 内通知保险人。否则，造成损失无法确定或扩大的部分，保险人不承担赔偿责任。

第二十一条　发生保险事故后，被保险人应当积极协助保险人进行现场查勘。被保险人在索赔时应当提供有关证明和资料。引起与保险赔偿有关的仲裁或者诉讼时，被保险人应当及时书面通知保险人。

赔偿处理

第二十二条　被保险人索赔时，应当向保险人提供与确认保险事故的性质、原因、损失程度等有关的证明和资料。

被保险人应当提供保险单、损失清单、有关费用单据、被保险机动车行驶证和发生事故时驾驶人的驾驶证。

属于道路交通事故的，被保险人应当提供公安机关交通管理部门或法院等机构出具的事故证明、有关的法律文书（判决书、调解书、裁定书、裁决书等）及其他证明。

属于非道路交通事故的，应提供相关的事故证明。

第二十三条　因保险事故损坏的第三者财产，应当尽量修复。修理前被保险人应当会同保险人检验，协商确定修理项目、方式和费用。否则，保险人有权重新核定；无法重新核定的，保险人有权拒绝赔偿。

第二十四条　保险人依据被保险机动车驾驶人在事故中所负的事故责任比例，承担相应的赔偿责任。

被保险人或被保险机动车驾驶人根据有关法律法规规定选择自行协商或由公安机关交通管理部门处理事故未确定事故责任比例的，按照下列规定确定事故责任比例：

被保险机动车方负主要事故责任的，事故责任比例为70%；

被保险机动车方负同等事故责任的，事故责任比例为50%；

被保险机动车方负次要事故责任的，事故责任比例为30%。

第二十五条　保险事故发生后，保险人按照国家有关法律、法规规定的赔偿范围、项目和标准以及本保险合同的约定，在保险单载明的责任限额内核定赔偿金额。

保险人按照国家基本医疗保险的标准核定医疗费用的赔偿金额。

未经保险人书面同意，被保险人自行承诺或支付的赔偿金额，保险人有权重新核定。不属于保险人赔偿范围或超出保险人应赔偿金额的，保险人不承担赔偿责任。

第二十六条　被保险机动车重复保险的，保险人按照本保险合同的责任限额与各保险合同责任限额的总和的比例承担赔偿责任。

其他保险人应承担的赔偿金额，保险人不负责赔偿和垫付。

第二十七条　保险人受理报案、现场查勘、参与诉讼、进行抗辩、要求被保险人提供证明和资料、向被保险人提供专业建议等行为，均不构成保险人对赔偿责任的承诺。

第二十八条　保险人支付赔款后，对被保险人追加的索赔请求，保险人不承担赔偿责任。

第二十九条　被保险人获得赔偿后，本保险合同继续有效，直至保险期间届满。

保险费调整

第三十条　保险费调整的比例和方式以保险监管部门批准的机动车保险费率方案的规定为准。

本保险及其附加险根据上一保险期间发生保险赔偿的次数，在续保时实行保险费浮动。

合同变更和终止

第三十一条　本保险合同的内容如需变更，须经保险人与投保人书面协商一致。

第三十二条　在保险期间内，被保险机动车转让他人的，投保人应当书面通知保险人并办理批改手续。

第三十三条　保险责任开始前，投保人要求解除本保险合同的，应当向保险人支付应交保险费5%的退保手续费，保险人应当退还保险费。

保险责任开始后，投保人要求解除本保险合同的，自通知保险人之日起，本保险合同解除。保险人按短期月费率收取自保险责任开始之日起至合同解除之日止期间的保险费，并退还剩余部分保险费（短期月费率见下表所示）。

短期月费率表

保险期间(月)	1	2	3	4	5	6	7	8	9	10	11	12
短期月费率(年保险费的百分比)	10%	20%	30%	40%	50%	60%	70%	80%	85%	90%	95%	100%

注：保险期间不足1个月的部分，按1个月计算。

争 议 处 理

第三十四条 因履行本保险合同发生的争议，由当事人协商解决。

协商不成的，提交保险单载明的仲裁机构仲裁。保险单未载明仲裁机构或者争议发生后未达成仲裁协议的，可向人民法院起诉。

第三十五条 本保险合同争议处理适用中华人民共和国法律。

附 则

第三十六条 本保险合同（含附加险）中下列术语的含义：

竞赛：指被保险机动车作为赛车参加车辆比赛活动，包括以参加比赛为目的进行的训练活动。

测试：指对被保险机动车的性能和技术参数进行测量或试验。

教练：指尚未取得合法机动车驾驶证，但已通过合法教练机构办理正式学车手续的学员，在固定练习场所或指定路线，并有合格教练随车指导的情况下驾驶被保险机动车。

污染：指被保险机动车正常使用过程中或发生事故时，由于油料、尾气、货物或其他污染物的泄漏、飞溅、排放、散落等造成的污损、状况恶化或人身伤亡。

被盗窃、抢劫、抢夺期间：指被保险机动车被盗窃、抢劫、抢夺过程中及全车被盗窃、抢劫、抢夺后至全车被追回。

家庭自用汽车：指在中华人民共和国境内（不含港、澳、台地区）行驶的家庭或个人所有，且用途为非营业性运输的客车。

非营业用汽车：指在中华人民共和国境内（不含港、澳、台地区）行驶的党政机关、企事业单位、社会团体、使领馆等机构从事公务或在生产经营活动中不以直接或间接方式收取运费或租金的自用汽车，包括客车、货车、客货两用车。

营业运输：指经由交通运输管理部门核发营运证书，被保险人或其允许的驾驶人利用被保险机动车从事旅客运输、货物运输的行为。未经交通运输管理部门核发营运证书，被保险人或其允许的驾驶人以牟利为目的，利用被保险机动车从事旅客运输、货物运输的，视为营业运输。

转让：指以转移所有权为目的，处分被保险机动车的行为。被保险人以转移所有权为目的，将被保险机动车交付他人，但未按规定办理转移（过户）登记的，视为转让。

第三十七条 保险人按照保险监管部门批准的机动车保险费率方案计算保险费。

第三十八条 在投保机动车第三者责任保险的基础上，投保人可投保附加险。

附加险条款未尽事宜，以本条款为准。

29.10 特种车保险条款

2007 中国人民财产保险股份有限公司特种车保险条款（主险）

总 则

第一条 特种车保险合同（以下简称本保险合同）由本条款、投保单、保险单、批单和特别约定共同组成。凡涉及本保险合同的约定，均应采用书面形式。

第二条 本保险合同中的特种车是指在中华人民共和国境内（不含港、澳、台地区）行驶的，用于牵引、清障、清扫、起重、装卸、升降、搅拌、挖掘、推土、压路等的各种轮式或履带式专用机动车，或车内装有固定专用仪器设备，从事专业工作的监测、消防、清洁、医疗、电视转播、雷达、X光检查等机动车，或油罐车、汽罐车、液罐车、冷藏车、集装箱拖头以及约定的其他机动车（以下简称被保险机动车）。

第三条　本保险合同中的第三者是指因被保险机动车发生意外事故遭受人身伤亡或者财产损失的人，但不包括被保险机动车本车上人员、投保人、被保险人和保险人。

第四条　本保险合同为不定值保险合同。保险人按照承保险别承担保险责任，附加险不能单独承保。

保 险 责 任

第五条　机动车损失保险

（一）保险期间内，被保险人或其允许的合法驾驶人或操作人员在使用被保险机动车过程中，因下列原因造成被保险机动车的损失，保险人依照本保险合同的约定负责赔偿：

1. 碰撞、倾覆、坠落；
2. 火灾、爆炸、自燃；
3. 外界物体坠落、倒塌；
4. 暴风、龙卷风；
5. 雷击、雹灾、暴雨、洪水、海啸；
6. 地陷、冰陷、崖崩、雪崩、泥石流、滑坡；
7. 载运被保险机动车的渡船遭受自然灾害（只限于驾驶人或操作人员随船的情形）。

（二）发生保险事故时，被保险人为防止或者减少被保险机动车的损失所支付的必要的、合理的施救费用，由保险人承担，最高不超过保险金额的数额。

第六条　第三者责任保险

保险期间内，被保险人或其允许的合法驾驶人或操作人员在使用被保险机动车过程中发生意外事故，致使第三者遭受人身伤亡或财产直接损毁，依法应当由被保险人承担的损害赔偿责任，保险人依照本保险合同的约定，对于超过机动车交通事故责任强制保险各分项赔偿限额以上的部分负责赔偿。

责 任 免 除

第七条　被保险机动车的下列损失和费用，保险人不负责赔偿：

（一）自然磨损、朽蚀、腐蚀、故障；

（二）玻璃单独破碎，车轮单独损坏；

（三）无明显碰撞痕迹的车身划痕；

（四）人工直接供油、高温烘烤造成的损失；

（五）自燃仅造成电器、线路、供油系统、供气系统的损失；

（六）遭受保险责任范围内的损失后，未经必要修理继续使用被保险机动车，致使损失扩大的部分；

（七）标准配置以外新增设备的损失；

（八）发动机进水后导致的发动机损坏；

（九）被保险机动车所载货物坠落、倒塌、撞击、泄漏造成的损失；

（十）被盗窃、抢劫、抢夺，以及因被盗窃、抢劫、抢夺受到损坏或车上零部件、附属设备丢失；

（十一）被保险机动车上固定的机具、设备由于内在的机械或超负荷、超电压、感应电等电气故障引起的损失；

　　（十二）作业中车体失去重心造成被保险机动车的损失；

　　（十三）吊升、举升的物体造成被保险机动车的损失。

　　第八条　被保险机动车造成下列人身伤亡或财产损失，不论在法律上是否应当由被保险人承担赔偿责任，保险人均不负责赔偿：

　　（一）被保险人及其家庭成员的人身伤亡、所有或代管的财产的损失；

　　（二）被保险机动车本车驾驶人或操作人员及其家庭成员的人身伤亡、所有或代管的财产的损失；

　　（三）被保险机动车本车上其他人员的人身伤亡或财产损失。

　　第九条　下列损失和费用，保险人不负责赔偿：

　　（一）被保险机动车发生意外事故，致使第三者停业、停驶、停电、停水、停气、停产、通信或者网络中断、数据丢失、电压变化等造成的损失以及其他各种间接损失；

　　（二）精神损害赔偿；

　　（三）因污染（含放射性污染）造成的损失；

　　（四）被保险机动车和第三者财产因市场价格变动造成的贬值、修理后价值降低引起的损失；

　　（五）被保险机动车被盗窃、抢劫、抢夺期间造成第三者人身伤亡或财产损失；

　　（六）被保险人、驾驶人或操作人员的故意行为造成的损失；

　　（七）仲裁或者诉讼费用以及其他相关费用；

　　（八）在作业中由于震动、移动或减弱支撑造成的财产、土地、建筑物的损毁及由此造成的人身伤亡；

　　（九）被保险机动车举升、吊升物品过程中发生意外事故，造成被吊物品的损失。

　　第十条　下列情况下，不论任何原因造成被保险机动车的损失或第三者的损害赔偿责任，保险人均不负责赔偿：

　　（一）地震；

　　（二）战争、军事冲突、恐怖活动、暴乱、扣押、收缴、没收、政府征用；

　　（三）竞赛、测试，在营业性维修、养护场所修理、养护期间；

　　（四）利用被保险机动车从事违法活动；

　　（五）驾驶人或操作人员饮酒、吸食或注射毒品、被药物麻醉后使用被保险机动车；

　　（六）事故发生后，被保险人或其允许的驾驶人在未依法采取措施的情况下驾驶被保险机动车或者遗弃被保险机动车逃离事故现场，或故意破坏、伪造现场、毁灭证据；

　　（七）驾驶人或操作人员有下列情形之一者：

　　1. 无驾驶证或驾驶证有效期已届满；

　　2. 驾驶的被保险机动车与驾驶证载明的准驾车型不符；

　　3. 实习期内驾驶载有爆炸物品、易燃易爆化学物品、剧毒或者放射性等危险物品的被保险机动车；

　　4. 持未按规定审验的驾驶证，以及在暂扣、扣留、吊销、注销驾驶证期间驾驶被保险机动车；

5. 使用被保险机动车的人员无国家有关部门核发的有效操作证；

6. 依照法律法规或公安机关交通管理部门有关规定不允许驾驶被保险机动车的其他情况下驾车。

（八）非被保险人允许的驾驶人或操作人员使用被保险机动车；

（九）被保险机动车转让他人，未向保险人办理批改手续；

（十）除另有约定外，发生保险事故时被保险机动车无公安机关交通管理部门核发的行驶证或号牌，或未按规定检验或检验不合格；

（十一）被保险机动车（不含牵引车、清障车）拖带其他机动车或物体。

第十一条 应当由机动车交通事故责任强制保险赔偿的损失和费用，保险人不负责赔偿。

被保险机动车未投保机动车交通事故责任强制保险或机动车交通事故责任强制保险合同已经失效的，对于机动车交通事故责任强制保险各分项赔偿限额以内的损失和费用，保险人不负责赔偿。

第十二条 保险人在依据本保险合同约定计算赔款的基础上，按下列免赔率免赔：

（一）负次要事故责任的免赔率为5%，负同等事故责任的免赔率为10%，负主要事故责任的免赔率为15%，负全部事故责任或单方肇事事故的免赔率为20%；

（二）被保险机动车的损失应当由第三方负责赔偿的，无法找到第三方时，免赔率为20%；

（三）违反安全装载规定的，增加免赔率5%；因违反安全装载规定导致保险事故发生的，保险人不承担赔偿责任；

（四）投保时约定行驶区域，保险事故发生在约定行驶区域以外的，增加免赔率10%。

第十三条 其他不属于保险责任范围内的损失和费用。

保险金额和责任限额

第十四条 机动车损失保险的保险金额由投保人和保险人从下列三种方式中选择确定，保险人根据确定保险金额的不同方式承担相应的赔偿责任：

（一）按投保时被保险机动车的新车购置价确定。

本保险合同中的新车购置价是指在保险合同签订地购置与被保险机动车同类型新车的价格（含车辆购置税）。

投保时的新车购置价根据投保时保险合同签订地同类型新车的市场销售价格（含车辆购置税）确定，并在保险单中载明，无同类型新车市场销售价格的，由投保人与保险人协商确定。

（二）按投保时被保险机动车的实际价值确定。

本保险合同中的实际价值是指同类型车辆新车购置价减去折旧金额后的价格。

投保时被保险机动车的实际价值根据投保时的新车购置价减去折旧金额后的价格确定。折旧率见下表。

折旧率表

车辆种类	月折旧率(%)
矿山专用车	1.10
其他车辆	0.90

折旧按月计算，不足1个月的部分，不计折旧。最高折旧金额不超过投保时被保险机

动车新车购置价的 80%。

折旧金额＝投保时的新车购置价×被保险机动车已使用月数×月折旧率

（三）在投保时被保险机动车的新车购置价内协商确定。

第十五条　第三者责任保险每次事故的责任限额，由投保人和保险人在签订本保险合同时按保险监管部门批准的限额档次协商确定。

保 险 期 间

第十六条　除另有约定外，保险期间为一年，以保险单载明的起讫时间为准。

保 险 人 义 务

第十七条　保险人在订立保险合同时，应向投保人说明投保险种的保险责任、责任免除、保险期间、保险费及支付办法、投保人和被保险人义务等内容。

第十八条　保险人应及时受理被保险人的事故报案，并尽快进行查勘。

保险人接到报案后 48h 内未进行查勘且未给予受理意见，造成财产损失无法确定的，以被保险人提供的财产损毁照片、损失清单、事故证明和修理发票作为赔付理算依据。

第十九条　保险人收到被保险人的索赔请求后，应当及时作出核定。

（一）保险人应根据事故性质、损失情况，及时向被保险人提供索赔须知。审核索赔材料后认为有关的证明和资料不完整的，应当及时通知被保险人补充提供有关的证明和资料；

（二）在被保险人提供了各种必要单证后，保险人应当迅速审查核定，并将核定结果及时通知被保险人；

（三）对属于保险责任的，保险人应在与被保险人达成赔偿协议后 10 日内支付赔款。

第二十条　保险人对在办理保险业务中知道的投保人、被保险人的业务和财产情况及个人隐私，负有保密的义务。

投保人、被保险人义务

第二十一条　投保人应如实填写投保单并回答保险人提出的询问，履行如实告知义务，并提供被保险机动车行驶证复印件、机动车登记证书复印件。

在保险期间内，被保险机动车改装、加装等，导致被保险机动车危险程度增加的，应当及时书面通知保险人。否则，因被保险机动车危险程度增加而发生的保险事故，保险人不承担赔偿责任。

第二十二条　除另有约定外，投保人应当在本保险合同成立时交清保险费；保险费交清前发生的保险事故，保险人不承担赔偿责任。

第二十三条　发生保险事故时，被保险人应当及时采取合理的、必要的施救和保护措施，防止或者减少损失，并在保险事故发生后 48h 内通知保险人。否则，造成损失无法确定或扩大的部分，保险人不承担赔偿责任。

第二十四条　发生保险事故后，被保险人应当积极协助保险人进行现场查勘。

被保险人在索赔时应当提供有关证明和资料。

引起与保险赔偿有关的仲裁或者诉讼时，被保险人应当及时书面通知保险人。

第二十五条　因第三方对被保险机动车的损害而造成保险事故的，保险人自向被保险人赔偿保险金之日起，在赔偿金额范围内代位行使被保险人对第三方请求赔偿的权利，但被保险人必须协助保险人向第三方追偿。

由于被保险人放弃对第三方的请求赔偿的权利或过错致使保险人不能行使代位追偿权利的，保险人不承担赔偿责任或相应扣减保险赔偿金。

赔 偿 处 理

第二十六条　被保险人索赔时，应当向保险人提供与确认保险事故的性质、原因、损失程度等有关的证明和资料。

被保险人应当提供保险单、损失清单、有关费用单据、被保险机动车行驶证和发生事故时驾驶人或操作人员的驾驶证或操作证。

属于道路交通事故的，被保险人应当提供公安机关交通管理部门或法院等机构出具的事故证明、有关的法律文书（裁定书、裁决书、调解书、判决书等）和通过机动车交通事故责任强制保险获得赔偿金额的证明材料。

属于非道路交通事故的，应提供相关的事故证明。

第二十七条　被保险人、被保险机动车驾驶人或操作人员根据有关法律法规规定选择自行协商方式处理交通事故的，应当立即通知保险人，协助保险人勘验事故各方车辆、核实事故责任，并依照《交通事故处理程序规定》签订记录交通事故情况的协议书。

第二十八条　因保险事故损坏的被保险机动车或第三者财产，应当尽量修复。修理前被保险人应当会同保险人检验，协商确定修理项目、方式和费用。否则，保险人有权重新核定；无法重新核定的，保险人有权拒绝赔偿。

第二十九条　被保险机动车遭受损失后的残余部分由保险人、被保险人协商处理。

第三十条　保险人依据被保险机动车驾驶人或操作人员在事故中所负的事故责任比例，承担相应的赔偿责任。

被保险人、被保险机动车驾驶人或操作人员根据有关法律法规规定选择自行协商或由公安机关交通管理部门处理事故未确定事故责任比例的，按照下列规定确定事故责任比例：

被保险机动车方负主要事故责任的，事故责任比例为70%；

被保险机动车方负同等事故责任的，事故责任比例为50%；

被保险机动车方负次要事故责任的，事故责任比例为30%。

第三十一条　机动车损失保险按下列方式赔偿：

（一）按投保时被保险机动车的新车购置价确定保险金额的：

1. 发生全部损失时，在保险金额内计算赔偿，保险金额高于保险事故发生时被保险机动车实际价值的，按保险事故发生时被保险机动车的实际价值计算赔偿。

保险事故发生时被保险机动车的实际价值根据保险事故发生时的新车购置价减去折旧金额后的价格确定。

保险事故发生时的新车购置价根据保险事故发生时保险合同签订地同类型新车的市场销售价格（含车辆购置税）确定，无同类型新车市场销售价格的，由被保险人与保险人协商确定。

折旧金额＝保险事故发生时的新车购置价×被保险机动车已使用月数×月折旧率

2. 发生部分损失时，按实际修理费用计算赔偿，但不得超过保险事故发生时被保险机动车的实际价值。

（二）按投保时被保险机动车的实际价值确定保险金额或协商确定保险金额的：

1. 发生全部损失时，保险金额高于保险事故发生时被保险机动车实际价值的，以保险事故发生时被保险机动车的实际价值计算赔偿；保险金额等于或低于保险事故发生时被保险机动车实际价值的，按保险金额计算赔偿。

2. 发生部分损失时，按保险金额与投保时被保险机动车的新车购置价的比例计算赔偿，但不得超过保险事故发生时被保险机动车的实际价值。

（三）施救费用的赔偿方式同本条（一）、（二），在被保险机动车损失赔偿金额以外另行计算，最高不超过保险金额的数额。

被施救的财产中，含有本保险合同未承保财产的，按被保险机动车与被施救财产价值的比例分摊施救费用。

第三十二条　第三者责任保险保险事故发生后，保险人按照国家有关法律、法规规定的赔偿范围、项目和标准以及本保险合同的约定，在保险单载明的责任限额内核定赔偿金额。

保险人按照国家基本医疗保险的标准核定医疗费用的赔偿金额。

未经保险人书面同意，被保险人自行承诺或支付的赔偿金额，保险人有权重新核定。不属于保险人赔偿范围或超出保险人应赔偿金额的，保险人不承担赔偿责任。

第三十三条　被保险机动车重复保险的，保险人按照本保险合同的保险金额（责任限额）与各保险合同保险金额（责任限额）的总和的比例承担赔偿责任。

其他保险人应承担的赔偿金额，保险人不负责赔偿和垫付。

第三十四条　保险人受理报案、现场查勘、参与诉讼、进行抗辩、要求被保险人提供证明和资料、向被保险人提供专业建议等行为，均不构成保险人对赔偿责任的承诺。

第三十五条　下列情况下，保险人支付赔款后，机动车损失保险的保险责任终止，保险人不退还机动车损失保险及其附加险的保险费：

（一）被保险机动车发生全部损失；

（二）按投保时被保险机动车的实际价值确定保险金额的，一次赔款金额与免赔金额之和（不含施救费）达到保险事故发生时被保险机动车的实际价值；

（三）保险金额低于投保时被保险机动车的实际价值的，一次赔款金额与免赔金额之和（不含施救费）达到保险金额。

第三十六条　保险人支付第三者责任保险赔款后，对被保险人追加的索赔请求，保险人不承担赔偿责任。

第三十七条　第三者责任保险的被保险人获得赔偿后，该保险项下的保险责任继续有效，直至保险期间届满。

保险费调整

第三十八条　保险费调整的比例和方式以保险监管部门批准的机动车保险费率方案的规定为准。

本保险及其附加险根据上一保险期间发生保险赔偿的次数，在续保时实行保险费浮动。

合同变更和终止

第三十九条　本保险合同的内容如需变更，须经保险人与投保人书面协商一致。

第四十条　在保险期间内，被保险机动车转让他人的，被保险人应书面通知保险人并办理批改手续。

第四十一条　保险责任开始前，投保人要求解除本保险合同的，应当向保险人支付应交保险费 5％的退保手续费，保险人应当退还保险费。

保险责任开始后，投保人要求解除本保险合同的，自通知保险人之日起，本保险合同解除。保险人按短期月费率收取自保险责任开始之日起至合同解除之日止期间的保险费，并退还剩余部分保险费（短期月费率见下表所示）。

短期月费率表

保险期间（月）	1	2	3	4	5	6	7	8	9	10	11	12
短期月费率（年保险费的百分比）	10％	20％	30％	40％	50％	60％	70％	80％	85％	90％	95％	100％

注：保险期间不足 1 个月的部分，按 1 个月计算。

争 议 处 理

第四十二条　因履行本保险合同发生的争议，由当事人协商解决。

协商不成的，提交保险单载明的仲裁机构仲裁。保险单未载明仲裁机构或者争议发生后未达成仲裁协议的，可向人民法院起诉。

第四十三条　本保险合同争议处理适用中华人民共和国法律。

附　　则

第四十四条　本保险合同（含附加险）中下列术语的含义：

不定值保险合同：指双方当事人在订立保险合同时不预先确定保险标的的保险价值，而是按照保险事故发生时保险标的的实际价值确定保险价值的保险合同。

碰撞：指被保险机动车与外界物体直接接触并发生意外撞击、产生撞击痕迹的现象。包括被保险机动车按规定载运货物时，所载货物与外界物体的意外撞击。

倾覆：指意外事故导致被保险机动车翻倒（两轮以上离地、车体触地），处于失去正常状态和行驶能力、不经施救不能恢复行驶的状态。

坠落：指被保险机动车在行驶中发生意外事故，整车腾空后下落，造成本车损失的情况。非整车腾空，仅由于颠簸造成被保险机动车损失的，不属坠落责任。

火灾：指被保险机动车本身以外的火源引起的、在时间或空间上失去控制的燃烧（即有热、有光、有火焰的剧烈的氧化反应）所造成的灾害。

暴风：指风速在 28.5m/s（相当于 11 级大风）以上的大风。风速以气象部门公布的数据为准。

地陷：指地壳因为自然变异、地层收缩而发生突然塌陷以及海潮、河流、大雨侵蚀时，地下有孔穴、矿穴，以致地面突然塌陷。

玻璃单独破碎：指未发生被保险机动车其他部位的损坏，仅发生被保险机动车前后风挡玻璃和左右车窗玻璃的损坏。

车轮单独损坏：指未发生被保险机动车其他部位的损坏，仅发生轮胎、轮辋、轮毂罩的分别单独损坏，或上述三者之中任意二者的共同损坏，或三者的共同损坏。

竞赛：指被保险机动车作为赛车参加车辆比赛活动，包括以参加比赛为目的进行的训练活动。

测试：指对被保险机动车的性能和技术参数进行测量或试验。

自燃：指在没有外界火源的情况下，由于本车电器、线路、供油系统、供气系统等被保险机动车自身原因发生故障或所载货物自身原因起火燃烧。

污染：指被保险机动车正常使用过程中或发生事故时，由于油料、尾气、货物或其他污染物的泄漏、飞溅、排放、散落等造成的污损、状况恶化或人身伤亡。

被盗窃、抢劫、抢夺期间：指被保险机动车被盗窃、抢劫、抢夺过程中及全车被盗窃、抢劫、抢夺后至全车被追回。

单方肇事事故：指不涉及与第三方有关的损害赔偿的事故，但不包括因自然灾害引起的事故。

转让：指以转移所有权为目的，处分被保险机动车的行为。被保险人以转移所有权为目的，将被保险机动车交付他人，但未按规定办理转移（过户）登记的，视为转让。

第四十五条　保险人按照保险监管部门批准的机动车保险费率方案计算保险费。

第四十六条　在投保机动车损失保险或第三者责任保险的基础上，投保人可分别投保附加险。

附加险条款未尽事宜，以本条款为准。

29.11　安全生产责任保险条款

中国平安保险有限公司（辽宁）安全生产责任保险条款

总　　则

第一条　本保险条款、投保单、保险单、批注及其他约定均为本保险合同的有效组成部分。凡涉及本保险合同的约定均采用书面形式。

第二条　凡在辽宁省境内依法设立并登记注册，取得国家相关资质证明的非煤矿山生产、经营企业、烟花爆竹批发企业，均可成为本保险合同的被保险人。

第三条　本保险中的生产安全事故是指符合国务院颁布的《生产安全事故报告和调查处理条例》（国务院令第493号）规定的生产安全事故。

第四条　经县级以上人民政府安全生产监督管理部门认定的自然灾害引发的生产安全事故，保险人依据本保险合同约定也承担赔偿责任。

保险责任

第五条　在保险期间内，被保险人依法从事生产、经营、储存等经营活动，因意外事故造成雇员或第三者的人身伤亡，经县级以上人民政府安全生产监督管理部门认定为生产安全事故的，或者因经县级以上人民政府安全生产监督管理部门认定的自然灾害引发的生产安全事故，造成雇员或第三者的人身伤亡的，依据中华人民共和国法律应由被保险人承担的以下经济赔偿责任，保险人根据本保险合同的约定予以赔偿。

（一）雇员及第三者的死亡赔偿金；

（二）雇员及第三者的残疾赔偿金；

（三）雇员及第三者的医疗费用赔偿金。

第六条　发生保险事故后，被保险人或当地政府在组织事故抢险救援过程中，因征用事故发生企业以外的专业救援队伍及设备所发生的依法应由被保险人承担的费用，保险人根据本保险合同的约定予以赔偿；对于参加事故抢险救助人员的伤亡，保险人依据本保险合同约定在保险责任范围内按照雇员相关赔偿限额予以赔偿。

责 任 免 除

第七条 下列损失、费用和责任，保险人不负责赔偿：

（一）投保人、被保险人及其代表的非法生产或故意行为；

（二）被保险人及其雇员以及第三者的财产损失；

（三）被保险人及其雇员以及第三者的任何间接损失；

（四）大气、土地、水污染及其他环境污染导致的赔偿责任；

（五）地震、台风、火山爆发、海啸；

（六）战争、军事行动、恐怖活动、罢工、暴动、民众骚乱、核反应、核辐射、核辐射事故造成雇员人身伤亡、第三者人身伤亡的赔偿责任；

（七）其他不符合《生产安全事故报告和调查处理条例》（国务院令第493号）管辖的事故造成的人身伤害或财产损失。

第八条 下列损失、费用和责任，保险人也不负责赔偿：

（一）因职业病，或任何疾病所致的医疗、残疾或死亡；

（二）在上下班途中，受到交通及意外事故伤害；

（三）在工作时间和工作岗位，猝死或突发疾病死亡或者在48h之内经抢救无效死亡；

（四）原在军队服役，因战、因公负伤致残，已取得革命伤残军人证，到用人单位后旧伤复发；

（五）任何性质的精神损害赔偿以及各种罚款、罚金及惩罚性赔款；

（六）本保险合同约定的应当由被保险人自行负担的免赔额（率）。

第九条 其他不属于保险责任范围内的损失、费用和责任，保险人不负责赔偿。

赔 偿 限 额

第十条 本保险的赔偿限额包括每人死亡/伤残赔偿限额、每人医疗费用赔偿限额、每次事故抢险救援费用赔偿限额、第三者累计赔偿限额、雇员累计赔偿限额，各项具体限额以本保险单明细表上所载限额为准。

第十一条 保险人对本保险条款第五、六条规定的赔偿金额不得超过本保险单约定的相应各项赔偿限额。每次事故抢险救援费用的赔偿限额为雇员累计赔偿限额的10%；每次救援1名事故遇险人员抢险救援费用的赔偿限额为1万元人民币。

第三者累计赔偿限额为雇员累计赔偿限额的20%，并且不高于300万元人民币。

雇员累计赔偿限额为每人死亡/伤残赔偿限额与投保雇员人数的乘积。

保 险 期 间

第十二条 除另有约定外，保险期间为一年，以保险单载明的起讫时间为准。

保 险 费

第十三条 除另有约定外，本合同的保险费以被保险人的行业类型和累计赔偿限额的不同来计算确定。

保险人义务

第十四条 订立本保险合同时，采用保险人提供的格式条款的，保险人向投保人提供的投保单应当附格式条款，保险人应当向投保人说明本保险合同的内容。对本保险合同中免除保险人责任的条款，保险人在订立合同时应当在投保单、保险单或者其他保险凭证上作出足以引起投保人注意的提示，并对该条款的内容以书面或者口头形式向投保人作出明确说明；未作提示或者明确说明的，该条款不产生效力。

第十五条　本保险合同成立后，保险人应当及时向投保人签发保险单或其他保险凭证。

第十六条　保险人依据本保险合同所取得的保险合同解除权，自保险人知道有解除事由之日起，超过30日不行使而消灭。自保险合同成立之日起超过二年的，保险人不得解除合同；发生保险事故的，保险人承担赔偿责任，保险人在合同订立时已经知道投保人未如实告知的情况的，保险人不得解除合同；发生保险事故的，保险人应当承担赔偿责任。

第十七条　保险人按照保险合同的约定，认为被保险人提供的有关索赔的证明和资料不完整的，应当及时一次性通知投保人、被保险人补充提供。

第十八条　保险人收到被保险人的赔偿保险金的请求后，应当及时作出核定；情形复杂的，应当在30日内作出核定，但本保险合同另有约定的除外。

保险人应当将核定结果通知被保险人；对属于保险责任的，在与被保险人达成赔偿保险金的协议后10日内，履行赔偿保险金义务。本保险合同对赔偿保险金的期限有约定的，保险人应当按照约定履行赔偿保险金的义务。保险人依照前款的规定作出核定后，对不属于保险责任的，应当自作出核定之日起3日内向被保险人发出拒绝赔偿保险金通知书，并说明理由。

第十九条　保险人自收到赔偿保险金的请求和有关证明、资料之日起60日内，对其赔偿保险金的数额不能确定的，应当根据已有证明和资料可以确定的数额先予支付；保险人最终确定赔偿的数额后，应当支付相应的差额。

投保人、被保险人义务

第二十条　订立保险合同，保险人就保险标的或者被保险人的有关情况提出询问的，投保人应当如实告知。投保人故意或者因重大过失未履行前款规定的如实告知义务，足以影响保险人决定是否同意承保或者提高保险费率的，保险人有权解除保险合同。投保人故意不履行如实告知义务，保险人对于合同解除前发生的保险事故，不承担赔偿保险金的责任，并不退还保险费。

投保人因重大过失未履行如实告知义务，对保险事故的发生有严重影响的，保险人对于合同解除前发生的保险事故，不承担赔偿保险金的责任，但应当退还保险费。

第二十一条　投保人应按约定交付保险费。投保人未按约定交付保险费的，保险人不承担赔偿责任，并可提前15d天通知解除本保险合同。

第二十二条　被保险人应遵守国家有关的法律法规，不得超范围经营。

第二十三条　在保险期间内，保险重要事项变更的，投保人、被保险人应及时书面通知保险人。

在保险合同有效期内，保险标的的危险程度显著增加的，被保险人应当及时通知保险人，保险人可以按照合同约定增加保险费或者解除合同。被保险人未履行前款约定的通知义务的，因保险标的的危险程度显著增加而发生的保险事故，保险人不承担赔偿保险金的责任。

第二十四条　发生保险事故时，被保险人应当及时采取合理的、必要的施救和保护措施，防止或者减少损失；保险事故发生后，按照国务院颁布的《生产安全事故报告和调查处理条例》（国务院令第493号）规定，事故现场有关人员应当立即向本单位负责人报告；单位负责人接到报告后，应当于1h内向事故发生地县级以上人民政府安全生产监督管理部门和负有安全生产监督管理职责的有关部门报告。

情况紧急时，事故现场有关人员可以直接向事故发生地县级以上人民政府安全生产监督管理部门和负有安全生产监督管理职责的有关部门报告。同时通知保险人，并积极协助政府相关职能部门和保险人进行查勘或事故调查。否则，对被保险人未及时采取施救或保护措施因此而扩大的损失，保险人不承担赔偿责任；故意或者因重大过失未及时通知、未积极配合导致政府相关部门和保险人无法对事故原因、经过、损失程度进行合理查勘或事故调查，致使保险事故的性质、原因、损失程度等难以确定的，保险人对无法确定的部分，不承担赔偿责任，但保险人通过其他途径已经及时知道或者应当及时知道保险事故发生的除外。

第二十五条　被保险人被提起或获悉可能引起仲裁或诉讼时，应立即以书面形式通知保险人；当接到仲裁相关文件、法院传票或其他法律文书后，应及时送交保险人。保险人有权以被保险人的名义处理有关仲裁或诉讼事宜，被保险人应提供有关文件，并给予必要的协助。

对因未及时提供上述通知或必要协助导致扩大的损失，保险人不承担赔偿责任。

第二十六条　被保险人收到受害人的损害赔偿请求时，应立即通知保险人。未经保险人书面同意，被保险人对受害人及其代理人作出的任何承诺、拒绝、出价、约定、付款或赔偿，保险人不受其约束。对于被保险人自行承诺或支付的赔偿金额，保险人有权重新核定，不属于本保险责任范围或超出应赔偿限额的，保险人不承担赔偿责任。在处理索赔过程中，保险人有权自行处理由其承担最终赔偿责任的任何索赔案件，被保险人有义务向保险人提供其所能提供的资料和协助。

第二十七条　被保险人向保险人申请赔偿时，应提交以下材料：

（一）基本材料：保险单正本、雇员或第三者向被保险人提出索赔的资料、投保雇员名单、伤亡人员名单、伤亡人员身份证；被保险人完整正确填写的索赔申请书、有关事故经过、安全生产监督管理部门出具的事故证明书或备案手续。

（二）死亡赔偿材料：安全生产监督管理部门出具的事故证明、县级以上（含县级）医疗机构或公安部门出具的死亡证明；宣告死亡的需提供法院宣告死亡的证明；

（三）伤残赔偿材料：劳动保障行政部门出具的工伤认定证明、劳动能力鉴定委员会出具的劳动能力鉴定证明，或县级以上（含县级）医疗机构出具的残疾程度证明；

（四）医疗费用赔偿材料：安全生产监督管理部门出具的备案手续、县级以上（含县级）医疗机构就诊病历、检查报告、处方、医疗费用收据等；特殊紧急情况时需在被保险人所在地就近的县级以下医疗机构急救时，出具的医疗凭据需经保险人同意后生效。

被保险人支出医疗费用并提出索赔申请时，应向保险人提交县级以上（含县级）医疗机构医疗费用收据原件。当赔付金额未达实际支出医疗费用的全额时，索赔申请人可以书面形式向保险人申请退还收据原件。保险人在加盖印戳并注明已赔付金额后退还收据原件。如被保险人在社保机构或保险公司或其他单位已经获得部分医疗费用赔偿，医疗费用收据原件已被赔付或报销单位留存，被保险人在提出索赔申请时，应向保险人提交医疗费用收据财务分割单或在医疗费用收据复印件上注明已赔付金额，并加盖赔付单位的财务章。

（五）抢险救助费用赔偿材料：人工费用支出标准及搜寻人员名单，机械使用费用及材料费用发票，保险人认为合理、必要的施救费用发票等；

（六）其他材料：有关的法律文书（裁定书、裁决书、判决书等）或和解协议以及投保人、被保险人所能提供的与确认保险事故的性质、原因、伤残程度等有关的其他证明和资料。

被保险人未履行前款约定的索赔材料提供义务，导致保险人无法核实损失情况的，保险人对无法核实部分不承担赔偿责任。

赔 偿 处 理

第二十八条　在本保险合同有效期内，发生保险责任范围内的生产安全事故，保险人根据投保人投保时提供的雇员名册，对被保险人依法承担的对其发生残疾、死亡的每个雇员经济赔偿责任，在赔偿限额内给付下列赔偿金：

（一）死亡赔偿金：在保险合同约定的每人死亡赔偿限额内据实赔偿；

（二）残疾赔偿金：

按伤残鉴定机构出具的伤残程度鉴定书，并对照国家发布的《职工工伤与职业病致残程度鉴定标准》（GB/T 16180—2006）（以下称《伤残鉴定标准》）确定伤残等级，在保险合同所附伤亡赔偿比例表规定的百分比乘以每人伤亡赔偿限额所得金额内据实赔偿（伤亡赔偿比例见下表）：

伤亡赔偿比例表

项　目	伤害程度	保险合同约定每人伤亡赔偿限额的百分比（%）
（一）	死亡	100
（二）	死亡永久丧失工作能力或一级伤残	100
（三）	二级伤残	80
（四）	三级伤残	70
（五）	四级伤残	60
（六）	五级伤残	50
（七）	六级伤残	40
（八）	七级伤残	30
（九）	八级伤残	20
（十）	九级伤残	10
（十一）	十级伤残	5

伤残项目对应《伤残鉴定标准》两项者，如果两项不同级，以级别高者为伤残等级，如果两项同级，以该级别的上一等级为伤残等级；伤残项目对应《伤残鉴定标准》三项以上者（含三项），以该等级中的最高级别的上一等级为伤残等级。但无论如何，伤残等级不得高于上表中所规定的一级。

（三）被保险人不得就其单个雇员因同一保险事故同时申请残疾赔偿金和死亡赔偿金。

第二十九条　发生保险责任范围内的生产安全事故，造成第三者人身伤亡事故的，对被保险人依法应承担的死亡赔偿金、残疾赔偿金或医疗费用赔偿金，保险人在本保险合同约定的每人死亡/伤残赔偿限额、每人医疗费用赔偿限额内依照被保险人依法应承担的赔偿责任予以赔偿。

被保险人不得就其单个第三者因同一保险事故同时申请残疾赔偿金和死亡赔偿金。

第三十条 发生保险责任范围内的损失，保险人按以下方式计算赔偿：

（一）保险人对每名雇员人身伤亡、医疗费用的赔偿金额不得超过其分项赔偿限额。在保险期间内，保险人对多次事故造成的雇员人身伤亡的累计赔偿金额不得超过本保险单约定的累计赔偿限额。

（二）保险人对第三者每人死亡、残疾、医疗费用的赔偿金额不得超过其分项赔偿限额，上述赔偿金额之和不得超过第三者累计赔偿限额。

（三）在保险期间内，保险人对抢险救援费用的赔偿金额不得超过本保险合同列明的赔偿限额。

第三十一条 被保险人及其代表在生产安全事故发生后不履行救护职责或逃逸等特殊情况下，雇员受伤需要抢救的，保险人根据当地县级以上人民政府安全生产监督管理部门的要求对抢救费用在保险单约定的各单项赔偿限额内先行垫付。垫付款项由被保险人提出申请，当被保险人及其代表逃逸时，经当地县级以上人民政府安全生产监督管理部门提出要求，由其家属与保险人办理相关手续后保险人将垫付抢救费用转账到指定的账号，由当地县级以上人民政府安全生产监督管理部门监督使用，实行专款专用。被保险人应在垫付之日起三个月内向保险人提供保险事故索赔资料；如所发生的生产安全事故不属于保险事故，被保险人应在垫付之日起三个月内偿还保险人垫付的款项。对于未及时偿还垫付款项的，保险人可以采取诉讼方式追偿。

第三十二条 保险人根据不同情况，按照以下两种方式支付赔偿金：

（一）被保险人已经支付赔偿金给雇员或第三者的，保险人对依法应由被保险人承担的经济赔偿责任进行赔偿。

（二）被保险人及其代表在生产安全事故发生后逃逸的，或者企业在生产安全事故发生后，未在规定时间内主动承担责任，支付抢险、救灾及善后处理费用的，雇员或第三者可以直接向保险人提出索赔，保险人按本保险合同的约定将赔偿金支付给雇员或第三者。

第三十三条 保险人履行赔偿义务后，索赔者或其代理人又就同一事故向被保险人提出索赔的，保险人不负赔偿责任。

第三十四条 发生保险责任范围内的损失，应由有关责任方负责赔偿的，保险人自向被保险人赔偿保险金之日起，在赔偿金额范围内代位行使被保险人对有关责任方请求赔偿的权利，被保险人应当向保险人提供必要的文件和所知道的有关情况。

被保险人已经从有关责任方取得赔偿的，保险人赔偿保险金时，可以相应扣减被保险人已从有关责任方取得的赔偿金额。

保险事故发生后，在保险人未赔偿保险金之前，被保险人放弃对有关责任方请求赔偿权利的，保险人不承担赔偿责任；保险人向被保险人赔偿保险金后，被保险人未经保险人同意放弃对有关责任方请求赔偿权利的，该行为无效；由于被保险人故意或者因重大过失致使保险人不能行使代位请求赔偿的权利的，保险人可以扣减或者要求返还相应的保险金。

第三十五条 被保险人向保险人请求赔偿保险金的诉讼时效期间为二年，自其知道或者应当知道保险事故发生之日起计算。

争议处理和法律适用

第三十六条 因履行本保险合同发生的争议，由当事人协商解决。协商不成的，提交保险单载明的仲裁机构仲裁；保险单未载明仲裁机构且争议发生后未达成仲裁协议的，依法向中华人民共和国人民法院起诉。

第三十七条 本保险合同的争议处理适用中华人民共和国法律（不包括港澳台地区法律）。

其 他 事 项

第三十八条 本保险合同签订后，非经被保险人所在地县级以上人民政府安全生产监督管理部门书面同意，投保人不得申请解除保险合同，保险人不得受理解除保险合同的申请。对于按合同约定解除保险合同的，保险人收取自保险责任开始之日起至合同解除之日止期间的保险费，并退还剩余部分保险费。

第三十九条 除本保险合同另有约定外，本保险合同的效力在发生下列情况之一时自动终止：

1. 本保险合同的保险期间届满；
2. 本保险合同约定的其他情况。

释 义

第四十条 本保险合同中部分字词有特定含义，如下：

【雇员】是指与被保险人签订有劳动合同或存在事实劳动合同关系，接受被保险人给付薪金、工资，年满十六周岁的人员及其他按国家规定审批的未满十六周岁的特殊人员，包括正式在册职工、短期工、临时工、季节工和徒工等。但因委托代理、行纪、居间等其他合同为被保险人提供服务或工作的人员不属于本保险合同所称雇员。

【惩罚性赔款】是指法院判决的、在赔偿性赔款之外被保险人应当支付给受害方的赔款，其目的一般是为了惩罚和警告被保险人的恶意作为或不作为。

参 考 文 献

[1] 张洪涛，王和. 责任保险理论、实务与案例［M］. 北京：中国人民大学出版社，2005.
[2] 郭明瑞. 民事责任论［M］. 北京：中国社会科学出版社，1991.
[3] 邹海林. 责任保险论［M］. 北京：法律出版社，1999.
[4] 郭颂平. 责任保险［M］. 天津：南开大学出版社，2006.
[5] 国际咨询工程师联合会，中国工程咨询协会. 职业责任保险入门［M］. 季丹泽. 北京：中国计划出版社，2001.
[6] 刘士国. 现代侵权损害赔偿研究［M］. 北京：法律出版社，2001.
[7] 冯知杰. 产品责任保险［M］. 厦门：鹭江出版社，1999.
[8] 郭家汉. 建设工程设计责任保险实务［M］. 北京：知识产权出版社，2003.
[9] 许瑾良. 财产和责任保险［M］. 上海：复旦大学出版社，1993.
[10] 韩世远. 违约损害责任研究［M］. 法律出版社，1999.
[11] 樊启荣. 责任保险与索赔理赔［M］. 北京：人民法院出版社，2002.
[12] 王家远. 工程监理的责任风险调查与分析［J］. 建筑经济，2008. 3期.
[13] 肖跃军，焦石. 监理工程师责任风险的防范措施［J］北京：建筑经济，2006.
[14] 虞永强. 建筑工程质量控制与风险管理［J］，成都：成都大学学报，2008.
[15] 汪良花，汪火良. 论工程质量保险制度中的保险人代位权［J］. 太原：山西建筑，2009.
[16] 邓建勋，周怡，黄晓峰. 引入保险机制的工程质量风险管理模式研究［J］. 建筑经济，2008.
[17] 季如进，张爽. 对住宅保险的再认识［J］. 建筑经济，2009，1.
[18] 谢琳琳，何清华，乐云. 工程监理职业责任保险的现状和发展趋势［J］，建筑经济，2007，2.
[19] 高永平，王忠美，田忠民. 谈监理工程师职业责任保险［J］. 理论研究，2007，3.
[20] 谢峰，方东平，毕庶涛. 工程监理责任保险在中国的实施［J］. 重庆建筑大学学报，2001，10.
[21] 苏惠晶. 购买工程监理责任保险的几点体会［J］. 建设监理，2002，5.
[22] 刘睿，监理安全职业责任及其风险管理［J］. 内蒙古农业大学学报，2007，2.
[23] 杨朝飞. 实施环境污染责任保险制度增强防范环境风险能力［J］. 环境保护，2009，2.
[24] 易令正. 我国实行环境污染责任保险机制初探［J］. 湘潮，2008，11.
[25] 汤济世. 国外环境污染责任保险对我国的启示［J］. 现代商贸工业，2009，6.
[26] 陈纳. 物业管理保险问题之初探［N］. 中国物业管理，2006（增刊1）.
[27] 赵宏伟，王小毛. 浅谈勘察设计项目质量管理及风险控制［J］. 南方论刊，2007，6.
[28] 杨侃. 物业管理与保险紧密互动，积极构筑和谐社会［J］. 建筑施工，2006，3.
[29] 郑洁. 物业管理责任险产生背景、发展趋势分析［J］. 福州物业管理，2005，2.